中國古代史學叢書

［漢］班固　撰　［清］王先謙　補注
上海師範大學古籍整理研究所　整理

漢書補注

伍

地理志第八上一

漢書二十八上一

昔在黄帝，作舟車以濟不通，〔一〕旁行天下，〔二〕方制萬里，畫壄分州，〔三〕得百里之國萬區。〔四〕是故易稱「先王以建萬國，親諸侯」，〔五〕書云「協和萬國」，〔六〕此之謂也。堯遭洪水，〔七〕褱山襄陵，〔八〕天下分絶，爲十二州，〔九〕使禹治之。水土既平，更制九州，〔一〇〕列五服，〔一一〕任土作貢。〔一二〕

〔一〕【補注】先謙曰：御覽舟部引世本「共鼓、貨狄作舟」，注云「黄帝二臣」。釋名「黄帝造車，故號軒轅氏」。易繫辭「舟楫之利，以濟不通」。

〔二〕師古曰：旁行謂四出而行之。【補注】先謙曰：廣雅釋詁「旁，廣也」。亦與方通用，齊語「以方行於天下」，韋注「方猶横也」。廣、横一義。

〔三〕師古曰：方制，制爲方域也。畫謂爲之界也。壄，古野字。畫音獲。【補注】王先慎曰：廣雅釋詁「方，始也」。言黄帝偏行天下，始裁制萬里，區别州野，顔説誤。先謙曰：説文「州，疇也，疇其土而生之」。釋名「州，注也，郡國所注仰」。

〔四〕【補注】先謙曰：御覽封建部引東觀漢記「博士丁恭等議云，古帝王封諸侯，不過百里，故利以建侯，取法於雷」。黄帝紀「置左右大監，監於萬國」。封禪書「黄帝時，萬諸侯」。

〔五〕師古曰：易比卦象辭。【補注】王念孫曰：「建」上本無「以」字，此後人依易象傳加之也。孟堅引易以證上文「百里之國萬區」，加一「以」字，則累於詞矣。景祐本無「以」字。

〔六〕師古曰：虞書堯典之辭也。

〔七〕【補注】錢坫曰：説文「洪，洚水也。洚水不遵道」也。史記作「鴻水」，字通。

〔八〕師古曰：褱字與古懷字同。懷，包也。襄，駕也。言水大氾溢，包山而駕陵也。【補注】錢坫曰：褱，古正字。汪遠孫曰：北宋本無「古」「字」二字。

〔九〕師古曰：九州之外有并州、幽州、營州，故曰十二。水中可居者曰州。洪水汎大，各就高陸，人之所居，凡十二處。【補注】宋祁曰：注文南本無九州以下十五字。景本無注末「凡十二處」四字。錢坫曰：九州之名，禹貢周官而下，又有爾雅，冀州之外有幽州，以青州爲營州，無梁州，郭璞以爲是殷制。説苑以營州爲青州，餘與爾雅同。尚書十二州，僞孔傳以爲禹治水之後，舜分冀州爲幽州、并州，青州爲營州，與此云云不合，非也。先謙曰：谷永傳，永奏云「堯遭洪水之災，天下分絶，爲十二州」。堯典「肇十有二州」，鄭注「舜以青州越海而分齊爲營州。冀州南北太遠，分衞爲并州，燕以北爲幽州。新置三州，并舊爲十二州」。説與此同。時舜攝政，堯尚在，故此言堯也。馬融以爲禹平水土置九州，舜分爲十二州，在九州後，此古文異説，非是。王應麟通鑑地理通釋云「舜典言肇十二州，咨十二牧，而後命禹平水土。當以漢志爲正」。

〔一〇〕【補注】先謙曰：陳祥道禮書云「禮言共工霸九州，黄帝書言地有九州，則堯以前九州耳。及水土既平，禹又即舊域而辨之，以爲九州，故書言禹別九州，傳言貢金九牧也」。

〔一一〕師古曰：其數在下也。

〔一二〕師古曰：任其土地所有，以定貢賦之差也。【補注】錢坫曰：貢，其書篇名也。先謙曰：志明言「任土作貢」，又據溝洫、食貨兩志，貢皆作貢賦解，錢説謬。

曰禹敷土，〔一〕隨山栞木，奠高山大川。〔二〕

〔一〕師古曰：敷，分也，謂分別治之。自此以下皆是夏書禹貢之文。【補注】先謙曰：「敷」，夏紀作「傅」。段玉裁、成蓉鏡定敷爲古文，傅爲今文。案下「敷淺原」，志仍作敷，而「豫章歷陵」下云「傅昜山，古文以爲傅淺原」，是古文作傅，不必定作敷；今文作敷，不必定作傅。班氏世傳夏侯尚書，三家異字，亦有與古文合者。詳皮錫瑞今文尚書攷證。且漢書本多叚借古字，不得執一二異字以爲今古文尚書之證。段云班用今文，淺人改傅爲敷。成云班用古文，故作敷不作傅，皆非也。至班氏學宗今文，兼采古文，後書稱其學無常師，㬎然可證。此志所用古文，皆特著之，下云「古文以爲」及「桑欽所言」是也。餘稱禹貢皆是今文，蓋地理之學，或今文説解不全，或後儒徵引較塙，學問之塗日開，擇善而從，通人不廢。以大體論，後漢皆祖述今文，其古文雖立學官，尊信者少，至鄭氏以大儒倡明古文，舉世爭趨，風會一變，千載以下，今文一綫殆將廢絶，就其時代推究義例，猶存舊觀，徒比附較論於文字異同，轉失之矣。

〔二〕師古曰：栞，古刊字也。奠，定也。言禹隨行山之形狀而刊斫其木，以爲表記，決水通道，故高山大川各得安定也。【補注】錢坫曰：奠，祭也。先謙曰：官本「安定也」作「其安定」。説文「栞，槎識也」，引書「隨山栞木」。夏紀作「行山表木」，用故訓代經也。紀「奠」作「定」，足徵錢説之非。

冀州既載，〔一〕壺口治梁及岐。〔二〕既脩太原，至于嶽陽。〔三〕覃懷厎績，至于衡章。〔四〕厥土惟白壤。〔五〕厥賦上上錯，〔六〕厥田中中。〔七〕恆、衞既從，大陸既作。〔八〕鳥夷皮服。〔九〕夾右碣石，入于河。〔一〇〕

〔一〕師古曰：兩河閒曰冀州。載，始也。冀州，堯所都，故禹治水自冀州始也。【補注】汪遠孫曰：禹貢釋文引韋昭曰

「載，事也」。與鄭注尚書合。先謙曰：呂覽有始篇「兩河之間爲冀州，晉也」。高誘注「東至清河，西至西河」。顏及張守節史正義並從「載」字斷句，説者謂夏紀作「禹行自冀州始」，訓載爲始，是今文説。案，史記「始」下仍有「冀州既載」句，則上句史公敘述之詞，不必執爲今文訓始之證。

〔二〕師古曰：壺口山在河東。梁山在夏陽。岐山在美陽，即今之岐州岐山縣箭括嶺也。禹循山而西，治衆水。【補注】先謙曰：本志「馮翊夏陽」下云「梁山在西北」。壺口、岐山見下道山。

〔三〕師古曰：太原即今之晉陽是也。嶽陽在太原西南。【補注】汪遠孫曰：案説文嶽、岳一字。先謙曰：晉陽今太原府太原縣。嶽即太嶽，見道山。

〔四〕師古曰：覃懷，近河地名也。底，致也。績，功也。衡章，謂章水横流而入河也。言禹於覃懷致功以至衡章也。底音之履反。【補注】錢坫曰：章字同漳，漳水過鄴縣以下稱衡漳。汪遠孫曰：「底」當作「厎」。先謙曰：夏紀「底績」作「致功」。鄭注「衡漳，漳水横流入河」。覃懷爲縣名，屬河内。索隱「河内有懷縣，今驗地無名『覃』者，蓋『覃懷』二字當時共爲一地之名」。先謙案：鄭讀衡爲横，用今文説；馬融以衡漳爲二水名，王肅從之，此古文説。「上黨長子」下云「鹿谷山，濁漳水所出，東至鄴入清漳」。「沾」下云「大黽谷，清漳水所出，東北至阜成入大河」。

〔五〕師古曰：柔土曰壤。【補注】錢坫曰：釋名「壤，瀼也，肥濡意也」。依字「厥」應作「氒」，經典通借「厥」。先謙曰：夏紀「厥」改「其」，下並同。「土」下無「惟」字。

〔六〕師古曰：賦者，發斂土地所生之物以供天子也。上上，第一也。錯，雜也。言賦第一，又雜出諸品也。【補注】先謙曰：夏紀無「厥」字。

〔七〕師古曰：言其高下之形摠於九州之中爲第五也。一曰，爲其肥瘠之等差也。它皆類此。【補注】皮錫瑞曰：敘傳云「坤作墜埶，高下九則」。劉德注「九則，九州土田上中下九等也」。班氏以高下九則屬墜埶，則顏前説爲正。先謙曰：夏紀無「厥」字。

〔八〕師古曰：恆、衞，二水名。恆水出恆山，衞水在靈壽。大陸，澤名，在鉅鹿北。言恆、衞之水各從故道，大陸之澤已可耕作也。【補注】先謙曰：夏紀「作」改「爲」。「常山上曲陽」下云「恆水出，東入滱」。「靈壽」下云「衞水出東北，入滹池」。大陸見道川。淮南墬形訓「晉之大陸，趙之鉅鹿」。高注「大陸，魏獻子所游，焚焉而死者」是也。鉅鹿，廣阿澤。禹貢大陸，即趙之鉅鹿。鄭志荅張逸云「鉅鹿今廣河「阿」之誤。澤」，與班、高合，今文說也。惟周禮疏所引鄭注，用爾雅「十藪，晉有大陸」以釋禹貢，失之。餘詳鉅鹿。

〔九〕師古曰：此東北之夷，搏取鳥獸，食其肉而衣其皮也。一說，居在海曲，被服容止皆象鳥也。【補注】先謙曰：大戴禮五帝紀、說苑並作「鳥」，裴駰史集解引鄭注云「東北之民搏食鳥獸者」也，此顏前說所本。鄭、王本尚書作「鳥」，今古文同。唐石經誤「島」，後人遂併夏紀改之。

〔一〇〕師古曰：碣石，海邊山名也。言禹夾行此山之右而入于河，逆上也。【補注】先謙曰：夏紀「河」作「海」。徐廣云「海」一作「河」。河字是。碣石見下道山。

泲、河惟兖州。〔一〕九河既道，〔二〕雷夏既澤，雍、沮會同，〔三〕桑土既蠶，是降丘宅土。〔四〕厥土黑墳，〔五〕屮繇木條。〔六〕厥田中下，〔七〕賦貞，〔八〕作十有三年乃同。〔九〕厥貢漆絲，〔一〇〕厥棐織文。〔一一〕浮于泲、漯，通于河。〔一二〕

〔一〕師古曰：泲本濟水之字，從水𠂔聲。言此州東南據濟水，西北距河。泲音姊。【補注】先謙曰：呂覽有始篇「河、濟之間爲兖州，衞也」。高注「河出其北，濟經其南」。說文「泲」下云「沇也，從水𠂔聲」。「濟」下云「水出常山房子贊皇山，東入泜，從水齊聲」。志文於房子之水作「濟」，餘皆作「泲」，與說文合。惟濟陰、濟南、濟陽之類，作「濟」，以郡縣之名，世俗相沿，不能改而從古也。夏紀作「濟」，亦三家尚書之本有異，王應麟漢藝文志考證以「濟」爲字誤，是也。成蓉鏡以「濟」、「泲」爲今古文異，殆非。夏紀「惟」作「維」，而「惟豫州」、「惟梁州」、「惟雍州」，並作「惟」。本志通作「惟」，下文「濰、淄」亦作「惟」，而「琅邪朱虛、箕」下「濰水」作「維」，「靈門、折泉、横」下「濰水」作「淮」，初無一定。成據夏紀作「維」，謂「惟」古文，「維」今文，引匡謬正俗云「古文尚書爲惟，今文尚書變維」爲證，復據説文引夏書「濰、淄其道」，以「濰」爲古文，又因夏紀作「濰」，而以「濰」爲今文，「惟」爲古文，展轉紛紜，徒形詞費。周禮古文之學，「濰」字作「維」，毛詩「維」字，韓詩作「惟」，近人據此爲今古文之辨，要是偏端，無與大體也。下文「道沇水」及「河東垣」下自注「沇水所出」，天文志「角、亢、氐，沇州」，並作「沇」，知此「兖」字，後人妄改。夏紀亦作「沇州」。

〔二〕師古曰：九河，河水分爲九，各從其道。爾雅曰：「徒駭、太史、馬頰、覆鬴、胡蘇、簡、絜、鉤般、鬲津，是曰九河。」一説，道讀曰導。導，治也。【補注】先謙曰：九河見道川，亦詳溝洫志。

〔三〕師古曰：雷夏，澤名，在濟陰城陽西北。言此澤還復其故，而雍、沮二水同會其中也。沮音千余反。【補注】齊召南曰：注「城陽」當作「成陽」，尚書疏亦訛「城」字，蓋人傳寫誤添土旁耳。此成陽有堯冢、靈臺，漢時故縣在今濮州東南，曹州東北。若城陽國，則在今莒州，非雷夏澤所在也。先謙曰：本志「濟陰成陽」下云「雷澤在西北」。鄭注「雍水沮水相觸而入澤中」。今古文雍皆不從水，校本改「灉」。

〔四〕師古曰：降，下也。宅，居也。言此地宜桑，先時人衆避水，皆上丘陵，今水害除，得以蠶織，故皆下丘居平土也。【補注】先謙曰：夏紀作「於是民得下丘居土」。段玉裁云：「風俗通義引尚書『民乃降丘度土』，足證今文作『度』，史遷改『居』，如『度西曰柳谷』改『居西』也。班志作『宅土』，後人用古文改之。」案，此班用夏侯尚書，與古文合，非後所改。

〔五〕師古曰：色黑而墳起也。墳音扶粉反。【補注】錢坫曰：方言「青、幽之間，凡土高而且大者謂之墳」。

〔六〕師古曰：屮，古草字也。繇，悦茂也。條，脩暢也。繇音弋昭反。【補注】先謙曰：夏紀作「草繇木條」同。惟班作「屮」，全書多如此，非今古文之異。説文「蘨」下引夏書曰「厥艸惟蘨」。知有「厥」「惟」者古文，無者今文。

〔七〕師古曰：第六也。【補注】宋祁曰：正文「厥」字，別本無。先謙曰：下文無「厥」字，別本是也。夏紀亦無。

〔八〕師古曰：貞，正也。州第九，賦亦正當也。【補注】劉敞曰：田中下而言厥賦貞，乃第六明矣，自孔氏固誤之。何焯曰：賦乃與田正當，不謂與州也。王先慎曰：此當連下「作」字爲句，集解引鄭云「貞，正也。治此州正作不休，十三年乃有賦，與八州同，言功難也。其賦下下」。顔訓作爲治水，誤。禹貢言作者，皆謂耕作，若訓治水，其文不當在「降丘宅土」下。九州之賦，惟缺下下，兖賦至少，固當第九。劉、何説亦非。

〔九〕師古曰：治水十三年，乃同於它州，言用功多也。【補注】先謙曰：夏紀同。馬、鄭本亦作「年」，是今古文同，枚改「載」。皮錫瑞云：河渠書引夏書曰「禹抑鴻水，十三年過家不入門」。魏志高堂隆傳「洪水滔天，使鯀治之，績用不成，乃舉文命，隨山刊木，前後歷年二十二載」。合禹十三年與鯀九年計之，今文説也。馬注「禹治水三年，八州平，故堯以爲功，而禪舜」。是十二年而八州平，十三年而兖州平，十三年並鯀九年數之，蓋古文異説。

〔一〇〕師古曰：貢，獻也。地宜漆林，又善蠶絲，故以獻也。【補注】錢坫曰：「漆」應作「桼」，借水名爲之。

〔一一〕師古曰：棐與篚同。篚，竹器，筐屬也。織文，錦綺之類，盛於筐篚而獻之。【補注】先謙曰：夏紀「棐」作「篚」，本書通作「棐」，並借字，依説文當作「匪」。官本注，「篚」缺末筆，猶承舊本。

〔一二〕師古曰：浮，以舟渡也。泲、漯，二水名。漯水出東郡東武陽。因水入水曰通。漯音它合反。【補注】宋祁曰：「漯」疑作「濕」，注同。徐松曰：應作「濕」。先謙曰：夏紀亦作「通」，枚改「達」。「平原高唐」下云「桑欽言漯水所出」。「東郡東武陽」下云「禹治漯水，東北至千乘入海」。班氏兼采今、古文也。漢隸變古，此作「漯」，亦班用今文之證。成蓉鏡又以爲後人據夏紀、枚書所改，非矣。

海、岱惟青州。〔一〕嵎夷既略，惟、甾其道。〔二〕厥土白墳，海瀕廣潟。〔三〕田上下，賦中上。〔四〕貢鹽、絺，海物惟錯，〔五〕岱畎絲、枲、鉛、松、怪石，〔六〕萊夷作牧，厥棐檿絲。〔七〕浮于汶，達

于泲。〔八〕

〔一〕師古曰：東北據海，西南距岱，岱即太山也。【補注】先謙曰：本志「泰山博」下云「岱山在西北」。夏紀正義「舜分青州爲營州，遼西及遼東」。

〔二〕師古曰：嵎夷，地名也，即陽谷所在。略，言用功少也。惟、甾，二水名。皆復故道也。惟水出琅邪箕屋山。甾水出泰山萊蕪縣。「惟」字今作「濰」，「甾」字或作「淄」，古今通用也。一曰，道讀曰導。導，治也。【補注】錢坫曰：陽谷即暘谷，亦云湯谷，並字通。蘇輿曰：顏用馬訓，見集解引。說文「畧」下云「經畧土地也」。廣雅釋詁「畧，治也」。先謙曰：說文「堣」下引書「宅堣夷」，此古文作「堣」，班作「嵎」，與夏紀同，用今文也。一作「禺銕」，見說文「崵」下與釋文引史記及考靈曜。一作「禺鐵」，見索隱引今文尚書及帝命驗、書正義引夏侯等書。一作「郁夷」。皆今文也。禺，嵎之渻文。「夷」通借作「銕」，「銕」古文「鐵」字，「鐵」又「鐵」之譌文耳。「琅邪箕」下云「維水北至都昌入海」。「泰山萊蕪」下云「甾水東至博昌入泲」。案志文彼作「維水」，此仍作「惟」，不雜出。

〔三〕師古曰：瀕，水涯也。潟，鹵鹹之地。瀕音頻，又音賓。潟音昔。【補注】先謙曰：夏紀同，作潟，用今文。瀕作濱，俗字。史集解釋文引鄭注並云「斥謂地鹹鹵」。是鄭本作「斥」，用古文。志下又作「舃」，乃「潟」之渻。陳奐云「㡿讀爲開拓之拓，言海濱地廣，可以煮鹹。㡿本字，舃叚借」。閟宮傳「舃，大貌」。此取廣㡿之誼也。

〔四〕師古曰：田第三，賦第四。【補注】先謙曰：夏紀同。

〔五〕師古曰：葛之精者曰絺。海中物産既多，故雜獻。【補注】宋祁曰：「獻」下當添「也」字。先謙曰：夏紀「貢」上有「厥」字，後人妄增。史公以「其」代「厥」，不得有厥字明矣。

〔六〕師古曰：畎，小谷也。枲，麻屬也。鈆，青金也。怪石，石之次玉美好者也。言岱山之谷，出絲、枲、鈆、松、怪石五種，皆獻之。畎音工犬反。【補注】先謙曰：說文「畎」作「𡿨」，古文作「甽」。釋名釋山云「山下根之受霤處曰甽」。

〔七〕師古曰：萊山之夷，地宜畜牧。檿，檿桑也。食檿之蠶絲，可以弦琴瑟。檿音烏簟反。【補注】劉敞曰：貢絺絲不特言桊，檿絲言桊，而敘萊夷之下，明此萊夷之貢。先謙曰：夏紀「作」改「爲」，「檿」作「酓」。蓋三家尚書異文。

〔八〕師古曰：汶水出泰山郡萊蕪縣原山。言渡汶水西達于泲也。汶音問。【補注】王念孫曰：「達」本作「通」，凡古文尚書言達于某水者，今文尚書皆作通。漢書皆用今文，故亦作通，上文「通于河」是也。史記亦作通，其間有作達者，皆後人以古文改之。先謙曰：此入泲之汶，與琅邪朱虛出東泰山入維之汶有別，見下道川。

海、岱及淮惟徐州。〔一〕淮、沂其乂，蒙、羽其藝。〔二〕大壄既豬，東原厎平。〔三〕厥土赤埴墳，草木漸包。〔四〕田上中，賦中中。〔五〕貢土五色，〔六〕羽畎夏狄，嶧陽孤桐，〔七〕泗瀕浮磬，〔八〕淮夷蠙珠臮魚，〔九〕厥桊玄纖縞。〔一〇〕浮于淮、泗，達于河。〔一一〕

〔一〕師古曰：東至海，北至岱，南及淮。

〔二〕師古曰：淮、沂二水已治，蒙、羽二山皆可種藝也。淮出大復山。沂出泰山。沂音牛依反。【補注】齊召南曰：案志沂水出泰山郡蓋縣，然泰山乃郡名，非謂沂水出泰山之麓也。注與淮出大復對言，竟似沂出東岳矣。先謙曰：淮、沂見道川。本志「泰山蒙陰」下云「蒙山在西南」。「東海祝其」下云「羽山在南」。段玉裁云：「『乂』今文當作『艾』，於漢石經鴻範殘字知之。」案，漢人引書，艾、乂互見，石經亦一家之學，漢書不必盡與之同也。夏紀「乂」改「治」。

〔三〕師古曰：大野即鉅野澤也。豬，停水也。東原，地名。厎，致也。言大野之水既已停蓄也。東原之地致功而平，可耕稼也。【補注】先謙曰：官本「厎」作「底」，下並同。「停蓄」作「渟蓄」。「山陽鉅壄」下云「大壄澤在北」。案說文「壄」下云「古文野」。夏紀「豬」作「都」。集解引鄭注云「今東平郡即東原」。

〔四〕師古曰：埴，黏土也。漸包，言相漸及包裹而生。【補注】先謙曰：漸包，夏紀同，今文也。釋文「埴，鄭作戠，徐、鄭、王皆讀曰熾，韋昭音試」。說文「蔪」下引書「草木蔪苞」。是古文作「戠」、「蔪苞」。

〔五〕師古曰：田第二，賦第五。【補注】先謙曰：夏紀同。「田」上衍「其」字。

〔六〕師古曰：王者取五色土，封以爲太社，而此州畢貢之，言備有。【補注】先謙曰：正義引太康地記「城陽姑幕有五色土，封諸侯，錫之茅土，用爲社。即禹貢徐州土也。」又寰宇記云「徐州歲貢五色土各一斗，出彭城縣北三十五里赭土山」。夏紀「土」上有「維」字。

〔七〕師古曰：羽畎，羽山之谷也。夏狄，狄雉之羽可爲旌旄者也。羽山之谷出焉。嶧陽，嶧山之陽也。山南曰陽。孤桐，特生之桐也，可爲琴瑟，嶧山之南生焉。嶧音繹。【補注】先謙曰：「東海下邳」下云「葛嶧山在西，古文以爲嶧陽」。夏紀「狄」作「翟」。毛詩衛風「右手秉翟」。韓詩今文作「狄」。據此翟、狄古通。成蓉鏡以作狄爲古文，非也。班用古文，以嶧陽爲山名，説文及史集解引鄭注以嶧爲山名，顔用以注志，與班恉不合。

〔八〕師古曰：泗水之涯浮出好石，可爲磬也。泗水出濟陰乘氏縣。【補注】先謙曰：官本考證云「泗」，監本訛「四」，今改正。先謙案：泗水出魯國卞，顔注未審，見下道川。夏紀「瀕」作「濱」。

〔九〕師古曰：淮夷，淮水上之夷也。蠙珠，珠名。臮，及也。言其地出珠及美魚也。蠙音步千反，字或作玭。【補注】先謙曰：説文「玭，珠也」。宋宏云：「淮水中出玭珠，珠之有聲者。重文作蠙。」案，馬注以淮夷爲二水名，古文説。鄭注「淮水之上夷民」，與宋宏合，用今文説也。夏紀亦作「蠙」，索隱云，一作「玭」。是史漢二書皆有兩作，傳本岐出，非今古文異。臮，古暨字。

〔一〇〕師古曰：玄，黑也。纖，細繒也。縞，鮮支也，即今所謂素者也。言獻黑細繒及鮮支也。【補注】劉敞曰：此棐亦屬淮夷。

〔一一〕師古曰：渡二水而入于河。【補注】王念孫曰：「河」，當依説文作「菏」，顔依文作解而不知其謬也。又下文「山陽郡湖陵，禹貢『浮于淮、泗，今本譌作「泗、淮」。通于河』，水在南」。「河」亦當作「菏」，尚書、史記皆譌作「河」，自韻會舉要始正其誤，而近世閻若璩、胡渭言之益詳，毋庸復辨。地理志「菏」字多作「荷」，下文「道荷澤」，又「東至于荷」，及「濟陰郡」下云「禹貢荷澤在定陶東」是也。水經注亦作「荷」，泗水注引地理志曰「荷水在南」。五經文字云「菏」，古本亦作「荷」。先謙曰：「達」字誤，當作「通」，夏紀作「通」，「山陽湖陵」下亦作「通」。荷水見道川。

淮、海惟揚州。〔一〕彭蠡既豬，陽鳥逌居。〔二〕三江既入，震澤厎定。〔三〕篠簜既敷，〔四〕屮夭木喬。〔五〕厥土塗泥。〔六〕田下下，賦下上錯。〔七〕貢金三品，〔八〕瑶、瑻、篠簜，齒、革、羽毛，〔九〕鳥夷卉服，〔一〇〕厥篚織貝，〔一一〕厥包橘、柚，錫貢。〔一二〕均江海，通于淮、泗。〔一三〕

〔一〕師古曰：北據淮，南距海。【補注】汪遠孫曰：「揚」當從木旁，凡地名姓名，字皆作「楊」。先謙曰：汪說是也。詳見天文志。

〔二〕師古曰：彭蠡，澤名，在彭澤縣西北。陽鳥，隨陽之鳥也。言彭蠡之水既已蓄聚，則鴻雁之屬所共居之。蠡音禮。【補注】先謙曰：彭蠡見道川。夏紀「豬」作「都」，「逌」作「攸」。説文「逌讀若攸」。漢書多古字，「攸」並作「逌」。

〔三〕師古曰：三江，謂北江、中江、南江也。震澤在吳西，即具區也。厎，致也。言三江既入，則震澤致定。【補注】先謙曰：本志「會稽吳」下云「南江在南，東入海，具區澤在西，古文以爲震澤」。中江、北江見道川。夏紀「厎」作「致」。

〔四〕師古曰：篠，小竹也。簜，大竹也。敷謂布地而生也。篠音先了反。簜音蕩。【補注】先謙曰：篠當爲筱，疑後人據枚書改之。説文「筱，箭屬。簜可爲幹，筱可爲矢」。夏紀作「竹箭既布」。

〔五〕師古曰：夭，盛貌也。喬，上竦也。夭音於驕反。喬音橋，又音驕。【補注】先謙曰：夏紀多兩「其」字，兩「惟」字，後人妄增。

〔六〕師古曰：瀸洳溼也。

〔七〕師古曰：田第九，賦第七。又雜出諸品。【補注】先謙曰：夏紀重「上」字。「錯」改「雜」。

〔八〕師古曰：金、銀、銅。【補注】先謙曰：鄭注「銅三色也。三色者，青、白、赤」。顔用僞孔説。

〔九〕師古曰：瑶、瑻，皆美玉名也。齒，象齒也。革，犀革也。羽旄，謂衆鳥之羽可爲旄者也。瑻音昆。【補注】先謙曰：説文「瑻，琨或體」。夏紀作「琨」，亦三家本異。「篠」當爲「筱」。「筱簜」，紀作「竹箭」，「毛」作「旄」。顔注作「羽旄」，足證「毛」字後人妄改。下「荆州」正作「羽旄」，枚書下有「惟木」二字，史漢無，明衍文。

〔一〇〕師古曰：島夷，東南之夷善捕鳥者也。卉服，絺葛之屬。【補注】先謙曰：夏紀作「鳥夷」，後人妄改。

〔一一〕師古曰：織謂細布也。貝，水蟲也，古以爲貨。【補注】劉敞曰：予謂織貝特敘島夷之下，明島夷之篚也。緝貝爲布，如厚繒，今亦有之。貝，木名也。先謙曰：顔用僞孔説，集解引鄭注云「貝，錦名。詩云『成是貝錦』」。劉以貝爲木名，亦非。

〔一二〕師古曰：柚，似橘而大，其味尤酸。橘、柚皆不耐寒，故包裹而致之也。錫貢者，須錫命而獻之，言不常來也。柚音弋救反。【補注】先謙曰：夏紀亦作「包」，今文也，古文作「苞」，見説文「柚」下及詩木瓜箋引。史集解引鄭注錫貢「有錫則貢之，或時乏則不貢。錫，所以柔金也」。皮錫瑞云：史記「錫大龜」、「錫土姓」，皆改作「賜」，惟此與「錫貢磬錯」作「錫」。蓋今文説當爲「貢錫」，顔引王肅説以注漢志，非。

〔一三〕師古曰：均，平也。通淮、泗而入江、海，故云平。【補注】先謙曰：夏紀同。志多「于」字。集解引鄭注「均，讀曰沿。沿，順水行也」。釋文「沿」，鄭本作「松」，松是沿之誤。馬本作「均」，云均平。顔用馬説。孫星衍云：「均」蓋「㣘」字。一切經音義引三蒼云，「循」，古文作「㣘」，與沿義合。

荆及衡陽惟荆州。〔一〕江、漢朝宗于海。〔二〕九江孔殷，〔三〕沱、灊既道，雲夢土作乂。〔四〕厥土塗泥。田下中，賦上下。〔五〕貢羽旄、齒、革，金三品，〔六〕杶、榦、栝、柏，厲、砥、砮、丹，〔七〕惟箘簵、楛，三國厎貢厥名，〔八〕包匭菁茅，〔九〕厥篚玄纁璣組，〔一〇〕九江納錫大龜。〔一一〕浮于江、沱、

灊、漢，逾于洛，至于南河。〔一二〕

〔一〕師古曰：北據荆山，南及衡山之陽也。【補注】先謙曰：荆、衡見道山。

〔二〕師古曰：江、漢二水歸入于海，有似諸侯朝於天子，故曰朝宗。宗，尊也。【補注】先謙曰：江、漢見道川。閻若璩云：江所歷之州曰梁、曰荆、曰揚。漢所歷之州曰梁、曰豫、曰荆。

〔三〕師古曰：孔，甚也。殷，中也。言江水於此州界分爲九道，甚得地形之中。【補注】先謙曰：九江見道川。夏紀「孔殷」作「甚中」，今文説。鄭注「殷猶多也，九江從山谿而出，其孔衆多」。古文説。

〔四〕師古曰：沱、灊，二水名，自江出爲沱，自漢出爲灊。雲夢，澤名。言二水既從其道，則雲夢之土可爲畎魚之治也。沱音徒何反。灊音潛。一曰，道讀曰導。導，治也。【補注】先謙曰：官本注「畎魚」作「甽畝」，是。南監本同。本志「南郡枝江」下云「江沱出西，東入江」。灊水不見志，枚書作「潛」，夏紀作「涔」，古潛、涔通用，毛詩「潛有多魚」，韓詩作「涔」，非今古文異也。「雲夢土」，一本作「雲土夢」。夏紀索隱單行本出「雲土夢」三字，云，雲土、夢二澤名。引韋昭云「雲土今爲縣，屬江夏」。地理志江夏有雲杜縣，是其證也。是小司馬史記本及韋昭漢書音義本並作「雲土夢」，古土、杜通用。皮錫瑞云：王逸楚詞注「夢，澤中也。楚人名澤中謂夢中。左傳『江南之夢』，即江南之澤。雲土夢，亦即雲土澤耳」。其説是也。又案史記各本作「雲夢土爲治」，顔注漢書亦作「雲夢土」，明史、漢又皆有作「雲夢土」者。成蓉鏡云：雲夢本一藪，見周官、爾雅、呂覽、戰國策、淮南墬形訓、鹽鐵論、説文、宋玉高唐賦、司馬相如子虛賦；或單稱「雲」，見左定傳；或單稱「夢」，見左宣、昭傳。杜預云「楚之雲夢，跨江南北」是也。雲夢土作乂者，蓋雲夢爲地至廣，其中有澤有土，當洪水汎濫，皆在巨浸中，至是而水豬於澤，其土乃可治。書「雲夢土作乂」，正以著澤之底定耳。周官、爾雅所記者雲夢澤，而楚王、宋玉所遊者，則雲夢土矣。先謙案：「南郡華容」下云「雲夢澤在南」，正應禹貢，而雲杜縣名，必本雲土，明出三家異本。凡志用古文尚書，皆明著古文及桑欽説，今志不言，其非今、古文異可知矣。小司馬以雲夢爲二澤，李吉甫諸儒並説江北爲雲，江南爲夢，非是。

〔五〕師古曰：田第八，賦第三。【補注】先謙曰：夏紀同。

〔六〕師古曰：自金以上所貢與揚州同。【補注】先謙曰：夏紀同。

〔七〕師古曰：杶木似樗而實。幹，柘也。栝木柏葉而松身。厲，磨也。砥，其尤細者也。砮，石名，可爲矢鏃。丹，赤石也，所謂丹沙者也。杶音丑倫反。栝音古活反。砥音指，又音祇。砮音奴。【補注】先謙曰：官本「祇」作「抵」，是。釋文「杶」又作「櫄」。說文「櫄，杶或體」。史漢同作「杶」。考工記注「禹貢荆州貢櫄、榦、栝、柏」。夏紀「厲」作「礪」，俗字。

〔八〕師古曰：箘簵，竹名，楛，木名也，皆可爲矢。言此州界本有三國致貢斯物，其名稱美也。箘音囷。簵音路。楛音枯。【補注】先謙曰：官本注「枯」作「怙」，是。說文「簬」下引夏書曰「惟箘簬、枯」。「簵」下云「簬古文」。「枯」下云「槁也。夏書曰『惟箘輅、脱上竹。枯』。木名也」。夏紀「簵」作「簬」，「楛」同。徐廣注「一作『箭足杆』。杆即楛也，音怙」。先謙案：史漢用今文作「楛」，則「枯」是古文。作「簵」者，或夏侯尚書與古文合耳。皮錫瑞云：「夏紀『篠簜』作『竹箭』，故『箘』一作『箭足』，蓋『路』之壞字，鄭以厥名屬下讀，古文異說。」

〔九〕師古曰：匭，柙也。菁，菜也，可以爲菹。茅可以縮酒。苞其茅匭其菁而獻之。匭音軌。菁音精。【補注】先謙曰：晉志「零陵泉陵縣有香茅，古貢之以縮酒」。正義：「括地志『辰州盧溪縣西南三百五十里有包茅山，山際出包茅，有刺而三脊，因名』。」

〔一〇〕師古曰：玄，黑色。纁，絳也。璣，珠之不圜者。組，綬類也。纁音勳。璣音機，又音祈。

〔一一〕師古曰：大龜尺有二寸，出於九江。錫命而納，不常獻也。【補注】先謙曰：下文「納」並作「內」，此後人據校書改。「納錫」，史記作「入賜」，以詁訓代也。皮錫瑞云：「『錫大龜』三字當連讀，蓋天子錫諸侯之大龜。禮樂記『青黑緣者，天子之寶龜也，從之以牛羊之羣，則所以贈諸侯也』。公羊傳言『寶玉大弓，有龜青純』。公羊以寶即寶龜，與樂記合，是古天子有錫諸侯寶龜之禮。納錫大龜，謂納此錫諸侯之大龜，史記作『入賜』，亦謂入此賜諸侯之大龜也。

〔一二〕師古曰：逾，越也。言渡四水而越洛，乃至南河也。南河在冀州南。【補注】王念孫曰：「洛」本作「雒」，此後人以俗本尚書改之也。凡伊、雒、瀍、澗之「雒」字，從隹旁各。涇、渭、洛之「洛」字，從水旁各。一爲豫州川，一爲雍州浸，載在職方，不相假借。故説文水部「洛」字注内，但有雍州之洛，而無豫州之雒。今經傳中伊雒之「雒」多作「洛」者，後人惑於魏文帝之言而改之也。尚書有豫州之雒，無雍州之洛，其字古今文皆作「雒」，而今本作「洛」，則又衞包以俗書改之也。此志「弘農郡上雒」下云「禹貢雒水出冢領山，東北至鞏入河，豫州川」。「左馮翊褱德」下云「洛水東南入渭，雍州寖」。其秩然不紊如此，而後人猶改「雒」爲「洛」，弗思之甚也。然下文之「伊、雒、瀍、澗」，「其川熒雒」，今本「熒」作「滎」，辨見高紀「滎陽」下。及「弘農郡盧氏、黽池、新安、上雒」四縣下之「雒」字，「河南郡穀城」下之「雒」字，則仍然未改，幸其參差不一，猶可考見班氏原文。雒、洛二字之辨，古文尚書撰異言之甚詳，今舉其大畧如此。先謙曰：夏紀「灉漢」作「浂于漢」，「于」字衍。詳禹貢班義述。浂、灉字同。「逾于洛」，夏紀作「踰于洛」，下「逾」並作「踰」。

荆、河惟豫州。〔一〕伊、雒、瀍、澗既入于河，〔二〕滎、波既豬，〔三〕道荷澤，被盟豬。〔四〕厥土惟壤，下土墳壚。〔五〕田中上，賦錯上中。〔六〕貢漆、枲、絺、紵，棐纖纊，〔七〕錫貢磬錯。〔八〕浮于洛，入于河。〔九〕

〔一〕師古曰：西南至荆山，北距河水。【補注】先謙曰：官本考證云：「荆山」，監本訛「荆州」，從宋本改正。

〔二〕師古曰：伊出陸渾山，雒出冢領山，瀍出穀成山，澗出黽池山，四水皆入河。【補注】先謙曰：伊、雒、瀍、澗並見道川。

〔三〕師古曰：滎，沇水泆出所爲也，即今滎澤是也。波，亦水名。言其水並已過聚矣。一説，謂滎水之波。【補注】先謙曰：滎，古從火，作熒。左隱元年傳釋文「本或作『滎』，非」。詳古文尚書撰異。夏紀作「滎播既都」。案職方「其浸波、溠」，鄭注「波讀爲播」。是「波」即「播」，鄭以今文讀古文也。說文「潘，水名，在河南滎陽」。陳喬樅云：漢書作「波」，乃「潘」之叚借。詩「番爲司徒」，人表作「司徒皮」。儀禮既夕篇「設披」，鄭注「今文披皆爲藩」。是其證。先謙案，此水本字作「潘」，叚字作「播」。志作「波」者，班特用古文改之，俾後人曉然於職方之「波」，即禹貢之「播」耳。班學無常師，於此益見。顏引一說，非。索隱訓潘爲播溢，尤誤。

〔四〕師古曰：荷澤在湖陵。盟豬亦澤名，在荷之東北。言治荷澤之水衍溢，則使被及盟豬，不常入也。道讀曰導。荷音歌。被音被馬之被。盟音孟。【補注】先謙曰：菏、荷通用，見上。荷澤在濟陰，見道川。顏云澤在湖陵者，其流也。本志「梁國睢陽」下云「盟諸澤在東北」。案大傳作「孟諸」，周禮作「望諸」，則諸、豬非今、古文異。班豬、諸並用，亦如上濰水，維、濰兩作之例。夏紀作「明都」。段玉裁云「明、盟、孟、望，古音皆讀如芒」。

〔五〕師古曰：高地則壤，下地則墳。壚謂土之剛黑者也，音盧。【補注】先謙曰：夏紀無「惟」字。

〔六〕師古曰：田第四，賦第二，雜出第一。【補注】先謙曰：官本注「雜」上有「又」字，南監本同。

〔七〕師古曰：紵，織紵爲布及綀也。纖纊，細綿也。紵音佇。纊音曠。【補注】宋祁曰：「綀」，淳化本作「疎」。先謙曰：夏紀「枲」作「絲」，蓋亦三家文異。揚雄豫州箴作「枲」。又紀「纊」作「絮」，故訓字，既夕記注「纊，新絮也」。

〔八〕師古曰：錯，治玉之石。磬錯，言可以治磬也。亦待錫命而貢。【補注】宋祁曰：注末「貢」下當添「之」字。皮錫瑞曰：夏紀錫不改賜，或亦當如鄭注貢錫之義。

〔九〕師古曰：因洛入河也。【補注】先謙曰：段玉裁云：「入」，蓋「通」之誤，唐本已然。夏紀作達，亦「通」之誤。

華陽、黑水惟梁州。〔一〕岷、嶓既藝，沱、灊既道，〔二〕蔡、蒙旅平，和夷底績。〔三〕厥土青黎。〔四〕田下上，賦下中三錯。〔五〕貢璆、鐵、銀、鏤、砮、磬，〔六〕熊、羆、狐、貍、織皮。〔七〕西頃因桓

是徠，〔八〕浮于灊，逾于沔，〔九〕入于渭，亂于河。〔一〇〕

〔一〕師古曰：東據華山之南，西距黑水。

〔二〕師古曰：岷，岷山也。嶓，嶓冢山也。言水已去，二山之土皆可種蓺。沱、灊，二水，治從故道也。岷音旻。嶓音波。道讀曰導。【補注】宋祁曰：「岷」，疑作「崏」，注同。錢大昭曰：「岷」，閩本作「崏」，注同。下文岷山，皆作「崏」，閩本是。蘇輿曰：説文作「㟭」，岷即㟭省。段玉裁謂古文尚書作「㟭」，今文作「汶」。案漢志作「岷」，或作「崏」，湔氏道下。亦作「汶」，有汶江道。又作「文」，武紀、西南夷傳同，即「汶」之省。夏紀作「汶」，而河渠書作「岷」，參差不一，如此未可據爲今、古文之辨。先謙曰：岷、嶓見道山，沱見道川，本志「巴郡宕渠」下云「灊水西南入江。」夏紀「灊」作「涔」。

〔三〕師古曰：蔡、蒙，二水名。旅，陳也。旅平，言已平治而陳祭也。和夷，地名，亦以致功可耕稼也。【補注】蘇輿曰：顔訓旅平爲平治而陳祭，既倒經文，且禹貢三言旅，皆屬山，言治畢陳祭，山川皆同。何獨於山舉之？竊謂旅，陳也。陳，列也。洪水泛濫，山没於水，水歸山出，表識可驗，粲然陳列而平治也。故下以刊旅並言。「荆、岐既旅」，義亦同。先謙曰：官本注「水」作「山」，是，南監本同。「蜀郡青衣」下，有蒙山。和即桓水，見下。

〔四〕師古曰：色青而細疏。【補注】先謙曰：夏紀「黎」作「驪」。

〔五〕師古曰：田第七，賦第八，又雜出第七至第九，凡三品。

〔六〕師古曰：璆，美玉也。鏤，剛鐵也。磬，磬石也。璆音虯。

〔七〕師古曰：織皮謂罽也。言貢四獸之皮，又貢維罽。【補注】先謙曰：官本「維」作「雜」，是。南監本同。

〔八〕師古曰：西頃，山名，在臨洮西南。桓，水名也。言治西頃山，因桓水是來，無它道也。頃讀曰傾。【補注】先謙曰：西頃見道山。「蜀郡」下云「桓水出蜀山，西南行羌中，入南海」。鄭注以「織皮西頃」爲句，以「桓是」爲隴阪名，與史漢句讀不同，乃古文異説。

〔九〕師古曰：漢上曰沔，音莫踐反。【補注】先謙曰：夏紀「灊」作「潛」，後人妄改，仍當爲「涔」。沔水一名沮水，與漾水合，故漾兼沔稱。沔見道川。

〔一〇〕師古曰：正絶流曰亂。【補注】先謙曰：渭見道川。

黑水、西河惟雍州。〔一〕弱水既西，〔二〕涇屬渭汭。〔三〕漆、沮既從，酆水逌同。〔四〕荆、岐既旅，〔五〕終南、惇物，至于鳥鼠。〔六〕原隰底績，至于豬壄。〔七〕三危既宅，三苗丕敘。〔八〕厥土黄壤。田上上，賦中下。〔九〕貢球、琳、琅玕。〔一〇〕浮于積石，至于龍門西河，〔一一〕會于渭汭。〔一二〕織皮昆崘、析支、渠叟，西戎即敘。〔一三〕

〔一〕師古曰：西據黑水，東距西河。西河即龍門之河也，在冀州西，故曰西河。【補注】先謙曰：揚雄雍州箴「黑水、西河，横截昆崘，邪指閶闔，畫爲雍垠」。

〔二〕師古曰：治使西流至合黎。【補注】先謙曰：弱水見道川。

〔三〕師古曰：屬，逮也。水北曰汭。言治涇水入于渭也。屬音之欲反。汭音芮，又音而悦反。【補注】先謙曰：涇水見道川。説文「水相入曰汭」。

〔四〕師古曰：漆、沮，即馮翊之洛水也。酆水出鄠之南山。言漆、沮既從入渭，酆水亦來同也。逌，古攸字也。攸，所也。沮音七余反。【補注】先謙曰：漆、沮、酆，見道川。

〔五〕師古曰：荆、岐，二山名。荆在岐東，言二山治畢，已旅祭也。【補注】先謙曰：荆、岐見道山。

〔六〕師古曰：終南、惇物二山皆在武功。鳥鼠山在隴西首陽西南。自終南西出至于鳥鼠也。【補注】先謙曰：本志「扶風武功」下云「大壹山古文以爲終南，垂山古文以爲敦物，皆在縣東」。夏紀「惇」作「敦」。鳥鼠見道山。

〔七〕師古曰：高平曰原，下溼曰隰。豬壄，地名。言皆致功也。【補注】先謙曰：「武威武威」下云「休屠澤在東北，古文以爲豬壄澤」。夏紀作「都野」。

〔八〕師古曰：三危，山名，已可居也。三苗，本有苗氏之族，徙居於此，分而爲三，故言三苗。今皆大得其次敘。【補注】先謙曰：夏紀「宅」作「度」。「丕敘」作「大序」。丕，大故訓字。御覽引河圖括地象云「三危山在鳥鼠之西南，與汶山相接」。地道記云「三苗所處，今安西州」。五帝紀「三苗在江淮、荊山，舜遷三苗于三危」。故雍州有三苗也。

〔九〕師古曰：田第一，賦第六。

〔一〇〕師古曰：球、琳，皆玉名。琅玕，石似珠者也。球音求，又音虯。琳音林。琅音郎。玕音干。【補注】先謙曰：夏紀「球」作「璆」，蓋三家異字。論衡率性篇「禹貢曰『璆、琳、琅玕』，此則土地所生真玉珠」。段玉裁云：真玉謂球琳，真珠謂琅玕，此今文説也。釋文「琳」又作「玪」。鄭注「璆，美玉。玪，美石」。案説文「玪」下云「玪，塾石之次玉者」。鄭訓美石，則其本琳必作玪，此古文異説。

〔一一〕師古曰：積石山在金城西南，龍門山在河東之西界，皆河水所經。【補注】先謙曰：積石、龍門見道川。

〔一二〕師古曰：逆流曰會。自渭北涯逆流西上。

〔一三〕師古曰：昆崘、析支、渠叟，三國名也。言此諸國皆織皮毛，各得其業。而西方遠戎，並就次敘也。叟讀曰搜。【補注】宋祁曰：姚本「各得其」下添「事」字。「次」字改作「此」。先謙曰：夏紀「崘」作「侖」，「叟」作「搜」，「敘」作「序」。案，昆崘山祠，見「金城臨羌」，昆侖障見「敦煌廣至」，並不從山。溝洫志亦作「侖」。朔方渠搜縣，亦不作「叟」。西域傳贊云「書曰『西戎即序』」，言禹就而序之。又敘傳「西戎即序，夏后是表」。亦不作「敘」，字皆通用，非今古文異。

道汧及岐，至于荊山，〔一〕逾于河；〔二〕壺口、雷首，至于大嶽；〔三〕厎柱、析城，至于王屋；〔四〕太行、恆山，至于碣石，入于海。〔五〕西傾、朱圉、鳥鼠，至于太華；〔六〕熊耳、外方、桐柏，至于倍尾。〔七〕道嶓冢，至于荆山；〔八〕内方，至于大别；〔九〕㟭山之陽，至于衡山，〔一〇〕過九江，至于敷淺原。〔一一〕

〔一〕師古曰：自此以下，更説所治山水首尾之次也。治山通水，故舉山言之。汧山在汧縣西。道讀曰導。後皆類此。汧音苦堅反。【補注】先謙曰：夏紀「道」下有「九山」二字。本志「扶風汧」下云「吴山在西，古文以爲汧山」。「美陽」下云「岐山在西北」。「馮翊襃德」下云「北條荆山在南」。

〔二〕師古曰：即梁山、龍門。

〔三〕師古曰：自壺口雷首而至大嶽也。雷首在河東蒲阪南。大嶽即所謂嶽陽者。【補注】先謙曰：官本「大」作「太」，南監本同。本志「河東北屈」下云「壺口山在東南」。「蒲反」下云「雷首山在南」。「彘」下云「霍太山在東」。

〔四〕師古曰：厎柱在陝縣東北，山在河中，形若柱也。析城山在濩澤西南。王屋山在垣縣東北。【補注】先謙曰：夏紀「厎」作「砥」，下同。厎柱見道川。本志「河東濩澤」下云「析城山在西南」。「垣」下云「王屋山在東北」。

〔五〕師古曰：太行山在河内山陽西北。恆山在上曲陽西北。言二山連延，東北接碣石而入于海。行音胡郎反。【補注】先謙曰：本志「河内壄王」下云「大行山在西北」。「常山上曲陽」下云「恆山北谷在西北」。「右北平驪成」下云「大揭石山在西南」。

〔六〕師古曰：朱圉山在漢陽冀縣南。太華即今華陰山。【補注】宋祁曰：「陰山」，姚本作「陽山」。先謙曰：官本「頃」作「傾」，南監本同。本志「隴西臨洮」下云「西頃山在西南」。「天水冀」下云「朱圉山在縣南梧中聚」。「京兆華陰」下云「太華山在南」。

〔七〕師古曰：熊耳在陝東。外方在潁川故縣，即崇高也。桐柏在平氏東南。倍尾在安陸東北。言四山相連也。倍讀曰陪。【補注】先謙曰：本志「弘農盧氏」下云「熊耳山在東」。「潁川崈高」下云「古文以崇高爲外方山」。「南陽平氏」下云「桐柏大復山在東南」。「江夏安陸」下云「横尾山在東北，古文以爲倍尾」。夏紀作「負尾」，三家異文。

〔八〕師古曰：嶓冢山在梁州南。此荆山在南郡臨沮東北。嶓音波。【補注】先謙曰：官本「此」作「北」。齊召南云：「南北」當作「西北」，各本俱誤。先謙案：顔言此者，以别於北條荆山。本志「隴西西」下云「禹貢嶓冢山」。「南郡臨沮」下云「南條荆山在東北」。

〔九〕師古曰：内方在荆州。大别在廬江安豐也。【補注】先謙曰：本志「江夏竟陵」下云「章山在東北，古文以爲内方山」。「六安安豐」下云「大别山在西南」。皮錫瑞云：自杜預始疑大别不在安豐，元和志遂以翼際山當之，非古義。

〔一〇〕師古曰：崏山在蜀郡湔氐西。衡山在長沙湘南之東南。崏山，江所出。衡山，江所經。【補注】齊召南曰：此本孔傳之誤也。衡山，湘水所經，北去岷江甚遠，安得謂江所經乎？先謙曰：本志「蜀郡湔氐」下云「崏山在西徼外」。「長沙湘南」下云「衡山在東南」。

〔一一〕師古曰：敷淺原，一名博陽山，在豫章歷陵南。【補注】先謙曰：官本「博」作「傅」，是。引宋祁曰「傅陽」，尚書注作「博陽」，一本作「溥陽」。案南監本亦作「博陽」。九江見下。本志「豫章歷陵」下云「傅易山，古文以爲傅淺原」。

道弱水，至于合藜，餘波入于流沙。〔一〕道黑水，至于三危，入于南海。〔二〕道河積石，至于龍門，〔三〕南至于華陰，東至于底柱，〔四〕又東至于盟津，〔五〕東過洛汭，至于大伾，〔六〕北過降水，至于大陸，〔七〕又北播爲九河，〔八〕同爲逆河，入于海。〔九〕嶓冢道瀁，東流爲漢，〔一〇〕又東爲滄浪之水，〔一一〕過三澨，至于大别，〔一二〕南入于江，〔一三〕東匯澤爲彭蠡，〔一四〕東爲北江，入于海。〔一五〕崏山道江，東别爲沱，〔一六〕又東至于醴，〔一七〕過九江，至于東陵，〔一八〕東迆北會于匯，〔一九〕東爲中江，入于海。〔二〇〕道沇水，東流爲泲，〔二一〕入于河，軼爲滎，〔二二〕東出于陶丘北，〔二三〕又東至于荷，〔二四〕又東北會於汶，〔二五〕又北東入于海。〔二六〕道淮自桐柏，〔二七〕東會于泗、沂，東入于海。〔二八〕道渭自鳥鼠同穴，〔二九〕東會于酆，〔三〇〕又東至于涇，〔三一〕又東過漆、沮，入于河。〔三二〕道洛自熊耳，〔三三〕東北會于澗、瀍，〔三四〕又東會于伊，又東北入于河。〔三五〕

〔一〕師古曰：合藜山在酒泉。流沙在敦煌西。【補注】先謙曰：官本「藜」作「黎」，南監本同。「道」下，夏紀有「九川」二字。本志「張掖刪丹」下云「桑欽以爲道弱水自此，西至酒泉合黎」。「居延」下云「居延澤在東北，古文以爲流沙」。說文「溺水自張掖刪丹西至酒泉合黎，餘波入于流沙」。桑欽所說，全用志文。案，釋文「弱」本作「溺」，疑古文作「溺」，班氏從俗，特以今文易之。水經注、禹貢山水澤地篇作「合離」。

〔二〕師古曰：黑水出張掖雞山，南流至敦煌，過三危山，又南流而入于南海。【補注】先謙曰：本志「益州滇池」下云「有黑水祠」。禹貢山水澤地篇「三危山在敦煌縣南」。

〔三〕師古曰：積石山在河關西羌中。龍門山在夏陽北。言治河施功，自積石起，鑿山穿地，以通其流，至龍門山也。【補注】先謙曰：本志「金城河關」下云「積石山在西南羌中。河水行塞外，東北入塞内，至章武入海」。「馮翊夏陽」下云「龍門山在北」。

〔四〕師古曰：自龍門南流以至華陰，又折而東經厎柱。【補注】先謙曰：夏紀無兩「于」字。志京兆有華陰縣。禹貢山水澤地篇「砥柱山在河東大陽縣東河中」。

〔五〕師古曰：盟讀曰孟。孟津在洛陽之北，都道所湊，故號孟津。孟，長大也。【補注】先謙曰：夏紀同。枚書作「孟津」。

〔六〕師古曰：洛汭，洛入河處，蓋今所謂洛口也。山再重曰伾。大伾山在成皋。伾音平鄙反。【補注】錢坫曰：洛水入河處，在今河南開封府汜水縣西北。先謙曰：溝洫志作「雒内」，此「洛」字後人所改。汭、内通作。夏紀作「大邳」，溝洫志亦作「伾」。禹貢山水澤地篇「大伾在河南成皋縣北」。

〔七〕師古曰：降水在信都。大陸在鉅鹿。【補注】先謙曰：官本注「降」作「洚」，南監本正文、注並作「洚」。「上黨郡屯留」下云「桑欽言，絳水出西南，東入海」。當作「入漳」，河水注引正作「漳」。「信都國信都」下云「禹貢絳水入海」。郡國志亦云信都有絳水。字並作「絳」，此作「降」，後人所改。夏紀作「降」，索隱云「地理志從糸作絳」，尤其明證。「鉅鹿鉅鹿」下云「大陸澤在北」。案志云「桑欽以絳水爲入漳」，古文説；「信都」下「絳水入海」，今文説。

〔八〕師古曰：播，布也。【補注】先謙曰：志九河有三：「勃海成平」下云「虖池河，民曰徒駭河」，「東光」下云「有胡蘇亭」，「平原鬲」下云「平當以爲鬲津」。

〔九〕師古曰：同，合也。九河又合而爲一，名爲逆河，言相迎受也。海即渤海是也。【補注】宋祁曰：「迎」改作「逆」。錢大昕曰：「逆」當作「迎」，迎、逆聲相近，義亦不異，宋改「迎」爲「逆」，於義雖通，終失班氏之舊。先謙曰：溝洫志作「迎河」。「勃海郡」，「莽曰迎河」。「南皮」，「莽曰迎河亭」。此作「迎河」無疑。夏紀、河渠書作「逆河」，又太史公云「東闚洛汭、大伾，迎河」。足證夏紀、河渠書之「逆河」，後人據古文改之。

〔一〇〕師古曰：漾水出隴西氐道，東流過武關山南爲漢。禹治漾水自嶓冢始也。漾音恙。【補注】先謙曰：説文「漾」下云「從水，羕聲」。「瀁」下云「古文從養」。夏紀作「瀁」，蓋兼存古文，志作「漾」，用今文，下作「養」，亦兼録古文，養即瀁之省也。嶓冢見上。本志「隴西氐道」下云「養水所出，東至武都爲漢」。「武都武都」下云「漢水受氐道水，一名沔，過江夏謂之夏水，入江」。

〔一一〕師古曰：出荊山東南，流爲滄浪之水，即漁父所歌者也。浪音琅。【補注】皮錫瑞曰：文選南都賦「流滄浪而爲隍，廓方城而爲墉」。李注引左傳「方城以爲城，漢水以爲池」。是滄浪即漢之别流，馬、鄭皆以爲夏水，蓋今古文説不異。沔水注以武當之千齡洲當之，非是。先謙曰：夏紀「滄」作「蒼」。

〔一二〕師古曰：三澨水在江夏竟陵。澨音筮。【補注】先謙曰：禹貢山水澤地篇「三澨地在南郡邔縣北沱」。注云「馬、鄭、王、孔咸以爲三澨，水名。許慎言澨者，埤增水邊，土人所止也。左傳有句澨、漳澨、薳澨。服虔或謂之邑，又謂之地。京相璠、杜預云，水際及邊地名也。今南陽、淯陽二縣間，有南澨、北澨。諸儒之論，水陸相半，惟鄭玄及劉澄之言，在竟陵縣界」。

〔一三〕師古曰：觸大別山而南入江也。

〔一四〕師古曰：匯，迴也，又東迴而爲彭蠡澤也。匯音胡賄反。【補注】先謙曰：「豫章彭澤」下云「彭蠡澤在西」。

〔一五〕師古曰：自彭蠡江分爲三，遂爲北江而入海。【補注】何焯曰：史記注，孔安國云「自彭蠡，江分爲三道入震澤，遂爲北江而入海」。案「入震澤」之語，最爲謬妄，顏削去，得之。先謙曰：「會稽毗陵」下云「北江在北，東入海」。

〔一六〕師古曰：別而出也，江東南流，沱東行也。沱音徒河反。【補注】先謙曰：本志「蜀郡湔氐」下云「嶓山在西徼外，江水所出，東南至江都入海」。「郫」下云「禹貢江沱在西，東入大江」。

〔一七〕師古曰：醴水在荆州。【補注】先謙曰：馬、鄭注本及夏紀同，是今古文並作「醴」。枚書作「澧」，唐石經以下從之，非。集解引鄭注云「醴，陵名。大阜曰陵。長沙有醴陵縣」。

〔一八〕師古曰：東陵，地名。【補注】先謙曰：「廬江尋陽」下云「九江在南，皆東合爲大江」。又「金蘭西北有東陵鄉」。先謙案：此九江，今文説。禹貢山水澤地篇「九江地在長沙下雋縣西北」。本山海經洞庭九江爲文，桑欽古文説也。班、酈皆不用之。

〔一九〕師古曰：迆，溢也。東溢分流，都共北會彭蠡也。迆音弋爾反。【補注】先謙曰：匯謂震澤東迆者，北會于震澤，出爲南江。詳「會稽吴」下。

〔二〇〕師古曰：亦自彭蠡出。【補注】先謙曰：自震澤出。「丹揚蕪湖」下云「中江出西南，東至陽羡入海」。

〔二一〕師古曰：泉出王屋山，名爲沇，流去乃爲泲也。沇音弋轂反。【補注】宋祁曰：沇音一作流。

〔二二〕師古曰：軼與溢同。言濟水入河，並流而南，截河，又並流溢出，乃爲滎澤。一曰軼，過也，音逸。【補注】先謙曰：本志「河東垣」下云「沇水所出，東南至武德入河，軼出滎陽北地中，又東至琅槐入海」。

〔二三〕師古曰：陶丘，丘再重也，在濟陰定陶西南。【補注】先謙曰：「濟陰定陶」下云「禹貢陶丘在西南陶丘亭」。

〔二四〕師古曰：即荷澤。【補注】段玉裁曰：此謂定陶之菏澤，非謂湖陵之菏水也。先謙曰：「濟陰郡」下云「荷澤在定陶東」。

〔二五〕師古曰：濟與汶合。【補注】汪遠孫曰：「於」當作「于」。尚書作「于」，不作「於」。先謙曰：此「浮汶通泲」之汶也。「泰山萊蕪」下云「原山，禹貢汶水出，西南入泲。桑欽所言」。

〔二六〕師古曰：北折而東也。【補注】先謙曰：夏紀作「又東北」。

〔二七〕【補注】先謙曰：本志「南陽平氏」下云「桐柏大復山，淮水所出，東南至淮陵入海」。

〔二八〕【補注】先謙曰：「魯國卞」下云「泗水東南至方與入泲」。「濟陰乘氏」下云「泗水東南至睢陵當作淮陰。入淮」。「泰山蓋」下云「沂水南至下邳入泗」。

〔二九〕【補注】先謙曰：本志「隴西首陽」下云「鳥鼠同穴山，渭水所出，東至船司空入河」。

〔三〇〕【補注】先謙曰：「扶風鄠」下云「酆水出東南，北過上林苑入渭」。

〔三一〕【補注】先謙曰：「安定涇陽」下云「幵頭山在西，涇水所出，東南至陽陵入渭」。「至」當作「會」。夏紀同。

〔三二〕【補注】先謙曰：「扶風漆」下云「漆水在縣西」。「北地直路」下云「沮水出西，東入洛」。「馮翊褱德」下云「洛水東南入渭，説者以爲漆、沮」。

〔三三〕【補注】汪遠孫曰：「洛」當作「雒」。先謙曰：本志「弘農上雒」下云「雒水出冢領山，東北至鞏入河。熊耳獲輿山在東北」。

〔三四〕【補注】先謙曰：「弘農新安」下云「澗水在東，南入雒」。「河南穀成」下云「瀍水出暨亭北，東南入雒」。

〔三五〕【補注】先謙曰：「弘農盧氏」下云「伊水出，東北入雒」。

九州逌同，〔一〕四奧既宅，〔二〕九山栞旅，〔三〕九川滌原，〔四〕九澤既陂，〔五〕四海會同。〔六〕六府孔修，〔七〕庶土交正，厎慎財賦，〔八〕咸則三壤，成賦中國。〔九〕錫土姓：「祗台德先，不距朕行。」〔一〇〕

〔一〕師古曰：各以其所而同法。【補注】蘇輿曰：顏說非。逌、攸字同，此攸訓所不可通。說文「攸，行水也」。戴侗六書故引唐本「水行攸攸也」。案，當作「行水攸攸」。行水順其性，則安流攸攸而入於海。正與此攸義合。九州之水，皆攸行而會同於海，承上文言之。史公於禹貢「攸」皆改「所」，惟此作「攸」，而於句上加「於是」二字，明不訓「攸」爲「所」，顏說失其恉矣。

〔二〕師古曰：奧讀曰墺，謂土之可居者也。宅亦居也。言四方之土已可定居也。墺音於六反。【補注】先謙曰：夏紀亦作「奧」，大傳「壇四奧」，是今文作「奧」。說文「墺，四方之土可定居者也」。玉篇土部引夏書「四墺既宅」，蓋古文作「墺」。夏紀「宅」改「居」。

〔三〕師古曰：九州之山皆已栞木通道而旅祭也。【補注】先謙曰：夏紀亦作「栞」，今文同。枚書作「刊」。皮錫瑞云：史記道九山，則禹貢之山實有九數，非謂九州之山。以經攷之，汧及岐至于荊山，一也；壺口、雷首至于大嶽，二也；厎柱、析城至于王屋，三也；大行、恆山至于碣石，四也；西傾、朱圉、鳥鼠至于太華，五也；熊耳、外方、桐柏至于陪尾，六也；嶓冢至于荊山，七也；內方至于大別，八也；崏山之陽至于衡山，九也；其數適合。蓋山之數不止於九，而脈絡相承，數山實止一山，故可合爲一山。觀經文皆自某山至於某山，此數山可合爲一山之證。

〔四〕師古曰：九州泉源皆已清滌無壅塞。【補注】先謙曰：九川：弱水一，黑水二，河三，漾四，江五，沇六，淮七，渭八，洛九也。史公「弱水」上增「九川」二字，則九川非九州泉源可知。

〔五〕師古曰：九州陂澤皆已遏障無決溢。【補注】先謙曰：皮錫瑞云：「九山、九川皆實有九，則九澤亦當實有九數，非謂九州之澤也。以經攷之，雷夏一，大壄二，彭蠡三，震澤四，雲夢五，滎波六，荷澤七，盟豬八，豬壄九，適符九數。雷夏、彭蠡、震澤、荷澤，禹貢明著澤名，雲夢、盟豬、大壄皆爲澤，見職方。熒澤見左傳。豬壄澤見水經。其或一州無澤，或一州二澤、三澤，蓋無一定，非如職方所在一州一澤也」。

〔六〕師古曰：四海之内皆同會京師。【補注】先謙曰：官本注無「皆」字，引宋祁曰「『之内』下姚本有『皆』字」。

〔七〕師古曰：水、火、金、木、土、穀皆甚治。【補注】先謙曰：夏紀「孔」改「甚」。

〔八〕師古曰：言衆土各以其所出，交易有無，而不失正，致慎貨財，以供貢賦。【補注】先謙曰：夏紀「庶」改「衆」，「厎」改「致」。集解引鄭注「衆土美惡及高下，得其正矣」。顔説非。

〔九〕師古曰：言皆隨其土田上中下三品，而成其賦於中國也。中國，京師也。【補注】先謙曰：官本注「田」作「地」，下有「自」字，引宋祁曰「邵本『其土地』下『自』字作『田』」，南監本與此本同。史集解引鄭注「中國」二字，屬下爲句，古文説也。王褒四子講德論云「咸則三壤」。顔與鄭讀不同，蓋襲漢人舊説。

〔一〇〕師古曰：台，養也。言封諸侯，賜之土田，因以爲姓。所敬養者，惟德爲先，故無距我之行也。台音怡。【補注】先謙曰：夏紀「錫」作「賜」，集解引鄭注，祗台訓敬悦，顔注不同，蓋亦襲漢人舊説。

五百里甸服：〔一一〕百里賦内總，〔一二〕二百里納銍，〔一三〕三百里内戛服，〔一四〕四百里粟，五百里米。〔一五〕五百里侯服：〔一六〕百里采，〔一七〕二百里男國，〔一八〕三百里諸侯。〔一九〕五百里綏服：〔二〇〕三百里揆文教，〔二一〕二百里奮武衛。〔二二〕五百里要服：〔二三〕三百里夷，〔二四〕二百里蔡。〔二五〕五百里荒服：〔二六〕三百里蠻，〔二七〕二百里流。〔二八〕東漸于海，西被于流沙，朔、南曁，聲教訖于四海。〔二九〕

〔一〕師古曰：規方千里，最近王城者爲甸服，則四面五百里也。甸之爲言田也，主爲王者治田。【補注】先謙曰：夏紀云「令天子之國以外，五百里甸服」。皮錫瑞云：此言甸服在帝畿千里之外，如職方甸服在王畿千里之外也。其外，侯、綏、要、荒，各五百里，五服四面相距，方五千里，加帝畿千里，則六千里。賈逵、馬融以爲中國方六千里，蓋同史公之説，然史公意以爲帝畿之外，乃爲五百里甸服，納總之屬，即在五百里甸服中。而馬注云「甸服之外，每百里爲差，所納總銍秸粟米者，是甸服之外，特爲此數。其侯服之外，每言三百里二百里者，還就其服之内，别爲名耳，非是服外更有其地也」。甸服之外五百里，至城千里，其侯、綏、要、荒服，各五百里，是面三千里，相距爲方六千里」。據此則馬意以爲五百里甸服，即是帝畿千里，甸服外乃别有納總之屬，雖皆云六千里，而其義稍異。

〔二〕師古曰：自此以下，説甸服之内，以差言之也。總，禾稾揔入也。内讀曰納。下皆類此。【補注】先謙曰：官本注「揔」作「總」，南監本同。夏紀「内」作「納」，通用字，下同。

〔三〕師古曰：銍謂所刈，即禾穗也。銍音窒。【補注】錢大昭曰：「納」，南監本、閩本作「内」，上下文皆爲「内」，此「納」字誤。先謙曰：官本作「内」。

〔四〕師古曰：戛，稾也。言服者，謂有役則服之耳。戛音工黠反。【補注】錢坫曰：「戛」，夏紀作「秸」，依義即稭字也，别作秸耳。禮器注又作「鞂」，亦别字，此則借用戛戟字。陳奂曰：「戛服」，書作「秸服」。二字連文得義，斷去其稾，又去其穎，謂之秸，帶稃言謂之秸服。秸者，實也。秸服者，粟之皮也。服與稃聲相近，自僞孔傳誤秸爲稾，而顔又誤解服字耳。

〔五〕師古曰：精者納少，麤者納多。

〔六〕師古曰：此次甸服之外方五百里也。侯，候也，主斥候而服事也。

〔七〕師古曰：又説侯服内之差次也。采，事也，王事則供之，不主一也。

〔八〕師古曰：男之言任，任王事者。【補注】先謙曰：夏紀作「任國」，任、男通用字，今文「男」皆作「任」，此疑後人據枚書改之。王莽傳，莽封王氏女皆爲任，用今文尚書制爵也。莽下書曰「在采、任諸侯，是謂維翰」。

〔九〕師古曰：三百里同主斥候，故合而言之爲一等。【補注】先謙曰：夏紀、枚書亦作「三」，疑「三」當爲「二」。

〔一〇〕師古曰：此又次侯服外之五百里也。綏，安也，言其安服王者政教。【補注】先謙曰：夏紀「五」上增「侯服外」三字。

〔一一〕師古曰：揆度王者文教而行之也。三百里皆同。

〔一二〕師古曰：奮其武力以衞王者。二百里皆同。

〔一三〕師古曰：此又次綏服外之五百里也。要，以文教要來之也。要音一遥反。【補注】先謙曰：夏紀「五」上增「綏服外」三字。

〔一四〕師古曰：夷，易也，言行平易之法也。三百里皆同。

〔一五〕師古曰：蔡，法也，遵刑法而已。二百里皆同。【補注】先謙曰：顔用馬説。鄭注「蔡之言殺，減殺其賦」。義異。

〔一六〕師古曰：又次要服外五百里，此五服之最在外者也。荒，言其荒忽，各因本俗。【補注】先謙曰：夏紀「五」上增「要服外」三字。

〔一七〕師古曰：蠻謂以文德蠻幕而覆之。三百里皆同。【補注】先謙曰：正義引馬融云「蠻，慢也。禮簡怠慢，來不距，去不禁」。與顔説異。

〔一八〕師古曰：任其流移，不考詰也。〔三〕〔二〕百里皆同。【補注】劉敞曰：予謂唐虞九州，州方千里，通三千里也。要荒，乃在九州外矣。夷者，言稍以夷禮通之，於春秋譬杞、莒也。蔡讀如「蔡蔡叔」之蔡。蠻者，兼言蠻俗矣，於春秋譬楚、越也。流讀如「流其工」之流。此兩者之分，夷近而蠻遠，蔡輕而流重，王制曰「千里之外，曰采曰流」。采亦當作蔡，聲之誤耳。

〔一九〕師古曰：漸，入也。被，加也。朔，北方也。訖，盡也。言東入于海，西加流沙，北方南方皆及，聲教盡於四海也。一曰，漸，浸；臮，及也。【補注】先謙曰：官本「臮」，並作「洎」，引宋祁曰「洎」疑作「臮」，註同。皮錫瑞云：賈捐之傳以「朔南暨聲教」爲句。荀悅漢紀亦云「北盡朔裔，南暨聲教」。後漢杜篤傳「朔南暨聲，諸夏建和」。是兩漢人皆以「朔南暨聲教」爲句，近人於暨字斷句，非古義也。且漢志作臮，又何以解乎？

禹錫玄圭，告厥成功。〔一〕

〔一〕師古曰：玄，天色也。堯以禹治水功成，故賜玄圭以表之也。自此以上，皆禹貢之文。【補注】先謙曰：官本「天」作「水」，南監本亦作「天」。夏紀云「於是帝錫禹玄圭，以告成功于天下」。

後受禪於虞，爲夏后氏。

殷因於夏，亡所變改。〔一〕周既克殷，監於二代而損益之，定官分職，改禹徐、梁二州合之於雍、青，〔二〕分冀州之地以爲幽、并。〔三〕故周官有職方氏，〔四〕掌天下之地，辯九州之國。

〔一〕【補注】陳奐曰：爾雅釋地「說者以爲殷制」。

〔二〕師古曰：省徐州以入青州，并梁州以合雍州。

〔三〕【補注】何焯曰：周禮注「此州界，揚、荊、豫、兗、雍、冀，與禹貢畧同。青州則徐州地也，幽、并則青、冀之北也，無徐、梁」。梁屬於雍，猶幽、并之屬於冀也。

〔四〕師古曰：夏官之屬也。職，主也，主四方之土地。

東南曰揚州：其山曰會稽，〔一〕藪曰具區，〔二〕川曰三江，寖曰五湖；〔三〕其利金、錫、竹箭，民二男五女，畜宜鳥獸，〔四〕穀宜稻。

〔一〕師古曰：在山陰縣。【補注】先謙曰：本志「會稽山陰」下云「會稽山在南，揚州山」。

〔二〕師古曰：藪，大澤也。具區在吳也。【補注】先謙曰：官本注末無「也」字。「會稽吳」下云「具區澤在西，揚州藪」。

〔三〕師古曰：寖，古浸字也。川，水之通流者也。浸謂引以灌溉者。五湖在吳。【補注】汪遠孫曰：寖，隸省作浸，俗作寖。先謙曰：「會稽吳」下「南江」，「毗陵」下「北江」，「丹陽蕪湖」下「中江」，並云「揚州川」，即禹貢三江也。五湖，志不載。錢坫云：今松江也，亦名笠澤。春秋傳「魯哀公十七年，吳、越戰于笠澤」。史記孔子列傳及越紐作「戰于五湖」，是也。今蘇州府吳江縣東有水通澱、泖諸湖者，皆是。

〔四〕師古曰：鳥，孔翠之屬。獸，犀象之屬。

正南曰荊州：其山曰衡，藪曰雲夢，川曰江、漢，〔一〕寖曰潁、湛；〔二〕其利丹、銀、齒、革；民一男二女，畜及穀宜，與揚州同。

〔一〕【補注】先謙曰：本志「長沙湘南」下云「衡山在東南，荊州山」。「南郡華容」下云「雲夢澤在南，荊州藪」。江漢朝宗于海，禹貢在荊州。志不言。

〔二〕師古曰：潁水出陽城陽乾山，宜屬豫州。許慎又云「湛水，豫州浸」。並未詳也。湛音直林反，又音直減反。【補注】先謙曰：「潁川陽城」下云「陽乾山，潁水所出，至下蔡入淮，荊州浸」。湛水，志不載。據汝水〔注〕〔篇〕「湛水源出南陽犨，至潁川昆陽入汝。」分見縣下。注云「周禮『荊州，其浸潁湛』，鄭玄云『未聞』，蓋偶有不照也。今考地則不乖其土，言水則有符經文矣」。

河南曰豫州：其山曰華，〔一〕藪曰圃田，〔二〕川曰滎、雒，寖曰波、溠；〔三〕其利林、漆、絲枲；〔四〕民二男三女；畜宜六擾，〔五〕其穀宜五種。〔六〕

〔一〕師古曰：即華陰之華山也。連延東出，故屬豫州。【補注】先謙曰：本志「京兆華陰」下云「太華山在南，豫州山」。

〔二〕師古曰：在中牟。【補注】先謙曰：「河南中牟」下云「圃田澤在西，豫州藪」。

〔三〕師古曰：滎即沇水所溢者也。波即上禹貢所云滎波者也。溠水在楚，亦不當爲豫州浸也。溠音莊亞反。【補注】先謙曰：官本「即」下「沇」作「流」，引宋祁曰「流」當作「沇」。滎即禹貢之滎，波即禹貢之播，志不載。波見滍水注，詳「南陽魯陽」下。溠見溳水注，詳「南陽隨」下。

〔四〕【補注】先謙曰：周禮鄭注「林，竹木也」。官本「林」作「麻」。

〔五〕師古曰：馬、牛、羊、豕、犬、雞也。謂之擾者，言人所馴養也。擾音人沼反。【補注】錢坫曰：「擾」應爲「犪」字，蓋柔謹之意。

〔六〕師古曰：黍、稷、菽、麥、稻。【補注】蘇輿曰：依志例「其」字當衍，下「其畜宜雞狗」、「其川曰河、泲」、「其畜宜六擾」、「其民三男二女」，並衍「其」字。

正東曰青州：其山曰沂，藪曰孟諸，〔一〕川曰淮、泗，寖曰沂、沭；〔二〕其利蒲、魚；民二男三女；〔三〕其畜宜雞、狗，穀宜稻、麥。

〔一〕師古曰：沂山在蓋縣，即沂水所出也。孟諸，即盟豬也。【補注】先謙曰：沂山，志不載。沂水篇「沂水出泰山艾山」。注云「鄭玄云，出沂山。亦或云臨樂山」。據此，沂山即艾山也。「梁國睢陽」下「盟諸澤」，亦不言青州藪，蓋奪文。

〔二〕師古曰：沭水出東莞，音術。【補注】先謙曰：本志「南陽平氏」下云「淮水出青州川」。「魯國卞」下云「泗水出青州川」。「泰山蓋」下云「沂水出青州寖」。「琅邪東莞」下云「術水出青州寖」。顏注術即沭也。鄭司農以淮爲睢，沭爲洙，與漢志不合。

〔三〕【補注】錢坫曰：周禮作「二男二女」，鄭注「二男二女」，數似誤也，當與兖州同，二男三女。

河東曰兖州：其山曰岱，藪曰泰壄，〔一〕其川曰河、泲，〔二〕浸曰盧、濰；〔三〕其利蒲、魚；民二男三女；其畜宜六擾，穀宜四種。〔四〕

〔一〕師古曰：即大野。【補注】先謙曰：本志「泰山博」下云「岱山在西北，兖州山」。今本誤作求山上。「山陽鉅壄」下云「大壄澤在北，兖州藪」。泰、大通用，周禮作大野。

〔二〕【補注】先謙曰：禹貢「泲河惟兖州」。志不言。

〔三〕師古曰：盧水在濟北盧縣。鄭康成讀曰雷，非也。【補注】先謙曰：「琅邪箕」下云「維水出兖州寖」。盧，志不載，顏謂在濟北盧縣。案，「泰山盧」下「濟北王都」，並無盧水，顏注誤也。琅邪橫縣有久台水，濰水注以爲盧水，當從之，詳橫下。鄭讀盧爲雷，讀濰爲雍，以爲雷澤、雍沮，與漢志異。

〔四〕師古曰：馬、牛、羊、豕、犬、雞，黍、稷、稻、麥也。

正西曰雍州：其山曰嶽，〔一〕藪曰弦蒲，〔二〕川曰涇、汭，〔三〕其浸曰渭、洛；〔四〕其利玉、石；其民三男二女；畜宜牛、馬，穀宜黍、稷。

〔一〕師古曰：即吳嶽也。【補注】先謙曰：本志「扶風汧」下云「吳山在西，雍州山」。明志以嶽爲吳。

〔二〕師古曰：在汧縣。【補注】先謙曰：「汧」下云「北有蒲谷鄉弦中谷，雍州弦蒲藪」。

〔三〕師古曰：汭在豳地，詩大雅公劉之篇曰「汭鞫之即」。【補注】先謙曰：「安定涇陽」下云「涇水出雍州川。」「扶風汧」下云「芮水出西北，東入涇」。芮即汭也，不言雍州川，奪文。

〔四〕師古曰：洛即漆、沮也，在馮翊。【補注】先謙曰：官本無「其」字，是。南監本同。「隴西首陽」下云「渭水出雍州寖」。「馮翊褱德」下云「洛水東南入渭，雍州寖」。

東北曰幽州：其山曰醫無閭，〔一〕藪曰貕養，〔二〕川曰河、泲，浸曰菑、時；〔三〕其利魚、鹽；民一男三女；畜宜四擾，〔四〕穀宜三種。〔五〕

〔一〕師古曰：在遼東。【補注】先謙曰：遼東有無慮縣，後漢因，續志注有醫無慮山。案，續志山水，多本前志，疑班志原有「醫無閭山在西幽州山」九字，而傳本奪之。

〔二〕師古曰：在長廣。【補注】王念孫曰：「貕」本作「奚」，此後人依職方改之。杜子春讀貕爲奚，是奚爲本字，貕爲借字，故班志作奚。「琅邪」下作「奚養澤」，是其證。説文「藪」字注及風俗通義並作奚，若志文作貕，則注當云貕音奚。今注内無音，則本是奚字明矣。先謙曰：本志「琅邪長廣」下云「奚養澤在西，幽州藪」。

〔三〕師古曰：菑出萊蕪，時水出般陽。【補注】先謙曰：「泰山萊蕪」下云「甾水出幽州浸」，「齊郡臨淄」下云「如水西北至梁鄒入泲」。淄水注云「即時水也」。顔云出般陽，誤。志無「幽州寖」三字，蓋奪文。

〔四〕師古曰：馬、牛、羊、豕。

〔五〕師古曰：黍、稷、稻。

河内曰冀州：其山曰霍，〔一〕藪曰揚紆，〔二〕川曰漳，寖曰汾、潞；〔三〕其利松、柏；民五男三女；畜宜牛、羊，穀宜黍、稷。

〔一〕師古曰：在平陽永安縣東北。【補注】汪遠孫曰：山上當有「其」字。先謙曰：官本有「其」字。本志「河東彘」下云「霍太山在東，冀州山」。

〔二〕師古曰：爾雅曰「秦有揚紆」，而此以爲冀州，未詳其義及所在。【補注】先謙曰：周禮「揚」作「楊」，鄭注「陽紆，未聞」。

〔三〕師古曰：漳水出上黨長子。汾水出汾陽北山。潞出歸德。【補注】錢大昕曰：志不載潞水所出，其出北地歸德者，乃洛水，非潞水也，顔注誤。先謙曰：「上黨沾」下云「清漳水出冀州川」。「太原汾陽」下云「汾水出冀州寖」。濁漳水注以潞水爲即濁漳，詳「上黨潞」下。

正北曰并州：其山曰恆山，藪曰昭餘祁，〔一〕川曰虖池、嘔夷，寖曰淶、易；〔二〕其利布帛；民二男三女；畜宜五擾，〔三〕穀宜五種。

〔一〕師古曰：在太原鄔縣。鄔音一户反，又音於庶反。【補注】先謙曰：本志「常山上曲陽」下云「恆山在西北，并州山」。「太原鄔」下云「昭餘祁在北，并州藪」。爾雅、説文作「昭余祁」，淮南子作「燕之昭余」，無「祁」字，呂覽作「大昭」。

〔二〕師古曰：虖池出鹵城。嘔夷出平舒。淶出廣昌。易出故安。虖音呼。池音徒何反。嘔音於侯反。【補注】先謙曰：「代郡鹵城」下云「虖沱河，并州川」。「靈丘」下云「滱河，并州川」。錢大昕云：「顔注本周禮鄭注，以祁夷當嘔夷，然班實以滱水爲嘔夷，故於靈丘之滱河云并州川，而於平舒之祁夷水，不云并州川，是班與鄭異也。顔注雖宗後鄭，却失班旨。」又「廣昌」下云「淶水，并州寖」。「涿郡故安」下云「易水出并州寖」。

〔三〕師古曰：馬、牛、羊、犬、豕。

而保章氏掌天文，以星土辯九州之地，所封封域皆有分星，以視吉凶。〔一〕

〔一〕師古曰：保章氏，春官之屬也。保，守也，言守天文之職也。分音扶問反。

周爵五等，而土三等：公、侯百里，伯七十里，子、男五十里。不滿爲附庸，蓋千八百國。而太昊、黄帝之後，唐、虞侯伯猶存，帝王圖籍相踵而可知。周室既衰，禮樂征伐自諸侯出，轉相吞滅，數百年間，列國秏盡。〔一〕至春秋時，尚有數十國，五伯迭興，總其盟會。〔二〕陵夷至於戰國，天下分而爲七，〔三〕合從連衡，經數十年。秦遂并兼四海。以爲周制微弱，終爲諸侯所喪，故不立尺土之封，分天下爲郡縣，盪滅前聖之苗裔，靡有孑遺者矣。

〔一〕師古曰：秏，減也，音呼到反。【補注】先謙曰：官本「秏」作「耗」。

〔二〕師古曰：此五伯謂齊桓、宋襄、晉文、秦穆、楚莊也。迭，互也。伯讀曰霸。迭音徒結反。

〔三〕師古曰：謂秦、韓、魏、趙、燕、齊、楚也。

漢興，因秦制度，崇恩德，行簡易，以撫海内。至武帝攘卻胡、越，開地斥境，南置交阯，北置朔方之州，〔一〕兼徐、梁、幽、并夏、周之制，改雍曰涼，改梁曰益，凡十三（郡）〔部〕，置刺史。先王之迹既遠，地名又數改易，〔二〕是以采獲舊聞，考迹詩書，推表山川，以綴禹貢、周官、春秋，下及戰國、秦、漢焉。〔三〕

〔一〕師古曰：胡廣記云，漢既定南越之地，置交阯刺史，别於諸州，令持節治蒼梧，分雍州置朔方刺史。【補注】先謙曰：揚雄并州箴云「雍別朔方也」。餘詳朔方郡。

〔二〕師古曰：數音所角反。

〔三〕師古曰：中古以來，説地理者多矣，或解釋經典，或撰述方志，競爲新異，妄有穿鑿，安處互會，頗失其真。後之學者，因而祖述，曾不考其謬論，莫能尋其根本。今並不録，蓋無尤焉。【補注】錢大昕曰：水經載禹貢山川澤地所在，不見於此志者，如河東大陽無砥柱，燉煌燉煌無三危，河南成皋無大伾，南郡邔縣無三澨是也。志與水經異者：碣石在遼西臨渝，而志在右北平驪成；龍門在河東皮氏，而志在馮翊夏陽；九江在長沙下雋，而志在廬江尋陽；嶓冢在隴西氐道，而志在西縣；大别在廬江安豐，而志在六安；積石在隴西河關，而志在金城；太華在弘農華陰，而志在京兆；恆山在中山上曲陽，而志在常山上曲陽；嵩高在潁川陽城，而志屬潁川之崈高；太岳在河東永安，而志屬河東之彘。攷光武省六安入廬江，順帝改彘名永安。華陰之改屬弘農，河關之改屬隴西，上曲陽之改屬中山，續漢志有明文。若右北平之驪成，潁川之崈高，續漢志俱不載，則亦世祖所并省，水經所據，皆後漢之疆域，似異而實同也。若龍門之在夏陽，九江之在尋陽，西縣之嶓冢，兩漢志竝同，此其不能强合者。又志於禹貢山川，不稱禹貢，又不稱古文者：京兆華陰之太華，河東蒲反之雷首，泰山博之岱山，河内壄王之太行，弘農盧氏之熊耳，南郡華容之雲夢，廬江之東陵，丹陽蕪湖之中江，會稽毗陵之北江，山陽鉅野之大壄，南郡枝江之江沱。先謙曰：錢所舉不能合者三事：龍門所在之夏陽、皮氏，嶓冢所在之氐道、西縣皆壤地錯入，非有岐異；惟九江一以爲在尋陽，一以爲在下雋，則今古文之不同也。其不稱禹貢，蓋奪文，後不復出。

京兆尹，〔一〕故秦内史，〔二〕高帝元年屬塞國，〔三〕二年更爲渭南郡，〔四〕九年罷，復爲内史。〔五〕武帝建元六年分爲右内史，〔六〕太初元年更爲京兆尹。〔七〕元始二年户十九萬五千七百二，口六十八萬二千四百六十八。〔八〕縣十二：長安，〔九〕高帝五年置。〔一〇〕惠帝元年初城，六年成。〔一一〕户八萬八百，口二十四萬六千二百。〔一二〕王莽曰常安。〔一三〕新豐，驪山在南，〔一四〕故驪戎國。〔一五〕秦曰驪邑。〔一六〕高祖七年置。〔一七〕船司空，莽曰船利。〔一八〕藍田，〔一九〕山出美玉，〔二〇〕有虎候山祠，〔二一〕秦孝公置也。〔二二〕華陰，〔二三〕故陰晉，〔二四〕秦惠文王五年更名寧秦，〔二五〕高帝八年更名華陰。〔二六〕太華山在南，〔二七〕有祠，〔二八〕豫州山。〔二九〕集靈宫，武帝起。〔三〇〕莽曰華壇也。〔三一〕鄭，〔三二〕周宣王弟鄭桓公邑。有鐵官。〔三三〕湖，〔三四〕有周天子祠二所。〔三五〕故曰胡，武帝建元年更名湖。〔三六〕下邽，〔三七〕南陵，文帝七年置。〔三八〕沂水出藍田谷，北至霸陵入霸水。〔三九〕霸水亦出藍田谷，北入渭。〔四〇〕奉明，宣帝置也。〔四一〕霸陵，故芷陽，〔四二〕文帝更名。〔四三〕莽曰水章也。〔四四〕杜陵，〔四五〕故杜伯國，〔四六〕宣帝更名。〔四七〕有周右將軍杜主祠四所。〔四八〕莽曰饒安也。〔四九〕

〔一〕【補注】先謙曰：決録注「京，大也，天子曰兆民」。潘岳關中記云「治長安城中」。黄圖云「京兆治所在故城南尚冠里」。續志後漢同。志云「凡縣名先書者，郡所治也」。劉注「雒陽西九百五十里」。後漢都雒陽，故以雒陽爲主録之，藉以推鏡漢郡所在方隅，道里遠近。

〔二〕【補注】先謙曰：百官表「内史，周官，秦因之，掌治京師」。

〔三〕【補注】先謙曰：司馬欣國桃林之塞，因取名焉。汪遠孫云：京兆尹、左馮翊皆屬塞國，項羽所立；史記以漢入關爲元年。二年，漢并三秦爲渭南、中地郡，志仍記也。膠東、衡山亦羽所封故國，必繫之高帝元年者，同此尊漢之例。

〔四〕【補注】全祖望曰：渭南河上置郡，異姓諸侯王表以爲元年八月，可據。此與高紀作二年，誤也。功臣表敬市侯閻澤赤以二年四月，由河上守遷殷相矣，豈待雍亡之後？先謙曰：史記秦楚之際月表書八月，司馬欣、董翳降漢。九月，屬漢爲渭南郡、上郡。班氏於高紀書二年，乃統詞，非事實，全説是也。

〔五〕【補注】閻若璩曰：秦之内史，治咸陽縣，漢更名曰渭城。漢之内史則治長安城中。

〔六〕【補注】齊召南曰：百官表景帝二年，分置左内史、右内史，與此不同。顔彼注謂據史記，知志誤。案史記景紀二年秋，但云置内史祋祤爲縣，未云分置左、右内史也，未知顔氏何據？若據本書表，則孝景元年，即書中大夫鼂錯爲左内史矣。先謙曰：鄭當時傳「建元四年爲右内史」。汲黯傳「召爲主爵都尉，公孫弘請徙爲右内史」。東方朔傳「又詔中尉、左、右内史表屬縣草田」。右内史即京兆尹也。事皆在建元六年前，知分置左、右，不始於武帝。

〔七〕【補注】全祖望曰：志於王莽所改郡縣諸名皆載，而京輔三郡之分爲六尉，獨略之。此當云王莽曰西都京兆大尹，後又分其旁縣爲郡二，曰京尉、師尉。先謙曰：自「故秦内史」至此，班氏本文小字。續志劉昭注云「本志唯郡縣名爲大書，其山川地理悉爲細注，今進爲大字」。謹援斯例，進班氏元注大書直行，視元書正文略小，以存古本之真。各家證發，依文集釋，顔注仍其舊次不移，後並同，不復出。

〔八〕師古曰：漢之户口當元始時最爲殷盛，故志舉之以爲數也。後皆類此。【補注】王鳴盛曰：元始，王莽秉政，户口之盛，必多增飾，班豈不知，蓋取最後之籍以爲定，不必以其盛也。先謙曰：續志後漢因，屬司隸校尉部。

〔九〕【補注】先謙曰：始皇紀：始皇封弟成蟜爲長安君。是長安地名，秦時已有。

〔一〇〕【補注】錢坫曰：史記將相名臣表作六年置。先謙曰：據表，六年更名。錢引以駁志文，非。

〔一一〕【補注】先謙曰：詳惠紀。縣人許商，見儒林傳，樊中子、萬章，見游俠傳，谷永，見本傳。

〔一二〕【補注】王鳴盛曰：志每郡有户口數，縣下惟京兆尹長安、左馮翊長陵、右扶風茂陵、潁川郡陽翟、傿陵，並有户口，河南郡雒陽，南陽郡宛、蜀郡成都、魯國魯、楚國彭城，有户無口，詳略皆無義例，有則書之，無則闕也。各縣户口皆注其縣下，獨雒陽注於郡名下，書法參差，亦無義例。

〔一三〕師古曰：王莽篡位，改漢郡縣名，普易之也。下皆類此。【補注】吳卓信曰：莽傳：始建國元年，改曰常安。三年，以爲新室西都。先謙曰：後漢因，續志「鎬在上林苑中。武王遷鎬，長安豐亭鎬池也。劉注證發皆節引。有細柳聚。周亞夫屯處。有蘭池。始皇逢盜蘭池。有曲郵。張良送高祖。有杜郵。白起死處」。劉注凡旁采者，統歸劉注，以省繁文。「畢國在西北。文王、周公冢皆在鎬聚東杜中。衞思后葬城東南桐松園，今千人聚是」。渭水注水經注文繁，節引。「渭水自扶風渭城來，東合泬水，又分爲二。廣雅曰『水自渭出爲澩』。其水注渭，水上有梁，謂之渭橋。渭水又逕長安城北，即咸陽也。秦離宮無城，故城之。渭水又合昆明故渠，下入霸陵」。先謙案：咸陽在高帝時統於長安，武帝別爲渭城，訖王莽世，未嘗合也，云長安即咸陽者，初詞耳。注又云「泬水自杜陵來，北逕長安城西，合昆明池水，又逕鳳闕東，又分爲二，一北逕神明臺東，又逕漸臺東，入渭。昆明故渠上承昆明池東口，又東合泬水，亦曰漕渠，又逕長安縣南，又逕明堂南，又東而北屈，逕青門外，與泬水枝渠合。泬水枝渠上承泬水於章門西，飛渠引水入城，東爲倉池，又逕未央宮、桂宮間，爲明渠，又逕長樂宮北，又東出城，分爲二渠，所謂王渠者也。一注渭，一右入昆明故渠。下入奉明」。一統志「故城今長安縣西北十三里」。錢坫云「俗呼楊家城」。

〔一四〕【補注】吳卓信曰：驪或作麗、酈、離，同。山在今臨潼縣南二里，藍田山在今藍田縣東南三十里。渭水注「驪戎之山，一名藍田」。蓋驪山即藍田之北山，緜亘而東五十餘里，陰屬臨潼，陽屬藍田，實一山也。

〔一五〕【補注】段玉裁曰：書故驪戎國者，綴春秋也。先謙曰：一統志「驪戎城在今臨潼縣東」。

〔一六〕【補注】錢坫曰：史記：始皇十六年置驪邑。

〔一七〕應劭曰：太上皇思東歸，於是高祖改築城寺街里以象豐，徙豐民以實之，故號新豐。【補注】王念孫曰：「七」，當爲「十」。史記高祖紀「十年七月，更命驪邑曰新豐」，是其證。周壽昌曰：據三輔舊事及渭水注，新豐爲太上皇置，與應說合。案太上皇上尊號在六年，崩在十年七月，則七年置新豐無疑。史記言更名在十年，此以七年紀其改置之實也。王改七爲十，太上皇崩於十年，尚何庸作新豐邪？先謙曰：官本注「寺」作「市」。後漢因，續志「東有鴻門亭、高祖見項羽處。戲亭。周幽王死處。有嚴城」。劉注「始皇墓在驪山北，陵北十餘里有謝聚」。渭水注「渭水自馮翊高陵來，右逕新豐縣故城北，合魚池水，又東逕鴻門北，又合石川水、戲水、泠水、酋水、西陽水、東陽水，下入下邽。魚池水出麗山東北，西北流逕始皇冢北，北對鴻門十里，又逕鴻門西，又逕新豐縣故城東，又逕陰槃城北，出爲陰槃水，又絶漕渠入渭。戲水出麗山馮公谷，北逕麗戎城東，而右總三川，逕鴻門東，又逕戲亭東，又分爲二水，入渭。泠水出肺浮山，蓋麗山之異名，北會三川，歷陰槃、新豐兩原間，入渭。酋水出倒虎山，合五水，逕秦步高宮東，歷新豐原東，而北逕步壽宮西，入渭。霸水自霸陵來，東逕新豐縣，右會霸水故渠，又北逕秦虎圈東，入渭」。先謙案：本志「南陵」下「霸水北入渭」者也。注又云「霸水故渠自霸城來，東北逕新豐縣，右合漕渠而入霸水。漕渠，鄭當時所開也」。一統志「故城今臨潼縣東北」。

〔一八〕服虔曰：縣名。師古曰：本主船之官，遂以爲縣。【補注】何焯曰：百官表都司空注，如淳云「律，司空主水及罪人」。船既司空所主，兼有罰作船之徒役，皆在此縣也。先謙曰：續志後漢省。志云「凡前志有縣名，今所不載者，皆併省也」。河水注「河水自河東蒲反來，歷船司空與渭水會，下入華陰」。又渭水注「渭水自華陰來，東入河，春秋之渭汭也，水會即船司空所在矣。三輔黄圖有船庫官，後改爲縣」。先謙案：本志「隴西首陽」下「渭水東至船司空入河」者也。一統志「故城今華陰縣東北」。

〔一九〕【補注】先謙曰：秦取楚漢中，再戰於此。吕不韋爲相，食藍田，並見國策、楚世家。梁惠成王三年，秦子向命爲藍君，見紀年。縣見五行志。夏侯嬰戰此，見嬰傳。南有嶢關，見高紀。續志後漢因。渭水注霸水、泥水、滻水皆出縣，割屬南陵，詳「南陵」下。又滻水篇「滻水出藍田谷，北入霸」。注云「滻水自南陵來，北歷藍田川，下入霸陵」。一統志「故城今藍田縣西三十里」。

〔二〇〕【補注】先謙曰：南山出玉石，見東方朔傳。藍田璧，見外戚傳。續志劉注「有川，方三十里，其水北流。出玉、銅、鐵、石」。一統志「山在今縣東三十里」。

〔二一〕【補注】先謙曰：續志劉注「地道記有虎候山」。長安志亦載之。吳卓信云：藍田縣志「縣西十五里有虎坷山」，疑是。

〔二二〕【補注】先謙曰：六國表「秦獻公六年，縣藍田」。「孝」蓋「獻」之誤。

〔二三〕【補注】先謙曰：全祖望云：當有「京輔都尉治」五字，傳寫奪之。先謙案：此據百官表、趙廣漢傳。其治華陰，見黃圖及宣紀本始元年注。縣人楊敞，見本傳。

〔二四〕【補注】段玉裁曰：故陰晉，所謂下及戰國秦漢也。先謙曰：故魏地。文侯時，秦侵陰晉，見魏世家。惠王與趙肅侯遇此，見趙世家。公孫衍，陰晉人，見秦紀。

〔二五〕【補注】齊召南曰：秦紀「惠文王六年，魏納陰晉，更名寧秦」。非五年，當是傳寫之訛。錢坫曰：六國表亦作六年。華山記云「華山界秦晉之境，晉之西鄙則曰陰晉，秦之東邑則曰寧秦」。先謙曰：曹參賜食邑寧秦，見參傳。

〔二六〕【補注】先謙曰：華陰名始見禹貢。寰宇記云「以在華山之陰，故名」。

〔二七〕【補注】段玉裁曰：「大華」作「太」者，非。古有「大」無「太」，「太」出於後漢肊作耳。「太華山」上當有「禹貢」二字，傳寫奪之。已詳志首注中，於此一見，後不復出。先謙曰：劉注「左傳晉賂秦，南及華山」。禹貢山水澤地篇「華山爲西嶽，在華陰縣西南」。與志合。一統志「山在今縣南十里」。

〔二八〕【補注】先謙曰：宣帝置，見郊祀志。

〔二九〕【補注】段玉裁曰：凡言某州山、某州川、某州藪者，皆以釋職方，綴周官也。

〔三〇〕【補注】吳卓信曰：桓譚集靈宮賦序「華陰集靈宮，武帝所造，欲懷集仙者王喬、赤松子，故名殿爲存仙，端門南向，署曰望仙門」。

〔三一〕【補注】先謙曰：續志後漢改屬弘農，劉注「呂覽九藪『秦之陽華』，高注『或在縣西』」。河水注「河水自船司空來，南至華陰潼關，合瀀水，又東北流。水側有長坂，謂之黄巷坂，歷北出東崤，通謂之函谷關也。河水下入湖」。又渭水注「渭水自鄭來，合敷水、糧餘水、黄酸水，逕平舒城北，江神返璧於華陰平舒道也。下入馮翊懷德。又自懷德來，東逕長城北，合長澗水，史記『魏築長城，自鄭濱洛』者也。渭水又合洛水，見馮翊懷德。逕華陰縣故城北，又合沙渠水、泥泉水、符禺水，下入船司空。敷水出敷谷，北逕集靈宮西，而北入渭」。一統志「故城今華陰縣東南」。

〔三二〕【補注】先謙曰：秦武公時縣鄭，見秦紀。魏文侯攻秦至此，見魏世家。商鞅發邑兵擊鄭，見商君傳。新鄭反，見始皇紀。縣有通里，見五行志。縣人田廣明，見酷吏傳。

〔三三〕應劭曰：宣王母弟友所封也。其子與平王東遷，更稱新鄭。臣瓚曰：周自穆王以下都於西鄭，不得以封桓公也。初桓公爲周司徒，王室將亂，故謀於史伯而寄帑與賄於虢、會之間。幽王既敗，二年而滅會，四年而滅虢，居於鄭父之丘，是以爲鄭桓公，無封京兆之文也。師古曰：春秋外傳云「幽王既敗，鄭桓公死之，其子武公與平王東遷」。故左氏傳云「我周之東遷，晉、鄭焉依」。又鄭莊公云「我先君新邑於此」，蓋道新鄭也。穆王以下無都西鄭之事，瓚説非也。會音工外反。【補注】吴卓信曰：史記索隱引世本云「鄭桓公居棫林，徙拾」。宋忠注「棫林與拾，皆舊地名，自封桓公，乃名爲鄭耳」。汪遠孫曰：後書百官志「郡國(監)〔鹽〕鐵官本屬司農，中興皆屬郡縣」。錢坫曰：今華州南山商洛之間出鐵。先謙曰：秦紀「晉悼公追秦軍渡涇至棫林」。續志後漢因。渭水注「渭水自下邽來，東逕巒都城北，故蕃邑，殷契之所居。世本曰契居蕃。渭水合灌水、今名喬谷水。西石橋水，逕鄭縣故城北，又合東石橋水，下入華陰。西石橋水出馬嶺山，北逕鄭城西，入渭。東石橋水即沈水，自馮翊武城來，逕鄭城東，水有故石梁。述征記『鄭城東西十四里，各有石梁』者也。下入馮翊沈陽」。一統志「故城今華州北」。

〔三四〕【補注】先謙曰：范雎傳「王稽載雎入秦，過湖關」。索隱云「湖，京兆湖縣」。先謙案：秦時，因其地有鼎湖，以名關耳。初縣名胡，索隱語未晰。縣有泉鳩里，見武五子傳。

〔三五〕【補注】先謙曰：祠見郊祀志。錢坫云，四夷縣道記「故祠在湖城縣西南十里」。

〔三六〕【補注】齊召南曰：「建元」下脱某年字，宋本亦然。錢大昭曰：寰宇記作「建元元年」。段玉裁曰：胡者，大也，見釋故。蓋周時舊名，武帝嫌其爲匈奴之偁，易之。錢坫曰：胡，周厲王名，或天子祠即厲王。周壽昌曰：河水注引魏土地記云「湖縣有黄帝登仙處，帝鑄鼎荆山下，有龍垂胡於鼎，帝登龍升天，名其地爲鼎湖」。縣之名胡，蓋以龍胡故也。地曰鼎湖，故武帝改爲湖耳。先謙曰：顧炎武云「晉有二瑕，其一左傳所謂郇瑕之地，詳『河東解』下。其一河外之瑕，左傳『晉侯使詹嘉處瑕，以守桃林之塞』。即此胡縣。禮記引詩『心乎愛矣，瑕不謂矣』。鄭注『瑕之言胡也』。瑕、胡音同，故記用其字，胡即瑕之音轉字變」。先謙案：胡，瑕音轉，義元可通，惟胡之爲縣，在函谷關內，函谷即桃林，其山自衙嶺綿亙達於弘農郡弘農縣，統爲桃林之塞。河水注云「自潼關歷北出東嶠，通謂之函谷關」。又云「燭水入門水，左右即函谷山也」。其云「全鳩澗水逕皇天原東，其西名桃原，古之桃林」。引晉太康地記曰「桃林在閿鄉南谷中」。與續志云「弘農有桃丘聚，故桃林」者，皆據一隅言之耳。詹嘉處瑕以守桃林之塞，蓋塞外屯守，以禦秦之侵軼，非遂入函谷而守胡縣之桃林也。左僖三十年傳「許君焦、瑕」。杜注「焦、瑕，晉河外五城之二邑」。雖未指實其地，然案本志「弘農陝」下，班注有「焦城，故焦國」。河水注云「菑水逕曲沃城南」。道元以爲詹嘉處此以備秦，時以曲沃之官守之，故有曲沃之名。其地距陝至近，瑕之爲邑，度不能遠至桃林塞內。然則顧氏以胡爲瑕，似未可據。余謂胡縣地與鄭比，紀年及韓非子俱載鄭武公滅胡，殺關其思事，此乃武公所滅之胡國，後因置縣，故受是名耳。西域傳顔注「故謂舊時也，下並同」。後漢改屬弘農，續志「有閿鄉」，劉注「戾太子南出，葬在閿鄉南」。河水注「河水自華陰來，右合玉澗水、全鳩澗水，下入河北。又自河北來，右合槃澗水，又東逕湖縣故城北，合湖水，下入弘農陝。玉澗水出玉溪，北逕閿鄉城西，入河。全鳩澗水出南山，北入河。

槃澗水出胡縣桃林塞之夸父山，北逕武帝思子宮歸來望思臺東，入河。湖水亦出夸父山，逕湖縣東，而北入河」。一統志「故城今閿鄉縣東」。

〔三七〕應劭曰：秦武公伐邽戎，置有上邽，故加下。師古曰：邽音圭，取邽戎之人而來爲此縣。【補注】先謙曰：郊祀志：下邽有天神祠。續志後漢省。「鄭」下劉注引黄圖云「下邽縣併鄭，桓帝西巡復之」。魏志「華歆求出爲下邽令」。明續志脱漏。渭水注「渭水自新豐來，東逕下邽縣故城南，合竹水，又得白渠口，下入鄭」。一統志「故城今渭南縣東北」。

〔三八〕【補注】吴卓信曰：史記景紀二年，置南陵縣。本志及百官表、將相表云，南陵，文帝置。蓋文帝置陵，景帝置縣也。薄太后以孝景前二年崩，以吕后合葬長陵，故特起陵近文帝霸陵。在霸陵南，故曰南陵。先謙曰：續志後漢省。一統志「故城今咸寧縣東南」。

〔三九〕【補注】宋祁曰：「沂」，越本作「泝」。段玉裁曰：渭水注「泥水、滻水皆出藍田谷，入霸」。沂蓋泥之聲誤也。沂又誤析，故顔音先歷反。此當云泥水、滻水皆出藍田谷，北至霸陵入霸。今本脱「滻水」，酈所據脱「泥水」，故敘泥水不引志文，而滻水篇引志文也。然據宋敏求長安志，則酈注述泥水所脱多矣，安知不在所脱中也？今正「沂」作「泥」，又補滻水，庶合。先謙曰：諸家改「沂」爲「滻」，不如段説之精。泥亦作埿。埿、滻、霸三水出藍田，入霸陵，因二縣地，割置南陵，故繫之此下。渭水注「埿水合銅谷水、輞谷水，西逕嶢關北，歷嶢柳城，西北入霸」。又滻水注「地理志曰『滻水出南陵縣之藍田谷』。西北流，合莽谷水，下入藍田」。

〔四〇〕師古曰：茲水，秦穆公更名以章霸功，視子孫。沂音先歷反。視讀曰示。【補注】宋祁曰：「章」，淳化本作「革」。宋説多謬，不復加駮。錢大昕曰：「古」下皆班氏本文，謂霸水古曰茲水，秦穆公始更名耳，非顔注也。「師」字後人妄加。「沂音」上當有「師古曰」三字。錢坫曰：説文霸作灞。潘岳云「玄霸素滻」，以玄霸爲稱。本名茲水，茲字從二玄，左傳「何故使我水茲？」茲者，黑也。先謙曰：滋、茲古今字。渭水注「霸者，水上地名也，古曰滋水矣。

霸水出藍田谷，北合涇水，又北逕藍田縣東，左合滻水，下入霸陵」。

〔四一〕【補注】先謙曰：因宣帝皇考史皇孫陵置，紀在元康元年。續志後漢省。渭水注「昆明故渠合明渠自長安來，東逕奉明縣廣成鄉之廣明苑南，又北分爲二，一入霸水，一北合渭，今無水」。一統志「故城今長安縣北八里」。

〔四二〕【補注】先謙曰：秦宣太后、悼太子葬此，見秦紀。亦作「茝陽」，見始皇紀。高帝宴鴻門，脱身從驪山道芷陽間行，見高紀。夏侯嬰戰芷陽，見嬰傳。

〔四三〕【補注】先謙曰：文帝陵。將相表「孝文九年，以芷陽鄉爲霸陵」。縣人杜君敖，見游俠傳。

〔四四〕【補注】先謙曰：莽名縣，即取秦穆章霸功之義。續志後漢因，有枳道亭。秦王子嬰降軹道旁。有長門亭。文帝出長門，若見五人於道北，立五帝壇。渭水注「渭水自長安來，合霸水，東過霸陵縣北，晉霸城縣。下入馮翊高陵。霸水自南陵來，歷白鹿原東，即霸川之西故芷陽矣。史記『秦襄王葬芷陽也，謂之霸上』。霸水又合長水，又北故渠右出焉。又逕王莽九廟西，又逕枳道，有霸橋，又左納漕渠，東逕霸城北，又逕子楚陵北，下入新豐。長水即荆溪水，自杜陵來，北逕霸陵縣，合温泉水入霸。霸水故渠上承霸水，東北逕霸陵縣故城南，下入新豐」。又滻水注「滻水自藍田來，北至霸陵入霸水」。一統志「故城今咸寧縣東」。

〔四五〕【補注】先謙曰：縣人朱博、史丹、韓延壽、蘇建、張湯，見本傳。蔣詡，見鮑宣傳。田何，見儒林傳。陳遵，見游俠傳。

〔四六〕【補注】錢坫曰：周宣王臣，事見墨子。先謙曰：續志劉注「古唐杜氏」。案，杜伯事見紀年。

〔四七〕【補注】先謙曰：宣帝陵。秦武公縣杜，見秦紀。宣帝樂之，起陵更名，見宣紀。瓚注「杜陵在長安南五十里」。

〔四八〕【補注】先謙曰：封禪書杜亳有三杜主祠，而雍菅廟亦有杜主祠。杜亳者，徐廣注「京兆杜縣有亳亭」也。郊祀志作「五杜主」，與此云四，並異。雍菅廟杜主祠，在雍縣，與此無涉。右將軍即杜伯。

〔四九〕【補注】先謙曰：後漢因，續志「酆在西南」。渭水注「泬水即潏水，一曰高都水，上承皇子陂於樊川，其地即杜之樊鄉，高帝賜樊噲邑於此。沇水西北流，逕杜縣之杜京西，又逕杜伯冢南，又歷下杜城，即杜伯國也。又合交水故渠，又北合昆明故池，又逕秦通六基東，又逕堨水陂東，下入長安。又長水出杜縣白鹿原，先謙案，注云「故芷陽」，引見「霸陵」下，蓋地歸兩縣。西北流爲荆溪，左合狗枷川水，下入霸陵。狗枷川水有東西二源，合流逕宣帝許后陵東北，去杜陵十里，又北逕杜陵東北，去長安五十里，陵西北有杜縣故城，秦武公縣之，其水注荆溪水」。一統志「故城今咸寧縣東南」。

左馮翊，〔一〕故秦内史，高帝元年屬塞國，二年更名河上郡，〔二〕九年罷，復爲内史。武帝建元六年分爲左内史，〔三〕太初元年更名左馮翊。〔四〕户二十三萬五千一百一，口九十一萬七千八百二十二。〔五〕縣二十四：〔六〕高陵，〔七〕左輔都尉治。〔八〕莽曰千春。〔九〕櫟陽，〔一〇〕秦獻公自雍徙。〔一一〕莽曰師亭。〔一二〕翟道，〔一三〕莽曰渙。〔一四〕池陽，惠帝四年置。〔一五〕巀嶭山在北。〔一六〕夏陽，故少梁，〔一七〕秦惠文王十一年更名。〔一八〕禹貢梁山在西北，〔一九〕龍門山在北。〔二〇〕有鐵官。莽曰冀亭。〔二一〕衙，〔二二〕莽曰達昌。〔二三〕粟邑，〔二四〕莽曰粟城。〔二五〕谷口，〔二六〕九嵕山在西。〔二七〕有天齊公、五牀山、僊人、五帝祠四所。〔二八〕莽曰谷喙。〔二九〕蓮勺，〔三〇〕鄜，莽曰脩令。〔三一〕頻陽，〔三二〕秦厲公置。〔三三〕臨晉，故大荔，秦獲之，更名。〔三四〕有河水祠。〔三五〕芮鄉，故芮國。〔三六〕莽曰監晉。〔三七〕重泉，〔三八〕莽曰調泉。〔三九〕郃陽，〔四〇〕祋祤，景帝二年置。〔四一〕武城，〔四二〕莽曰桓城。〔四三〕沈陽，莽曰制昌。〔四四〕褱德，〔四五〕禹貢北條荆山在南，下有彊梁原。〔四六〕洛水東南入渭，雍州寖。〔四七〕莽曰德驩。〔四八〕徵，莽曰汜愛。〔四九〕雲陵，昭帝置也。〔五〇〕萬年，高帝置。莽曰異赤。〔五一〕長陵，〔五二〕高帝置。〔五三〕户五萬五千七十，口十七萬九千四百六十九。莽曰長平。〔五四〕陽陵，故弋陽，景帝更名。〔五五〕莽曰渭陽。〔五六〕雲陽。〔五七〕有休屠、金人及徑路神祠三所，〔五八〕越巫𨛗鄜祠三所。〔五九〕

〔一〕【補注】先謙曰：決録注「馮，馮也。翊，明也」。先謙案「馮也」之「馮」讀憑，詩卷阿「有馮有翼」，翊、翼字通，郡名取此。閻若璩云：左馮翊雖先書高陵，不爲治，治長安城中，以趙廣漢傳及景紀注、百官表注知之。韓延壽傳「爲左馮翊，出行縣至高陵」，證最分明。先謙案：黄圖云「馮翊治所在故城内太上皇廟西南」。續志劉注：關中記「三輔舊治長安城中，長吏各在其縣治民。光武東都之後，扶風出治槐里，馮翊出治高陵」。注又云「雒陽西六百八十八里」。

〔二〕【補注】先謙曰：辨見京兆尹下。

〔三〕【補注】先謙曰：亦當從百官表，景帝二年分置。

〔四〕【補注】全祖望曰：莽分左馮翊曰前煇光，後又分其郡爲二，曰翊尉，光尉。

〔五〕【補注】先謙曰：續志後漢因，屬司隸。

〔六〕【補注】吴卓信曰：韓延壽傳「爲左馮翊，恩信周徧二十四縣」。

〔七〕【補注】先謙曰：秦策「昭王封同母弟顯爲高陵君」，所謂高陵進退不請也。是高陵地名，秦時已有。

〔八〕【補注】錢坫曰：百官表：武帝元鼎元年置三輔都尉。

〔九〕【補注】先謙曰：續志後漢因。渭水注「渭水自京兆霸陵來，與高陵分水，水西有定陶恭王廟、傅太后陵，又逕王譚墓北，左合涇水，又合白渠枝水，又合五丈渠水，下入京兆新豐。枝渠下入櫟陽。五丈渠水自祋祤來，東南入高陵縣，逕黄白城西，本曲梁宮也，南絶白渠，屈而東流，爲曲梁水。又逕高陵縣故城北，絶白渠瀆，下入萬年。白渠自池陽來，又東枝渠出焉，東南歷高陵縣故城北，下入櫟陽」。一統志「故城今高陵縣西南一里」。

〔一〇〕【補注】先謙曰：項羽紀：司馬欣都。高祖二年都櫟陽，七年徙長安。

〔一一〕【補注】先謙曰：「徙」下語意不完，蓋奪「此」字。秦紀「獻公二年城櫟陽」。徐廣云「徙都之」。六國表「十一年，縣櫟陽」。又秦紀云「十八年，雨金於此」。

〔一二〕如淳曰：櫟音藥。【補注】段玉裁曰：漢郡縣名，字多異讀，殆因方語之舊。吴卓信曰：王莽傳「天鳳元年，改諸郡縣名，縣以亭名者三百六十」。先謙曰：續志後漢省。「萬年」下劉注「秦獻公都櫟陽是也」。據此，縣併入萬年。渭水注「白渠自高陵來，東逕櫟陽城北，又逕秦孝公陵北，下入蓮勺」。一統志「故城今臨潼縣東北七十里」。

〔一三〕【補注】先謙曰：百官表「縣有蠻夷曰道」。穆天子傳「天子南征朔野，逕絶翟道，升於太行」。是翟道地名，周時已有。

〔一四〕【補注】先謙曰：續志後漢省。寰宇記「中部縣」下引洛水注云「豬水出翟道縣西石堂山，西南入洛」。一統志「故城今中部縣西北四十里」。

〔一五〕【補注】先謙曰：周緤傳「賜食邑池陽」。是秦有地名，惠帝置縣耳。縣人韓幼孺，見游俠傳。續志後漢因，劉注「有鬼谷」。先謙案：即槐谷，見齊策。秦封涇陽君市於此，故西晉時析置涇陽縣。渭水注「白渠自谷口來，東南逕池陽城北，下入高陵」。又沮水注「鄭渠故瀆上承涇水於中山，西邸瓠口，所謂瓠中也。爾雅以爲周焦穫。昔鄭國爲渠，並北山，東逕宜秋城北，又逕中山南，又絶冶谷水，又逕嶻嶭山南、池陽縣故城北，又東絶清水，又逕北原，下合濁水。自濁水以上，今無水也。濁水下入萬年」。一統志「故城今涇陽縣西北二里」。

〔一六〕應劭曰：在池水之陽。師古曰：嶻嶭，即今俗所呼嵳峩山是也，音截孽。音才葛反，又音五葛反。【補注】汪士鐸曰：並無池水，此仲遠習語，乃在大白渠之陰耳。先謙曰：顏注「孽」下當更有「孽」字，今奪。一統志「嵳峩山在今涇陽縣北，東入三原界，西入淳化界，本名嶻嶭山，亦作巀嶪」。九嵕、巀嶪，並見上林賦。雍録云「咸陽縣東二十五里蘭池陂，即始皇遇盜之地，漢於其北立池陽縣」。先謙案：「渭城」下云「有蘭池宮」。渭城去池陽，中隔涇水，以此爲池陽立證，未爲得也。

〔一七〕【補注】段玉裁曰：少梁見左傳，此綴春秋也。先謙曰：本梁國，秦滅之，見左桓僖傳杜注，後爲秦少梁邑，晉取之，見文傳。戰國屬魏，文侯城之。惠王時與秦戰，敗於此，地遂入秦，見魏世家。

〔一八〕【補注】先謙曰：更名見秦紀。

〔一九〕【補注】蘇輿曰：綴禹貢梁山於此，明冀州梁岐即雍地，證之尸子、呂覽、淮南，竝龍門呂梁連言。韓奕鄭箋、河水酈注，竝同。宋晁説之始指離石、呂梁、介休、狐岐，證梁岐在冀。見王天與尚書纂傳。近朱鶴齡禹貢長箋、四庫提要有駁語。戴震水地記等書申其説，似違班旨。先謙曰：詩「奕奕梁山」。禹貢山水澤地篇「梁山在夏陽縣西北河上」。與志合。一統志「山在今韓城縣西，接郃陽界」。

〔二〇〕【補注】段玉裁曰：此釋禹貢雍州道河之龍門。凡言禹貢某山某水者，視此綴禹貢也。先謙曰：司馬遷生龍門，見遷傳。禹貢山水澤地篇「龍門山在皮氏縣西」。一統志云「山在今韓城縣東北，黃河西岸，跨山西河津縣界」。

〔二一〕【補注】先謙曰：續志後漢因。先謙案，北有韓原，秦獲晉惠公於此，秦靈公城籍姑。括地志云，故城在北。河水篇「河水自河東皮氏來，而出龍門口」。注云「昔禹疏決梁山，謂斯處。魏土地記云『梁山北有龍門山，大禹所鑿』」。河水南合暢谷水，又逕梁山原東，原自山東南出至河，晉之望也，在夏陽縣西北。河水又合崌谷水、陶渠水、徐水，見郃陽。下入河東汾陰。暢谷水自溪東南流，逕夏陽縣西北，入河。崌谷水出縣西北梁山，合橫溪水，又東南逕夏陽縣故城北，入河。陶渠水出梁山，東南逕華池南，池方三百六十步，在夏陽城西北四里許。又逕夏陽縣故城南，又逕司馬子長墓北，入河。徐水出梁山，東南逕武帝登仙宮東，下入裒德」。一統志「故城今韓城縣南二十里」。

〔二二〕【補注】先謙曰：春秋秦邑。國語「范無寓云，秦有徵、衙。」憲公出子葬此，見始皇紀。

〔二三〕如淳曰：衙音牙。師古曰：即春秋所云「秦晉戰于彭衙」。【補注】先謙曰：續志後漢因。劉注「有蒼頡冢，在利陽亭南」。先謙案：秦紀武公伐彭戲氏，張守節以爲即彭衙。一統志「故城今白水縣東北」。吳卓信云，六十里彭衙堡。

〔二四〕【補注】先謙曰：縣小僻，在山中，見薛宣傳。

〔二五〕【補注】先謙曰：後漢因，續志「永元九年復」。沮水注「沮水自蓮勺來，東逕粟邑縣故城北，入洛」。先謙案：「北地直路」下云「沮水東入洛」者也。一統志「故城今白水縣西北八十里」。

〔二六〕【補注】先謙曰：案國策范睢説秦王曰「大王之國，北有甘泉、谷口」。郊祀志所謂寒門谷口也，亦見溝洫志、淮南王傳。孝文後三年置邑，見將相名臣表。

〔二七〕【補注】先謙曰：文選西都賦「其陰則冠以九嵕」。李注「九嵕，山名，上有九峰」。寰宇記「醴泉縣」下引水經注云「涇水逕九嵕山東、中山西，謂之谷口」。紀要「九嵕山在今醴泉縣東北六十里。中山在涇陽縣西北三十里」。

〔二八〕【補注】吳卓信曰：長安志云「昭陵圖有天齊公祠，在陵東北，又有僊人祠，在巴水谷東」。又云「武將山在醴泉縣西北五十里」。「五牀」疑「武將」，武、五聲近，將、牀形近。又鄠縣有五林山，林或牀之誤。先謙曰：「齊」同「臍」。云公，尊之也。天齊、五牀山、五帝、仙人祠，並見郊祀志，宣帝置。惟彼云在鄠爲異。

〔二九〕師古曰：嵕音子公反，又音子孔反。喙音許穢反。【補注】先謙曰：續志後漢省。渭水注「白渠引涇水，首起谷口，出鄭渠南，又東逕宜春城南，下入池陽」。一統志「故城今醴泉縣東北七十里」。

〔三〇〕如淳曰：音輦酌。【補注】先謙曰：宣帝嘗困於此，見紀。張禹父家蓮勺，見禹傳。續志後漢因。渭水注「白渠自櫟陽來，東南逕蓮勺城南，又東注金氏陂，又東南入渭」。又沮水注「沮水自頻陽來，東逕蓮勺縣故城北，下入粟邑」。一統志「故城今渭南縣東北七十里來化鎮是」。吳卓信云：漢自渭水南，東置鄭，西置新豐，渭北置下邽，東北置蓮勺，其境以渭爲界。鄭今華州，新豐今臨潼，下邽、蓮勺並今渭南。苻秦析新豐置渭南縣，然下邽、蓮勺尚在也。隋併蓮勺入下邽，元復併下邽入渭南，而渭南之境，始跨於渭北矣。

〔三一〕孟康曰：音敷。【補注】錢大昭曰：説文「鄜，左馮翊縣，从邑，麃聲」。作「鄜」非。錢坫曰：始皇紀有麃公。應劭云「麃，秦邑」，當即此。封禪書，鄜衍即其地。李奇云「三輔謂〔三〕〔山〕阪曰衍」。先謙曰：續志後漢省。一統志「故城今洛川縣東南七十里」。

〔三二〕【補注】先謙曰：頻陽北當上郡西河，爲數郡湊，見薛宣傳。

〔三三〕應劭曰：在頻水之陽。【補注】先謙曰：厲共公縣頻陽，見秦紀。縣人王翦，見傳介子等傳贊。續志後漢因。沮水注「沮水自萬年來，循鄭渠，東逕當道城南，城在頻陽縣故城南，頻陽宮也。城北有頻山縣，在山南，故曰頻陽。應劭云『在頻水之陽』。今縣之左右，無水以應之，所可當者，惟鄭渠與沮水也」。沮水下入蓮勺」。吴卓信云：余嘗過此，頻水出頻山，微甚，出山二里即涸，山前有通川，名錦川，王翦求美田，即其地也。一統志「故城今富平縣東北五十里」。

〔三四〕【補注】吴卓信曰：秦紀「厲共公〔十〕六年伐大荔，取其王城」。徐廣云「今臨晉」。

〔三五〕【補注】先謙曰：郊祀志：宣帝置。括地志「大河祠在朝邑縣南三十里」。

〔三六〕【補注】錢坫曰：芮伯萬國也，在今同州府朝邑縣南。全祖望曰：大荔之戎，亦名芮戎，在北地。芮伯國在臨晉，秦滅大荔，其種落蓋有居於臨晉者，後人遂合而一之。謂臨晉即古大荔，非也。水經注云「匪直大荔，故芮也，此亦有焉」。則二芮了然矣。先謙曰：續志「有芮鄉」。劉注「古芮國，與虞相讓者」。又云「有王城」。劉注「秦厲共公取王城即此。左傳晉陰飴甥與秦伯會王城」。證以徐廣之説，大荔、芮鄉同在臨晉無疑，全説未諦。

〔三七〕應劭曰：臨晉水，故曰臨晉。臣瓚曰：晉水在河之間，此縣在河之西，不得云臨晉水也。舊説曰，秦築高壘以臨晉國，故曰臨晉也。師古曰：瓚説是也。説者或以爲魏文侯伐秦始置臨晉，非也。文侯重城之耳，豈始置乎！

【補注】吴卓信曰：史記「魏王豹盛兵蒲坂，塞臨晉」。索隱「臨晉，縣名，在河東之東岸，對舊關」。案，臨晉關即蒲津關，今在朝邑縣東，河東之臨晉，乃漢解縣，唐天寶十三年改名，今因之，屬蒲州府，雖去蒲津止百里，然不可混。周壽昌曰：莽於縣名「臨」，皆改「監」，下一字多仍之，或以其子臨爲太子，故爲之諱，而取守曰監國之義乎？先謙曰：官本考證云「河之間」應作「河之東」，言縣在河西岸，而晉水入河，在其東岸也。先謙案：文侯十六年伐秦，築臨晉，見魏世家。言臨晉者，莫先於此，即齊策所謂臨晉之關也。瓚以爲秦築，顏以爲文侯重城，或別有據。愚謂文侯伐秦。不能越河列障，所築者當在河東。唐改解縣爲臨晉，疑即本此。豹盛兵蒲坂，以塞臨晉，猶言軍河東以塞河西來路耳，故高紀云「自臨晉渡河，魏豹降」，正謂此臨晉，與文侯所城不相涉。秦紀「初作河橋」，是其地也。韓、秦、魏王俱會此，見秦紀、韓、魏世家。續志後漢因。一統志「今大荔縣治」。

〔三八〕【補注】先謙曰：秦邑，繭公城之，見秦紀。莊熊羆請穿洛溉重泉，見河渠書。縣人李必，見項羽傳。王吉，見儒林傳。

〔三九〕【補注】先謙曰：續志後漢因。一統志「今蒲城縣東南五十里」，引縣志云「今重泉里」。

〔四〇〕應劭曰：在郃水之陽也。師古曰：音合。即大雅大明之詩所謂「在洽之陽」。【補注】先謙曰：戰國魏地，文侯築合陽，見魏世家，後入秦。高帝封合陽侯喜，見表。索隱云，屬馮翊。錢坫云：詩「在洽之陽」。説文作「郃」。漢制，三輔地例不封列侯，平原郡有合陽縣，字作「合」，與表相符，疑是平原之縣，而非此焉。先謙案：後漢因，續志「永平二年復」。河水注「河水自河東汾陰來，逕郃陽城東，故有莘邑，爲太姒之國。詩云『在郃之陽』也。河水合城北、城中二瀵水，城南又有瀵水入河，水南猶有文母廟，水即郃水也，縣取名焉，故應劭云『在郃水之陽』也。河水下入河東蒲反。徐水自褒德來，右逕劉仲城北，是漢祖兄劉仲封邑也。徐水東入河」。先謙案：據此，劉仲邑與有莘國爲二城。三輔不封列侯，此或以親親之故，一時變例與？一統志「故城今郃陽縣東南四十里」，引縣志云「西河鄉洽陽里」。

〔四一〕師古曰：祋音丁活反，又音丁外反。祤音詡。【補注】錢坫曰：祋，鄒誕生音都會反。吴卓信曰：祤字説文所無，方以智通雅云，衛青傳又作「栩」。王厚之集古印譜有「祋栩丞」，亦從木旁。先謙曰：宣帝時，鳳皇集，見郊祀志。縣人趙食其，見本傳。後漢因，續志「永元九年復」。沮水注「沮水自北地直路來，爲宜君水，得黄嶔水口，見雲陽。又東南逕祋祤縣故城西，合銅官水，又南出土門山，謂之沮水。下入萬年。銅官水出縣東北，西南逕祋祤縣東，又逕其城南原下，而注宜君水」。又渭水注「五丈渠水自雲陽來，南入祋祤縣，歷原南出，又東南流，絶鄭渠，下入高陵」。一統志「故城今耀州東一里」。

〔四二〕【補注】先謙曰：本晉地，入秦，厲共公時，晉復取之，見秦紀。戰國屬魏，秦敗我武下，見魏世家。酈商食邑於此，見商傳。

〔四三〕師古曰：即左氏傳所云「伐秦晉取武城」者也。【補注】先謙曰：官本注「伐秦」作「秦伐」，是。續志後漢省。渭水注「東石橋水出馬嶺山，故沈水也。北流逕武平城東，地理志之武城也。下入京兆鄭」。一統志「故城今華州東北十七里」。

〔四四〕【補注】段玉裁曰：戴氏水經注改作「沇陽」，謂即潏水，恐誤。漢書作「沈」，疑有沈水。先謙曰：續志後漢省。渭水注「東石橋水即沈水，自京兆鄭來，又北逕沈陽城北，注渭」。一統志「故城今華州東北十五里」。

〔四五〕【補注】先謙曰：秦邑，周勃食邑於此，見勃傳。

〔四六〕【補注】段玉裁曰：此釋「道汧及岐，至於荆山」之荆山也。此曰北條荆山，南郡曰南條荆山，則知三條之説，自古而然。錢坫曰：禹貢道九山，汧、壺口、砥柱、太行、西傾、熊耳、嶓冢、内方、岐也。馬融以汧爲北條，西傾爲中條，嶓冢爲南條。鄭康成分四列：汧爲陰列，西傾次陰列，嶓冢爲陽列，岐山次陽列。「彊梁」當作「荆渠原」，在今富平縣北二十里；荆山在富平西南三十里。徐松曰：胡渭云：「寰宇記引水經注云『洛水東南歷彊梁原，俗謂之朝阪』，今富平無洛水，朝邑有洛水，歷彊梁原入渭，原在荆山下，一證也。同州志云『華原在朝邑縣西，繞北而東，以絶於河，古河壖也，一名朝阪，亦謂之華原山。』蓋華原即朝坂，朝阪即彊梁原，荆山之麓，直抵河壖，禹治水從此渡河，故禹貢曰『至于荆山，逾于河』。若富平，則東距河二百餘里，與經意不合，二證也。朝邑實西漢之褱德，荆山當在其境，唐人所以致誤者，蓋由先儒謂漆沮即洛水，而澤泉經富平、褱德城北，東南絶沮，注濁水，得漆沮之名，遂以此爲漢志東南入渭之洛，並荆山亦移之富平耳。」松案：褱德所在，當以胡説朝邑西南者爲正，閻氏若璩親至朝邑，縣治在彊梁原上，爲荆山北麓，然則謂朝邑無荆山者誤矣。吴卓信曰：今富平亦有褱德城，寰宇記謂「後漢及三國時，因漢舊名，於此立縣，今有廢城存」是也，與西漢舊縣無涉。而隋志誤載荆山於富平縣，李吉甫、宋敏求因之，後人遂沿其謬。先謙曰：禹貢山水澤地篇「荆山在褱德縣南」，與志合。河水注「徐水自夏陽來，東南流絶彊梁原，下入郃陽」。又渭水注「渭水自華陰來，水陽即懷德縣界也。城在渭水北，沙苑南，即懷德縣故城也，世謂之高陽城，非矣。地理志曰『禹貢北條荆山在南』，山下有荆渠，即夏后鑄九鼎處也。渭水仍下入華陰」。先謙案，黄帝鑄鼎荆山，乘龍鼎湖。荆山在今朝邑，鼎湖在今閿鄉，相距不遠，情事較合，富平則遼遠不關，錢説非也。

〔四七〕【補注】段玉裁曰：此非出上雒之雒水，即「北地歸德」下云「洛水出北蠻夷中，入河」者也。入渭以入河，故渾曰入河。以漆沮爲洛，始於小顔，然地理志有「沮水出北地直路縣西，東入洛」之文。水經注亦明言沮水、漆水所在，則不得與洛混爲一水也。先謙曰：「歸德縣」下「入河」二字，王念孫以爲衍文，是也。水經洛水篇佚，據寰宇記所引繹之，洛水出歸德後，所逕漢縣上郡之雕陰，本郡之翟道、衙，慶州樂蟠縣、坊州中部縣下引。歷彊梁原而入渭。同州朝邑縣下引。沮水入之，故洛水亦名漆沮水。同州白水縣下引。又渭水注云「洛水入焉，闞駰以爲漆沮之水也」。是誤不始小顔。胡渭云「沮水舊循鄭渠東注洛，今自富平縣界已絶」。朝邑縣志「洛水舊自縣南趙渡鎮，經華陰縣西北葫蘆灘入渭。明成化中改流，東過趙渡鎮徑趨河，不入渭」。先謙案，洛入渭，在縣境沙苑西，依渭水注敘，入京兆華陰下。郊祀志汧、洛二淵皆有祠，志「扶風郁夷」下「有汧水祠」，此亦當有「有洛水祠」四字，在何縣下，則不可知。

〔四八〕師古曰：褱亦懷字。【補注】先謙曰：續志後漢省。「雲陽」下劉注「有荆山。帝王世紀云『禹鑄鼎荆山在馮翊褱德之南，今其下荆渠也』」。據此，縣併入雲陽。一統志「故城今富平縣西南十里」。

〔四九〕師古曰：徵音懲，即今之澄城縣是也。左傳所云「取北徵」，謂此地耳，而杜元凱未詳其處也。【補注】先謙曰：官本注「取」上多「王」字。春秋晉地，入秦，見左傳釋文引三蒼。國語范無寓云「秦有徵、衙」也。徵、澄同音，後遂誤爲澄耳。有王官城，秦穆公伐晉，取之，見左傳。孝公會魏王，杜平與魏戰元里，張守節以爲並在縣界。張湯請穿渠，自徵引洛水至商顏下，見溝洫志。續志後漢省。一統志「故城今澄城縣西南二十五里」。

〔五〇〕【補注】先謙曰：昭紀後元二年置。外戚傳「昭帝母趙倢伃死，葬雲陽。即位，起雲陵」。是雲陵地割自雲陽。續志後漢省。一統志「故城今淳化縣北二十里」。吴卓信云：遺冢巍然，俗呼大屹塔。

〔五一〕師古曰：三輔黄圖云，太上皇葬櫟陽北原，起萬年陵是也。【補注】吴卓信曰：黄圖「置萬年縣於櫟陽大城内，以爲奉陵邑，其陵在東者太上皇，在西者昭靈后也」。據此，萬年即治櫟陽，無專城，其長安城中萬年縣，乃宇文周所置。先謙曰：高紀十年置。續志後漢因。沮水注「沮水自祋祤來，東南歷土門南原下，東逕懷德城南，漢、魏間縣。城在北原上。又逕太上皇陵北，陵在南原上。沮水東注鄭渠。濁谷水自雲陽來，東歷原，逕曲梁城北，又逕太上陵南原下，北屈逕原東，與沮水合。分爲二：一東南出，爲濁水，至白渠與澤泉合，俗謂之漆水，又謂之漆沮水，絶白渠，東逕萬年縣故城北，爲櫟陽渠，城即櫟陽宫也。闞駰云『縣西有涇、渭，北有小河』。謂此水也。其水南出爲石川水，又西南逕郭獋城西，合白渠枝渠，南入渭。一水東出爲沮水，合澤泉，入鄭渠，又合白渠，下入頻陽。澤泉出沮東澤中，與沮水隔原，相去十五里，俗謂之漆水，東逕薄昭墓南，冢在北原上，又逕懷德城北，入鄭渠，合沮水」。又渭水注「五丈渠水自高陵來，東南入萬年縣，又逕藕原，東入渭」。一統志「故城今臨潼縣北五十里」。

〔五二〕【補注】先謙曰：有望夷宫，在長陵西北，見始皇紀。

〔五三〕【補注】先謙曰：高帝陵十二年置，見史記年表，縣見成帝紀。縣人田蚡、車千秋，見本傳。高公子，見游俠傳。

〔五四〕【補注】先謙曰：續志後漢改屬京兆，劉注「蔡邕樊陵頌『前漢户五萬，口十有七萬，王莽後十不存一。永初元年，羌戎作虐，至光和，領户不盈四千』」。渭水注「成國故渠自扶風渭城來，東逕長陵南，亦曰長山也。又逕周勃冢南，冢北有亞夫冢。故渠下入陽陵」。一統志「故城今咸陽縣東北四十里，蕭何所築，俗呼蕭城」。

〔五五〕【補注】宋祁曰：「弋」當作「易」。吴卓信曰：史記景紀四年後九月，更以弋陽爲陽陵，本書景紀在五年正月。先謙曰：縣亦見平紀。縣人田延年、王温舒，見酷吏傳。

〔五六〕【補注】先謙曰：續志後漢改屬京兆。渭水注「成國故渠自長陵來，東南逕陽陵南，入渭，今無水」。本志「涇水至縣入渭」。一統志「故城今咸陽縣東四十里」。吴卓信云：咸陽縣東，高陵縣西南，鹿苑原自咸陽來，當涇、渭二水間，即陽陵所在。

〔五七〕【補注】先謙曰：秦邑，蒙恬通直道，自九原抵雲陽，徙五萬家於此；韓非死焉，並見始皇紀。武帝徙郡國豪傑於雲陽；成帝幸焉，並見本紀。縣人董賢，見佞幸傳。續志後漢因。沮水注「黄嶔水出雲陽縣石門山黄嶔谷，東南流，注宜君水。見祋祤。濁水上承雲陽縣大黑泉，東南流，爲濁谷水，又出原注鄭渠，下入萬年」。又渭水注「五丈渠出雲陽縣石門山，爲清水，東南流，逕黄嶔山西，下入祋祤」。一統志「故城今淳化縣西北」。

〔五八〕【補注】先謙曰：休屠王祭天金人、徑路刀，見匈奴傳。又郊祀志「雲陽有徑路神祠，祭休屠王也」。則「徑路」是休屠王名，没而爲神，故匈奴祠而漢因之，非祠寶刀也。其神遺有寶刀，因名徑路刀耳。

〔五九〕孟康曰：⿰卵占音辜磔之辜，越人祠也。鄺音穰。休音許虯反。屠音除。【補注】錢大昕曰：⿰卵占，廣韻、類篇俱作⿰卵占，从卯从卵，皆無意義，當是⿰歹占之訛。説文「辜，辠也」。古文作⿰歹占。大宗伯「以疈辜祭四方百物」。鄭司農云「披磔牲以祭，若今時磔狗祭以止風，⿰歹占鄺蓋疈辜之遺制與」。説文卢部又有「⿰卢占」字，訓爲枯者，義亦近。劉台拱曰：辜亦磔也，𠨰𨞰即磔攘，古文辜從死旁古，死與卯字形相近，因誤從卯，𨞰、攘皆假借字，禳乃正字。女祝「掌以時招梗禬禳之事」，注云「四禮唯禳，其遺像今存」。漢有𠨰𨞰法，故鄭云「遺像今存」。先謙曰：此越巫越祝祠，武帝置，詳郊祀志。

右扶風，〔一〕故秦內史，高帝元年屬雍國，〔二〕二年更爲中地郡。〔三〕九年罷，復爲內史。〔四〕武帝建元六年分爲右內史，太初元年更名主爵都尉爲右扶風。〔五〕户二十一萬六千三百七十七，口八十三萬六千七十。〔六〕縣二十一：渭城，故咸陽，〔七〕高帝元年更名新城，〔八〕七年罷，屬長安。武帝元鼎三年更名渭城。〔九〕有蘭池宮。莽曰京城。〔一〇〕槐里，周曰犬丘，懿王都之。秦更名廢丘。高祖三年更名。〔一一〕有黃山宮，孝惠二年起。〔一二〕莽曰槐治。〔一三〕鄠，〔一四〕古國。有扈谷亭。扈，夏啟所伐。〔一五〕酆水出東南，〔一六〕又有潏水，皆北過上林苑入渭。〔一七〕有萯陽宮，秦文王起。〔一八〕盩厔，〔一九〕有長楊宮，有射熊館，秦昭王起。〔二〇〕靈軹渠，武帝穿也。〔二一〕斄，周后稷所封。〔二二〕郁夷，詩「周道郁夷」。有汧水祠。莽曰郁平。〔二三〕美陽，禹貢岐山在西北。〔二四〕中水鄉，周大王所邑。有高泉宮，秦宣太后起也。〔二五〕郿，〔二六〕成國渠首受渭，東北至上林入蒙籠渠。〔二七〕右輔都尉治。〔二八〕雍，〔二九〕秦惠公都之。〔三〇〕有五畤，〔三一〕太昊、黃帝以下祠三百三所。〔三二〕橐泉宮，孝公起。祈年宮，惠公起。〔三三〕棫陽宮，昭王起。〔三四〕有鐵官。〔三五〕漆，〔三六〕水在縣西。〔三七〕有鐵官。莽曰漆治。〔三八〕栒邑，有豳鄉，詩豳國，公劉所都。〔三九〕隃麋，〔四〇〕有黃帝子祠。莽曰扶亭。〔四一〕陳倉，〔四二〕有上公、明星、黃帝孫、舜妻盲冢祠。〔四三〕有羽陽宮，秦武王起也。〔四四〕杜陽，〔四五〕杜水南入渭。〔四六〕莽曰通杜。〔四七〕汧，〔四八〕吴山在西，古文以爲汧山。雍州山。〔四九〕北有蒲谷鄉弦中谷，雍州弦蒲藪。〔五〇〕汧水出西北，入渭。〔五一〕芮水出西北，東入涇。詩芮阸，雍州川也。〔五二〕好畤，〔五三〕垝山在東。〔五四〕有梁山宮，秦始皇起。〔五五〕莽曰好邑。〔五六〕虢，〔五七〕有黄帝子、周文武祠。〔五八〕虢宮，秦宣太后起也。〔五九〕安陵，惠帝置。〔六〇〕莽曰嘉平。〔六一〕茂陵，武帝置。〔六二〕户六萬一千八十七，口二十七萬七千二百七十七。莽曰宣城。〔六三〕平陵，昭帝置。〔六四〕莽曰廣利。〔六五〕武功，〔六六〕太壹山，古文以爲終南。〔六七〕垂山，古文以爲敦物。皆在縣東。〔六八〕斜水出衙領山北，至郿入渭。〔六九〕褒水亦出衙領，至南鄭入沔。〔七〇〕有垂山、斜水、淮水祠三所。〔七一〕莽曰新光。〔七二〕

〔一〕【補注】先謙曰：決録注「扶風，化也」。趙廣漢傳：治長安城中。黄圖云「扶風治所在夕陰街北」。有掌畜官，見尹翁歸傳。續志後漢治槐里。

〔二〕【補注】先謙曰：章邯國。

〔三〕【補注】先謙曰：見高紀。

〔四〕【補注】錢大昭曰：百官表高帝十年有中地守宣義，疑非九年罷。

〔五〕師古曰：主爵都尉，本秦之主爵中尉，掌列侯，至太初元年更名右扶風，而治於内史右地。故此志追書建元六年分爲右内史，又云更名主爵都尉爲右扶風。【補注】全祖望曰：當云景帝二年屬右内史也。主爵都尉本不治民，蓋省其員爲扶風，非更名。莽分其郡曰後丞烈，後又分其郡二曰扶尉、列尉。

〔六〕【補注】先謙曰：續志後漢因，屬司隸。

〔七〕【補注】先謙曰：秦紀「孝公作咸陽，築冀闕，徙都之」。三秦記「在九嵕山南，渭水北，山水俱陽，故名咸陽」。

〔八〕【補注】錢坫曰：曹參世家「東取咸陽，更命曰新城」。

〔九〕【補注】先謙曰：渭水注「渭城在長安西北，渭水之陽，始隸扶風，後併長安」。先謙案：咸陽統於長安，秦都規模尚小，僅得長安城北地，故西都賦曰「秦里其朔，實爲咸陽」也。併長安謂後漢。

〔一〇〕【補注】先謙曰：蘭池宮見酷吏傳。長安志：在咸陽縣東二十五里。錢坫云土人往往於故址得宮瓦，文作「蘭池宮當」四字。續志後漢省。據酈注，併長安。渭水注「渭水自槐里來，東北逕渭城南，下入京兆長安。成國故渠自安陵來，東逕渭城北。地理志曰『縣有蘭池宮』。始皇微行，逢盜於蘭池，今不知所在。故渠下入馮翊長陵」。一統志「故城今咸寧縣東」。

〔一一〕【補注】汪遠孫曰：史高紀二年，更名廢丘爲槐里，本書高紀同，「三」當爲「二」。吴卓信曰：世本「懿王二年，自鎬徙都犬丘」。紀年「懿王十五年，自宗周遷於槐里」。是周時已有槐里之名，周既自鎬遷此，豈有天子所都仍名犬丘之理？蓋已更名槐里矣。據周勃、樊噲傳，漢初有廢丘，又有槐里，或其後置縣，乃統謂之槐里耳。先謙曰：非子居犬丘，見秦紀。章邯都，見項羽傳。

〔一二〕【補注】錢坫曰：宮在今興平縣西南三十里馬嵬坡，土人往往於故址得宮瓦，有「黄山」二字。先謙曰：渭水注引志此文。黄山宮亦見東方朔、霍光、元后、王莽傳。西京賦云「繞黄山而款牛首」。

〔一三〕【補注】先謙曰：續志後漢因。渭水注「渭水自雍來，東逕槐里縣故城南，李奇謂之小槐里，縣之西城也。又東合芒水枝流，見盩厔。又東北逕黄山宮南，合就水、田溪水，見盩厔。又東逕槐里縣故城南。縣南對渭水，北背通渠，世謂之大槐里。晉始平郡治。其城遞帶防陸，舊渠尚存，漢書所謂槐里環隄也。又東得漏水、見盩厔。甘水、豐水、見鄠。鄗水，下入渭城。成國故渠自武功來，東逕槐里縣北，下入茂陵」。一統志「故城今興平縣東南十里」。

〔一四〕【補注】先謙曰：續志後漢因，劉注「南山有王季冢」。一統志「故城今鄠縣北」。

〔一五〕【補注】王念孫曰：「國」上當有「扈」字，下文「扈，夏啟所伐」，即承此「扈」字言之。甘誓正義及夏紀索隱、正義引此志竝曰「扶風鄠縣，古扈國」。前「京兆尹新豐」下曰「驪山故驪戎國」，「杜陵」下曰「故杜伯國」，「左馮翊臨晉」

下曰「芮鄉，故芮國」，皆其例也。「亭」上當有「甘」字，說文「扈，夏后同姓所封，戰于甘者，在鄠有扈谷甘亭」。玉篇同。續志：右扶風鄠有甘亭，帝王世紀云在縣南。渭水注「甘水北逕甘亭西，亭在水東，鄠縣南，昔夏啟伐有扈，作誓於是亭，故馬融曰『甘，有扈南郊地名也』」。是其證。吴卓信曰：此縣夏爲扈國，殷爲崇國，周爲豐邑，秦改鄠，漢置縣。說文扈、鄠爲二字，與志合。帝王世紀「扈至秦改爲鄠」是也。姚察訓纂以户、扈、鄠三字爲一，疏矣。

〔一六〕【補注】吴卓信曰：詩云「灃水東注，維禹之績」，則渭南諸川，惟灃爲大。特關中諸水，自周而後，歷代建都，鑿引諸川，多非禹跡。胡渭謂禹時灃西之澇，灃東之鎬、潏、灞、滻，當悉合灃水以入渭，是以得成其大，而志云北過上林苑入渭，則是北流而非東注矣。禹導渭東會于灃，當在漢霸陵縣北，灞、滻入渭之處也。先謙曰：酆、灃、豐字同。續志作豐水。渭水注「豐水出豐溪，西北流，分爲二水，一水東北流，爲枝津，一水西北流，合交水，昆明池水，北逕靈臺西，又至石墩，注于渭。地說云『渭水與豐水會於短陰山內，水會無他高山異巒，所有惟原阜石激而已』。水上有便門橋，武帝建元三年造，去長安西北四十里」。據宋敏求長安志，長安縣下引「墩」作「堨」，是。一統志「豐水出鄠縣東南終南山，北流經縣東，又經長安、咸陽二縣，東南入渭」。

〔一七〕【補注】王念孫曰：「潏」當爲「澇」字，或作「潦」，通作「勞」。封禪書「霸、産、長水、灃、澇、涇、渭」。說文「澇水出右扶風鄠，北入渭」。渭水注「澇水出南山澇谷，郊祀志作勞谷。北逕鄠縣故城西，又北注甘水，而亂流入於渭，即上林故地也」。據說文、水經注，則出右扶風鄠北過上林苑入渭者，乃澇水，非潏水也。又案，說文「潏水在京兆杜陵」，則非在扶風鄠也。司馬相如傳「酆鎬潦潏」，師古云「潦水出鄠縣西南山潦谷，而北流入於渭」。地理志「鄠縣有潏水，北過上林苑入渭」，而今之鄠縣則無此水。許慎云「潏水在京兆杜陵」，此即今所謂沈水，從皇子陂西北流，經昆明池入渭者也。蓋爲字或作水旁穴，與沈字相似，俗人因名沈水乎？渭水注「沈水上承皇子陂於樊川，西北流注渭」。亦謂是水爲潏水。將鄠縣潏水，今則改名，人不識也。案顔以沈水爲泬水之譌，但未知地理志潏水乃澇水之譌，故明知鄠縣無潏水，而仍有改名不識之疑。段玉裁曰：潏音聿，潏水亦名沇水，沇今音兖，允、聿雙聲。上林賦李注「潏水出杜陵，今名沇水」。字尚不誤。顏字誤爲「沈」，因謂潏譌沇，沇譌沈，而戴氏校水經注，盡改沈水爲沇水，不知「沈」乃「沇」之誤耳。先謙曰：馮翊明有沈陽縣，謂李注沇水爲沈之誤則可，段反執孤證雙聲，以爲得間，致與前文不照，亦見其傎也。渭水注「澇水出南山澇谷，北逕宜春觀東，又逕鄠縣故城西，際城北，出合渼陂水，入甘水」。見下。一統志「澇水出今鄠縣西澇谷，經咸陽至長安縣界入渭」。

〔一八〕師古曰：潏音決。萯音倍。【補注】錢坫曰：東方朔傳作「倍陽」。李斐音萯爲倍。説文「鄠縣有𨛫鄉，讀若倍」。是𨛫即萯，萯即倍矣。吴卓信曰：説苑「秦始皇遷太后於萯陽宫」。先謙曰：黄圖「宫在鄠縣西南二十三里」，亦見宣、成紀。渭水注「甘水出南山甘谷，北逕秦文王萯陽宫西、五柞宫東，又逕甘亭西，合澇水入渭，即上林故地也」。

〔一九〕【補注】段玉裁曰：盩張流切。厔陟栗切。二字皆見説文，厔從广，俗從厂，非也。廣韻「水曲曰盩，山曲曰厔」。集韻山水字互易。案，盩厔與周折同音，周旋中規，折旋中矩，山水兼有之。先謙曰：平帝時，「霍鴻負倚盩厔芒竹」，見翟義、王莽傳。續志後漢省。一統志「故城今盩厔縣東」。錢坫云「三十里終南鎮，唐終南縣城，漢盩厔城也」。

〔二〇〕【補注】先謙曰：官本考證云「監本訛『長陽宫』，從宋本改正」。亦見元、成紀，揚雄傳。黄圖「長楊宫在盩厔縣東南三十里，本秦舊宫，漢修飾之，以備行幸，宫中有垂楊數畝，因以爲名」。又云「長楊宫門曰射熊館」。雍録「長楊宫在上林苑中，而射熊館迺在宫門之臺上，搏獸射熊，必在此館，爲其在門上，凡獸可前，人力可及也」。渭水注「芒水出南山芒谷，北逕盩厔縣竹圃中，分爲二，一水北入渭，見雍。一枝流東北，下入槐里。就水出南山就谷，歷竹圃北，會黑水入渭。田溪水出南山田谷，北流逕長楊宫西，又逕盩厔縣故城西，有一水承盩厔縣南源，北逕其縣東北，注之田溪水，北入渭。漏水出南山赤谷，東北流，逕長楊宫東，又北歷葦圃西，爲仙澤，又逕望仙宫，合耿谷水，入渭。耿谷水出南山耿谷，北合柳泉，東北逕五柞宮西，長楊、五柞二宮相去八里。張晏云『宮在盩厔縣西』。又北逕望仙宮，東入漏水』。

〔一一〕【補注】先謙曰：渭水注「成國渠自武功來，東逕盩厔縣北，爲蒙蘢渠，亦曰靈軹渠」。河渠書以爲引堵水，徐廣云，一作「諸川」，是也。先謙案：本志「郿」下「成國渠至上林入蒙蘢渠」者也。

〔一二〕師古曰：讀與邰同，音貽。【補注】王鳴盛曰：注「眙」，南監本作「胎」，是。段玉裁曰：史記「封棄於邰」，徐廣云「今斄鄉」。亦作邰鄉，漢以名縣，斄鄉之名，必起於古，因「詒我來牟」，而有此字，斄即來字，音釐，亦音來。先謙曰：官本注「眙」作「胎」，秦縣，曹參攻之，見參傳。續志後漢省。「郿」下云「有邰亭」。據此，縣併入郿。劉注「王忳傳，郿之斄亭」。尤爲確證。又引新論云「邰在漆縣，其民有會日，相與夜中市，如不爲，則有災咎」。然則地或分隸漆與？渭水注「渭水自武功來，東逕斄縣故城南，舊邰城也，后稷之封邑矣，詩所謂『有邰家室』也。城東北有姜嫄祠，城西南百步有稷祠，渭水下入雍」。一統志「故城今武功縣西南」。吴卓信云：康海武功縣志「古邰城在武功縣八里，漢邰城在縣西南二十里」。

〔一三〕師古曰：小雅四牡之詩曰「四牡騑騑，周道倭遲」。韓詩作郁夷字，言使臣乘馬行於此道。【補注】王鳴盛曰：書「盤庚遲任」，陸德明音直疑反。匡謬正俗云「遲音夷，亦云遲，陵遲或言陵夷，遲即夷也」。周壽昌曰：詩釋文引韓詩作「倭夷」，文選西征賦注引韓詩「周道威夷」。天台山賦、石闕銘注同。顔延年北使洛詩「威遲良馬煩」，注「韓詩曰，周道威遲」。陳奂疑「郁夷」爲魯詩，無據。班世習齊詩，或齊説也。郁、倭、威一聲之轉，夷、遲又通假字耳。蘇輿曰：班用齊詩，如「子之營兮，自杜、沮、漆」，是其明證，周説是也。威、郁古通，爾雅「西陵威夷」，即郁夷。先謙曰：西征賦注引薛君章句云「威夷，險也，縣地險，因受名矣」。汧水祠見郊祀志。續志後漢省。地道記「郁夷省，併郿」。蓋王莽之亂，郁夷之人，權寄理郿界，因併於郿。渭水注「渭水自陳倉來，東逕郁夷縣故城南，下入郿。汧水自隃麋來，東南逕郁夷縣，下入郿」。一統志「故城今隴州西五十里」。汧水祠在今寶雞縣東」。

〔二四〕【補注】段玉裁曰：此謂雍州「荆岐既旅，道汧及岐」之岐。周太王、文王因岐山爲郂邑。漢書言山之字作「岐」，言地之字作「郂」，郂字地理志再見，郊祀志一見，匈奴傳一見，音皆巨支切。吴卓信曰：今岐山縣東北五十里，西自鳳皇山逾天柱山，東至箭括山六十餘里，皆岐山也。薛綜西京賦注「山有兩岐，因以名」。其說未諦。先謙曰：禹貢山水澤地篇「岐山在美陽縣西北」。與志合。

〔二五〕【補注】先謙曰：後漢因，續志「有周城」。劉注「大王所徙，南有周原」。說文「郂，周大王所封，在右扶風美陽中水鄉」。渭水注「橫水出杜陽山爲杜陽川，東南流，左會漆水。大巒水俗稱小橫水，通爲岐水，逕岐山西，又屈逕周城南，歷周原下，北則中水鄉成周聚，故曰有周也，水北即岐山矣。岐水又東逕姜氏城南，爲姜水，東入雍水。杜水自杜陽來，南逕美陽縣之中亭川，入雍水，謂之中亭水。雍水自雍來，東南合橫水，又南逕中亭川，合杜水，又逕美陽縣西，入渭」。先謙案：本志「杜陽」下「杜水南入渭」者也。長安志「高泉宮在美陽城中」。一統志「故城今武功縣西南，高泉宮在今縣西」。錢坫云：扶風北二十五里崇正鎮，是今武功縣。西北七里美陽城，乃後魏徙置，非漢縣。寰宇記作「西四十里」，或誤。

〔二六〕【補注】先謙曰：詩崧高「王餞于郿」。秦縣，見元和志。周勃、樊噲並下之，見勃、噲傳。本志「武功」下「斜水至郿入渭」。

〔二七〕【補注】錢大昭曰：籠當作蘢。先謙曰：蒙蘢即靈軹。渭水注云「成國故渠上承渭水於郿縣東，下入武功」。注又云「魏衞臻所開。成國故渠自陳倉來，東逕郿縣，下入武功」。先謙案：蓋西京此渠引渭，衞更引汧耳。

〔二八〕師古曰：郿音媚。【補注】段玉裁曰：郿，廣韻、集韻皆眉、媚二音。先謙曰：續志後漢因。渭水注「渭水自郁夷來，合汧水、磻溪水，東逕積石原，即北原也。又逕五丈原北，諸葛亮卒處。又逕郿縣故城南，又逕郿塢南，下入武功。汧水自郁夷來，逕平陽故城南，秦紀『寧公二年徙平陽』，徐廣云『郿之平陽亭』也。汧水又東入渭」。先謙案：本志「汧」下「汧水出西北入渭」者也。平陽有封宮，秦武公所居，見秦紀。一統志「故城今郿縣東北」。

〔二九〕【補注】先謙曰：秦邑，始見左僖傳，秦始皇宿此，見始皇紀。曹參攻之，見參傳，亦見五行志。續志劉注「召穆公采邑，史記有鴻冢」。

〔三〇〕【補注】王念孫曰：封禪書「秦德公既立，卜居雍」。郊祀志同。詩譜亦曰「秦德公徙居雍」。悳、惠字形相似，又涉下文「惠公」而誤。陳杞世家「杞共公卒，子德公立」，徐廣云「世本曰『惠公』」，惠亦悳字之誤。而顏氏不云「悳，古德字」，蓋所見本已誤爲惠矣。先謙曰：秦紀、渭水注、尚書、中候注、續志注引帝王世紀，並作「德公」。

〔三一〕【補注】先謙曰：渭水注「雍有五畤，以上祠祀五帝」。封禪書「惟雍四畤，上帝爲尊」，索隱云「密畤並上畤、下畤、畦畤爲四，並高祖尊黑帝爲五」。案密畤在渭南，畦畤在櫟陽，蓋始皇後並祀於此，五帝之祀乃備，小司馬說是也。或疑密畤、畦畤不當在雍，非是。後書馮衍傳注引史記云「秦併天下，祠雍四畤，漢加黑帝，謂之五畤」。其明證矣。

〔三二〕【補注】先謙曰：郊祀志「雍有百有餘廟」，又云「舊祠二百三所」。此「三百」疑「二百」之誤。

〔三三〕【補注】先謙曰：渭水注「胡城，見下。俗名也，蓋秦惠公故居所謂祈年宮，孝公又謂之橐泉宮。崔駰云『穆公冢在橐泉宮祈年觀下』」。皇覽說同。劉向言穆公葬無丘壟處，惠公、孝公並穆公後，子孫無由起宮於祖宗之墳陵，知二證非實也。「祈」一作「蘄」，見始皇紀。蘇輿云：黃圖「蘄年宮，穆公所造」。與志異。或穆公起而惠公更修之與？紀要「橐泉宮在今鳳翔府內城東南隅，本名祈年宮，蓋孝公重修更名，或云今東湖即橐泉遺跡」。

〔三四〕【補注】先謙曰：見文紀、郊祀志、蘇武傳。一統志「棫陽宮在今扶風縣東北」。引縣志云「三十里，遺址尚存」。

〔三五〕應劭曰：四面積高曰雍。師古曰：棫音域。【補注】段玉裁曰：雍讀平聲，不讀去聲，應云「四面積高曰雍」，猶四方有水自邕成池者曰邕，其理一也。自邕即自擁，九州中雍州在四山之內，古亦讀平聲。先謙曰：續志後漢因，「有鐵」。渭水注「渭水自蘩來，東逕雍縣南，合雍水、洛谷水、芒水，見盩厔。下入槐里。雍水出雍山，東南流，歷中牢溪，爲中牢水，南逕胡城東，又東會左陽水、東水、今東湖。鄧公泉水，又逕召亭南，爲樹亭川，下入美陽。鄭公泉數源俱出雍縣故城南，東入雍水」。一統志「故城今鳳翔縣南」。

〔三六〕【補注】先謙曰：續志劉注「豳國在東北，有豳亭。有師曠冢」。秦邑。周勃北攻漆，見勃傳。

〔三七〕【補注】段玉裁曰：「水」上當有「漆」字，各本無，淺人刪之，此以水名縣，刪之則不可通。漆水出今邠州，即公劉所居。西南流至麟遊扶風間，周郊地南。入渭。詩「率西水滸」，箋云「循漆沮水側」。是此水原委自豳至郊，漢人審知形勢。錢坫曰：今漆水亦曰新平水，出白土原東，陳陽原西，下流入涇。又有漆水出麟遊縣西漆溪，下流合岐水入渭。山海經「羭次之山，漆水出焉，北流注於渭」。水經「漆水出杜陽縣俞山，東北入於渭」。說文「漆水出杜陽岐山」。攷二漆水實出一原，麟遊之東北，即邠州之西南耳。其水一流入涇，一流入渭，亦猶駱谷水同出一原，一流入渭，一流入漢也。古字喻、俞同，俞山即岐山連麓。徐松曰：錢用戴震説，謂涇西有二漆，一北流注涇以入渭，一南流入渭。緜詩之漆，南流入渭者也。先謙曰：水在縣西，不更出「漆」字，與「弘農丹水」下「水出上雒冢領山」例同，不加「漆」字亦可。漆水注「開山圖云『岐山在杜陽北，長安西，有渠謂之漆渠』。班志云，漆水在漆縣西。十三州志又云，漆水出漆縣西北，至岐山東入渭。今有水出杜陽縣岐山北漆溪，謂之漆渠，西南流，注岐水」。又渭水注云「漆水出杜陽縣之漆溪，謂之漆渠，故徐廣曰『漆水出杜陽之岐山者』是也。漆渠水合大巒水、小橫水，通得岐水之目」。互見美陽。案，杜陽今麟遊，漢漆縣在其西，參證諸説，並與酈合。

〔三八〕【補注】錢坫曰：元和志「今普潤縣西有小城，蓋置鐵官處」。案普潤今麟遊地。先謙曰：後漢因，續志「有鐵」。一統志「今邠州治」。

〔三九〕應劭曰：左氏傳曰「畢、原、酆、郇，文之昭也」。郇侯、賈伯伐晉是也。臣瓚曰：汲郡古文「晉武公滅荀，以賜大夫原氏黯，是爲荀叔」。又云「文公城荀」。然則荀當在晉之境内，不得在扶風界也，今河東有荀城，古荀國。師古曰：瓚説是也。此栒讀與荀同，自別邑耳，非伐晉者。【補注】王念孫曰：都本作邑，後人改之也。上文「美陽」

下云「禹貢岐山在西北中水鄉，周大王所邑」，即其證。景祐本王作邑。詩譜、正義、文選北征賦注引此並作邑。吳卓信曰：說文「邠」、「豳」二字並收。元和志「開元十三年，以豳字與幽字相涉，詔曰『魯、魚變文，荆、并誤聽，欲求辨惑，必也正名，改爲邠字』」。唐會要同。自是後皆作邠。先謙曰：栒邑，見郊祀志，周時已有其地。酈商破周類軍於此，見商傳。後漢因，續志「有豳鄉」，劉注「又有劉邑」。先謙案：漆有豳亭，此又有豳鄉，二縣相接。一統志「故城今三水縣東北」。

〔四〇〕【補注】錢坫曰：元和志「縣東八里有隃麋澤、闞澤」。縣道記云「縣因澤爲名」。吳卓信曰：石門遺事云「汧陽縣有石墨洞，漢尚書、令、僕、丞、郎，月給隃麋墨二斤，然粗不可用。洞在縣東南三十里」。先謙曰：縣人郭欽，見鮑宣傳。

〔四一〕師古曰：隃音踰。【補注】宋祁曰：南本「黃帝」下無「子」字，下同。先謙曰：陳倉有黃帝孫祠，有「子」字當不誤。後漢因，續志作「渝麋」。渭水注「汧水自汧來，東南逕隃麋縣故城南，歷慈山東南，下入郁夷」。一統志「故城今汧陽縣東三十里」。

〔四二〕【補注】先謙曰：秦文公得陳寶於此，見郊祀志。高帝自漢中襲破章邯軍，由此北出，見高紀。續志後漢因，劉注「秦武公都雍，陳倉城是也。有石鼓山，將有兵，此山則鳴」。渭水注「渭水自汧來，東過陳倉縣西，縣有陳倉山，山下有陳寶雞鳴祠。渭水合陳倉水、綏陽溪水，下入郁夷。陳倉水出陳倉山下，東南入渭。斜水支流自斜谷上承斜水，見武功。分注綏陽谷，爲綏陽溪水，北屆陳倉入渭。又衞臻所開成國故渠，上承汧水於陳倉東，下入郿。應劭云，縣氏陳山。姚睦云，黃帝都陳，言在此」。又漾水注「故道水出陳倉縣大散嶺，西南流，下入武都故道」。一統志「故城今寶雞縣東二十里」。

〔四三〕【補注】錢坫曰：說文「甘氏星經云，太白，上公妻，曰女媊，居南斗，食厲，天下祭之，曰明星」。始皇紀「三十三年，禁不得祠明星」。梁玉繩曰：竹書「舜三十年，葬后育於渭」。育乃后名，「盲」必「育」之誤。吳卓信曰：路史疏仡紀「帝舜有虞氏，堯妃以育，娙以瑩」。注云「育即娥皇，瑩即女英」。見世本。

〔四四〕【補注】錢坫曰：宫在今陳倉故城，人或於此得「羽陽千歲」瓦當也。

〔四五〕【補注】先謙曰：秦邑，國策蘇代説向壽，封小令尹以杜陽。

〔四六〕【補注】先謙曰：渭水注「武水發杜陽縣大嶺側，俗名大横水，疑即杜水矣。東逕杜陽縣故城，世謂之故縣川。又號縣有杜陽山，山北有杜陽谷，有地穴，北入不知所極，在天柱山南，故縣取名焉，亦指是水而攝目矣。故地理志曰，縣有杜水。又合二坑水、莫水，見好畤。下入美陽」。吴卓信云：杜水下流爲武功河源，出麟遊縣西五十里招賢鎮杜山之陰，酈所謂大横水也。其名小横水之杜水，來自鳳翔之杜陽川，源發麟遊之鐵爐川，出杜山之陽。互見美陽。蓋岐梁諸山之水，自汧以東，在岡脊之南者俱歸雍水，北俱歸杜水，而會於武功之川口以入渭，其大凡也。

〔四七〕師古曰：大雅緜之詩曰「人之初生，自土、漆、沮」，齊詩作「自杜」，言公劉避狄而來居杜與漆、沮之地。【補注】宋祁曰：「詩作」當作「詩曰」。段玉裁曰：「杜水南入渭」下，各本無「詩曰自杜」四字，惟景祐二年本有之。據顔注，此班引齊詩而顔説之也。王應麟詩地理考、胡三省通鑑周紀注，所見漢書皆如此。顔謂爲齊詩，必是襲漢書音義。唐初，齊詩久亡也。近人云「莽曰通杜」四字，乃「詩曰自杜」之譌。非矣。古土、杜同音通用，故毛詩「桑土」，韓詩作「桑杜」，杜訓塞，故莽以爲名不善，而曰通杜。王念孫曰：景祐本是也。顔注「沮漆」誤作「漆沮」，辨見經義述聞「自土、沮、漆」下。若無「詩曰自杜」四字，則注爲贅設，引「自杜、沮、漆」，而但曰「自杜」者，省文也，猶下文引「芮阮之即」而但曰「芮阮」矣。先謙曰：後漢因，續志「永和二年復」。漆水篇「漆水出杜陽縣俞山，東北入渭」。互見漆。又渭水注「漆水出杜陽縣漆溪，爲漆渠，南流合大巒水，水出大道川，即岐水也。二川合爲一而入横水，自下通得岐水之目，亦名小横水，下入美陽」。一統志「故城今麟遊縣西北」。

〔四八〕【補注】先謙曰：秦邑，文公徙都汧，見帝王世紀。周勃定之，見勃傳。後漢因，續志「有回城，名回中」。渭水注

「渭水自天水縣諸來，東南度小隴山，逕南由縣南，後魏立。合楚水，又東合汧、汙二水。案諸地志，汧水出汧縣西北。闞駰十三州志與此同，復以汧水爲龍魚水，蓋以津流逕通，更攝通稱也。渭水東入散關，又逕西武功北，又合扞水，又右會南山五溪水，下入陳倉。楚水一名長蛇水，出汧縣數歷山，南逕長蛇戍，入渭，闞駰以爲汧水」。一統志「故城今隴州南」。

〔四九〕【補注】段玉裁曰：凡云「古文以爲者」，古者五經皆謂之古文，此古文即謂禹貢，釋禹貢道汧以綴禹貢也。不言「禹貢汧山在西」，而云「吴山，古文以爲汧山」者，今曰吴山，古曰汧山，以今綴古兼載之。謂之古文者，漢謂尚書爲古文，太史公十歲則誦古文，亦謂尚書也，非必孔壁出者，乃爲古文矣。雍州山者，釋職方「雍州其山鎮曰嶽山」，以綴周官，一物而兼綴二經也。職方曰嶽山，不曰周官以爲嶽山者，爾雅曰嶽，秦漢曰吴嶽，其即吴山，不待煩言矣。錢大昕曰：志稱古文者十一，汧山、終南、惇物在扶風，外方在潁川，内方、陪尾在江夏，嶧陽在東海，震澤在會稽，傅淺原在豫章，豬壄澤在武威，流沙在張掖，皆古文尚書家説，與水經所載禹貢山澤所在，無不脗合。相傳水經出於桑欽，欽即傳古文尚書者，則水經爲欽所作信矣。戴震以水經有廣魏縣，斷爲魏人所作，余謂水經郡縣，間有與西漢互異者，乃後人附益改竄，猶爾雅周公作，而有張仲孝友之語，史記司馬遷作，而有揚雄之語也。然則志何以别有桑欽説？曰，禹貢山水澤地所在一篇，本古文家相傳之學，而欽引以附水經之末。水經則欽自出新意爲之，故不可合而爲一。陳奂曰：吴山，禹貢正義引作吴岳。鄭注職方、孔注逸書並云「嶽，吴嶽也」。周人以汧爲雍州鎮，尊之曰嶽。吴，大也，以配巡狩之四嶽，故周有五嶽之稱，岳、嶽一字。先謙曰：凡志稱禹貢者，今古文説同也，專言古文者，今文所無也，其例蓋如此。禹貢山水澤地篇「汧山在汧縣西」。與志合。吴山，國語作虞山，吴、虞通。廣雅釋山作開山，並汧山之異名。説文有汧無岍，今書作「導岍」，非也。據通典、元和志、寰宇記，以吴嶽爲二山，近志因之，然吴山在西，岡嶺緜亙，延及於南，與嶽山爲一，周禮總稱嶽山，禹貢總稱汧山，當以志文爲正。今俗分隴州西四十里爲汧山，南八十里爲嶽山，亦非也。續志「汧」下云「有吴嶽山，本名汧」，劉注引郭璞云「别名吴山，周禮所謂嶽山者。」其說至晰。至封禪書言吳岳，又言岳山，此古文以爲敦物之岳山，與職方氏嶽山無涉。渭水注「吳山三峰霞舉，疊秀雲天，崩巒傾返，山頂相捍，望之恆有落勢」。

〔五〇〕【補注】段玉裁曰：謂今之蒲谷鄉弦中谷，即雍州弦蒲藪。釋職方「其澤藪曰弦蒲」，以綴周官也。先謙曰：周禮鄭司農注「弦」或作「汧」，「蒲」或作「浦」。渭水注云「汧水出弦中谷，決爲弦蒲藪」者也。今隴州西四十里有蒲谷水，下流入汧，即此藪。

〔五一〕【補注】段玉裁曰：「西北」句絶。此水自西北而東南。先謙曰：渭水注「汧水出縣之蒲谷鄉弦中谷，決爲弦蒲藪。爾雅曰『水決之澤爲汧』。水有二源，一出縣西小隴山，爲龍魚川，東逕汧縣故城北，又歷澤，亂流爲一，右得白龍泉，又會吳山西側川水，自水會上下，咸謂之龍魚川，下入隃麋」。齊召南水道提綱云「今汧陽河出隴州西北吳嶽」。

〔五二〕師古曰：陀讀與鞫同。大雅公劉之詩曰「止旅乃密，芮鞫之即」，韓詩作芮陀，言公劉止其軍旅，欲使安靜，乃就芮陀之間耳。【補注】段玉裁曰：爾雅「厓内爲隩，外爲鞫」。鞫，字林作坑。鞫、阬、坑三字皆九六反。阬從𠂤，尻聲。尻從尸，九聲。九之入聲，得九六反，俗本譌「阬」，則不可通。云雍州川也者，蒙上文芮水出西北，東入涇，謂涇、芮皆即職方之雍州，其川涇芮，以綴周官也。「芮」，今周禮作「汭」，如鋭反。先謙曰：集韻「阬，水厓外也，或作坑，又作沉」。詩鄭箋「水内曰隩，水外曰鞫」，義亦同也。據寰宇記、紀要引水經注逸文「汭水出小隴山，紀要「山在華亭縣西三十里」。東逕宜禄縣，紀要「縣在長武縣東南」。俗謂之宜禄川水，有芹川水出羅川縣干子山，羅川今正寧縣。東流，逕宜禄縣北，注之宜禄川。又過淺水原，入涇」。淺水原即鶉觚原，在長武縣北五里。案今水自華亭來，經崇信、涇水、長武入涇，其水會曰亭口鎮，源流尚合。官本「陀」作「阬」。

〔五三〕【補注】先謙曰：秦邑，嫪毐斬於此，見呂不韋傳。雍東有好時，故縣得名，見郊祀志。曹參破章平於此，周勃攻之，見參、勃傳。

〔五四〕【補注】先謙曰：名勝志「永壽縣有種金坪，去坪十里曰垝山，特高峭」。一統志「山在今乾州東北」。

〔五五〕【補注】吴卓信曰：此大王所踰之梁山，非禹貢梁山也。緜詩孔疏，混而一之，不知岐周韓國，東西相距五六百里，太王率西水滸，無走馬徂東之理。禹貢梁山果指此，則岐在梁東，禹從東而西，當言「治岐及梁」，不云「治梁及岐」矣。李吉甫、宋敏求並主其説誤。先謙曰：梁山宫見始皇紀。三秦記「梁山宫城皆文石，名織錦城」。渭水注「莫水出好畤縣梁山大嶺東南，逕梁山宫西，水東有好畤縣故城。莫水又南入杜水」。見美陽。一統志「山在乾州西北五里」。

〔五六〕師古曰：垝音丘毀反。【補注】先謙曰：續志後漢省。一統志「故城今乾州東北七里」，引州志云「東十里好時村」。

〔五七〕【補注】先謙曰：本小虢，秦武公滅之，見秦紀。縣人徐敖，見儒林傳。渭水注「晉書地道記以爲西虢地也。漢志以爲西虢縣。太康地記曰『虢叔之國，有虢宫，平王東遷，叔自此之上陽，爲南虢矣』」。趙一清云「杜預云，陜縣東南有虢城，即西虢國，乃虢仲所封。大陽之下陽城，蓋其别都，河東、弘農地界相接，非兩國也。滎陽新鄭之虢，爲虢叔所封，在陜縣之南，故當年虢仲之北虢，亦得西虢之稱，若扶風之虢，與周室二虢無與，善長誤矣」。續志後漢省。本志「弘農陜」下班注「西虢在雍」。據此知縣併入雍。一統志「故城今寶雞縣東」。錢坫云：今虢州鎮。紀要「桃虢城在縣東五十里，古虢君之支屬也，二城相距十餘里，俗亦謂之桃虢川」。

〔五八〕【補注】段玉裁曰：謂皆有祠。

〔五九〕【補注】先謙曰：雍録「虢宫在岐山虢縣。廟記云，在城外」。

〔六〇〕【補注】先謙曰：惠帝陵，黄圖「去長陵十里」。關中記「徙關東倡優樂人五千户以爲陵邑，善啁戲，故俗呼女啁陵」。縣人馮唐、爰盎，見本傳。

〔六一〕師古曰：闞駰以爲本周之程邑也。【補注】吴卓信曰：詩大雅「度其鮮原，居岐之陽」，孔疏「周書稱文王在程作程痡程典。皇甫謐云，文王徙宅於程，蓋謂此也」。程一作郢，孟子所云「畢郢」矣。先謙曰：續志後漢因。劉注「縣西北畢陌，秦武王冢」。渭水注「成國故渠自平陵來，東逕惠帝安陵南，陵北有安陵縣故城。成國故渠下入渭城」。一統志「故城今咸陽縣東二十一里」。

〔六二〕【補注】先謙曰：建元二年置，見武紀。縣人張敞、杜鄴，見本傳。原涉，見游俠傳。

〔六三〕師古曰：黃圖云「本槐里之茂鄉」。【補注】宋祁曰：「宣」下當添「室」字。先謙曰：續志後漢因。渭水注「成國故渠自槐里來，東逕茂陵南，又逕茂陵縣故城南，王莽之宣成也。城作城異。成國故渠下入平陵」。一統志「故城今興平縣東北」。

〔六四〕【補注】先謙曰：昭帝陵，黃圖「陵去茂陵十里，東西廣三丈五步」。通典「槐里縣，武帝割置茂陵，昭帝又割置平陵」。有肥牛亭，見張禹傳。縣人士孫張、平當、吴章、張山拊、鄭寬中、塗惲，見儒林傳。朱雲、李尋、鄭崇、何並、王嘉，見本傳。

〔六五〕【補注】先謙曰：續志後漢因。渭水注「成國故渠自茂陵來，又東逕姜原北，渠北有漢昭帝陵，東南去長安七十里，又東逕平陵縣故城南，又逕竇嬰冢南，又逕成帝延陵南，陵東北五里，即平帝康陵坂也。又逕元帝渭陵南，哀帝義陵南，下入安陵」。一統志「故城今咸陽縣西北十五里」。

〔六六〕【補注】先謙曰：扶風西界小邑，見史記田叔傳。有中水鄉，見王莽傳。

〔六七〕【補注】錢坫曰：終南，左昭傳作「中南」，淮南子作「終隆」，終、中通用，南、隆聲轉。亦曰太白山，在郿縣東南四十里。攷山在今郿縣南者曰終南，在今西安府城南者，古止稱南山，從未被以終南之名，後人以陝西省迤南一帶山並曰終南，而別太白爲終南之一峰，其説始自唐柳宗元輩，不符班旨，舛謬甚矣。先謙曰：成蓉鏡禹貢班義述云「古文以終南、太壹爲一，故郡國志以下并從之。而張衡西京賦、潘岳西征賦歧而爲二，文選注、元和志、雍録、詩地理考，遂據以駮志，但班氏明云『古文以爲終南』，或今文家以終南、太一爲二，而張潘據以爲説，正不必以彼易此也」。

〔六八〕【補注】錢坫曰：「垂」當爲「岳」，形近而誤。今曰武功山，在郿縣東南，俗呼鰲山。封禪書、郊祀志並稱岳山。徐廣云「武功有太壹山，又有岳山」。是作岳山爲當耳。先謙曰：成蓉鏡云「索隱言志有垂山，無岳山，是唐本已誤。續志『垂』亦當作『岳』」。據水經注，按其方位，太壹山在武功縣南，岳山又在太壹山南。志『東』，當爲『南』字之誤」。先謙案，酈注引杜彦達曰「太白山南連武功山，於諸山最爲秀傑」，是太白、武功明爲二山。又謂「縣有太一山，亦曰太白山」。孫星衍據長安志亦曰上校增「三秦記」三字。太白山是終南，則武功山爲敦物無疑矣。禹貢山水澤地篇「終南山、惇物山在武功縣西南」。與志合。

〔六九〕【補注】先謙曰：渭水注「斜水出武功縣西南衙嶺山，北歷斜谷，逕五丈原東，一曰武功水，北流注渭」。引志此文。又有斜谷支水，見陳倉。一統志「山在今褒城縣北，斜水自褒城流逕岐山、郿縣入渭，名斜谷河，上流名桃川」。

〔七〇〕【補注】王念孫曰：「至南鄭」，當作「南至南鄭」，與「北至郿」對文。今褒水自漢中府鳳縣東界流過褒城縣，東入漢，皆南流。先謙曰：南鄭，漢中縣。沔水注「褒水西北出衙領山，東南逕大石門，歷故棧道，得丙水口。歷小石門，又歷褒口，即褒谷之南口也。北口曰斜，所謂北出褒斜也。褒水下入漢中褒中」。紀要「衙領山俗名馬鞍山，雍涼之間，稱爲阻隘也，斜水出其北，褒水出其南，褒水俗稱黑龍江」。互詳褒中。

〔七一〕【補注】先謙曰：趙一清云「『淮』疑『雍』之誤」。雍水出雍山，引見「雍縣」下。汪士鐸云「淮水當作褒水」。先謙案：作「褒」是。

〔七二〕師古曰：斜音弋奢反。衙音牙。【補注】錢大昭曰：莽傳云，以武功縣爲安漢公采地，名曰漢光邑。其後莽改國號爲新，故曰新光。先謙曰：後漢因，續志「永平八年復」。渭水注「渭水自郿來，東過武功縣北，合斜水，又逕武功縣故城北，又合温泉水，下入漦。温泉水出太一山，北入渭。成國渠自郿來，東逕武功縣，爲成林渠，「林」是「國」之誤。下入盩厔。成國故渠自郿來，東逕武功，下入槐里」。一統志「故城今郿縣東四十里」。吴卓信云：漢武功，實今之鄜縣。今武功，乃漢斄、美陽二縣地。舊縣境有武功山、武功水，見水經注引諸葛亮表及杜彥遠說，是縣本以山水立名也。

弘農郡，〔一〕武帝元鼎四年置。〔二〕莽曰右隊。〔三〕戶十一萬八千九十一，口四十七萬五千九百五十四。有鐵官，在黽池。〔四〕縣十一：弘農，〔五〕故秦函谷關。〔六〕衙山領下谷，爥水所出，北入河。〔七〕盧氏，熊耳山在東。伊水出，〔八〕東北入雒，過郡一，行四百五十里。〔九〕又有育水，南至順陽入沔。〔一〇〕又有洱水，東南至魯陽，亦入沔。〔一一〕皆過郡二，行六百里。〔一二〕莽曰昌富。〔一三〕陝，〔一四〕故虢國。〔一五〕有焦城，故焦國。〔一六〕北虢在大陽，〔一七〕東虢在滎陽，〔一八〕西虢在雍州。〔一九〕莽曰黃眉。〔二〇〕宜陽，〔二一〕在黽池有鐵官也。〔二二〕黽池，〔二三〕高帝八年復黽池中鄉民。景帝中二年初城，徙萬家爲縣。〔二四〕穀水出穀陽谷，東北至穀城入雒。〔二五〕莽曰陝亭。〔二六〕丹水，〔二七〕水出上雒冢領山，東至析入鈞。〔二八〕密陽鄉，故商密也。〔二九〕新安，〔三〇〕禹貢澗水在東，南入雒。〔三一〕商，〔三二〕秦相衞鞅邑也。〔三三〕析，〔三四〕黃水出黃谷，〔三五〕鞠水出析谷，俱東至酈入湍水。〔三六〕莽曰君亭。〔三七〕陸渾，〔三八〕春秋遷陸渾戎於此。〔三九〕有關。〔四〇〕上雒，〔四一〕禹貢雒水出冢領山，東北至鞏入河，〔四二〕過郡二，行千七十里，豫州川。〔四三〕又有甲水，出秦領山，東南至錫入沔，〔四四〕過郡三，行五百七十里。〔四五〕熊耳獲輿山在東北。〔四六〕

〔一〕【補注】先謙曰：寰宇記「義取弘大農桑爲名」。閻若璩云「郡治弘農」。先謙案：續志後漢治同，劉注「雒陽西南四百五十里」。

〔二〕【補注】全祖望曰：故屬京兆尹，武帝分置。錢坫曰：武紀「元鼎三年冬，徙函谷關於新安，以故關爲弘農縣」。然則置郡亦當在三年，「四」字疑誤。

〔三〕【補注】先謙曰：王莽傳以弘農、河東、河南、當爲滎陽。河内、潁川、南陽爲六隊郡。吳卓信云：莽傳有右隊大夫宋綱。

〔四〕【補注】吳卓信曰：寰宇通志「河南府鞏、宜陽、登封、新安、嵩五縣出鐵」。先謙曰：續志後漢因，屬司隸。

〔五〕【補注】先謙曰：後漢因。續志「有枯樅山。有桃丘聚，故桃林。有務鄉。有曹陽亭」。一統志「故城今靈寶縣南四十里」。

〔六〕【補注】先謙曰：武紀「徙函谷關於新安，以故關爲弘農縣」。荀子所謂秦有松柏之塞也。一統志「關在今靈寶縣西南里許」。

〔七〕【補注】段玉裁曰：衡領之作衙山領，乃「衡」誤爲「衙」，「嶺」析爲「山、領」也。古「嶺」祇作「領」字，本篇内可證。高紀文穎注「是時函谷關在弘農縣衡嶺」。項羽紀注誤衍「山」字。河水注引地理志云「燭水出衡嶺下谷」。郡國志「弘農」下云「燭水出」，劉注「前志出衡山嶺下谷」。亦衍「山」字，可合以正譌，戴趙二家依漢書誤本改水經注爲衙嶺者，非也。武功衙領不與此相涉。玩文穎語，當以「衡領」爲句。班舉燭水，即䐶門水，非與鄺異。先謙曰：燭、燭字同。河水注「燭水有二源，左水南出衙嶺，世謂之石城山。右水亦出山，合左水。地理志曰『燭水出衙領下谷』，開山圖云『衙山在函谷山西南』」。燭水又東北，合田渠水，又北入門水，水之左右，即函谷山也。田渠水出衙山白石谷，歷田渠川爲田渠水，西北入燭水。柏谷水出弘農縣南石隄山，北流入河。門水自上雒來，東北合燭水，北逕弘農縣故城東，城即故函谷關校尉舊治處也。其水側城北流，入河。曹水出南山，北逕曹陽亭西，章邯斬周章於此，魏以爲好陽亭，在弘農縣東十三里，曹水西北入河」。又湍水注「湍水出弘農界翼望山，水甚清徹，下入南陽酈」。案，段云「山」字衍，是也。開山圖亦作「衙嶺」，似戴、趙未誤，山與武功無涉，固不妨同名耳。一統志「石城山在靈寶縣西南，本名衙山。濁水在縣南。門水在縣西南」。

〔八〕【補注】王念孫曰：「出」上當有「所」字，言此山爲伊水所出也，脱去「所」字，則易與下句連讀矣。禹貢正義引此正作「伊水所出」。凡上言某山，則下言某水所出，班志皆然，若續志則但言某水出，而不言其所入，故例不用所字也。「汝南郡定陵」下云「高陵山，汝水出」，「廬江郡」下云「金蘭西北有東陵鄉，灌水出」，今本「灌」作「淮」，辨見後「淮水出」下。「益州郡弄棟」下云「東農山，母血水出」，「甾川國東安平」下云「菟頭山，女水出」，淄水注引作「女水所出」。「出」上皆脱「所」字。考各郡國下言某水所出者，凡八十有六，唯此五條脱「所」字，當補。先謙曰：禹貢山水澤地篇「熊耳山在盧氏縣東」。依酈説則在上雒者爲禹貢熊耳。伊水篇「伊水出南陽魯陽縣西蔓渠山」，互見魯陽。注云「山海經曰『蔓渠之山，伊水出焉』。淮南子曰『伊水出上魏山』。地理志曰『出熊耳山』。即麓大同，陵巒互別耳」。先謙案：此謂蔓渠亦兼熊耳之名矣。注又云「伊水自熊耳東北，逕鸞川亭北，世謂伊水爲鸞水。合蓤水、陽水、解水、鸞水，下入陸渾。鸞水出盧氏縣鸞谷，東入伊」。一統志「伊水出盧氏縣東南百六十里之鸞山，一名悶頓嶺，即蔓渠也」。盧氏縣志云「熊耳雖有伊源之名，而無流衍之跡，此誤以上雒之熊耳當之」。

〔九〕【補注】先謙曰：志敘水道，無過郡一者，本郡則不可言過也，「一」是「二」之缺譌。郡二：弘農、河南。

〔一〇〕【補注】先謙曰：順陽，哀帝改名博山，南陽縣，後漢仍爲順陽，故班用舊稱。育水即均水也。均水注「均水出盧氏縣熊耳山，山南即後魏修陽郡修陽、葛陽二縣。雙峰秀整，望若熊耳，因以爲名。齊桓召陵之會，西望熊耳，即此山也。太史公司馬遷皆嘗登之。均水下入析」。地理志謂之育水，言熊耳之山，育水出焉」。

〔一一〕【補注】先謙曰：魯陽，南陽縣。育水注「洱水出熊耳山，東南流，下入南陽酈」。地理志云，熊耳之山出三水，洱水其一焉」。先謙案，入沔者，注淯以入沔也。

〔一二〕【補注】先謙曰：過弘農、南陽。

〔一三〕師古曰：洱音耳。【補注】宋祁曰：「昌富」疑作「昌當」。先謙曰：續志後漢因。雒水注「雒水自上雒來，逕隝渠關北，合鵾渠水，又逕盧氏縣故城南，紀年『晉出公十九年，晉韓龍取盧氏城』，雒水又合盧氏川水、南山三川水、葛蔓谷水、高門水、松陽溪水、黃亭溪水、荀公溪水，下入宜陽。盧氏川水北出盧氏山，東南流，逕盧氏城東，入雒」。又丹水注「析水出盧氏縣大蒿山」。見析。又汝水注「汝水或言出盧氏縣還歸山」。見汝南定陵。又淯水篇「淯水出盧氏縣支離山」。見南陽酈。一統志「故城今盧氏縣治」。

〔一四〕【補注】先謙曰：春秋晉地，戰國屬魏。秦孝公圍陝城，惠文王取之，出其人與魏，見秦紀。又魏世家云「秦圍我曲沃」。括地志云「曲沃城在縣西南」。河水注有曲沃城，晉詹嘉以曲沃之官，守桃林之塞，因名。

〔一五〕【補注】先謙曰：此虞虢之虢，左傳杜注「虢公敗戎于桑田」，在縣東北桑田亭。河水注「昔周、召分陝，以此城爲東西之别，東城即虢邑之上陽也，虢仲之所都爲南虢，三虢此其一焉」。先謙案：下文並此是四虢，陝與大陽夾河對岸，故有上陽、下陽之分，亦有南虢、北虢之稱，實一虢也。左僖傳杜注「上陽在陝縣東南」。續志「陝」下云「本虢仲國」。

〔一六〕【補注】先謙曰：周紀「武王封神農之後於焦」。河水注又云「其大城中有小城，故焦國也」。括地志「焦城在陝州城內，東北百步，古虢城中東北隅」。左襄傳「焦，姬姓」，蓋先併於虢也。春秋屬晉，爲河外邑，惠公許秦背約，秦伐而圍之，見左僖、襄傳。戰國屬魏，秦攻降之，歸魏，復降之。見秦紀、魏世家。

〔一七〕【補注】先謙曰：今平陸。河水注於大陽縣下引竹書云「晉滅下陽」。地理志云「北虢也」。餘詳「河東大陽」。

〔一八〕【補注】先謙曰：今汜水。續志「滎陽有虢亭，虢叔國」。國語所謂「虢鄶爲大」。左隱元年傳云「制，巖邑也，虢叔死焉」是也。餘詳「河南滎陽」。

〔一九〕【補注】王念孫曰：「州」字後人所加。「西虢在雍」，謂雍縣，非謂雍州也。右扶風有雍縣。秦紀「武公十一年滅小虢」，集解引班固云「西虢在雍」。今本「雍」下有「州」字，亦後人據誤本地理志加之。路史國名紀引漢志曰「西虢在雝」，則羅泌所見本尚無「州」字。渭水注云「雍縣，晉書地道記以爲西虢地也，漢書地理志以爲西虢縣，太康記云虢叔之國矣」。是漢之雍縣爲西虢地，故曰「西虢在雍」，不得言在雍州也。後漢和帝紀「元興元年，雍地裂」。李賢云「流俗本『雍』下有『州』字者誤」。蓋淺學人不知雍爲縣名，故每於「雍」下加「州」字耳。先謙曰：本志，扶風有虢縣，續志無，蓋後漢併入雍，故班云在雍也。紀要云「桃虢城在寶雞縣東十里，古虢君之支屬也，秦滅小虢即其地」。河水注引太康地記云「虢叔之國矣，平王東遷，叔自此之上陽，爲南虢矣」。先謙案：據續志，南虢乃仲後，非叔後，地記誤也。錢坫云「在今鳳翔府寶雞縣東六十里。帝王世紀以大陽爲西虢，成皐即滎陽爲東虢，陝州平陸縣即此爲北虢，賈逵、杜預以此爲西虢」。段玉裁云：韋昭云「虞虢之虢，西虢也，虢叔之後。虢鄶之虢，東虢也，虢仲之後。」説本賈逵，與續志不合。

〔二〇〕【補注】先謙曰：後漢因，續志「有陝陌」。二伯所分。河水注「河水自京兆湖來，得柏谷水、門水，見弘農。洹水、見河東河北。曹水、見弘農。菑水、七里澗水、譙水，又東過陝縣，北合橐水。河北對茅城，故茅戎邑，晉敗之大陽者也，津亦取名焉。秦伯自茅津濟，是也。又東合咸陽澗水，見河東大陽。河南即陝城也。城南倚山原，北臨黄河。河水下入河東大陽。七里澗水在陝城西七里，因名，其水自南山入河。橐水出橐山，合崖水、安陽溪水，又西北逕陝城西，入河。安陽溪水出石崤南，東合漫澗水，又西逕陝縣故城南，合瀆谷水，入橐水」。一統志「故城今陝州治」。

〔二一〕【補注】先謙曰：戰國韓地，秦武王拔之。昭襄王會魏王於此，見秦紀。雒水注「故韓地，後乃縣之」。先謙案：甘茂傳「宜陽，大縣也，名曰縣，其實郡也」。則爲縣不自秦始，亦見五行志。縣人楊僕，見酷吏傳。續志後漢因，劉注「有金門山，山竹爲律管」。甘水篇「甘水出宜陽縣鹿蹏山」。互見陸渾。又雒水注「雒水自盧氏來，東合庫谷水、鵜鶘水、北山水、侯谷水，又左合宜陽北山水、廣由澗水、直谷水，東北過蠡城邑南，城西有塢水，出北四里山，上原高二十五丈，故黽池縣治。南對金門塢，水南五里，舊宜陽縣治也。雒水又合金門溪水、款水、黍良谷水、太陰谷水、白馬溪水、昌澗水、杜陽澗水、渠谷水，又過宜陽縣南，水北有熊耳山，雙巒競舉，狀同熊耳，此自別山，不與禹貢『導雒自熊耳』同也。光武破赤眉，積甲仗與熊耳平，即是山。雒水又合西度水，又東逕宜陽縣故城南，又合厭染水、黄中澗水、禄泉水、共水、黑澗水、見陸渾。臨亭川水、豪水，見新安。下入河南。河南庫谷水出宜陽山南，三川並發，合爲一溪，東北入雒。金門溪水、黍良谷水，俱出金門山，入雒。白馬溪水出宜陽山，東北入雒。昌澗水出宜陽山，逕宜陽故郡南，後魏郡。舊陽市邑也，其水南入雒。渠谷水出宜陽縣南女几山，東北入雒。西度水出熊耳山，東南逕宜陽縣故城西，入雒。厭染水出縣北傅山，東南流，逕宜陽縣故城東，入雒」。先謙案，注合西度水後，方云逕宜陽縣故城南，則上文舊宜陽縣治非漢宜陽縣，蓋戰國時舊縣也。或據此改下文「在黽池」，爲故黽池。黽池縣下「復黽池」，改爲「復宜陽」，皆屬臆揣，不足據證。一統志「故城今宜陽縣西五十里」。

〔二二〕【補注】齊召南曰：「『在黽池有鐵官也』七字，乃郡户口下自注『有鐵官在黽池』，誤衍於此。宜陽與黽池各自爲縣，使宜陽有鐵官，安得在黽池邪？一文重見，刊誤不言何也？」先謙曰：「在」疑「有」之誤。雒水注「熊耳山山際有池，池水東南流，即上引西度水。水側有一池，世謂之黽池」。此宜陽有黽池之證。

〔二三〕【補注】先謙曰：戰國鄭地，入韓。商君傳云「鄭黽池在西河之南」。藺相如傳云「秦趙爲好，會於西河外黽池」也。元和志「韓哀侯東徙其地入秦」。

〔二四〕【補注】先謙曰：高帝先復中鄉民，至景帝乃城而縣之也。穀水注「穀水歷黽池川，本中鄉地也。景帝中二年初城，徙萬户爲縣」。即用志文。案，志云「復黽池中鄉民」，則中鄉元屬黽池可知，而黽池舊爲縣更可知。「宜陽」下引雒水注云「蠡城西山，上原高二十五丈，故黽池縣治」。此舊治也，中鄉城，景帝時改治也。

〔二五〕【補注】先謙曰：穀城，河南縣。穀水篇「穀水出黽池縣南墦冢林穀陽谷」。注云「出千崤東馬頭山穀陽谷，東北流，歷黽池川，逕秦、趙二城南，土崤北。北溪水出黽池山，東南注之，疑孔安國所謂澗水也。下入新安。

〔二六〕師古曰：黽音莫踐反，又音莫忍反。【補注】先謙曰：後漢因，續志「有二崤」。一統志「故城今黽池縣西」。

〔二七〕【補注】先謙曰：堯有丹水之戰，以服南蠻，見吕氏春秋。后稷放丹朱於此，見紀年。秦破楚師於丹析，見屈原傳。王陵起兵丹水，以應高祖，見高紀、陵傳。續志後漢改屬南陽。一統志「故城今淅川縣西」。

〔二八〕【補注】段玉裁曰：「水」上應有「丹」字。先謙曰：「丹水出冢領山」應在「上雒」下，班繫此者，所以著縣氏也。凡班書以水氏縣，即繫本縣下者，不復出水名，段説非。丹水注「丹水自析來，合析水，又東南逕三户城南，又逕丹水縣故城西南，又至其縣南，合黃水，見析。下入南陽博山。析水自析來，南入丹水縣注丹水。黃水自析來，南逕丹水縣，注丹水。黃水北有墨山，山石悉黑」。

〔二九〕師古曰：鈞亦水名也，音均。【補注】全祖望曰：鈞水即盧氏縣下之育水，班錯舉其名，而顏氏不能實指之，似別有一鈞水矣。水經作「均水」。段玉裁曰：商密見左僖傳，以綴春秋也。先謙曰：丹水注「縣有密陽鄉，昔楚申息之師所戍也，春秋之三户矣。杜預云，縣北有三户亭」。續志「有章密鄉」。先謙案：「章」是「商」之誤，「鈞」是「均」之誤，非異文。水經注不言「均」亦作「鈞」，知道元所見漢書本不誤也。

〔三〇〕【補注】先謙曰：秦邑，項羽阬秦卒於城南，見羽傳。武帝徙函谷關於此，見武紀。續志後漢因。雒水注「豪水出新安縣密山，南流，歷九曲坂東，入雒」。又穀水注「穀水自黽池來，東逕新安縣故城，南北夾流，而西接崤黽，合北川水、廣陽川水、石默溪水、宋水，又逕函谷關南，東北流，合皁澗水，又東北，逕函谷關城東，右合爽水、澗水、詳下。波水、少水、孝水，下入河南穀城」。一統志「故城今黽池縣東，俗名之曰搭泥鎮」。

〔三一〕【補注】段玉裁曰：此當在「東」斷句。閻若璩云「澗水、穀水一東流，一東北流，折而會於新安縣東，自是澗遂兼穀之稱，故洛誥『澗水東、瀍水西』，周語『穀洛鬬』，穀即澗也」。蔡沈書傳謂澗水出今之黽池，至新安入洛，大非。洛未嘗經新安縣境，何得於此入洛，蓋蔡氏誤讀班志之文，班志「澗水在新安東，句南入洛」。南入洛者，周時澗水，本在王城西入洛，非新安也。逮建武以後，穿渠作堰，水之變遷，非一道矣。先謙曰：澗水篇「澗水出新安縣南白石山」。注云「山海經曰『白石之山，澗水出其陰，北流，注於穀，世謂是山曰廣陽山，水曰赤岸水，亦曰石子澗』。地理志曰『澗水在新安縣東，南入雒，是爲密矣』。東北流，歷函谷東坂東，謂之八特坂。孔安國云『澗水出黽池山』。今新安縣西北有一水，北出黽池界，東南流，逕新安縣入穀水，安國所言，當斯水也。互見黽池。又河南有離山水，謂之爲澗水，出離山，東南流，歷郟山，於穀城東而南流，注穀，亂流，南入洛，疑是此水，然意所未詳」。又穀水注云「穀水又東，澗水注之」。亦引山海經文，而無所考實，蓋澗水上出白石山，下至穀城入穀。黽池北溪水，近似其源，河南離山水，適符其委，既酈所不究，所當闕疑。提綱云「澗水出黽池縣北白石山，南流經縣東，稍南折而東流，經義昌驛南，又東合穀水，又東稍南，經新安縣城南，又東稍北，至府西境，又東南入雒」。一統志「白石山在黽池縣東北二十里」。

〔三二〕【補注】先謙曰：春秋楚邑，以封子西爲公，見左文傳。戰國入秦。續志後漢改屬京兆，劉注「左傳：少習，縣東之武關」。丹水注「丹水自上雒來，東南過商縣南，契始封商，皇甫謐、闞駰並以爲斯縣也，殷商之名，起於此矣。丹水自商縣東南，歷少習，出武關，秦之南關也，通南陽郡。京相璠云『楚通上雒阸道也』。丹水下入析」。一統志「故城在今商州東八十五里」。

〔三三〕【補注】段玉裁曰：此下及戰國也。先謙曰：見秦紀。

〔三四〕【補注】先謙曰：春秋之白羽，楚邑。秦人過析隈，見左僖傳。又遷許於此，見昭傳。襄王時，秦取之，見楚世家。高祖攻降之，見高紀。

〔三五〕【補注】先謙曰：丹水注「黃水北出芬山黃谷，下入丹水縣」。不言入湍。一統志「黃水在內鄉縣西，東南流，繞縣城入湍」。

〔三六〕【補注】先謙曰：酈，南陽縣。湍水注「菊水出西北石澗山芳菊溪，亦言出析谷，蓋溪澗之異名也。源旁悉生菊草，潭澗滋液，極成甘美，云此谷之水土，餐挹長年。司空王暢、太傅袁隗、太尉胡廣並汲飲此水，以自綏養。是以君子留心甘其臭，尚矣。菊水下入酈」。一統志「菊水在內鄉縣西北五十里，亦名菊潭，隋以此名縣」。

〔三七〕師古曰：析音先歷反。鞠水即今所謂菊潭也。酈音持益反。湍音專。【補注】先謙曰：後漢改屬南陽，續志「有武關，在縣西。有豐鄉城」。丹水注「丹水自商來，東南歷臼口戍，下入丹水縣。析水出析縣西北盧氏縣大蒿山，南逕析縣北鄉，後魏立修陽縣。又東流，結成潭，謂之龍淵。又逕縣故城北，又歷其縣東，下入丹水縣」。又均水篇「均水出析縣北山，南流過其縣東」。注云「均水自盧氏來，縣即析縣之北鄉，故經言出析縣北山也。又東南流，逕其縣，下入南陽博山」。又沔水注「豐鄉川水出豐鄉東山，西南流，逕豐鄉故城南。京相璠云，淅縣有故酆鄉，春秋所謂豐析也，今屬南鄉。後漢縣。下入關衲水」。一統志「故城今内鄉縣西北百二十里」。

〔三八〕【補注】先謙曰：續志後漢因。甘水注「鹿蹏山互見宜陽。在陸渾縣故城西北，俗謂之縱山。甘水發於山曲之中，故人目其所爲甘掌焉。下入河南河南」。又雒水注「黑澗水出陸渾西山，西北入雒」。見宜陽。又伊水注「伊水自盧氏來，東北過陸渾縣南，合滽。滽水又歷崖口峽北流，即古之塗山也，山在陸渾故城東南八十許里。伊水又合七谷水、蚤谷水，又東北逕伏流嶺東，在縣南崖口北三十里許，北合温泉水、見新成。焦澗水、涓水，下入河南新成。涓水出陸渾西山，即陸渾都也。其水二源，俱導東注虢略，在陸渾縣西九十里，春秋所謂『東盡虢略』者也。北水東流，合侯澗水，又逕陸渾縣故城北，又左合南水。南水出西山七谷，歷其縣南，又東南合北水，又合陸渾縣東禪渚水，入伊。大戟水自河南新成來，西流，逕陸渾縣南，下仍入新成」。一統志「故城今嵩縣東北，去伏流城北二十餘里，即古伊川地也」。元和志『伏流城以城北焦澗水伏流地下，西有伏流阪，因名』。即東魏所置南陸渾故城也」。

〔三九〕【補注】王念孫曰：志述春秋時事，皆不加「春秋」二字，其加「春秋」二字者，皆承上之詞，若「河南郡洛陽」下云「周公遷殷民，是爲成周。春秋昭公三十二年，晉合諸侯於狄泉，以其地大成周之城，居敬王」是也。若非承上之詞，則皆不加「春秋」二字，若「河東郡絳」下云「晉武公自曲沃徙此」是也。他皆放此。且但言遷陸渾戎，而不言遷之者，則文義不明，「春秋」當爲「秦晉」。僖二十二年左傳「秦、晉遷陸渾之戎於伊川」是也。此因「秦」誤爲「春」，後人遂改爲「春秋」耳。

〔四〇〕師古曰：渾音胡昆反。【補注】錢坫曰：即伊闕關也，在今河南府城西南三十里。後書云「靈帝中平元年置」，蓋增修之。先謙曰：唐志「陸渾有漢故關」。一統志「陸渾關在今嵩縣北七十里」。

〔四一〕【補注】先謙曰：春秋晉地，見左哀傳。自此東至陸渾，謂之陰地，見宣傳杜注。烈公時，楚伐我南都至此，見紀年。戰國屬魏，與楚戰，以上雒許秦，見國策。漢元鼎四年置縣，見寰宇記。後漢改屬京兆，續志「有菟和山。有蒼野聚」。丹水篇「丹水出上雒縣北冢嶺山」。志入丹水縣下。注云「丹水東南流，合清池水，過上雒縣南。晉上洛郡。地道記云『在洛上，故以爲名』。紀年『楚人伐晉南鄙，至於上雒』也。丹水合楚水，自倉野東歷兔和山。春秋『左師軍於兔和，右師軍於倉野』是也。下入商。楚水出上雒縣西南楚山，兩源合舍於四皓廟東，又東逕高車嶺南，翼帶衆流，北入丹水」。一統志「故城今商州治」。

〔四二〕【補注】段玉裁曰：云「禹貢雒水」者，所以綴禹貢也。禹貢五言雒，故蒙上文釋之，云「禹貢雒水出冢領山」，若如今本漢書，上文禹貢，皆改爲洛矣，則此四字何所承乎？先謙曰：鞏，河南縣。雒水注「地理志曰『雒出冢領山』。山海經云『出上洛西山』，又云『讙舉之山，洛水出焉』。東流合丹水、此與丹水縣之丹水無涉，全祖望誤糾。尸水、乳水、龍餘水、玄扈水、武里水。又東門水出焉，爾雅所謂洛別爲波也。又東合要水、獲水，見下。又逕熊耳山北，禹貢所謂『導洛自熊耳』。博物志曰『洛出熊耳，蓋開其源者』是也。下入盧氏」。又河水注「洛水自上雒縣東北，於拒陽城西北分爲二，一爲門水，東北歷陽華之山，又歷峽爲鴻關水，世亦謂之劉項裂地處，非也。上雒有鴻臚圍池，故謂斯水爲鴻臚澗，鴻關之名，乃起是矣。又合陽華山左右二水，下入弘農」。案，冢領山在今雒南縣西，即秦嶺也。雒水出其縣北五里，東流入盧氏。

〔四三〕【補注】先謙曰：過弘農、河南。

〔四四〕【補注】段玉裁曰：甲水自上雒至錫，當云西南，東誤。先謙曰：錫，漢中縣。沔水注「甲水出秦嶺山，東南流，逕上庸郡，北合闕衲水，下入錫。闕衲水出上雒陽亭縣北後魏縣。青泥西山，南逕陽亭聚西，俗謂之平陽水，又合豐鄉川水，見析。南入上津，注甲水」。上津，隋縣，酈時蓋鄉鎮名。一統志「商州西北諸山，皆秦嶺也。甲水出南，丹水出東，西雒水出北，後人分爲讙舉、冢領等名，實一山耳。甲水一名吉水，一稱夾河，皆甲音變字，自商州經鎮安、山陽、鄖西入漢者也」。

〔四五〕【補注】錢坫曰：過弘農、漢中，「三」當爲「二」。

〔四六〕師古曰：錫音陽。【補注】先謙曰：雒水注「獲水南出獲輿山，俗謂之備水，東北逕獲輿川，世名爲卻川，俗名八里乾澗水。入雒」。先謙案：熊耳、獲輿，連麓異名，言熊耳而必兼獲輿者，以明近獲輿之熊耳爲真禹貢導雒之山，不與盧氏、宜陽二熊耳溷也。讙舉，見上。則獲輿音形相近，傳寫積譌，非有二矣。

河東郡，〔一〕秦置。〔二〕莽曰兆陽。〔三〕有根倉、溼倉。戶二十三萬六千八百九十六，口九十六萬二千九百一十二。〔四〕縣二十四：〔五〕安邑，巫咸山在南，〔六〕鹽池在西南。〔七〕魏絳自魏徙此，至惠王徙大梁。〔八〕有鐵官、鹽官。莽曰河東。〔九〕大陽，〔一〇〕吴山在西，上有吴城，周武王封太伯後於此，是爲虞公，爲晉所滅。〔一一〕有天子廟。莽曰勤田。〔一二〕猗氏，〔一三〕解，〔一四〕蒲反，有堯山、首山祠。〔一五〕雷首山在南。〔一六〕故曰蒲，秦更名。莽曰蒲城。〔一七〕河北，〔一八〕詩魏國，晉獻公滅之，以封大夫畢萬，〔一九〕曾孫絳徙安邑也。〔二〇〕左邑，〔二一〕莽曰兆亭。〔二二〕汾陰，〔二三〕介山在南。〔二四〕聞喜，故曲沃。晉武公自晉陽徙此。〔二五〕武帝元鼎六年行過，更名。〔二六〕濩澤，〔二七〕禹貢析城山在西南。〔二八〕端氏，〔二九〕臨汾，〔三〇〕垣，〔三一〕禹貢王屋山在東北，〔三二〕沇水所出，東南至武德入河，〔三三〕軼出滎陽北地中，又東至琅槐入海，〔三四〕過郡九，行千八百四十里。〔三五〕皮氏，〔三六〕耿鄉，故耿國，晉獻公滅之，以賜大夫趙夙。〔三七〕後十世獻侯徙中牟。〔三八〕有鐵官。莽曰延平。〔三九〕長脩，〔四〇〕平陽，〔四一〕韓武子玄孫貞子居此。〔四二〕有鐵官。莽曰香平。〔四三〕襄陵，〔四四〕有班氏香亭。莽曰幹昌。〔四五〕彘，霍大山在東，冀州山。〔四六〕周厲王所奔。〔四七〕莽曰黄城。〔四八〕楊，〔四九〕莽曰有年亭。〔五〇〕北屈，禹貢壺口山在東南。〔五一〕莽曰朕北。〔五二〕蒲子，〔五三〕絳，〔五四〕晉武公自曲沃徙此。〔五五〕有鐵官。〔五六〕狐讘，〔五七〕騏。侯國。〔五八〕

〔一〕【補注】先謙曰：據涑水注，郡治安邑。續志後漢治同，劉注「雒陽西北五百里」。錢大昭云：河東有都尉，見薛宣傳。今諸縣不言有都尉治，或闕文。河南、河內、河東屬司隸，爲三河，丞相遣史刺之，故田叔傳云「使刺三河」。

〔二〕【補注】錢大昕曰：凡言秦置，因其名不改。吴卓信曰：秦紀：昭襄王二十一年置。先謙曰：高帝二年，虜魏豹，置郡，見高紀。全祖望云：武帝末，屬司隸。昭帝元始元年，屬并州，見本紀。未幾，復故。不知年。

〔三〕【補注】全祖望曰：據莽傳，河東乃六隊之一，曰兆隊，非兆陽也。然水經注引此已作兆陽，是六朝本已誤。錢坫曰：兆即汾洮之洮，古通用。

〔四〕【補注】先謙曰：續志後漢因，屬司隸。

〔五〕【補注】錢大昭曰：尹翁歸傳「河東二十八縣分爲兩部，閎孺部汾北，翁歸部汾南」。今云二十四，蓋元始時縣數。先謙曰：見功臣侯表者，有幾縣無考。郡人張次公、胡建，見本傳。姚平，見儒林傳。義縱，見酷吏傳。

〔六〕【補注】先謙曰：涑水注「海外西經曰『巫咸國在女丑北，右手操青蛇，左手操赤蛇，在登葆山，羣巫所從上下也』。蓋神巫所遊，故山得其名矣。谷口嶺上有巫咸祠」。紀要「山在今夏縣南五里」。

〔七〕【補注】先謙曰：秦紀：五國攻秦，至鹽氏。括地志以爲在此。涑水注「涑水自左邑來，西南過安邑縣西，禹都也。又西南逕監鹽縣故城，晉縣，今運城。下入猗氏。城南有鹽池，上承鹽水，水出東南薄山，西北逕巫咸山，又逕安邑故城南，又西注鹽池。地理志曰『鹽池在安邑西南，許慎謂之盬，長五十一里，廣七里，周百十六里』。今池水東西七十里，南北十七里，紫色澄渟，潭而不流，水出石鹽，自然印成，朝取夕復，終無減損，山海經謂之盬販之澤也」。董祐誠云：今鹽水出夏縣南中條山，一名白沙河，又名姚暹渠，又名巫咸河，自夏陽逕安邑解州之北，至虞鄉北，入五姓湖。水若入鹽池，則鹽不成，故障之不復入池，蓋今昔懸殊矣。河水注以中條山在蒲坂者，爲薄山，此安邑之薄山，亦中條山，河水注所云亦謂之薄山也。

〔八〕【補注】先謙曰：絳徙安邑，武侯城之。惠王三十一年，秦地東至河，安邑近秦，於是徙都大梁，見魏世家。孝公時，圍魏安邑，降之。昭襄王時，魏獻安邑，見秦紀。

〔九〕【補注】先謙曰：後漢因，續志「有鐵」。劉注「有鳴條陌、昆吾亭。昆吾與桀同日亡」。一統志「故城今夏縣北」。吳卓信云：夏王城，據鳴條岡，周三十里，西南遺址尚存。縣西一里，亦有安邑故城，乃後魏分置之南安邑縣。

〔一〇〕【補注】先謙曰：春秋晉地，敗茅戎於此，見公羊傳。戰國屬魏。見下。縣人郅都，見酷吏傳。禹貢山水澤地篇「砥柱山在大陽縣東河中」。案，志文疑奪「禹貢砥柱山在東」七字。

〔一一〕【補注】段玉裁曰：吳世家「武王封周章弟虞仲於周之北故夏墟，是爲虞公」。史記「公」字今譌「仲」，史記云「求大伯、虞仲之後」，此云「大伯後」者，大伯無子，虞仲爲大伯後，史兼言之，此專言之，皆可以明兄弟相後之義也。周章既君吳矣，又君虞仲於虞者，廣大伯之後，即廣虞仲之後也。先謙曰：河水注「虞山有傅巖，傅說隱於虞、虢之閒，即此處也。巖東北十餘里即巔軨坂，左傳所謂入自巔軨者也。東北有虞原，原上道東有虞城，武王以封大伯後虞仲於此，是爲虞公，晉太康地記所謂北虞也。晉取虢滅虞，其城北對長坂二十許里，謂之虞坂，自上及下，七山相重。戰國策『騏驥駕鹽車，上虞坂，遷延負轅而不能進』也」。趙一清云：虞仲是仲雍之曾孫，周章之弟，小司馬以爲祖與孫同號也。人表中雍在上中，列大伯之次，虞仲在中中，云周章弟，與史記合。續志「吳城」作「虞城」，劉注「史記秦昭王伐魏取吳城，即此城也」。吳、虞古通。一統志「吳山在安邑縣東南三十二里，跨夏縣平陸界」。

〔一二〕應劭曰：在大河之陽。【補注】吳卓信曰：名勝志「閒田在平陸縣西六十里，虞、芮相讓處也，故莽改曰勤田」。先謙曰：後漢因，續志「有下陽城。左傳：虞，晉所滅。有茅津。秦伯所濟」。劉注「盜跖冢臨河」。河水注「河水自弘農陝來，合交澗水、路澗水，東逕大陽縣故城南，合沙澗水、積石、土柱二溪水，過砥柱山間，山在虢城東北，大陽城東也。又合崤水、千崤水，下入河南平陰。咸陽澗水出虞山南，至陝津入河。見弘農陝。交澗水出吴山，東南入河。路澗水出吴山，東逕大陽城西，西南入河。沙澗水出虞山，東南逕大陽城東，後魏河北郡治。南入河」。一統志「故城今平陸縣東北」。

〔一三〕【補注】先謙曰：功臣「下摩侯譊毒尼」，表注「猗氏」，蓋嘗析置下摩縣。續志後漢因，劉注「左傳『詹嘉處瑕』，在縣東北」。涑水注「涑水自安邑來，西逕猗氏縣故城北。春秋晉敗秦令狐，至於刳首。闞駰云，令狐即猗氏也。刳首在西三十里，縣南對澤，即猗頓故居也。涑水下入解」。又云「鹽池西又有一池，謂之女鹽澤，東西二十五里，南北二十里，在猗氏縣故城南」。本司鹽都尉治，領兵千餘人守之，故杜預云，猗氏有鹽池，後罷尉司，分猗氏、安邑，置縣以守之。一統志「故城今猗氏縣南二十里」。

〔一四〕師古曰：音蟹。【補注】先謙曰：唐叔虞食采於解，見廣韻。戰國屬魏，周赧王時，秦敗魏師於此，見國策。後漢因，續志「有桑泉城。晉文公入桑泉。有臼城。臼季邑。有瑕城。郇瑕在河北」。劉注「有郇城，咎犯盟於郇。在縣西北有智邑。有卑耳山，縣西南，齊桓公所登」。涑水注「涑水自猗氏來，西逕郇城，詩云『郇伯勞之』，其故國也。涑水西南逕解縣故城南，晉惠公許秦以河外五城，內及解梁，即斯城也。又逕瑕城，又逕張陽城，東漢書之東張矣。又西南屬於陂，陂分爲二，東陂世謂之晉興澤，西陂即張澤也」。西北去蒲反十五里，即張陽池，董祐誠云，今曰五姓湖，在永濟東南三十里，分屬臨晉、虞鄉界。而下不言涑水所入。別詳「蒲反」下。一統志「故城今臨晉縣西南五姓湖北」。

〔一五〕【補注】錢坫曰：堯山在今蒲州府城東南十五里，首山在府城南三十里。馬融云「首陽山在蒲阪華山之北，河曲之中，伯夷所隱也」。攷古夷齊所隱首陽，有三說：曹大家幽通賦注，謂在隴西，即隴西郡首陽縣，在今渭源縣西二十里；戴延之西征記謂在洛陽東北，水經注云，或云夷齊餓死在此，在今偃師縣西北二十里；一言在此。但夷齊之歌，自稱西山，而蒲坂之山，無西山之目，若以在周之西論之，則作隴西者是。惟自唐以後，皆推本馬融，建祠定祀，證古者因循莫改，殊難辨其真正焉。又武帝元封六年作首山宮，文穎以爲亦在此。先謙曰：河水注「雷首俗亦謂之堯山，山上有故城，世又曰堯城。闞駰云『蒲坂堯都，千載眇邈，非所詳耳』。山有夷齊廟，闞駰云『山一名獨頭山，夷齊所隱也。山南有古冢，俗謂之夷齊墓』。趙盾田首山，即於此也」。案如酈說，堯山、首山連麓異名，志云有二祠，首山蓋祠夷齊，堯山即祠堯矣。括地志「中條山西起雷首，東至吳城，長數百里，隨地異名」是也。

〔一六〕【補注】汪遠孫曰：夏紀索隱「南」上有「東」字。錢坫曰：山海經「蒲山之首曰甘棗之山」。封禪書「薄山者，襄山也」。徐廣云「薄山在此縣」。古文蒲、薄字聲相近，然則薄山即蒲山。穆天子傳「河首襄山」，亦指此。先謙曰：禹貢山水澤地篇「雷首山在蒲坂縣東南」。河水注「雷首山臨大河，北去蒲坂三十里，尚書所謂壺口雷首者也」。胡渭云「雷首之脈爲中條，東盡於垣曲」。一統志「山在今永濟縣南」。

〔一七〕應劭曰：秦始皇東巡見長坂，故加「反」云。孟康曰：本蒲也，晉文公以賂秦，後秦人還蒲，魏人喜曰「蒲反矣」。謂秦名之，非也。臣瓚曰：秦世家云「以垣爲蒲反」，然則本非蒲也。師古曰：應說是。【補注】先謙曰：全祖望云「孟解因魏壽餘事，而參錯其說」。先謙案，秦紀「以垣爲蒲反」，索隱云「爲」字當作「易」，是瓚說沿史記譌字立解。秦紀、魏世家稱蒲坂在秦始皇前，則應說亦未是也。求之經傳，既無蒲名，魏地秦名，更於何世？班氏所本，無以明之。後漢因，續志作「蒲坂有沙丘亭」。劉注「秦晉戰河曲，在縣南」。六國表：秦與魏封陵。張守節云，在縣西南河曲之中。河水篇「河水南過蒲坂縣西」。注云「河水自郃陽來，合汾陰瀵水，又南逕陶城西，有陶河之稱。南對蒲津關，紀年『魏襄王七年，秦王來見于蒲阪關』。又南過縣，地理志曰，縣故蒲也。郡南有歷山，謂之歷觀。河水又合潙、汭二水，南逕雷首山西，又合涑水，下入京兆船司空。瀵水自汾陰來，西南歷蒲坂西，西入河。涑水自河北來，西南流，亦曰雷水，入河，左傳謂之涑川。趙一清云：全祖望謂此與聞喜之涑不同。非也。左傳成十三年，杜注「涑水出河東聞喜縣西南，至蒲反縣入河」。是二涑水本相通。蓋涑之别曰洮，其截爲二，則自金天氏始。左傳「臺駘能業其官，宣汾洮，障大澤，以處太原，帝用嘉之，封諸汾川」。是張陽澤乃臺駘遺跡。禹貢「既修太原，至于岳陽」。殆汾洮之水也。曰修者，修鯀之功，至岳陽而止。岳陽，霍太山之陽也，其不及河可知。唐志「虞鄉北十五里有涑水渠，貞觀十七年，蒲州刺史薛萬徹所開，自聞喜引流入臨晉溉田」。蓋至是乃溝而通之，此數千年之水道一變也。一統志「故城今永濟縣東南」。

〔一八〕【補注】先謙曰：後漢因，續志「有韓亭」。河水注「涑水出河北雷首山，縣北與蒲坂分山，下入蒲反。河水自京兆湖來，東過河北縣南，縣與湖縣分河。互見湖。河水合蓼水、永樂澗水，又自河北城南，東逕芮城下，仍入湖。永樂澗水北出薄山，南流逕河北縣故城西，入河。在河之北，故曰河北縣也，今城南西二面，並去大河可二十餘里，北去首山十許里，處河山之間，土地迫隘，故魏風著十畝之詩也。又河北縣有洹水，南入河，見弘農陝。故河水有洹津之名」。一統志「故城今芮城縣東北一里」。

〔一九〕【補注】先謙曰：魏，姬姓，見左襄傳。晉滅以封萬，見閔傳。

〔二〇〕【補注】錢坫曰：世本「畢萬生芒季，芒季生武仲州，武仲生莊子絳」。史記「萬生武子，武子生悼子，悼子生絳」。是絳爲萬曾孫。世本有芒季，無悼子，與史記異。史記又云「悼子徙治霍」。世本居篇亦云「武子居魏，悼子徙霍」。此志所不詳。

〔二一〕【補注】先謙曰：武帝至此，見本紀。

〔二二〕【補注】先謙曰：兆，洮之渻字。續志後漢省。涑水注云「王莽之洮亭也」。又引司馬彪云「洮水出聞喜，故王莽以縣爲洮亭」。然則涑水殆亦洮水之兼稱乎？據此，縣併入聞喜。注又云「涑水自聞喜來，西合沙渠水，西南逕左邑縣故城南，故曲沃也，秦改爲左邑，詩所謂『從子于鵠』者也。又西逕王官城北，下入安邑」。一統志「故城今聞喜縣治」。

〔二三〕【補注】先謙曰：戰國魏地，襄王時，秦取之，見秦紀、魏世家。高帝封周昌爲侯國，見表。武帝幸此，立后土祠，元帝亦幸焉，見本紀。續志後漢因，劉注「古之綸，少康邑。有狐谷亭」。河水篇「河水南過汾陰縣西」。注云「河水自馮翊夏陽來，東際汾陰脽縣，故城在脽側。魏土地記云『河東郡北八十里有汾陰城，北去汾水三里』。河水下入馮翊郃陽。瀵水出縣南四十里，西去河三里，平地開源，濆泉上涌，俗呼瀵魁，與郃陽瀵水夾河，河中渚上，又有一瀵水，皆潛相通」。古人壅其流以爲陂水種稻。其水下入蒲反。又汾水注「汾水自皮氏來，西至汾陰縣北入河。水南有長阜，背汾帶河，阜長四五里，廣二里餘，高十丈，漢書謂之汾陰脽」。先謙案，本志「太原汾陽」下「汾水西南至汾陰入河」者也。一統志「故城今榮河縣北」。

〔二四〕【補注】先謙曰：武紀「用事介山」者也。汾水注「介山即汾山也，其山特立，周七十里，高十餘里。晉太康記及地道記、永初記並言子推所逃隱，即實非也。子推隱綿山，杜預云『在西河界休縣』」。今俗呼孤山，孤、介聲轉字譌也。

〔二五〕【補注】王念孫曰：「武公」本作「成侯」，此後人妄改之也。涑水注「晉武公自晉陽徙此」。「武公」字亦後人依誤本漢志改之。案，詩譜云「唐者，帝堯舊都之地，今曰太原晉陽，成王封母弟叔虞於此，曰唐侯。至子燮改爲晉侯。至曾孫成侯自晉陽徙此」。據此，則自晉陽徙曲沃者，乃成侯，非武公也。又下文「絳縣」下云「晉武公自曲沃徙此」。是武公自曲沃徙絳，非自晉陽徙曲沃也，且武公之祖桓叔，已封於曲沃矣，何得謂武公徙曲沃乎？

〔二六〕應劭曰：今曲沃也，秦改爲左邑。武帝於此聞南越破，改曰聞喜。【補注】錢大昭曰：事見武紀。三國志高貴鄉公詔亦云「漢孝武元鼎中，改桐鄉爲聞喜」。是武帝以左邑之桐鄉特置此縣，非改曲沃爲聞喜也。先謙曰：曲沃，秦改左邑，武帝析左邑之桐鄉置聞喜，後漢併左邑入聞喜，故班於此縣注云「故曲沃」。而應云「今曲沃也」。若無左邑之併，則「故曲沃」三字，當注在左邑下矣。後漢因，續志「聞喜邑，本曲沃。有董池陂，古董澤。有稷山亭。晉治兵於稷」。劉注「有乾河，見史記。『晉蒐清原』在北」。稷清原互見皮氏。涑水篇「涑水出聞喜縣東山黍葭谷」。注云「水出華谷西，過周陽邑南，景帝封田勝爲侯國。涑水又合洮水，又逕董澤陂南，又合景水，又逕桐鄉城北，下入左邑」。一統志「故城今聞喜縣西南」。

〔二七〕【補注】先謙曰：續志後漢因。沁水注「沁水自上黨陽阿來，南合濩澤水，又東南合陽阿水，見陽阿。下入河内沁水縣。濩澤水出濩澤城西白澗嶺下，東逕濩澤。墨子云『舜漁濩澤』。又逕濩澤縣故城南，蓋以澤氏縣。紀年『梁惠成王十九年，晉取濩澤』也。其水際城東注，又東合清淵水、陽泉水、上澗水，東南入沁。清淵水出濩澤縣北，南逕濩澤城東，又南入濩澤。陽泉水自陽阿來，南入濩澤。上澗水出輔山南，歷析城山北，入濩澤」。一統志「故城今陽城縣西」。引舊志云「澤城村。濩澤在縣西嶕嶢山下，深闊盈丈，澄清不竭」。

〔二八〕應劭曰：有濩澤，在西北。師古曰：濩音烏虢反。【補注】先謙曰：禹貢山水澤地篇「析城山在濩澤縣西南」，與志合。沁水注「析城山在濩澤南，山甚高峻，上平坦，下有二泉，東濁西清，左右不生草木，數十步外，多細竹」。紀要「山在陽城南七十里，太行支山也」。

〔二九〕【補注】先謙曰：戰國趙地，後入韓。趙策「韓欲存宜陽，必以端氏賂趙」也。續志後漢因。沁水注「秦川水出巨駿山東，西南逕端氏縣故城東，韓、趙、魏分晉，遷晉君於端氏縣，即此。其水南流入沁」。見上黨陭氏。一統志「故城今沁水縣北三十五里」。引縣志云「三家遷晉君處，在縣東四十五里端氏聚」。

〔三〇〕【補注】周壽昌曰：莽於漢縣名「臨」字者，或改「監」，或別改兩字，獨此與下臨湖、臨沂、臨洮四縣，及涿郡臨鄉未改。先謙曰：後漢因，續志「有董亭」。左傳「晉蒐於董」。劉注「有賈鄉，賈伯邑」。汾水注「汾水自襄陵來，南過臨汾縣東，合天井水，又屈從縣南西流，下入絳。古水出臨汾縣故城西黃阜下，又西逕荀城東，古荀國，晉武公滅之，以賜大夫原氏。古水西南入汾」。見絳。一統志「故城今絳州東北二十五里」。

〔三一〕【補注】先謙曰：戰國魏地，一名王垣，武侯城之，秦取復予，後終取之，見秦紀、始皇紀、魏世家。亦名武垣，曹參得魏豹於此，見參傳。後漢因，續志「有邵亭」。左傳郫邵。河水注「清水出清廉山東流，逕臯落城北。服虔云『赤狄之都，所謂東山臯落氏』。合倚亳川水、南溪水、乾棗澗水，又東南逕陽壺城東，即垣縣之壺垣亭，晉遷宋五大夫所居也。清水東南入河。乾棗澗水出石人嶺下，南逕垣縣故城北，入清水。教水出垣縣北教山，合平山水，南入河。庸庸水出垣縣宜蘇山，分爲二水，俱東北入河。瀵水出垣縣王屋山西瀵溪，東入河」。三水見河南平陰。一統志「故城今垣曲縣西二十里」。先謙案：鄭注尚書、史集解引。職方及說文作東垣。通鑑六十四「建安十年，會白騎攻東垣」。胡三省云「此東垣乃河東垣縣」。今本續志無「東」字者，疑建安未復，故沿至晉未改，故晉志河東郡亦作垣。

〔三二〕【補注】先謙曰：禹貢山水澤地篇「王屋山在垣縣東北」，與志合。一統志「山在今垣曲縣東北百里，陽城、濟源接界，山有三重，其狀如屋，故名」。

〔三三〕【補注】先謙曰：「沇」，俗作「兗」，非。武德，河内縣。案濟水至河内温入河，言至武德入河者，酈元以爲枝瀆條分，所在布稱，蓋濟水故瀆合奉溝水入河，朱溝分流爲奉溝，其正流合沁水，先儒以爲濟渠，故酈元云然，詳見武德、温、平臯諸縣下。濟水篇「濟水出垣縣東王屋山，爲沇水」，注云「山海經曰『王屋之山，聯水出焉，西北流，注於泰澤』。郭景純云『聯、沇聲相近，即沇水也』。潛行地下，至共山南復出，下入河内軹」。

〔三四〕【補注】先謙曰：說文「軼，車相出也」。職方注作「泆爲滎」。軼、泆蓋今古文異。琅槐，千乘縣。詩正義引鄭注云「沇水溢出河爲澤，今塞爲平地，滎陽民猶謂其處爲滎播，在其縣東」。志云「軼出滎陽北」，而鄭云「在縣東」者，胡渭以爲澤起縣北，歷其東也。據後漢明紀、王景傳云「平帝之世，河汴決壞」。滎澤在所漂諸縣中，填淤既久，空竇盡窒，地中伏流，不能上涌，滎澤之塞，實由於此。但禹跡之改，自周已然，職方「豫州，其川滎雒」。穆天子傳「浮於滎水」。則周初滎澤已導爲川，東與陶丘復出之濟相接，故志云「東至琅槐入海」也。泲水自滎陽至琅槐，中歷陽武、封丘、平丘、濟陽、寃朐、定陶、乘氏，至壽張西界安民亭，汶水注之。又歷須昌、穀城、臨邑、盧縣、臺縣、菅縣、梁、鄒、臨濟、利縣，至琅槐入海。今自安民亭以西，遺跡皆湮，而安民亭以東，章丘以西之大清河，鄒平迆東至海之小清河，則猶是古泲水之故瀆也。

〔三五〕師古曰：琅音郎。槐音回。【補注】先謙曰：過河東、河内、河南、陳留、濟陰、東郡、泰山、濟南、齊郡、千乘，「九」當爲「十」。

〔三六〕【補注】先謙曰：戰國魏地，秦惠文王取之，復入魏，秦圍之，見秦紀、魏世家。功臣岸頭侯張次公表注「皮氏」。蓋嘗析置岸頭縣。

〔三七〕【補注】先謙曰：耿，姬姓，晉滅之，事見左閔傳杜注。續志劉注「尚書祖乙徙耿。有耿城」。一統志「在河津縣南十二里」。

〔三八〕【補注】錢坫曰：趙世家：夙生共孟，共孟子衰，衰子盾，盾子朔，朔子武，武子成，成子鞅，鞅子毋卹，毋卹子獻侯。是爲十（出）〔世〕。

〔三九〕【補注】先謙曰：後漢因，續志「有鐵。有冀亭」。左傳「冀爲不道」。河水篇「河水南過皮氏縣西，又南出龍門口」。注云「河水自北屈來，皮氏縣故城在龍門東南，不得延逕皮氏，方屆龍門也。河水下入馮翊夏陽」。又汾水注「汾水自長脩來，西逕清原城北故清陽亭，城北有清原，晉侯蒐清原處也。又逕冀亭南，合華水，又逕稷山北，晉侯治兵於稷是也。舊說俱以稷山爲聞喜地，今案當爲皮氏東境。又逕鄈丘北，漢之方澤也。又逕耿鄉北，又逕皮氏縣南，漢河東太守番係，穿渠引汾水溉皮氏縣，故渠尚存，今無水。汾水下入汾陰」。一統志「故城今河津縣西二里」。

〔四〇〕【補注】先謙曰：高帝封杜恬爲侯國，見表。續志後漢省。汾水注「汾水自絳來，西南逕長脩縣故城南，合脩水，下入皮氏」。脩水出縣南，西南入汾」。一統志「故城今絳州西北」。紀要「（後）〔北〕周天和五年，韋孝寬請於長秋築城。「秋」乃「脩」之譌。今名長秋鎮」。

〔四一〕【補注】先謙曰：戰國趙邑。惠文王封趙豹爲平陽君，見趙世家。始皇攻定之，見始皇紀。魏王豹都，見項羽傳。曹參取之，見參傳。高帝封參爲侯國，見表。縣人衞青父鄭季、霍光、霍去病、尹翁歸，見本傳。

〔四二〕【補注】先謙曰：紀年「晉烈公元年，韓武子都平陽」。汾水注引同。韓世家「武子子貞子徙居平陽」。索隱「世本作『平子』，名須。亦作『景子居平陽』」。並與志異。

〔四三〕應劭曰：堯都也，在平河之陽。【補注】先謙曰：後漢因，續志「有鐵」。劉注「左傳諸侯盟馬陵，在東南」。汾水注「汾水自楊來，南逕白馬城西，又逕平陽縣故城東，晉大夫趙鼂之故邑也，堯舜並都之。後魏平陽郡治。汾水合平水，下入襄陵。平水出平陽縣西壺口山，東逕平陽城南，入汾。俗以爲晉水，非也」。先謙案：注「平河」蓋「平水」之譌，御覽引作「平水」。一統志「故城今臨汾縣西南」。

〔四四〕【補注】先謙曰：戰國魏地。文侯時，齊取之，復入魏。惠王時，諸侯圍之。襄王時，爲楚敗於此。齊威王命田忌攻之。並見齊、楚、魏世家。昭襄王與楚王會此，見秦紀。

〔四五〕應劭曰：襄陵在西北。師古曰：晉襄公之陵，因以名縣。【補注】朱一新曰：汪本「香」作「鄉」，是。先謙曰：續志後漢因。汾水注「汾水自平陽來，南歷襄陵縣故城西，晉大夫郤犨之邑也，故其地有犨氏鄉亭矣。西北有晉襄公陵，縣蓋即陵以命氏也。汾水下入臨汾」。王念孫云：廣韻「犨」字注，「又姓」，引風俗通云「晉大夫郤犨之後」。然則犨氏爲郤犨之後，而襄陵又爲犨之故邑，故其地有犨氏鄉亭。作「班」者非也。蓋「犨」字或通作「犫」，潛夫論志氏姓篇作「郤犫」。與「班」相似而誤。下文「南陽郡犨」，師古音昌牛反，而此處無音，則所見本已誤爲「班」矣。一統志「故城今襄陵縣東南十五里，犨氏鄉亭在縣東南，汾水東崖」。

〔四六〕【補注】宋祁曰：「州山」一作「代山」。先謙曰：大山，禹貢太嶽山也，因周官云山曰霍，故志加「霍」字，以應周官。禹貢山水澤地篇「太嶽山在永安縣」。汾水注「太岳山，禹貢所謂岳陽也，即霍太山矣。有岳廟甚靈，烏雀不棲其林，猛虎常守其庭，又有靈泉，以供祭祀」。一統志「霍山在今霍州東南十五里，南接趙城、洪洞二縣界，周二百餘里，今謂之中鎮」。

〔四七〕【補注】先謙曰：事見周語。元和志「周厲王陵在霍邑縣東北二十五里」。

〔四八〕應劭曰：順帝改曰永安。【補注】先謙曰：魏世家「悼子徙霍」。後漢因，續志「陽嘉二年更名永安」。劉注「有呂鄉，呂甥邑」。汾水注「汾水自太原界休來，南過永安縣西，故彘縣也。合彘水，南逕霍城東，故霍國，晉獻公所滅。又逕趙城西南，穆王以封造父，趙氏自此始也。汾水又南合霍水，下入楊。彘水出東北太岳山，西逕永安縣故城南，西南入汾。霍水亦出霍太山，西南逕趙城南，西入汾。澗水自上黨穀遠來，西南逕霍山南，下入楊」。一統志「故城今霍州治」。

〔四九〕【補注】先謙曰：周宣王子尚父封於楊，見唐書宰相世系表。晉滅之，以賜大夫羊舌氏，見元和志。楊侯逼而逃楚，見楊雄傳。縣人咸宣，見酷吏傳。

〔五〇〕應劭曰：楊侯國。【補注】先謙曰：續志後漢因，劉注「有梁城，叔向邑」。汾水注「汾水自彘來，南逕楊縣故城西，晉大夫僚安之邑也。汾水合澗水、黑水，又逕高梁城西，晉害懷公於此，高祖封酈疥爲侯國。汾水下入平陽。澗水自彘來，西逕楊縣故城北，入汾。黑水出黑山，西逕楊城南，會巢山水、勞水，逕高梁城北，西入汾」。一統志「故城今洪洞縣東南十五里」。

〔五一〕【補注】先謙曰：禹貢山水澤地篇「壺口山在北屈縣東南」，與志合。尚書鄭注同。案冀州有三壺口：一、左哀四年傳「齊國夏取晉壺口」，杜注「潞縣東有壺口關」。今在長治縣東南。一、平水所出之壺口山，見「平陽」下。一、即此，今吉州東南是。成蓉鏡云：諸書所指爲壺口者，即古孟門山，尸子、呂覽、淮南子所云「河出孟門之上」者也。或分在北者爲孟門，在南者爲壺口，非是。尚書全解引曾旼云：「志謂壺口在北屈東南，酈元謂孟門在北屈西南，則壺口、孟門之東山也」。括地志諸書謂此在吉州西南者失之」。

〔五二〕應劭曰：有南故稱北。臣瓚曰：汲郡古文「翟章救鄭，至於南屈」。師古曰：屈音居勿反。即晉公子夷吾所居。

【補注】王鳴盛曰：注「至」，南監本作「次」。蘇輿曰：御覽引應注「有南」下有「屈」字。先謙曰：後漢因，續志劉注「屈産駿馬」。河水注「河水自上郡高奴來，南逕北屈縣故城西，西四十里有風山。風山西四十里河南孟門山，實爲河之巨阸，兼孟門津之名。在陝西宜川縣東南二十里，與雒陽孟津有別。河水合燕完水、鯉魚水、羊求水，又南爲採桑津，晉里克敗狄於採桑是也。又合赤水、蒲水、見西河陰山。丹水、黑水、洛水，下入皮氏。羊求水出羊求川，西逕北屈縣故城南，入河」。一統志「故城今吉州東北二十一里」。

〔五三〕應劭曰：故蒲反舊邑，武帝置。師古曰：重耳所居也，應説失之。【補注】先謙曰：戰國魏邑，一曰蒲陽。襄王七年降於秦，復入魏。景湣王時，秦拔之，見魏世家、始皇紀。續志後漢因。河水注「蒲川水出石樓山，南逕蒲城東，即重耳所奔之處也。又南歷蒲子縣故城西，闞駰云『蒲城在西北』。其水南合黃盧水、紫川水，入河。見上郡高奴。黃盧水出蒲子城南，入蒲水」。一統志「故城今隰州東北八十里」。吳卓信云：蒲子村。

〔五四〕【補注】先謙曰：高帝封周勃爲侯國，見表。

〔五五〕【補注】錢坫曰：詩譜「穆侯徙于絳」。蓋穆侯先徙都，至武公自曲沃并晉仍居之。閻若璩曰：晉前後四都，相去止在平陽百五十里之內：翼在今翼城縣東南三十五里；曲沃在聞喜縣東北，去翼約百五十里；絳即今太平縣二十五里故晉城，東距翼約百里；景公徙新田，在曲沃南二里，去晉城僅五十里耳。

〔五六〕應劭曰：絳水出西南。【補注】吳卓信曰：唐志「絳縣有鐵」。先謙曰：後漢因，續志作「絳邑，有翼城」。左傳「曲沃伐翼」。汾水注「汾水自臨汾來，逕絳縣故城北，又西逕虒祁宮北，後魏正平郡治此。又逕王澤，合澮水、古水，見臨汾。下入長脩」。又澮水注「澮水出絳縣高山，西逕翼城南，詩譜言晉穆侯孫孝侯改絳爲翼，後獻公北廣其城，方二里，又命爲絳。其水西南合黑水、賀水、高泉水、紫谷水、于家水、范壁水，謂之澮交。今絳縣東北四十里大交鎮。又合絳水，又西過縣南，晉景公謀去故絳，欲居郇瑕，韓獻子曰『不如新田，有汾、澮以流其惡』。遂居新田，又謂之絳，即絳陽也。蓋在絳、澮之陽，縣南對絳山，面背二水。又西南過虒祁宮南，宮在新田，絳縣故城西四十里，其宮背汾面澮，西則兩川之交會也，又西至王澤入汾。絳水出絳山東，西北注澮，應劭云『絳水出絳縣西南』。蓋以故絳爲言也」。先謙案：據此，翼城是故絳，漢縣即新田矣。翼南鄙有陘廷邑，賈逵說。一統志「故城今曲沃縣西南。案舊志云，城南對紫金山，有中城外城，南面爲澮水衝没，東西北遺址尚存」。

〔五七〕師古曰：讘音之涉反。【補注】先謙曰：武帝封杆者爲侯國，表作「瓡讘」，顔注「瓡讀與狐同」。説文「讘，多言也」。河東有狐讘縣，當以狐爲正。續志後漢省。一統志「故城今永和縣西南」。

〔五八〕師古曰：音其。【補注】先謙曰：騏幾國，武帝封。表注「北屈」。明析北屈置。續志後漢省。一統志「故城今鄉寧縣東南」。

太原郡，〔一〕秦置。〔二〕有鹽官，在晉陽。〔三〕屬并州。〔四〕戶十六萬九千八百六十三，口六十八萬四百八十八。有家馬官。〔五〕縣二十一：〔六〕晉陽，〔七〕故詩唐國，〔八〕周成王滅唐，封弟叔虞。〔九〕龍山在西北。〔一〇〕有鹽官。〔一一〕晉水所出，東入汾。〔一二〕葰人，〔一三〕界休，莽曰界美。〔一四〕榆次，〔一五〕涂水鄉，晉大夫知徐吾邑。〔一六〕梗陽鄉，魏戊邑。〔一七〕莽曰大原亭。〔一八〕中都，〔一九〕于離，莽曰于合。〔二〇〕茲氏，〔二一〕莽曰茲同。〔二二〕狼孟，〔二三〕莽曰狼調。〔二四〕鄔，〔二五〕九澤在北，是爲昭餘祁，并州藪。〔二六〕晉大夫司馬彌牟邑。〔二七〕盂，〔二八〕晉大夫孟丙邑。〔二九〕平陶，莽曰多穰。〔三〇〕汾陽，〔三一〕北山，汾水所出，西南至汾陰入河，〔三二〕過郡二，行千三百四十里，冀州寖。〔三三〕京陵，莽曰致城。〔三四〕陽曲，〔三五〕大陵，〔三六〕有鐵官。莽曰大寧。〔三七〕原平，〔三八〕祁，〔三九〕晉大夫賈辛邑。〔四〇〕莽曰示。〔四一〕上艾，〔四二〕緜曼水，東至蒲吾，入虖池水。〔四三〕慮虒，〔四四〕陽邑，莽曰繁穰。〔四五〕廣武。〔四六〕河主、賈屋山在北。都尉

治。莽曰信桓。〔四七〕

〔一〕【補注】先謙曰：禹貢太原即此，春秋經謂之大鹵，左傳、史記謂之大夏，傳又謂之夏虛。據汾水注「郡治晉陽」。續志後漢治同。

〔二〕【補注】先謙曰：本趙地，莊襄王二年定之，三年置郡，見秦紀。全祖望云：楚漢之際，屬西魏國。從本紀及本傳，異姓諸侯王表以爲屬代，誤。高帝二年屬漢，六年爲韓國，七年復故，十一年屬代國。文帝元年復故，二年爲太原國，四年仍屬代國。武帝元鼎三年復故。

〔三〕【補注】吴卓信曰：太原府志「太原、清源二縣出鹽」。

〔四〕【補注】先謙曰：續志後漢因，屬同。

〔五〕臣瓚曰：漢有家馬廄，一廄萬匹，時以邊表有事，故分來在此。家馬後改曰挏馬也。師古曰：挏音動。【補注】何焯曰：咸宣傳：衞青充使買馬河東太原。家馬官其以此時置邪？先謙曰：「家馬」改「挏馬」，見百官表。

〔六〕【補注】先謙曰：高紀「以太原三十一縣爲韓國，王韓王信」。此云「二十一」，後有析併。郡人趙破奴、常惠，見本傳。魯翁孺，見游俠傳。郇越、郇相，見鮑宣傳。

〔七〕【補注】先謙曰：春秋晉地，戰國屬趙，秦始皇拔定之，見趙世家、秦紀。韓王信都，見信傳。文帝爲代王，始亦都此，見高紀。續志後漢因，刺史治。晉水注「城在晉水之陽，故曰晉陽」。又汾水篇「汾水東南過晉陽縣東，晉水從縣南東流注之」。注云「汾水自陽曲來，至縣。魏土地記曰『城東有汾水南流，豫讓死於津側，襄子解衣之所在也』。汾水西逕晉陽城南，下入榆次」。又洞過水篇「洞過水自榆次來，西到晉陽縣南，入於汾，出晉水下口者也」。一統志「故城今太原縣治」。

〔八〕【補注】先謙曰：續志劉注「堯始都於此，後遷河東平陽」。徐才宗國都城記云「帝堯之裔子所封」。

〔九〕【補注】先謙曰：晉水注「晉陽縣，故唐國也，唐滅，成王乃封叔虞於唐。縣有晉水，後改名爲晉，故子夏敘詩，稱此晉也而謂之唐」。

〔一〇〕【補注】先謙曰：晉水注云「晉書地道記及十三州志並言晉水出龍山，一名結絀山，在縣西北，非也。山海經曰『懸甕之山，晉水出焉』。今在縣之西南」。先謙案：道元駁西北之文，董祐誠據此以爲龍山非懸甕，誤會酈旨。後魏志「晉陽有懸甕山，一名龍山」。元和志同。一統志「山在太原縣西南十里」。

〔一一〕【補注】錢大昭曰：「太原郡」下云「有鹽官，在晉陽」。此三字衍。先謙曰：此三字上下文義隔閡，錢說是。

〔一二〕臣瓚曰：所謂唐，今河東永安是也，去晉四百里。師古曰：瓚説是也。【補注】汪遠孫曰：永安即彘縣。先謙曰：晉水篇「晉水出晉陽縣西懸甕山，又東過其縣南，入汾」。注云「智伯遏晉水以灌晉陽，後人踵其遺跡，蓄以爲沼。水分二派，北瀆即智氏故渠也，乘高東北注入晉陽城，以周灌溉，東南出城注汾。南瀆於石塘之下伏流，逕舊溪東南出，逕晉陽城南，入汾」。一統志「晉水源曰滴瀝泉」。

〔一三〕如淳曰：音璅。師古曰：又音山寡反。【補注】先謙曰：周勃傳「擊韓王信於代，降下霍人」。樊噲傳「破韓王信於代，自霍人以往至雲中，與絳侯共定之」。史正義「霍」當作「葰」，蓋以漢縣無霍人，據兩傳在代，故知即葰人也。晉有霍邑，即彘，屬河東，距此甚遠。續志後漢省。説文「派水出雁門葰人戍夫山，東北入海」。明後漢縣屬雁門。據山海經郭注「滹沱水出雁門鹵城縣南武夫山。戍夫、武夫皆泰戲之一名」。續志「鹵城」下，劉注亦引泰戲山、呼沱水，是戍夫即武夫，亦即泰戲，則漢末葰人省入鹵城矣。一統志「故城今繁峙縣南」。

〔一四〕師古曰：休音許虬反。【補注】先謙曰：後漢因，續志「有界山。有緜上聚。有千畝聚」。左傳晉爲千畝之戰。晉世家「介之推入緜上山中，文公環山封之，以爲介推田，號曰介山」。是界、介字同。汾水注「汾水自平陶來，合緜水，又西南逕界休縣故城西，又南過冠爵津，汾津名也，在界休縣西南，俗謂之雀鼠谷，汾水下入河東彘。緜水即石桐水，出界休縣之緜山，北流逕石桐寺西，即介子推祠也。緜水西入汾」。一統志「故城今介休縣東南十五里，介山在縣南四十里也」。

〔一五〕【補注】吳卓信曰：汲冢周書「昔烈山氏帝榆罔之後，其國爲榆州，曲沃滅榆州，其社存焉，謂之榆社，地次相接者爲榆次」。先謙曰：春秋晉地，但名榆，屬魏邑，見左昭傳。戰國屬趙，秦莊襄王取之，見秦紀、趙世家。

〔一六〕【補注】先謙曰：見左昭傳。洞過水注「洞過水自上黨沾來，西過榆次縣南，縣故涂水鄉，縣南側水有鑿臺」。續志劉注，並作「鑿臺」，韓、魏殺知伯處。先謙案：國策黄歇所云「智伯不知榆次之禍」也。洞過水又西南爲洞過澤，合涂水，見陽邑。下入晉陽。一統志「涂水城今榆次縣西南二十里。涂水，今金水河」。

〔一七〕【補注】先謙曰：官本考證云「戊」，監本訛「成」，今據左傳、史記改正。先謙案：秦昭王取之，見趙世家。汾水注「汾水自晉陽來，南逕梗陽縣故城東，故榆次之梗陽鄉，獻子以邑魏戊。京相璠云『晉陽縣南六十里榆次界有梗陽城』。汾水又南，即洞過水會，下入大陵」。先謙案：續志「榆次」下劉注云「左傳曰謂塗水」。「晉陽」下劉注云「漢官曰南有梗陽城」。證之京説，蓋梗陽後併入晉陽。

〔一八〕師古曰：涂音塗。梗音鯁。【補注】先謙曰：續志後漢因。一統志「故城今榆次縣西」。

〔一九〕【補注】先謙曰：春秋晉邑，見左昭傳。戰國屬趙，惠文王時，伐取之，見秦紀。文帝爲代王，自晉陽徙都此，見文紀。續志後漢因。汾水注「嬰侯水、祀水亂流，逕中都縣南，爲中都水，合侯甲水，下入鄔。侯甲水自京陵來，西北逕中都縣故城南，城臨際水湄。侯甲水又西合嬰侯水，下入鄔」。一統志「故城今平遥縣西北，中都水在縣東南三十里」。

〔二〇〕【補注】先謙曰：續志後漢因。李兆洛云「當在今汾州府境」。

〔二一〕【補注】先謙曰：夏侯嬰食邑茲氏，見嬰傳。

〔二二〕【補注】先謙曰：續志後漢因。原公水篇「原公水出茲氏縣西羊頭山，東過其縣北，入汾」。注云「縣，故秦置也。水注文湖」。又文水注「文水自平陶來，南逕茲氏縣故城東，爲文湖，東西十五里，南北三十里，世謂之西湖。在縣直東十里，下入西河中陽」。一統志「故城今汾陽縣治」。

〔二三〕【補注】先謙曰：戰國趙地，秦莊襄王取之，復入趙，始皇取之，見秦紀、始皇紀。

〔二四〕【補注】先謙曰：續志後漢因。汾水注「洛陰水自盂來，西逕狼孟縣故城南，左右夾澗幽深，南面大壑，俗云狼馬澗。案「孟」「馬」聲轉而誤。舊斷澗爲城，有南北門，門闉，故壁尚在。洛陰水下入陽曲」。一統志「故城今陽曲縣東北六十里」。

〔二五〕【補注】先謙曰：續志後漢因，劉注「史記韓信破夏説于鄔。徐廣云，音于庶反」。一統志「故城今界休縣東北二十七里，今名曰鄔城店」。

〔二六〕【補注】先謙曰：爾雅「十藪，燕有昭余祁」。郭注「今太原鄔陵縣北九澤是也」。與班説合。陂澤連接，其藪有九，故謂之九澤，總名之曰昭余祁。餘、余同字，蓋在鄔爲昭餘藪，在祁爲祁藪，昭餘祁，合言之也。汾水注「汾水自大陵來，左迆爲鄔澤，東西四十里，南北十餘里，陂南接鄔，吕覽謂之大陸，又名漚洟之澤，俗謂之鄔城泊。侯甲水自中都來，西逕鄔縣故城南爲鄔水，又西北入鄔陂，注汾。汾水下入平陶」。餘互見「祁」下。一統志「故城今平遥縣西南」。

〔二七〕師古曰：音一户反，又音於據反。【補注】先謙曰：見左傳。

〔二八〕【補注】先謙曰：西有鹿門，見趙世家。續志後漢因。汾水注「洛陰水出新興郡，後漢末置。西流逕洛陰城北，後魏志陽曲有羅陰城。洛、羅聲轉。又逕盂縣故城南，下入狼孟」。元和志「智伯所滅仇由國在此」。一統志「故城今陽曲縣東北八十里，世謂之大盂城，亦稱曰大祁城」。

〔二九〕【補注】段玉裁曰：「孟」或作「盂」。廣韻「左傳晉有盂丙」。則是以邑爲姓。魏戊是舒之餘子，丙蓋亦是魏之餘子，故同以「十月」爲名。先謙曰：續志注作「盂邴」，亦見左傳。作「盂」是。顧炎武云：「以其爲盂大夫而謂之盂丙，猶魏大夫之爲魏壽餘，閻大夫之爲閻嘉，邯鄲大夫之爲邯鄲午也」。

〔三〇〕【補注】先謙曰：續志後漢因。汾水注「汾水自鄔來，南過平陶縣東，合文水，下入界休」。又文水注「文水自大陵來，南逕平陶縣故城東，西逕其城内，南流出郭，右會隱泉水，下入茲氏」。一統志「故城今文水縣西南」。

〔三一〕【補注】先謙曰：春秋晉汾陽邑，惠公以命里克，見晉世家。高帝封靳彊爲侯國，見表。續志後漢省。董祐誠云，後漢併入晉陽。先謙案，灤水注「汾陽縣北燕京山有大池，在山原之上，澄渟鏡淨，潭而不流，無能測其淵深，與桑乾泉潛流通注。池東隔阜又有一石池，方可五六十步，清深鏡潔，不異大池。桑乾水自源東南流，下入雁門陰館」。一統志「故城今陽曲縣西北九十里」。

〔三二〕【補注】先謙曰：汾陰，河東縣。汾水篇「汾水出汾陽縣北管涔山」。注云「十三州志云，出武州之燕京山，武州見雁門郡。亦管涔之異名也。汾水南合東西温溪，南逕汾陽縣故城東，川土寬平，峘山夾水。地理志曰『汾水出汾陽縣北山，西南流』者也。山有羊腸坂。汾水合酸水、洛陰水，見盂。下入陽曲」。一統志「管涔山在今靜樂縣北」。

〔三三〕【補注】先謙曰：過太原、河東。

吴卓信云：跨甯武、岢嵐、朔州界，周百餘里。

〔三四〕師古曰：即九京。【補注】先謙曰：續志後漢因。汾水注「侯甲水自祁來，西逕京陵縣故城北，於春秋爲九原之地，其故京尚存，漢興，增陵於其下，故曰京陵焉。侯甲水下入中都」。一統志「故城今平遥縣東」。

〔三五〕應劭曰：河千里一曲，當其陽，故曰陽曲也。師古曰：隋文帝自以姓陽，故惡陽曲之號，乃改其縣爲陽直。今則復舊名焉。【補注】王先慎曰：御覽百六十一引應注，「河」上有「黄」字。先謙曰：官本注「姓陽」作「姓楊」，考證云，監本「楊」訛「陽」，今改正。續志後漢因。汾水注「洛陽水自狼孟來，西南逕陽曲城北入汾。汾水自汾陽來，南逕陽曲城西，下入晉陽」。一統志「故城今陽曲縣東北」。

〔三六〕【補注】吴卓信曰：左傳司馬烏爲平陵大夫，疑即此。趙改之。先謙曰：戰國趙地，肅侯、武靈王俱游大陵，見趙世家。漢初屬代。縣人衞綰，見綰傳。

〔三七〕【補注】先謙曰：後漢因，續志「有鐵」。文水篇「文水出大陵縣西山文谷，東到其縣」，注云「文水逕大陵縣故城西，合沁水，下入平陶」。又汾水注「汾水自榆次來，南過大陵縣東，下入鄔」。一統志「故城今文水縣東北二十五里」。

〔三八〕【補注】先謙曰：續志後漢改屬鴈門，劉注「趙衰居原，今原平縣」。先謙案：衰居者，襄王賜晉文之原，非此也。一統志「故城今崞縣南三十里」。

〔三九〕【補注】先謙曰：晉祁奚食邑，見左襄傳。戰國屬趙，見國策。高帝封繒賀爲侯國，見表。

〔四〇〕【補注】先謙曰：亦見左傳。

〔四一〕【補注】先謙曰：續志後漢因。汾水注「侯甲水出祁縣胡甲山，逕太谷爲太谷水，出谷西北流，逕祁縣故城南，自縣連延，西接鄔澤，是爲祁藪，即爾雅所謂昭餘祁矣。下入京陵」。一統志「故城今祁縣東南五里」。

〔四二〕【補注】先謙曰：續志後漢改屬常山。一統志「故城今平定州東南」。

〔四三〕師古曰：虖音呼。池音徒何反。【補注】先謙曰：蒲吾，常山縣。濁漳水注「緜蔓水，上承桃水，水出上艾縣東流，世謂之曰桃水。東逕靖陽亭南，故關城也。又北流，逕井陘關注澤，發水亂流。下入蒲吾」。先謙案：酈注別出桃水之名，志則以緜蔓水統之。此水不入虖池，道元亦未據志文辨晰，未知其審。水道提綱「桃河即甘淘河，出平定州西壽陽縣東南新興鎮之南山」。

〔四四〕師古曰：音盧夷。【補注】錢坫曰：乾隆三十七年，故户部主事曲阜孔繼涵有漢銅尺，文作「慮俿」，從人旁虎，漢時篆書多不正，此類是也。先謙曰：續志後漢因。後魏志作「驢夷」，字變音同。隋改五臺縣。寰宇記云「漢因慮虒水立縣」。一統志「故城今五臺縣北」。慮虒河出縣西王村，流環縣東南，入滹沱」。

〔四五〕【補注】先謙曰：續志後漢因。洞過水注「涂水出陽邑東北大嵰山涂谷西南，合蔣谷水，入洞過澤。蔣谷水出縣東南蔣溪，西北流，逕箕城北，春秋晉敗狄于箕水北，即陽邑縣故城。紀年『梁惠成王與邯鄲、榆次、陽邑』者也。蔣溪又西入涂水」。一統志「故城今太谷縣東南十五里」。

〔四六〕【補注】先謙曰：高祖械繫婁敬於此，見敬傳。縣人荀彘，見彘傳。

〔四七〕師古曰：賈屋山即史記所云趙襄子北登夏屋者。【補注】王念孫曰：「河主」當作「句注」。此因「句」字譌作「可」，漢巴郡太守張納碑「狗無拘紲之人」。「拘」字作「抲」，「胊忍蠻夷」，「胊」字作「胢」。冀州從事郭君碑「凋柯霜榮」，「柯」字作「柯」，其右畔極相似，故從句從可之字往往譌溷。說文「柯」字解引酒誥「盡執柯」，今本作「盡執拘」。攷工記「竘胡之笴」，注「故書笴爲筍」。杜子春云「筍當爲笴」。說文敘曰「廷尉說律，至以字斷法，苛人受錢，苛之字止句也」。管子五輔篇「上彌殘苛而無解。舍」。「苛」，今本譌作「茍」。莊子天下篇「君子不爲苛察」。「苛」，一本作「茍」。皆其證也。而「注」字之水旁又移置於「可」字之側，故譌爲「河主」二字。後「雁門郡」下云「句注山在陰館」，而此言在廣武北者，漢廣武故城在今代州西十五里，陰館故城在朔州東南八十里，句注山在陰館之南，廣武之北，故兩記之。史記劉敬傳正義「廣武故城在句注山南」，是其證也。賈屋山在今代州東北，西與句注相連，故言句注賈屋山在北。趙世家正義「括地志云，夏屋山一名賈屋山，在代州雁門縣東北三十五里，與句注山相接」，是其證也。趙世家「趙襄子北登夏屋，請代王過於句注之塞」。或言夏屋，或言句注，蓋二山相連，遂得通稱。錢坫曰：服虔讀句爲拘，伏儼讀爲俱，包愷讀爲鉤。「賈屋」即「夏屋」，如淮陽國陽夏縣，應劭、如淳音「夏」爲「賈」，是矣。「句注」，淮南子作「句望」。洪頤煊曰：史記范雎傳「昭王四十三年，秦攻韓汾陘，拔之，因城河上廣武」。索隱「劉氏云，此河上蓋近河北之地」。後漢馬成傳「代杜茂繕治障塞，自〔河西〕〔西河〕至渭橋，河上至安邑」。此「河主」蓋「河上」之譌。先謙曰：河上統詞，非有實地可指，若云河上在此，則不詞矣。王以爲「句注」之誤，是也。後漢改屬雁門。續志「有夏屋山」。故城今代州西十五里。句注山在州西北二十五里，上爲太和嶺，後爲白草溝。夏屋山在州東北六十里，俗名草垜山。

上黨郡，〔一〕秦置，〔二〕屬并州。〔三〕有上黨關、壺口關、石研關、天井關。〔四〕户七萬三千七百九十八，口三十三萬七千七百六十六。縣十四：長子，〔五〕周史辛甲所封。〔六〕鹿谷山，濁漳水所出，東至鄴入青漳。〔七〕屯留，〔八〕桑欽言「絳水出西南，東入海」。〔九〕余吾，〔一〇〕銅鞮，有上虒亭，下虒聚。〔一一〕沾，〔一二〕大黽谷，〔一三〕清漳水所出，東北至邑城入大河，〔一四〕過郡五，〔一五〕行千六百八十里，冀州川。〔一六〕涅氏，涅水也。〔一七〕襄垣，〔一八〕莽曰上黨亭。〔一九〕壺關，〔二〇〕有羊腸坂。〔二一〕沾水東至朝歌入淇。〔二二〕泫氏，〔二三〕楊谷，絶水所出，南至壄王入沁。〔二四〕高都，〔二五〕莞谷，丹水所出，東南入泫水。〔二六〕有天井關。〔二七〕潞，故潞子國。〔二八〕陭氏，〔二九〕陽阿，〔三〇〕穀遠。〔三一〕羊頭山世靡谷，沁水所出，東南至滎陽入河，〔三二〕過郡三，行九百七十里，莽曰穀近。〔三三〕

〔一〕【補注】先謙曰：釋名「黨，所也」。在於山上，其所最高，故曰「上黨」。閻若璩云「郡治長子，以鮑宣傳知之」。先謙案：據濁漳水注，郡治長子。續志後漢治同，劉注「雒陽北千五百里」。

〔二〕【補注】先謙曰：先屬韓，降趙，後入秦，莊襄王四年因之，見秦紀。全祖望云：楚漢之際，屬西魏國，高帝二年屬漢，四年屬趙國，景帝復以支郡收。見史記諸侯王表。

〔三〕【補注】先謙曰：續志後漢因，屬同。周壽昌云：杜業傳「左遷上黨都尉」。疑脱「有都尉」三字。先謙案：續志劉注「長子」下引上黨記云「關城，都尉所治」。

〔四〕師古曰：研音形。【補注】吴卓信曰：壺口、石研、天井，後書馮衍傳所謂上黨三關也。先謙曰：一統志：上黨關在今屯留縣境。壺口關詳壺關縣下。石研關即井陘關，又見「常山井陘」下。天井關又見「高都縣」下。

〔五〕【補注】先謙曰：春秋晉地，見左襄傳。戰國屬趙，襄子出亡，欲入焉，見趙策。一作尚子，入魏，惠成王時，韓取之，見紀年。趙成侯時，韓以與趙，見世家。續志後漢因，劉注「令狐徵君隱城東山中，去郡六十里，即壺關三老令狐茂上書訟戾太子者也，茂即葬其山」。一統志「故城今長子縣西」。

〔六〕【補注】吴卓信曰：劉向別録「辛甲故殷之臣，事紂七十五諫而不聽，去周。召公與語，賢之，告文王，文王親自迎之，以公卿封於長子」。後魏志「長子縣有辛城」。

〔七〕師古曰：長讀曰長短之長，今俗爲長幼之長，非也。【補注】王鳴盛曰：「青」，南監本作「清」，是。錢坫曰：山海經「發鳩之山，章水出焉」。章、漳同。淮南子作「發包山」，鳩、包聲同。又説文有「句」字，云讀若鳩。句讀爲鳩，是句、鳩同字，「發包」當爲「發句」之譌，「發句」與「發鳩」無異。地形志又云「廉山」，廉、鹿形近而變稱也。先謙曰：官本「青」作「清」。鄴，魏郡縣，左襄十八年傳釋文「長，丁丈反，或如字」。紀年「惠成王十二年，鄭取屯留、尚子、涅」。孔注「尚子即長子之異名。長讀上聲，故長、尚以音近而字變」。則「丁丈反」是也，顔説非。濁漳水篇「濁漳水出長子縣西發鳩山」。注云「漳水出鹿谷山，與發鳩連麓而在南，淮南子謂之發句山，故異名互見也。合陽泉水、轍蓋水，又東合堯水、梁水、陶水，下入屯留。堯水出西山，東逕長子縣故城南，東北入漳。梁水出南梁山，北流逕長子縣故城南，北入漳。陶水南出陶鄉，北流逕長子城東，西轉逕城北，東入漳」。又洹水注「洹山在長子縣」。餘見「泫氏」下。一統志「鹿谷山在今長子縣西五十餘里」。

〔八〕【補注】先謙曰：春秋晉邑，作「純留」，見左襄傳。趙惠成王時，韓、趙徙晉君於此，見紀年、趙世家。旋入韓，見紀年。又入趙，秦長安君反，死此，見始皇紀。續志後漢因。一統志「故城今屯留縣南」。

〔九〕師古曰：屯音純。【補注】宋祁曰：「音純」，當作「音鈍」。王念孫曰：「入海」本作「入漳」，後人以信都國信都下云禹貢絳水亦入海，故改「入漳」爲「入海」也。不知彼是班氏之説，此是班氏引桑欽説，不可强同也。濁漳水注「絳水東逕屯留入漳，故桑欽云，絳水出屯留西南，東入漳」。後又曰「地理志云，絳水發源屯留，下亂漳津」。則此文本作「入漳」明矣。先謙曰：濁漳水注「絳水自穀遠來，東逕屯留縣故城南，東北流，入漳，故桑欽云，絳水出屯留西南，東入漳。涑水自余吾來，東逕屯留縣故城北，東入漳。濁漳水自長子來，東逕屯留縣南，又屈逕其城東，東北流，合絳水，又東合涑水，下入壺關」。錢坫云：絳水今出屯留縣西南盤秀山，俗稱高麗水，東北流，逕縣城北，至潞城縣西北安昌鎮入漳。

〔一〇〕【補注】吴卓信曰：通典作「徐吾」。先謙曰：武帝時，馬生水中，見本紀。續志後漢省。「屯留」下劉注「有余吾城，在縣西北三十里」。據此，縣併入屯留。濁漳水注「涑水出發鳩山，東逕余吾縣故城南，下入屯留」。一統志「故城今屯留縣西，案縣志云十八里。城周九里，今爲鎮」。

〔一一〕師古曰：虒音斯。【補注】先謙曰：春秋晉縣，樂霄爲大夫，見左昭傳。有離宫，晉執鄭伯於此，見成傳。周勃破韓王信軍於此，見勃傳。續志後漢因。濁漳水注「銅鞮水出銅鞮縣西北石隥山，東合專池水、女諫水，逕故城北。城在山阜上，下臨岫壑，東西北三面阻袤二里，世謂之斷梁城，即縣之上虒亭也。又逕銅鞮縣故城北，城在水南山中，晉大夫羊舌赤銅鞮伯華之邑也。又東南流逕頃城西，即縣之下虒聚也。銅鞮水下入襄垣」。一統志「故城今沁州西南四十里。上虒亭今城東南，下虒聚今襄垣縣西」。水道提綱「銅鞮水曰小漳河，亦名西漳河」。

〔一二〕【補注】先謙曰：東有昔陽，屬齊，趙取之，見趙世家。元和志「即韓閼與邑」。續志後漢因。洞過水篇「洞過水出沾縣北山」。注云「西流合南溪水、黑水、蒲水、原過水，下入太原榆次」。一統志「故城今平定州南八十里」。

〔一三〕【補注】王念孫曰：「黽」當爲「𪚰」字之誤，𪚰即要領之要。玉篇「𪚰與要同，於宵切，又於笑切」。漢斥彰長田君斷碑「究屆道要」，「要」字作「𪚰」，上缺一點者，省筆耳。此大𪚰谷，當讀要領之要，謂谷之中廣者也。後北地郡有大𪚰縣，顔注「𪚰即古要字，音一遥反」。是其證也。説文「清漳出沾少山大要谷」。舊本脱「少」字，據山海經水經補。水經「清漳出上黨沾縣西北少山大要谷」。舊本譌作「黽」，今據注改。是「大黽」爲「大𪚰」之譌。黽與𪚰字形相似，𪚰之譌爲黽，猶黽之譌爲𪚰。後書趙岐傳「岐著要子章句」。「要」爲「孟」字之譌，此因孟、黽聲相近，而借黽爲孟，因譌爲要也。説見吴仁桀兩漢刊誤補遺。而𪚰字師古無音，至後北地郡大𪚰始音一遥反，是則大𪚰谷之𪚰，唐時本已譌作黽矣。先謙曰：山海經曰，少山今猶仍舊名。一統志「山在樂平縣西南二十里」。

〔一四〕【補注】齊召南曰：宋本、監本及别本，俱作「至邑成入大河」，非也。漢無邑城縣名，阜城則勃海郡屬縣也。尚書孔疏、史記索隱並引此條曰「東北至阜城入大河」，可爲確證。王鳴盛曰：「邑城」當作「昌成」，後漢改阜成，故鄭注禹貢作阜城，詩邶、鄘、衞譜疏引此志作阜成者非。錢坫曰：入河者，入虖池。段玉裁曰：王伯厚言，漳舊入河，自定王時，河徙而南，故漳不入河，而自達於海。此特臆度之詞。班志與許書皆言入河，則漢時未嘗不入河也。先謙曰：清漳水篇「清漳水出沾縣西北少山大要谷，南過縣西，又從縣南屈」。注云「淮南子曰『清漳出謁戾山』。高誘云『山在沾縣』。今清漳出沾縣故城東北，後漢樂平郡治。俗謂之沾山，亦曰鹿谷山，水出大要谷，南流逕沾縣故城東，不歷其西也。又合梁榆水、轑水，並見涅。下入魏郡沙」。

〔一五〕【補注】錢坫曰：上黨、魏、廣平、鉅鹿、信都。徐松曰：段氏數無廣平、鉅鹿，有清河、勃海。先謙曰：清漳至魏郡武安合濁漳，即寖水。并本郡數之，止過郡二，班云「過郡五，行千六百八十里，冀州川」者，是以漳川之名專歸清漳，而濁漳與寖水自爲首尾，二水合流以入河，如江漢并行之例耳。「五」當爲「六」。錢氏遺河間未數，信都東昌以下，漳已入河，清河、勃海乃河漳并行之道，段氏數之，因志文阜城，遷就爲説，然當云「過郡七」，亦不止「五」矣。

〔一六〕應劭曰：沾水出壺關。師古曰：沾音他兼反。【補注】段玉裁曰：沾水，廣韻、集韻皆音店，沾縣因水取名，然則縣名亦當都念切，顏音他兼反，非也。左昭十二年傳釋文「沾縣，韋昭音玷」，下云「字林：他兼反」，不謂地名也。全祖望曰：有沾水，因有沾縣，有沾城，有沾臺。魏志樂平縣有沾城，晉書誤爲玷城，惟音玷，故誤玷耳。

〔一七〕師古曰：涅水出焉，故以名縣也。涅音乃結反。【補注】先謙曰：此涅縣非涅氏縣，「氏」字連下「涅水也」爲句，此班自注以釋名縣之義，顏注正爲班注作解。濁漳水注「縣氏涅水也」五字，引見下。即用漢志元文，如果前漢涅氏，後漢改涅，道元必分析言之，而注中單稱涅縣，並無涅氏之文，則前漢亦是涅縣甚明。此淺人不曉文義，見郡中泫氏、陭氏諸縣名，以爲涅氏亦同斯例，妄進「氏」爲大字，率爾改刊。不知「涅水也」三字，班志中無此淺易文法。而地説家相承不悟，何也？後漢因，續志「有閼與聚」。劉注「趙奢破秦兵閼與」。據此，沾、涅皆閼與地。濁漳水注「涅水西出覆甑山，東流合西湯水，東逕涅縣故城南，縣氏涅水也。又合白雞水、武鄉水，東南入漳。見潞。

西湯水出涅縣西山湯谷。白雞水出西山。武鄉水晉因立武鄉縣。出武山，俱入涅」。又沁水一名涅水。沁水篇「沁水出涅縣謁戾山」。注云「沁水即涅水也。或言出穀遠縣羊頭山世靡谷，三源奇注，逕瀉一隍。又南會三水，下入穀遠」。又清漳水注「梁榆水出梁榆城西大嵰山，有二源，俱東北逕梁榆城南，即閼與故城也。又東南入漳。轑水出轑陽縣漢涅縣地，晉改爲轑陽。西北轑山，南流逕故城西南，又東入漳」。一統志「故城今武鄉縣西五十五里」。吳卓信云：故城村。

〔一八〕【補注】先謙曰：官本「垣」作「相」，引宋祁曰，相，邵本作「垣」。元和志「趙襄子所築，因以爲名」。功臣表「襄城侯桀龍」下注「襄垣」。蓋嘗分置襄城縣。

〔一九〕【補注】先謙曰：續志後漢因。濁漳水注「漳水自壺關來，歷鹿臺山，合銅鞮水，東北流，逕襄垣縣故城南，下入潞。銅鞮水自銅鞮來，東逕襄垣縣入漳」。一統志「故城今襄垣縣北，縣志云，有故縣中里，在西北四十里，故縣東里，在北三十里」。

〔二〇〕【補注】先謙曰：春秋晉地。錢坫以爲左傳盂口即壺口也。戰國屬趙，國策、魏世家所謂趙羊腸也。呂后封孝惠子武爲侯國，見表。縣有三老茂，見戾太子傳。濁漳水注「有壺口關，故曰壺關」。又云「濁漳水自屯留來，東北逕壺關縣故城西，又屈逕其城北，下入襄垣。白水溪出壺關縣東白水川，下入河内隆慮」。續志後漢因。一統志「故城今長治縣東南，案舊志云十六里，壺口山下」。

〔二一〕【補注】王鳴盛曰：南監本「版」作「阪」，是。先謙曰：官本作「阪」。一統志「阪在今壺關縣東南」。案，羊腸阪有三，此及鳳臺、陽曲。戰國時之羊腸，鳳臺近之。紀要「阪長三里，盤曲如羊腸」。

〔二二〕應劭曰：黎侯國也，今黎亭是。【補注】先謙曰：淇水注「沾水出壺關縣東沾臺下，合金谷水東入淇」。不言至朝歌。「金谷水即沾臺之西溪也，東北入沾水」。續志「有黎亭，故黎國」。劉注「文王戡黎即此」。先謙案：此黎本國，路史謂文所戡之黎，史記作「阢」，即伊耆之「耆」，與此異。東山在城東南，申生所伐，今名平澤」。說文𨛫下云「啟時侯國，在上黨東北」。沾下云「水出壺關，東入淇」。

〔二三〕【補注】先謙曰：戰國屬趙，獻子城之，見紀年。後漢因，續志「有長平亭」。洹水篇「洹水出上黨泫氏縣」。注云「東出洹山，山在長子縣也。下入河內隆慮」。一統志「故城今高平縣治」。

〔二四〕應劭曰：山海經泫水所出者也。師古曰：泫音工玄反。【補注】宋祁曰：「沁」，別本作「泌」，下同。注末「工玄反」，一本作「故玄反」。先謙曰：壄王，河內縣。沁水注「絕水出泫氏縣西北楊谷，故地理志曰『楊谷，絕水所出』。東南流，左會長平水，又逕泫氏縣故城北，入泫水。泫水出泫氏縣西北泫谷，東南流，逕泫氏縣故城南，而東會絕水，亂流下入高都。長平水出長平縣西北小山，東南流，逕其縣故城，後魏縣。泫氏之長平亭也，白起坑趙括四十萬衆於此。長平水入絕水」。案，絕入丹以入沁，不在壄王，此文有誤。

〔二五〕【補注】先謙曰：戰國魏地，秦莊襄王拔之，見秦紀。亦云韓邑，見淮南高注。續志後漢因。一統志「故城今鳳臺縣東北三十里」。吳卓信云：丹水北高都村。

〔二六〕【補注】先謙曰：沁水注「丹水出高都縣故城東北阜下，俗謂之源源水，山海經曰『沁水之東有林名曰丹林，丹水出焉』，即斯水矣。丹水自源東北流，又屈而東注，左會絕水。地理志曰『高都縣有莞谷，丹水所出，東南入絕水是也』。丹水又東南流，注丹谷，地道記云『縣有太行關，丹溪爲關之東谷，途自此去，不復由關矣』。丹水又逕二石人北，各在一山，角倚相望，南爲河內，北曰上黨，二郡以之分境。丹水又南合白水，下入河內山陽。泫水合絕水，自泫氏來，東南入高都縣，右入丹水」。先謙案：據此注，道元所見漢書「入泫水」作「入絕水」，但絕、泫二水相亂，義可兩通。又云「白水出高都縣故城西，所謂長平白水也。東南歷天井關，會天井溪水，入丹水」。

〔二七〕師古曰：莞音丸。【補注】先謙曰：續志劉注「國策桀居天井，即天門也」。亦見成紀。沁水注「蔡邕云『太行山上有天井，關在井北，遂因名焉』」。一統志「今名雄定關，又名平陽關，在鳳臺縣南太行山上」。

〔二八〕【補注】先謙曰：縣人馮奉世，見本傳。續志後漢因，劉注「上黨記『潞，濁漳也。縣城臨潞。晉荀林父伐曲梁，在城西十里，今名石梁。建安十一年，從洵河口鑿潞河通海。又東北八十里有黎城』。程恩澤云，晉重立之黎國。濁漳水注「漳水自襄垣來，闞駰云『有潞水，爲冀州浸，即漳水也』。縣北對故臺壁，漳水逕其南，本潞子所立也，世名之爲臺壁。漳水又合黄須水、涅水、見涅。倉谷水，見河内隆慮。下入魏武安」。一統志「故城今潞城縣東北，潞安府志：四十里」。

〔二九〕師古曰：音於義反。【補注】先謙曰：說文陭下云「上黨陭氏阪也」。後漢因，續志作「猗」，與河東猗氏混，蓋傳寫致譌。劉注「漢書音義：縣出鷃」。沁水注「沁水自穀遠來，南逕陭氏縣故城東，又歷陭氏關，合驫驫水、秦川水、見河東端氏。下入陽阿」。後魏改冀氏。一統志「故城今岳陽縣東南百里」。

〔三〇〕【補注】先謙曰：續志後漢因。沁水注「沁水自陭氏來，南逕陽阿縣故城西，後魏建興郡治。下入河東濩澤。陽泉水出鹿臺山，東逕陽陵城南，即陽阿縣之故城也。水歷嶕嶢山東，合黑嶺水，下入濩澤。黑嶺水出黑嶺，東南逕陽陵城東入陽泉水。陽阿水出陽阿川，南流逕建興郡西，又西南入沁」。見濩澤。一統志「故城今鳳臺縣西北四十里，俗呼曰大陽鎮」。

〔三一〕【補注】先謙曰：濁漳水注「絳水西出穀遠縣東發鳩谷，謂之濫水，下入屯留。晉地道記：後代語譌爲『孤遠』」。

〔三二〕【補注】錢坫曰：沁水古亦曰少水，戰國策曰「秦正告韓曰『我起乎少曲，一日而斷太行』」。少曲者，少水之曲耳。戴震云：羊頭山在今武鄉縣西北二十里，西北接祁縣平遥，西南接沁源縣，一名鹿臺山，迆西爲綿山，其北爲介休縣，西爲靈石縣，皆謁戾山也。先謙曰：沁水注「沁水自涅來，南過穀遠縣東，下入陭氏」。先謙案：說文「沁水出羊頭山」。與志合。酈注水經，二說並存。互見涅下。

〔三三〕師古曰：今沁水至懷州武陟縣界入河，此云至滎陽，疑傳寫錯誤。【補注】王念孫曰：水經「沁水至滎陽縣北，東入于河」。即本於地理志，則滎陽非誤文也。又汳水注云「丹沁亂流，於武德絶河南，入滎陽，合汳」。即此志「沁水至滎陽入河」之說也，但不當先言至滎陽，後言入河耳。又案，志言沁水過郡三，謂上黨、河内、河南，若僅至武德，武德故城在今武陟縣東南。則有上黨、河內，而無河南，不得言過（都）〔郡〕三矣。水經「沁水出上黨涅縣，過穀遠、陭氏、陽阿、沁水、野王、州縣、懷縣、武德，至滎陽入河」。涅縣、穀遠、陭氏，並屬上黨。沁水、野王、州縣、懷縣、武德，並屬河內。滎陽屬河南。故曰過郡三。吳卓信曰：武陟，河北；滎陽，河南；相距至近，說俱得通。先謙曰：續志後漢因。汾水注「澗水出穀遠縣西山，下入河東彘」。一統志「故城今沁源縣南」。

河內郡，〔一〕高帝元年爲殷國，〔二〕二年更名。〔三〕莽曰後隊，〔四〕屬司隸。〔五〕户二十四萬一千一百四十六，口百六萬七千九十七。縣十八：〔六〕懷，〔七〕有工官。〔八〕莽曰河內。〔九〕汲，〔一〇〕武德，〔一一〕波，〔一二〕山陽，〔一三〕東太行山在西北。〔一四〕河陽，〔一五〕莽曰河亭。〔一六〕州，〔一七〕共，故國。〔一八〕北山，淇水所出，東至黎陽入河。〔一九〕平皋，〔二〇〕朝歌，紂所都。周武王弟康叔所封，更名衞。莽曰雅歌。〔二一〕脩武，〔二二〕温，故國。己姓，蘇忿生所封也。〔二三〕壄王，〔二四〕太行山在西北。〔二五〕衞元君爲秦所奪，自僕陽徙此。〔二六〕莽曰平壄。〔二七〕獲嘉，故汲之新中鄉，武帝行過更名也。〔二八〕軹，〔二九〕沁水，〔三〇〕隆慮，〔三一〕國水東北至信成入張甲河，過郡三，行千八百四十里。〔三二〕有鐵官。〔三三〕蕩陰。〔三四〕蕩水東至內黃澤。〔三五〕西山，羑水所出，亦至內黄入蕩。〔三六〕有羑里城，西伯所拘也。〔三七〕

〔一〕【補注】先謙曰：胡渭云「古者河北之地，皆謂之河內，自戰國魏，始有河內、河東之名，而秦漢因以置郡。周禮所謂『河內』，不止河內郡地也。史正義『古帝王之都，多在河東、河北，故呼河北爲河內，河南爲河外』」。又云「河內西阻王屋諸山，其北又有太行蔽之，與河東隔絕」。先謙案：據沁水注，郡治懷。續志後漢治同，劉注「雒陽北百二十里」。

〔二〕【補注】先謙曰：司馬卬國。

〔三〕【補注】錢坫曰：諸侯王表「二年三月屬漢，爲河内郡」。

〔四〕【補注】周壽昌曰：後書伏湛傳「王莽時爲後隊屬正」。即此。下文「懷，莽曰河内」。蓋易郡名，而以郡名其縣，此類甚多。

〔五〕【補注】全祖望曰：武帝末屬司隸，昭帝元始元年，屬冀州，見本紀。未幾復故。先謙曰：續志後漢因，屬同。

〔六〕【補注】先謙曰：見功臣侯表者有臨蔡縣，無考。郡人趙子、食子公，見儒林傳。

〔七〕【補注】先謙曰：禹貢覃懷在此，見書孔傳。後但稱懷，武王伐紂至懷而壞，見荀子儒效篇。周爲蘇忿生邑，以與鄭，見左隱傳。晉啟南陽，遂屬晉，赤狄圍焉，見宣傳。戰國分屬趙、魏，魏敗趙於此，安釐王時，爲秦所拔，見趙、魏世家。傅寬從擊項籍待高祖於此，見寬傳。

〔八〕【補注】錢坫曰：貢禹傳三工官。如淳説「河内懷、蜀成都、廣漢，皆有工官。工官主作漆物者也」。

〔九〕【補注】先謙曰：後漢因，續志「有隰城」。左傳鄭邑。劉注「有鄇人亭」。郤至爭鄇田。沁水注「沁水自州來，東過懷縣北。韓詩外傳曰『武王伐紂到邢丘，更名邢丘曰懷縣』。北有沁陽城，沁水逕其南而東注，下入武德。朱溝水自州來，東逕懷城南，又逕殷城北。述征記云『懷縣有殷城』。朱溝水下入武德。沙溝水自沁水來，分朱溝南流，東南逕安昌城西，又東逕隰城北，又逕殷城西，下入武德」。又河水注「河水自平皋來，東逕懷縣南，濟水故道之所入，下入河南成皋」。先謙案：據荀子，則懷非武王改名，外傳似誤。左傳「狄圍懷及邢丘」。則懷非邢丘也。邢丘近懷地，徐廣注以爲邢丘在平皋，是。一統志「故城今武陟縣西南」。

〔一〇〕【補注】先謙曰：戰國魏地，秦莊襄王拔之，見秦紀、始皇紀、魏世家。續志後漢因，劉注「有銅關」。清水注「清水自獲嘉來，東過汲縣北。晉汲郡治。太公望汲人，城北三十里，有太公泉。清水又逕故石梁下，又合雹水，又東南逕合城南，以淇清合河，故受名焉。清水又屈而南，逕鳳皇臺東北，南入河，謂之清口，即淇河口也，互受其名耳。地理志曰『清河水出内黄縣南，無清水可來，所有者惟鍾是水耳』。蓋河徙南注，清水瀆移，匯流逕絶，餘目尚存」。

一統志「故城今汲縣西南二十五里」。

〔一一〕孟康曰：始皇東巡置，自以武德定天下。【補注】王先慎曰：御覽百六十三引孟注，末有「故名之也」四字，今本脱。先謙曰：元和志「本蘇忿生州邑地，漢以爲縣」。續志後漢因。沁水注「沁水自懷來，東過武德縣南，水積爲陂，通結數湖，合朱溝水、沙溝水，下入河南滎陽。朱溝水、沙溝水自懷來，東南入湖，先儒咸謂是溝爲濟渠，故班固及闞駰並言濟水至武德入河。蓋濟水枝瀆條分，所在布稱，亦兼丹水之目矣」。又河水注「河水自河南卷來，東北過武德縣東，合沁水，下入陳留酸棗」。一統志「故城今武陟縣東南」。

〔一二〕孟康曰：今有絺城，晉文公所得賜者。【補注】錢坫曰：説文作「郗」，云周邑也。先謙曰：續志後漢因。湛水篇「湛水東過波縣北」。注云「南逕向城東而南注，下入河陽」。又濟水注「濟水即沇水，自軹來，東南逕絺城北，下入溫。溴水自軹來，東北逕波縣故城北，合天漿澗水、見軹。同水，又東南入河」。一統志「故城今濟源縣東南二十里」。

〔一三〕【補注】先謙曰：戰國魏地，秦攻定之，以予嫪毐，見始皇紀。後漢因，續志作「山陽邑」。有雍城。古雍國。有蔡城」。蔡叔邑，此猶鄭管城之類。清水注「長明溝水自野王來，東逕雍城南，合寒泉水，下仍入野王。苟泉水出山陽縣故修武城西南，分爲二水，南苟泉，北吳瀆，俱東入吳陂。山陽縣東北二十五里陸真阜南，有皇母、馬鳴二泉，東北有覆釜、堆、南三泉，入吳陂。長泉水出白鹿山，伏流重源，出鄧城西北，又合一水，南逕鄧城東爲鄧瀆，又曰白屋水，下入修武」。又沁水注「丹水自上黨高都來，東南出山，逕郟城西，城在山際，京相璠云『山陽西北六十里有郟城』。又南屈西轉，光溝水出焉，又西逕苑鄉城北，又東南入沁，謂之丹口」。一統志「故城今修武縣西北三十五里」。

〔一四〕師古曰：行音胡郎反。【補注】錢坫曰：太行一耳，於此云東太行者，山陽在壄王之東故也。先謙曰：釋文「行，户剛反，又如字」。列子作「太形」。

〔一五〕【補注】先謙曰：周蘇忿生之田，盟以與鄭，見左隱傳。後屬晉，文公召王狩焉，見僖傳。分屬魏、趙，惠文王得之，見趙世家。高帝封陳涓爲侯國，見表。縣人息夫躬，見本傳。

〔一六〕【補注】先謙曰：後漢因，續志「有湛城」。河水注「河水自河南雒陽來，東逕河陽縣故城南。十三州志云『治河上』。河，孟津河也。下仍入雒陽」。又湛水注「湛水自波來，東逕湛城東，下入雒陽」。一統志「故城今孟縣西三十五里，孟津在縣南十八里，又名富平津」。

〔一七〕【補注】先謙曰：「州」，誤連下「共」，官本不誤。蘇忿生地以與鄭，見左隱傳。復入晉，賜公孫段，見昭傳。復歸晉，韓宣子徙居之，見韓世家。續志後漢因。清水注「蔡溝水上承州縣北白馬溝，枝流入長明溝水」。又沁水注「沁水自壄王來，東過州縣北，合白馬溝水，下入懷。白馬溝水首受白馬湖，上承長明溝水，東南逕金亭西，分爲二，一東爲蔡溝，一南入沁。朱溝水自野王來，東南逕州城南，下入懷」。一統志「故城今河内縣東南四十里」。

〔一八〕【補注】先謙曰：紀年「周厲王奔彘，共伯和攝行天子事，太子靖爲王，共伯和歸國」，即此。莊子讓王篇「共伯得乎共首」。荀子儒效篇「所謂共頭也」。共是山名，故國氏焉，後滅於衛，鄭叔段所奔，見左隱傳。戴公廬曹，益以共民，見閔傳。秦虜齊王建，遷此，見田齊世家。高帝封盧罷師爲侯國，見表。後漢因，續志「有汎亭」。凡伯邑。清水注「丁公泉、焦泉、魚鮑泉、張波泉、三淵泉，俱在重門城西，昔齊王芳爲司馬師廢之，宫於此，在共縣故城西北二十里。城南有安陽陂、卓水陂、百門陂，陂方五百步，在共縣故城西，即共和之故國也。其水三川，南合謂之清川，又南逕凡城東，周凡伯國，其水與前四水總爲一瀆，謂之陶水，南流入清水」。見脩武。一統志「故城今輝縣治」。

〔一九〕孟康曰：共伯入爲三公者也。師古曰：共音恭。【補注】先謙曰：黎陽，魏郡縣。淮南地形訓「淇出大號」，高注「大號山在河内淇縣北，或曰在隆慮西」。説文「淇水出共北山，一曰出隆慮西山」。淇水篇「淇水出隆慮西大號山」。先謙案：隆慮、共相距頗遠，非一山二名，故道元淇水注亦不下己意，先敘大號水源，逕朝歌，合泉源水，下乃云「淇水又南歷枋堰舊淇水口東流，逕黎陽縣界南入河。地理志曰『淇水出共東，至黎陽入河』。溝洫志曰『遮害亭西十八里，至淇水口』是也。魏武於水口下大枋木以成堰，遏淇水東入白溝，以通漕運，故時人號其處爲枋頭』。既不欲顯駁班志，又不肯竟指泉源爲淇水，但渾舉之而已。許氏兼采二説，實則大號之源爲正也。一統志「北山在輝縣東北十里」。

〔二〇〕應劭曰：邢侯自襄國徙此，當齊桓公時，衛人伐邢，邢遷於夷儀，其地屬晉，號曰邢丘，以其在河之皐，處勢平夷，故曰平皐。臣瓚曰：春秋傳，狄人伐邢，邢遷于夷儀，不至此也。今襄國西有夷儀城，去襄國百餘里。邢是丘名，非國也。師古曰：應説非也。左氏傳曰「晉侯送女於邢丘」，蓋謂此耳。【補注】先謙曰：邢，周公子封國，見説文。非齊遷之邢，後屬晉，爲邢丘，赤狄圍之，見左宣傳。分屬魏，安釐王時，秦取之，見秦紀、魏世家。又分屬韓，爲秦所圍，見白起傳。高帝封項佗爲侯國，見表。後漢因，續志「有李城」。河水注「河水自河南鞏來，又東，左逕平皐縣南，下入懷」。河水濟水注「奉溝水自野王來，東南逕李城西，於城西南爲陂水，號李陂，下入脩武。又自脩武來，東逕平皐城南，武帝以爲縣。奉溝水合濟水故瀆入河」。續志後漢因。一統志「故城今溫縣東二十里」。

〔二一〕【補注】先謙曰：紀年「商武乙自河北遷沬」，即此。太公於此屠牛，見古史考。周爲衛地，後入晉，齊伐取之，見左襄傳。仍屬晉，荀寅、士吉射據以叛，見定傳。戰國屬魏，景湣王時，秦拔之，見魏世家。楚漢時，司馬卬都。後漢因，續志「南有牧野，北有邯國，南有寧鄉」。劉注「有鹿腹山。前書注云『鹿臺在城中』」。先謙案，今本脱。東有雍城」。左傳雍榆。淇水注「淇水自隆慮來，自元甫城東南，逕朝歌縣北，又東，右合泉源水，下入魏黎陽。泉源水有二源，一出朝歌城西北，南流東屈，逕朝歌城南，東合左水。左水謂之馬溝水，出朝歌城北，東流南屈，逕其城東，又合美溝水，又東南注淇水，爲肥泉，即詩泉源之水也。美溝水出朝歌西北大嶺下，東逕朝歌城北，又東南入馬溝水。菀水上承淇水於元甫城西北，自石堰東菀城西，屈逕其城南，東南流，下入頓丘」。又清水注「倉水出方山，東南流，潛行地下，復出爲雹水，歷坶野，自朝歌以南，南暨清水，土地平衍，據皐跨澤，悉坶野矣。雹水又東南，入清水」。一統志「故城今淇縣東北」。

〔一二〕應劭曰：晉始啟南陽，今南陽城是也。秦改曰脩武。臣瓚曰：韓非書「秦昭王越趙長平，西伐脩武」，時秦未兼天下，脩武之名久矣。師古曰：瓚説是也。【補注】劉敞曰：予謂脩武則因武王伐紂名之。錢坫曰：高誘云「南陽，晉山陽河北之邑，河内温、陽樊之屬皆是，非定指脩武言之」。先謙曰：南陽，戰國魏地，秦昭襄王取之，見秦紀。分屬韓，白起攻韓南陽太行道，絶之，見起傳。曹參下脩武，見參傳。楚漢時，大小脩武嘗爲高帝駐軍地，見高紀。後漢因，續志「有南陽城，陽樊、攢茅田。先謙案：魏安釐王時，茅爲秦有，見魏世家。有小脩武聚。有隤城」。濟水篇「濟水自温來，屈從縣東，南流過隤城西，又南，當鞏縣北入於河」。鞏自在河南，謂入河處與鞏相直。注云「濟水故瀆東南合奉溝水入河。奉溝水自平皋來，逕隤城西，屈而東北流，逕其城北，下仍入平皋」。又清水注「清水出脩武縣北黑山，合小瑶水、吴澤水、陶水，見共。下入獲嘉。吴澤水上承吴陂於脩武縣故城西北，故寧也，亦曰南陽。馬季長云『晉地自朝歌以北至中山爲東陽，朝歌以南至軹爲南陽』。韓詩外傳言武王伐紂，勒兵於寧，更名寧曰脩武，魏獻子田大陸還，卒于寧是也。亦曰大脩武，有小故稱大，小脩武在東，漢高祖與滕公濟自玉門津，而宿小脩武者也。大陸即吴澤，魏土地記云『陂南北二十許里，東西三十里，陂北澤側有隤城』。又東合長泉水，又爲八光溝，入清水。長明溝水自野王來，東逕脩武縣之吴亭北，入吴陂」。一統志「故城今獲嘉縣治」。

〔一三〕【補注】錢坫曰：顓頊裔孫，吴回生陸終，陸終生昆吾，爲己姓，昆吾之子封於蘇，其後忿生爲周司寇，故蘇爲己姓。先謙曰：蘇忿生見左隱成傳。狄滅之，周以與晉，見僖傳。戰國分屬魏，宋王偃死焉，安釐王元年予秦，並見魏世家。縣人石奮、蔡義、傅喜，見本傳。後漢因，續志「蘇子所都」。濟水篇「沇水東至温縣西北爲濟水，又東過其縣北」。注云「濟水自波來，至温城西北與故瀆分，南逕温縣故城西，又歷虢公臺西，又南入河。述征記云『濟出河内温縣，注於河』。蓋沿歷之實證，非爲謬説也。下入河南成皋。其濟水故瀆於温城西北，東南出，逕温城北，又東逕虢公冢北。濟水當王莽之世，川瀆枯竭，其後水流逕通，津渠勢改，尋梁脈水，不與昔同。故瀆合奉溝水，下入脩武」。一統志「故城今温縣西南三十里」。

〔二四〕【補注】先謙曰：左傳「王取邘田於鄭」。則野王鄭邑，後屬衛，詳本志。又屬韓，秦昭襄王伐降之，見白起傳。野王好氣任俠，見本志及貨殖傳。

〔二五〕【補注】先謙曰：禹貢山水澤地篇「太行山在野王縣西北」。與志合。沁水注「山即五行之異名，淮南子：武王欲築宮於五行之山」。紀要「今懷慶府城北二十里」。

〔二六〕【補注】先謙曰：官本「僕」作「濮」是，見本志及衞世家、始皇紀。

〔二七〕孟康曰：故邘國也，今邘亭是也。師古曰：行音胡郎反。【補注】先謙曰：後漢因，續志「有射犬聚」。河水濟水注「奉溝水上承朱溝於壄王城西，東南逕陽鄉城北，下入平皋」。又清水注「長明溝水上承野王縣東北界溝枝津，下入山陽。又自山陽來，東逕射犬城北，合蔡溝水，見州。下入脩武」。又沁水注「沁水自沁水縣來，又東合邘水，又逕野王縣故城北，又合朱溝枝津水、丹水，見高都。光溝水、界溝水，下入州。邘水出太行之阜，南流逕邘城西，故邘國，城南有邘臺，武之穆也。京相璠云『今野王西北三十里，有故邘城』。邘臺是也。武帝封李壽爲侯國。邘水南注於沁。光溝水首受丹水，東南流，界溝水出焉，又南入沁水。界溝水承光溝東南流，長明溝水出焉，又南歷中都亭西入沁。長明溝水下入州。朱溝水自沁水來，東南於野王城西，枝溝左出焉，以周城溉，東逕野王城南，又屈逕其城東，而北入沁。朱溝水自枝渠東南下入州」。一統志「故城今河内縣治」。

〔二八〕【補注】先謙曰：見武紀。續志後漢因。清水注「清水自脩武來，東北過獲嘉縣北，又東逕新樂城，城在獲嘉縣故城東北，即汲之新中鄉也。清水下入汲」。一統志「故城今新鄉縣西南十二里」。

〔二九〕孟康曰：原鄉，晉文公所圍是也。師古曰：音只。【補注】徐松曰：太行山八陘，第一曰軹關陘，蓋以縣命名。先謙曰：戰國鄭地，後入韓。聶政，軹深井里人也。梁惠成王取軹道，見紀年。秦昭襄王伐魏，取軹，見秦紀。文帝封薄昭爲侯國，見表。縣人郭解，見游俠傳。後漢因，續志「有原鄉。左傳「王與鄭原」。有湨梁」。湛水篇「湛水出軹縣西北山」。注云「出縣南原湛溪，南流過其縣北，下入波」。又濟水注「濟水自河東垣來，重源出軹縣西北平地，水有二源，東源出原城東北，西源出原城西，合流，又東逕原城南，又東南分爲二，一東南流爲衍水，即沇水也，下入波。一枝津南入湨水。湨水出原城西北原山勳掌谷，南逕原城西，春秋『會于湨梁』。梁，水隄也。又東南逕陽城東，與南源合。南源出陽城南溪，陽亦樊也，一曰陽樊。其水東北合漫流水，又合北水，又合濟水枝渠，又東南合塗溝水，下入波。漫流水出軹關南，東北入湨。塗溝水出軹縣西南山下，北流東轉入軹縣故城中，又屈而北流出軹郭，又東北入湨。天漿澗水出軹南皋向城北，城在皋上，闞駰云『軹縣南山西曲，有故向城，即周向國也』。程恩澤云：此蘇忿生采地，非向國。紀年「魏襄王四年，城陽向，更名陽爲河朔，向爲高平」。趙策云「反温、枳、高平於魏也」。其水二源，俱導東入湨」。一統志「故城今濟源縣南十三里」。

〔三〇〕師古曰：沁音千浸反。【補注】先謙曰：續志後漢因。沁水注「沁水自河東濩澤來，南出山，逕石門，謂之沁口。水分爲二，一南出爲朱溝水。沁水又逕沁水縣故城北，春秋之少水也。又合小沁水、倍澗水，下入野王」。又云「朱溝水上承沁水於沁水縣西北，自枋口東南流，奉溝水右出焉。又東南，右泄爲沙溝水也。朱溝水下入野王」。一統志「故城今濟源縣東北」。引縣志云「沁水南沁臺，西王寨城」。

〔三一〕【補注】先謙曰：荀子强國篇「秦地東在韓者，踰常山乃有臨慮」。楊倞注「臨慮即林慮」。案，臨之改隆，隆之改林，並以雙聲變字。高帝封周竈爲侯國，見表。後漢因，續志「林慮，故隆慮，殤帝改」。洹水注「縣北有隆慮山，因山以取名」。又淇水篇「淇水出隆慮縣西大號山」。注云「山海經曰淇水出沮洳山。水出山側，頹波湍注，東北合沾水，又歷三羅城北，合女臺水，又合西流水，又東出山，分爲二水，水會立石堰遏水，以沃白溝，左爲菀水，右則淇水，下入朝歌」。又濁漳水注「倉谷水出縣之倉谷溪，北逕偏橋東，即縣之嶠嶺抱犢固也。北合白木溪，又逕磻陽城東，入漳。白木溪水自上黨壺關來，東逕縣之石門谷入倉谷水」。一統志「故城今林縣治」。

〔三二〕【補注】先謙曰：信成，清河縣。左成傳杜注「洹水出林慮縣東北，至長樂入清水」。續志劉注引徐廣云「洹水所出。蘇秦合諸侯盟處」。班叔皮游居賦亦曰「漱余馬乎洹泉，嗟西伯於牖城」。劉不引前志之國水，疑所見漢書乃洹水，非國水也。但洹水至内黄入白溝，不至信成入張甲河，此不可解。洹水注「洹水自上黨泫氏來，東過隆慮縣北，合黄華水，下入魏郡鄴。葦泉水出林慮山北澤中，合雙泉水，東南入黄華水」。

〔三三〕應劭曰：隆慮山在北，避殤帝名改曰林慮也。師古曰：慮音廬。【補注】先謙曰：續志「有鐵」。

〔三四〕【補注】先謙曰：戰國魏地。晉鄙救趙，止此不進，見魯仲連傳。恩澤安陽侯上官桀表注「蕩陰」，蓋嘗析置安陽縣。續志後漢因。蕩水注「長沙溝水出黑山北谷，東流爲宜師溝，又逕蕩陰縣南，下入魏黎陽」。一統志「故城今湯陰縣西南」。

〔三五〕【補注】王念孫曰：此文本作蕩水，東至内黄入黄澤，魏郡内黄，應劭云，黄澤在西。下文「羑水亦至内黄入蕩」，文義正與此同。脱去「入黄」二字，則文不成義。説文「蕩水出河内蕩陰，東入黄澤」。水經「蕩水東北至内黄縣入於黄澤」。皆本地理志。先謙曰：蕩水篇「蕩水出蕩陰縣西山東」。注云「蕩水出縣西石尚山，東流逕縣故城南，縣因水以取名也。下入魏内黄」。一統志「蕩水今名湯水，在湯陰縣北二里」。

〔三六〕【補注】先謙曰：蕩水注「羑水出蕩陰西北韓大牛泉。地理志曰『縣之西山，羑水所出』也。東流逕羑城北，故羑里也，水積成淵，方十餘步，深一丈餘，下入内黄」。

〔三七〕師古曰：蕩音湯。羑音羊九反。【補注】先謙曰：蕩水注「史記音義『牖里，在蕩陰縣』。廣雅『牖，獄犴也。夏曰夏臺，殷曰羑里，周曰囹圄』，皆圜土」。昔殷紂納崇侯虎之言，囚西伯於此。一統志「在今湯陰縣北七里」。

河南郡，〔一〕故秦三川郡，〔二〕高帝更名。〔三〕雒陽户五萬二千八百三十九。〔四〕莽曰保忠信鄉，〔五〕屬司隸也。〔六〕户二十七萬六千四百四十四，口一百七十四萬二百七十九。〔七〕有鐵官、工官。敖倉在滎陽。〔八〕縣二十二：〔九〕雒陽，〔一〇〕周公遷殷民，是爲成周。〔一一〕春秋昭公二十一年，晉合諸侯于狄泉，以其地大成周之城，居敬王。〔一二〕莽曰宜陽。〔一三〕滎陽，〔一四〕卞水、馮池皆在西南。〔一五〕有狼湯渠，首受泲，東南至陳入潁，〔一六〕過郡四，〔一七〕行七百八十里。〔一八〕偃師，尸鄉，殷湯所都。〔一九〕莽曰師成。〔二〇〕京，〔二一〕平陰，〔二二〕中牟，〔二三〕圃田澤在西，豫州藪。〔二四〕有筦叔邑，〔二五〕趙獻侯自耿徙此。〔二六〕平，〔二七〕莽曰治平。〔二八〕陽武，〔二九〕有博狼沙。〔三〇〕莽曰陽桓。〔三一〕河南，故郟鄏地。周武王遷九鼎，周公致太平，營以爲都，是爲王城，至平王居之。〔三二〕緱氏，〔三三〕劉聚，周大夫劉子邑。〔三四〕有延壽城仙人祠。〔三五〕莽曰中亭。〔三六〕卷，〔三七〕原武，莽曰原桓。〔三八〕鞏，〔三九〕東周所居。〔四〇〕穀成，〔四一〕禹貢瀍水出瞀亭北，東南入雒。〔四二〕故市，〔四三〕密，故國。〔四四〕有大騩山，潩水所出，南至臨潁入潁。〔四五〕新成，〔四六〕惠帝四年置。蠻中故戎蠻子國。〔四七〕開封，〔四八〕逢池在東北，或曰宋之逢澤也。〔四九〕成皋，故虎牢。或曰制。〔五〇〕苑陵，莽曰左亭。〔五一〕梁，〔五二〕䰠狐聚，秦滅西周，徙其君於此。〔五三〕陽人聚，秦滅東周，徙其君於此。〔五四〕新鄭，〔五五〕詩鄭國，鄭桓公之子武公所國，後爲韓所滅，韓自平陽徙都之。〔五六〕

〔一〕【補注】閻若璩曰：郡治雒陽，以伍被、賈誼、酷吏、游俠傳知之。先謙曰：續志後漢爲帝都。

〔二〕【補注】錢大昕曰：凡漢志稱故秦某郡，謂因其地而改其名者也。如三川更名河南，泗水更名沛郡，九原更名五原，桂林更名鬱林，象郡更名日南，邯鄲爲趙國，碭郡爲梁國，薛郡爲魯國，是。先謙曰：秦莊襄王紀、始皇紀並書置三川郡，蓋規模至始皇乃定。韋昭注「有河、雒、伊，故曰三川」。全祖望云「宋白謂秦三川郡治雒陽，後徙滎陽。胡三省云『秦滅周，置三川郡，則其治宜在雒陽』。予謂秦莊襄王元年取韓滎陽，已置三川郡矣，不治滎陽而安治乎？其後或徙雒陽耳」。先謙案：李由爲三川守，守滎陽，此秦末郡治滎陽之明證，未嘗徙雒陽也。秦紀、始皇紀兩書置三川郡，前則雒陽未入秦，後雖得雒陽，亦無徙治之文，諸説皆非。

〔三〕【補注】先謙曰：高帝二年，河南王申陽降，因置河南郡，見高紀。

〔四〕【補注】錢大昕曰：縣邑有户口數者，京兆之長安，馮翊之長陵，扶風之茂陵，河南之雒陽，潁川之陽翟、傿陵，南陽之宛，蜀郡之成都，魯國之魯，楚國之彭城，凡十縣。雒陽注於郡名之下。錢大昭曰：脱口數。

〔五〕【補注】全祖望曰：莽曰東都河南大尹，後又改名曰保忠信卿，分郡之滎陽諸縣别爲郡，曰祈隊。莽將都雒，故欲進其官於京兆尹之上，名曰卿，美其名曰「保忠信」，是官名，非地名也，今誤「卿」爲「鄉」，班氏六隊志其五，而滎陽以分郡故脱之，則汝南之分爲賞都，何以得載乎？王念孫曰：今本水經穀水注亦誤作「鄉」，惟王莽傳不誤。保忠信卿以官名而列於地理志者，與京兆尹、左馮翊、右扶風同義。後漢謂之河南尹，義亦同也。

〔六〕【補注】先謙曰：續志後漢改河南尹，屬同。

〔七〕【補注】宋祁曰：「户二」，邵本作「户三」。

〔八〕【補注】先謙曰：殷紀「仲丁遷隞」，即此。詩「搏獸于敖」。左傳云「敖鄗之間也」。續志：滎陽「有敖亭」。濟水注「濟水又東，逕敖倉北，其山上有城，即仲丁所遷。秦置倉其中，故曰敖倉」。一統志「敖倉在滎澤縣西北，與河陰縣接界」。

〔九〕【補注】先謙曰：郡人卜式，見本傳。乘弘、桑欽，見儒林傳。

〔一〇〕【補注】先謙曰：縣人賈誼、賈捐之，見本傳。周王孫、丁寬、賈嘉，見儒林傳。劇孟，見游俠傳。虞初，見藝文志。

〔一一〕【補注】先謙曰：鄭詩譜「召公既相宅，周公往營成周，今洛陽是也」。雒水篇「雒水東過雒陽縣南，伊水從西來注之」。注云「雒陽，周公所營雒邑也，其城方七百二十丈，南繫於洛水，北因於郟山，以爲天下之湊，方六百里，因西八百里爲千里」。春秋：晉合諸侯大夫戍成周之城，故亦曰成周也。洛水自河南縣來，東過雒陽縣，合伊水，下入偃師」。又伊水注「伊水自新成來，逕前亭西，又北入伊闕，東北流，一枝津右出，一枝渠左出，今無水。又東北至雒陽縣南入洛」。先謙案：本志「弘農盧氏」下，「伊水東北入雒」者也。又瀍水注「瀍水自穀成來，東南於千金渠合穀水，東過雒陽縣南，下入偃師」。又河水注「河水自平陰來，東至雒陽縣西北四十二里故鄧鄉，下入河内河陽。

又自河陽來，東逕雒陽縣北，下入平」。又湛水注「湛水自河内河陽來，東南逕鄧，南流入河，故河濟有鄧津之名矣」。

〔一二〕【補注】王鳴盛曰：「二十一年」，南監本作「二十二年」，當作「三十二年」。先謙曰：敬王以子朝之亂，自王城徙此，傳至赧王，復徙河南。穀水注「穀水自河南來，枝分注天淵池，池水又東入雒陽縣之南池。池即故翟泉也，南北百一十步，東西七十步。案班固、服虔、皇甫謐咸言翟泉在雒陽東北，周之墓地。案周威烈王葬雒陽城内東北隅，景王冢在雒陽太倉中。翟泉在兩冢之間，於雒陽爲東北，後秦封吕不韋爲雒陽十萬户侯，大其城，并得景王冢矣。晉永嘉元年，雒陽東北步廣里地陷。董養云『步廣，周之狄泉，盟會之地』。陸機雒陽地記云『步廣里在雒陽城内，宫東是翟泉』。不在太倉西南也。京相璠作春秋地名言『今太倉西南，池水名翟泉』。又云『舊説言翟泉本自在雒陽北，萇弘城成周，乃繞之』。杜預用其一證，謂必是翟泉，即實非也」。又云「渠水又東逕杜元凱所謂翟泉北，今無水，坎方九丈六尺，深二丈餘，似是人功，不類泉陂，是驗非之一證也。皇甫謐云『王室定，遂徙居，成周小，不受王都，故壞翟泉而廣之』。泉源既塞，明無故處，是驗非之二證也。杜言翟泉在太倉西南，既言西南，於雒陽不得爲東北，是驗非之三證也」。先謙案：道元詳言翟泉在雒陽東北，不在太倉西南，以正京、杜之失。至翟泉本在成周外，晉合諸侯，始以其地大而城之，志文所云，與舊説萇弘城成周繞之，合吕不韋大其城，後起之説，非班意也。道元於此未能分晰，續志承前，但云有狄泉在城中而已。

〔一三〕師古曰：魚豢云，漢火行忌水，故去「洛」「水」而加「佳」。如魚氏説，則光武以後改爲「雒」字也。【補注】錢大昭曰：莽傳作義陽。先謙曰：職方「雒，豫州川。洛，雍州浸」。本志及説文並不相混，魚氏謬説，疑誤。後人裴松之注魏志引之，顔承其誤也。有乘軒里，見趙策。闕塞在西南，見左昭傳杜注。後漢因，續志「有唐聚」。見左昭傳、韓策。有上程聚。伯休父國。有士鄉聚。有褚氏聚。左傳「王宿褚氏」。有滎錡澗。周景王崩于此。有前亭。杜注，泉亭即泉城。有圃鄉。單氏伐東圉。有大解城」。晉師次于解。劉注「摯虞云『古之周南，今之雒陽』」。有委粟山，在陰鄉。有萇弘、呂不韋冢」。一統志「故城今雒陽縣東北三十里」。

〔一四〕【補注】先謙曰：「滎」當作「熒」，詳上滎澤。滎陽，春秋鄭制邑，見左隱傳。亦見成皋下。後屬韓，桓惠王時，秦拔之，見韓世家。項羽圍漢王，紀信誑楚於此，見高紀。後漢因，續志「有鴻溝水。有廣武城。有薄亭。有敖亭。有費澤」。劉注「有三皇山」。先謙案：魏世家「與韓會宅陽城」。括地志云「在縣東北」。河水篇「河水東過滎陽縣北」，注云「河水自成皋來，過縣下入卷」。又濟水注「濟水自成皋來，分河東南流，又東逕西廣武城北，得柳泉水，又逕東廣武城北，又逕敖山北，又合滎瀆。瀆首受河水，有石門，謂之滎口石門，地形殊卑，蓋故滎、播所導，自此始也。滎瀆東南入濟。次東得宿須水口，別一宿胥。水受大河，合扈亭水入濟。今皆無水。濟水又東逕滎陽縣北，又合礫溪水，見下。又合索水，又逕滎澤北，故滎水所都也。京相璠云『滎澤在滎陽縣東南，與濟隧合』。見卷。濟瀆又出垂隴城北，春秋晉士穀盟于垂隴也，在滎陽東二十里。濟水自澤東出，即是始矣。下入卷，是爲北濟。濟水又東南逕釐城東，左傳所謂釐也，在滎陽東四十里。又右合黃水，下入陽武，是爲南濟。索水自京來，東逕虢亭南，合須水，又逕滎陽縣故城南，其城跨倚岡原，居山之陽。索水又東流，北屈西轉，北逕滎陽城東，入濟。杜預云『旃然水出滎陽成皋縣東入汳』，即是水也。濟渠水斷，汳溝惟承此始，故云汳受旃然矣。亦謂之鴻溝水，蓋因楚漢分王，指水爲斷故也。須水自京來，東北流，於滎陽城西南，入索水」。先謙案：濟水自成皋滎陽分河，本志「河東垣」下所謂「濟水自河軼出滎陽北地中也」。又云「黃水自故市來，東北至滎澤南，分爲二水，一北入滎澤，下爲郟城陂，東西四十里，南北二十里。一東北流爲黃雀溝，又合靖水枝津爲黃淵，北入濟」。又沁水注「沁水自河內武德來，結爲湖陂，南至滎陽縣北，東南入河」。先謙案：「上黨穀遠」下「沁水東南至滎陽入河」者也。一統志「故城今滎澤縣西南十七里」。

〔一五〕【補注】先謙曰：濟水注「濟水於滎陽又兼邲目，春秋晉楚之戰，楚軍于邲，即是水也，音卞。京相璠云，在敖北」。先謙案：言地理者，皆謂卞即汴，乃水經之汳水，然酈注汳水下未引此文，志以卞水與馮池相儷，尋流脈地，惟是爲宜，抑或入濟小水，故有卞名，酈所不究耳。又濟水注「礫溪水出滎陽城西南李澤，澤中有水，即古馮池也。地理志曰『滎陽縣馮池在西南』是也。東北流，歷敖山南，逕虢亭北，又東北逕滎陽縣北，斷山東北，注于濟」。案，韓策「宛馮」，索隱云即馮池。

〔一六〕【補注】先謙曰：陳，淮陽縣。河水篇「河水又東過滎陽縣北，蒗蕩渠出焉」。又濟水注「南濟水自滎陽東南流，入陽武縣，歷長城，東南流，蒗蕩渠出焉」。餘見「陽武」下。案，蒗蕩即狼湯異文，渠水篇「渠出滎陽北河」。注云「渠水自河與濟亂流，東逕滎澤北，東南分濟水，下入中牟」。先謙案：南泲與河亂流，軼爲狼湯渠，故河水篇以爲自河出，濟水注以爲自濟出。覈其原委，志云「首受泲者」是也。渠自泲出後，別爲沙，故「陳留浚儀」下，睢水出渠水，志云「首受狼蕩水」。「陳留陳留」下，魯渠水出沙水，志亦云「首受狼湯渠」也。

〔一七〕【補注】先謙曰：河南、陳留、汝南、淮陽。

〔一八〕應劭曰：故虢國，今虢亭是也。師古曰：狼音浪。湯音宕。泲音子禮反，本濟水字。【補注】宋祁曰：「狼湯」，邵本作「狼浪」。錢大昭曰：王莽傳云，以陳留以西付祈隧，祈隧故滎陽。據此，疑脱「莽曰祈隧」四字。「隧」與「隊」同，莽置六隊，河南亦在其中，是滎陽乃祈隧大夫治。先謙曰：虢國見「弘農陝」下。

〔一九〕【補注】先謙曰：田儋傳：田横死此。曹參傳：破趙賁，軍尸北。

〔二〇〕臣瓚曰：湯居亳，今濟陰縣是也。今亳有湯冢，己氏有伊尹冢，皆相近也。師古曰：瓚説非也。又如皇甫謐所云湯都在穀孰，事並不經。劉向云「湯無葬處」，安得湯冢乎！【補注】先謙曰：後漢因，續志作「匽師」。雒水注「雒水自雒陽來，東會合水，逕計素渚，直偃師故縣南，下入緱氏。又自緱氏來，北合陽渠水，又逕偃師城東，王莽之師氏也，與志作「成」異。下入鞏」。又瀍水注「瀍水自雒陽來，東過偃師縣，入雒」。先謙案：本志「穀成」下「瀍水東南入雒」者也。又穀水注「陽渠水自河南來，東逕酈食其廟南，廟在北山上，所謂偃師西山也。又逕亳殷南，昔盤庚所遷，改商曰殷，自此始也。班固曰尸鄉，故殷湯所都者也，故亦曰湯亭，薛瓚、皇甫謐並以爲非矣。郡國志以爲春秋之尸氏也。穀水又東逕偃師城南，皇甫謐云『帝嚳作都於亳，偃師是也』。又東入雒」。此張純所穿也。禹跡所在，自是河南縣城西死穀，當時由彼入洛，而後爲周靈王所壅。一統志「故城今偃師縣治」。

〔二一〕師古曰：即鄭共叔段所居也。【補注】先謙曰：春秋鄭地，見左隱傳。有索氏，見昭傳。繻公時城之，見鄭世家。後入韓。申不害，縣人，見不害傳。楚漢時戰地，見高紀。續志後漢因。濟水注「索水出京縣西南嵩渚山，與東關水同源分流，即古旃然水也。東北流，合器難水，又北逕小索亭西，爲索水，合梧桐澗水，又北屈東，逕大索城南，漢書京索之間也，下入滎陽。須水出京城東北二里榆子溝，或謂之小索水，合木蓼溝水，下入滎陽。木蓼溝水上承京城南車輪淵，東北入須水。黄水出京縣黄堆山，世謂之京水，合魚水，下入故市。重泉水出京城西南少陘山，下入故市。」又渠水注「不家溝水出京縣東南梅山北溪，杜預云『梅山在密東北』。不家溝水下入中牟」。一統志「故城今滎陽縣東南二十一里」。

〔二二〕應劭曰：在平城南，故曰平陰。【補注】先謙曰：春秋鄭地，戰國入周。王子朝作亂，晉師軍於此，見左昭傳。有河津，見高紀及陳平、曹參傳。續志後漢因。河水注「河水自河東大陽來，合清水、教水、俱見河東垣。畛水、正回水、庸庸水，見垣。東逕平陰縣北，三老董公說高祖處。又合瀵水，見垣。下入雒陽」。一統志「故城今孟津縣東」。引舊志云，「有古城，在縣西牛莊北，崩於河，蓋其處」。

〔二三〕【補注】先謙曰：春秋鄭地，戰國入韓，高帝封單父聖爲侯國，見表。後漢因，續志「有曲遇聚。高帝破楊熊於此，見高紀。有蔡亭」。渠水注「渠水自滎陽來，歷中牟縣之圃田澤北，互見陽武。右合十字溝水、五池溝水、不家溝水、清池水，下入陽武。五池溝上承圃田澤水，下入渠，爲五池口。清池水出清陽亭西南平地。詩『清人在彭』。杜預云『中牟縣西有清陽亭』。又北流至清口澤，合華水，下入陽武。華水自密來，東逕棐林北，即北林亭也。杜預云『中牟縣西南有林亭，在鄭北』。又北爲七虎澗，合期水入清口水。續志『中牟有清口水』，即是水也。白溝水自密來，屈而南流，東注清水，潘岳所謂自中牟故縣以西至於清溝是也。下入陽武。不家溝水自京來，東北逕管城西爲管水，又分爲二：一東北注黄雀溝爲黄淵；一爲百尺水，東越長城入圃田澤。又分爲二：一下入陽武，又自陽武來，東北左注渠，爲不家水；一東注白溝。沫水出中牟城西南，東北流，逕中牟縣故城西，入役水。役水自苑陵來，合沫水，東北逕中牟(縣)澤，入渠水。氾水自苑陵來，東北逕中牟縣南，又逕中牟澤，即圃田澤。合淵水，下入陳留浚儀。淵水出中牟縣故城北，屈逕城西，東南入氾」。一統志「故城今中牟縣東六里」。

〔二四〕【補注】先謙曰：渠水注「澤在中牟縣西，西限長城，東極官渡，北佩渠水，東西四十許里，南北二十許里，中有沙岡，上下二十四浦，津流逕通，淵潭相接，各有名焉，春秋傳之原圃也。紀年『梁惠成王十年，入河水於甫田，又爲大溝而引甫水』者也。斯乃水澤之所鍾，爲鄭隰之淵藪矣」。爾雅「十藪，鄭有圃田」。詩「東有甫草」，鄭注「甫田之草」。甫即圃字。

〔二五〕【補注】王念孫曰：此當作「有莞城，故莞叔邑」。上文弘農郡陝「有焦城，故焦國」，是其例也。志文若是者多矣，今本脱「莞城故」三字，則文義不明。續志「中牟有管城」。宣十二年左傳「次于管」，杜注「滎陽、京縣東北有管城」。正義引土地名曰「古管國也」。渠水注「不家溝水東北逕管城西，故管國也，周武王以封管叔矣」。皆本地理志。先謙曰：見管蔡世家。春秋鄭邑，楚子次焉，見左傳。後入韓，魏安釐王攻拔之，見韓非子。一統志「故城今鄭州治」。

〔二六〕師古曰：筦與管同。【補注】徐松曰：經傳所載中牟，皆趙之中牟，所謂河北之中牟也。至此志之縣，則鄭之中牟，所謂河南之中牟，而名未見於經傳。先謙曰：渠水注「昔趙獻侯自耿都此，班固云，趙自邯鄲徙焉。趙襄子時，佛肸以中牟叛，田英將褰裳赴鼎處也。薛瓚注漢書云，中牟在春秋爲鄭地，三卿分晉，則在魏邦，趙自漳北，不及此也。春秋傳『衛侯如晉，過中牟』。非衛適晉之次也。汲郡古文云『齊伐趙東鄙，圍中牟』。此中牟不在趙東，當在漯水之上矣。案春秋，齊伐晉夷儀，晉車千乘在中牟。衛侯過中牟，中牟人欲伐之。服虔不列中牟所在，杜預云『今滎陽有中牟回遠』。疑爲非也。然地理參差，土無常域，隨其强弱，自相吞并，疆理流移，寧可一也！兵車所指，逕紆難知，自魏徙大梁，趙以中牟易魏，故趙之南界，極於浮水，匪直專漳也。趙自西取後，止中牟，齊師伐其東鄙，於宜無嫌，而瓚徑指漯水，空言中牟所在，非論證也」。全祖望云：有河南之中牟，有河北之中牟，張守節以鄴西牟山爲趙中牟者近之。管子所謂「築五鹿、中牟、鄴」者，三城相接也，然則非獨滎陽有之矣。趙一清云：孔穎達正義「三家分晉，河南之中牟，魏分也，非趙得都之」。獻侯所治，非河南之中牟也」。此言晉車在中牟，趙鞅伐魏，圍中牟，論語「佛肸爲中牟宰」。與獻侯所都，必非河南中牟，當於河北別有一地耳。紀要「中牟城在湯陰縣西五十里」。此即河北之中牟也。先謙案：道元引班云「自邯鄲徙」，蓋文有誤。趙世家「獻侯即位，治中牟」。此志文所本，但與趙地不相連屬，班偶未審，全、趙二氏以爲趙所治中牟，當在河北，誠爲篤論。韓非外儲說「晉平公問趙武云，中牟三國之股肱，邯鄲之肩髀」是矣。道元展轉解釋，未免曲袒之失也。

〔二七〕【補注】先謙曰：高帝時，工師喜；武帝時，濟北式王子遂侯國，見表。

〔二八〕【補注】先謙曰：續志後漢因。河水注「河水自雒陽來，東逕平縣故城北，俗謂之小平。河水南對首陽山，春秋所謂首戴也。於斯有盟津之目，尚書所謂東至于孟津也。又曰富平津。又東合溴水、濟水，下入鞏」。一統志「故城在今孟縣東」。吳卓信云：寰宇記「鞏縣西北有河津曰小平津，即城之隅也」。

〔二九〕【補注】先謙曰：戰國屬齊，秦策「齊令田章以陽武合於趙」也。秦爲縣，縣人張蒼，見蒼傳。陳平，別見陳留東昏。曹參攻之，見參傳。

〔三〇〕【補注】先謙曰：渠水注「服虔曰，博浪，陽武南地名也，今有亭」。寰宇記「在縣東南五里」。始皇紀作「博浪」。汪士鐸云：在清水之東。

〔三一〕師古曰：狼音浪。【補注】先謙曰：續志後漢因。濟水注「南濟自滎陽來，東南流入陽武縣，歷長城東南流，蒗蕩渠出焉。南濟逕陽武縣故城南，又東爲白馬淵，東西二里，南北百五十步，下入陳留封丘。北濟自原武來，東逕陽武縣故城北，又東絶長城。紀年云『梁惠成王築』。北濟下入陳留酸棗」。又渠水注「渠水自中牟來，與陽武分水」。

又合清溝水，左逕陽武縣故城南，東爲官渡水。又合役水，下入陳留浚儀。清溝水自中牟來，東北逕沈清亭，疑即博浪亭也。歷博浪澤北入渠水，謂之清溝口。不家溝又左入渠水。十字溝水自陳留酸棗來，東北逕東武强城北，曹參攻武强，薛瓚云『城在陽武縣』。即斯城也。不家溝水自中牟圃田澤來，東北逕陽武縣南出，屬於渠水。或謂是瀆爲梁惠之年所開，不能詳也」。又陰溝水篇「陰溝水出陽武縣蒗蕩渠」。注云「陰溝水自卷來，右瀆東南逕陽武城北，下仍入卷」。一統志「故城今陽武縣東南二十八里」。

〔三二〕師古曰：郟音夾。鄏音辱。【補注】先謙曰：平王東遷，至景王十一世，皆居此。敬王遷雒陽，王城遂廢。考王封弟揭於河南，復居於此，是爲西周桓公。王赧亦自雒陽徙居西周，見周紀。説文「郟鄏，河南縣直城門官陌地也」。帝王世紀「城西有郟鄏陌」。有臼里，即九里，見韓策、韓非子。後漢因，續志「周公時所城雒邑也，春秋時謂之王城，東城門名鼎門，北城門名乾祭。又有甘城，有蒯鄉」。左傳：尹辛攻蒯。劉注「有員犢山。城西南柏亭西周山上有周靈王冢」。穀水（注）〔篇〕「穀水東過河南縣北，東南入於雒」。注云「穀水自穀成來，東過河南縣王城西北，水右有石磧，南出爲死穀，北出爲湖溝。周靈王時，穀、洛二水鬭，潁容春秋條例言『西城梁門枯水處，世謂之死穀』是也。王城即成周，故郟鄏地。京相璠云『郟，山名。鄏，地名也』。卜年定鼎爲王之東都，謂之新邑，是爲王城。其城東南名曰鼎門，蓋九鼎所從入也，故謂是地爲鼎中。穀水又東逕乾祭門，北入千金渠。又左合金谷水，又枝分，一東注天淵池，下入雒陽，一爲陽渠水，下入偃師」。又甘水注「甘水自弘農陸渾來，北屈逕故甘城東，王子帶之故邑。又合非山水於河南縣城西，北入雒」。又雒水注「雒水自弘農宜陽來，又東，枝瀆左出，東出關，絶惠水。又東北歷制鄉，逕河南縣王城西，歷郟鄏陌而北入穀。一出關，合惠水、虢水、甘水，東北過河南縣南，合澗水、瀍水，於千金渠下入雒陽。惠水即八關水，出白石山，東南流，合瞻水、謝水、交觸水，南逕關城北，入雒。山海經曰『白石之山，惠水出其陽，而南流注於洛』。謂是水也」。一統志「故城今洛陽縣西北五里」。

〔三三〕【補注】先謙曰：春秋周侯氏，見左昭傳，周策作緱氏。曹參下之，見參傳。武帝幸焉，見武紀。

〔三四〕【補注】先謙曰：雒水注「劉水出半石東山，西北流，逕劉聚，三面臨澗，在緱氏西南周畿内劉子國，故謂之劉澗。劉水又西北，入合水」。見偃師。一統志「澗在偃師縣南，聚在西南」。

〔三五〕【補注】先謙曰：雒水注「休水出少室山，伏流，東屈零星塢，重源又發側緱氏原。開山圖謂之緱氏山也。休水又逕延壽城南緱氏縣治，故滑費，春秋滑國所都，即緱氏城也。城有仙人祠，謂之仙人觀。休水又西轉北屈，逕其城西，又北入雒」。

〔三六〕師古曰：緱音工侯反。【補注】先謙曰：後漢因，續志「有鄔聚。左傳「王取鄔、劉」。有轘轅關」。劉注「有百坏山」。雒水注「雒水自偃師來，與緱氏分水。又合休水、陽渠水，下仍入偃師。合水出半石山，合劉水，北入雒」。一統志「故城今偃師縣南二十里」，引舊志云「故縣村」。

〔三七〕師古曰：音去權反。【補注】先謙曰：春秋鄭地。戰國分屬韓、魏，韓獻垣雍於秦，昭襄王取魏卷，並見秦紀。又國策信陵君謂魏王有鄭垣雍，是其證。後漢因，續志「有長城，經陽武到密。有垣雍城，或曰古衡雍」。劉注「左傳：修澤縣東修武亭」。河水注「河水自滎陽來，東北逕卷縣扈亭北，晉趙盾盟諸侯處。又東逕卷縣北，晉楚之戰，晉軍爭濟，舟中之指可掬，楚莊祀河，告成而還，即是處也。河水下入河内武德」。又濟水注「濟隧上承河水於卷縣北河之南，逕卷縣故城東，又南逕衡雍城西，左傳『諸侯伐鄭，西濟於濟隧』也。濟水自滎澤中北流至衡雍，西與出河之濟會，蓋滎播河濟，往復逕通，出河之濟，即陰溝上源也，濟隧絶焉，故世謂十字溝。又南會於滎澤」。又云「北濟自滎陽滎澤東，逕卷縣之武修亭南，左傳『鄭子然盟於修澤』也。下入原武」。又陰溝水注「陰溝水首受大河於卷縣故瀆東南，逕卷縣故城南，又東逕蒙城北，分爲二，世謂之陰溝水，俱東絶濟隧，右瀆下入陽武。又自陽武來，東南絶長城，逕安亭北，會左瀆。左瀆又東絶長城，逕垣雍城南，開光亭南，清陽亭南，合右瀆，下入陳留封丘」。一統志「故城今原武縣西北」。吴卓信云：通志北七里圈厢城。

〔三八〕【補注】先謙曰：續志後漢因。濟水注「北濟自卷來，東逕原武縣故城南，春秋之原國也。北濟下入陽武」。一統志「故城今陽武縣治」。

〔三九〕【補注】先謙曰：戰國屬周，後分爲韓地。韓策蘇秦云韓北有鞏也。莊襄王時以獻秦，見秦紀。項羽拔成臯，高帝使兵距之鞏，令其不得西，見羽傳。後漢因，續志「有尋谷水。左傳「王師圍鄩中」。有東訾聚，今名訾城。單子取訾。有坎埳聚。周襄王納之坎埳。有黄亭。有湟水。王子猛居于湟。有明谿泉」。賈辛軍于溪泉。濟水篇「濟水自温來，過隤城西，又南當鞏縣北，入河」。又河水注「河水自平來，東過鞏縣北，爲五社津，縣北有山臨河，謂之崟原丘。下有穴，謂之鞏穴。直穴有渚，謂之鮪渚。河水又合雒水，下入河內平臯」。又雒水注「雒水自偃師來，東北歷鄩中，逕訾城西，司馬彪所謂訾聚也。合鄩水，東逕訾城北，合羅水，又合明樂泉，東逕鞏縣故城南，東周所居也，本周畿內鞏伯國。左傳尹文公涉于鞏，即此雒水。又東合濁水、洞水，東北入河，謂之洛汭」。先謙案：本志「弘農上雒」下，所謂雒水至鞏入河者也。「鄩水出北山鄩溪，南流，世謂之温泉水，於訾城西北，東入雒。羅水出方山羅川，合蒲池水、白馬溪水、白桐澗水，於訾城東北入雒。明樂泉出南原下，即古明溪泉，春秋「師次於明溪」也。濁水會黄水，亦出南原，春秋所謂次於黄也。洞水出南溪石泉，京相璠云『鞏東地名坎埳，在洞水之東』。疑即此水也。北入雒」。一統志「故城今鞏縣西南三十里」。

〔四〇〕【補注】先謙曰：周紀：西周桓公卒，子威公立，威公卒，子惠公立，惠公封少子班於鞏，號東周惠公，而班之兄仍父爵，居王城，爲西周武公。韓、趙分周地爲二之後，顯王雖在成周，特建空名，蓋東、西周之名，前後三變，平王東遷後，豐鎬爲西周，河南爲東周。考王封桓公後，河南爲西周，雒陽爲東周。惠公封班後，河南爲西周，鞏爲東周也。

〔四一〕【補注】先謙曰：後漢因，續志作「穀城。有函谷關」。穀水注「穀水自弘農新安來，東北過穀城縣南，城西臨穀水，故縣取名焉。又東，雒水枝流入焉，今無水，下入河南」。先謙案：本志「弘農黽池」下「穀水東北至穀城入雒」。水經云「至河南縣入雒」。酈注分見雒陽、偃師二縣下。一統志「故城今雒陽縣西北」。

〔四二〕師古曰：即今新安。朁音潛。【補注】先謙曰：淮南子作「廛水」，俗加水旁耳。續志劉注引博物記云「出潛亭山」。亦後人所加。瀍水篇「瀍水出穀城縣北山」。注云「縣北有朁亭，瀍水出其北梓澤中，其水歷澤東南流，水西有一原，其上平敞，古朁亭之處也。東南注穀，下入雒陽」。

〔四三〕【補注】錢坫曰：余得漢時故市馬丞印，功臣表作「敬市」者非。先謙曰：高帝封閻澤赤爲侯國，見史表。本表誤「敬市」。續志後漢省。濟水注「黄水自京來，北逕高陽亭東，又至故市縣，合重泉水，又東北逕故市縣故城南，下入滎陽。重泉水自京來，東北流，又北逕高陽亭西，入黄水」。一統志「故城今鄭州西北三十五里」。

〔四四〕【補注】先謙曰：晉志「密，周畿内國」。周語有密康公，王滅之，後屬鄭，爲新密，亦曰新城。戰國屬韓，秦昭襄王拔之，復入韓；秦攻之，又與韓王會此，並見秦紀。漢初有三老董公説高帝，見高紀。先謙案：下新成，是惠帝置，戰國後所稱新城，當指新密而言，地説家以屬下新成，誤。後漢因，續志「有梅山。左傳「右回梅山」。有陘山」。魏世家「敗楚陘山」，或云在召陵陘亭。劉注「春秋時曰新城，秦破魏華陽地，亦在縣」。洧水篇「洧水出密縣西南馬嶺山」。注云「亦言出潁川陽城山，山在陽城縣之東北，蓋馬嶺之統目焉。洧水東南流，合綏水、襄荷水、瀝滴水、東、西承雲水、微水，又東逕密縣故城南，春秋謂之新城。又合瓌泉水、馬關水、武定水、虎牘山水、赤澗水、澮水，又東南逕鄶城南。徐廣云『鄶在密縣，妘姓矣』。又東逕陰坂北。杜預云『陰坂，洧津也』。下入新鄭」。又云「黄水出太山南黄泉，東南流，逕華城西，史伯謂鄭桓公曰，華君之士也。韋昭云『華，國名』。史記：秦破魏華陽。司馬彪云『華陽，亭名，在密縣』。案非郡國志文。黄水又合黄崖溝水，下入苑陵」。又渠水注「華水亦出華城南岡，一源兩派，西入黄崖溝，東爲七虎溪，亦曰華水，東北流，合紫光溝水，下入中牟。紫光溝水出華陽城東，北入華水。白溝水出密之梅山，東合太山承水。山海經曰『承水出太山之陰，東北流，注於役水』者也。承水東北合太水、黄谾澗水，北逕中陽城西，紀年『鄭釐侯來朝中陽』者也。又東北爲白溝，下入中牟」。一統志「故城今密縣東南三十里」。

〔四五〕應劭曰：「密人不恭」，密須氏姞姓之國也。臣瓚曰：密，姬姓之國也，見世本。密須，今安定陰密是也。師古曰：應、瓚二説皆非也。此密即春秋僖六年「圍新密」者也，蓋鄭地。而詩所云「密人」，即左傳所謂「密須之鼓」者也，在安定陰密。騩音隗。潩音翼，又音昌力反。【補注】宋祁曰：「音隗」當作「音塊」。王先慎曰：宋説非也。西山經「騩山」，郭注「一音隗嚚之隗」，與顔注合。「騩」一作「隗」，莊子徐无鬼篇「將見大隗於具茨山之下」。大隗即大騩，此騩讀爲隗之證。隗本嵬之或體，御覽地部七引陽城記作「大嵬山」，古人音讀取諸通叚之字，何必改作。錢坫曰：説文「潩水出密縣大隗山，入潁」。又有「瀷水出密縣，東入潁」。古今地書密縣止有潩水，無瀷水，覆出者誤也。先謙曰：臨潁，潁川縣。潩水篇「潩水出密縣大騩山」。注云「即具茨山也。潩水出其阿，流而爲陂，俗謂之玉女池，東逕陘山北，史記『魏敗楚陘山』者也。下入潁川長社」。一統志「大騩山在禹州北四十里。河南通志：潩水名魯姑河，又名清流河」。

〔四六〕【補注】先謙曰：秦紀、白起傳並云「攻韓新城」，括地志以爲即漢縣。

〔四七〕【補注】先謙曰：後漢因，續志作「新城」。有高都城。見周紀。有廣成聚。有鄤聚，古鄤氏，今名蠻中」。左傳：楚殺鄤子。伊水注「伊水自弘農陸渾來，東北合馬懷橋長水、明水、大戟水，又北逕新城東，合吴澗水、狂水、土溝水、板橋水、厭澗水，又逕高都城東，合來儒水，下入雒陽。温泉水出新成縣狼皋山西南阜下，西南入伊。見陸渾。馬懷橋長水出新城西山，東入伊。明水出狼皋山，西北合康水，西南入伊。狼皋山上繫以梁縣西，蓋山跨二縣。大戟水二源，北水出廣成澤，亦云梁縣西。西南合南水，南水亦出廣成澤，下入弘農陸渾。河南十二縣境簿云『廣成澤在新成縣界黄阜西』，北流合注老倒澗，西入伊。吴澗水出縣西山，東流南屈，逕縣故城西，又東轉逕其縣南，又東北入伊。狂水自潁川綸氏來，西逕缶高山北，西南合湮水，西入伊。土溝水出玄望山東，逕新城縣故城北，入伊。厭澗水出西山，東流逕邥垂亭南。杜預云『新城縣北有邥垂亭』，其水東入伊。來儒水出半石山，西至高都城東入伊」。又汝水注「汝水自南陽魯陽來，自狼皋山東出峽，謂之汝阸，東歷麻解城北，故鄤鄉城也，謂之蠻中。蠻、麻讀聲近也。汝水東合三屯谷水、廣成澤水，下入梁」。一統志「故城今洛陽縣南」。

〔四八〕【補注】先謙曰：戰國魏地，韓暴鳶救魏走此，見韓世家。曹參圍趙賁於此，周勃攻之，見參、勃傳。高帝封陶舍爲侯國，見表。續志後漢因。渠水注「渠水即沙水，自陳留浚儀來，東南逕開封縣，睢、渙二水出焉。睢水見陳留。又右合新溝水，見下。下入陳留陳留」。又淮水注「渙水首受蒗蕩渠於開封縣，東南流，下入陳留」。一統志「故城今祥符縣南五十里」。

〔四九〕臣瓚曰：汲郡古文「梁惠王發逢忌之藪以賜民」。今浚儀有逢陂忌澤是也。【補注】王先慎曰：左哀十四年傳疏引注「發」作「廢」，「逢陂忌澤」作「逢忌陂」，御覽百五十八引注亦作「廢」，與左傳疏合，明「發」是誤字。先謙曰：逢澤蓋先屬宋，戰國入魏，秦策云「魏伐邯鄲因退爲逢澤之遇」也，秦紀亦云「率師會諸侯逢澤」，漢世改稱逢池，班氏或之以存疑也。晉志「宋蓬池在東北，或曰逢澤」。字既譌誤，又倒「宋」於「蓬池」上，似非其義。渠水注「新溝水出逢池，池上承役水於苑陵縣，別爲魯溝水，東南流，逕開封縣故城北，魯溝南際富城，東南入百尺陂，即古之逢澤也。其水東北流爲新溝，又逕牛首鄉北，入渠水，即沙水也。楚東有沙水，謂此水也。百尺陂水逕開封城東三里岡，西南入八里溝。八里溝水上承沙河，逕牛首亭南，合百尺陂水，又南合野兔水，東入沙」。一統志「逢澤今祥符縣南，舊志二十里；伯俞河，亦名東溝河，即此」。

〔五〇〕師古曰：穆天子傳云「七萃之士生捕獸，即獻天子，天子畜之東虢，號曰獸牢」。【補注】先謙曰：顔注「虎」作「獸」，避唐諱。春秋鄭地，左哀二年傳「孟獻子請城虎牢以逼鄭」。「十年，晉師城梧及制」。是虎牢即制矣。班以前無明文，故或之。左隱傳杜注又以制爲滎陽。晉智伯得成皋分屬韓，遂以取鄭，見韓策。秦莊襄王時，韓獻之，後復入韓，桓惠王時，秦拔之，見秦紀、韓世家。楚拔滎陽，高帝保此，見高紀、羽傳。後漢因，續志「有旃然水。左傳「楚伐鄭，次旃然」。有瓶丘聚。有漫水，蓋即水經注之鄤水。有汜水」。周襄王處鄭地汜。禹貢山水澤地篇「大邳地在成皋縣北」。志不載。河水注「河水自河內懷來，與成皋分河，東逕旋門坂北，今成皋西大坂，升陟此坂而東趣成皋也。又東逕成皋大伾山下，尚書曰『過洛汭至大伾』者也。奉溝水入之，即濟沇之故瀆矣。成皋縣故城在伾上，縈帶伾阜，絶岸峻周，高四十許丈，城張翕險，崎而不平。春秋傳曰『制，巖邑也，虢叔死焉』，即東虢也。魯襄公二年，諸侯城虎牢，蓋修故耳。秦以爲關，漢乃縣之。河水南對玉門，昔漢祖與滕公潛出濟於是處也。河水又東合汜水，下入滎陽。汜水出浮戲山，北流合東關水、石城水、鄤水，又北逕虎牢城，漢破司馬欣、曹咎於是水之上。又東入河」。又濟水篇「濟水自修武來，與河合流，又東過成皋縣北」。注云「晉地道記云『濟自大伾入河，與河水鬭，南泆爲滎澤』。濟水分河東南流，下入滎陽」。一統志「故城今汜水縣西北」。

〔五一〕【補注】先謙曰：樊噲傳作「宛陵」，蓋秦邑。後漢因，續志「有棐林。即魏世家之林鄉。有制澤。有瑣侯亭」。瑣侯即隟候，左傳「次于瑣」。劉注「有大隧澗，鄭莊公所闕」。渠水注「役水出苑陵縣西，隟侯亭東中平陂，世謂之塋泉，東北流，逕苑陵縣故城北，又逕焦城東，爲焦溝水，又逕山民城北，爲高榆淵，又東北爲酢溝，又魯溝水出焉，又塋溝水出焉，又爲八丈溝，又東合清水枝津，下入中牟，魯溝水下入開封。汜水上承役水於苑陵縣，縣故鄭都也。役水枝津東派爲汜水，世謂之塋溝水。左傳『秦軍汜南』，所謂東汜者也。下入中牟。長明溝水出苑陵縣故城西北，縣有二城，此則西城也。二城以東，悉多陂澤，古制澤即春秋之制田也。有白雁陂，在長社縣東北，互見長社。林鄉之西南。司馬彪云『苑陵有林鄉亭』。白雁陂引瀆南流，爲長明溝，下入潁川長社。龍淵水、重泉水俱出故城西北平地，逕陵邱亭西合流，(車)〔東〕南逕凡陽亭西，入白雁陂」。又洧水注「黄水自密來，東南逕縣，春秋所謂黄崖也，杜預云『苑陵縣西有黄水』者也。又逕積粟臺，又東合捕獐山水，下入新鄭。七里溝水出隟侯亭東南平地東注，下入新鄭」。一統志「故城今新鄭縣東北」。案，苑陵城，新鄭、洧川、尉氏三縣並有，以地望度之，新鄭東北，即洧川西北，漢縣在此。唐武德四年，始移尉氏。

〔五二〕【補注】先謙曰：春秋周邑，楚襲得之，以與魯陽文子，見楚語。後爲南梁，韓、趙擊魏戰此，見田齊世家。後漢因，續志「故國，伯翳後。有霍陽山。有注城」。史記：魏敗秦于注。汝水篇「汝水出梁縣勉鄉西天息山」。注云「汝水自新成來，東合魯公水，見下。霍陽山水，杜預曰『梁縣有霍山』也。水東北逕霍陽聚東，左傳『哀四年，楚侵梁及霍」。服虔云「梁、霍，周南鄙也」。又逕梁城西，周小邑也，於戰國爲南梁。霍陽山水東北入汝。汝水又合三里水，見下。下入潁川成安」。先謙案：曰南梁者，以別於浚儀之大梁，夏陽之少梁，續志云「故國」，爲應說所誤。見下。一統志「故城今汝州西四十里」。

〔五三〕【補注】先謙曰：事見周紀。汝水注「三里水出梁縣西北，東南流逕縣故城西，故𦊙狐聚也。地理志云『秦滅西周，徙其君於此，因乃縣之』。杜預云『河南縣西南有梁城』，即是縣也。水又逕注城南，合注城東坂下水，入汝」。案，據道元說，是以𦊙狐聚爲即縣城。一統志「𦊙狐聚今汝州西北四十里」。

〔五四〕應劭曰：左傳曰秦取梁。梁，伯翳之後，與秦同祖。臣瓚曰：秦取梁，後改曰夏陽，今馮翊夏陽是也。此梁，周之小邑，見於春秋。師古曰：瓚說是也。𦊙音乃日反。【補注】先謙曰：官本考證云，監本「梁」下脱班志本文「𦊙狐聚」以下二十四字，又脱應劭注十八字，今從宋本添。先謙案，事見秦紀。汝水注「魯公水上承陽人城東魯公陂，城，古梁之陽人聚也。魯公水合澗水入汝」。一統志「陽人聚今汝州西陽人城」。

〔五五〕【補注】王先慎曰：帝王世紀「黄帝都於有熊」。今新鄭是也。

〔五六〕應劭曰：國語曰「鄭桓公爲周司徒，王室將亂，寄帑與賄於虢、會之間。幽王敗，威公死之，其子武公與平王東遷雒邑，遂伐虢、會而并其地，而邑於此」。【補注】先謙曰：鄭取虢檜事，詳鄭語及世家。韓哀侯二年，滅鄭徙都，見鄭、韓世家。後漢因，續志「詩鄭國，祝融墟」。洧水注「洧水自密來，東逕新鄭縣故城中，又爲洧淵，自鄭城西北入而東南流，逕鄭城南，又東合黄水，下入潁川長社。黄水自苑陵來，南至鄭城北，東轉於城之東北，合黄溝水、七里溝水入洧。黄溝水出捕獐山，東南流至鄭城東北入黄水。七里溝水自苑陵來，南逕升城東，又歷燭城西，鄭大夫燭之武邑也。七里溝入黄水」。又洧水篇「潧水出鄭縣西北平地」。注云「潧水出鄶城西北雞絡塢下，東南流，合濨水，承雲山水，逕鄶城西，爲柳泉水，又南入洧，詩所謂『潧與洧』者也」。一統志「故城今新鄭縣北」。

東郡，〔一〕秦置。〔二〕莽曰治亭。屬兗州。〔三〕户四十萬一千二百九十七，口百六十五萬九千二十八。縣二十二：〔四〕濮陽，〔五〕衛成公自楚丘徙此。故帝丘，顓頊墟。〔六〕莽曰治亭。〔七〕畔觀，〔八〕莽曰觀治。〔九〕聊城，〔一〇〕頓丘，莽曰順丘。〔一一〕發干，莽曰戢楯。〔一二〕范，〔一三〕莽曰建睦。〔一四〕茌平，莽曰功崇。〔一五〕東武陽，〔一六〕禹治漯水，東北至千乘入海，過郡三，行千二十里。〔一七〕莽曰武昌。〔一八〕博平，〔一九〕莽曰加睦。〔二〇〕黎，〔二一〕莽曰黎治。〔二二〕清，〔二三〕莽曰清治。〔二四〕東阿，都尉治。〔二五〕離狐，莽曰瑞狐。〔二六〕臨邑，有泲廟。莽曰穀城亭。〔二七〕利苗，〔二八〕須昌，〔二九〕故須句國，大昊後，風姓。〔三〇〕壽良，〔三一〕蚩尤祠在西北泲上。〔三二〕有朐城。〔三三〕樂昌，〔三四〕陽平，〔三五〕白馬，〔三六〕南燕，〔三七〕南燕國，姞姓，黃帝後。〔三八〕廩丘。〔三九〕

〔一〕【補注】先謙曰：索隱「魏都大梁，濮陽、黎陽並是魏之東地，故立郡名東郡」。案，魏世家云「秦拔我二十城，以爲秦東郡」。秦在西，故此稱東，時尚未滅魏，不得以魏都立名，索隱非也。閻若璩云：「郡治濮陽，以王尊及翟方進傳知之，秦時已然」。先謙案：據瓠子河注「郡治濮陽」，續志後漢治同。劉注「去雒陽八百餘里」。

〔二〕【補注】先謙曰：始皇紀在五年。全祖望云：楚漢之際屬楚國，高帝五年屬漢，十一年屬梁國，見高紀。文帝元年復故。先謙案：高紀「罷東郡，頗益梁」，非全屬，亦非文帝復故也。

〔三〕【補注】先謙曰：續志後漢因，屬同。

〔四〕【補注】錢大昭曰：信陵君傳「秦使蒙驁攻魏，拔二十城，初置東郡」。始皇紀同，是秦時領縣二十。先謙曰：郡人趙玄，見儒林傳。

〔五〕【補注】先謙曰：田齊世家謂之陽地。高帝與項羽破秦軍於此，見羽傳。縣人汲黯，見本傳。

〔六〕【補注】先謙曰：左僖三十一年，狄圍衛，衛遷於帝丘。昭十七年傳「梓慎曰，衛，顓頊之墟也，故爲帝丘」。瓠子水注「昔顓頊自窮桑徙此，號曰商丘，或謂之帝丘，本陶唐氏火正閼伯之所居，亦夏伯昆吾之都，殷相土又都之，故春秋傳曰『閼伯居商丘，相土因之』是也。衛成公自楚丘遷此」。

〔七〕應劭曰：濮水南入鉅野。師古曰：墟讀曰虚。【補注】徐松曰：東郡下「莽曰治亭」，不應縣與同名，疑誤。先謙曰：郡縣同名者多，何疑於莽？徐説非。後漢因，續志「古昆吾國，春秋時曰濮。有鹹城，或曰古鹹國。有鉏城」。劉注「顓頊冢在城門外廣陽里，桑中在其中」。濟水注「濮水自陳留長羅來，分爲二瀆，北濮出焉。案即瓠子水注之濮水枝津。濮水又北逕襄邱亭南，又東逕濮陽縣故城南，下入離狐」。又注引地理志曰「濮水自濮陽南入鉅野」。趙一清云：此非班氏原文，酈説誤。先謙案：「封丘」下「濮渠至都關入羊里水」者，乃北濮水。其至乘氏入鉅野之濮水，志所不載，班氏不應遺漏，明「濮水南入鉅野」六字，是班氏原文，酈所見本，尚無「應劭曰」三字，後來傳寫誤衍，非酈誤也。又河水注「河水自畔觀來，南有龍淵宫，武帝起。河水東北逕濮陽縣北，爲濮陽津，故城在南，與衛縣分水，下仍入畔觀。白馬故瀆自白馬來，東南逕濮陽縣散入濮水，所在決會，更相通注」。又瓠子水篇「瓠子河出濮陽縣北河」。注云「縣北十里即瓠河口也。武帝塞瓠子決河，築宫其上，名宣房宫，亦謂瓠子堰爲宣房堰，而水亦以瓠子受名焉。平帝後未及修理，河水東浸，日月彌廣。後漢自王景治渠築隄後，瓠子之水絶而不通，惟溝瀆存焉。舊東決逕濮陽城東北，又逕鹹城南，春秋『會於鹹』是也。下入濟陰鄄城。又自鄄城來，東南逕清丘北。春秋『同盟於清丘』，在縣東南三十里。瓠子水下入濟陰句陽。濮水枝津即北濮，上承濮渠，東逕沮邱城南，在濮陽西南十五里。又逕浚城南，西北去濮陽三十五里，城側有寒泉岡，詩所謂『爰有寒泉，在浚之下』也。濮水枝渠下入句陽」。一統志「故城今開州西南」。

〔八〕【補注】陳景雲曰：「畔」字衍，恩澤侯表、溝洫志、翟方進傳可證。先謙曰：續志「衛」下稱「本觀」，不云「本畔觀」，亦其證。戰國魏地，惠王時，齊敗我觀，見魏世家。旋以觀獻齊，見田齊世家。後入趙，封樂毅觀津，見毅傳。秦取之，見穰侯傳。武帝時，河決觀，見平準書。

〔九〕應劭曰：夏有觀扈，世祖更名衞國，以封周後。師古曰：觀音工喚反。【補注】先謙曰：後漢更名衞，續志「衞公國。本觀故國，姚姓。有河牧城。有竿城」。河水注「河水自白馬來，東逕鐵丘南，左傳『衞太子登鐵丘』。京相璠云『鐵丘，名也』。杜預云『在戚南河之北岸，有古城』。戚，邑也。河之西岸有竿城。河水下入濮陽。又自濮陽來，東北逕衞國縣南，東爲郭口津，下入濟陰鄄城。浮水故瀆自衞繁陽來，東絶大河，故瀆逕五鹿之野，又東南逕衞國邑城北，又東逕衞國縣故城南古斟觀。紀年『梁惠成二年，齊田壽伐我，圍觀，觀降』。浮水故瀆又東逕河牧城而東北出，下入東武陽。王莽河故瀆自白馬來，東北逕戚城西，衞國縣西戚亭是也，爲衞之河上邑，高帝封李必爲侯國。王莽河故瀆下入魏繁陽」。一統志「故城今觀城縣西」。

〔一〇〕【補注】先謙曰：戰國齊地，入燕，復入齊，見魯仲連傳。高帝時，工師喜先封聊城侯，見表。後漢因，續志「有夷儀聚。邢遷夷儀。有攝城」。河水注「河水自茌平縣來，西與聊城分河，河水下入臨邑。漯水自清來，北逕聊城縣故城西，城内有金城，周帀有水。漯水又東北，逕清河縣故城北，應劭云『甘陵，故清河』。漯水又東北，逕文鄉城東南，下入博平。黄溝承聊城郭水，自城東北出，逕清河城南、攝城北，春秋所謂『聊攝以東』也。京相璠云『縣東北三十里有故攝城』。今此城西去聊城二十五六里許，即攝城也。又東逕文鄉城北，又東南逕王城北，下入平原高唐」。一統志「故城今聊城縣西北十五里」。

〔一一〕師古曰：以丘名縣也。丘一成爲頓丘，謂一成而成也。或曰，成，重也，一重之丘也。【補注】王鳴盛曰：「一成而成」，南監本作「一頓而成」，是。先謙曰：官本「一成」作「一頓」。舜販頓丘，見書大傳。國屬衞，見詩。後屬晉，定公城之，見紀年。戰國屬魏，見國策。東有觀津，齊敗趙於此，見趙世家。武帝時，河徙，從此東南入海，見武紀。縣人京房，見本傳。續志後漢因。淇水注「淇水自魏黎陽來，合菀水，右會宿胥故瀆，又東北流爲白溝，逕雍榆城南，又逕同山東，又逕帝嚳冢西。皇覽云『冢在頓丘城南臺陰野中』。又北逕白祀山東，歷廣陽里，逕顓頊冢西，又北屈西轉，逕頓丘北，故闞駰云『頓丘在淇水南』。又屈逕頓丘縣故城西，下仍入黎陽。宿胥故瀆受河於頓丘縣之遮害亭東，黎山西北，會淇水處，立石堰，遏令更東北注，魏武開白溝，因宿胥故瀆而加其功也，故蘇代曰『決宿胥之口，魏無虛、頓丘』，即指是瀆也。菀水自河内朝歌來，分爲二，一西注淇水，一分爲蓼溝入白祀陂。又南分東入同山陂，二陂所結，即臺陰野矣。又東南入淇水」。又河水注「浮水故瀆上承大河於頓丘縣而北出，下入魏繁陽」。一統志「故城今清豐縣西南二十五里」。

〔一二〕【補注】先謙曰：續志後漢因。河水注「王莽河故瀆自魏郡元城來，東北逕發干縣故城西，又屈逕其北，下入清河貝丘」。一統志「故城今堂邑縣西南二十三里」。

〔一三〕【補注】王念孫曰：景祐本作「笵」，此古字之僅存者。漢廬江大守范式碑，碑額篆文亦作「笵」，今則范縣、范姓，字皆從艸，無從竹者矣。

〔一四〕【補注】先謙曰：春秋晉地，士會采邑，見左傳。戰國入齊，孟子自范。後漢因，續志「有秦亭」。瓠子水注「瓠河自廩丘來，東北逕范縣，合濟濮枝渠，又合將渠，北逕范城東，俗謂之趙溝，非也。下入東阿。濟濮枝渠自濟陰乘氏來，北逕范縣，左納瓠瀆，故經言瓠河北過范縣東北爲濟渠也。將渠受河於范縣西北，東南逕秦亭南，又逕范縣故城南，入瓠瀆，自下又通謂之將渠矣。將渠枝瀆承將渠於范縣東北，逕縣北下入東阿」。又河水注「河水自濟陰鄄城來，北岸有新臺，衛宣公所築，詩齊姜所賦也，爲盧關津。又東北逕范縣之秦亭西，春秋書築臺於秦者也。下入東武陽。又自東武陽東、范縣西，東北流爲倉亭津。述征記云『倉亭津在范縣界，去東阿六十里』。河水下入東阿」。先謙案：魯莊築臺，不得在此，疑誤。一統志「故城今范縣東南二十里」。吴卓信云：城墟如故，一塔孤存。

〔一五〕應劭曰：在茬山之平地者也。師古曰：音仕疑反。【補注】宋祁曰：「茬」當作「茬」。周壽昌曰：泰山有茬縣，此當茬山平處也。宋云「茬」當作「茬」，「茬」下亦有此語。續志「茬」皆作「茬」。莽傳「封其孫宗爲功崇公」，即此。先謙曰：說文「茬」下云「濟北有茬平縣，从艸、在聲」。作茬非，宋說誤。王子侯表有榮關侯騫，注云「茬平」，蓋嘗析爲滎闞縣。縣人尹齊，見酷吏傳。續志後漢改屬濟北國。瓠子水篇「瓠河故瀆自臨邑來，東北過茌平縣東，爲鄧里渠」。注云「自宣防已下，將渠以上，無復有水。將渠下，水首受河，而北爲鄧里渠」。鄧里渠見河水注，此下水經皆誤，備見注中，不復引。又河水注「鄧里渠自臨邑來，北逕茌平縣東，下仍入臨邑。河水自東阿來，東北逕昌鄉亭北，又逕碻磝城西，即故茌平縣也。大河在其西，鄧里渠歷其東，河水下入聊城。又自平原楊虛來，逕茌平城東，疑縣徙也。城内有故臺，世謂之時平城，非也。蓋茌、時音相近。河水下入平原高唐」。一統志「故城今茌平縣西二十里」。

〔二六〕【補注】錢大昭曰：泰山有南武陽，故此云東。

〔二七〕【補注】宋祁曰：「漯」當作「濕」。錢坫曰：說文作「濕」，古燥濕字作溼，漯水字作濕，不同，今借濕作濕，而別漯以爲水名，非也。水自漢後，其流已絕，今朝城縣南有大阪，曰漯河陂，當是舊址。先謙曰：官本考證云「『禹治』當作『禹貢』」，各本俱誤。案，千乘，千乘縣，「郡三」，當作「郡四」，東郡、平原、濟南、千乘。河水注「河水自范來，東北逕委粟津，大河之北，即東武陽縣也。左會浮水故瀆，又東逕東武陽縣，下仍入范。浮水故瀆自畔觀來，東北入東武陽縣東，入河。又有漯水出焉，戴延之謂之武水也。河水東逕武陽縣東，范縣西。而東北流，下仍入范」。又云「地理志曰，漯水出東武陽，今漯水上承河水於武陽縣東南，西北逕武陽新城東，曹操爲東郡所治。又自城西北，逕東武陽縣故城南。應劭云『縣在武水之陽』。然則漯水亦或武水矣。水市隍壍，於城東北合爲一瀆，東北出郭，下入陽平」。

〔二八〕應劭曰：武水之陽也。師古曰：漯音它合反。【補注】先謙曰：續志後漢因。一統志「故城今朝城縣西四十里」。

〔二九〕【補注】先謙曰：戰國齊博陵，見田齊世家。地近趙，趙濟清河，則至博關，見蘇秦張儀傳。

〔三〇〕【補注】先謙曰：續志後漢因。河水注「漯水自聊城來，又東北逕博平縣故城南，城内有層臺，秀(上)〔出雲表。〕漯水下入平原高唐」。一統志「故城今博平縣西北三十里」。

〔二一〕【補注】先謙曰：春秋衞邑，亦作「犂」，太叔疾置妻娣於此，見左傳。文帝封召奴爲侯國，見表。史表作「犂」，本表作「黎」。犂、黎通用。

〔二二〕孟康曰：詩黎侯國，今黎陽也。臣瓚曰：黎陽在魏郡，非黎縣也。師古曰：瓚説是。【補注】全祖望曰：黎在上黨之壺關，不在此，其得名蓋以此爲黎侯所寓耳。先謙曰：全説是。續志後漢省。瓠子水注「瓠河自山陽城都來，東逕黎縣故城南，土地汙下，城居小阜，魏濮陽郡治。瓠河下入濟陰庇」。一統志「故城今鄆城縣西四十五里」。

〔二三〕【補注】先謙曰：春秋齊地，國勝待命於此，見左傳。高帝封室中同爲侯國，見表。

〔二四〕應劭曰：章帝更名樂平。【補注】先謙曰：後漢改樂平，續志「樂平故清」，外戚表「樂平侯霍山」，注云「東郡」。則樂平不自後漢始有，或是清之鄉聚，章帝因以名其縣耳。河水注「漯水自陽平來，東北逕樂平縣故城東，縣，故清也。漯水下入聊城」。一統志「故城今堂邑縣東南三十里」。

〔二五〕應劭曰：衞邑也。有西故稱東。【補注】先謙曰：春秋齊柯邑，魯、齊盟此，見左莊傳。戰國爲阿，見田齊世家。非衞邑，應説誤。河水注仍之，未審。項羽傳「大破秦軍東阿」。則秦時已加「東」。西阿屬趙，即葛城，史記「趙與燕會阿」是也。今直隸安州。周勃傳「阿下」，蓋仍舊稱。後漢因，續志「有清亭」。劉注「左傳會於桃丘，縣東南桃城有渠丘山」。河水注「河水自范來，右歷柯澤，左傳『孫文子敗公徒于阿澤』者也。又東北逕東阿縣故城西，枝津東出爲鄧里渠。河水下入茌平。鄧里渠上承大河於東阿縣西，東逕東阿縣故城北，下入臨邑」。又瓠子水注「將渠枝瀆自范來，東北逕東阿城南，入瓠瀆。瓠瀆自范來，東北左合將渠枝瀆，又北逕東阿縣故城東，下入臨邑」。又濟水注「濟水自須昌來，北逕魚山東，左合馬頰水，又自魚山北，逕清亭東，春秋『公及宋公遇于清』也。東阿東北四十里是下濟水，通得清水之目焉，下入臨邑。馬頰水自須昌來，又逕桃城東，在東阿縣東南。又東北逕魚山南，入濟」。一統志「故城今陽穀縣東北五十里，世俗謂之阿城鎮」。

〔二六〕【補注】先謙曰：續志後漢改屬濟陰。後魏志作「離孤」，字誤。濟水注「濮水自濮陽來，東逕離狐縣故城南，下入濟陰葭密」。一統志「故城今東明縣東南」。

〔二七〕師古曰：涑亦濟水字也。其後並同。【補注】先謙曰：沛廟，宣帝置，見郊祀志。官本「涑」並作「沛」，是。後漢因，續志「有沛廟」。「沛」亦「泲」之訛。又續志「穀城」下云「春秋時小穀。有嶲下聚」。劉注「有項羽冢」。先謙案：據莽名亭之義，是後漢分臨邑置穀城也。河水注「鄧里渠自東阿來，逕臨邑縣，合將渠水，下入茌平。又自茌平來，北逕臨邑縣故城西，入河。河水又東北逕四瀆津，津西側岸臨河，有四瀆祠，東對四瀆口。河水東分濟，亦曰濟受河，然滎口石門，水斷不通，始自是出。東北流逕九里，與清水合，故濟瀆也。自河入濟，自濟入淮，自淮達江，水徑周通，故有四瀆之名。河水下入平原楊墟」。又濟水注「濟水自東阿來，北過穀城縣西，故春秋小穀城也。縣有黃山臺，黃石公與張子房期處也。又合狼水，逕周首亭西，又過臨邑縣東，下入泰山盧。狼水出狼瀆西北，逕穀城西入濟」。又瓠子水注「瓠河故瀆自東阿來，東北過臨邑縣西，下入茌平」。一統志「故城今東阿縣北」。吳卓信云：近茌平縣界，今濟南臨邑縣北三十五里，臨邑故城乃劉宋僑置。

〔二八〕【補注】先謙曰：王莽傳有利苗男苗訢。如淳注「邑屬東郡」。續志後漢省。李兆洛云：當在今泰安府境。

〔二九〕【補注】先謙曰：高帝封趙衍爲侯國，見表。

〔三〇〕師古曰：句音劬。【補注】先謙曰：後漢改屬東平，續志「有致密城，古中都。有陽穀城」。左傳「會陽穀」。在縣北。濟水注「濟水自壽良來，北分二水，一爲馬頰水，一北過須昌縣西。京相璠云『須朐，一國二城，兩名』。蓋遷都須昌，朐是其本，秦以爲縣。濟水於縣，趙溝水首受馬頰水注之。濟水、馬頰水俱下入東阿」。先謙案：志以此爲故須句國，下壽良又有朐城，故志兩釋之。又汶水注「禹貢汶水自東平無鹽來，西南入茂都淀，淀水西南出，爲巨野溝。又逕致密城南，即夫子所宰之邑。又入桓公河。其北，水西出淀，爲巨良水，逕致密城北，西南入洪瀆。長直溝水出須昌城東北穀陽山，南逕須昌城東，合黎溝水，見無鹽。分爲二，一西逕須昌城南入濟，一南流注汶入濟」。見壽良。一統志「故城今東平州西北十五里」。

〔三一〕【補注】吴卓信曰：王莽傳「兖州牧、壽良卒正王閎」。是莽曾分壽良爲郡。先謙曰：汶水注「春秋之良縣也。縣有壽聚。梁孝王世家『北獵良山縣』，得名蓋以此」。周勃傳「攻壽張」當作「壽良」，此後人所改。

〔三二〕【補注】先謙曰：宣帝置，見郊祀志。「涑」當爲「沛」。濟水注「皇覽云，蚩尤冢在壽張縣闞鄉城中，冢高七尺」。案，今在汶上縣西南三十里南旺湖中。

〔三三〕應劭曰：世祖父叔名良，故曰壽張。【補注】王鳴盛曰：注「父叔」，南監本作「叔父」是，故當作改，南監本亦誤。世祖九歲而孤，養於叔父良，故諱之。先謙曰：官本作「叔父」。後漢改屬東平國，續志作「壽張」。春秋曰良，有堂聚」。汶水注「禹貢汶水自東平無鹽來，分四汶，次一汶西至壽張縣故城東，瀦爲澤渚。其右一汶西南逕壽張縣故城北，合長直溝水見須昌。入濟」。先謙案：本志「泰山郡萊蕪」下云「禹貢汶水西南入泲」者也。又濟水注「濟水故瀆自濟陰乘氏來，出鉅野澤，北合洪水，東北過壽張縣西，合汶水，戴延之所謂清口也。述征記云『清河首受洪水，北注濟，或謂清即濟也』。禹貢濟東北會於汶，今枯渠注鉅澤。鉅澤北則清口，清與汶會也。濟水又北逕梁山東，又逕須朐城西，城臨側濟水，故須朐國也。地理志曰『有朐城』是也。濟水西有安民亭，亭北對安民山，東臨濟水，水東即無鹽縣界也。又北逕微鄉東，京相璠云『壽張縣西北三十里，有故微鄉，魯邑也』。濟水下入須昌。洪水上承鉅野薛訓渚，歷澤西北，又北逕闞鄉城西，又北入濟。自渚迄北口百二十里，名曰洪水」。一統志「故城今東平州西南」。

〔三四〕【補注】先謙曰：高后封張壽，宣帝封王武爲侯國，見表。功臣從平侯公孫戎奴表注「樂昌」，蓋嘗析置從平縣。續志後漢省。河水注「王莽河故瀆自魏郡陰安來，東北逕樂昌縣城東，下入魏元城」。一統志「故城今南樂縣西北」。

〔三五〕【補注】先謙曰：昭帝封蔡義，元帝封王禁爲侯國，見表。後漢因，續志「有莘亭。有岡成城」。劉注「備作新臺，在縣北」。河水注「漯水自東武陽來，逕陽平縣之岡成城西，又北逕陽平縣故城東，又絶莘道城之西北，有莘亭，春秋衛宣公子伋、壽死此。漯水下入清」。一統志「故城今莘縣治」。

〔三六〕【補注】先謙曰：高帝與楊熊戰此，見高紀。後漢因，續志「有韋鄉」。古豕韋氏國。河水注「河水自魏黎陽來，爲鹿鳴津，又爲白馬濟津，東南有白馬城，衛文侯東徙渡河都之，故濟取名焉。白馬有韋鄉、韋城，故津亦有韋津之稱，史記所謂『渡脩武，下韋津』也。河水舊於白馬縣南泆，通濮、濟、黄溝，故蘇代説燕曰『決白馬之口，魏無黄濟陽』。金隄既建，故渠水斷，尚謂之白馬瀆。故瀆東逕鹿鳴城南，又東北逕白馬縣之涼城北，縣有神馬亭，亭上舊置涼城縣，治此。白馬故瀆下入濮陽。河水自津東北，逕涼城，又爲長壽津，述征記曰『涼城到長壽津六十里，河之故瀆出焉』。所謂王莽河也。昔禹釃二渠，一漯水，今所流也；一北瀆，王莽時空，故世俗名爲王莽河。河水下入畔觀，王莽河故瀆亦下入畔觀」。又濟水注「濮渠自南燕來，又東逕蒲城北，故衛之蒲邑，又逕韋城南，有馳道，自城屬於長垣。濮渠下入陳留長垣」。一統志「故城今滑縣東二十里」。

〔三七〕【補注】王念孫曰：「南」字涉下「南」字而衍。國有南、北燕，而縣無南、北燕可言，南燕國不可言南燕縣也。燕縣於戰國時爲魏地，秦置燕縣，而漢因之，魏策「蘇秦説魏王曰，大王之地，北有河外燕」。又秦策「王舉甲而攻魏，拔燕」。高注「燕，南燕也」。史記高祖紀「復擊破楚軍燕郭西」。索隱「故南燕國也，在東郡，秦以爲縣」。曹丞相世家「程處反於燕」。集解「徐廣云，東郡燕縣」。灌嬰傳「擊破柘公王武軍於燕西」。漢書並同。後書樊儵傳云「徙封燕侯」。續書郡國志「東郡本南燕國」。河水注「河水又東逕燕縣故城北」。濟水注「濮渠又東北逕燕城南，故南燕，姞姓之國也。有北燕，故以南氏國」。今本「國」作「縣」，乃後人依誤本漢書改之，與上文不合。皆其證也。通典州郡十云「漢南燕縣，古南燕國」。元和志云「古之燕國，漢爲南燕縣」。則杜、李所見漢志，皆衍「南」字。隱五年左傳「南燕國，今東郡燕縣」。正義引此志云「東郡燕縣，南燕國」。則唐初本尚不誤，師古注高紀曰「燕，縣名，古南燕國」。則所見本亦不誤。今據以訂正。

〔三八〕師古曰：姞音其乙反。【補注】錢大昭曰：羅泌云「南燕，伯爵，伯儵國。后稷妃，南燕姞氏也」。先謙曰：戰國魏地，秦蒙驁攻拔之，見始皇紀。後漢因，續志「燕本南燕國。有雍鄉。有胙城，古胙國。有平陽亭。衞侯飲孔悝於平陽。有瓦亭。會於瓦。有桃城」。濟水注「濮渠自陳留酸棗來，東逕胙亭東注，又東北逕燕城南，爲陽清湖，陂水南北五里，東西三十里，亦曰燕城湖。逕桃城南而東注濮。國策所謂酸棗虛桃也。又東北合酸水故瀆，下入白馬。酸瀆水自酸棗來，東北逕燕城北，又東逕滑臺城南，又東南逕瓦亭南，入濮渠，世謂之百尺溝」。又河水注「河水自陳留酸棗來，逕南燕縣故城北，爲棘津，亦曰石濟津，下入魏黎陽」。一統志「故城今延津縣東三十五里」。吴卓信云：即龐固社，俗名城上。

〔三九〕【補注】周壽昌曰：管蔡世家「封叔武於成」。索隱「地理志：廩丘縣南有成故城」。今志無此注，疑脱。先謙曰：春秋齊地，見左襄傳。魯會晉伐取之，見哀傳。戰國仍屬齊，田會以之叛於趙，見紀年、六國表。趙敬侯救魏，敗齊於此，見趙世家。後漢改屬濟陰，續志「有高魚城」。左傳「襲我高魚」。瓠子水注「瓠河自濟陰成陽來，河北即廩丘縣。王隱地道記云『春秋齊邑』，實表東海者也。瓠河與濮水俱東流，經所謂過廩丘爲濮水也。縣南瓠北有羊角城，春秋衞羊角也。瓠河又逕陽晉城南，蘇秦説齊云『過衞陽晉之道』者也，在廩丘城東南十餘里，與都關爲左右。瓠河下入山陽城都。又自濟陰秺來，東逕鄆城南，左傳『成公十六年，自沙隨還，待於鄆』。京相璠云『公羊作運』。今廩丘東八十里，有故運城。瓠河下入范」。一統志「故城今范縣東南七十里」。

陳留郡，〔一〕武帝元狩元年置。〔二〕屬兗州。〔三〕户二十九萬六千二百八十四，口一百五十萬九千五十。縣十七：〔四〕陳留，〔五〕魯渠水首受狼湯渠，東至陽夏，入渦渠。〔六〕小黄，〔七〕成安，〔八〕寧陵，〔九〕莽曰康善。〔一〇〕雍丘，故杞國也，周武王封禹後東樓公。先春秋時徙魯東北，二十一世簡公爲楚所滅。〔一一〕酸棗，〔一二〕東昏，莽曰東明。〔一三〕襄邑，有服官。〔一四〕莽曰襄平。〔一五〕外黄，都尉治。〔一六〕封丘，〔一七〕濮渠水首受泲，東北至都關，入羊里水，〔一八〕過郡三，〔一九〕行六百三十里。〔二〇〕長羅，侯國。〔二一〕

莽曰惠澤。〔二二〕尉氏，〔二三〕傿，莽曰順通。〔二四〕長垣，莽曰長固。〔二五〕平丘，〔二六〕濟陽，莽曰濟前。〔二七〕浚儀。故大梁。魏惠王自安邑徙此。〔二八〕睢水首受狼湯水，東至取慮入泗，〔二九〕過郡四，〔三〇〕行千三百六十里。〔三一〕

〔一〕【補注】先謙曰：全祖望云「故屬秦碭郡，楚漢之際，屬楚國」。先謙案：通典云「故屬秦三川郡，據元和志，郡治長垣」。又云，治陳留，蓋後漢治也。續志劉注「雒陽東五百三十里」。

〔二〕【補注】先謙曰：錢大昕云「諸侯王表：梁分爲五，其一濟川國。志無濟川郡，亦不言濟川國所在。濟水注引應劭云『濟川今陳留濟陽縣』。乃知陳留郡即濟川，志稱陳留郡，武帝元狩元年置，不言故屬梁國者，史之闕也。濟川國除在武帝建元三年，其時當爲濟川郡，至元狩初，移治陳留，乃改爲陳留郡耳」。先謙案：景帝以前，梁國地無改易，高帝五年，以王彭越，濟川自在域内。越誅之後，梁當爲郡，景帝中六年，王梁孝王諸子，始分爲濟川國。武帝建元三年，國除爲濟川郡，見梁孝王傳。元狩元年，改名陳留，錢説是也。全祖望云「胡三省失攷，謂濟川在陳留東郡之間，不知濟川即陳留也。元帝永光三年，復爲濟陽國，建昭五年復故，至高后以濟南爲呂國，又改呂國曰濟川，不久即廢，非梁之濟川也」。先謙案：紀要謂陳留郡本梁地，呂后七年，分立濟川國，誤。吴卓信云：王莽傳「以益歲以南付新平，雍丘以東付陳定，封丘以東付治亭，陳留以西付祈隧」。則莽時陳留已無復有郡矣。

〔三〕【補注】先謙曰：續志後漢因，屬同。

〔四〕【補注】先謙曰：郡人假倉、許晏，見儒林傳。

〔五〕【補注】先謙曰：秦始皇二十六年置縣，見寰宇記。高帝與項羽攻之，見羽傳。後漢因，續志「有鳴雁亭」。鄭鳴雁在縣西北。劉注「有桐陵亭，古桐丘」。汳水注「汳水自浚儀來，東逕陳留縣之鉼鄉亭北，下入小黄」。又睢水注「睢水出陳留縣西蒗蕩渠，互見浚儀。下入雍丘」。又淮水注「涣水自河南開封來，東南流，逕陳留北，下入雍丘」。一統志

「故城今陳留縣治」。

〔六〕孟康曰：留，鄭邑也，後爲陳所并，故曰陳留。臣瓚曰：宋亦有留，彭城留是也。留屬陳，故稱陳留也。師古曰：瓚説是也。渦音戈。【補注】先謙曰：鄭世家「鄭桓公以周衰，徙都于留」。公羊傳「古者鄭處於留，後鄭伯取鄶，遷鄭而野留」。蓋此後留爲陳有，故受陳留之名，經籍所載，更無他留，孟説固未誤也。陽夏，淮陽縣。「渦」，説文作「過」，水經作「過」。渠水注「沙水自開封來，東南逕牛首鄉東南，魯渠水出焉，亦謂之宋溝也。沙水又逕陳留縣故城南，又逕牛首亭東，八里溝水出焉。又逕陳留縣裘氏鄉裘氏亭西，又合八里溝水，下入淮陽扶溝。魯渠水，下入淮陽圉」。

〔七〕【補注】王鳴盛曰：「黄」下南監本空一格，是，此誤連成安。先謙曰：官本不誤，小黄，戰國魏地，春申君傳所謂「王取首垣，以臨平丘小黄」也。續志後漢因。濟水注「南濟自封丘來，東逕小黄縣故城北，又謂之黄溝縣，故陽武之東黄鄉也，因水以名縣。高帝起兵，母死葬此。南濟下入東昏」。又汳水注「汳水自陳留來，逕小黄縣故城南，下入雍丘」。又泗水注「黄水出小黄縣黄鄉黄溝，吴會諸侯於黄池也。黄水下入外黄」。一統志「故城今陳留縣東北」。

〔八〕【補注】先謙曰：潁川亦有成安縣，先屬梁。縣人韓安國，見本傳。續志後漢省。汳水注「汳水自外黄來，南逕利望亭南，風俗傳云『故成安也』。汳水又東，龍門故瀆出焉，瀆舊通睢水，故西征記云『龍門，水名也』。汳水下入梁國甾」。一統志「故城今考城縣地」。

〔九〕【補注】先謙曰：魏豹傳「兄魏咎，故魏時封爲甯陵君」，是甯陵，故魏邑。索隱云「寧、甯字轉異耳」。高帝封吕臣爲侯國，見表。

〔一〇〕孟康曰：故葛伯國，今葛鄉是。【補注】吴卓信曰：路史有二葛，在陳留者，姬姓，黄帝後。在河内脩武者，嬴姓，左傳齊昭公母葛嬴之國。先謙曰：續志後漢改屬梁國，劉注「有沙隨亭」。又陳留己吾下云「有大棘鄉。鄭破宋大棘。有首鄉」。即首止。先謙案：杜注「大棘在襄邑南，首止在襄邑西南」，蓋後漢割寧陵、襄邑二縣地置己吾。

陰溝水注「谷水自襄邑來，東南逕已吾縣故城西，陳留風俗傳云『縣故宋也，雜以陳楚之地，故寧陵縣之徙種龍鄉也。永元十二年，以大棘鄉、直陽鄉自鄢隸之，猶有陳楚之俗焉』。谷水下入淮陽柘」。又云「過水自淮陽陽夏來，東逕大棘城南，故鄢之大棘鄉也。又逕安平縣故城北，陳留風俗傳云『大棘鄉，故安平縣也』。此安平不知何時置。又逕鹿邑城北，春秋之鳴鹿，杜預云『陳國武平西南有鹿邑亭』是也。又逕武平縣故城北，後漢縣。下入襄邑」。又淮水注「渙水自襄邑來，東南逕已吾縣故城南，下仍入襄邑」。又汳水注「汳水自梁國甾來，東逕寧陵縣之沙陽亭北，故沙隨矣。又逕黃蒿塢北，又逕斜城下，又逕周塢側，又逕葛城北。葛於六國屬魏，以封公子無忌，號信陵君，在寧陵縣西十里。又逕夏侯長塢，下入梁國睢陽」。又睢水注「睢水自襄邑來，東逕寧陵縣故城南，下入傿」。一統志「故城今寧陵縣南」。縣志：南關外，俗呼甯王城」。

〔一二〕【補注】閻若璩曰：杞初封即在此，至先春秋時所徙，未知何所。惟隱四年，莒人伐杞，取牟婁。桓二年，杞侯來朝；七月伐杞，入之。其與今莒州及曲阜相鄰可知。桓六年，杞并淳于而遷都。僖十四年，遷緣陵。哀公時，又遷淳于。淳于，漢縣，屬北海，今安丘縣東北三十里。緣陵，漢北海營陵縣，今昌樂縣東五十里營丘城。案，安丘正在魯東北，杞先春秋而徙，故入春秋，邑輒爲莒得也。錢坫曰：杞，世家自東樓公至簡公，十九世，惟共公子德公，徐廣云世本作惠公。春秋傳又有成公，是惠公之子，世家無之，亦但有二十世也，與此不合。先謙曰：雍丘，春秋鄭地，宋敗鄭師於此，見左哀傳。戰國韓伐取之，見六國表、鄭、韓世家。又入魏，亦作雝丘，齊韓取以與宋，見燕策。復屬魏，始皇攻定之，見始皇紀。高帝與項羽破斬秦李由於此，見高紀、羽傳。續志後漢因。劉注「城內有神井，能興霧雹。有呂祿臺，有酈生祠」。睢水注「睢水自陳留來，東逕高陽故亭北。留，故鄉聚名也，酈食其所居。又逕雍丘縣故城北，秦始皇以爲縣，圈稱云『縣有五陵之名，故以氏縣』。城內有夏后祠。睢水東爲白羊陂，合姦梁陂水、洛架口水下入襄邑。姦梁陂水上承白羊陂水，東北逕雍丘城北，又東分爲雙溝，仍入白羊陂。洛架口水上承汳水，東南入睢」。又睢水注「渙水自陳留來，東南逕雍丘縣故城南，下入襄邑」。又汳水注「汳水自小黄來，東逕鳴雁亭南，左傳「衞伐鄭至於鳴雁」者也。杜預云「在雍丘縣西北」，今俗名白雁亭。續志在陳留下。又逕雍丘縣故城北，陽樂城南，西征記「城在汳北一里雍丘縣界」。又東，故渠出焉，南通睢水，謂之董生決，今無水。又東，枝津出爲洛架口水。見上。汳水下入外黄」。一統志「故城今杞縣治」。

〔一二〕【補注】先謙曰：秦縣，以地多酸棗，故名，見通典、元和志。春秋鄭地，騶帶與游吉盟此，見左傳。戰國魏文侯伐而城之，見魏世家。韓哀侯滅鄭，地入韓，爲都，見韓世家。旋入魏，故國策蘇秦云「魏有酸棗」。襄王時，河水決其郛，見紀年。始皇攻定之，見始皇紀。續志後漢因。劉注「左傳鄭廩延，延津在縣北。有棣城。有烏巢。城内有韓王故宫闕」。河水注「河水自河内武德來，東至酸棗縣西，濮水東出焉。孝文時，河決酸棗，東潰金隄，大發卒塞之，今無水。河水又東北，通謂之延津，下入東郡南燕」。又濟水注「別濮水受河於酸棗縣，杜預云『濮水出酸棗縣，首受河』。紀年『魏襄十年，大霖雨疾風，河水溢酸棗郛』。漢世塞之，故班固云『文堙棗野』。今無水，其故瀆東北逕南北二棣城間入濮渠。濮渠受濟自封丘來，東北左會別濮水，又逕酸棗縣故城南，圈稱云『酸棗以棘名邦』。漢官儀『舊河隄謁者居之』。濮水北積爲同池陂，濮渠下入南燕。酸水故瀆首受河於酸棗縣，東逕酸棗城北，延津南，爲酸水。下入南燕。北濟自河南陽武來，東逕酸棗縣之烏巢澤，北有故市亭。晉太康地記云『澤在酸棗之東南』。北濟下入封丘」。又渠水注「十字溝水自酸棗受河，導自濮瀆，歷酸棗下入河南陽武」。一統志「故城今延津縣北十五里」。

〔一三〕【補注】先謙曰：本春秋户牖，左傳吴囚子服景伯及户牖也。後爲鄭邑，戰國以致魏惠成王，見紀年。入秦爲户牖鄉，屬陽武，見陳平傳。漢置縣。續志後漢因。濟水注「南濟自小黄東，東逕東昏縣故城北，陽武之户牖鄉，陳平家焉。南濟下入濟陽」。平居庫上里，見蔡邕里社碑。一統志「故城今蘭陽縣東北二十里」。

〔一四〕【補注】錢大昭曰：司馬彪輿服志「衣裳玉佩備章采，乘輿刺史，公侯九卿以下皆織成，陳留襄邑獻之云」。先謙曰：淮水注「縣南有渙水，傳曰，睢渙之間出文章，天子郊廟御服出焉」。先謙案，楚取睢濊之間，蓋渙水一名濊水。

〔一五〕應劭曰：春秋傳曰「師于襄牛」是也。師古曰：圈稱云襄邑宋地，本承匡襄陵鄉也。宋襄公所葬，故曰襄陵。秦始皇以承匡卑濕，故徙縣於襄陵，謂之襄邑，縣西三十里有承匡城。然則應說以爲襄牛，誤也。【補注】先謙曰：後漢因，續志「有滑亭」。左傳「次於滑」。劉注「有桐門亭。有黃門亭」。陰溝水注「過水自寧陵來，東逕廣鄉城北。圈稱云襄邑有蛇丘亭，故廣鄉矣。下入淮陽苦」。又云「谷水首受渙於襄邑縣東，東逕承匡城東，下入寧陵」。又淮水注「渙水自雍丘來，東逕承匡城，又逕襄邑縣故城南，紀年『梁惠成王十七年，宋、衞、齊圍我襄陵』，即此。西有承匡城，春秋『會於承匡』者也。渙水下入寧陵。又自寧陵來，東逕鄫城北，春秋『魯仲孫蔑會齊、曹、邾、杞，次于鄫』。杜預云『襄邑縣東南有鄫城』。渙水下入傿」。又睢水注「睢水自雍丘來，東逕襄邑縣故城北，下入寧陵」。一統志「故城今睢州西二里」。

〔一六〕張晏曰：魏郡有内黃，故加外。臣瓚曰：縣有黃溝，故氏之也。師古曰：左氏傳云「惠公敗宋師于黃」，杜預以爲外黃縣東有黃城，即此地也。【補注】先謙曰：春秋宋黃邑，戰國屬魏，故國策蘇代曰「決白馬之口，魏無黃」。濟陽亦稱外黃，見魏世家。太子申過外黃，張耳爲魏外黃令，見耳傳，亦見項羽、彭越、樊噲傳。後漢因，續志「有葵丘聚。有曲棘里。有繁陽城」。汳水注「汳水自雍丘來，東逕外黃縣南，又逕大齊城南，陳留風俗傳云『外黃縣有大齊亭』。又逕科城北，傳曰，縣有科稟亭也。又逕小齊城南，下入成安」。又泗水注「黃水自小黃來，東逕外黃縣故城南，陳留風俗傳曰『縣南有渠水，春秋爲曲棘里，宋別都，春秋宋元公卒於曲棘是也』。華元居稷里。黃溝逕葵丘下，齊桓會諸侯於此。又注大澤，世謂之大齊陂。陂水下入濟陰定陶，一入鉅鹿貫，爲豐水上源」。一統志「故城今杞縣東六十里」。

〔一七〕【補注】先謙曰：後漢因，續志「有桐牢亭，或曰古蟲牢」。劉注「有狄溝，敗狄於長丘是也。有鞠亭，古鞠居」。濟水注「北濟自酸棗來，東逕封丘縣北，南燕縣之延鄉也，在春秋爲長丘，濮水出焉。見下。北濟下入浚儀。南濟自河南陽武來，東逕封丘縣南，下入浚儀」。又陰溝水注「陰溝水自河南卷來，東南逕封丘縣，絕濟瀆，下入浚儀」。一統志「故城今封丘縣治」。

〔一八〕【補注】王鳴盛曰：「洓」，南監本作「沛」是。先謙曰：都關，山陽縣。羊里水，瓠子河之別稱。濟水注「濮水上承濟水於封丘縣，即地理志所謂『濮渠水首受濟』者也。闞駰云『首受別濟，即北濟也』。濮渠故瀆自濟東北流，左迤爲高梁陂，方三里，下入酸棗」。

〔一九〕【補注】先謙曰：過陳留、東郡、濟陰、山陽，「三」當爲「四」。

〔二〇〕孟康曰：春秋傳「敗狄于長丘」，今翟溝是。

〔二一〕【補注】先謙曰：常惠國，宣帝封。

〔二二〕【補注】先謙曰：續志後漢省。濟水注「濮渠自長垣來，圈稱言縣有羅亭，故長羅縣也。後漢省，并長垣，有長羅澤，即吳季英牧豬處也。又有長羅岡，蘧伯玉岡。濮渠下入東郡濮陽」。一統志「故城今長垣縣北」。

〔二三〕應劭曰：古獄官曰尉氏，鄭之別獄也。臣瓚曰：鄭大夫尉氏之邑，故遂以爲邑。師古曰：鄭大夫尉氏，亦以掌獄之官，故爲族耳，應說是也。【補注】全祖望曰：鄭之尉氏，以其官氏而食邑於此，因以名獄，非獄在此也。先謙曰：縣見成紀。續志後漢因，劉注「有陵樹鄉，北有澤，澤有天子苑囿，有秦樂厩，漢諸帝以馴養猛獸」。渠水注「長明溝水自潁川長社來，東逕尉氏縣故城南，圈稱云『尉氏，鄭國之東鄙弊獄官名也，鄭大夫尉氏之邑』。溝瀆自是三分，一北爲康溝，東逕平陸縣故城北，高后孝景誤。封劉禮爲侯國。建武元年罷爲尉氏縣之陵樹鄉，故陳留風俗傳云『陵樹鄉故平陸縣也』。據此，前漢有平陸縣，或班氏失記。康溝水下入淮陽。扶溝又自扶溝來，東逕少曲亭，陳留風俗傳云『尉氏縣有少曲亭，俗謂之小城』。下仍入扶溝」。一統志「故城今尉氏縣治」。

〔二四〕應劭曰：「鄭伯克段于鄢」是也。師古曰：鄢音偃。【補注】洪亮吉曰：潁川有傿陵縣。郡國志「春秋時曰傿」。注「鄭共叔所保，故曰克段于鄢」。混兩縣爲一，誤，當以應說爲是。先謙曰：鄢故國，邔姓，鄭武公滅之，見周語韋注，互見「傿陵」下。楚襄王、秦昭王會此，見秦紀、楚世家。後漢改屬梁國，續志作「陽」。睢水注「睢水自寧陵來，歷鄢縣北，二城南北相去五十里，睢水下入梁睢陽」。又淮水注「渙水自襄邑來，東南逕鄢城北，新城南，又合明溝水，下入山陽薄」。一統志「故城今柘城縣北二十九里」。

〔二五〕孟康曰：春秋「會于匡」，今匡城是。【補注】先謙曰：春秋鄭首垣邑，魏惠成王時，致之魏，見紀年。趙肅侯攻之，見趙世家。亦稱垣，國策黃歇説秦王曰「并蒲、衍、垣也」。後漢因，續志「有匡城。次於匡，在縣西南，孔子所畏。有蒲城。會於蒲縣西南。有祭城」。劉注「會平丘，在縣西。有苑亭，衛人盟宛濮」。濟水注「濮渠自東郡白馬來，東絶馳道，逕長垣縣故城北，衛地也，故首垣矣，秦更從今名。陳留風俗傳云『縣有防垣，故縣氏之』。濮渠逕祭城北，鄭祭仲邑也。下入長羅」。一統志「故城今長垣縣東四十里」。

〔二六〕【補注】先謙曰：春秋衛邑，戰國鄭地，魏惠成王時，致之魏，見紀年。史記：春申君説秦王以臨仁平丘也。後漢因，續志「有匡。有黃池亭」。韓世家「宋取我黃池」，徐廣以爲在此。濟水注「北濟自封丘來，東過平丘縣南，故衞地，春秋『諸侯盟於平丘』者也。縣有臨濟亭，田儋死處，又有曲濟亭，又臨側濟水。北濟下入濟陽」。一統志「故城今長垣縣西南五十里」。

〔二七〕【補注】先謙曰：春秋鄭地，戰國屬魏，國策蘇代云「決白馬之口，魏無黃、濟陽」也。漢初，靳歙攻之，蓋秦邑。續志後漢因，劉注「有武父鄉，盟於武父。有都鄉，光武皇帝生」。濟水注「北濟自平丘來，逕武父城北，闞駰云『在縣西北，鄭邑也』。又逕濟陽縣故城北，圈稱云『縣故宋地也』。紀年『梁惠成王城濟陽』。景帝封梁孝王子明爲濟川王。北濟下入濟陰冤句。南濟自東昏來，東逕濟陽縣故城南，故武父城也。城在濟水之陽，故以爲名。南濟東逕戎城北，杜預云『濟陽縣東南有戎城』是也。又東北，菏水東出焉。南濟下入冤句。菏水上承濟水於濟陽縣東，爲五丈溝，下入濟陰定陶」。一統志「故城今蘭儀縣北五十里」。

〔二八〕【補注】先謙曰：安邑，河東縣，禹避商均於此，見世紀。儀封人，縣人，見地道記。西有榆關，故屬鄭，楚取之，仍以歸鄭，見六國表。三晉取楚大梁榆關，見楚世家。縣人張耳、陳餘，見本傳。續志後漢因。渠水注「本春秋之陽武高陽鄉，於戰國爲大梁國，梁伯之故居，後魏惠王都之，梁惠成王六年，徙都於大梁者也。秦滅魏，以爲縣。紀年『梁惠成王三十一年，爲大溝於北郛，以行圃田之水』。陳留風俗傳云『縣北有浚水，像而儀之，故曰浚儀』。余謂故汳沙爲陰溝，浚之故曰浚，其猶春秋之浚洙乎？漢之浚儀，水無他也，皆變名矣」。先謙案：顧祖禹云：「詩『爰有寒泉，在浚之下』。志云『今祥符縣西三十里有寒泉陂』。詩所謂浚水，爲汴所奪，故汴水經大梁北，亦兼浚水之名，蓋不始於漢也」。又云「渠水自河南陽武來，東南逕赤城北，左則故瀆出焉。秦王賁斷故渠，引水東南出，以灌大梁，謂之梁溝。渠水逕大梁城南，又北屈分爲二水，續述征記云『汳沙到浚儀而分也，汳東注，沙南流』。**沙即渠也**。渠水南逕梁王吹臺東，於此有陰溝、鴻溝之稱焉，楚漢分王，指是水以爲東西之別。晉志『浚儀有鴻溝，漢高祖、項羽欲分處』。又合汜水下入河南開封。汜水自河南中牟來，東逕大梁亭南，又逕梁臺南，入渠」。又濟水注「北濟自封丘來，東逕大梁亭之赤亭北而東注，下入平丘。南濟自封丘來，東逕大梁城北，又逕倉垣城下入小黃」。又陰溝水注「陰溝水自封丘來，至大梁合蒗蕩渠，梁溝既開，蒗蕩渠故瀆實兼陰溝、浚儀之稱。陰溝水東南逕大梁城北，左屈與梁溝合，俱東南流，同受鴻溝沙水之目，其川流之會左瀆東導者，即汳水也，蓋津源之變名矣，故經云『陰溝出蒗蕩渠』也。下入淮陽扶溝」。又汳水篇「汳水出陰溝於浚儀縣北」。注云「陰溝即蒗蕩渠也。或言汳受旃然水，又言丹沁亂流於武德，絶河南入滎陽，合汳，故汳兼丹水之稱。河濟水斷，汳承旃然而東。自王賁灌大梁，水出縣南，而不逕其北，夏水洪泛，則是瀆津通故渠，即陰溝也。於大梁北又曰浚水，故圈稱著陳留風俗傳云『浚水逕其北』也。又東，汳水出焉，故經云『汳出陰溝於浚儀縣北』也。汳水東逕倉垣城南，即縣之倉垣亭也。下入陳留」。一統志「故城今祥符縣西北」。

〔二九〕【補注】先謙曰：取慮，臨淮縣。渠水注「渠水又東南逕開封縣，睢、渙二水出焉」。又睢水（注）〔篇〕「睢水出梁郡鄢縣」。注云「睢水出陳留縣西蒗蕩渠，地理志曰『睢水首受陳留浚儀狼湯水』也，經言出鄢非矣。案睢水所出，在陳留縣之西，浚儀之東，故志繫之縣也。下入陳留」。

〔三〇〕【補注】先謙曰：過陳留、梁、山陽、沛、臨淮，「四」當爲「五」。

〔三一〕應劭曰：魏惠王自安邑徙此，號曰梁。師古曰：取慮，縣名也，音秋慮，取又音趨。

潁川郡，〔一〕秦置。〔二〕高帝五年爲韓國，六年復故。〔三〕莽曰左隊。〔四〕陽翟有工官。〔五〕屬豫州。〔六〕戶四十三萬二千四百九十一，口二百二十一萬九百七十三。縣二十：〔七〕陽翟，夏禹國。〔八〕周末，韓景侯自新鄭徙此。〔九〕戶四萬一千六百五十，口十萬九千。莽曰潁川。〔一〇〕昆陽，〔一一〕潁陽，〔一二〕定陵，有東不羹。〔一三〕莽曰定城。〔一四〕長社，〔一五〕新汲，〔一六〕襄城，〔一七〕有西不羹。〔一八〕莽曰相城。〔一九〕郾，〔二〇〕郟，〔二一〕舞陽，〔二二〕潁陰，〔二三〕崈高，武帝置，以奉太室山，是爲中岳。〔二四〕有太室、少室山廟。〔二五〕古文以崇高爲外方山也。〔二六〕許，故國，姜姓，四岳後，太叔所封，二十四世爲楚所滅。〔二七〕傿陵，戶四萬九千一百一，口二十六萬一千四百一十八。莽曰左亭。〔二八〕臨潁，莽曰監潁。〔二九〕父城，應鄉，故國，周武王弟所封。〔三〇〕成安，〔三一〕侯國也。〔三二〕周承休，侯國，元帝置，〔三三〕元始二年更名鄭公。〔三四〕莽曰嘉美。〔三五〕陽城，〔三六〕陽城山，洧水所出，東南至長平入潁，〔三七〕過郡三，行五百里。〔三八〕陽乾山，潁水所出，東至下蔡入淮，〔三九〕過郡三，行千五百里，荊州寖。〔四〇〕有鐵官。〔四一〕綸氏。〔四二〕

〔一〕【補注】先謙曰：據潁水注，郡治陽翟。續志後漢治同，劉注「雒陽東南五百里」。

〔二〕【補注】先謙曰：始皇十七年，盡納韓地爲郡，命曰潁川，見始皇紀、韓世家。吳卓信云：國策：游騰謂尚壽曰「公何不以秦爲韓，求潁川於楚」。據此，則潁川之名，不始於秦。

〔三〕【補注】先謙曰：韓王信王潁川，爲國，六年徙太原，則潁川仍爲郡，並見高紀。又云「罷潁川郡，頗益淮陽國」。非全罷也。全祖望謂「十一年屬淮陽國，惠帝元年復故」，非也。

〔四〕【補注】吴卓信曰：王莽傳「左隊大夫王吴」，後書郭惲傳「左隊大夫逯並」。

〔五〕【補注】先謙曰：官本考證云「工官」，監本訛「二官」，今改正。

〔六〕孟康曰：夏啟有鈞臺之饗，今鈞臺在南。【補注】先謙曰：續志後漢因，屬同。

〔七〕【補注】先謙曰：郡人鼂錯、賈山，見本傳。滿昌、堂谿惠，見儒林傳。

〔八〕【補注】先謙曰：潁水注「夏禹始封於此，爲夏國，故武王至周，曰吾其有夏之居乎！遂營洛邑」。金鶚云：禹都有二，始都陽城，即避舜子處，以爲都；後都晉陽，乃從堯舜所居之方。服虔左傳注云「堯居冀州，虞、夏因之」。鄭詩譜云「魏國，虞舜、夏禹所都之地」。魏與唐近，同在河北冀州，故祝鮀云「唐叔封於夏虛，啟以夏政」。例以上文，康叔封於殷虛，啟以商政，則禹都即唐國，杜注「今太原晉陽」是也。志於偃師曰殷湯所都，於朝歌曰紂所都，於故侯國皆曰國，今陽翟不曰夏禹都，而曰夏禹國，知禹不都陽翟矣。先謙案：金説與道元「夏禹始封於此」之文互相印證，足以發明班恉，惟涑水注不當云「安邑，夏都」，爲皇甫謐之説所亂，亦愛博之過也。劉昭直云「陽翟，禹所都」，誤矣。

〔九〕【補注】錢坫曰：韓世家「貞子徙平陽，哀侯徙新鄭」。不言景侯徙陽翟。姚鼐曰：韓之都三，平陽、陽翟、新鄭也。韓至哀侯，滅鄭，都新鄭。景侯乃哀侯曾祖，魏世家「景侯九年，鄭圍我陽翟」。安得有新鄭哉？當時韓北有平陽，南有陽翟，蓋包新鄭於腹中，迄哀侯滅鄭定居，故志於「新鄭」下云「韓自平陽徙都之」。蓋自景侯至哀侯，雖居陽翟，而平陽之爲都，猶南北并建，故於新鄭，尚可云自平陽徙於陽翟，必不可云自新鄭徙耳。先謙曰：此「景」字誤也。哀侯之後，有懿侯、昭侯，更後則稱王，或懿、昭有徙都之事，班氏書之，字誤爲「景」耳。潁水注「周末，韓景侯自新鄭徙都之」。承用志文，則酈氏所見漢書本已然矣。

〔一〇〕應劭曰：「夏禹都也。」臣瓚曰：「世本禹都陽城，汲郡古文亦云居之，不居陽翟也。」師古曰：「陽翟本禹所受封也。應、瓚之說皆非。」【補注】先謙曰：後漢因，續志「有鈞臺。有高氏亭。衛侵鄭高氏。有雍氏城」。楚侵鄭雍梁。先謙案，韓世家云「雍氏之旁」，亦見周紀。潁水注「潁水自陽城來，逕上棘城，左傳『楚伐鄭，城上棘以涉潁』者也。縣西有故堰，潁水枝流所出也。其故瀆東南逕三封山北，今無水，渠中有泉，流出爲嵎水，東逕三封山東，又東南逕大陵西連山，亦曰啟筮亭，啟享神於大陵之上，即鈞臺也。水積爲陂，謂之鈞臺陂。又逕夏亭西，下入郟。潁水自堨，東逕陽翟縣故城北，春秋『鄭伯突入於櫟』，宋忠云『今陽翟也』。潁水下入潁陽」。又汝水注「藍水出陽翟縣重嶺山，東南流，下入郟」。一統志「故城今禹州治」。

〔一一〕應劭曰：「昆水出南陽。」【補注】先謙曰：戰國魏地，魏世家：蘇秦說襄王「南有昆陽」。後入秦，信陵君傳：對安釐王云「秦昆陽也」。後漢因，續志「有湛水」。汝水注「昆水自南陽魯陽來，東南逕昆陽縣故城西，又屈逕城南，蓋藉水以氏縣，下入定陵。湛水自南陽犨來，東南逕昆陽縣北之蒲城北，東入汝。見襄城。周禮『荊州，其浸潁、湛』也」。又滍水注「滍水自南陽犨來，東南逕昆陽縣故城北，光武破王邑等於此。下入襄城」。一統志「故城今葉縣治。昆水俗名渾河，亦曰禹京河」。

〔一二〕應劭曰：「潁水出陽城。」【補注】先謙曰：秦縣。始皇紀「二十二年，高帝屠潁陽」。續志後漢因。潁水注「潁水自陽翟來，東南過潁陽縣西，應劭云『縣在潁水之陽，故邑氏之』。潁水下入潁陰」。一統志「故城今許州西南」。

〔一三〕【補注】周壽昌曰：陸氏釋文云「羹，漢地志作更」。是唐本漢書有因羹音近而譌「更」者。先謙曰：不羹，見左昭十一年傳。續志同。一統志「東不羹城，今舞陽縣西北」。

〔一四〕師古曰：「羹音郎。其後亦同。」【補注】先謙曰：續志後漢因。滍水注「滍水自襄城來，於定陵城北東入汝」。先謙案：本志「南陽魯陽」下，「滍水東北至定陵入汝」者也。又汝水注「昆水自昆陽來，東逕定陵城南，入汝」。先謙案：本志「魯陽」下，「昆水東南至定陵入汝」者也。又云「汝水自襄城來，東南逕定陵縣故城北，王莽更之曰定城矣。汝水右合湛水，左則百尺溝出焉。自定陵城北通潁水於襄城縣，潁盛則南播汝，泆則北注。溝之東有潭曰龍淵，溢則東注㶏水矣。汝水又合昆水，又逕奇額城西，後魏南潁川郡治。濆水出焉，亦名大㶏水。爾雅『汝有濆』。然則濆者，汝別也，是或濆、㶏聲近，亦或下合㶏潁，兼統厥稱耳。汝水下入郾。葉陂水、芹溝水並自潕陽來，東逕定陵縣南，東南入醴，疑呂忱所謂涀水也。下入郾」。㶏水注「㶏水自汝南㶏强來，潁水南有二瀆，南瀆東南流，歷臨潁亭西入汝，今無水，疑即㶏水之故瀆。汝水於奇額城西，別東派，時人謂之大㶏水，下入汝南召陵」。一統志「故城今舞陽縣北十五里」。

〔一五〕應劭曰：宋人圍長葛是也。其社中樹暴長，更名長社。師古曰：長讀如本字。【補注】先謙曰：春秋鄭地，戰國屬魏，昭襄王取之，見秦紀。樊噲攻之，見噲傳。後漢因，續志「有長葛城。一名葛城，見田齊世家。有向鄉。「諸侯師於向」，縣東北。有蜀亭。有蜀津」。「津」當爲「澤」。濁澤見趙魏世家。亦作「濁」，蜀、濁通用字。潩水注「潩水自河南密來，東南逕長社城西北，南濮、北濮二水出焉，俱東入洧，與洧過沙，枝流派亂，互得通稱，是以春秋遷城父人於陳，以夷濮西田益之。潩水下入潁陰。皇陂水出皇臺七女岡北，即古長社縣之濁澤也。北對雞鳴城，即長社縣之濁城也。陂水下入潁陰」。又洧水注「洧水自河南新鄭來，過長社縣北，合南濮、北濮二水。龍淵水分爲二，一東北注沙，一下入許。龍淵水出長社縣西北，有故溝，上承洧水，盛則通注龍淵，東逕長社縣故城北。後魏潁川郡治。京相璠云『長社北界有禀水』。又京杜地名並云長社縣北有長葛鄉，斯乃縣徙於南矣。然則是水即禀水也。又東南逕棘城北，左傳『楚伐鄭，次於棘澤』者也。禀水又東，左入洧」。又渠水注「康溝水首受洧水於長社縣東，東北逕向岡西，即鄭之向鄉也。合長明溝水，下入陳留尉氏。長明溝水自河南苑陵來，爲白雁陂，在長社縣東北，東西七里，南北十里，南流爲長明溝，東轉北屈，又東逕向城北，又右迆爲染澤陂，而東注蔡澤陂，下入尉氏」。一統志「故城今長葛縣西」。

〔一六〕師古曰：闞駰云，本汲鄉也。宣帝神爵三年置，以河内有汲，故加新也。【補注】先謙曰：續志後漢因，劉注「有匡城。衞侵鄭及匡。魯伐齊至曲洧，杜預云，縣治曲洧，城臨洧水」。洧水注「洧水自許來，東逕新汲縣故城北，宣帝置於許之汲鄉曲洧城。城在洧水南隄上，又右迆爲濩陂，下入淮陽扶溝。濩陂水上承洧水於新汲縣南，逕新汲縣故城東，又積爲濩陂，陂西北即長社城。濩陂下入扶溝」。一統志「故城今扶溝縣西南二十里，俗呼之曰離下村」。

〔一七〕【補注】先謙曰：春秋鄭地，後屬楚，戰國懷王時，秦取之，見六國表。秦紀作「新城」，地同。項羽攻拔之，見始皇紀。呂后封孝惠後宫子義爲侯國，見表。

〔一八〕【補注】先謙曰：續志同。一統志「在縣東南二十里，舊志：俗呼堯城」。

〔一九〕【補注】先謙曰：後漢因，續志「有汜城。有汾丘。楚策「汾陘之塞」，謂此及召陵陘山。有魚齒山」。劉注「左傳皋鼬在東南」。汝水注「汝水自郟來，東南逕襄城縣故城南，王隱云『楚靈王築』。說苑『襄城君始封之日，服翠衣，帶玉佩，徙倚於流水之上』，即是水也，後乃縣之。其城南對汜城，周襄出鄭居汜，即此城也。京相璠云『襄王居之，故曰襄城』。汝水又逕西不羹城南，又逕繁丘城，合湛水，見昆陽。下入定陵。養水自南陽魯陽來，東逕沙亭南，故養陰里也。郡國志『襄城有養陰里』。京相璠云『在襄城郟縣西南』。養水右會鄤溝水，又東北入東長湖，亂流注汝」。見郟。又潕水注「潕水自昆陽來，東逕西不羹亭南，亭北背汝水，潕水下入定陵」。又潁水注「潁水自潁陰來，歷岡丘城南，故汾丘城也，杜預云『在襄城縣東北』。潁水下仍入潁陰。瀙水出襄城縣之邑城下，東流下入潁陰」。一統志「故城今襄城縣治西墉之外，遺蹟連亘，達於城隅」。

〔二〇〕師古曰：音一戰反。【補注】先謙曰：續志後漢因。汝水注「汝水自定陵來，東南逕郾縣故城北，故魏下邑，亦見舞陽。史記『楚昭陽伐魏取郾』是也。又東合醴水，又東南流逕鄧城西，左傳『蔡侯、鄭伯會於鄧』者也。下入汝南上蔡。醴水自定陵來，東逕郾縣故城南，左入汝」。先謙案：本志「南陽雉」下「澧水東至郾入汝」者也。一統志「故城今郾城縣西南五里，道州城是」。

〔二一〕師古曰：音夾。【補注】先謙曰：春秋鄭地，鄭語「謝郟之閒」。後入楚，左傳「昭公時城之。楚王葬此，爲郟敖也」。章邯破陳勝將鄧龍於此，見始皇紀。縣人韓千秋，見南粵傳。續志後漢省。汝水注「汝水自成安來，東合張磨泉，又分爲西長湖，又合扈澗水，東長湖水，見襄城。又逕郟縣故城南，合激水、藍水、白溝水、龍山水，見文城。下入襄城。激水自父城來，東北至郟入汝。藍水自陽翟來，東南逕紀氏城西，在郟城西北十餘里，又逕黄阜東，而南入汝。白溝水出夏亭城西，又南逕龍城西北，即郟之摩陂。白溝水南入汝」。又潁水注「嵎水自陽翟來，東南爲郟之摩陂」。一統志「故城今郟縣治」。

〔二二〕應劭曰：舞水出南。【補注】先謙曰：戰國魏地，蘇秦説襄王「大王之地，南有許鄢舞陽」。秦葉陽、昆陽與舞陽鄰，見信陵君傳。高帝封樊噲爲侯國，見表。功臣親陽侯月氏表注「舞陽」，昌武侯趙安、稽潦侯王援、呰膫侯畢取注同，蓋曾析置新陽、昌武、潦膫同字。三縣。後漢因，續志加「邑」。汝水注「葉陂水自南陽葉來，東逕舞陽縣故城北，下入定陵。芹溝水自葉來，東逕潕陽城北，下入定陵」。又潕水注「潕水自南陽舞陰來，東北歷舞陽縣故城南，下入汝南西平」。潕即舞。應注「南」下脱「陽」字。一統志「故城今舞陽縣西」。

〔二三〕【補注】先謙曰：高帝封灌嬰爲侯國，見表。縣人灌夫，見本傳。後漢因，續志「有狐宗鄉，或曰古狐人亭。有岸亭」。劉注「有狼陂」。潁水注「潁水自潁陽來，南逕潁鄉城西，魏縣。潁陰縣故城在東北，潁水下入襄城。又自襄城來，逕繁昌縣北，曹丕受禪處。潁陰之繁陽亭也。潁水又東南逕青陵亭城，北枝入爲青陵陂。潁水、陂水並下入臨潁。漷水自襄城來，東入青陵陂」。又潩水注「潩水自長社來，南分二水，一南出，逕胡城東，潁陽縣之狐人亭也；南爲胡城陂。潩水東逕曲强城東，合皇陂水，又逕東、西武亭間，兩城相對，疑古岸門，史記所謂『走犀首于岸門』也，徐廣云『潁陰有岸亭』。韓世家「秦破我岸門」。又南逕射犬城東，鄭公孫射犬城也。又逕潁陰縣故城西，下入許。皇陂水自長社來，東南逕胡泉城北，潁陰縣之狐宗鄉也。又東合胡城陂水，入潩。宣梁陂水上承狼陂水於潁陰城西南，左傳『楚師於狼淵』也。下入許」。一統志「故城今許州治」。

〔二四〕【補注】先謙曰：元封元年置，詳武紀。釋山「嵩高爲中嶽」，又云「山大而高崧」。嵩、崧，說文所無。續志後漢省。「陽城」下云「有嵩高山」，據此，縣併入陽城。劉注「山海經謂爲太室之山。益避禹之子於箕山之陰，在嵩高北」。潁水注「五渡水導源崈高縣東北太室東溪，下入陽城縣，武帝置，俗謂之崧陽城」。一統志「故城今登封縣治」。

〔二五〕【補注】錢坫曰：戴延之西征記「東爲太室，西爲少室，相去十七里，名崈高」。水經注合而言之爲崈高，分而言之爲二室，西南爲少室，東北爲太室。先謙曰：宣帝神爵元年，定制廟祀，見郊祀志。

〔二六〕師古曰：崈，古崇字。【補注】先謙曰：劉注「鄭詩譜云，外方之山即崈也」。禹貢山水澤地篇「嵩高爲中嶽，在潁川陽城縣西北」。又云「外方山，崧高是也」。中岳、外方，今古文之異。

〔二七〕【補注】錢坫曰：孔潁達春秋傳正義引作「文叔」，杜預譜云「許，四岳伯夷之後也，周武王封其苗裔文叔于許」，則作「文叔」是也，「太」字誤。周壽昌曰：韓非子「許恃楚而不聽魏，楚攻宋而魏滅許」，則似許附於楚而滅於魏也。韓非戰國時人，當較確。春秋世族譜亦云「楚滅之」。先謙曰：說文「鄦」下云「炎帝，太岳之胤，甫侯所封，在潁川，從邑，無聲，俗作許」。說文自敘云「呂叔作藩，俾侯于許」。甫侯，呂姓，故呂刑一云甫刑，然則「文叔」即「呂叔」之字矣。戰國入魏，國策蘇秦說魏王「大王之地，南有許鄢」是也，然則魏滅爲是。田齊世家「伐晉、魯、葛及安陵」，是魯亦魏地，括地志以爲縣南四十里魯城。續志後漢因。洧水注「洧水自長社來，東逕縣，魏改許昌。故許男國也，穆天子傳所謂『天子見許男于洧上』者也。下入傿陵。又自傿陵來，東南逕桐丘城，左傳『鄭人將奔桐丘』，杜預云『許昌城東北，西南去許城可二十五里』。洧水下入新汲」。又潩水注「潩水自潁陰來，東南逕許昌城南，合宣梁陂水入潁」。先謙案：本志「河南密」下，「潩水南至臨潁入潁」者也。水會在二縣之交。注又云「狼陂水自潁陰來，東南入許昌縣，下入臨潁」。一統志「故城今許州西南」。

〔二八〕李奇曰：六國爲安陵。師古曰：傿音偃。【補注】徐松曰：謂克段及晉楚戰，皆此鄢陵者，元和志之說也。趙匡則以鄢爲鄔之誤，地在緱氏西南，閻若璩從之。然則克段者，緱氏之鄔，晉楚遇者，此傿陵。皆與陳留之傿陵無涉。先謙曰：官本注無「陵」字，引宋祁曰「安」下當添「陵」字。先謙案：魏世家所謂安陵氏也。齊宣公伐之，見田齊世家。高帝封朱濞爲侯國，見表。縣人孫寶，見本傳。後漢因，「傿」作「隝」。續志「春秋時曰隝」。劉注「鄭共叔所保，晉敗楚於隝陵」。然則此説不始元和志，鄢陵之戰，傳云「亡師於鄢」，是鄢陵亦單稱鄢，故致此誤。趙云作「鄔」，程恩澤駁之矣。洧水注「洧水自許來，東逕鄢陵縣故城南，六國爲安陵。昔秦求易地，唐雎受使於此。洧水合鄢陵南陂水，下仍入許」。又渠水注「蔡澤陂水出鄢陵城西北，晉楚相遇處也。陂東西五里，南北十里，下入淮陽扶溝」。一統志「故城今鄢陵縣西北，至許州七十五里」。

〔二九〕【補注】先謙曰：鄭城潁也，見左隱傳正義。續志後漢因。潁水注「潁水自潁陰來，東南歷臨潁縣而西注，小㶏水出焉。潁水東南逕皋城北，春秋之皋鼬也。潁水下入汝南㶏强。青陵陂水自潁陰來，東入臨潁縣狼陂」。又㶏水注「㶏水自陽城來，東南逕臨潁縣西北，小㶏水出焉。即上小㶏水。東逕臨潁縣故城北，下入汝南㶏强」。又潩水注「狼陂水自許來，逕巨陵城北，鄭大陵也。京相璠云『臨潁縣東北二十五里有巨陵亭』。又東爲宣梁陂，又東南入潩」。一統志「故城今臨潁縣西北十五里」。

〔三〇〕應劭曰：韓詩外傳：周成王與弟戲，以桐葉爲圭，「吾以此封汝」。周公曰「天子無戲言」。王應時而封，故曰應侯鄉，是也。臣瓚曰：吕氏春秋曰，成王以戲授桐葉爲圭以封叔虞，非應侯也。汲郡古文殷時已自有國，非成王之所造也。師古曰：武王之弟自封應國，非桐圭之事也。應氏之説蓋失之焉。又據左氏傳云「邘、晉、應、韓，武之穆也」，是則應侯，武王之子，又與志説不同。【補注】全祖望曰：周武王係成王，字誤作「武」。先謙曰：應説「故曰應侯」，下奪「應」字。春秋父城，楚地。見下。戰國入秦，秦客謂周最，以應爲太后養地，見周紀。魏襄王、秦惠文會此，見秦紀、魏世家。續志後漢因。汝水注「龍山水出龍山龍溪，北流際父城縣故城東，昔楚平王大城城父以居太子建，杜預云『即襄城之父城縣』也。龍山水合二水，又東北入汝。激水自南陽魯陽來，入父城縣，合桓水，下入郟。桓水自魯陽來，東北至父城縣北，右入激水」。又云「父城東南，湛水之北，山有長坂，名湛坂」。互見南陽犨。又滍水注「滍水自魯陽來，東逕應城南，故應鄉，應侯之國，詩所謂『應侯順德』者也。滍水合彭水、橋水，下入南陽犨。彭水自魯陽來，東北直應城，南入滍。橋水自魯陽來，東南逕應山北，又南逕應城西，戰國范睢封邑，謂之應水，入滍」。一統志「故城今寶豐東四十里，縣志：即父城，保應城今寶豐縣西南」。

〔三一〕【補注】錢坫曰：成安侯韓延年，表云「屬郟」，是地分郟縣置。先謙曰：陳餘稱成安君，見項羽紀，正義云「在潁川郡」。則地蓋秦邑。陳留郡亦有成安。

〔三二〕【補注】先謙曰：韓延年國，武帝封。郭忠，昭帝封。續志後漢省。汝水注「汝水自河南梁來，東逕成安縣故城北，世謂之白泉城，非也。汝水下入周承休」。一統志「故城今汝州東南三十里」。

〔三三〕【補注】錢大昭曰：姬延年所封，姬嘉初封周子男君，至初元五年，由君進爵，表注長社，蓋析長社置。

〔三四〕【補注】王念孫曰：「三」當爲「四」。汝水注引此已誤，平紀「元始四年，改周承休公曰鄭公」。漢紀同。恩澤侯表亦云「元始四年爲鄭公」。錢坫曰：「鄭」字誤。説文「邟，潁川縣」。後書黃瓊傳「潁川有周承休侯國，元始更名曰邟」，因其地有邟鄉是矣。徐松曰：趙一清云「黃瓊、袁紹皆封邟鄉侯。『鄭』是『邟』之誤」。

〔三五〕休音許虯反。【補注】錢大昭曰：「休」字上脱「師古曰」三字。先謙曰：續志後漢省。汝水注「汝水自成安來，東爲周公渡，藉承休之徽號，而有周公之嘉稱也。又合黃水，下入郟。黃水出梁山，東南逕周承休縣故城東，爲承休水。縣故子南國也，世謂之黃城水，或曰黃水，皆非也。其水逕梁瞿鄉西，爲黃陂，東入汝」。一統志「故城今汝州東二十六里」。

〔三六〕【補注】先謙曰：陽城，見孟子。春秋鄭地，戰國韓哀侯取之，桓惠王時，爲秦所拔，見鄭、韓世家。秦縣，縣人陳涉，見涉傳。高帝戰雒陽，東還至此，見高紀。功臣湘城侯敞屠洛、散侯董舍吾表並注「陽城」，蓋嘗析置湘城、散二縣。又汝南亦有陽城侯國。後漢因，續志「有負黍聚」。戰國鄭地，敗韓兵於此，鄭君乙時，負黍反，歸韓，遂滅。鄭桓惠王時，秦拔之，見鄭、韓世家。劉注「有啟母冢」。一統志「故城今登封縣東南三十五里，俗名之爲告成鎮」。

〔三七〕【補注】先謙曰：長平，汝南縣。洧水篇「洧水出密縣西南馬嶺山」，注云「亦云出潁川陽城山，山在縣東北，蓋馬嶺之統目焉」。下互見河南密。說文亦云「洧水出河南密縣西南馬領山，東南入潁」。一統志「陽城山在今登封縣東北，舊志：俗名車嶺山」。

〔三八〕【補注】先謙曰：過潁川、河南、淮陽、汝南，「三」當爲「四」。

〔三九〕【補注】先謙曰：下蔡，沛郡縣。說文「潁水出潁川陽乾山，東入淮」。與志合。潁水篇「潁水出陽城縣西北少室山」。注云「潁有三源：右水出陽乾山之潁谷，春秋潁考叔爲其封人；中水導源少室通阜，東南逕負黍亭東，亦或謂是水爲潩水，與右水合；左水出少室南溪，東合潁水，故作者互舉二山。潁水東合五渡水，逕陽城縣故城南，昔禹避商均，伯益避啟，並於此，亦周公以土圭測日景處。縣南對箕山，山上有許由冢。潁水東合龍淵水、平洛水，又東出陽關，下入陽翟。五渡水自崈高來，東南逕陽城西，入潁。龍淵水導源龍淵，東南流，逕陽城北，入潁。平洛水出玉女臺下平洛澗，入潁。呂忱云『勺水出陽城山』，蓋斯水也」。一統志「陽乾山在今登封縣西南，舊志少室山正南」。

〔四〇〕【補注】先謙曰：過潁川、汝陽、沛。

〔四一〕師古曰：乾音干。洧音于軌反。【補注】先謙曰：續志「有鐵」。伊水注「狂水東出陽城縣之大萿山，下入綸氏」。又潩水注「潩水出陽城縣少室山，東流注潁亂流，下入臨潁」。案，即潁水注所稱中水導源少室通阜，或云潩水者也。故酈云亂流矣。

〔四二〕【補注】先謙曰：春秋鄭邑，楚吾得及秦伐鄭，圍之，見紀年。後漢因，續志作「輪氏」，云「建初四年置」，疑復之誤。陳實傳亦作「輪氏」。吴卓信云：後書注及括地、元和諸志，並以爲即夏少康綸邑，非也。綸在梁國虞城縣。伊水注「狂水自陽城來，西逕綸氏縣故城南，合倚薄山水、八風溪水、三交水，下入河南新城。倚薄山水出倚薄山，南逕綸氏縣故城東，入狂水。八風溪水出八風山，南流逕綸氏縣故城西，又西南入狂水」。一統志「故城今登封縣西南七十里」。

地理志第八上二

汝南郡，〔一〕高帝置。〔二〕莽曰汝汾。〔三〕分爲賞都尉，〔四〕屬豫州。〔五〕户四十六萬一千五百八十七，口二百五十九萬六千一百四十八，〔六〕縣三十七：〔七〕平輿，〔八〕陽安，〔九〕陽城，侯國。〔一〇〕莽曰新安。〔一一〕灈强，〔一二〕富波，〔一三〕女陽，〔一四〕鮦陽，〔一五〕吴房，〔一六〕安成，〔一七〕侯國。〔一八〕莽曰至成。〔一九〕南頓，故頓子國，姬姓。〔二〇〕朗陵，〔二一〕細陽，〔二二〕莽曰樂慶。〔二三〕宜春，侯國。〔二四〕莽曰宣孱。〔二五〕女陰，〔二六〕故胡國，都尉治。〔二七〕莽曰汝墳。〔二八〕新蔡，〔二九〕蔡平侯自蔡徙此，〔三〇〕後二世徙下蔡。〔三一〕莽曰新遷。〔三二〕新息，莽曰新德。〔三三〕灈陽，〔三四〕期思，〔三五〕慎陽，〔三六〕慎，〔三七〕莽曰慎治。〔三八〕召陵，〔三九〕弋陽，侯國。〔四〇〕西平，有鐵官。莽曰新亭。〔四一〕上蔡，故蔡國，周武王弟叔度所封。度放，成王封其子胡，〔四二〕十八世徙新蔡。〔四三〕寖，〔四四〕莽曰閏治。〔四五〕西華，莽曰華望。〔四六〕長平，〔四七〕莽曰長正。〔四八〕宜禄，莽曰賞都亭。〔四九〕項，故國。〔五〇〕新郪，莽曰新延。〔五一〕歸德，侯國。宣帝置。〔五二〕莽曰歸惠。〔五三〕新陽，〔五四〕莽曰新明。〔五五〕安昌，侯國。〔五六〕莽曰始成。〔五七〕安陽，侯國。〔五八〕莽曰均夏。〔五九〕博陽，侯國。〔六〇〕莽曰樂家。〔六一〕成陽，〔六二〕侯國。〔六三〕莽曰新利。〔六四〕定

陵。〔六五〕高陵山，汝水出，東南至新蔡入淮，〔六六〕過郡四，行千三百四十里。〔六七〕

〔一〕【補注】閻若璩曰：郡先書平輿縣，卻不爲治。治上蔡縣，以翟方進傳知之。其傳首敘次，與賈誼傳正同。元和志謂治平輿者非。汝水注於上蔡縣云「漢高祖四年置汝南郡」，又於平輿縣云「東漢汝南郡治」。是元和志所言，誤以東漢爲西漢也。先謙曰：續志「後漢治平輿」，劉注「雒陽東南六百五十里」。

〔二〕【補注】全祖望曰：故屬秦潁川、南陽二郡。楚漢之際屬楚國，高帝四年屬漢，分置，十一年屬淮陽國，十二年復故。景帝二年，別爲汝南國，四年復故。置郡之年，見水經注。蓋漢既得潁川、南陽，故不待楚亡已分置矣。

〔三〕【補注】周壽昌曰：「汾」當爲「墳」，汝南故爲汝墳地，於汾無涉。觀下「女陰」，莽曰「汝墳」可證。水經注作「汝墳」。

〔四〕【補注】錢大昕曰：王莽傳有「賞都大尹王欽」。則賞都郡名，後人誤添尉字耳。宜禄縣，莽改曰賞都亭，亦賞都爲郡名之一證。

〔五〕【補注】先謙曰：續志後漢因。屬同。

〔六〕【補注】徐松曰：三國志陳羣傳注引漢書地理志「汝南爲上郡，有三十餘萬户」。與今本異，或字之誤。

〔七〕【補注】先謙曰：見侯表者，有終弋、安平、承陽三縣無考。郡人尹更始，見儒林傳。

〔八〕應劭曰：故沈子國，今沈亭是也。輿音豫。【補注】錢坫曰：續志「沈，姬姓」。管蔡世家「武王封弟季載于冉」。春秋傳作「郍」。唐書宰相世系表、廣韻並云「文王第十子聃季食采於沈，即汝南平輿、沈亭，字亦爲邥」。案古「聃」字從「冉」，「耽」字從「冘」，「聃」、「耽」同字。「沈」字亦從「冘」，故與「郍」通。是沈即季載之國。先謙曰：蔡滅沈，見左定傳。後入楚。王翦至平輿，虜荆王，見始皇紀。續志後漢因。劉注「有摯亭，見説文」。汝水注「汝水自上蔡來，合溱水，見宜春。又東南逕平輿縣南，下入安成。蔡塘水自上蔡來，東逕平輿縣故城南，爲澺水。縣，舊沈國也，楚以爲縣，史記『秦李信攻平輿，敗之』者也。澺水又東南，左迆爲葛陂，陂方數十里，東出者爲鮦水，下入鮦陽。澺水自葛陂東南出，下入新蔡」。一統志「故城今汝陽縣東南六十里」。

〔九〕應劭曰：道國也。今道亭是。【補注】先謙曰：成帝封丁明爲侯國，見表。後漢因，續志「有道亭，故國」。在縣南。劉注「有朔山」。一統志「故城今確山縣東北」。

〔一〇〕【補注】先謙曰：劉德國，宣帝封。又潁川亦有陽城。

〔一一〕【補注】先謙曰：續志後漢省。一統志「故城今汝陽縣界」。

〔一二〕應劭曰：濦水出潁川陽城。師古曰：濦音於謹反，又音殷。【補注】先謙曰：續志後漢因。「濦」，說文作「㶏」，云「水出潁川陽城少室山，東入潁。從水，㥯聲」。濦水篇「濦水出濦强縣南澤中，東入潁」。注云「濦水出陽城縣少室山」，與說文合也。注又云「小濦水自潁川臨潁來，東逕濦陽城北，又逕濦强縣故城南，爲陶樞陂。小濦水止此。余按濦陽城在濦水南，然則此城應爲濦陰城，而有濦陽之名，明在南猶有濦水，故此城以「陽」爲名矣。大濦水下入潁川定陵」。又潁水注「潁水自臨潁來，東逕濦陽城南。紀年云『孫何取濦陽』，濦强城在東北。潁水又合濦水，下入西華」。一統志「故城今臨潁縣東。濦水今殷水，一名沙水」。

〔一三〕【補注】先謙曰：後漢因。續志「永元中復」。淮水注「谷水上承富水，東南流，爲谷水。東逕原鹿縣故城北，後漢縣。又逕富波縣故城北，俗謂之成閭亭，非也。地理志『汝南郡有富陂縣，世祖封王霸爲富陂侯』。十三州志『漢和帝永元九年分汝陰置多陂塘以溉稻，故曰富陂』。谷水下入汝陰」。據此，後漢省併汝陰，後復置。引二志及霸傳皆作「陂」。波、陂通用。一統志「故城今阜陽縣南」。

〔一四〕應劭曰：汝水出弘農，入淮。師古曰：女讀曰汝，其下汝陰亦同。【補注】先謙曰：續志後漢因。「女」作「汝」。潁水注「潁水自西華來，南過女陽縣北，縣故城南有汝水枝流，故縣得厥稱。闞駰云『本汝水別流，其後枯竭，號曰死汝水，故其字無水』。余謂汝、女乃方俗之音，字隨讀改，未必如闞氏之說，以窮通損字也。潁水東合大濦水，下入博陽」。又云「汝水別瀆自召陵來，東逕西門城，即南利，宣帝封廣陵厲王子昌爲侯國。表注汝南。縣北三十里有孰城，號曰北利。故瀆出於二利之間，間關汝陽之縣，世名死女縣，取水名，故曰汝陽也。下入南頓」。又濦水注「大濦水自西華來，東逕女陽縣故城北，入潁」。一統志「故城今商水縣西北」。吴卓信云：汝寧府附郭汝陽縣，隋析上蔡置，非漢縣。

〔二五〕應劭曰：在鮦水之陽也。孟康曰：鮦音紂。【補注】王引之曰：孟康音鮦爲紂，紂下或多紅反二字，乃後人妄加，有七證以明之。玉篇「鮦直壟切，又直久切」。「直久」正切「紂」字，而獨無「紂紅」之音。若孟康音紂紅反，則自魏以來相承之音，不應缺略。今玉篇有直久而無紂紅，則孟音紂可知。證一。廣韻一東「鮦，徒紅切」。引爾雅「鰹，大鮦」。二腫「鮦，直隴切，魚名」。皆未引鮦陽縣。至四十四有「鮦，除柳切」，始云「鮦陽縣在汝南」。集韻、類篇竝與廣韻同。是地理志之鮦陽，孟但音紂。證二。顔注高紀云「鮦陽音紂。蓮勺音酌」。當時所呼别有意義，豈得即定其字以爲正音乎？然則鮦陽音紂，師古方不解其意，則其爲孟音而非師古所刱甚明。證三。後書陰興傳「汝南之鮦陽」，吴祐傳「鮦陽侯相」，李注竝云「鮦音紂」。晉書地理志「汝陰郡鮦陽」。何超音義云「鮦音紂」。若孟音紂紅反，而師古音紂，二子不應舍自古相承之音，而從近代一人之臆見。即不以音紂爲非，亦當兼存紂紅之音。而紂外更無他音，則孟康與師古竝音紂，證四。御覽州郡部河南道引漢志「鮦陽屬汝南郡，鮦音紂」。此是引孟康之音，非引師古之音，而紂下亦無紅反二字。證五。左襄四年傳釋文「鮦陽，孟康音紂，直九反」。若孟康音紂紅反，釋文何得言孟音直九反？證六。又景祐本、汪本地理志「鮦音紂」下原無「紅反」二字，則此二字之妄加，實自明監本始。證七。汲古閣本亦無「紅反」二字，蓋從舊本。説者皆謂鮦從同聲，不當音紂。不知紂字古音在幽部，同字古音在東部，東部多與幽部相通。如大戴禮勸學篇以從、由爲韻，楚辭天問以龍、遊爲韻。又齊風南山篇「衡從其畝」，韓詩「從」作「由」，昭五年左傳「吴子使其弟蹶由犒師」，韓子説林篇「由」作「融」，説文「東北曰融風」，易通卦驗「融」作「調」，見隱五年左傳正義。調從周聲，古讀若稠。而小雅車攻篇、楚辭離騷、七諫、韓子揚搉篇，竝以同與調韻。銅從同聲。而史記衛青傳「大當户銅離」。徐廣云，一作「稠離」，漢書作「調」，雖同與調、稠同聲，則與紂聲相近，故銅從同聲，而亦讀如紂。說文銅讀若絝襱。襱，从衣，龍聲。或作襩，從衣，賣聲。賣字古音在幽部，龍字古音在東部，則字即是東、幽兩通之字。銅讀若襱，固宜其轉入幽韻而音紂矣。洪範「曰雺」之「雺」，音武工反。而其字以矛爲聲。尻字以九爲聲。而吕氏春秋觀表篇注讀如「穹窮」之「穹」，此諧幽部之聲而讀入東部也。牢字古讀若留，而說文「從冬，省聲」。峱字從狃聲，古讀與狃近。而齊風「遭我乎峱之間兮」。漢書地理志引作「嶩」，其字以農爲聲，此諧東部之聲而讀入幽部也。又何疑於銅之音紂乎？先謙曰：官本「紂」下多「紅反」二字，沿監本之誤。續志後漢因。劉注「有葛陂鄉」。「楚武王冢」。汝水注「葛陂水自平輿來，東爲鮦水，俗謂之三丈陂，亦曰三嚴水，逕鮦陽縣故城南。應劭云『縣在鮦水之陽』。鮦陂東注爲富水，津渠交絡，枝布川隰矣。下入富波」。富波下入淮水注。又潁水注「汝水別瀆自南頓來，東南逕鮦陽城北，下入瀙」。一統志「故城今新蔡縣東北七十里」。

〔一六〕孟康曰：本房子國。楚靈王遷房於楚，吳王闔閭弟夫概奔楚，楚封於此爲堂谿氏。以封吳，故曰吳房，今吳房城堂谿亭是。【補注】先謙曰：周語「昭王取於房」。項羽紀作「吳防」，「防」乃「房」之誤。高帝封楊武爲侯國，見表。後漢因，續志「有棠谿亭」。劉注「有吳城」。灈水篇「灈水出吳房縣西北奧山，東過縣北，入汝」。注云「縣西北有棠谿城，灈水合白羊淵水，下入灈陽」。又瀙水注「瀙水自南陽潕陰來，東過吳房縣南，下入灈陽」。一統志「故城今遂平縣西四十里」。棠谿城，遂平縣西北百里」。

〔一七〕【補注】先謙曰：戰國魏安城，秦取之。見秦紀。

〔一八〕【補注】先謙曰：王崇國，元帝封。

〔一九〕【補注】先謙曰：後漢因，續志作「安城」。有武城亭」。汝水注「汝水自平輿來，東南逕安成縣故城北，合南陂水，見慎陽。下入新蔡」。一統志「故城今汝陽縣東南七十里」。

〔二〇〕應劭曰：頓迫於陳，其後南徙，故號南頓。故城尚在。【補注】先謙曰：續志後漢因。潁水注「谷水上承平鄉諸陂，東北逕南頓縣故城南，側城東注，左傳所謂『頓迫於陳而奔楚』，自頓徙南，故曰南頓也。今其城在頓南三十餘里。谷水下入項」。又云「汝水別瀆自女陽來，東逕南頓縣故城北，下入鮦陽」。一統志「故城今項城縣北五十里」。

〔二一〕應劭曰：朗陵山在西南。【補注】先謙曰：續志後漢因。劉注：左傳「楚拒晉桑隧」，縣東桑里亭。汝水注「溱水出浮石嶺北青衣山，亦曰青衣水。東南逕朗陵縣故城西，又南屈，逕其縣南，下入宜春」。一統志「故城今確山縣西南三十五里」。吴卓信云：朗陵山一名月明山。

〔二二〕【補注】先謙曰：夏侯嬰益食細陽千户，見嬰傳，蓋秦邑。功臣信成侯王定表注「細陽」，蓋嘗析置信成縣。

〔二三〕師古曰：居細水之陽，故曰細陽。細水本出新郪，郪音千私反。【補注】錢坫曰：後漢於此分征羌縣。范滂傳「汝南征羌人」。謝承書云「細陽人」。先謙曰：續志後漢因。潁水注「新溝水自新陽來，至細陽入細水。細水自新郪來，南逕細陽縣，合新溝水，又東南逕細陽縣故城南，又積而爲陂，謂之次塘。又屈而西南入潁，其枝分爲上吴、百尺二水，亦南入潁。見慎。地理志曰『細水出細陽縣東南，入潁』」。先謙案，今志無此文。説文作「洇水」。又案，潁水注「征羌縣，故召陵縣之安陵鄉安陵亭也」。續志亦云「有安陵亭」。然則征羌非分細陽置，錢説非。一統志「故城今太和縣東」。吴卓信云：在茨河西岸。茨河即細河。

〔二四〕【補注】先謙曰：衛伉國，武帝封。王昕，昭帝封。

〔二五〕【補注】先謙曰：後漢因。續志加「北」。汝水注「溱水自朗陵來，東北逕〔北〕宜春縣故城北。豫章有宜春，故加『北』矣。溱水又逕馬香城北，入汝」。見平輿。一統志「故城今汝陽縣西南六十里」。

〔二六〕【補注】先謙曰：高帝封夏侯嬰爲侯國，見表。

〔二七〕【補注】先謙曰：都尉亦見成紀。

〔二八〕【補注】先謙曰：後漢因。續志作「汝陰」。劉注「有陶丘鄉。詩所謂『汝墳』」。潁水注「潁水自項來，東南逕胡城東，故胡子國。定公十五年，楚滅之。杜預曰『汝陰縣西北有胡城也』。潁水又合汝水枝津，東逕汝陰縣故城北，縣在汝水之陰，故以汝水納稱。城西有一城，故陶丘鄉也。潁水下入慎，汝水枝津自𥨍來，逕胡城南，而東歷汝陰縣故城西北，入潁」。又淮水注「淮水自期思來，東合谷水、潤水，下入六安安風。谷水自富波來，東於汝陰城東南注淮。潤水首受富波，東南流爲高塘陂，又東注焦陵陂。其北出爲鯛陂。陂水潭漲引瀆，北注女陰，四周隍塹，下入潁水，其東注爲潤水，逕汝陰縣東荆亭北入淮」。一統志「故城今阜陽縣治」。吳卓信云：有二城：南城周五里餘，相傳故女陰城。北城周四里餘，相傳即胡國城。

〔二九〕【補注】先謙曰：宣帝甘露三年，鳳皇集。見紀。

〔三〇〕【補注】吳卓信曰：左昭十一年傳「楚滅蔡，平王立，復封蔡，於是隱太子之子廬歸於蔡，是爲平侯」。徙此當在其時。事不見經傳，惟見杜氏釋例。

〔三一〕【補注】錢坫曰：吳遷昭侯於州來，即下蔡也。宋忠謂平侯徙下蔡者非。

〔三二〕【補注】吳卓信曰：後書郅惲傳注引謝承書「新遷都尉，辟鄭敬爲功曹」即此。先謙曰：後漢因。續志「有大呂亭」。**故呂侯國**。汝水注「汝水自安成來，東逕櫟亭北，春秋之棘櫟也，杜預云『縣東北有櫟亭』。今城在新蔡故城西北，城北半淪水。汝水又東南，逕新蔡縣故城南。又左合澺水，又逕下桑里，左迆爲横塘陂，又東北爲青陂，又逕壺丘城北，左傳『楚克陳壺丘』是也。又東合青陂水，逕後漢之褒信、原鹿二縣城入淮」。先謙案：本志「定陵」下，汝水至新蔡入淮，明二縣分新蔡置也。青陂水自新息來，東逕遂鄉東南爲壁陂，又爲青陂。陂東對大呂亭，又分爲二，一南入淮，一東北屈逕壺丘東入汝。澺水自平輿來，由葛陂東南逕新蔡縣故城東，入汝。一統志「故城今新蔡縣治」。

〔三三〕孟康曰：故息國，其後徙東，故加新云。【補注】先謙曰：說文「息」作「鄎」。續志後漢因。淮水注「淮水自安陽來，東逕故息城南。左傳『息侯伐鄭，鄭伯敗之』者也。下入弋陽，又自弋陽來，東逕新息縣故城南，又合慎水、申陂水、壑水、申陂枝水、青陂水、黄水，又東北逕褒信縣故城北，後漢縣。下入期思。慎水自慎陽來，東南逕息城北入淮，爲慎口。申陂水上承申陂於新息縣北，東南分爲二，一蓮湖水，南入淮。枝水逕陽亭入淮。青陂水自慎陽來，東逕新息亭北爲綢陂，又東逕新息縣爲牆陂，下入新蔡」。一統志：「故城今息縣東。舊志云，有新息里。又縣西南十五里有古息里，即息侯國」。

〔三四〕應劭曰：灈水出吴房，東入㶏也。師古曰：灈音劬。㶏音楚人反，又音楚刃反。【補注】先謙曰：續志後漢因。灈水注「灈水自吴房來，東逕灈陽縣故城西，入㶏」。又㶏水注「㶏水自吴房來，東過灈陽縣南，合灈水縣之西北，即兩川之交會也。下入上蔡」。一統志「故城今遂平縣東南。灈水在縣北五里，一名石羊河」。

〔三五〕師古曰：故蔣國。【補注】先謙曰：春秋楚地，見左文傳。孫叔敖爲其鄙人，見荀子、吕覽。高帝封貢赫爲侯國，見表。後漢因。續志有「蔣鄉，故蔣國」。淮水注「淮水自新息來，東過期思縣北。縣，故蔣國，周公之後也。楚滅爲縣。淮水又過原鹿縣南，後漢縣。合汝水，又合浉水，下入女陰」。一統志「故城今固始縣西北。蔣鄉在縣東」。

〔三六〕應劭曰：慎水出東北，入淮。師古曰：慎字本作滇，音真，後誤爲慎耳。今猶有真丘、真陽縣，字並單作真，知其音不改也。闞駰云，永平五年，失印更刻，遂誤以「水」爲「心」。【補注】先謙曰：高帝封樂説爲侯國，見表。索隱引如淳曰「音慎」。如氏見字作「滇」，音爲慎耳。今表引如説作「音震」，疑又顏所改。若闞駰合作「順陽」，續志作「滇陽」。洪頤煊云：據此，闞駰謂誤以水爲心，是改「順陽」作「慎陽」，川、水篆形相近，滇陽又慎陽之譌字也。後書黄憲傳「汝南慎陽人」。李注「南陽有慎陽國。而流俗書此作順〔陽〕者誤」。即闞駰本。續志後漢因。淮水注「慎水出慎陽縣西，東逕縣故城南，縣取名焉。慎水積爲燋陂。陂水又東南爲上慎陂，中慎陂、下慎陂，皆與鴻郤陂水散流。其陂首受淮川，左結鴻陂，下入新息也」。又汝水注「南陂水首受慎水於慎陽縣故城南陂。陂水兩分：一自陂北繞慎陽城四周城壍，流注北陂；一東北積爲鲖陂，又承北陂，東北流爲窖陂、壁陂、太陂，東入汝」。見安成。又云「青陂水上承慎水於慎陽縣之上慎陂右溝，北注馬城陂，下入新息」。一統志「故城今正陽縣北四十里。慎水在縣南一里」。

〔三七〕【補注】先謙曰：功臣安遠侯鄭吉表注「慎，蓋嘗析置安遠縣」。

〔三八〕【補注】先謙曰：續志後漢因。潁水注「潁水自女陰來，東南流，左合上吴、百尺二水及江陂水，逕慎縣故城南。縣故楚邑，白公所居以拒吴。左傳『吴人伐慎，白公敗之』。潁水又逕蜩蟟郭東，又東南入淮。左傳『楚子次于潁尾』。蓋潁水之會淮也」。先謙案：本志潁川陽城下潁水，東至下蔡入淮者也。潁、淮水會在慎縣、下蔡、壽春之間。淮水注引見壽春下。注又云「江陂水受大漴陂水，積爲江陂，南逕慎城西，側城南入潁」。一統志「故城今潁上縣西北四十里江口鎮」。

〔三九〕師古曰：即桓公伐楚，次於召陵者也。召讀曰邵。【補注】先謙曰：黄帝南伐至此。見封禪書。後爲楚地，秦惠文王伐取之。見秦紀。後漢因。續志「有陘亭，齊伐楚，次陘。先謙案，即秦策「楚魏交戰」之陘山也。蘇秦説韓南有陘山。有安陵鄉」。劉注「有鄧城，楚、蔡公盟於鄧」。潁水、㶏水注「汝水自潁川、定陵來，於奇額城西，別東派爲大㶏水，東北流，汝水枝瀆出焉。上承汝水別瀆於奇額城東三十里，世謂之死汝。東南逕召陵縣故城南，城内有大井，徑數丈，水至清深。闞駰云『召者高也。其地丘墟，井深數丈，故以名焉』。汝水枝津又逕故召陵縣之安陵鄉安陵亭，後漢征羌縣。下入女陽。大㶏水注亦稱別汝。東北逕召陵城北，練溝出焉。又東，汾溝出焉。又逕征羌城北，小㶏水又一小㶏水。即鞏水，合汾陂水、青陵陂水西注之。大㶏水下入西華。練溝水上承汝水別流，於奇額城東，東南逕召陵縣西，下入上蔡」。一統志「故城今郾城縣東三十五里」。

〔四〇〕應劭曰：弋山在西北。故黄國，今黄城是。【補注】先謙曰：任宫國，昭帝封。後漢因。續志「有黄亭，故黄國，嬴姓」。淮水注「淮水自新息來，東逕浮光山北，亦曰扶光山，即弋陽山也。俯映長淮，每有光輝。下仍入新息。新息在淮北，弋陽山在淮南。壑水出白沙山，東北逕柴亭，西爲柴水。又合潭溪水，東逕黄城西，故弋陽縣也。城内有二城，西即黄城也。柴水東北入淮，爲柴口。黄水出黄武山，東北流，合木陵關水即左傳之穆陵。南史俱作「木」。又東逕晉西陽城南，又東北逕弋陽郡東，有虞丘郭。黄水又東北入淮，爲黄口。淠水出弋陽縣南垂山，西北流，歷陰山關西北出山。又東北得詔虞水口，西北去弋陽虞丘郭二十五里。又東北入淮，俗名白鷺水」。一統志「故城今光州西。黄城在今州西十二里。浮光山在今光山縣西北八十里，一名浮弋山」。

〔四一〕應劭曰：故柏子國也，今柏亭是。【補注】先謙曰：有遂陽鄉，見五行志。後漢因。續志「有鐵」。潕水注「潕水自潁川舞陽來，東過西平縣北，縣故柏國也。左傳所謂『江黄道柏』，漢曰西平，其西呂墟，即西陵亭也。西陵平夷，故曰西平縣。有龍泉水，可以砥礪刀劍，是以龍泉之劍爲楚寶也。潕水下入上蔡」。一統志「故城今西平縣西四十五里師靈鎮。又西七十五里冶鑪城，韓王鑄劍處。蘇秦説韓王『韓有劍戟出於棠谿』，今縣西棠谿村也。漢、晉皆置鐵官」。

〔四二〕【補注】先謙曰：詳管蔡世家。

〔四三〕【補注】先謙曰：平侯也。見新蔡下。戰國楚地，嘗爲郡，楚世家云「上蔡之郡也」。紀年「魏章帥師及鄭伐楚，取上蔡」，是後旋入魏。越世家亦云「上蔡不安也」。縣人翟方進，見本傳。續志後漢因。瀙水注「瀙水自灈陽來，東過上蔡縣南入汝」。先謙案，本志南陽舞陰下，瀙水東至蔡明脱「上」字。入汝者也。又汝水注「汝水自潁川郾來，東南合潕水，又過上蔡縣西。九江有下蔡，故稱上。案九江是沛郡之誤。汝水又東逕懸瓠城北，後魏汝南郡治。合汝水枝流，下入平輿。練溝水自召陵來，東南流，至上蔡西岡北，爲黄陵陂，陂水東流於上蔡岡東爲蔡塘，下入平輿」。又潕水注「潕水自西平來，東過定潁縣北，後漢分上蔡置。入汝」。一統志「故城今上蔡縣西十里」。

〔四四〕【補注】先謙曰：秦蒙恬大破荆軍於此。見王翦傳。

〔四五〕應劭曰：孫叔敖子所邑之寑丘是也。世祖更名固始。師古曰：寑音子衽反。【補注】劉奉世曰：案後淮陽國已有固始，此寑疑自别地。全祖望曰：仲馮以淮陽國别有一固始縣，故疑此寑非孫叔敖所封，非也。汝南之寑，實與淮陽之固始接，皆春秋時寢丘之地。世祖并淮陽之固始入於陽夏，而以汝南之寢爲固始，志不盡詳，故啟仲馮之疑。先謙曰：續志「固始故寢也。光武中興，更名，有寢丘」。潁水注「潁水別瀆自鮦陽來，東逕邸鄉城北，又逕固始縣故城北。縣故寑也。寑丘在南，故藉丘名縣矣。枝汝下入汝陰」。案，孫叔敖事見呂覽及滑稽傳。一統志「故城今沈丘縣東南三十里」。

〔四六〕【補注】先謙曰：續志後漢因。潁水注「潁水自濦強來，東過西華縣北。有東，故言西矣。縣北有習陽城。潁水逕其南，下入女陽」。又濦水注「大濦水即別汝，自召陵來，東逕西華縣故城南，下入女陽」。一統志「故城今西華縣南」。

〔四七〕【補注】先謙曰：戰國魏地。國策：「芒卯曰，秦王欲魏長平」。始皇攻定之，見始皇紀。武帝封衞青爲侯國，見表。

〔四八〕【補注】先謙曰：後漢改屬陳國。續志「有辰亭。有赭丘城」。劉注「宋華氏戰於鬼閻，西北有閻亭」。洧水注「洧水自淮陽扶溝來，東南逕辰亭東，春秋楚、陳、鄭盟於辰陵。京相璠云『長平有故辰亭』。洧水又南逕長平縣故城西，又分爲二：一東爲五梁溝，逕習陽城北、赭丘南，丘上有故城。續志所謂赭丘城也。又逕長平城南注滂陂。洧水南出爲雞籠水，東逕習陽城西，西南入潁。地理志曰『洧水至長平入潁』者也」。又渠水注「渠水即沙水，自淮陽扶溝來，東逕長平縣故城北，下入淮陽陳」。一統志「故城今西華縣東北十八里」。

〔四九〕【補注】錢坫曰：莽以子臨爲賞都侯，當即其地。先謙曰：後漢因。續志「永元中復」。渠水注「明水上承沙水，枝津東出，逕宜禄縣故城北，東北入陽都陂。陽都陂水下入新陽」。一統志「故城今沈丘縣北」。

〔五〇〕【補注】先謙曰：項羽家世楚將，封項。見羽傳。續志後漢因。潁水注「潁水自新陽來，東南逕項縣故城北。春秋魯滅項是矣。潁水又東，右合谷水，又逕臨潁城北。此別一臨潁，非潁川之臨潁縣。又逕丘頭，又東南於故城北合細水，下入女陰。谷水自南頓來，東逕項城中，楚襄王所郭，以爲別都。內西南小城，項縣故城也。後魏潁州治。

谷水東出城入潁」。一統志「故城今項城縣東北」。

〔五一〕應劭曰：秦伐魏，取郪丘。漢興爲新郪。章帝封殷後，更名宋。臣瓚曰：光武既封殷後於宋，又封新郪。師古曰：封於新郪，號爲宋國耳，瓚説非。【補注】先謙曰：魏策蘇秦説魏，南有新郪。則非漢改是名也。一名郪丘，安釐王時爲秦所拔，見魏世家。後漢改宋。續志「有繁陽亭」。楚師繁陽。潁水注「細水自新陽來，東南逕縣故城北，成帝詔封殷後於此，以存三統。平帝改曰宋公，章帝建初四年徙邑於此，故號新郪爲宋公國矣。細水下入細陽」。一統志「故城今太和縣北七十里」。吴卓信云：俗訛宋王城。

〔五二〕【補注】先謙曰：先賢撣國，宣帝封。

〔五三〕【補注】先謙曰：續志後漢省。李兆洛云「當在今潁州府境」。

〔五四〕【補注】先謙曰：吕臣起此，見陳涉傳。高帝封吕青爲侯國，見表。

〔五五〕應劭曰：在新水之陽。【補注】先謙曰：續志後漢因。潁水篇「潁水東南至新陽縣北」。注云「潁水自淮陽陳來，合新溝水，自是東出。潁上有堰，謂之新陽堰。新溝自潁北東出，縣在水北，故應劭云『縣在新水之陽』。渠水注亦云新溝水注「潁爲交口，水次有大堰，即古百尺堰，俗呼山陽堰，非也。蓋新水首受潁於百尺溝，故堰兼有新陽之名。以是推之，悟故俗謂之非矣」。今縣城在東，明潁水不出其北，蓋經誤耳。潁水自堰東南流，下入項。細水上承陽都陂，枝分東南出爲細水，東逕新陽縣故城北，下入新郪。新溝水首受交口，東北逕新陽縣故城南，故應劭曰『縣在新水之陽』。今無水，故渠舊道而已。東入澤渚，下入細陽」。又渠水注「陽都陂水即沙水，自淮陽寧平來，東南流爲細水。東逕新陽縣北，又東，高陂水出焉。沙水又分爲二枝津，下入沛郡譙。沙水下入沛城父」。一統志「故城今太和縣西北六十里，舊志俗呼信陽城」。

〔五六〕【補注】先謙曰：張禹國，成帝封。

〔五七〕【補注】先謙曰：續志後漢省。沔水注「（洞）〔澗〕水出安昌縣故城東北大父山，西南流爲白水。又南逕安昌故城東，屈逕其縣南。縣，故蔡陽之白水鄉也。白水左會昆水，下入南陽蔡陽。昆水出城東南小山，西南流，逕縣南，又西入白水」。先謙案：白水鄉又分爲春陵縣，見南陽春陵下班注。一統志「故城今確山縣西」。

〔五八〕【補注】先謙曰：淮陽厲王子勃國，文帝封。周左車，景帝封。王音，成帝封。

〔五九〕應劭曰：故江國，今江亭是。【補注】先謙曰：續志後漢因。淮水注「淮水自成陽來，東逕安陽縣故城南，江國也，嬴姓，今其地有江亭，漢乃縣之。淮水又合漸水、谷水，下入新息」。一統志「故城今正陽縣西南」。

〔六〇〕【補注】先謙曰：郱吉國，宣帝封。表屬南頓，是博陽分南頓置。功臣平通侯楊惲表注「博陽」，蓋嘗析置平通縣。

〔六一〕【補注】趙一清曰：「樂家」，水經注、三國、晉書俱作「樂嘉」。先謙曰：續志後漢省。潁水注「潁水自女陽來，東南逕博陽縣故城東，城在南頓縣北四十里。潁水下入淮陽陳」。一統志「故城今商水縣東北四十里」。

〔六二〕【補注】先謙曰：戰國楚地。楚策所謂「襄王流揜於成陽」也。

〔六三〕【補注】先謙曰：奚意國，高帝封。趙臨，成帝封。楚思王子衆，平帝封。趙臨，表注「新息」，是成陽分新息置。

〔六四〕【補注】先謙曰：續志後漢省。淮水注「淮水自南陽平氏來，東北逕成陽縣故城南，後魏城陽郡治。又合大木水、湖水下入安陽。大木水出大木山，東逕成陽縣北入淮」。一統志「故城今信陽州東北」。

〔六五〕【補注】先謙曰：續志後漢省。案潁川亦有定陵，後漢因，在汝水南。此在汝水北。一統志「故城今郾城縣西北六十里」。

〔六六〕【補注】先謙曰：淮南子「汝出猛山」。高注「猛山一名高陵山，在汝南定陵縣」，蓋本漢志爲說。汝水篇「汝水出河南梁縣勉鄉天息山」。據酈注，梁縣乃汝水所經，非水源也。案注云「地理志曰『出高陵山』，即猛山也」。此用班、高二説，而不明言山所在之郡縣。又云「亦言出南陽魯陽縣之大盂山，又言出弘農盧氏還歸山。博物志云『汝出燕泉山』。並異名也」。此則廣引衆説，而云「並異名」，意在爲班解紛。又云「今汝水西出魯陽縣之大盂山蒙柏谷，西即盧氏界也」。則明以出魯陽盧氏爲是。又云「其水東屈堯山西嶺下，水流兩分：一逕堯山南爲滍水；一東北出爲汝水」。案班志「魯陽」下自注「魯山，滍水所出」。竊疑高陵即大盂之異名，酈説可信。而此注「高陵山，汝水出」十三字，亦本當在「魯陽」下。自漢世轉寫，即已誤移於此，後人莫能是正耳。定陵、新蔡，一出一入，同在本郡。若汝水出定陵爲漢志元文，班氏烏得謂「過郡四」乎？餘詳「魯陽」下。

〔六七〕【補注】先謙曰：過南陽、河南、潁川、汝南。

南陽郡，〔一〕秦置。〔二〕莽曰前隊。屬荆州。〔三〕户三十五萬九千一百一十六，口一百九十四萬二千五十一。〔四〕縣三十六：〔五〕宛，〔六〕故申伯國。有屈申城。〔七〕縣南有北筮山。〔八〕户四萬七千五百四十七。〔九〕有工官、鐵官。莽曰南陽。〔一〇〕犨，〔一一〕杜衍，〔一二〕莽曰閏衍。〔一三〕酇，侯國。〔一四〕莽曰南庚。〔一五〕育陽，有南筮聚，在東北。〔一六〕博山，侯國。〔一七〕哀帝置。故順陽。〔一八〕涅陽，〔一九〕莽曰前亭。〔二〇〕陰，〔二一〕堵陽，〔二二〕莽曰陽城。〔二三〕雉，〔二四〕衡山，澧水所出，東至郾入汝。〔二五〕山都，〔二六〕蔡陽，〔二七〕莽之母功顯君邑。〔二八〕新野，〔二九〕筑陽，故穀伯國。〔三〇〕莽曰宜禾。〔三一〕棘陽，〔三二〕武當，〔三三〕舞陰，〔三四〕中陰山，瀙水所出，東至蔡入汝。〔三五〕西鄂，〔三六〕穰，〔三七〕莽曰農穰。〔三八〕酈，〔三九〕育水出西北，南入漢。〔四〇〕安衆，侯國。〔四一〕故宛西鄉。〔四二〕冠軍，武帝置。故穰盧陽鄉、〔四三〕宛臨駣聚。〔四四〕比陽，〔四五〕平氏，〔四六〕禹貢桐柏大復山在東南，淮水所出，東南至淮陵入海。〔四七〕過郡四，〔四八〕行三千二百四十里，青州川。〔四九〕莽曰平善。〔五〇〕隨，故國。〔五一〕厲鄉，故厲國也。〔五二〕葉，楚葉公邑。〔五三〕有長城，號曰方城。〔五四〕鄧，故國。〔五五〕都尉治。〔五六〕朝陽，莽曰厲信。〔五七〕魯陽，有魯山。〔五八〕

古魯縣，御龍氏所遷。〔五九〕魯山，滍水所出，東北至定陵入汝。〔六〇〕又有昆水，東南至定陵入汝。〔六一〕舂陵，侯國。〔六二〕故蔡陽白水鄉。上唐鄉，故唐國。〔六三〕新都，侯國。〔六四〕莽曰新林。〔六五〕湖陽，故廖國也。〔六六〕紅陽，侯國。〔六七〕莽曰紅俞。〔六八〕樂成，侯國。〔六九〕博望，〔七〇〕侯國。〔七一〕莽曰宜樂。〔七二〕復陽，侯國。〔七三〕故湖陽樂鄉。〔七四〕

〔一〕【補注】先謙曰：釋名「在中國之南而居陽地，故以爲名」。閻若璩云：郡治宛，以地理志、翟方進、王莽傳知之。又高紀「南陽守齮戰敗於犨，東走，保城守宛」，是秦已治宛。王鳴盛云：據翟義傳「以南陽都尉行太守事，行縣至宛」，若南陽太守治宛，則不得言「行縣至」矣，知宛非太守治也。周壽昌云：南陽都尉，治在鄧。翟義以都尉行太守事，由鄧行縣至宛耳，王説未審。先謙案：續志後漢治同。劉注「雒陽南七百里」。

〔二〕【補注】先謙曰：昭襄王三十五年置，見秦紀。習鑿齒襄陽記「秦兼天下，自漢以北爲南陽郡」。全祖望云：楚漢之際屬楚國，高帝二年屬漢。

〔三〕【補注】周壽昌曰：莽傳有前隊大夫甄阜、前隊屬正梁丘賜。又「詔左隊大夫王吳，率十萬衆追措前隊醜虜」，即謂光武。先謙曰：續志後漢因，屬同。

〔四〕【補注】宋祁曰：「户三十」當作「户四十」。朱一新曰：汪本「口一百」作「口三百」。

〔五〕【補注】先謙曰：見王子侯表者，有路陵。見功臣表者，有特轅、隨桃、涉都。見外戚表者，褒新、廣陽，共六縣無考。郡人直不疑，見本傳。

〔六〕【補注】先謙曰：春秋戰國楚地，百里奚亡秦走此，見秦紀。文種爲令，范蠡，縣三户人，見會稽典録。秦昭襄王攻楚，取之。又入韓，秦拔之，以封公子市。楚頃襄王與秦會此。見秦紀，楚、韓世家。高帝圍宛，見高紀。

〔七〕【補注】先謙曰：續志劉注「有申亭」。

〔八〕【補注】王念孫曰：南陽府地無北筮山。山當爲聚筮，即澨字也。淯水注「淯水左右舊有二澨，所謂南澨、北澨。澨者，水側之濆，楚辭九歌注，澨，水涯也。聚在淯陽之東北」。下文育陽有南筮聚，則此當爲北筮聚明矣。

〔九〕【補注】錢大昭曰：閩本作四十萬，誤。

〔一〇〕【補注】先謙曰：後漢因。續志「有南就聚。有瓜里津。有夕陽聚。有東武亭」。淯水注「淯水自西鄂來，南逕預山東，又西爲瓜里津，水上有三梁，謂之瓜里渡。又南逕宛城東，其城故申伯之都，楚文王滅申以爲縣。大城西南隅即古宛城，淯水屈逕縣南，南都賦言『淯水蕩其胸』也。又合梅溪水，下入育陽。梅溪水出縣北紫山，南逕百里奚故宅，又逕宛西吕城東。史記『吕尚先祖爲四岳，虞夏之際，受封於吕』，徐廣云『吕在宛縣』。高后封吕忿爲吕城侯，疑即此。梅溪水下入杜衍」。一統志「故城今南陽縣治」。

〔一一〕師古曰：音昌牛反。【補注】先謙曰：春秋鄭犫陵，入楚，伯州犁城之，見左襄、昭傳。高祖破秦軍於此，見高紀、曹參、樊噲傳。有博望鄉，爲何武汜鄉侯國，見武傳。蓋嘗析置汜鄉縣。續志後漢因。滍水注「滍水自潁川父城來，東逕犫縣故城北，出魚齒山下，又合犫水，下入潁川昆陽。犫水二源，東源出縣西南踐犢山，東北流，逕犫縣南，屈逕縣東，合西源。西源出縣西南頗山，東北流，逕犫城西，屈逕縣北，合東水亂流入滍」。又汝水注「湛水出犫縣北魚齒山，亦分屬潁川襄城、父城。爲湛浦，方五十餘步。水北亦枕翼山阜於父城東南。湛水之北有長阪，蓋春秋之湛阪也。下入潁川昆陽」。一統志「故城今魯山縣東南五十里」。

〔一二〕【補注】先謙曰：高帝封王翳爲侯國，見表。外戚恩澤高武侯傳喜、宜陵侯息夫躬表並注「杜衍」，蓋嘗析置高武、宜陵二縣。縣人杜周，見本傳。

〔一三〕【補注】先謙曰：續志後漢省。淯水注「梅溪水自宛來，南逕杜衍縣東，故城在西，土地墊下，湍溪是注。古人於安衆堨之，令游水是瀦，謂之安衆港。梅溪水又南爲石橋水，又曰女溪，南入淯」。一統志「故城今南陽西南二十三里」。

〔一四〕【補注】先謙曰：蕭慶國，武帝封。

〔一五〕孟康曰：音讚。師古曰：即蕭何所封。【補注】錢大昕曰：蕭何初封，本是沛郡之鄼，其後嗣乃封南陽之酇。師古於此，殊未了了。先謙曰：續志後漢因。沔水注「沔水自筑陽來，東南過酇縣西南縣治故城，南臨沔水，謂之酇頭。沔水下仍入筑陽」。一統志「故城今光化縣北」。

〔一六〕應劭曰：育水出弘農盧氏，南入于沔。【補注】先謙曰：後漢因。續志加「邑」，「有小長安，有東陽聚」。盧氏所出有兩育水：「盧氏」下班注之育水，乃水經之均水，至順陽入沔者也。此育水即水經之淯水，至鄧入沔者也。淯水注「淯水自宛來，水南有南就聚。案淯水左右舊有二澨，所謂南澨、北澨者，水側之濆聚，在淯陽之東北。考古推地則近矣。淯水屈南入縣，逕小長安，又西南逕其縣故城南，後漢淯陽郡。下入新野」。先謙案：據酈注，南就即南澨也。聚在宛、育陽二縣界。一統志「故城今南陽縣南六十里」。

〔一七〕【補注】先謙曰：孔光國，表注「順陽」。

〔一八〕應劭曰：漢明帝改曰順陽，在順水之陽也。師古曰：順陽舊名，應説非。【補注】陳景雲曰：據孔光傳，封侯後十日，哀帝始即位，則博山封邑置自成帝，非哀帝也。吴卓信曰：平當傳「察廉爲順陽長」，此舊名順陽之證。先謙曰：後漢改順陽。續志「故博山，有須聚」。應説「改」上少一「復」字，致干顔駁耳。丹水注「丹水自弘農丹水來，南逕南鄉縣故城東北，後漢南鄉郡，晉順陽郡南鄉縣。又東逕南鄉縣北，逕流兩縣間，歷於中之北，所謂商於者也。又南合均水，謂之析口」。先謙案：本志弘農丹水下「丹水東至析入鈞」者也。南鄉立於建安中，班氏時地蓋隸弘農析縣。又均水注「均水自弘農析來，南逕南鄉縣，合丹水，互見筑陽。又逕順陽縣西。應劭云『縣在順水之陽』，今於是縣，無聞於順水矣。西有石山，南臨均水，又入沔，爲均口」。先謙案：本志「弘農盧氏」下，「〔育〕〔淯〕水南至順陽入沔」者也。一統志「故城今淅川縣東」。紀要「東北三十里順陽保」。

〔一九〕【補注】先謙曰：呂騰國，高帝封。最，武帝封，見表。

〔二〇〕應劭曰：在涅水之陽。師古曰：涅音乃結反。【補注】先謙曰：續志後漢因。湍水注「涅水出涅陽縣西北岐棘山，東南逕縣故城西，下入安衆」。案馬融廣成頌謂之涅池。一統志「故城今鎮平縣南。涅水今照河」。

〔二一〕師古曰：即春秋左氏傳所云「遷陰於下陰」者也，與酇相近。今襄州有陰城縣，縣有酇城鄉。【補注】先謙曰：汪士鐸云「陰在酇之東南」。續志後漢因。沔水注「沔水自筑陽來，東南逕陰縣故城西，又合洛溪水，下仍入筑陽。洛溪水出縣西北集地陂，東南逕洛陽城入沔」。一統志「故城今光化縣西」。紀要「今漢水西岸古縣城是」。

〔二二〕【補注】先謙曰：縣人張釋之，見本傳。

〔二三〕韋昭曰：堵音者。【補注】先謙曰：縣在秦名陽城，見曹參傳注。莽復故。續志後漢因。沔水注「漢水自漢中長利來，東過堵陽縣，合堵水爲堵口。又爲澇灘，爲淨灘，下仍入長利。堵水自漢中上庸來，東逕方城亭南，又東北歷嵾山下，北逕堵陽縣南入漢」。又淯水注「堵水自棘陽來，南逕小堵鄉，謂之小堵水。東源方七八步，騰湧若沸，世謂之騰沸水。南流逕堵鄉爲堵水，以水氏縣，故有堵陽之名也。地理志曰『縣有堵水』。今志無此文。堵水於縣堨以爲陂，南注爲二灣：西爲堵水，東爲榮源。堵水流結兩湖，有東陂、西陂之名。二陂所導，其水枝分東南，至會口入比。是以地理志堵水、比水皆入蔡，互受通稱故也。今志無堵水入蔡之說。即比水入蔡，亦應劭語。二湖合爲黄水，下仍入棘陽」。又潕水注「榮水上承堵水東流，合東、西遼水，下入潕陰」。一統志「故城今裕州東六里」。

〔二四〕【補注】先謙曰：秦縣，見干寶搜神記。續志後漢因。淯水注「淯水自酈來，東南流歷雉縣之衡山，東逕百章郭北，合魯陽關水，下入博望。魯陽關水自魯陽來，歷衡山西南，逕雉縣故城南，又屈而東南入淯」。又溠水注「房陽川水出雉縣西，房陽川北入溠」。見魯陽。又潕水注「澧水出雉衡山東南流，下入葉」。此入潕，非下文澧水。一統志「故城今南召縣南」。

〔二五〕師古曰：舊讀雉音弋爾反。而太康地志云，即陳倉人所逐二童子名寶雞者，雄止陳倉爲石，雌止此縣，故名雉縣。疑不可據也。䣊音屋。【補注】齊召南曰：漢無䣊縣，以水經注證之，「䣊」字自是「郾」字之訛。郾，潁川郡屬縣也，然師古云「郾音屋」，則唐初本已訛矣。錢大昕曰：郾即今河南郾城縣。自師古誤釋廣韻、集韻，始出「郾」字，云地名在南陽，皆謬也。先謙曰：説文「澧水出南陽雉衡山東，入汝」，與志合。汝水注作「醴」，云「醴水出雉縣，亦云導源雉衡山，瀙水注同。即山海經衡山也。郭景純以爲南岳，非也。馬融廣成頌曰『面據衡陰』，指謂是山在雉縣界，故世謂之雉衡山。東流歷唐山下，又東南合皋水，下入葉」。

〔二六〕【補注】先謙曰：高帝封王恬開爲侯國，見表。續志後漢因。沔水注「沔水自筑陽來，東爲漆灘、山都，與順陽、筑陽分界於此。又過山都縣東北。沔南有固城，城側沔川，即山都縣治也。舊南陽之赤鄉，秦以爲縣。沔北有和城，即郡國志武當之和城聚。案地形，此和城去武當遠，中隔酇、陰、筑陽三縣，無緣遠屬武當，必非劉注之和城，道元蓋誤。山都縣舊嘗治此，故亦謂是處爲故縣灘」。沔水下入南郡襄陽」。一統志「故城今襄陽縣西北」。

〔二七〕【補注】先謙曰：戰國魏地，秦昭襄王取之，見秦紀。

〔二八〕應劭曰：蔡水所出，東入淮。【補注】吳卓信曰：通志「莽母城在今信陽州城北」。先謙曰：續志後漢因。劉注「有松子亭，下有神陂，魚不可得」。沔水注「濜水出襄鄉縣後漢立，今棗陽縣東北。東北陽中山，西逕襄鄉縣故城北，又逕蔡陽縣故城東，入白水。白水自汝南安昌來，合濜水，西逕蔡陽縣城南。應劭云『蔡水出蔡陽東，入淮』。今於此城南更無別水，惟是水可以當之。川流西注，苦其不東，且淮源阻礙，山河無相入之理，蓋應誤耳。白水西南入沔，亦曰洞水」。見南郡襄陽。先謙案：比水注「比陽縣城南，有蔡水注比。比水又南會澧水。澧與淮同出桐柏山而流別」，應氏所説，疑此水也。然其地去蔡陽闊遠。趙一清以爲房陵之淮山、淮水、蔡陽、中廬相距不遠，説亦近似。但既以比水注之，蔡水爲是。則蔡水與淮山、淮水實不相入，不如道元之言爲覈實耳。又溳水篇「溳水出蔡陽縣」。注云「溳水出縣東南大洪山，山在隨之西南，竟陵之東北，廣圓百餘里，溳水出其陰。以溳水所導，亦謂之溳山。東北流合石水，下入春陵。石水出大洪山，東北入溳爲小溳水。均水亦出大洪山，東北入溳。見春陵。于支水亦出大洪山，東入溳」。見隨。一統志「故城今棗陽縣西南」。

〔二九〕【補注】先謙曰：功臣陽信侯劉揭、外戚恩澤高樂侯師丹、新甫侯王嘉、陽新侯鄭業信、新字通。表注「新野」，蓋嘗析置高樂、新甫、陽新三縣。後漢因。續志「有黄郵聚」。淯水注「淯水自育陽來，南入新野縣。枝津分派，東南出，隰衍苞注，左積爲陂，東西九里，南北十二里。陂水所溉，咸爲良沃。淯水又合湍水，又逕新野縣故城西，晉新野郡。東合朝水、棘水，又逕士林戍東，水左有豫章大陂，灌田三千許頃。淯水下入鄧。朝水出赤石山下，入冠軍。棘水自棘陽來，南逕新野縣，歷黄郵聚爲黄郵水，自縣東而南流入淯」。又湍水注「湍水自安衆來，東南至新野縣西北，分爲鄧氏陂，東入淯」。又白水注「白水自朝陽來，東逕新野縣，南入淯」。又比水注「比水自新都來，西至新野縣，合南長、板橋二水入淯。板橋水自湖陽來，至縣入南長水。南長水上承唐子、襄鄉諸陂水西南流，至新野縣，合板橋水入比」。一統志「故城今新野縣南」。

〔三〇〕【補注】先謙曰：一統志「穀城縣西北穀山有穀伯墓」。高后封蕭延爲侯國，見表。

〔三一〕應劭曰：筑水出漢中房陵，東入沔。師古曰：春秋云「穀伯綏來朝」是也。今襄州有穀城縣，在筑水之陽。筑音逐。【補注】先謙曰：後漢因。續志「有涉都鄉」。劉注「北四里有開林山，西北有鼂山」。沔水注「沔水自武當來，東南過涉都城北，故鄉名也。武帝封南海守降侯子嘉爲侯國。沔水合均水下入酇，又自酇來，逕穀城南，城在穀城山上，穀伯綏之邑也。墉闉頹毀，基塹亦存。沔水下入陰，又自陰來合汎水。又南逕闕林山東，又逕筑陽縣東，合筑水，下入山都。筑水自漢中房陵來，東南逕筑陽縣，又東逕筑陽縣故城南。縣故楚附庸也。秦平鄢郢，立以爲縣。筑水又入沔爲筑口。汎水自漢中上庸來，東逕汎陽縣故城南，晉分筑陽立。自縣以上，山深水急，枉渚崩湍，水陸徑絶。又逕學城南，梁州大路所由也。汎水又入沔爲汎口」。先謙案：闕林疑即開林，開、闕形近，劉注誤也。又均水篇「均水南當涉都邑北，入沔」。互見博山。先謙案：酈注及志言至順陽入沔。沔水注又云，均水於涉都入沔，爲均口。順陽在沔南，涉都在沔北，非有異也。筑水源流已具本志房陵下自注，顔引應説複出。又粉水注「粉水自房陵來，至筑陽縣西入沔爲粉口」。一統志「故城今穀城縣東」。

〔三二〕應劭曰：在棘水之陽。【補注】先謙曰：戰國時黃棘，楚懷王、秦昭王會此，見楚世家。高帝封杜得臣爲侯國，見表。後漢因。續志「有藍鄉。有黃淳聚」。劉注「東北百里有謝城」。淯水注「堵水出棘陽縣北山，數源並發，下入堵陽，又自堵陽來，合爲黃水，逕縣之黃淳聚爲黃淳水，又南逕棘陽縣故城西。應劭云『縣在棘水之陽』，是知斯水爲棘水也。棘水下入新野」。又比水注「謝水出謝城北，至城漸大，城周回側水，申伯之都邑，詩所謂『申伯番番，既入于謝』〔者〕也。俗名淳灒水，其城之西，舊棘陽縣治，故亦謂之棘陽城也。謝水下入新都」。一統志「故城今新野縣東北」。

〔三三〕【補注】先謙曰：功臣平陵侯蘇建、范明友表注「武當」。蓋嘗析置平陵縣。後漢因，續志「有和城聚」。劉注「有女思山，南二百里。有武當」。沔水注「沔水自漢中長利來，東北流，又屈東南，過武當縣，縣北四十里，水中有洲，名曰滄浪洲。又東爲佷子潭。又東南逕武當縣故城北，合平陽川水，又逕縣故城東，合曾水，又逕龍巢山下，山在沔水中。下入筑陽。平陽川水出縣北伏親山，南入沔。曾水出縣南武當山，一曰太和山，發源山麓，越山陰，東北入沔爲曾口」。一統志「故城今均州北。武當山在州南百里」。

〔三四〕【補注】先謙曰：後漢因，續志加「邑」。潕水篇「潕水出縣西北扶予山，東過其縣南」。注云：「山海經『朝歌之山，潕水出焉，東南流注於滎』。扶予其山之異名乎？潕水東南合滎水，其道稍西，不出其縣南。故城在山之陽，城東有馬仁陂水，出潕陰北山，在比陽縣西五十里，水積成湖，溉田萬頃，三周其隍，故瀆自隍西南而會於比。見比水注。潕水不得復逕其南也。且邑號潕陰，故無出南之理，出南則爲陽矣。潕水下入葉。滎水自堵陽來，東北於潕陰縣北，左會潕水」。一統志「故城今泌陽縣西北六十里」。

〔三五〕【補注】王念孫曰：「蔡」上脫「上」字，上蔡屬汝南郡。沛郡有下蔡，故加「上」。水經云「濦水東過上蔡縣南，東入汝」，是其證。今濦水東北過上蔡縣界，又東南過汝陽縣入汝。漢上蔡故城在今上蔡縣西。先謙曰：濦水篇「濦水出潕陰縣東上界山」。注云「山海經謂之視水。郭注『視宜爲濦，出蔵山』。許慎云『出中陽山』，皆山之殊目也。

東合泌水、殺水、淪水、奥水，下入汝南吴房。泌水出潕陰縣旱山，殺水出大熟山，淪水出宣山，奥水出奥山，俱入潕」。案此作中陰，説文作中陽，未知孰是。

〔三六〕應劭曰：江夏有鄂，故加西云。【補注】先謙曰：續志後漢因。劉注「有精山。有九鐘，霜降則鳴。王子朝冢在縣西」。淯水注「淯水自博望來，東南逕西鄂縣故城東，又南合洱水，下入宛。洱水自酈來，東南逕房陽城北，又逕西鄂縣南，又入淯。世謂之肄水，肄、洱聲相近，非也。地理志曰『洱水東南至魯陽入沔』是也」。先謙案：西鄂在魯陽關水之西，關水之東則魯陽境，故志云然。河南通志「故城今南陽縣南」。

〔三七〕【補注】先謙曰：楚别邑，秦得之，封公子悝爲穰侯。後入韓，秦又取之。昭襄王與楚頃襄王會此，見秦紀、楚、韓世家。縣人甯成，見酷吏傳。

〔三八〕師古曰：今鄧州穰縣是也。音人羊反。【補注】洪亮吉曰：説文「今南陽⿰襄阝縣」。是「穰」字本作「⿰襄阝」。元和志以爲取豐穰之意，非。先謙曰：續志後漢因。淯水注「朝水自冠軍來，東南逕穰縣故城南，楚别邑也。秦以爲縣，昭王封魏冉爲侯邑。朝水東南分爲二，一枝分東北爲樊氏陂，又有六門陂即召信臣遺跡。下結二十九陂，諸陂散流，咸入朝水。朝水下入朝陽」。又湍水注「湍水自冠軍來，逕穰縣爲六門陂，溉穰、新野、昆陽三縣。湍水又逕穰縣故城北，下入安衆」。一統志「故城今鄧州東南」。

〔三九〕【補注】先謙曰：戰國楚地，秦取之，見楚世家。高帝攻降之，見高紀。武帝封左將黄同爲侯國，見表。續志後漢因。湍水篇「湍水出酈縣北芬山，南流過其縣東」。注云「湍水自弘農弘農來，東南流，逕酈縣故城東，史記所謂下酈析也。湍水又合菊水，又逕縣東，下入冠軍。菊水自弘農析來，東南流入湍」。先謙案，本志弘農析下鞠水，東至酈，入湍水者也。又淯水注「洱水自弘農盧氏來，東南逕酈縣北，下入西鄂」。一統志「故城今内鄉縣東北十里」。

〔四〇〕如淳曰：酈音蹢躅之蹢。【補注】劉奉世曰：吴芮傳，酈音郎益反。此乃音蹢，如音非也。先謙曰：「育」亦作

「淯」。淯水篇「淯水出弘農盧氏縣支離山」。注云「淯水導源東流，逕酈縣故城北。郭仲産云『酈縣故城在支離山東南』，酈有二城，此北酈也。後魏析置南、北酈，湍水逕南酈城東。下入雉」。

〔四一〕【補注】先謙曰：長沙定王子丹國，武帝封。

〔四二〕【補注】先謙曰：續志後漢因。劉注「有土魯山」。湍水注「湍水自穰來，過白牛邑南，又東南逕安衆縣故城南，本宛之西鄉。湍水又合涅水，下入新野。涅水自涅陽來，東南逕安衆縣，堨而爲陂，謂之安衆港。亦見杜衍。又東南入湍」。一統志「故城今鎮平縣東南」。

〔四三〕【補注】錢坫曰：説文「穰縣有鄧鄉」，當即此。鄧、盧聲轉。

〔四四〕應劭曰：武帝以封霍去病。去病仍出匈奴，功冠諸軍，故曰冠軍。駣音桃。【補注】先謙曰：後漢因，續志加「邑」。湍水注「湍水自酈來，東南歷冠軍縣西北，有楚堨，高下相承八重，周十里。方塘蓄水，澤潤不窮。湍水又逕冠軍縣故城東，下入穰」。又淯水注「朝水自新野來，東南逕冠軍縣界，地名沙渠，下入穰」。一統志「故城今鄧州西北四十里」。

〔四五〕應劭曰：比水所出，東入蔡。【補注】段玉裁曰：比水與廬江郡灊縣沘水異，本皆不誤，趙一清改水經之比水爲沘水，并漢志而改之，乃大誤矣。「比」與「沘」别，非「泚」與「沘」别也。後書光武紀「與甄阜梁丘賜戰於比水西」，章懷注作「泚水、泚陽縣」，唐加水旁也。比陽，比水所出，字不從水。廬江灊縣，沘水所出，字從水。志本甚明了，趙氏欲改「泚陽，泚水所出」，真乃憒憒！王念孫曰：作「比」者正字，作「泚」者或字，作「沘」者譌字也。若志文本作「泚陽」，則當音且禮反。今注内無音，則其爲「比」字甚明。洪氏隸釋載漢北軍中候郭仲奇碑云「舉廉，比陽長」。又吉成侯州輔碑陰有「比陽張超」，其字皆作「比」。水經云「比水東南過比陽縣南，今本作「泚」，非。據新校本改。泄水從南來注之」。善長駁之云「比陽無泄水，蓋誤引壽春之沘泄耳。比與沘同音，故水經誤以爲壽春之沘水。若字本作沘，則不得有斯誤。以此知水經之本作『比』也。又比水或謂之泌水。唐置泌陽縣，即因水以立名。

漢比陽故城即在今泌陽縣西。比、泌一聲之轉，猶壽春之沘水或謂之淠水也。若本名泚水，則不得轉而爲泌矣。後書和帝紀、劉聖公傳、東海恭王傳、清河孝王傳『比陽』字皆不誤，而章德竇皇后紀、桓帝鄧皇后紀、竇融傳、鮑昱傳皆訛作『泚陽』。「比」或作「沘」，因訛而爲「泚」。呂氏春秋處分篇今本「分」譌作「芳」，據篇内三「分」字改。『章子與荆人夾沘水而軍』，今本亦譌作『泚水』，蓋後人多見泚，少見沘，故『沘』譌作『泚』。然各史志中之比陽縣，則無作『泚陽』者，漢志、續志、晉志、宋志、後魏志皆作『比陽』，正與漢碑相合。光武紀作『泚』，章懷注云『泚水在今唐州泚陽縣南，音比』。其言亦必有所據。乃趙氏皆以爲非，而唯誤本水經是從，傎矣」。先謙曰：續志後漢因。比水篇「比水出比陽縣東北太胡山，東南流，過其縣南」。注云「太胡山在比陽北如東三十餘里。張衡賦南都，所謂『天封太狐』者也。應劭曰『比水出比陽縣，東入蔡』。比水又西合蔡水、瀙水、馬仁陂水、見舞陰。堵水枝津、澧水，自下亦通謂之派水，又南，趙、醴二渠出焉，下入新都。蔡水出縣南磐石山，亦曰磐石川，西北流，入比。瀙水出茈丘山南，入比」。一統志「故城今泌陽縣西」。

〔四六〕【補注】錢大昕曰：五嶽四瀆之祠，皆載於志，平氏有淮水祠，獨失書，傳寫有脱誤。先謙曰：功臣若陽侯猛表注「平氏」。義陽侯衞山、傅介子表注同。蓋嘗析置若陽、義陽二縣。

〔四七〕【補注】段玉裁曰：淮自平氏至入海，大致東北行，東多北少，班志、説文俱作東南，南字誤。齊召南曰：「淮陵」當作「淮浦」，各本俱誤。淮浦故城，在今東安縣，淮水於此入海。若淮陵故城，在今盱眙縣西北，去海尚遠。水經曰「淮水東至淮浦入海」是也。先謙曰：淮水篇「淮水出平氏縣胎簪山，東北過桐柏山」。注云「淮、醴同源俱導，西流爲醴，東流爲淮。潛流地下三十許里，東出桐柏之大復山南，謂之陽口。下入復陽。又自復陽來，東逕義陽縣，通鑑八十五注，劉昫云「義陽本漢平氏之義陽鄉，魏置縣，治石城，晉分南陽立義陽郡，治安昌城，領安昌、平林、平氏、義陽、平春五縣」。縣南對固成山，山有石泉水，北入淮水。又逕義陽縣故城南。武帝封衞山爲侯國。淮水合九渡水，又過江夏平春縣北，後漢縣。合油水，下入汝南成陽。溮水出大潰山，東北流，又北逕賢首山西，又東南逕仁順城南，故義陽郡治，分南陽置。又歷金山北，又逕義陽故城北，郡舊治。下入江夏鍾武。油水出油溪，東北逕平春縣故城南入淮」。「淮陵」當作「淮浦」，臨淮縣，齊説是。一統志「桐柏山在今桐柏縣西南三十里，大復山在縣東三十里，桐柏支峰胎簪山，縣西南三十里，桐柏旁小山也」。

〔四八〕【補注】先謙曰：過南陽、汝南、六安、九江、沛、泗水、臨淮，「四」當爲「七」。

〔四九〕【補注】王鳴盛曰：行三千一百四十里，太遠，當作一千。南監本誤同。徐松曰：禹貢錐指引易氏曰：「淮自桐柏至海，通計一千八百里。」志「三千」，字誤。

〔五〇〕【補注】先謙曰：後漢因。續志「有宜秋聚」。劉注「有陽山」。比水注「灃水出桐柏山，與淮同源而別流西注，亦謂之派水，西北逕平氏縣故城東北，合溲水，下入比陽。溲水自湖陽來，西流北屈，逕平氏城西，入灃」。一統志「故城今桐柏縣西」。

〔五一〕【補注】先謙曰：後漢因。續志「西有斷蛇丘」。溳水注「溳水自春陵來，東南過隨縣西，縣故隨國，左傳所謂『漢東之國隨爲大』也。楚滅之以爲縣。晉隨郡。又合溠水于支水見蔡陽。逕隨縣南隨城山北，而東南注，下入江夏安陸。溠水出隨縣西北黄山，逕㵐西縣西，晉義陽郡縣，今隨州西北。合㵐水，東南逕隨縣故城西，楚莫敖除道梁溠，謂此水也。水側有斷蛇丘，隨侯見大蛇中斷，藥之，後蛇啣珠報德。丘南有隨季梁池。溠水又南合義井水，入溳。義井水出隨城東南，入溠」。一統志「故城今隨州治」。

〔五二〕師古曰：厲讀曰賴。【補注】先謙曰：溳水篇「溳水出江夏平春縣西」。後漢縣，據注，分隨縣置。注云「溳水北出大義山，南至厲鄉西，合賜水，南逕隨縣，下入江夏安陸。賜水出大紫山，分二水：一逕厲鄉南，水南有重山，即烈山也。山下一穴，父老相傳，是神農生處，故禮謂之烈山氏。亦云賴鄉，故賴國也。賜水西南入溳。賜、厲聲近，宜爲厲水矣。一水出義鄉，西南入隨，注溳」。

〔五三〕【補注】先謙曰：春秋戰國屬楚，秦昭襄王取之。見秦紀。後漢因。續志「有卷城」。季然郭卷。劉注「有葉公諸梁冢」。汝水注「醴水自雉來，東南逕葉縣故城北，楚惠王以封沈諸梁。醴水又逕其城東，合燒車水，東逕葉公廟北，又合葉西陂水。縣南有方城山，山有湧泉北流，蓄以爲陂，陂水散流，東逕葉城南，又東北注醴水。醴水又東注葉陂，東西十里，南北七里。二陂並諸梁之所堨也。葉陂水下入潁川潕陽，醴水下入潁川郾，芹溝水導源葉縣，下入潕陽」。一統志「故城今葉縣南三十里」。

〔五四〕師古曰：音式涉反。【補注】王念孫曰：「有長城」上原有「南」字，而今本脱之。齊世家「楚方城以爲城」。索隱云，地理志「葉縣南有長城，號曰方城」，是其證。左傳僖四年注亦云「方城山在南陽葉縣南」。先謙曰：續志「有長山，曰方城」。汝水注「楚盛周衰，控霸南土，欲爭强中國，多築列城於北方，以逼華夏，故號此城爲萬城。或作『方』字。唐勒奏土論曰：『世是楚也，世霸南土，自越以至葉垂，弘境萬里，故號曰萬城』。余案，春秋屈完曰『楚國方城以爲城』。杜預云『方城，山名』。未詳孰是」。又潕水注「潕水自潕陰來，東北合澧水、葉陂水。潕水之左即黄城山也。下入潁川舞陽。澧水自雉來，東南逕建城東。建當爲卷。郡國志云葉縣有卷城，其水東入潕。黄城溪水東北逕方城。郭仲産云『苦菜、于東之間有小城，名方城，東臨溪水』。尋此城致號之由，當因山以表名也。苦菜即黄城，及于東，通爲方城矣。世謂之方城山，其水東入潕。盛弘之云『葉東界有故城，始犨縣，東至瀙水，達比陽界，南北聯，聯數百里，號爲方城。一謂之長城云』。酈縣有故城一面，未詳里數，號爲長城，即此城之西隅，其間相去六百里。北面雖無基築，皆連山相接，而漢水流其南，故屈完云然」。先謙案，證之二志，後説爲允。

〔五五〕【補注】先謙曰：鄧侯吾離朝魯，見左桓傳。楚文王滅之，見莊傳。韓、魏南襲楚至此，見楚世家。秦昭襄王取以封公子悝，見秦紀。秦爲縣，見淯水注。

〔五六〕應劭曰：鄧，侯國。【補注】徐松曰：翟方進傳「翟義收縛宛令」。劉立傳「送鄧獄」。蓋義以南陽都尉行太守事。都尉治于鄧，故送鄧也。先謙曰：後漢因。續志「有鄾聚」。楚師圍鄾。淯水注「淯水自新野來，南過鄧縣東，右合濁水，又逕鄧塞東，又逕鄾城東，又南入沔」。先謙案，本志「酈」下育水南入漢者也。注又云「濁水自朝陽來，東南逕鄧縣故城南，又逕鄧塞北，鄧城東南小山也。濁水東入淯」。一統志「故城今襄陽縣北」。

〔五七〕應劭曰：在朝水之陽。【補注】先謙曰：續志後漢因。白水篇「白水出朝陽縣西，東流過其縣南」。注云「應劭云『縣在朝水之陽』，今朝水逕其北，不出其南。蓋邑郭淪移，川渠狀改也。白水下入新野」。又淯水注「朝水自穰來，東逕朝陽縣故城北，而東南入淯。濁水上承白水於朝陽縣，東南流，下入鄧」。一統志「故城今鄧州東南八十里」。

〔五八〕【補注】先謙曰：戰國楚地，魏武侯取之。見楚、魏世家。後漢因。功臣煇渠侯僕朋表注「魯陽」。渾渠侯應疕〔表〕注同。蓋嘗析置煇渠、渾渠二縣。續志「有牛蘭累亭」。湛水注「有魯山，縣居其陽，故因名焉」。又伊水篇「伊水出魯陽縣西蔓渠山」。下見弘農盧氏。又汝水注「汝水出魯陽縣大盂山蒙柏谷，西即盧氏界也。互見盧氏。東北流逕太和城西，又東逕其城北。屈〔堯〕山西嶺下，水流兩分：一東逕堯山南，爲滍水；一東北出爲汝水，歷蒙柏谷，又北歷長白沙口，合狐白溪水，又東北趣狼皋山，下入河南新城」。餘詳「汝南定陵」下。又云「養水出魯陽縣北將孤山北長岡下，東逕沙川，世謂之沙水，下入潁川襄城。澂水亦出將孤山，下入潁川父城。桓水出魯陽北山，東北流，下入父城」。一統志「故城今魯山縣治，山在縣東十八里，爲邑巨鎮」。

〔五九〕【補注】先謙曰：左昭二十九年傳「劉累學擾龍，夏后使求之，懼而遷於魯縣」。汲郡古文「孔甲七年，劉累遷於魯陽」。

〔六〇〕【補注】王念孫曰：魯山當爲堯山，此涉上文魯山而誤。說文「滍水出南陽魯陽堯山」，水經「滍水出南陽魯陽縣西之堯山」，皆本地理志。今滍水出魯山縣西界之堯山，若魯山則在縣東，非滍水所出。先謙曰：定陵，潁川縣，下同。「滍」一作「泜」，見左僖傳。滍水注「堯之末孫劉累遷于魯縣，立堯祠於西山，謂之堯山。故張衡南都賦曰『奉堯帝而追孝，立唐祠於堯山』。山在太和川太和城東北，滍水出焉。東合温泉水、房陽川水、見雉。波水，逕魯陽縣故城南，城即劉累之故邑也。滍水右合魯陽關水、牛蘭水，下入潁川父城。温泉水有二，俱出北山，入滍。波水出霍陽西川大嶺東谷，應劭所謂『孤山，波水所出也』。馬融廣成頌云『浸以波溠』。波水又南分三川於白亭東而南入滍，滍水自下兼波水通稱，是以闞駰有東北至定陵入汝之文。此引班志，而稱闞駰，義亦未晰。魯陽關水出關外分頭山，東北入滍，其南流逕魯陽關者，下入雉。見淯水注。牛蘭水出縣北牛蘭山，東南逕魯陽城東，合柏樹溪水，逕魯山南入滍。彭水出魯陽縣南彭山，北流逕彭山西，下入父城。橋水出魯陽縣北恃山，下入父城」。一統志「堯山在伊陽縣西南。滍水今沙河」。

〔六一〕師古曰：即淮南所云「魯陽公與韓戰，日反三舍」者也。滍音峙，又音雉。【補注】王念孫曰：此下脱「莽曰魯山」四字。縣在魯山之陽，故曰魯陽，王莽因改爲魯山。水經注云「滍水又東逕魯陽縣故城南，王莽之魯山也」，是其證。先謙曰：汝水注「昆水出魯陽縣唐山，東南流，下入潁川昆陽」。又滍水注「昔在于楚，文子守之，與韓遘戰，有返景之誠」。寰宇記「魯陽公墓在東北，去縣二十五里，有碑」。一統志「昆水今渾河，亦名萬泉河」。

〔六二〕【補注】先謙曰：長沙定王子買國，武帝封。

〔六三〕師古曰：漢記云，元朔五年以零陵泠道之春陵鄉封長沙王子買爲春陵侯。至戴侯仁，以春陵地形下溼，上書徙南陽，元帝許之，以蔡陽白水鄉徙仁爲春陵侯。【補注】王鳴盛曰：王子侯表戴侯名熊渠，孝侯名仁，師古引作戴侯仁，非。先謙曰：後漢改章陵。續志「世祖更名」。沔水注「漢元帝以長沙卑溼，分白水、上唐二鄉爲春陵縣。光武即帝位，置園廟焉。白水互見安昌。於縣合昆水，水北有白水陂，其陽有光武故宅，基址存焉，所謂白水鄉也。蘇伯阿望氣處也。白水又合濜水，下入蔡陽。昆水出城東南小山，逕縣南入白水」。又溳水注「溳水自蔡陽來，東北逕上唐縣故城南，縣不知始置。本蔡陽之上唐鄉，舊唐侯國。春秋『唐成公如楚』是也。溳水又東合均水，見蔡陽。下入隨」。一統志「故城今棗陽縣治。唐城今隨州西北九十里。白水今滚河」。

〔六四〕【補注】先謙曰：南陽新野之都鄉也。王莽國，平帝封。

〔六五〕【補注】先謙曰：後漢省。續志「新野有東鄉，故新都」。據此，縣仍併入新野。比水注「謝水自棘陽來，東南逕新都縣入比水。比水自棘陽來，合謝水，西南逕新都縣故城西，下入新野趙、醴二渠，上承派水，南逕新都縣故城東，入板橋水」。見新野。一統志「故城今新野縣東」。

〔六六〕師古曰：廖音力救反。左氏傳作「飂」字，其音同耳。【補注】錢坫曰：春秋傳作「飂」。太康地記「蓼國先在南陽」。廖、飂、蓼三字通用。先謙曰：楚共王、宋平公會於此。見紀年。高紀作「胡陽」，外戚平周侯丁滿表注「湖陽」，蓋嘗析置平周縣。後漢因。續志加「邑」。比水注「溲水出湖陽北山，下入平氏。板橋水出湖陽東隆山，西南逕湖陽縣故城南，其水四周城溉，南入大湖。湖陽之名縣，藉茲而納稱也。湖水西南與湖陽諸陂散水合，下入新野」。一統志「故城今唐縣南八十里」。

〔六七〕【補注】先謙曰：王立國，元帝封。

〔六八〕師古曰：俞音踰。【補注】先謙曰：續志後漢省。一統志「故城今舞陽縣西北紅山南」。紀要「紅山在城北，故名」。

〔六九〕【補注】先謙曰：許延壽國，宣帝封。表屬平氏，當是分平氏置。續志後漢省。一統志「故城今鄧州西南三十里」。紀要「即樂鄉城」。

〔七〇〕【補注】先謙曰：戰國齊地。三晉朝齊王於此，見田齊世家。齊宣王於此會趙伐魏，見六國表。

〔七一〕【補注】先謙曰：張騫國，武帝封。許舜，宣帝封。

〔七二〕【補注】先謙曰：續志後漢因。淯水注「淯水自雉來，東南逕博望縣故城東。郭仲產云，在郡東北百二十里，漢武帝置。淯水下入西鄂」。一統志「故城今南陽縣東北六十里」。

〔七三〕【補注】先謙曰：長沙頃王子延年國，宣帝封。

〔七四〕應劭曰：在桐柏下復山之陽。師古曰：復音房目反。【補注】王鳴盛曰：「下」當作「大」，南監本誤同。先謙曰：官本注「下」作「大」，「房」作「方」。引宋祁曰：「方」，邵本作「房」。後漢因。續志「有杏聚」。淮水注「淮水自平氏來，水南即復陽縣也，在大復山陽，故曰復陽。下仍入平氏」。一統志「故城今桐柏縣東」。

南郡，〔一〕秦置，〔二〕高帝元年更爲臨江郡，〔三〕五年復故。〔四〕景帝二年復爲臨江，〔五〕中二年復故。〔六〕莽曰南順，屬荆州。〔七〕户十二萬五千五百七十九，口七十一萬八千五百四十。有發弩官。〔八〕縣十八：〔九〕江陵，故楚郢都，楚文王自丹陽徙此。〔一〇〕後九世，平王城之。〔一一〕後十世，秦拔我郢，徙東。〔一二〕莽曰江陸。〔一三〕臨沮，〔一四〕禹貢南條荆山在東北，漳水所出，東至江陵，入陽水。〔一五〕陽水入沔，行六百里。〔一六〕夷陵，都尉治。莽曰居利。〔一七〕華容，〔一八〕雲夢澤在南，荆州藪。〔一九〕夏水首受江，東入沔，行五百里。〔二〇〕宜城，故鄢，惠帝三年更名。〔二一〕郢，楚别邑，故郢。莽曰郢亭。〔二二〕邔，〔二三〕當陽，〔二四〕中廬，〔二五〕枝江，〔二六〕故羅國。〔二七〕江沱出西，東入江。〔二八〕襄陽，莽曰相陽。〔二九〕編，有雲夢官。〔三〇〕莽曰南順。〔三一〕秭歸，歸鄉，故歸國。〔三二〕夷道，莽曰江南。〔三三〕州陵，莽曰江夏。〔三四〕若，楚昭王畏吴，自郢徙此。〔三五〕後復還郢。〔三六〕巫，〔三七〕夷水東至夷道入江，〔三八〕過郡二，行五百四十里。〔三九〕有鹽官。〔四〇〕高成。〔四一〕洈山，洈水所出，東入繇。〔四二〕繇水南至華容入江，〔四三〕過郡二，行五百里。〔四四〕莽曰言程。〔四五〕

〔一〕【補注】全祖望曰：南郡，故楚地也。韓亦有南郡，秦紀「昭襄王四十四年攻韓南郡，取之」是也。蓋與楚接境之地，後殆併入。閻若璩曰：郡治江陵，以郊祀志知之。秦亦治江陵。先謙曰：續志後漢治同。劉注「雒陽南一千五百里」。

〔二〕【補注】先謙曰：昭襄王二十九年置，見秦紀。習鑿齒襄陽記「秦兼天下，自漢以南爲南郡」。

〔三〕【補注】錢大昭曰：「郡」當作「國」。錢大昕曰：高帝元年，楚柱國共敖爲臨江王，都江陵，即南郡故地也。項羽所封，史家繫之高帝耳。

〔四〕【補注】錢大昕曰：敖子尉爲漢所虜，復爲南郡。

〔五〕【補注】先謙曰：子哀王閼國。

〔六〕【補注】錢坫曰：王表哀王閼二年立，三年薨，亡後。愍王榮七年立，三年自殺。閼、榮並景帝子，立又異時，是閼國在先，榮國在後也。志統舉之。

〔七〕【補注】先謙曰：續志後漢因，屬同。

〔八〕師古曰：主教放弩也。

〔九〕【補注】先謙曰：見王子侯表者，有尉文縣，無考。

〔一〇〕【補注】徐松曰：楚相孫叔敖碑云「楚都南郢」。南郢即南郡江陵縣也。先謙曰：丹陽，丹揚縣。楚世家「文王熊貲始都郢」。説文「郢故楚都，在南郡江陵北十里」。江水注「今城，楚船官地也。春秋之渚宫矣」。又沔水注「江陵西北有紀南城，楚文王自丹陽徙此。平王城之，班固言楚之郢都也」。

〔一一〕【補注】錢坫曰：在平王十一年。

〔一二〕【補注】齊召南曰：「東」當作「陳」。此頃襄王二十一年事也。志於九江壽春邑自注曰「楚考烈王自陳徙此」，即與此文相應。各本俱誤。周壽昌曰：楚世家「秦將白起遂拔我郢」，班引史記多一「我」字未删。先謙曰：秦昌平君徙此，始皇游焉，並見始皇紀。

〔一三〕【補注】先謙曰：後漢因。續志「有津鄉」。劉注「孫叔敖家在城中白土里。有冶父城。有紀南城。有夏州」。夏水篇「夏水出江津，於江陵縣東南」。注云「江津豫章口，東有中夏口，是夏水之首，江之汜也。屈原所謂過夏首而西浮也。下入華容」。先謙案，本志「華容」下所謂夏水首受江也。又江水注「江水自枝江來，縣西三里有津鄉，里名也。春秋莊十九年，楚子禦巴人，大敗於津。郭仲產云『尋楚禦巴人枝江，是其塗便，此津鄉殆即其地也』。江水又東會沮口，又南過江陵縣南，縣北有洲，號曰枚回洲，江水自此兩分而爲南、北江也。江水又合曾口水、靈溪水，東逕江陵縣故城南。江陵城地東南傾，故緣以金隄，自靈溪始。江水下入郢」。又沔水注「揚水上承江陵縣赤湖，江陵西北有紀南城，西南有赤坂岡，岡下有瀆水，流入城，名子胥瀆。又爲西京湖，出城注於龍陂。陂水又逕郢城南，爲揚水，下入華容。柞溪水出江陵縣北，諸池散流，會合成川，下入華容」。又沮水注「沮水自枝江來，東入江，爲沮口」。先謙案，本志「漢中房陵」下，「沮水東至郢入江」者也。一統志「故城今江陵縣治。潛江，半入江陵境」。

〔一四〕【補注】先謙曰：續志後漢因。劉注「西北三十里有青谿」。沮水注「沮水自漢中房陵來，南逕臨沮縣西，合青溪水，又屈逕縣南，晉沮陽郡治。下入當陽。青溪水出縣西青山，東入沮」。一統志「故城今當陽縣西北。遠安，漢臨沮地。南漳、當陽，半入臨沮境」。

〔一五〕【補注】先謙曰：禹貢山水澤地篇「荆山在臨沮縣東北」，與志合。漳水篇「漳水出臨沮縣東荆山」。注云「荆山在景山東百餘里新城沶鄉縣界，晉縣。雖羣峰競舉，而荆山獨秀。互見漢中房陵。漳水東南流，下入編。又自編來，南歷臨沮縣之章鄉南，下入當陽，至江陵入陽水」。酈氏駮之，見下。段玉裁謂陽水即沮水，調停之詞。

〔一六〕應劭曰：沮水出漢中房陵，東入江。師古曰：沮水即左傳所云「江、漢、沮、漳，楚之望也」。音千余反。【補注】先謙曰：案陽水它無所見，惟沔水注有揚水，是「揚」非「陽」，亦與臨沮無涉。吳卓信以爲即陽水，非是。道元漳水注引志作「陽」，不作「揚」也。王鳴盛以爲即夏水，尤屬臆揣。段謂陽水即沮水，則「陽水入沔」四字難通。此條蓋有奪誤，所當闕疑。

〔一七〕應劭曰：夷山在西北。【補注】先謙曰：後漢因。續志「有荆門、虎牙山」。江水注「江水自秭歸來，又逕空泠峽，宜都、建平二郡界。又東逕流頭灘，又逕宜昌縣北，南宋縣。分夷道、佷山，所立縣治，北枕大江，與夷陵對界。又逕狼尾灘而歷人灘，又逕黃牛山下，又逕西陵峽，歷禹斷江，南出峽，逕陸抗城北，北對夷陵縣之故城。城南臨大江，秦白起伐楚，三戰而燒夷陵者也。應劭云『夷山在西北』，蓋因山以名縣也。江水又東歷荆門、虎牙之間，此二山楚之西塞也。下入夷道」。一統志「故城今東湖縣東」。

〔一八〕【補注】先謙曰：續志後漢因。江水注「江水自郢來，東得豫章口，夏水所通也。又至華容縣西，左則中夏水出焉，右則中郎浦出焉。又東南當華容縣南，涌水出焉。水自夏水南通於江，謂之涌口，春秋『閻敖游涌而逸』者也。江水又逕孱陵縣樂鄉城北，晉縣，屬南平郡。又合油水，又逕公安縣北。漢末置。油水東有景口，口即武陵郡界。景口東有淪口，淪水南合景水，東通澧水及諸陂湖。江水又左會高口，又得故市口，又右逕陽岐山北，又左合子夏口、侯臺水口，右得龍穴水口，又得俞口，清陽、土塢二口，又右逕石首山北，又左得飯筐上口，右得清水口，又左會飯筐下口，又右得上檀浦，下入長沙下雋」。又沔水注「揚水自江陵來，東北合路白湖水、赤湖水，東入華容縣，合靈溪水、柞溪水，下入江夏竟陵路白湖，合中湖、昏官湖爲一水。東通荒谷東岸，有冶父城。左傳『莫敖縊荒谷，羣帥囚冶父』是也。路白湖下注揚水。赤湖周五十里。靈溪水西通赤湖水口，東入離湖。湖在縣東七十五里，側有章華臺，其水北入揚水。柞溪水自江陵來，東入船官湖，又東北入女觀湖，東入揚水」。一統志「故城今監利縣西北。監利、石首，並漢華容地」。

〔一九〕【補注】先謙曰：「雲」上當有「禹貢」二字。禹貢山水澤地篇「雲夢澤在華容縣東」。夏水注「監利縣土卑下，晉縣即今監利縣治。澤多陂池，西南自州陵界逕於雲杜沌陽爲雲夢之藪。韋昭云『雲夢在華容縣』，按魯昭公三年『鄭伯如楚，田江南之夢』。郭景純言『華容縣東南巴丘湖是也』。杜預云『枝江縣、安陸縣有雲夢』。蓋跨川亘隰，兼苞勢廣矣」。

〔二〇〕應劭曰：春秋「許遷于容城」，是。【補注】先謙曰：夏水注「夏水自江陵來，東過華容縣南，縣故容城矣，北臨中夏。水自縣東北逕成都郡故城南，晉成都王穎國。夏水東逕監利縣南，見上。合夏揚水，見江夏竟陵。下入江夏雲杜」。吴卓信云：許遷之容城，在葉縣西，故定四年，許遷後二年，鄭因楚敗滅許。華容在郢都側，鄭不得至此。酈承應誤。先謙案：一統志「夏水自江陵東流，入監利界，又東入沔陽州界，一名長夏港，又名魯洑江，又名大馬長川，在監利東南三十里」。

〔二一〕【補注】先謙曰：戰國楚地，秦昭襄王取之，見秦紀。續志後漢因。劉注「縣西舊羅國，後徙枝江」。沔水注「沔水自邔來，南得木里水會，楚時，於宜城東穿渠上口，去城三里。漢又塹之，引蠻水灌田，謂之木里溝。逕宜城東入沔。沔水又南過縣東，合夷水，下入若。夷水自中廬來，逕宜城西山，爲夷溪，又東南逕羅川城，故羅國。又謂之鄢水。春秋『楚伐羅渡鄢』者也。又合零水，亂流東出，爲淇水，逕蠻城南。城在宜城南二十里，『莫敖自鄢敗退，亂次以濟淇水』是也。與今左傳異。夷水東入沔，昔白起攻楚，引西山長谷水，即是水也。舊堨去城百許里，水從城西灌城東爲淵，今熨斗陂是也。水潰城東角，百姓隨水流死數十萬，城東皆臭，名其陂爲臭池。後人因渠流以結陂田。城西陂謂之新陂，西北爲土門陂，水流周通，自新陂入城。城故鄢郢之舊都，秦以爲縣。惠帝三年改曰宜城，其水出城東，注臭池，下入朱湖陂。朱湖陂餘水入木里溝。零水即汴水，自中盧來，東歷宜城西山，謂之沶溪，東入夷水爲沶口」。一統志「故城今宜城縣南」。

〔二二〕【補注】先謙曰：續志後漢省。劉注「江陵」下云「東南有郢城，子囊所城」。據此，縣併入江陵。江水注「江水自江陵來，又東逕郢城南。子囊遺言所築城也。地理志曰『楚別邑，故郢』矣。江水下入華容」。一統志「故城今江陵縣東南」。段玉裁云：楚有二郢都，曰郢別邑，曰郊郢。左傳「鬭廉曰：君次於郊郢，以禦四邑」。杜注「郊郢，楚地」。此必非郢都也。故志前「江陵」下注「故楚郢都」。此云「楚別邑」，故郢劃然二縣。「故郢」當作「故郊郢」。先謙案，酈注引即無「郊」字，非奪文也。稱楚別邑，志文甚明，不必加「郊」。

〔二三〕孟康曰：音忌。師古曰：音其已反。【補注】先謙曰：高帝封黄極忠爲侯國，見表。後漢因，續志「有犂丘城」。劉注「有蘇嶺山」。禹貢山水澤地篇「三澨地在邔縣北沱」，而志無之。沔水注「沔水自中廬來，東南逕犂丘故城西，其城下對繕洲。沔水又南合疎水，又過邔縣東北，水左有騎城，周回二里餘，高一丈六尺，即騎亭也。縣故楚邑，秦以爲縣。沔水下入宜城。疎水自中廬來，東至邔縣北界入沔，謂之疎口」。一統志「故城今宜城縣東北」。

〔二四〕【補注】先謙曰：續志後漢因。劉注「東有權城，楚武王所克。東南有麥城。城東有驢城，沮水西有磨城，伍子胥造二城以攻麥城」。沮水注「沮水自臨沮來，東南逕當陽縣故城北，城因岡爲阻，北枕沮川。其故城在東百四十里，謂之東城，在綠林長坂南。長坂即張飛橫矛處。沮水又逕驢城西，磨城東，又南逕麥城，西下入枝江」。又漳水注「漳水自臨沮來，南逕當陽縣，又逕麥城東，合沮水下入枝江」。又沔水注「沔水自江夏竟陵來，東過荆城東，又東南逕當陽縣之章山東。禹貢所謂『内方至于大別』者也。既濱帶沔流，實會尚書之文矣。又東合權口，又東南合揚口，見江夏竟陵。又東合滻口，下入江夏雲杜。權水出章山，東南逕權城北，東入沔。滻水承大陸、馬骨諸湖，周三四百里。郭璞江賦『其旁則有朱滻、丹漅』是也」。一統志「故城今當陽縣治」。

〔二五〕師古曰：在襄陽縣南，今猶有次廬村。以隋室諱忠，故改「忠」爲「次」。【補注】先謙曰：後漢因。續志「古盧戎」。沔水注「沔水自襄陽來，東過中廬縣東，合維水。縣即春秋廬戎之國也。縣故城南有水出西山，東流百四十里，逕城南，名浴馬港。候水諸蠻，北遏是水，南壅維川，以周田溉。下流入沔，沔水下入邔。夷水出中廬縣界康狼山，山與荆山相鄰。夷水下入宜城。疎水出中廬縣西南，下入邔。零水即沶水，自漢中房陵來，東歷軨鄉爲軨水。晉武帝割臨沮北鄉、中廬南鄉，立上黄縣，治軨鄉。沶水下入宜城」。一統志「故城今襄陽縣西南南漳，漢中廬地」。

〔二六〕【補注】先謙曰：後漢因。續志有丹陽聚。秦破楚屈匄，取丹陽。一統志「故城今枝江縣東。丹陽城在縣西」。

〔二七〕【補注】先謙曰：江水注「其地故羅國，蓋羅徙也。羅故居宜城西山，見上。楚文王又徙之於長沙」。

〔二八〕師古曰：沱即江別出者也，音徒何反。【補注】先謙曰：禹貢山水澤地篇「荆州沱水在枝江縣」，與志合。江水注「江水自夷道來，東過枝江縣南。江汜枝分，東入大江，縣治洲上，故以枝江爲稱。地理志曰『江沱出西，東入江』是也。盛弘之云『縣舊治沮中，後移出百里洲，西去郡百六十里』。縣左右數十洲，槃布江中，百里洲最大。江水下入江陵」。先謙案，據此，是枝江縣治洲上，乃後所移，故江陵津鄉去枝江縣治三里也。見江陵下。一統志引寰宇記云「百里洲首派別南爲外江，北爲內江」。王晦叔云「枝江縣百里洲夾江、沱二水之閒，其與江分處謂之上沱，與江合處謂之下沱，蓋南江在古時爲岷江之正流，江陵縣西南二十里有虎渡口，南江從此東南流，注於澧水。而北江則沱水也。其後北江漸盛，南江漸微，世反以南爲沱，北爲江矣」。又沮水注「沮水自當陽來，南合漳水，又東南過枝江縣，下入江陵」。又漳水篇「漳水自當陽來，南至枝江縣北烏扶邑入沮」。注云「地理志曰『漳水東至江陵入陽水』，非也。今漳水經當陽縣東南百餘里，右會沮水也」。先謙案，經不言烏扶邑所在，蓋二縣接界。

〔二九〕應劭曰：在襄水之陽。【補注】先謙曰：後漢因。續志「有阿頭山」。劉注「舊楚之北津，從襄陽渡江，經南陽，出方關，是周、鄭、晉、衛之道。其東津經江夏，出平澤關，是通陳、蔡、齊、宋之道」。沔水注「沔水自南陽山都來，東逕樂山北，又逕隆中，又逕萬山北，過襄陽縣，合檀溪水。又逕平魯城南，東對樊城。樊，仲山甫所封也。襄陽縣城東有東白沙。白沙北有三洲，東北有宛口，淯水所入也。沔水中有魚梁洲，又逕峴山東，合襄陽湖水、洞水，見汝南安昌。下入中廬。檀溪水出縣西柳子山，東爲鴨湖，自湖兩分，北渠爲檀溪水，傍城北流入沔。一水東南出。應劭云『城在襄水之陽』，故曰襄陽，是水當即襄水也。城北枕沔水，即襄陽縣之故城也。楚之北津戍，今大城西壘是也。其土古鄢、鄀、盧、羅之地，秦滅楚，置南郡，號此爲北部。魏立襄陽郡。襄陽湖水上承鴨湖，東南流逕峴山西，又注白馬陂，下入沔」。魏源云「襄乃滄浪急氣呼之」。一統志「故城今襄陽縣治」。

〔三〇〕【補注】周壽昌曰：江夏郡西陵亦有雲夢官。此兩「官」字，各本俱作「宮」。案宋洪邁容齋隨筆續集引作「雲夢官」，入「漢郡國諸官」條內。四筆「雲夢澤」條內，亦云「漢志有雲夢官」。宋姚氏西漢會要、宋王氏玉海所引皆同。足證宋本實作「官」，不作「宮」。此亦如南海郡洭浦官，九江郡陂官、湖官之類，未可輕改作宮也。又案晉志南郡編下有「有雲夢官」四字，則晉時尚存此官。先謙曰：官本「官」作「宮」。

〔三一〕孟康曰：編音鞭。【補注】先謙曰：後漢因。續志「有藍口聚」。劉注「楚那處縣東南那口城」。漳水注「漳水自臨沮來，屈西南，逕編縣南，縣舊城之東北百四十里也。西南高陽城移治許茂故城下，仍入臨沮」。一統志「故城今荆門州界」。吴卓信云「即高陽城也，晉隆安五年移治許茂，城在今南漳縣」。

〔三二〕孟康曰：秭音姊。【補注】先謙曰：據水經注，「國」上奪「子」字。續志後漢因。江水注「江水自巫來，東過秭歸縣南。縣故歸鄉，地理志曰『歸子國』也。樂緯云『昔歸典叶聲律』。宋忠云『歸即夔，歸鄉蓋夔鄉矣』。楚有嫡嗣熊摯，以廢疾不立而居於夔，爲楚附庸，後王命爲夔子。僖公二十六年，楚滅之。縣城依山即坂，周回二里，高一丈五尺，南臨大江。縣北百六十里，有屈原故宅。宅東北六十里有女嬃廟。江水又逕一城北，其城據山枕江，北對丹陽城，城險峭壁立，信天固也，楚子熊繹始封丹陽所都也。丹陽説與志異。見丹陽下。江水又東南逕夔城南，又東逕歸鄉縣故城北，南宋縣，今巴東縣東北。城東帶鄉口溪水。江水又逕信陵縣，晉縣，今歸州東。縣東傍深溪。江水下入夷陵。溪水自漢中上庸來，東南逕縣，下注江」。一統志「故城今歸州治。歸州興山並漢秭歸地。丹陽城在州東，亦稱楚王城」。

〔三三〕應劭曰：夷水出巫，東入江。【補注】宋祁曰：「巫」字下當添「山」字。先謙曰：續志後漢因。劉注「西北有宜陽山，東南有羊腸山」。江水注「江水自夷陵來，東南過夷道縣，合夷水。武帝伐西南夷，路由此出，故曰夷道，魏分南郡置臨江郡，蜀改宜都，郡治在縣東四百步。爲二江夷水、江水。之會也。北有湖里淵。江水下入枝江」。又夷水注「夷水自武陵佷山來，東逕虎灘，又逕釜瀨，又東北合丹水，又逕夷道縣北而東注，逕宜都北，晉郡。東入大江。丹水出西南望州山，北入夷水」。一統志「故城今宜都縣西北。宜陽山在長陽縣北，羊腸山在宜都縣南七十里。夷水自白巖鋪入宜都界，過蘄塘灣市至清江口入大江。丹水在宜都縣西南，東北流入夷水」。

〔三四〕【補注】先謙曰：續志後漢因。劉注「史記楚考烈王納州于秦」。江水注「長洋港水東北逕石子岡，岡上有故城，即州陵縣之故城也。莊辛所言左州侯國矣。又東逕州陵新治，南入江爲洋口，亦爲雍口」。見江夏沙羨。一統志「故城在沔陽州東南，州地半入州陵境」。

〔三五〕【補注】先謙曰：昭王十二年徙，見楚世家。

〔三六〕師古曰：春秋傳作「鄀」，其音同。【補注】先謙曰：後漢因，續志作「鄀」。永平元年復。劉注「楚文王還及湫。縣東南有湫城」。沔水注「沔水自宜城來，逕鄀縣故城南，古鄀子之國也，秦、楚之間，自商密遷此，爲楚附庸，楚滅之以爲邑。縣南臨沔津，津南有石山，山上有古烽火臺。縣北有大城，楚昭王爲吴所迫，自紀郢徙都之。秦以爲縣。沔水又合敖水，下入江夏竟陵。敖水出新市縣東北，劉宋縣，今京山東北。西南流，逕新市縣北，右合枝水入沔。枝水出大洪山，西南流，逕鄀縣界，又逕狄城東，左注敖水」。一統志「故城今宜城縣東南」。

〔三七〕【補注】先謙曰：楚爲巫郡，見國策。秦昭襄王取之，及江南爲黔中郡，見秦紀。後漢因。續志「西有白帝城」。江水篇「江水自魚復來，東出江關，入南郡界，又東過巫縣南」。注云「江水自關東逕弱關、捍關。秦兼天下，置南郡，自巫東上，皆其域也。江水合烏飛水，又東逕巫縣故城南，縣故楚之巫郡也。秦省郡立縣，以隸南郡。孫吴建平郡治。城緣山爲墉，周十二里百一十步，東西北三面皆傍深谷，南臨大江，故夔國也。江水又合巫溪水，東徑巫峽。郭仲産云『地理志巫山在縣西南，此應劭語，見下。而今縣東有巫山，將郡縣居治無恒故也』。江水歷峽，東逕新崩灘，下十餘里，有大巫山，首尾百六十里，謂之巫峽，因山爲名也。又逕石門灘，下入秭歸。烏飛水出天門郡晉郡，今天門縣治。漊中縣界，晉縣，今安福縣西北。北流逕沙渠縣南，晉縣，今恩施縣治。又逕巫縣南，歷山道三百七十里入江。巫溪水即鹽水，出宣漢縣東，後漢縣，今達縣治。南逕建昌郡泰昌縣南。晉縣，今巫縣北百二十里。又逕北井縣西，晉縣，巫山縣北九十五里。歷縣北，又南屈逕巫縣東，合聖泉入江」。一統志「故城今巫山縣東，巴東、恩施、咸豐、建始，並漢巫縣地」。

〔三八〕【補注】先謙曰：江水篇「江水過魚復縣南，夷水出焉」。注云「縣有夷溪，即佷山清江也」。又夷水注「水色清照十丈，分沙石，蜀人見其澄清，因名清江也。昔廪君浮土舟於夷水，據捍關而王巴。夷水又東逕建平沙渠縣，晉郡縣。縣有巫城，水南岸山道五百里。夷水歷縣東出焉，自沙渠縣入。水流淺狹，裁得通船。夷水下入武陵佷山」。

先謙案：清江水自四川酉陽州屬之黔江，逕石砫廳歷白楊渡入施南府利川縣境，至磁洞，伏流三十里，至七藥山紅鶴花壩，復出東南流，逕龍潭，三渡河水自西南注之。又東南逕馬橋屯，平溝河水自西南注之。又經乾洞，伏流數十里，復出爲雪照河，又名銀照河，亦曰官渡河。逕利川縣城前，元置官渡壩於施州，衞馬溪水自東南注之。又伏流三十里，至府治恩施縣境木撫村復出，注所謂「東逕建平沙渠縣」也。新田溪水自北流注之，又東南逕馬寨村，乾坪溪水自西南流注之。又十里，落葉壩溪水自北流注之。又十五里，壓松溪水自西南流注之。又十里，帶河水自北流注之。又十五里，鹽水溪水自西南流注之。又五里，盤龍溪水自東北流注之。又逕府城北，繞而東，通潮溪水自東流注之。又繞城而南，藥溪水自西南流注之。麒麟溪水自西流注之。巴公溪水自南流注之。入峽口五里，洗爵溪水自北流注之。又十里，天橋河水自南流注之。又十五里，金銀溪水自南流注之。又五里，爲長沙河，復入峽，逕芷藥坪，忠建河水自南流注之。又二十里爲風水河。又五里爲銀潭河。又五里，南陵渡水自北流注之。又五里，東繞村水自南流注之。又十里爲忠建渡口。又十里，紅蘭溪水自東南流注之。至新渡壩，逕施州塘入建始縣境，尹家村水自南流注之。又三里，眠羊口水自北流注之。又三十里，入宜昌府巴東縣境，爲九龍潭，野三河水西北流注之。又十五里，支井河水自北流注之。又二十里，四渡河水自北流注之。又三十里，逕長樂縣之監井，朗亭水自北流注之。又六十里，爲曾顏口，高家堰水自北流注之。下入長陽界。案胡渭云「禹導江不出三峽，竝夷水而東，古時自巴入楚，避三峽之險，皆由此路。夷水受江處，不知何時湮塞」。先謙昔奉使雲南，由施南利川出四川萬縣，則利川城外之夷水，道元所謂裁得通船者，實親見之。即官渡河。其上里許有大山巖，橫亘水上，有若飛梁。夷水入巖底而復出，始爲通津。自巖以上，時隱遞見，如野三場等處，絕壑懸險，百道爭流，及前阻大山，則奔注地上，得孔即入，不知所屆，謂之落水洞，邃古如茲，豈有昔通今塞之說？胡氏謬論，疑誤後人多矣。班於巫縣以上，不詳夷水之源，酈則魚復以西，未著分流之跡。皆緣其地舊陷巒中，紀述至愼。地理之學，非可臆測爲能也。

〔三九〕【補注】先謙曰：過南郡、武陵。

〔四〇〕應劭曰：巫山在西南。【補注】先謙曰：江水注「巫溪水南有鹽井」。

〔四一〕【補注】徐松曰：説文作「高城」。又勃海亦有高成。

〔四二〕【補注】先謙曰：説文「溈水出南郡高成縣溈山，東入繇」。油水注「溈水出高城縣溈山，東逕其縣，下入武陵孱陵」。又漳水注亦有溈水。引山海經「溈水出東北宜諸之山，南流注于漳水」。此別一溈水也。一統志「溈山今名起龍山，松滋縣西南八十里。溈水二源，一出山南，一出山北，合流東入王家湖，至公安縣入油河。今曰梅溪河」。

〔四三〕【補注】先謙曰：江水篇「江水又東南，油水從東南來注之」。注云「江水自武陵孱陵來，又東，右合油口。又逕公安縣北，縣有油水，水東有景口，口即武陵郡界」。又油水篇「油水出孱陵縣西界」。注云「油水東逕其縣西，與溈水合」。一統志「油水在公安縣西，自松滋縣流入。一名白石水，今名油河」。

〔四四〕【補注】先謙曰：過武陵、南郡。

〔四五〕師古曰：溈音危。繇讀曰由。【補注】先謙曰：續志後漢省。一統志「故城今松滋縣南」。

江夏郡，〔一〕高帝置。〔二〕屬荆州。〔三〕戶五萬六千八百四十四，口二十一萬九千二百一十八。縣十四：西陵，有雲夢官。莽曰江陽。〔四〕竟陵，〔五〕章山在東北，古文以爲内方山。〔六〕鄖鄉，楚鄖公邑。〔七〕莽曰守平。〔八〕西陽，〔九〕襄，〔一〇〕莽曰襄非。〔一一〕邾，〔一二〕衡山王吳芮都。〔一三〕軑，故弦子國。〔一四〕鄂，〔一五〕安陸，〔一六〕橫尾山在東北，古文以爲倍尾山。〔一七〕沙羨，〔一八〕蘄春，〔一九〕鄳，〔二〇〕雲杜，〔二一〕下雉，莽曰閏光。〔二二〕鍾武。侯國。〔二三〕莽曰當利。〔二四〕

〔一〕【補注】先謙曰：據江水注，郡治安陸。續志後漢治西陵。劉注「雒陽南千五百里」。元和志「唐雲夢縣東南，溳水之北，有江夏故城，周數里。據山川言之，此城南近夏水，餘址寬大，漢郡所理也」。此說存攷。

〔二〕【補注】先謙曰：沔水注「高帝六年置」。全祖望云：楚漢之間，分九江置衡山郡，江夏舊屬衡山，以吴芮都邾知之也。時屬楚國。高帝五年屬漢，以屬淮南國。尋分衡山置郡。文帝十六年，復別屬衡山國。此時衡山國都六。武帝元狩元年復故。

〔三〕應劭曰：沔水自江別至南郡華容爲夏水，過郡入江，故曰江夏。【補注】汪士鐸曰：應注不分析。當云「夏水首受江於華容，東至雲夢入沔」。先謙曰：續志後漢因，屬同。

〔四〕【補注】先謙曰：續志後漢因。江水注「江水自軑來，東逕南陽磯，又逕西陵縣故城南，史記『秦昭王遣白起伐楚取西陵』者也。江水右逕黃石磯，一名石茨圻，有西陵縣，吴縣。縣北則三洲也。山連延江側，東山偏高，謂之西塞，東對黃公九磯，所謂九圻者也。兩山之間爲闕塞，西塞山高一百六十丈，周三十里。黃公九磯，今北岸攔頭磯，甕潭磯，黑磯，湖磯，水灌磯，越水磯，猫兒磯，鯵魚磯，茅山磯是。從此濟于土復，大冶縣道士洑亦名土洑，即此。下入蘄春」。一統志「故城今黃岡縣西北，黃陂半入西陵境。孫吴所置西陵城，在蘄水縣西南」。白起所拔西陵，荆州記「自夷陵縣泝江二十里入峽口，名西陵」者也。今宜昌府治。酈說誤。

〔五〕【補注】先謙曰：楚澤出材，見越世家。秦昭襄王三十年，兵拔郢，東至此。見白起傳。

〔六〕【補注】宋祁曰：章山上當添「丘」字。王鳴盛曰：章山，尚書鄭注作「立章山」，續志同，或是別名，抑傳寫誤分「章」頭別加「立」字也。先謙曰：宋說「丘」當爲「立」。沔水注作「章山」，括地志同。紀要引圖經云「一名障山」。「障」即「章」，聲轉之誤。晉書「太安二年，華宏討義陽賊張昌於江夏，敗於章山」。則章山爲是，「立」衍字也。據宋說，知所見漢書各本並無「立」字，誤衍自鄭注始耳。禹貢山水澤地篇「内方山在竟陵縣東北」。注云「禹貢章山也」。沔水注「内方山繫南郡當陽下，二縣境相接。沔水中流，内方與當陽同在沔北也」。一統志「章山，今鍾祥縣西南，接荆門州界，周百里，亦名馬良山」。

〔七〕【補注】先謙曰：據下引沔水注，鄖鄉即竟陵縣城矣。志則自有鄖鄉，非即縣也。疑道元稍未分晰。

〔八〕師古曰：音云。【補注】宋祁曰：「音云」，當作「鄖音云」。先謙曰：續志後漢因。沔水注「沔水自南郡若來，南逕石城西，城因山爲固，晉分江夏西部立竟陵郡，治此。沔水又東南合臼水，下入南郡當陽。臼水出竟陵縣東北聊屈山，西入沔。左傳『楚昭王濟于成臼』，謂是水也。揚水自南郡華容來，北逕竟陵縣西，又北納巾吐柘，柘即夏揚水也。巾水出縣東百九十里，西逕巾城，又逕竟陵縣北，入揚水爲巾口水。西有古竟陵大城，古鄖國也。鄖公辛所治，所謂鄖鄉矣。秦以爲縣。城旁有甘魚陂，左傳『公子黑肱次於魚陂』者也。秦策所謂甘魚之口。揚水又北入沔爲揚口，中夏口也」。又夏水注「夏揚水上承揚水於竟陵縣之柘口，東南流，合中夏水，謂之夏揚水」。見南郡華容。一統志「故城今天門縣西北。鍾祥、京山、天門，並漢竟陵地，潛江半入竟陵境」。

〔九〕【補注】先謙曰：山陽郡亦有西陽侯國，續志後漢因。江水注「江水自邾來，東逕西陽郡南，晉郡。郡治即西陽縣也。下入鄂」。一統志「故城今黄岡縣東。黄安、麻城，漢西陽縣地。黄岡半入西陽境」。

〔一〇〕【補注】先謙曰：高紀襄侯王陵，薛瓚以爲此是封地。

〔一一〕【補注】先謙曰：續志後漢省。

〔一二〕【補注】先謙曰：續志後漢因。江水注「江水自沙羡來，東逕白虎磯，右會赤溪、夏浦、浦口，又逕貝磯，右會秋口、烏石水，又得黎磯，又合舉水，又會文方口、鳳鳴口，東逕邾縣故城南。楚宣王滅邾，徙之於此，故曰邾也。江水右得樊口，又左逕赤鼻山南，宋蘇軾所賦。下入西陽」。一統志「故城今黄岡縣治」。

〔一三〕師古曰：音朱，又音誅。【補注】先謙曰：亦見高紀、項羽傳。

〔一四〕孟康曰：音汏。師古曰：又音徒系反。【補注】周壽昌曰：説文「軑，車輨也，從車，大聲」。今從犬者誤。後書王霸傳注「軑音大」。先謙曰：惠帝封黎朱倉爲侯國，見表。續志後漢因。劉注「邔國在東南，有邔城」。江水注「江水自鄂來，東得次浦，左合巴水爲巴口。見廬江雩婁，今巴河。又逕軑縣故城南，故弦國。春秋僖五年『楚滅弦，弦子奔黄』者也。城在山之陽。考案形勢，當在今調軍山南。南對五洲，江中有五洲相接，故以爲名。今蘄水縣西四十里，蘭溪江中諸洲是。東會希水口，右有厭里口、安樂浦，又東得桑步、赤水浦，下入西陵。希湖水自廬江灊來，南流逕軑縣，東入江，爲希水口」。先謙案，一統志「故城在蘄水縣西四十里」。希水亦作『浠水』，劉宋因此置浠水縣。浠水出英山縣西南，逕羅田縣爲英山河，又西南爲落翎河，又踰嶳石爲嶳石河」。輿地紀勝「嶳石在蘄水縣東北，羅石三溪之水會焉，高數十丈，寬十餘里，橫截溪流，水注石罅，皆成巖竇，玲瓏相通，衝淙而下，湍迅殊常。河水自此入蘄水界，爲希水。又西南流爲蔡家河，又會九曲河水，又東分爲倒流河，又西南逕縣城南，又西流逕蘭溪鎮入江」。吴卓信云：左昭三十一年傳「吴圍弦」，蓋楚復其國也。河南光州西南有弦城，蓋因光山縣西有僑置軑縣而誤。地道記謂「弦國在西陽」，非也。通典、輿地廣記誤承之。

〔一五〕師古曰：音五各反。【補注】先謙曰：續志後漢因。江水注「江水自西陽來，江右岸有鄂縣故城，舊樊，楚地。世本『熊渠封其中子紅爲鄂王』。太康地記以爲東鄂矣。孫權都武昌，即此。城南有袁山，即樊山也。北背大江，城東故城，言漢將灌嬰所築也。江中有節度石三段，廣百步，高五六丈，是西陽、武昌界，分江於斯石也。江水下入軑」。一統志「故城今武昌縣治。武昌，漢鄂縣地。興國、大冶半入鄂縣境」。

〔一六〕【補注】先謙曰：續志後漢因。溳水注「溳水自南陽隨來，合隨水，又南逕石巖山北，左傳『吴敗楚，及於清發』，蓋溳水兼清水之目矣。又東南合富水、温水、潼水，又南分二水，東通灄水，西入沔爲溳口。隨水出隨郡永陽縣東石龍山，南齊縣，今應山縣北。逕永陽縣西，歷橫尾山，又西南至安陸縣故城西，入溳，故鄖城也。因岡爲墉，峻不假築。富水出竟陵郡新市縣東北大陽山，南宋郡縣。今京山縣東北。逕南新市縣城西，後漢分安陸縣立。至安陸縣界，合章水入溳。温水出竟陵郡新陽縣東澤中，南宋縣，今京山縣治。東南入溳。潼水出江夏郡曲陵縣西北潼山，晉郡縣。東至安陸入溳。章水出土山，南逕隨郡平林縣故城西，晉縣。南入富水」。又溳水注「溳水自南陽隨來，南過安陸入溳」。又江水注「灄水上承溳水於安陸縣，而東逕灄陽縣北南宋縣，今黄陂縣南。入江」。見沙羨。一統志「故城今安陸縣北，安陸、雲夢、應城、孝感並漢縣地。漢川、黄陂半入安陸境」。

〔一七〕【補注】錢坫曰：鄭康成云「山若横尾，故名」。史記作「負尾」，負讀爲倍，猶萯讀爲倍也。先謙曰：禹貢山水澤地篇「陪尾山在安陸縣東北」，與志合。胡渭云：元和志云「陪尾山一名横尾山，在安陸縣北六十里」。淮水曷嘗經此？禹導山至陪尾，蓋實爲泗水，泗之與淮，猶伊之與洛也。先謙案：溳水注「横尾山即禹貢之陪尾山」也。承用志文。一統志「横尾山在今安陸縣北六十里」。

〔一八〕晉灼曰：羨音夷。【補注】先謙曰：沙羨始見荀子强國篇。續志後漢因。沔水注「沔水自雲杜來，東逕臨嶂故城北，亦臨嶂山也。南至沙羨縣北入江。庾仲雍云『夏口亦曰沔口矣』。案地記言，漢水東行觸大別之阪，南與江合，今不知所在。沔水下入豫章彭澤」。先謙案：本志「武都沮縣」下「沮水，南至沙羨入江」。「武都縣」下「東漢水一名沔，過江夏，謂之夏水，入江」。皆謂此也。據志文，西漢沙羨雖不治此，皆爲縣境。又江水注「江水自長沙下雋來，右得蒲磯口，即陸口也。北岸有寶塔洲，新陸口在舊陸口上三里，粤寇所掘也。自引水入新口，而舊口之水遂絶。又逕蒲磯山北，北對蒲圻洲，晉蒲圻縣治，在嘉魚西南，非今縣治。洲上有白面洲，洲當爲山，山東南即嘉魚縣治。洲南又有滠口。江水左得中陽水口、白沙口，又逕魚嶽山北下，得金梁洲、淵步洲。江中有沙陽洲，沙陽縣治也。縣本江夏之沙羨，晉太康中改沙陽縣」。馬徵麟云：自嘉魚西南七里，江心有洲，江分爲二。又東北三十五里，右逕魚磯頭而江合爲一。洲長四十餘里，蓋古金梁、淵步、沙陽三洲聯屬爲一。先謙案：道元言漢縣洲居，馬意以今嘉魚之復原洲、護形洲當之。考案地形，江之上下游，亦無它洲可容縣治，然則漢之沙羨即今之嘉魚，但治有移改耳。注又云「江右岸得雍口，見南郡州陵。聶口，合塗水，塗口即金口。沌水。此漢水分派由赤野湖西來者。江之右岸當鸚鵡洲南，江水又東逕魯山南，古翼際山也。地説曰『漢與江合於衡北翼際山旁』者也。魯山，今龜山。山上有吴江夏太守陸渙所治城，蓋取二水之名。此江夏郡城，吴始徙此，距今漢陽府治不遠。地理志曰『夏水過郡入江，故曰江夏』也。山左即沔水口矣。沔左曰郤月城，又曰偃月壘，戴監軍築，故曲陵縣也。後乃沙羨縣治也。黄祖守此，爲吴所擒。先謙案，曲陵，晉縣。吴志「孫權從孫策討黄祖於沙羡」，則沙羡乃漢末移治，不得先有曲陵而後爲沙羡也。「後」蓋「先」之誤云。沔左則今漢口鎮地。江之右岸有船官浦，今鮎魚套。直鸚鵡洲之下尾。船官浦東即黄鵠山，今蛇山。山東北對夏口城，孫吴築。對岸則入沔津，故城以夏口爲名，亦沙羡縣治也。此吴縣治，與黄祖所守同域異城。魯山城在沔右，爲吴江夏郡治。故權都武昌，以沙羡隸武昌郡也。夏口城、偃月壘各爲一城，在沔左。見安陸。又得太白湖口、灄口、龍驤水口、武口、楊桂水口、苦菜夏浦、廣武口，下入邾。湶口水自豫章艾來，至縣西北魚嶽山入江。山在大江中揚子洲南，孤峙中洲。陸水自下雋來，入蒲圻縣，北又逕蒲磯山北入江，爲刀環口」。一統志「今江夏、漢陽、嘉魚、蒲圻、咸甯、崇陽，並漢沙羡地。漢川半入沙羡境」。

〔一九〕晉灼曰：音祈。【補注】先謙曰：續志後漢因。江水注「江水自西陵來，得葦口、即湋源口也。内湖即湋源湖。空石口，合蘄水，東逕蘄春縣故城南，又得銅零口、海口、臧口、長風口，又逕積布山南，今猶名積布磯，其下即田家鎮。右岸有土復口、護口，下入下雉」。又蘄水篇「蘄水出蘄春縣北山」。注云「山即蘄柳也。水首受希水枝津，西南流，歷蘄山，出蠻中，此蠻爲五水蠻，五水謂巴水、希水、赤亭水、西歸水、蘄水也。其水南過其縣西，晉改蘄陽縣，縣徙江洲，此置大陽戍。後齊齊昌郡治此。又對蘄陽洲入江，爲蘄口」。洲上有蘄陽縣徙。一統志「故城今蘄州西北。蘄州、羅田、蘄水並漢蘄春地。廣濟半入蘄春境」。

〔二〇〕蘇林曰：音盲。師古曰：音萌，又音莫耿反。【補注】先謙曰：鄳塞見楚策，一作「澠阸」，見淮南地形訓。亦作「冥阸之塞」，見左定傳、信陵君傳。續志後漢因。淮水注「溮水自鍾武來，東逕石城山北，山甚高峻。史記『魏攻冥阸』，音義云『冥阸或言在鄳縣葙山』」。案呂覽九塞，其一也。溮水又逕鄳縣故城南，又逕七井岡，南入淮」。一統志「今羅山縣，漢鄳縣地。信陽州半入鄳縣境，故城在羅山西南九里。平靖關在信陽東南九十里、應山縣北九十里，有大小石門，鑿山通道，極爲險隘，即冥阸也。左傳『楚左司馬戌請塞大隧、直轅、冥阸』。大隧即黄峴關，距信陽南、應山北各九十里，亦名百雁關，一名九里關。直轅即武陽關，距信陽東南百五十里、應山東北百三十里，亦名武勝關，一名澧山關，又名大寨嶺。前史所云『義陽三關』也。溮水出信陽州西南七十里，爲黄土河，逕州南爲楊柳河，又名楊龍河，東流環抱州城，東北至羅山縣入淮」。

〔二一〕應劭曰：左傳「若敖取于䢵」，今䢵亭是也。師古曰：䢵音云。【補注】先謙曰：官本注「于」作「棄」。引宋祁曰「棄」字當作「於」字。續志後漢因。沔水注「沔水自南郡當陽來，東南過雲杜縣東，合夏水，即堵口也，是爲中夏水。縣故䢵亭，『雲土夢作乂』，縣取名焉。縣有雲夢城，城在東北。沔水又東合巨亮湖口、力口，又合溳水，又逕沌水口，又逕沌陽縣北，南宋縣。下入沙羨。溳水出竟陵郡新陽縣西南池河山，晉郡縣。東流逕新陽縣南，縣治雲杜，故城分雲杜立。溳水又東南注宵城縣南大湖，南宋縣，今天門縣東。又南入沔爲力口。沌水南通縣之太白湖，湖水東南通江爲沌口」。又夏水注「夏水自南郡華容來，至雲杜縣入沔。應劭云『江別入沔，爲夏水源』。夏之爲名，始於分江，冬竭夏流，故納厥稱，既有中夏之目，亦苞大夏之名。當決入之所，謂之堵口。自堵口下，沔水通兼夏目，而會于江，謂之夏汭也」。先謙案：本志「南郡華容」下「夏水東入沔」者也。一統志「故城今沔陽州西北」。

〔二二〕如淳曰：音羊氏反。【補注】錢大昭曰：南陽有雉，故此加「下」。先謙曰：下雉見伍被傳。續志後漢因。江水注「江水自蘄春來，東逕琵琶山南、望夫山南，又得苦菜水口，又合富水，今富池口。西北逕下雉縣，王莽更名之潤光矣。不作「閏」。江水又得蘭溪水口，下入廬江尋陽」。一統志「故城今興國州東南昌平鄉，有下雉潭、通山，漢下雉地。興國、大冶半入下雉境」。

〔二三〕【補注】先謙曰：長沙頃王子度國，宣帝封。錢大昕云：志有兩鍾武縣，一屬零陵，一屬江夏。鍾武爲侯國，蓋後來徙封，如春陵侯本在泠道，後移於南陽也。

〔二四〕【補注】先謙曰：續志後漢省。後書「臧宫徇鍾武竹里，下之」。是後漢初猶有此縣。淮水注「溮水自南陽平氏來，東逕鍾武縣故城南，下入鄳」。一統志「故城今信陽州東南」。

廬江郡，〔一〕**故淮南，文帝十六年別爲國。**〔二〕**金蘭西北有東陵鄉，**〔三〕**淮水出，**〔四〕**屬揚州。**〔五〕**廬江出**

陵陽東南，北入江。〔六〕户十二萬四千三百八十三，口四十五萬七千三百一十三。〔七〕有樓船官。〔八〕縣十二：舒，〔九〕故國。〔一〇〕莽曰昆鄉。〔一一〕居巢，〔一二〕龍舒，〔一三〕臨湖，〔一四〕雩婁，〔一五〕決水北至蓼入淮。〔一六〕又有灌水，亦北至蓼入決。〔一七〕過郡二，〔一八〕行五百一十里。〔一九〕襄安，莽曰盧江亭也。〔二〇〕樅陽，〔二一〕尋陽，〔二二〕禹貢九江在南，皆東合爲大江。〔二三〕灊，〔二四〕天柱山在南，有祠。〔二五〕沘山，沘水所出，北至壽春，入芍陂。〔二六〕晥，〔二七〕有鐵官。〔二八〕湖陵邑。〔二九〕北湖在南。〔三〇〕松茲，侯國。〔三一〕莽曰誦善。〔三二〕

〔一〕【補注】先謙曰：郡屬縣無江以南地，互見尋陽下。然通鑑胡注云「文帝分廬江國，在江南。廬江水出陵陽東南而北入於江。陵陽屬丹陽郡」。金榜云：淮南厲王傳「廬江王賜以邊越，數使使相交，徙爲衡山王，王江北」。此廬江在江南之證。先謙案，郡稱廬江，明以水氏，疑文帝時郡跨江南，陵陽、黟、歙諸縣本其所屬，其後諸縣割隸丹陽，僅存廬江空名耳。此志文不載，而可以理推者。廬江王都舒，則郡治亦當在舒。續志後漢治舒。劉注「雒陽東一千七百里」。

〔二〕【補注】全祖望曰：故屬秦九江郡。楚漢之際，分置郡屬九江國，見英布、揚雄傳。高帝五年屬漢，仍屬淮南國。文帝十六年別爲廬江國，封淮南厲王子賜，景帝三年，賜徙衡山，復故。

〔三〕【補注】周壽昌曰：志無金蘭縣，疑轉寫脱漏。綜郡國領縣核之，校百官表及本志後序之數，尚少九縣，此蓋其一也。先謙曰：禹貢山水澤地篇「東陵地在金蘭縣西北」，與志合。決水注「灌水導源金蘭縣西北東陵鄉大蘇山」。餘見雩婁下。據此，大蘇山即東陵也。今商城縣東南五十里。又江水注「利水出廬江郡之東陵鄉。江夏有西陵縣，故是言東。尚書云『江水過九江至于東陵』者也」。先謙案：注雖未言金蘭縣，然與決水注符合，則知鄉隸金蘭不誤。後世言東陵者，紛紛意揣，未足據也。阮元浙江圖説云「灌水、利水，同出東陵一地」。金蘭，附注郡下，則在郡治，蓋後改爲舒也。廬江治舒，據續志「舒縣有桐鄉」。劉注「鵲岸在縣」。今桐城縣，在漢屬舒。通典「宣城郡南陵有鵲州，即鵲岸，是漢舒地，直達大江洲渚」。禹貢：「江水過九江，至于東陵東迆，實指至此東迆爲南江也。說文迆，衺行也。江之南岸，正丹陽郡之石城，與班志石城受江，其義一也。漢六安蓼縣在霍丘縣西北，灌水自東陵至蓼，行五百一十里，見下。今自桐城廬江至霍丘，正合五百里。則江至東陵東迆，即石城分水何疑？注又云「水積爲湖，今馬口、武山、連城諸湖皆是。湖西有青林山，謂之青林湖，湖水西流謂之青林水，下入尋陽」。

〔四〕【補注】王念孫曰：「出」上脱「所」字，説見前。伊水出下淮，當爲灌，即下文灌水，北至蓼入決者也。決水注「灌水導源廬江金蘭縣西北東陵鄉大蘇山。舊本此下有「即淮水也」四字，乃後人惑於誤本漢書而妄加之。近時全氏、趙氏皆爲其所惑。今依新校本刪。許慎云『出雩婁縣』，諸先生所謂『神龜出於江灌之間，嘉林之中』，今史記龜策傳作「在江南嘉林中」，乃後人所改。辨見史記。蓋謂此水也。灌水東北逕蓼縣故城西，而北注決水也。故地理志曰『決水北至蓼入淮，灌水亦於蓼入決』。」據此，則淮水爲灌水之誤明矣。今灌水自商城縣流入固始縣界，北流入決水。大蘇山在商城縣東南。雩婁廢縣在商城縣東北。蓼縣故城在固始縣東北。全祖望、趙一清並以爲班志原是「淮」字，淮水即灌水，非出桐柏之淮水也。案説文「灌水出廬江雩婁，北入淮」。若灌水一名淮水，則是淮水入淮也。且信如全、趙之説，則志文上言淮水出東陵鄉，下言灌水入決，一水而上下異名，學者何以知淮水之即爲灌水乎？世人多聞淮水，寡聞灌水，故灌誤爲淮，不必曲爲之説也。或又曰：廬江郡下有灌水，雩婁縣下復有灌水，非重出乎？曰：非也。灌水出金蘭西北東陵鄉，是紀其所出也，灌水北至蓼入決，是紀其所入也。志文固有一水而兩見者，説見後北地郡下。先謙曰：王説淮即灌，是矣。然改淮爲灌則非。徑刪「即淮水也」四字以就己説，則謬矣。此淮水乃漢世俗譌。班雖知其非四瀆之淮，而未明其即爲灌水，故雩婁下注云「又有灌水亦北至蓼入決」。又有云者，特著之詞，非承上之語也。決水注云「灌水導源廬江金蘭縣西北東陵鄉大蘇山，即淮水也」。正用志文。趙一清云「據志是淮水，淮即灌也，非出桐柏之淮。然其字相承已古，不可改而作灌」。又云「志是淮字，道元故以釋灌水，若破淮作灌，則以灌釋灌，義豈可通？」其說是也。蓋此水數名，實緣音轉字變。注又云「俗謂之澮水」，又云「灌、澮聲相倫，習俗害真耳」。說文「潓水出廬江，入淮。从水，惠聲」。灌、澮、潓、淮，音出一原，字經數變。班志此郡未有潓水，可悟說文之潓水，即此志之淮水，各據所聞見記之，而皆不知爲灌水也。說文别出灌水。知淮之即灌，自道元發之。道元以澮爲俗稱，而不悟澮爲潓之誤字。後人乃反改酈注以併改漢志，誤之又誤矣。

〔五〕【補注】先謙曰：三字當在「别爲國」下，傳寫誤移之。續志後漢因。屬同。

〔六〕應劭曰：故廬子國。【補注】先謙曰：陵陽，丹陽縣。廬江水篇「廬江水出三天子都北，過彭澤縣西，北入於江」。注云「山海經『三天子都，一曰天子鄣』。王彪之廬山賦敘曰『廬山，彭澤之山也』。孫放廬山賦曰『丹陽郡南有廬山，九江之鎮也』。丹陽即宛陵縣，有彭澤聚，是此彭澤耳」。先謙案：彭澤，豫章縣。道元以爲彭澤聚，誤。廬江水出處近丹陽，入江處不近丹陽也。漸江水出三天子都，在今黟縣。廬江水出三天子都，在今婺源縣，相去密邇，二水同發一地。入江者，入鄱陽湖，即彭蠡澤也。此水出婺源，南流入德興，後西流。志「北」字誤。一統志「廬源水即廬江水，出婺源縣西北廬嶺山，南流逕雙路口，浙源西水出縣西北浙源山，西南注之，又南，沱水出縣西北，三源同注，下爲沱口入焉。又南與婺水合，婺水出縣西大廣山，東南流爲莒徑水，又合施村水、月嶺水，入廬源水。廬源水又東與武溪水合。武溪水亦名斜水，出縣東北回嶺、覺嶺諸山，東西四源合注，至汪口合大鏞水。大鏞水出縣東大鏞山，東流，合芙蓉山水，又西逕江灣，入武溪水。武溪水又西南入廬源水，曰武口。廬源水又逕石門灘，南繞縣城爲繡水。又西南，小斂水出縣東南小斂山，西流逕縣南注之。又西南，桃溪水出縣西鵞峰山南，合考川水注之。又西南，梅源水出梅溪山，杭溪水出石龍山同注之。又西南，漕溪水出縣西巘峿山，南逕烏龍潭爲漕溪，亦曰澧溪。又逕漕村入廬源水。廬源水又東，濬源水出縣西南濬源山，南會吴山水注之，下入豫章鄱陽」。

〔七〕【補注】朱一新曰：汪本「二」作「三」。先謙曰：官本作「三」。

〔八〕【補注】錢坫曰：武帝時，楊僕爲樓船將軍，擊南越、東越，故置官於此。

〔九〕【補注】先謙曰：縣人文翁、朱邑，見循吏傳。

〔一〇〕【補注】全祖望曰：當云「故廬江王都」。先謙曰：舒，始見詩魯頌。左傳杜注「偃姓」。洪亮吉云：玉篇引春秋云「徐人取郤」。杜預云「今廬江郤縣」。案此，則「舒」又作「郤」。然説文止云「郤，邑名」，不云「即廬江舒縣」。

〔一一〕【補注】先謙曰：後漢因。續志「有桐鄉」。劉注「古桐國，有鵲尾渚」。先謙案：左傳「鵲岸」，杜注「舒縣，有鵲尾渚」是也。鵲尾渚與銅陵縣鵲頭山對面，當在無爲州界。無爲舊屬舒城，故云。一統志「今廬江縣地，故城在縣西」。

〔一二〕應劭曰：春秋「楚人圍巢」。巢，國也。【補注】先謙曰：秦爲縣。范增縣人，見項羽紀，作「居鄛」。續志後漢因。劉注「有范增冢，有二大湖」。案巢湖、白湖也。沔水篇「沔水自豫章彭澤來，東北出居巢縣南」。注云「古巢國也。桀奔南巢，即巢澤也。尚書『周有巢伯來朝』。江水自濡須口又東，左會柵口水，導巢湖。又東，左會清溪水、白石山水，又東南積爲竇湖，又入江爲柵口。江水下入丹陽石城」。先謙案：江水自襄安來，左逕裕溪口，濡須之音變也，亦無爲州境。濡須水在今巢縣南，出巢湖東南流，湖在縣西十里，周回四百餘里，港汊大小三百六十，納諸水以注大江，爲淮西巨浸。濡須水一名柵口水，亦曰石梁河，又曰馬尾溝。自湖東口流經巢縣南。漢居巢故城在今縣東北五里，有桀王城，桀所奔也，在今縣城内臥牛山北。濡須水又東南，清溪河水自清溪鎮西流入之；又南逕濡須、七寶二山之間，即水經注之刺史山、韓綜山也。濡須山東關，吴所置。七寶山西關，魏所築也。濡須水於此有東關水之名。出關口爲蟹子口河，黄洛河水出巢湖東北流入之。濡須水又東逕銅城閘，其支流爲馬腸河，合運漕河水，歷運漕鎮東流入之。銅城閘之東北迤下爲蘭花後港，北渡三橋，又東北出爲牛屯河口。濡須水東逕雍家鎮，又北入於江。濡須水即本志六安六下之如谿水。互詳彼注。江水下入九江歷陽。右見丹揚春穀、蕪湖。又施水注「施水自合肥來，東逕湖口戍入巢湖爲施口」。先謙案，續通考「金斗河在廬州，源出雞鳴山，東流至廬州府城，自西水關流入城中，至東門外，歷金斗驛流入巢湖」。即施水也。

〔一三〕應劭曰：羣舒之邑。【補注】先謙曰：左傳「羣舒叛楚」，所謂舒鳩、舒庸者也。續志後漢因。有龍舒山、龍舒水。一統志「今舒城縣地，故城今縣治。龍舒山即龍眠山，在縣西八十里。寰宇記『龍舒河出三角山東北流』。杜預云『廬江西南有龍舒水』是也。舒城縣志有『南溪一名歐溪，發源縣西孤井，東經七門堰，又經縣城南入巢湖，即龍舒水也』。」

〔一四〕【補注】先謙曰：續志後漢因。一統志「故城今無爲州西南八十里臨壁山下臨湖圩是」。

〔一五〕【補注】先謙曰：楚東邑，與吴界。見左襄、昭傳，吴世家注。淮南子「孫叔敖決期思之陂，灌雩婁之野」。期思陂即芍陂也。續志後漢因。一統志「故城今霍丘縣西南商城縣東北」。

〔一六〕【補注】先謙曰：蓼，六安縣。説文「決水出大別山」。決水篇「決水出雩婁縣南大別山」。注云「俗謂之檀公峴，蓋大別之異名也。其水歷山委注，北過其縣東。晉書地道記云『在安豐縣之西南，即其界也』。故地理志曰：『決水出雩婁』。下入六安安豐」。又江水注「巴水出雩婁縣下靈山，即大別山也。與決水同出一山，世謂之分水山，或曰巴山。南歷蠻中，逕巴水戍南入江，爲巴口」。見江夏軑。馬徵麟云今巴水出羅田縣北山，俗稱鹽堆山，南流逕蘄水縣界，又西南逕黄岡縣界，入江。其上流名平湖鄉河。蓋巴源已湮，可見者惟此。一統志「決水出商城縣牛山，今名牛山河」。

〔一七〕【補注】先謙曰：説文「灌水出廬江雩婁，北入淮」。決水注「決水又西北，灌水注之。餘引見上。許慎云『出雩婁縣，諸先生所謂神龜出於江灌之間』，蓋謂此水也。下入蓼」。一統志「灌水今名石槽河」。

〔一八〕【補注】先謙曰：廬江、六安。

〔一九〕師古曰：雩音許于反。婁音力于反。

〔二〇〕【補注】洪亮吉曰：今無爲州北境有襄河，與全椒縣界，則漢襄安之名，蓋取襄水安流之義。先謙曰：續志後漢因。江水自桐城來，左入無爲州境，漢襄安地也。西對臨湖，東下繁昌，舊置巡檢司於此。江水北逕劉家渡，在今襄安鎮南，鎮即縣治也。江水又逕鳳皇頸至鎮，水路三十里，陸路十五里。江水又北逕泥汊口，廬江縣黄泥河東流注之。又北逕神塘河口，江寬三十餘里，内水路至州四十里。江水又南爲横江口，又東北逕蟂磯，下入居巢。右見丹揚陵陽。

〔二二〕師古曰：音七容反。【補注】先謙曰：武帝經此作歌，見紀。續志後漢省。吴卓信云：御覽引謝承書云「劉騊駼除樅陽長」。騊駼仕鄧太后時，是安帝尚有樅陽。晉書陶侃傳「侃領樅陽令」，而晉志無樅陽縣，不可解。名勝志「桐城縣」下引水經注云「樅陽湖水繞團亭，與江水合而東流」。先謙案，江水自皖來，左入桐城縣境，漢樅陽地也。故城在桐城縣東南一百里。江水左逕樅陽鎮與樅陽水合。水上源爲獨山湖，在桐城縣南六十里，即團亭湖也。寰宇記云「與白石湖相連，湖中出兩小山，亭亭峻嶮，白石皎然，二水相連，遂爲團亭、白石之號」。湖水又合石塘湖水、古湖水、鴨子湖水，逕練塘驛爲練塘河，俗名曰菜子湖。東南流出羅塘洲，上下樅陽鎮之間而入於江。武帝舳艫千里，薄樅陽而出，但薄其水，不歷其縣也。江水左逕王家套，廬江縣之羅昌河水及桐城東白蕩、竹子、破罡諸湖水注之。江水又東北，左逕老洲頭，其下爲六百丈汛，江險也。又北逕仁德洲，西下入襄安。右見丹揚石城。

〔二三〕【補注】閻若璩曰：漢尋陽縣在大江北，今黄州府蘄州東潯水城是。東晉成帝移於江南，今九江府德化縣西十五里是。杜佑云「温嶠所移也」。徐松曰：廬江郡無江以南地，洪氏亮吉立五證以明之。錢氏謂在九江府城西者誤。先謙曰：續志後漢因。江水注「江水自下雉來，又東，左得青林水口。青林水自東陵鄉來，西南歷尋陽縣，分爲二：一水東流，通大雷；一水西南入江」。先謙案，通大雷者，今望江縣境雷港，古大雷戍。大雷水出宿松縣界，東南流爲龍南湖，合青林水又南流，出湖口爲洿池河，是曰雷池。晉庾亮與温嶠書所謂「無過雷池一步」也。又東入望江縣境，合泊湖，又東至喻家洑，分爲二，一逕望江縣城，合武昌青草、白土、漳湖之水，而入於皖水。青林支水自華陽鎮合大雷枝水而入江也。一統志「故城今黄梅縣界」。地理通釋云「晉惠帝時分廬江、武昌立尋陽郡，治豫章之柴桑，而尋陽之名亂。成帝移江州治尋陽，而江南之尋陽著，江北之尋陽益晦。久之，遂廢尋陽入柴桑」。先謙案，江水自下雉來，富口之對岸爲蟠塘鎮，蘄州、廣濟分界於此。廣濟以下，漢尋陽地也。江水左逕武穴鎮，又逕龍坪鎮，鎮有龍坪山。江水又逕團洲北，廣濟、黄梅界也。又逕小池口，又東至段窯鎮爲老江，黄梅、宿松界也。下入皖。右見豫章彭澤，江水篇闕不具，今依圖記輯補。

〔二三〕【補注】先謙曰：禹貢山水澤地篇「九江地在下雋縣西北」，與志異。詳見志首。

〔二四〕【補注】先謙曰：後漢因。續志作「潛」，古通。劉注「左傳：吴人侵楚潛、六，楚沈尹戌救潛」是也。沘水注「灊者，山水名也。開山圖『灊山圍繞大山爲霍山』。郭景純云『灊水出焉。縣即其稱矣』」。先謙案，潛水出霍山西，東南流入皖水，下入皖縣。一統志「今霍山縣，漢灊縣地，故城在縣東北三十里」。

〔二五〕【補注】先謙曰：爾雅「霍山爲南嶽」。郭注「即天柱山，灊水所出」。禹貢山水澤地篇「霍山爲南嶽，在廬江灊縣西南」。注云「天柱山也」。紀要「一名皖公山，在潛山縣西北二十里」。祠見郊祀志。江水注「希水出灊縣霍山西麓，山北有灊縣故城。地理志曰『縣南有天柱山』，即霍山也。有祠南嶽廟。西南流，分爲二水，枝津出焉。又南積爲湖，謂之希湖，下入江夏軑」。先謙案，入軑縣之希水，源出英山縣境，距霍山較遠，殆天柱之支山矣。

〔二六〕晉灼曰：音潛。師古曰：沘音比，又音布几反。芍音酌，又音鵲。【補注】先謙曰：壽春，九江縣。沘水篇「沘水出灊縣西南霍山東北」。注云「地理志曰『沘水出沘山』，不言霍山。『沘』字或作『淠』」。先謙案，此以沘、淠爲一水也。淮水注「淮水又東北，淠水注之。水出弋陽山南垂山下」。又云「淮水又東，左合沘口」。案此又以爲二水。説文「淠水出汝南弋陽垂山，東入淮。从水，畀聲」。「沘水出灊縣西南霍山，東北過六安縣東北，入於淮。从水，比聲」。與淮水注合。疑二水是也。沘水注全以「沘」爲「淠」，今姑依而次之。淠水下入九江博鄉。一統志「淠水即沘水，今白沙河，出霍山縣南流。寰宇記云『出多智山爲墜星河』。舊志云『水有二源，一出霍山，一出蘇口，至九公山麓合流』也。淠水北逕縣西，繞縣城而東爲化龍河，又北入潁州府霍丘縣界。芍陂在壽州東南」。

〔二七〕【補注】王鳴盛曰：皖从目，後書馬援傳作「晥」，从日。李賢注「晥，今舒州懷寧縣」。俗作「皖」，遂盛行。幸漢書可攷。先謙曰：官本作「皖」。後漢因。續志作「晥」。寰宇記「皖國偃姓，皋陶後。春秋時楚滅之」。一統志「故城今潛山縣治。懷寧、潛山、太湖、望江並皖縣地」。先謙案：江水自尋陽來，左入宿松縣境，逕歸林灘，古桑落洲也。又逕老洲頭，古涇江口也。又逕喻家洑，宿松、望江縣界，有沙灣口，內通泊湖。又逕望江縣東南，又逕華陽鎮，青林水入之。見尋陽。又逕雷港，又逕八洞溝，入懷寧界。又逕山口鎮，皖水自潛山縣入之。水出縣北天堂山南流，逕縣東南，與潛水合。土人謂皖水爲前河，潛水爲後河。皖水南逕上下石牌，英山、太湖二縣水入之。皖水又東北逕黃城圩，右合大雷水，又左逕石庫，合冶湖水東入江，爲皖口。江水又逕鹽河口，合石門湖水；又逕懷寧縣，今安徽省治也。又逕上新河，合菱湖水。又逕前江口，江岸古長風沙也。又逕下新河，下入樅陽。右見豫章彭澤。

〔二八〕師古曰：音胡管反。【補注】宋祁曰：「管」當作「綰」。先謙曰：續志「有鐵」。

〔二九〕【補注】吴卓信曰：自來地志未詳，疑今太湖縣。先謙曰：續志後漢省。

〔三〇〕【補注】錢坫曰：今泊湖也。在望江縣西四十里，合宿松、太湖二縣諸水，東入江。先謙曰：今案泊湖合大雷水，流與江通。本志末云「壽春合肥受南北湖」，則北湖又非泊湖矣。

〔三一〕【補注】先謙曰：史表徐厲國，吕后封。六安共王子霸，昭帝封。

〔三二〕【補注】先謙曰：續志後漢省。一統志「故城今宿松縣北五十里，其地曰仙田，有嘉禾，無種自生，故名。又縣東北三十五里有舊縣埠，其河亦曰舊縣河」。

九江郡，〔一〕秦置。〔二〕高帝四年更名爲淮南國。武帝元狩元年復故。〔三〕莽曰延平，屬揚州。〔四〕戶十五萬五十二，口七十八萬五百二十五。有陂官、湖官。縣十五：〔五〕壽春邑，〔六〕楚考烈王自陳徙此。〔七〕浚遒，〔八〕成德，莽曰平阿。〔九〕橐皋，〔一〇〕陰陵，〔一一〕莽曰陰陸。〔一二〕歷陽，都尉治。莽曰明義。〔一三〕當塗，侯國。〔一四〕莽曰山聚。〔一五〕鍾離，〔一六〕莽曰蠶富。〔一七〕合肥，〔一八〕東城，〔一九〕莽曰武城。〔二〇〕博鄉，侯國。〔二一〕莽曰揚陸。〔二二〕曲陽，侯國。〔二三〕莽曰延平亭。〔二四〕建陽，〔二五〕全椒，〔二六〕阜陵。〔二七〕莽曰阜陸。〔二八〕

〔一〕【補注】先謙曰：據淮水注，秦立郡治壽春，兼得廬江、豫章之地，故以九江名郡。漢淮南王都，壽春郡治亦當在此。續志後漢治陰陵。劉注「雒陽東一千五百里」。

〔二〕【補注】先謙曰：江水注「秦始皇二十四年置」。

〔三〕【補注】全祖望曰：楚漢之際爲九江國。高帝三年復屬楚國，四年更名淮南國，以封英布。文帝六年爲九江郡，十六年復爲淮南國。武帝元狩元年，淮南王安國除，復故。又曰：英布以四年復封，然遥授耳。楚以周殷守之，布不能取也。五年，殷叛，始得之。

〔四〕應劭曰：江自盧江尋陽分爲九。【補注】先謙曰：應說九江，與志異。續志後漢因，屬同。

〔五〕【補注】先謙曰：郡人朱普、張邯、陳俠，見儒林傳。

〔六〕【補注】先謙曰：秦縣。劉賈圍壽春，見荆燕吴傳。淮南王都，見五行志。縣人梅福，見本傳。召信臣，見循吏傳。後漢因，續志無「邑」字。肥水注「芍陂自浚遒來，周百二十許里，在壽春縣南八十里，孫叔敖所造。陂有五門，西北爲香門陂，香門陂東北爲芍陂。瀆又分爲二，一東注黎漿水，黎漿水東入肥。芍陂瀆水自黎漿分水引瀆壽春城北，逕芍陂門右，北入城，復出城注肥。肥水自成德來，北逕壽春縣故城東，爲長瀨津。〔又〕西北，右合東溪，南播爲東臺湖，又西逕壽春故城北，右合北溪，又分二水：右即肥之故瀆，遏爲船官湖；左瀆又左，納芍陂瀆，又左合羊頭溪水，又北注舊瀆之横塘，又西北入淮，爲肥口」。又淮水注「淮水自六安安風來，東北至壽春縣西，合沘水，又東逕中陽亭北，爲中陽渡，水淺可厲。又合潁水，又東南逕蒼陵城北，又東北逕壽春縣故城西，又北，左合椒水，又東過壽春縣北，晉改壽陽。合肥水，下入沛下蔡」。一統志「故城今壽州治」。

〔七〕【補注】先謙曰：考烈王二十二年，東徙都壽春，命曰郢。見楚世家。

〔八〕晉灼曰：音酋熟之酋。師古曰：浚音峻。遒音才由反。【補注】周壽昌曰：晉志「浚」作「逡」。先謙曰：續志後漢因。劉注「有唐、后二山」。肥水注「閻澗水自合肥來，北流逕浚遒縣西，水積爲陽湖。陽湖水逕死虎亭南，夾橫塘西注，水分爲二，洛澗出焉，閻漿水受芍陂水注之。芍陂水上承渒水於五門亭南，別爲斷神水。沘水注云「渒水又西北，分爲二水，芍陂出焉。渒水又北，逕五門亭，西逕安豐，會濡水」。據此，芍陂自渒水出也。而沘水注不著芍陂原委，它亦無所見。惟肥水注云「閻漿水受芍陂陂水，上承澗水，於五門亭南別爲斷神水，又下爲芍陂」云云。其上文並無澗水專名，然則澗水實係渒水之訛。今正「澗」爲「渒」，庶二注之文脗合，而芍陂來源不至終古不明也。又東北逕五門亭東，亭爲二水之會。斷神水又北爲豪水，實一水也。又逕白芍亭東，積而爲湖，謂之芍陂。下入壽春」。一統志「故城今合肥縣東北清水橋」。

〔九〕【補注】先謙曰：續志後漢因。肥水篇「肥水出成德縣廣陽鄉西」。注云「吕忱字林『肥水出良餘山，俗謂之連枷山，亦或以爲獨山也』。北流分爲二，施水出焉。肥水又逕荻城東，又逕荻丘東，右會施水枝津，逕成德縣故城西，又逕芍陂東，又逕死虎塘東，又合閻澗水，又合黎漿水，下入壽春。施水枝津自合肥來，西逕成德縣入肥」。又施水注「施水受肥於廣陽鄉，東南流，下入合肥」。一統志「故城今壽州東南」。

〔一〇〕孟康曰：音拓姑。【補注】先謙曰：續志後漢省。又浚遒下劉注「左傳『會吳于橐皋』，杜注『在縣東南』」。據此，知併入浚遒，故縣在浚遒東南也。橐皋河出合肥，流槎山，入巢湖，見名勝志。一統志「故城今巢縣西北」。

〔一一〕【補注】先謙曰：續志後漢因，郡治。淮水注「淮水自曲陽來，北逕莫邪山西。山南有陰陵縣故城，項羽夜馳渡淮，至陰陵，迷失道，陷大澤，灌嬰追及之斯縣者也。淮水下入當塗。豪水此東濠水。出陰陵縣之陽亭北，東北流，逕其縣西，又屈而南轉，東逕其城南，又北歷其城東，逕小城而北入淮。入淮在鍾離界。一統志「故城今定遠縣西北，城周三里，故址猶存」。

〔一二〕【補注】錢坫曰：通典云「王莽改陽陵」。先謙曰：淮水注亦作「陰陸」，通典蓋誤。

〔一三〕【補注】先謙曰：范增侯國。見項羽紀。續志後漢因。先謙案：江水自廬江居巢來，左入含山縣境，漢歷陽地也。含山、和州與居巢並以濡須水中流爲界，江水左逕西梁山，與東梁山對峙，江險也。江水又東北，牛屯河水注之。又東北，姥下河水出歷湖，逕姥下鎮注之。又東北，太陽河逕太陽鎮注之。江水又逕牛渚，又東北逕和州城東，漢歷陽縣治也。十道志「縣南有歷水，故曰歷陽」。淮南子「歷陽之郡，一夕反而爲湖，不知何世事也」。湖在州西，與含山縣接界，亦曰麻湖，東西周二十里，南北十五里。明永樂初，湖水涸，議堰爲田，凡三萬六千二百餘畝。景泰二年，田始成。然地平衍，時患潦溢，陵谷流移，斯爲明證矣。含山縣東北有大峴、小峴二山，小峴山亦名昭關山，兩山對峙，爲廬、濮往來之衝地，説家云，史記范睢傳「伍子胥橐載以出昭關，晝行夜伏，至於溧水」，指謂此昭關山也。山有馬跳泉，南流爲清江斷澗水，有大澗水出桑山，流注之，其流始盛。又東逕含山縣城南，又東分爲二：一南入姥下河，一東北逕和州城北。又分爲二：一東南爲横江河，宋開寶間鑿以通漕也，又東南爲新河口入江；一東北爲關勝河，分二支，東南流入江，其一東北流爲石跋河入江。江水又東北，駐馬河水注之，上有駐馬塘，烏江亭長檥舟待項王處也。漢東城縣境。江水下入臨淮堂邑。右見丹陽丹陽。

〔一四〕【補注】先謙曰：魏不害國，武帝封。

〔一五〕應劭曰：禹所娶塗山侯國也。有禹虚。【補注】錢大昭曰：「侯」字衍。先謙曰：説文「嵞，會稽山。一曰九江當嵞也。民以辛壬癸甲之日嫁娶」。後漢因。續志「有馬丘聚」。劉注「楚大夫子思冢在縣東山鄉西，去縣四十里。子思造芍陂」。淮水注「淮水自陰陵來，東北逕馬頭城，魏馬頭郡治。故當塗縣之故城也。禹墟在塗山西南，縣即其地也。淮水又合濠水，又北合沙水，所謂蒗蕩渠也。下入沛平阿。濠水元和志謂之西濠水。出莫邪山東北溪，引瀆逕禹墟北，又西入淮」。一統志「故城今懷遠縣東南」。

〔一六〕【補注】先謙曰：楚邊邑與吴邊邑卑梁接界，見楚世家。周勃、灌嬰共食鍾離，見勃傳。一作終黎，見秦紀。

〔一七〕應劭曰：鍾離子國。【補注】先謙曰：續志後漢因。淮水注「淮水自沛義成來，東過鍾離縣北。世本云『鍾離，嬴姓也，楚滅之以爲縣』。左傳『吴公子光伐楚，拔鍾離』者也。淮水合豪水下入沛夏丘」。輿地廣記「縣有濠水」，案即酈注之豪水，寰宇記所謂東濠也。西濠在懷遠界，見元和志。一統志「故城今鳳陽縣東」。

〔一八〕應劭曰：夏水出父城東南，至此與淮合，故曰合肥。【補注】先謙曰：續志後漢因。施水注「施水自成德來，東南流逕合肥縣。應劭云『夏水出城父東南，至此與肥合，故曰合肥』。闞駰亦言『出沛國城父東，至此合爲肥』。余案川殊派别，無沿注之理，知應、闞二説非實證也。蓋夏水暴長，施合於肥，故曰合肥，非實夏水也。夏水謂夏肥水。施水東逕合肥縣城南，城居四水中。又東有逍遥津，又分爲二枝水，北出，下注陽淵。即閻澗水。陽淵蓋陽湖之誤。見肥水注。施水下入廬江居巢」。又肥水注「施水枝津首受施水於合肥縣城東，西流下入成德。閻澗水上承施水於合肥縣，下入浚遒」。一統志「故城今合肥縣北金斗城」。

〔一九〕【補注】先謙曰：秦縣。葛嬰於此立襄彊爲楚王，灌嬰斬項羽於此，並見高紀。文帝封淮南厲王子良，武帝封居股爲侯國，見表。

〔二〇〕【補注】先謙曰：續志後漢省。淮水注「池水出東城縣，東北流逕東城縣故城南，又歷二山間入淮，爲池河口」。見臨淮徐。一統志「故城今定遠縣東南，和州半入東城境」。

〔二一〕【補注】先謙曰：六安繆王子交國，元帝封。

〔二二〕【補注】吴卓信曰：魏志「吴朱異救諸葛誕，留輜重於都陸」。通鑑胡注「都陸即揚陸也」。先謙曰：續志後漢省。沘水注「淠水自灊來，東北逕縣，泄水出焉。淠水下入六安六」。又泄水篇「泄水出博安縣」。注云「博安，地理志之博鄉縣也。泄水自縣上承沘水於麻步川，西北出，下入六」。案：博安，後漢、晉志無，説文亦云「泄水受博安洵陂」，或順帝前曾改名。一統志「故城今霍丘縣南」。

〔二三〕【補注】先謙曰：王根國，元帝封。

〔二四〕應劭曰：在淮曲之陽。【補注】錢大昕曰：東海曲陽。注亦引應劭曰「在淮曲之陽」。二注當有一誤。先謙曰：後漢因。續志「曲」上加「西」。淮水注「淮水自沛下蔡來，右納洛川於曲陽縣北，下入陰陵。洛川水分闔溪，北絶横塘，合鵲甫溪水，北逕曲陽縣故城東。下邳有曲陽，故是加『西』也。洛澗水北歷秦墟，下入淮爲洛口」。一統志「故城今鳳臺縣東北」。

〔二五〕【補注】先謙曰：續志後漢省。唐李吉甫十道圖「清流縣有建陽城」。一統志「故城今滁州東四十里。來安半入建陽境」。

〔二六〕【補注】先謙曰：續志後漢因。一統志「故城今全椒縣治。來安半入全椒境」。

〔二七〕【補注】先謙曰：文帝封淮南厲王子安爲侯國，見表。

〔二八〕【補注】先謙曰：續志後漢因。晉志「明帝時淪爲麻湖」。紀要「歷湖一名麻湖」，則與歷湖一事也。然歷陽爲湖，已見淮南子，非明帝時，晉志殆傳譌耳。一統志「故城今全椒縣東十五里」。

山陽郡，〔一〕故梁。〔二〕景帝中六年別爲山陽國。武帝建元五年別爲郡。〔三〕莽曰鉅野，屬兗州。〔四〕戶十七萬二千八百四十七，口八十萬一千二百八十八。〔五〕有鐵官。〔六〕縣二十三：〔七〕昌邑，〔八〕武帝天漢四年更山陽爲昌邑國。〔九〕有梁丘鄉。春秋傳曰「宋、齊會于梁丘」。〔一〇〕南平陽，莽曰黽平。〔一一〕成武，〔一二〕有楚丘亭。齊桓公所城，遷衛文公於此。子成公徙濮陽。〔一三〕莽曰成安。〔一四〕湖陵，〔一五〕禹貢「浮于泗、淮，通于河」，水在南。〔一六〕莽曰湖陸。〔一七〕東緡，〔一八〕方與，〔一九〕橐，〔二〇〕莽曰高平。〔二一〕鉅壄，〔二二〕大壄澤在北，兗州藪。〔二三〕單父，〔二四〕都尉治。莽曰利父。〔二五〕薄，〔二六〕都關，〔二七〕城都，侯國。〔二八〕莽曰城穀。〔二九〕黄，〔三〇〕侯國。〔三一〕爰戚，〔三二〕侯國。〔三三〕莽曰戚亭。〔三四〕郜成，侯國。莽曰告成。〔三五〕中鄉，侯國。〔三六〕平樂，侯國。〔三七〕淮水東北至沛入泗。〔三八〕鄭，侯國。〔三九〕瑕丘，〔四〇〕甾鄉，侯國。〔四一〕栗鄉，侯國。〔四二〕莽曰足亭。〔四三〕曲鄉，侯國。〔四四〕西陽。〔四五〕侯國。〔四六〕

〔一〕【補注】先謙曰：據濟水注，郡治昌邑。續志後漢治同。劉注「雒陽東八百一十里」。閻若璩云：昌邑國即治昌邑縣，以昌邑哀王髆傳知之。

〔二〕【補注】全祖望曰：故屬秦碭郡，楚漢之際屬楚國，高帝五年屬漢，以屬梁國。

〔三〕【補注】先謙曰：景帝封梁孝王子定，九年薨，亡後，國除。全祖望云：後爲昌邑國，見昌邑下。宣帝本始元年復故。元帝竟寧元年復爲山陽國，成帝河平四年復故。

〔四〕【補注】先謙曰：續志後漢因，屬同。

〔五〕【補注】徐松曰：張敞傳言山陽郡户九萬三千，口五十萬以上。可知宣帝時户口尚不如元始之盛也。

〔六〕【補注】吴卓信曰：成紀永始三年，山陽鐵官徒攻殺長吏，盗庫兵。

〔七〕【補注】先謙曰：見王子侯表者，有邵縣索隱引。無考。郡人曹竟，見鮑宣傳。張無故、張長安、張就，見儒林傳。

〔八〕【補注】先謙曰：秦邑。高帝初起擊之，見高紀。縣人彭越，見越傳。周亞夫擊吴，堅壁縣南，見吴王濞傳。

〔九〕【補注】先謙曰：武五子傳封子哀王髆，至孫賀國除，復爲山陽郡。

〔一〇〕【補注】先謙曰：後漢因。續志「有梁丘城。有甲父亭」。又分爲金鄉縣。據輿地廣記，縣本昌邑地。濟水注「黄溝枝流自成武來，東北逕梁丘城西，下入濟陰乘氏。菏水自乘氏來，東逕昌邑縣故城北，又逕金鄉縣故城南。後漢置。北有金鄉山也。菏水下入東緡」。一統志「故城今金鄉縣西北四十里，梁丘城在成武縣東北二十五里」。

〔一一〕孟康曰：邾庶期以漆來奔，又城漆，今漆鄉是。【補注】錢大昭曰：泰山有東平陽，故此云「南」。先謙曰：縣人龔遂，見循吏傳。後漢因。續志「有漆鄉。有閭丘亭」。泗水注「泗水自瑕丘來，南過平陽縣西。紀年『梁惠成王二十九年，齊宋伐我東鄙，圍平陽』者也。泗水逕故城西，世謂之漆鄉。應劭云『漆鄉邾邑』，杜預云『平陽東北有漆鄉』也。泗水下入橐」。又洙水注「洙水自瑕丘來，西南逕南平陽縣之顯閭亭西，邾邑也。春秋『邾庶其以漆閭丘來奔』。杜預云『平陽北有顯閭亭』。十三州記云『縣又有閭丘鄉』。從征記云『杜謂顯閭，閭丘也』。今按漆鄉在縣東北，漆鄉東北十里，見有閭丘鄉。『顯閭』非也，然則『顯閭』自是別亭。洙水下入橐。」與泗水互證。一統志「故城今鄒縣治，本邾地，後爲魯平陽邑，戰國爲齊南陽邑」。

〔一二〕【補注】先謙曰：秦縣。高帝破東郡尉於此。見高紀、周勃傳。

〔一三〕【補注】陳奐曰：成武楚丘，春秋「戎伐凡伯於楚丘」是也。衞文所徙之楚丘在東郡濮陽縣西，白馬縣東。鄭志荅張逸問曰「楚丘在河泲間」。疑在今東郡界內，然則鄭不從班説矣。蓋此志誤也。程公説、顧炎武、顧祖禹、趙一清皆能辨之。先謙曰：濮陽見東郡下。

〔一四〕【補注】先謙曰：續志後漢改屬濟陰。濟水注「黄溝枝流自梁己氏來，東北逕楚丘城西，又逕成武城西，下入昌邑」。又泗水注「黄水自濟陰定陶來，東逕成武縣之楚丘亭北，又逕成武縣故城南，下入郜成」。一統志「故城今成武縣治」。

〔一五〕【補注】先謙曰：高帝初起攻之，見高紀。項梁追破秦嘉軍於此，見項羽傳。蓋秦縣。紀、傳、志「湖」、「胡」互見，二字通用。亦見五行志、恩澤楊鄉侯朱博表注「湖陵」，蓋嘗析置楊鄉縣。

〔一六〕【補注】王鳴盛曰：「河」當作「菏」，今尚書誤與班志同。錢坫曰：説文「菏澤水在湖陵，即濟水之下流也」。元和志「菏水一名五丈溝，今魚臺縣北十里」，蓋改流矣。段玉裁曰：當作「禹貢浮于淮泗，通于菏。菏水在南」。志例云「禹貢菏水在南」而已，而必舉此七字，正以此菏水別于菏澤之「菏」也。徐松曰：錢所據説文誤也。此禹貢徐州之菏水。其在泲陰定陶東者，禹貢豫州之菏澤。宋傅寅云「菏澤水，説文云『在湖陵』，班志云『在定陶東』。不同者，蓋在定陶者其澤也，在湖陵者其流也」。先謙曰：禹貢山水澤地篇「菏水在湖陸縣南」，與志合。「河」當作「荷」，説見下。濟水注「菏水自方與來，東過湖陵縣南，東入於泗，澤水所鍾也。尚書曰『浮于淮泗，達于菏』是也。下入沛郡沛縣」。又泗水注「泗水自方與來，菏水注之，即濟水所苞，注以成湖澤也。泗水合於縣西六十里穀庭城下，俗謂之黄水口。黄水西北通巨野澤，蓋以黄水沿注於菏，故因以名焉。泗水又東逕湖陵城東南，左會南梁水、漷水，下入沛郡沛。南梁水自魯國蕃來，至縣入泗。志云『其水西流，注於濟渠』。濟在湖陵西，而左注泗。泗、濟合流，故地記或言濟入泗，泗亦言入濟，互受通稱，故有入濟之文。經謂之涓涓水也。漷水自魯國薛來，西至湖陵縣入泗」。

〔一七〕應劭曰：尚書一名湖。章帝封東平王倉子爲湖陵侯，更名湖陵。【補注】錢大昭曰：注「倉」當作「蒼」，「陵」皆當作「陸」。趙一清曰：「一名湖」之「湖」，亦當是「菏」字。蓋應氏引尚書之「菏」，以證通于「河」之誤，傳寫者譌而爲「湖」。「更名湖陵」，「陵」當作「陸」。郡國志：湖陸故湖陵，章帝更名。劉注「前漢志『王莽改曰湖陸』，章帝復其號，晉以後總曰湖陸」。朱一新曰「趙説是」。但云「應氏引尚書之菏，以證通于河之誤」，似未當。竊謂班氏「通于河」，當作「通于荷」。應注「一名湖」，當作「一名菏」。蓋應氏引尚書之「菏」，以證班志「荷」字即「菏」字之異文，非謂班志字誤也。志中「菏」字多作「荷」，上文「導荷澤」，又「東至于荷」。「濟陰郡」下「禹貢『荷澤在定陶東』」是也。五經文字云「菏」，古本一作「荷」。泗水注引亦作「荷」。先謙曰：續志劉注「縣西有費亭城」。一統志「故城今魚臺縣東南六十里」。

〔一八〕師古曰：春秋僖二十三年「齊侯伐宋圍緡」，即謂此。音旻。【補注】先謙曰：續志後漢因。濟水注「菏水自昌邑來，東逕東緡縣故城北，鄒衍云『余登緡城以望宋都』者也。菏水下入方與」。一統志「故城今金鄉東北二十里」。

〔一九〕晉灼曰：音房豫。【補注】先謙曰：春秋宋邑，見楚策，後入魏爲郡，楚世家云「大宋、方與二郡」也。秦縣，高帝起兵攻之，還軍亢父，復至此，秦嘉亦至焉，見高紀、陳勝傳，又見五行志。後漢因。續志「有武唐亭、魯侯觀魚臺」。

有泥母亭，或曰古甯母」。劉注「西北有重鄉城」。濟水注「菏水自東緡來，東過方與縣北，逕重鄉城南，又逕武棠亭北，在縣故城北十里。又逕泥母亭北，又合鉅野黄水，下入湖陵。黄水自東平亢父來，南至方與縣入菏水」。又泗水注「泗水自橐來，南過方與縣東，下入湖陵」。一統志「故城今魚臺縣北」。

〔二〇〕【補注】先謙曰：有茅鄉，見五行志。高帝封陳鍇爲侯國，見表。

〔二一〕臣瓚曰：音拓。【補注】全祖望曰：瓚音是也。師古於功臣表以公老反音之，謬。先謙曰：後漢改高平，續志「故橐，章帝更名」。劉注「章帝復莽此號。東南有郁郎亭」。泗水注「泗水自南平陽來，南逕高平山，縣取名焉。又逕縣故城西，合洸水，即洙水。下入方與」。又洙水注「洙水自南平陽來，合洸水，南至縣入泗。西有茅鄉城，東去縣三十里」。一統志「故城今鄒縣西南」。

〔二二〕【補注】先謙曰：續志後漢因。劉注「西南有郥亭」。濟水注「鉅野黄水，菏澤别名也。黄水上承鉅澤諸陂，澤有濛淀、盲陂、黄湖。水東流，謂之黄水。又有薛訓渚水，分爲二，一注黄水，一西北入澤爲洪水也。黄水東南流逕鉅野縣北，又東逕咸亭北，春秋之咸丘也。水南有金鄉山，縣之東界也。黄水下入東平亢父」。一統志「故城今鉅野縣南」。

〔二三〕【補注】先謙曰：禹貢山水澤地篇「大野澤在鉅野縣東北」。爾雅十藪，魯有大野。彭越嘗漁此，見本傳。武帝時河決瓠子，東南注澤，見溝洫志。濟水注「何承天云『鉅野湖澤廣大，南通洙、泗，北接清、濟，舊縣故城正在澤中，故置戍於此城。城之所在，則鉅野澤也。衍東北，出爲大野矣。昔西狩獲麟於是處也』」。胡渭云「鉅野自漢至元，屢遭河患。及河南徙，澤遂涸爲平陸」。

〔二四〕【補注】先謙曰：呂覽作「亶父」，宓不齊、巫馬期宰此。見仲尼弟子傳及説苑。呂后父呂公，縣人，見高紀。恩澤爰氏侯便樂成表注「單父」，蓋嘗析置爰氏縣。

〔二五〕師古曰：音善甫。【補注】先謙曰：續志後漢改屬濟陰。泗水注「豐水上源自郜成來，東逕單父縣故城，南下入平樂」。一統志「故城今單縣南一里」。

〔二六〕臣瓚曰：湯所都。【補注】先謙曰：本宋邑，見左傳。後漢改屬梁，分置穀熟。續志「穀熟」下云「有新城。有邳亭，古邳國」。劉注「世紀云，有南亳」。薄下云「湯所都」。劉注「城中有湯冢，西有微子冢」。睢水注「睢水自梁睢陽來，東逕新城北，又逕高鄉亭北，又逕亳城北，南亳也，即湯所都矣。下入睢陽。又自睢陽來，逕穀熟縣故城北，又東，蘄水出焉，下入沛郡栗」。又淮水注「蘄水首受睢水於穀熟城東北，下入沛建成」。又云「渙水自陳留傿來，又逕亳城北。世紀云『穀熟爲南亳，即湯都也』。又東逕穀熟城南，又逕陽亭北，左傳『伐宋師於楊梁』。京相璠云『宋地，今睢陽東南(五)〔三〕十里有故楊梁城，今曰陽亭，西北去梁國八十里』。渙水下入沛建平」。一統志「故城今曹縣南二十餘里」。

〔二七〕【補注】錢大昭曰：閩本注「君美」二字，「都」有美義，或莽曰「君美」歟？朱一新曰：汪本下有「君美」二小字，汪遠孫謂「君美」上疑脱「莽曰」二字，此併脱「君美」二字。先謙曰：秦邑，周勃攻之，見本傳。成帝時，隕石二，見五行志。續志後漢省。瓠子河注「瓠河故瀆自濟陰句陽來，河北有都關縣故城，縣有羊里亭，瓠河逕其西爲羊里水，蓋資城地而變名。魏封賈逵爲羊里亭侯，即斯亭也。又東，右會濮水枝津，下仍入句陽」。濮水枝津於句陽入瓠河。地理志云『濮渠水至都關入羊里水』者也」。案志，山陽有都關縣，今其城在廩丘城西，句陽、廩丘俱屬濟陰，則都關無隸山陽理。又郕都亦山陽屬縣，而京、杜考地驗城，又兼言在廩丘城南。推此而論，似志誤矣，亦或疆理參差所未詳。一統志「故城今濮州東南」。

〔二八〕【補注】先謙曰：王商國，元帝封。

〔二九〕【補注】先謙曰：續志後漢省。瓠子河注「瓠河自東郡廩丘來，河北又有郕都城。春秋『郕侵衞』，京相璠云『廩丘縣南三十里有郕都故城』。瓠河下入東郡黎」。一統志「故城在濮州東南」。

〔三〇〕【補注】先謙曰：春秋晉邑。田莊子伐晉，毀黄城，見齊世家。戰國屬魏，趙敬侯拔之，復入魏，肅侯圍之，見趙世家。

〔三一〕【補注】先謙曰：梁敬王子順國，元帝封。表注「濟陰」，蓋後來屬。續志後漢省。

〔三二〕【補注】先謙曰：秦邑，曹參傳作「轅戚」。史正義云「近亢」。

〔三三〕【補注】先謙曰：趙長年國，宣帝封。

〔三四〕【補注】先謙曰：續志後漢省。一統志「故城今嘉祥縣西南」。

〔三五〕【補注】宋祁曰：「郜」當作「邛」。錢大昕曰：表未見封郜成者，外戚侯表邛成侯王奉先注云「屬濟陰」。濟陰距山陽近，疑宋説是也。先謙曰：説文「郜」下云「周文王子所封國」。「邛」下云「邛地在濟陰縣」。案此六字，文不成義。段玉裁正爲邛成濟陰縣，注云：玉篇「邛」字下曰「山陽邛成縣」，此邛成之確證。前漢時容有改屬，故表、志不符。「邛成」之誤「郜成」者，以莽曰告成之故也。水經注「黄溝東逕邛城縣故城南，王莽更名之郜城」可證。漢志本作「邛」，舊本「邛」譌作「印」，校者依今志改「邛城」爲「郜成」，改「郜成」爲「告成」，非也。先謙案：志文傳譌已久，猶幸班注侯國與侯表「邛成」足資參證。而玉篇及水經舊本，蛛絲馬跡，尚可窺尋。段説精塙，當從之。續志後漢省。「濟陰成武」下云「有郜城」，知併入成武也。泗水注「黄水自成武來，東北逕郜城北」。春秋『取郜大鼎於宋』。十三州志『成武縣東南有郜城，俗謂之北郜也』。黄水下入平樂。豐水上源自梁睢陽來，東逕郜成縣故城南，山陽縣也，故世有南郜、北郜之論。泡水下入單父。寰宇記「南郜在北郜南三里」。一統志「故城在成武縣東南八十里」。

〔三六〕【補注】先謙曰：梁敬王子延年國，元帝封。續志後漢省。

〔三七〕【補注】先謙曰：梁敬王子遷國，元帝封。續志後漢省。一統志「故城在單縣東四十里」。

〔三八〕【補注】齊召南曰：案，「沛」非縣名，蓋「沛」字之訛。水經注引此文云「泡水東北至沛入泗」是也。先謙曰：齊説是，「淮」當爲「泡」。説文「泡水出山陽平樂，東北入泗」。泗水注「黄水自郜成來，東逕平樂縣故城南，右合泡水，即豐水之上源也，時人又謂之狂水。「狂」、「黄」聲相近，俗傳失實也。自下黄水又兼通稱矣。豐水上源自單父來，東逕平樂縣，右合泡水。泡水二源：一上承睢水於梁下邑界，而東北注；一上承睢水於梁杼秋界，北流，世謂之瓠盧溝，水積爲渚，東北流。二渠雙引，俗謂之二泡。左合豐水，自下豐、泡並得通稱。故地理志曰『平樂侯國』，泡水所出，下入沛郡豐。」

〔三九〕【補注】先謙曰：梁敬王子罷軍國，元帝封。續志後漢省。

〔四〇〕應劭曰：瑕丘在西南。【補注】先謙曰：恩澤褒成侯孔均表注「瑕丘」，蓋嘗析置褒成縣。縣人大江公蕭奮，見儒林傳。陳湯，見本傳。續志後漢因。泗水注「泗水自魯國魯來，西過瑕丘縣，東屈從縣東南流，魯邑，春秋之負瑕矣。泗水下入南平陽」。又洙水注「洙水自魯來，南逕瑕丘城東而南入石門，古結石爲水門，跨於水上也。西南流爲杜武溝，下入南平陽。洙水枝津，首受洙，亦自魯來，西南逕瑕丘城北，下入泰山寧陽」。一統志「故城今滋陽縣西二十五里」。

〔四一〕師古曰：音側其反。【補注】先謙曰：梁敬王子就國，元帝封。表注「濟南」。續志後漢省。

〔四二〕【補注】先謙曰：東平思王子護國，成帝封。

〔四三〕【補注】先謙曰：續志後漢省。

〔四四〕【補注】先謙曰：梁荒王子鳳國，成帝封。表注「濟南」。續志後漢省。

〔四五〕【補注】吴卓信曰：今金鄉縣西有西陽城，本春秋宋防邑，隱十年敗宋取防。杜注「高平昌邑縣西南有西防城」是也。後書劉永傳「拜西防賊帥山陽佼彊爲横行將軍」，章懷注「西防縣在宋州單父縣北」。二漢志無西防縣，而山陽郡有西陽縣，疑「陽」爲「防」之譌。

〔四六〕【補注】先謙曰：東平思王子並國，成帝封。表注「東萊」。續志後漢省。

濟陰郡，〔一〕故梁。〔二〕景帝中六年别爲濟陰國。〔三〕宣帝甘露二年更名定陶。〔四〕禹貢荷澤在定陶東。〔五〕屬兗州。〔六〕户二十九萬二〔千〕〔十〕五，口百三十八萬六千二百七十八。縣九：〔七〕定陶，〔八〕故曹國，周武王弟叔振鐸所封。〔九〕禹貢陶丘在西南。〔一〇〕陶丘亭。〔一一〕冤句，〔一二〕莽改定陶曰濟平，〔一三〕冤句縣曰濟平亭。〔一四〕吕都，莽曰祁都。〔一五〕葭密，〔一六〕成陽，〔一七〕有堯冢靈臺。〔一八〕禹貢雷澤在西北。〔一九〕鄄城，〔二〇〕莽曰鄄良。〔二一〕句陽，〔二二〕秺，〔二三〕莽曰萬歲。〔二四〕乘氏。〔二五〕泗水東南至睢陵入淮，〔二六〕過郡六，〔二七〕行千一百一十里。〔二八〕

〔一〕【補注】先謙曰：彭越王梁，都定陶，郡治當亦在此。續志後漢治定陶，劉注「雒陽東八百里」。

〔二〕【補注】全祖望曰：故屬秦碭郡，楚漢之際屬楚國，高帝五年屬漢，以屬梁國。

〔三〕【補注】先謙曰：封梁孝王子不識。濟水注「漢景帝以濟水出其北，東注，分梁於定陶，置濟陰國，指北濟而定名也」。周壽昌云：不識死，無子，國廢爲郡，在武帝建元三年。觀濟川王廢，國除，爲陳留郡，濟東王廢，國除，爲大河郡，皆不以還梁國可知。

〔四〕【補注】先謙曰：封子囂爲王，後徙楚。全祖望云：黄龍元年復故。成帝河平四年復爲定陶國，哀帝建平二年復故。

〔五〕【補注】錢大昭曰：湖陵但有菏水，非澤所鍾，故載於此。禹貢之導菏澤，正在定陶。先謙曰：荷、菏兩作，詳山陽湖陵注。禹貢山水澤地篇「菏澤在定陶縣東」，與志合。紀要「菏澤在今曹州府城東南三十里」。據括地志，唐時名龍池，亦名九卿陂。

〔六〕師古曰：荷音柯。【補注】先謙曰：官本注「柯」作「和」。續志後漢因，屬同。

〔七〕【補注】先謙曰：郡人侯嘉，見兩龔傳。

〔八〕【補注】先謙曰：故陶，范蠡止焉，稱陶朱公，見越世家。秦魏冉益封陶爲諸侯，見秦紀、穰侯傳。秦爲定陶縣，高帝與項羽攻之，見羽傳。章邯破殺項梁於此，見高紀、羽傳。彭越爲梁王所都，見高紀。縣人魏相，見本傳。續志後漢因。濟水注「南濟自冤句來，東北逕定陶恭王陵南，又逕定陶縣故城南，側城東注。縣，故三鬷國也。湯伐三鬷，即此。南濟又屈從縣東北流，右合菏水，下入乘氏。菏水自陳留濟陽來，東逕陶丘北，墨子以爲釜丘，紀年『薛侯會魏襄王於釜丘』也。菏水東北出於定陶縣，北合氾水，又逕定陶縣南，右會黄水枝渠，下入乘氏。氾水西分濟瀆，東北逕縣南，東入菏。高帝即位處也。黄水枝渠上承黄溝，東北入菏。北濟自呂都來，東北逕定陶縣故城北，下入乘氏」。又泗水注「黄水自陳留外黄來，東北逕定陶縣南，下入山陽成武」。一統志「故城今定陶縣西北四里」。

〔九〕【補注】先謙曰：詳曹世家。左傳「魯哀八年，宋滅之」。

〔一〇〕【補注】先謙曰：禹貢山水澤地篇「陶丘在定陶縣西南」，與志合。説文「陶丘，再成丘也，在濟陰。陶丘有堯城，堯嘗居此，故號陶唐氏」。續志劉注「郭璞云城中有陶丘，有伯樂冢」。一統志「陶丘在今定陶縣西南七里」。

〔一一〕【補注】王念孫曰：「陶丘亭」三字，文義未明，其下蓋脱「在南」二字。詩譜正義所引，已與今本同。濟水注「菏水東逕陶丘北，地理志云『禹貢陶丘在定陶西南，今本譌作「禹貢定陶西南有陶丘」，據新校本改。陶丘亭在南』」，是其證。先謙曰：續志劉注「世紀云，舜陶河濱，縣西南陶丘亭是」。

〔一二〕【補注】吴卓信曰：封禪書、絳侯世家、本書侯表、靳歙傳作「冤朐」，盧綰傳及晉志並作「宛句」，古通用。孝武紀作「宛侯」，郊祀志作「冕侯」，「冕」即「冤」之譌，「侯」、「句」聲近也。先謙曰：呂后封楚元王子執爲侯國，見表。縣人陳豨，見豨傳。

〔一三〕【補注】錢坫曰：改郡名。後書耿純傳「父艾爲莽濟平大尹」。

〔一四〕師古曰：句音劬。【補注】先謙曰：後漢因。續志「有煮棗城」。劉注「蘇秦説魏襄『大王之地，東有淮、潁、煮棗』」。先謙案：東周策云「秦效煮棗也」。濟水注「南濟自陳留濟陽來，東北逕冤句縣故城南。南濟下入定陶。北濟自濟陽來，東北逕煮棗城南，案，見魏策。高祖封革朱爲侯國。又東北逕冤句縣故城北，下入呂都」。一統志

「故城今菏澤縣西南」。

〔一五〕【補注】先謙曰：侯表周呂侯呂澤。索隱「濟陰有呂都縣」。紀要「或云呂后割濟南郡，封呂台爲呂王，都於此，因置縣」。續志後漢省。濟水注「北濟自寃句來，東北逕呂都縣故城南，下入定陶」。一統志「故城今菏澤縣西南呂陵集」。

〔一六〕師古曰：葭音家。【補注】先謙曰：魯季孫會晉侯取葭密，見紀年。齊田忌破魏師於此，見田齊世家。續志後漢省。濟水注「濮水自東郡離狐來，東逕葭密縣故城北，下入乘氏」。一統志「故城今菏澤縣西葭密寨」。

〔一七〕【補注】先謙曰：瓠子河注「雷澤東南即成陽縣，故史記曰『武王封弟叔武於成』。應劭云『其後乃遷於成之陽，故曰成陽也』」。本秦邑，有城陽君，見秦紀。高帝與項羽攻屠之，見高紀、羽傳。曹參擊王離於此，見參傳。續志後漢因。一統志「故城今濮州東南」。

〔一八〕【補注】錢大昭曰：「家」當作「冢」。鄭氏詩譜云「昔帝堯嘗游成陽，死而葬焉」。錢坫曰：後漢堯母碑文云「堯母慶都，感赤龍而生堯，遂以侯伯恢踐帝。下有闕文。慶都仙殁，葢葬於兹。欲人莫知，名曰靈臺，上立黄屋，堯所奉祠」。據之，則靈臺堯母冢也。碑建寧五年造。先謙曰：官本「家」作「冢」。瓠子河注「成陽城西二里有堯陵，南一里有堯母慶都陵，於城爲西南，稱曰靈臺。二陵南北列，馳道逕通，以磚砌之，尚修整。堯陵東、城西五十餘步，中山夫人祠，堯妃也。祠南有仲山甫冢，於城爲西南，在靈臺東北」。

〔一九〕【補注】先謙曰：禹貢山水澤地篇「雷澤在成陽縣西北」，與志合。瓠子河注「瓠河自句陽來，左逕雷澤北，其澤藪在大成陽縣故城西北十餘里，即舜所漁也。澤之東南即成陽縣，澤西南十許里有小山名歷山，山北有陶墟。郭緣生言舜耕陶所在。鄭玄云『歷山在河東，今有舜井』。余謂鄭言爲然。定陶西南陶丘，舜所陶也，不言在此。瓠河下入東郡廩丘」。一統志「雷澤今濮州東南，接菏澤縣界」。曹詩譜疏引此，作「雷夏澤」。

〔二〇〕【補注】先謙曰：故曰郕，史記「或作甄」，春秋衞地。見左莊、襄、昭、哀傳。戰國趙成侯伐濟於此，遂取之，見趙世家。後入齊，趙又取之，再入齊，宣王會魏惠王於此，見田齊世家。

〔二一〕師古曰：鄄音工掾反。【補注】先謙曰：續志後漢因。河水注「河水自東郡畔觀來，東逕鄄城縣北，故城在河南十八里，河上之邑最爲峻固，河水下入東郡范」。又瓠子水注「瓠子水自東郡濮陽來，東逕洮城南。春秋傳『分曹地自洮以南東傅於濟』，今鄄城西南五十里有姚城，或謂之洮也。下仍入濮陽」。一統志「今濮州東二十里舊城集。虞喜志林以爲龐涓死馬陵，在縣東北六十里」。

〔二二〕應劭曰：左氏傳「句瀆之丘」也。師古曰：音鉤。【補注】先謙曰：後漢因。續志「有垂亭」。瓠子河篇「瓠子水東至句陽縣爲新溝」。注云「瓠河故瀆，自東郡濮陽來，逕句陽縣之小成陽城北側瀆。世紀『堯葬城陽西北四十里，是爲穀林』，蓋是此也。瓠子水下入山陽都關。又自都關來，又東，右會濮水枝津，逕垂亭北。春秋『宋公、衞侯遇於犬丘』，經書『垂』也。京相璠云『小成陽東五里有故垂亭』。下入成陽。濮渠枝津自東郡濮陽來，東逕句陽縣西，句瀆出焉。濮渠枝津又東北逕縣小成陽東垂亭西，而北入瓠河。地理志曰『濮水首受泲於封丘縣東北，至都關，入羊里水』者也」。先謙案，句陽在瓠河右，都關在瓠河左，疆理錯入，故志繫都關而注繫句陽。又濟水注「句瀆首受濮水枝渠於句陽縣東南，逕句陽縣故城南，春秋之穀丘也。左傳以爲句瀆之丘，縣處其陽，故縣氏焉。句瀆下入乘氏」。一統志「故城今菏澤縣北句陽店」。

〔二三〕【補注】王鳴盛曰：說文「⿸广秺从广，秺聲。濟陰有⿸广秺縣」。此作「秺」，誤。先謙曰：武帝封商丘成，昭帝封金日磾爲侯國，見表。

〔二四〕孟康曰：音妒。【補注】先謙曰：官本攷證云：「妒」，監本訛「如」，從宋本改正。續志後漢省。「成武」下劉注「地道記有秺城，知併入成武也」。瓠子河注「瓠河故瀆自東郡黎來，東逕秺縣故城南，王莽之萬歲，世猶謂之爲萬歲亭也。瓠河下入東郡廩丘」。一統志「故城今成武縣西北」。

〔二五〕【補注】先謙曰：故乘丘，戰國趙地，三晉伐楚，至此而還，見周紀。齊取之，見魏策。景帝封梁孝王子買爲侯國，見表。後漢因。續志「有鹿城鄉」。司馬貞以爲宋鹿丘。濟水注「濮水自葭密來，東北逕鹿城南，又東合句瀆。句瀆自句陽來，東入乘氏縣，左會濮水，與濟水同入鉅野澤。故地理志曰『濮水自濮陽南入鉅野』也」。先謙案，辨互見「濮陽」下。知彼注「應劭曰」，衍文無疑。南濟自定陶來，合菏水逕乘氏縣，與北濟濮水合。北濟自定陶來，逕乘氏縣合南濟濮渠，同入鉅野澤，下入東郡壽良。又瓠子水注「濟濮枝渠上承濟瀆於乘氏縣，下入東郡范」。先謙案，桂城在東北，故桂陵，齊敗魏於此，見趙、魏、齊世家。一統志「故城今鉅野縣界」。

〔二六〕【補注】先謙曰：泗當作菏。濟水注以志云出乘氏縣爲非，則漢書承譌已久。濟水注「菏水自定陶來，合濟後復出東南，右合黃溝枝流，又逕乘氏縣故城南。縣即春秋宋乘丘邑也。地理志曰『乘氏縣，泗水東南至睢陵入淮』，郡國志曰『乘氏有泗水，此乃菏澤也』。尚書有導菏澤之說，自陶丘北，東至于菏，無泗水之文。又曰『導菏澤，被孟豬』，在睢陽縣東北。十三州記云『不言入而言被者，明不常入也。水盛方乃覆被矣』。澤水淼漫，俱鍾淮、泗，故志有『睢陵入淮』之言，以通苞泗名矣。然諸水注泗者多，不止此，可以終歸泗水，便得擅通稱也。或東有泗水，亦可是水之兼，其目所未詳也。菏水下入山陽昌邑。黃溝枝流自昌邑來，東北於乘氏縣西而北注菏水」。先謙案，菏水之源，具見濟水注中。注云「南濟自濟陽，又東北，菏水東出焉」。又云「菏水上承濟水於濟陽東，世謂之五丈溝」。一云「菏水分濟於定陶東北」。又經云「濟水東至乘氏縣西，分爲二，其一水東南流，其一水從縣東北流，入鉅野澤」。注云「南爲菏水，北爲濟瀆」，驟觀之，似導源濟陽、定陶、乘氏三縣，然三縣地境相接，菏水祇是一源，濫觴於五丈溝，至定陶而通行乘氏，乃爲巨川耳。「睢陵」當作「淮陰」，說見彼注。

〔二七〕【補注】先謙曰：過濟陰、山陽、沛、楚、臨淮。「六」當爲「五」。

〔二八〕應劭曰：春秋「敗宋師于乘丘」是也。師古曰：睢音雖。【補注】先謙曰：應說，顏又引見泰山乘丘下。一統志云「酈注『乘氏，宋乘丘邑』」。則似以乘丘爲宋地。攷左傳乘丘之役，公子偃自雩門出，則乘丘去魯城不遠，以爲宋地，恐未必然。顏注兩引，亦自相矛盾。

沛郡，〔一〕故秦泗水郡。〔二〕高帝更名。〔三〕莽曰吾符。屬豫州。〔四〕户四十萬九千七十九，口二百三萬四百八十。縣三十七：〔五〕相，〔六〕莽曰吾符亭。〔七〕龍亢，〔八〕竹，莽曰篤亭。〔九〕穀陽，〔一〇〕蕭，〔一一〕故蕭叔國，宋别封附庸也。〔一二〕向，〔一三〕故國。春秋曰「莒人入向」。姜姓，炎帝後。〔一四〕銍，〔一五〕廣戚，侯國。〔一六〕莽曰力聚。〔一七〕下蔡，〔一八〕故州來國，爲楚所滅，後吴取之，〔一九〕至夫差遷昭侯於此。〔二〇〕後四世，侯齊竟爲楚所滅。〔二一〕豐，莽曰吾豐。〔二二〕鄲，〔二三〕莽曰單城。〔二四〕譙，〔二五〕莽曰延成亭。〔二六〕蘄，〔二七〕𡍮鄉。高祖破黥布。〔二八〕都尉治。莽曰蘄城。〔二九〕𡉚，莽曰貢。〔三〇〕輒與，莽曰華樂。〔三一〕山桑，〔三二〕公丘，〔三三〕侯國。〔三四〕故滕國，周懿王子錯叔繡所封，三十一世爲齊所滅。〔三五〕符離，〔三六〕莽曰符合。〔三七〕敬丘，侯國。〔三八〕夏丘，〔三九〕莽曰歸思。〔四〇〕洨，侯國。〔四一〕垓下，高祖破項羽。〔四二〕莽曰有成。〔四三〕沛，〔四四〕有鐵官。〔四五〕芒，莽曰博治。〔四六〕建成，侯國。〔四七〕城父，〔四八〕夏肥水東南至下蔡入淮，〔四九〕過郡二，行六百二十里。〔五〇〕莽曰思善。〔五一〕建平，侯國。〔五二〕莽曰田平。〔五三〕酇，莽曰贊治。〔五四〕栗，〔五五〕侯國。〔五六〕莽曰成富。〔五七〕扶陽，侯國。〔五八〕莽曰合治。〔五九〕高，侯國。〔六〇〕高柴，侯國。〔六一〕漂陽，〔六二〕平阿，〔六三〕侯國。〔六四〕莽曰平寧。〔六五〕東鄉，〔六六〕臨都，〔六七〕義成，〔六八〕祁鄉。〔六九〕侯國。〔七〇〕莽曰會穀。〔七一〕

〔一〕【補注】錢坫曰：説文作「𨚍」，正字。「沛」，借字。先謙曰：據睢水注「郡治相」。續志後漢治同。劉注「雒陽東南千二百里」。

〔二〕【補注】先謙曰：睢水注「始皇二十三年置」。

〔三〕【補注】先謙曰：睢水注「高帝四年更名」。全祖望云：楚漢之際屬楚國，高帝二年屬漢，更名以屬梁國。景帝後以支郡收。

〔四〕【補注】先謙曰：續志後漢爲沛國，屬同。

〔五〕【補注】先謙曰：見侯表者，有浮丘、陵鄉、釐鄉三縣無考。郡人施讎、戴崇、翟牧、鄧彭祖、高相、唐林、唐尊、褚少孫、聞人通漢、慶普、蔡千秋，見儒林傳。

〔六〕【補注】先謙曰：春秋宋邑，戰國入楚。國策：黄歇説秦昭王「魏出攻銍、碭、蕭、相，故宋必盡也」。司馬卬屠之，見高紀。曹參所定，見本傳。縣人陳萬年、薛廣德，見本傳。

〔七〕【補注】先謙曰：續志後漢因。劉注「左傳盟於亳，在縣西南，一名犨」。睢水注「睢水自梁國碭來，東過相縣南，故宋地也。睢水東逕相縣故城南，宋共公所都，國府園中猶有伯姬黄堂基，即伯姬燌死處也。城西有伯姬冢，睢水左合白溝水，又逕彭城郡之靈壁東，東南流，項羽敗漢王處也。宋始爲縣，今靈壁縣治。東通穀、泗。服虔曰『水名也，在沛國相界』。名因地受，穀水即睢水也，下入竹。白溝水上承梧桐陂水，西南逕相城東入睢。睢盛則入陂，陂溢則入睢，出入迴環，更相通注」。又陰溝水注，過水所經之相，非此相也，見「淮陽苦」下。一統志「故城今宿州西北」。

〔八〕晉灼曰：亢音岡。【補注】先謙曰：恩澤方陽侯孫寵表注「龍亢」，蓋嘗析置方陽縣。續志後漢因。陰溝水注「過水自山桑來，東南逕龍亢縣故城南，又南流出石梁，下入義成」。又渠水篇「沙水自山桑來，東南過龍亢縣南」。注云「沙水逕故城北，又東南逕白鹿城北而東注，下入義成」。先謙案，龍亢在山桑北，非沙水所逕，此故城別一城，非縣治。一統志「今懷遠縣西北七十五里龍亢集」。

〔九〕李奇曰：今竹邑。【補注】先謙曰：秦竹邑，曹參所定，見參傳。續志後漢因，加「邑」。睢水注「睢水自相來，東逕竹縣故城南，又合滭湖水，見楚留丘。下入符離」。一統志「故城今宿州北二十五里符離集」。

〔一〇〕應劭曰：在穀水之陽。【補注】先謙曰：武帝封馮谿爲侯國，見表。續志後漢因。淮水注「渙水自蘄來，東逕穀陽縣左，會八丈故瀆，汳水支流。又逕穀陽戍南，又東南逕穀陽故城東北，右合穀水，下入㴔。解水承縣西南解塘，東北逕穀陽城南，即穀水也。又入涣。洨水自蘄來，東南逕穀陽縣，八丈故瀆出焉，又東合長直故溝，蘄水支流。下入洨縣」。一統志「故城今靈壁縣西南」。

〔一一〕【補注】先謙曰：秦縣，見元和志。高帝與司馬𡰥戰蕭西，項羽從蕭晨擊漢軍，並見高紀。曹參定之，見參傳。續志後漢因。劉注「城周十四里，南臨汴水」。獲水注「獲水自㴔來，東過蕭縣南，縣南對山，謂之蕭城南山。戴延之謂之同孝山，云取漢陽城侯劉德所居里名目山也。城東西南三面臨側獲水，故沛郡治，縣亦同居矣。獲水合箕谷水東逕同孝山北，山陰有楚元王冢。又合淨淨溝水，下入楚彭城箕谷水。淨淨溝水上承梧桐陂水入獲」。一統志「故城今蕭縣西北」。

〔一二〕【補注】吴卓信曰：唐世系表「宋戴公生子衎，字樂父，裔孫大心平南宫長萬有功，封於蕭，以爲附庸，自是遂爲國」。左莊二十三年「蕭叔朝公」。宣十二年「楚伐蕭，蕭潰，後還爲宋邑」。定十一年「宋公之弟辰入於蕭以叛」是也。先謙曰：戰國入楚，見相下。

〔一三〕【補注】先謙曰：續志後漢因。陰溝水注「北肥水自山桑來，東南逕向縣故城南。杜預云『龍亢縣東有向城，俗謂之圓城，非』。下入義成」。一統志「故城今懷遠縣東北四十五里」。

〔一四〕師古曰：音餉。【補注】先謙曰：陰溝水注「世本『許州向申，姜姓也，炎帝後』」。案顧炎武云「春秋隱二年，莒人入向；桓十六年，城向；宣四年，伐莒取向；哀二十年，仲孫宿會莒人，盟於向。杜隱二年注『龍亢縣東南有向城』。宣四年注云『向，莒邑。東海承縣東南有向城』。疑遠，竊以爲實一地也。先爲國，後併於莒。而或屬莒，或屬魯，則以攝乎大國之閒耳。承縣固遠，龍亢在今鳳陽之懷遠，則更遠矣。惟于欽齊乘言『今沂州西南百里向城鎮』近之」。

〔一五〕師古曰：銍音竹乙反。【補注】先謙曰：齊邑。百里奚乞食于此，見秦紀。秦爲縣，縣人董緤、宋留，見陳涉傳。

〔一六〕【補注】先謙曰：魯共王子將國，武帝封。楚孝王子勳，成帝封。續志後漢因。淮水注「渙水自酇來，東逕銍縣故城南。昔吳廣起兵，使葛嬰下之。渙水又合苞水下入蘄。苞水自酇來，東逕嵇山北，嵇康先人自會稽遷銍縣居此。入渙」。一統志「故城今宿州西南四十六里」。

〔一七〕【補注】先謙曰：續志後漢改屬彭城。泗水注「泗水自沛來，東南逕廣戚縣故城南，下入楚國留」。一統志「故城今沛縣東」。

〔一八〕【補注】先謙曰：續志後漢改屬九江。淮水注「淮水自九江壽春來，會夏肥水，據城父縣班自注。又北逕山硤中，謂之硤石。又逕下蔡縣故城東，本州來之城也。蔡昭侯自新蔡遷於州來，謂之下蔡也。淮之東岸又有一城，即下蔡新城也。二城對據，翼帶淮瀆。淮水東逕八公山北，歷潘城南，又逕梁城，左有湄城。淮水左迆爲湄湖，下入九江曲陽」。一統志「故城今鳳臺縣西北三十里下蔡鎮」。

〔一九〕【補注】吴卓信曰：左成七年，吴入州來。至昭四年，然丹城州來以備吴。迭屬吴、楚。二十三年雞父之戰，楚師奔，州來遂爲吴有，封季札於此，爲延州來。

〔二〇〕【補注】何焯曰：「昭侯」上脱「蔡」字。王鳴盛曰：南監本亦脱。「於」誤「如」，春秋哀二年遷也。

〔二一〕【補注】先謙曰：蔡世家「侯齊四年，楚惠王滅之」。「竟」字當衍。

〔二二〕【補注】先謙曰：秦邑。魏王假徙此，見魏世家。高祖中陽里人，見高紀。縣人盧綰，見綰傳。樊噲破泗水監於此，見噲傳。後漢因。續志「西有大澤，高祖斬白蛇於此。有枌榆亭」。劉注「案前志注，枌榆社在縣東北十五里」。今案，注見郊祀志。泗水注「泡水自山陽平樂來，又逕豐西澤，謂之豐水。又東逕大堰水，分爲二。又逕豐縣故城南，側城東北流，上合枝水枝津，水上承豐西大堰，東北逕豐城，北入泡水。又東合黄水，亦兼清水之名，下入沛縣」。一統志「故城今豐縣治」。

〔二三〕【補注】先謙曰：景帝封周應爲侯國，見表。

〔二四〕孟康曰：音多。【補注】宋祁曰：「單」當作「留」。段玉裁曰：「鄲」之音多，其音古矣。史記周緤傳、史漢二侯表、水經注皆同。集韻、類篇本之，不可易。徐松曰：全氏經史問答據漢書周緤傳引蘇林「鄲，多寒翻」以駁之，非也。毛本無「寒翻」二字。先謙曰：「鄲」、「多」雙聲，俗呼轉變，段、徐說是。後人紛紛辨難，適形其陋。續志後漢因。淮水注「苞水自酇來，東逕鄲縣故城南，下入銍」。一統志「故城今鹿邑縣西南七十里鄲城集」。

〔二五〕【補注】先謙曰：周紀「武王封神農後於譙」，通典云即此。後爲陳邑，楚成得臣取之，見左傳。

〔二六〕【補注】先謙曰：續志後漢因。陰溝水注「過水自淮陽苦來，東逕譙縣故城北，魏譙郡沇州治。合沙水枝流四周城側，下入城父」。又陰溝水、渠水注「沙水枝津自汝南新陽來，北逕譙縣故城西，側城入過」。又淮水注「苞水出譙城北白汀陂，下入酇」。一統志「故城今亳州治」。

〔二七〕【補注】先謙曰：王翦破楚項燕於此，見楚世家。有大澤鄉，陳勝起此，見勝傳。恩澤富民侯車千秋表注「蘄」，蓋嘗析置富民縣。

〔二八〕【補注】朱一新曰：此與下文「垓下，高祖破項羽」文例正同。淮水注自增字，或據以正班志，非。

〔二九〕師古曰：䍋音直恚反。【補注】先謙曰：「䍋」，高紀作「缶」，史記作「甀」，蘇林音「垂」，並誤。此字音是也。垂上聲。續志後漢因。淮水注「渙水自銍來，東南逕蘄縣故城南，水上有古石梁處，遺基尚存，下入穀陽」。蘄水自建成來，東南逕蘄縣南，則洨水出焉。又東南，北則八丈故瀆出焉。見符離。又東，長直故溝出焉。見臨淮取慮。下入夏丘。洨水首受蘄水於蘄縣，東南流，下入穀陽」。一統志「故城今宿州南蘄縣鄉蘄縣集」。

〔三〇〕師古曰：蚛亦音貢。【補注】先謙曰：孔光傳作「虹」。後漢因，續志作「虹」。獲水注「獲水自梁杼秋來，東歷洪溝，東注，南北各一溝。溝首對獲，世謂之鴻溝，非也。春秋『蒐于紅』，杜預曰『蕭縣西有紅亭，即地理志之蚛縣也，景帝封楚元王子富爲侯國。溝名音同，非楚漢所分也』。獲水下入蕭」。又淮水注「渙水自穀陽來，東南逕白石戍南，又逕虹城南，又合洨水，見洨。亂流入淮」。見夏丘。一統志「故城今五河縣西」。

〔三一〕【補注】先謙曰：續志後漢省。

〔三二〕【補注】先謙曰：後漢改屬汝南，續志「有下城父聚。有垂惠聚」。渠水篇「沙水東南過山桑縣北」，注云「沙水自城父來，山桑故城在渦水北，沙水不得逕其北明矣。經誤也。下入龍亢」。又陰溝水注「過水自城父來，東逕下城父北，又屈逕其聚東，郎山西，又東南屈逕南山，南山東有垂惠聚，世謂之禮城。又逕過陽城北，後魏渦州治。下入龍亢。北肥水出山桑縣西北澤藪，東南左右翼佩，數源異出同歸。東南逕山桑邑南，俗謂之北平城。又東逕山桑縣故城南，俗謂之都亭，非也。今城內東側猶有山亭桀立，陵阜高峻，非洪臺所擬。十三州志所謂『山生于邑，其亭有桑，因以氏縣』者也。北肥水東積爲瑕陂，東南逕瑕城南，左傳『楚師還及瑕』者也。下入向」。一統志「故城今蒙城縣北」。

〔三三〕【補注】先謙曰：秦滕縣，夏侯嬰爲令，因號滕公，見嬰傳。後分蕃縣，屬魯。至武帝分置公丘，見元和志、肇域記。續志後漢因。泗水注「南梁水枝流自魯國蕃來，西逕滕城北，高帝封夏侯嬰爲侯國。鄧晨云『今沛郡公丘也，其水又溉於丘焉』。縣故城在滕西北，城周二十里，內有子城，按地理志，即滕也，齊滅之，秦以爲縣。世以此水溉我良田，遂及百秭，故有兩溝之名」。一統志「故城今滕縣西南十四里」。

〔三四〕【補注】先謙曰：魯共王子順國，武帝封。

〔三五〕師古曰：左氏傳云「郜、雍、曹、滕，文之昭也」。系本亦云「錯叔繡，文王子」，而此志云「懿王子」，未詳其義耳。【補注】王念孫曰：景祐本「錯叔繡」下有「文公」二字。案景祐本是也。今本無「文公」二字者，後人以滕文公不當與祖同謚而刪之也。不知子孫不可與祖父同名，未嘗不可同謚，周公之謚曰文，固與文王同謚矣。魯之文公，又與周公同謚矣。推之他國，亦多有此，豈得憑臆妄刪乎？泗水注：「公丘，地理志『周懿王子錯叔繡文公所封也』。」正與景祐本同。路史後紀十「叔繡」下亦有「文公」二字。錢坫曰：宋忠云「滕國，沛國公丘是」。

〔三六〕【補注】先謙曰：楚之南寨，見國策。秦爲縣。縣人葛嬰、朱雞石，見陳涉傳。王孟，見游俠傳。武帝封路博德爲侯國，見表。爾雅「莞，苻離也」。地多此草，故名，見元和志。先謙案，苻離之苻，當從草，據莽改符合，取「合符」之義，似從竹已久矣。

〔三七〕【補注】先謙曰：續志後漢因。睢水注「睢水自竹來，合丈八故溝水，見蘄。又東逕符離縣故城北，下入臨淮取慮」。一統志「故城今宿州治」。紀要「州北二十五里符離集」。

〔三八〕應劭曰：春秋「遇於犬丘」，明帝更名犬丘。【補注】汪士鐸曰：下「犬」當作「大」。先謙曰：武帝封魯共王子政爲侯國。錢大昕云：表「政封瑕丘侯」，疑即此敬丘也。山陽郡有瑕丘縣，然不云侯國。後漢因，續志作「太丘」。睢水注「睢水自栗來，東逕敬丘縣故城北，下入芒」。一統志「故城今永城縣西北」。

〔三九〕【補注】先謙曰：千章侯遇更封夏丘，見表，即此。外戚孔鄉侯傅晏表注「夏丘」，蓋嘗析置孔鄉縣。

〔四〇〕【補注】先謙曰：續志後漢改屬下邳。淮水注「淮水自鍾離來，東逕夏丘縣南，又合渙水，又至巉石山，合潼水。又逕浮山，山北對巉石山。淮水下入臨淮。徐潼水自臨淮僮來，南逕夏丘縣，絕。蘄水又逕夏丘縣故城西，又東南逕臨潼戍西，又至巉石西南入淮。蘄水自蘄來，東入夏丘縣東，絕。潼水逕夏丘縣故城北，下入臨淮僮」。一統志「故城今泗州治」。

〔四一〕【補注】先謙曰：趙敬肅王子周舍國，武帝封。又高后封呂產亦在此。辨見表。

〔四二〕【補注】王念孫曰：「垓下」下脫「聚」字。續志「洨，有垓下聚，高祖破項羽」。淮水注「洨縣有垓下聚，漢高祖破項羽所在也」。皆本地理志。高紀「圍項羽垓下」，李奇云「沛洨縣聚邑名也」。此言垓下聚，而高紀但言垓下者，猶上文言罊鄉，高祖破黥布而黥布傳但言罊也。此記各縣、鄉、聚之名，則必當言罊鄉、垓下聚矣。故垓下聚在今鳳陽府靈壁縣南五十里。

〔四三〕應劭曰：洨水所出，南入淮。師古曰：洨音肴。【補注】先謙曰：官本「有成」作「育成」。王念孫云「有」、「育」當爲「肴」字之誤也。師古云「洨音肴」，是洨、肴同音，故莽改「洨」爲「肴成」，猶上文鄲縣之改鄲城，蘄縣之改蘄城也。水經注作「育城」，亦後人以誤本漢書改之。新校本改爲「肴城」，是也。先謙案：淮水注「洨水自穀陽來，東南逕洨縣故城北入渙」。見𧊒。續志後漢因。一統志「故城今靈壁縣南五十里」。縣志：今濠城集。洨水今沱河」。案濠城即肴成之音轉字變，亦「有」當爲「肴」之一證。

（四四）【補注】先謙曰：孔子南之沛，見老聃，見莊子。秦縣。縣人蕭何、曹參、王陵、周勃、樊噲、周緤、周昌、任敖，見本傳。高帝封代王喜子濞爲侯國，見表。後漢因，續志「有泗水亭」。劉注：「有許城。左傳定八年，鄭伐許。」泗水注「泗水自山陽湖陵來，東過沛縣東，昔許由隱於沛澤，即是縣也。縣取澤爲名。宋滅屬楚，在泗水之濱，於秦爲泗水郡治，黃水注之。即泡水，豐水別稱。泗水南逕沛縣東，縣治故城南垞上。東岸有泗水亭，高祖爲泗水亭長，即此亭也。泗水下入廣戚。豐水自豐來，東逕沛縣故城南，東入泗，即泡水也。地理志曰『泡水自平樂縣東北至沛入泗』者也」。又濟水注「菏水自山陽湖陵入泗後，東南過沛縣東北，泗與濟亂，故濟納互稱矣。菏水下入楚國留」。通鑑胡注：「沛郡治相縣而沛自爲縣，漢時人謂沛縣爲小沛。」一統志「故城今沛縣東」。

（四五）【補注】先謙曰：亦見五行志。

（四六）應劭曰：世祖更名臨睢。睢水出焉。師古曰：芒音莫郎反。睢音雎。【補注】先謙曰：官本「博治」作「傳治」。水經同。高帝封彨跖爲侯國，見表。續志「臨睢故芒，光武更名」。睢水注「睢水自敬丘來，東逕芒縣故城北，下入梁國碭」。一統志「故城今永城縣東北甫城鄉，俗呼大睢城」。

（四七）【補注】先謙曰：呂釋之國。高帝封長沙定王子拾，武帝封黃霸。（宣帝）〔楚懷王〕封曹參號建成君，見參傳。索隱以爲此縣。續志後漢省。淮水注「蘄水自山陽薄來，東逕建成縣故城北，下入蘄」。一統志「故城今永城縣東南」。

（四八）【補注】先謙曰：陳夷邑，楚取之，見左僖傳，後改名城父，見昭傳。章邯殺陳勝於此，見秦紀。劉賈屠之，見項羽傳。高帝封尹恢爲侯國，見表。

〔四九〕【補注】先謙曰：淮水注「夏肥水上承沙水於城父縣，右出東南流，逕城父縣故城南，王莽之思善也。左傳『然丹遷城父人于陳，以夷濮西田益之』，言夷田在濮水西者也。然則濮水即沙水之兼稱，得夏肥之通目矣。夏肥水自縣東逕思善縣故城南，後漢分城父立。又爲高陂，又爲大漴。陂水分爲二：南爲夏肥水；北爲雞陂。雞陂東流爲黄陂，又東南積爲茅陂，又東爲雞水。呂氏春秋云『宋人有取道者，其馬不進，投之雞水』是也。雞水又右會夏肥水，亂流東注，下入下蔡」。一統志「今名西肥河，一名澮河，澮即肥之音轉。雞水今名雉河」。

〔五〇〕【補注】錢坫曰：過沛、臨淮二郡。先謙曰：夏肥水不至臨淮，錢説似誤。夏肥水源自沙水分，疑班所謂過郡二者，兼汝南言之耳。

〔五一〕【補注】先謙曰：後漢改屬汝南。續志「有章華臺」，劉注「有乾谿，在縣南」。渠水注「沙水自汝南新陽來，東南逕城父縣西，枝津出爲章水。見下。一水東注爲濮水，即夏肥之上源。俗謂之艾水也。沙水逕縣故城南東流，下入山桑」。又陰溝水注「過水自譙來，東南逕城父縣故城北，合章水下入山桑。章水上承沙水枝流於思善縣，後漢縣，今潁州府亳州東南。有章頭之名。東北逕城父縣故城西，側城東北入過」。一統志「故城今亳州東南城父村」。

〔五二〕【補注】先謙曰：杜延年國，昭帝封。

〔五三〕【補注】先謙曰：續志後漢因。淮水注「涣水自山陽薄來，東逕建平縣故城南，下入酇」。後書姚期傳注「一名馬頭城」。一統志「故城今永城縣西南」。

〔五四〕應劭曰：音嵯。師古曰：此縣本爲䣜，應音是也。中古以來借「酇」字爲之耳，讀皆爲䣜，而莽呼爲贊治，則此縣亦有贊音。【補注】吴卓信曰：説文「䣜，沛國縣。从邑，虘聲」。與南陽之酇，形聲俱別。師古謂沛郡之酇亦有「贊」音，乃後來借「酇」爲「䣜」之故，非本音也。攷班固泗水亭銘云「文昌四友，漢有蕭何，序功第一，受封於酇」。「酇」與「何」叶，班氏漢人，必知本朝故實。江統徂淮賦亦云「戾䣜城而倚軒，實蕭公之故國」。戴規辨字，姚察訓纂，並從其説，定爲不謬。固知小司馬謂何初封沛，後嗣改封南陽，其説爲最當矣。先謙曰：秦邑，葛嬰攻之，見陳涉世家。後漢因。續志「有郪聚」。劉注「東北有棘亭。有犬丘城。有費亭」。淮水注「渙水自建平來，東逕酇縣故城南。春秋『襄公會諸侯及齊世子光于鄫』。左傳作「相」。今其地鄫聚也。又東南逕費亭南，下入銍。苞水自譙來，東逕酇縣南，下入鄲」。一統志「故城今永城縣西南酇縣鄉」。官本注「嵯」作「嵳」。

〔五五〕【補注】先謙曰：秦邑。章邯擊楚軍至此，見項羽傳。高帝引兵至此，見本紀。周勃取之，見勃傳。

〔五六〕【補注】先謙曰：趙敬肅王子樂國，武帝封。

〔五七〕【補注】先謙曰：續志後漢省。睢水注「睢水自山陽薄來，東逕栗縣故城北，下入敬丘」。一統志「故城今夏邑縣治」。

〔五八〕【補注】先謙曰：韋賢國，宣帝封。表注「蕭蓋分蕭縣置」。

〔五九〕【補注】先謙曰：續志後漢省。一統志「故城今蕭縣西南，寰宇記『六十五里』」。

〔六〇〕【補注】先謙曰：周成國，高帝封。梁敬王子舜，元帝封。續志後漢省。

〔六一〕【補注】先謙曰：梁敬王子發國，元帝封。續志後漢省。

〔六二〕如淳曰：漂音票。【補注】先謙曰：官本作「溧陽」。注「漂音票」，作「溧音栗」。案，侯表有梁敬王子漂陽侯欽，元帝封。注曰「沛」，即此。溧陽屬丹楊，梁國分封，不得至此。續志後漢省。

〔六三〕【補注】先謙曰：魏惠王、齊宣王會此，見魏世家。

〔六四〕【補注】先謙曰：王譚國，成帝封。

〔六五〕【補注】先謙曰：後漢改屬九江。續志「有塗山」。淮水注「淮水自九江當塗來，淮西有平阿縣故城。淮出於荆山左，當塗右，奔流二山之間，而揚濤北注，下入義成」。一統志「故城今懷遠縣西南六十里平阿集」。

〔六六〕【補注】先謙曰：元帝封梁敬王子方爲侯國，見表。續志後漢省。

〔六七〕【補注】先謙曰：元帝封梁敬王子未央爲侯國，見表。續志後漢省。

〔六八〕【補注】先謙曰：成帝封甘延壽爲侯國，見表。續志後漢改屬九江。淮水注「淮水自平阿來，於荆山北合渦水，又東北逕義成縣東，下入九江鍾離」。又陰溝水注「北肥水自向來，東南逕義成南入渦。渦水自龍亢來，東南逕荆山北，合北肥水入淮。經言『下邳淮陽入淮』，誤矣」。又渠水篇「沙水自龍亢來，東南過義成縣西南入淮」。注云「沙水入淮謂之沙汭。京相璠云『楚東地也』。左傳楚令尹子常以舟師及沙汭而還也』」。先謙案，義成更在龍亢北，亦非沙水所逕也。道元不言以山桑該二縣。一統志「故城今懷遠縣東北十五里。拖城，渦口城之譌也」。

〔六九〕【補注】先謙曰：秦祁邑。曹參取祁善置，見參傳。

〔七〇〕【補注】先謙曰：梁夷王子賢國，成帝封。

〔七一〕【補注】先謙曰：續志後漢省。曹相國世家文穎注「穀熟有祁亭」，是縣併入穀熟矣。一統志「故城今夏邑縣北祁邑鄉」。

魏郡，〔一〕高帝置。〔二〕莽曰魏城。屬冀州。〔三〕户二十一萬二千八百四十九，口九十萬九千六百五十五。縣十八：〔四〕鄴，〔五〕故大河在東北入海。〔六〕館陶，〔七〕河水別出爲屯氏河，東北至章武入海，〔八〕過郡四，行千五百里。〔九〕斥丘，〔一〇〕莽曰利丘。〔一一〕沙，〔一二〕内黄，清河水出南。〔一三〕清淵，〔一四〕魏，都尉治。莽曰魏城亭。〔一五〕繁陽，〔一六〕元城，〔一七〕梁期，〔一八〕黎陽，〔一九〕莽曰黎蒸。〔二〇〕即裴，〔二一〕侯國。〔二二〕莽曰即是。〔二三〕武始，〔二四〕漳水東至邯鄲入漳，〔二五〕又有拘澗水，東南至邯鄲入白渠。〔二六〕邯會，侯國。〔二七〕陰安，〔二八〕平恩，侯國。〔二九〕莽曰延平。〔三〇〕邯溝，侯國。〔三一〕武安。〔三二〕欽口山，白渠水所出，東至列人入漳。〔三三〕又有滏水，東北至東昌入虖池河，〔三四〕過郡五，行六百一里。〔三五〕有鐵官。莽曰桓安。〔三六〕

〔一〕【補注】先謙曰：據濁漳水注，郡治鄴縣。續志後漢治同。劉注「雒陽東北七百里」。

〔二〕【補注】全祖望曰：故屬秦河東郡，高帝分置。先謙曰：濁漳水注「高帝十二年置，後分魏郡置東西部都尉，故曰三魏」。先謙案，此後漢建安事。

〔三〕【補注】錢大昭曰：「城」亦作「成」，王莽傳有魏成大尹。先謙曰：續志後漢因，屬同。

〔四〕【補注】先謙曰：見王子侯表者，有畢梁、旁光、蓋胥、漳北、安檀五縣無考。郡人蓋寬饒，見本傳。

〔五〕【補注】先謙曰：濁漳水注「城本齊桓公置。管子曰『築五鹿、中牟、鄴以衞諸夏』是也。後屬晉。魏文侯七年始封此地」。先謙案，西門豹守鄴，晉鄙救趙止壁於此。並見魏世家。趙悼襄王時，魏以與趙。始皇十一年攻拔之。並見趙世家。後漢因。續志「有滏水。有汙水。有汙城。有平陽城。有武城。有九侯城」。劉注「西南有上司馬，殷太甲常居之。西北有鼓山。南有交谷水，有西唐山。北有太行山」。濁漳水注「漳水自武安來，東逕三户峽，爲三户津，在鄴西四十里。案項羽傳，蒲將軍引兵度三户。又合汙水，逕武城南。又東北逕西門豹祠前，又會合漳水枝流，見邯會。又合滏水，下入梁期。又自梁期來，逕平陽城北。紀年『梁惠成王元年，鄴師敗邯鄲師於平陽』者也。下入斥丘。汙水自武安來，東南逕汙城北，東入漳」。羽傳大破秦軍汙水上。又洹水注「洹水自河内隆慮來，東北出山逕殷墟北，羽傳「羽與章邯期盟洹水南殷虛上」，即此。過鄴縣南又東，枝津出焉。又自鄴東逕安陽縣故城北，晉縣。城在鄴城南四十里。又至長樂縣晉縣。左則枝溝出焉。又逕長樂縣故城南，下入内黄。洹水枝津東北流，逕鄴城南爲新河。又東，分爲二，一西入漳，一東北合坰溝及台陂水入白溝」。一統志「故城今臨漳縣西」。

〔六〕【補注】錢坫曰：此禹河也。由故鄴東斥丘縣東至列人縣東，得橫漳，東北入於海。王横云「禹之行河水，本隨西山下東北去此」是也。閻若璩曰：故大河者，禹之故河也。至周定王五年始不復從此行。王鳴盛曰：此本漳水與河經流，徙駭相亂。班固目爲故大河，實非禹河。陳奐曰：漢溝洫志：「王横言，周譜云『定王五年河徙』，當魯宣公之七年也。禹大河至此始徙耳，其故瀆當在鄴之東，即今濬、滑二縣之西。」先謙曰：河水注「河水自黎陽來，又有宿胥口，舊河水北入處也」。

〔七〕【補注】先謙曰：春秋晉冠氏邑，齊取之。見左哀傳。續志後漢因。淇水注「白溝自魏來，東北逕趙城西。又北，阿難河出焉。又北逕喬亭城西，東去館陶縣故城十五里。後魏陽平郡治。又屈逕縣北，下入平恩」。一統志「故城今丘縣西南四十里。冠縣半入館陶境」。

〔八〕【補注】先謙曰：章武勃海縣。河水注：「王莽河故瀆自元城沙丘堰南分爲屯氏河，北出逕館陶縣東，東北出。溝洫志曰『自塞宣防後，河復北決於館陶縣，分爲屯氏河，廣深與大河等。成帝之世，河決館陶及東郡金隄，使王延世塞之。隄成，是水亦斷』。」又云「屯氏河故瀆又東北，屯氏別河出焉。屯氏別河故瀆下入清河信成。屯氏河故瀆自別河東下入清河信鄉」。先謙案：屯氏故瀆及別河南北瀆，俱不至章武。自鳴犢河於清河鄃縣合大河後，所行皆經流故道也。

〔九〕【補注】錢大昭曰：溝洫志「河北決于館陶，分爲屯氏河，東北經魏、清河、信都、勃海入海」，所謂過郡四也。

〔一〇〕【補注】先謙曰：高帝封唐厲爲侯國，見表。

〔一一〕應劭曰：斥丘在西南也。師古曰：闞駰云「地多斥鹵，故曰斥丘」。【補注】先謙曰：後漢因。續志「有葛」。劉注「有乾侯。魯昭公所處」。濁漳水注「漳水自鄴來，又東，右逕斥丘縣北，下入即裴」。又洹水注「坰溝水上承洹水，北絶新河，北逕高陵城東，又北逕斥丘縣故城西。縣南有斥丘，蓋因丘以氏縣。其水又屈逕城北，東北流注白溝」。一統志「故城今成安縣東南」。

〔一二〕【補注】王念孫曰：續志同。濁漳、清漳二水注，「沙」竝作「涉」。趙一清云：兩漢志本作「沙縣」，至三國時始有涉名。魏書「太祖圍鄴，涉長梁岐以縣降」是也。案趙說非也。水經「清漳水東過涉縣西，屈從縣南」。注云「地理志魏郡之屬縣也，漳水於此有涉河之稱，蓋名因地變也」。是善長所見漢志本作「涉」，不作「沙」。且漳水至涉縣而有涉河之名，由來已久。不然，漳水何以無沙河之名乎？魏武帝紀稱「涉長梁岐」，則涉乃漢時舊名，非自三國時始。元和志「涉縣本漢舊縣，屬魏郡，因涉河水爲名」。寰宇記同。亦不言本名沙縣，後改爲涉縣也。趙氏以兩漢志皆作「沙」，遂謂涉縣本名沙縣。今考王子侯表云「離石侯綰後更爲涉侯」，則涉縣乃西漢時舊名。而今本兩志作「沙」，皆傳寫之誤明矣。先謙曰：續志後漢因。劉注「有龍山」。清漳水注「清漳水自上黨沾來，東過涉縣，於此有涉河之稱。下入武安」。一統志「故城今涉縣西北二里」。

〔一三〕應劭曰：春秋「吴子、晉侯會于黄池」。今黄澤在西。陳留有外黄，故加「内」云。臣瓚曰：國語曰「吴子會諸侯于黄池，掘溝於齊魯之間」。今陳外黄有黄溝是也。史記曰「伐宋取黄池」。然則不得在魏郡明矣。師古曰：瓚説是也。應説失之。【補注】王鳴盛曰：「齊」當作「商」，即宋也。汪士鐸曰：「今陳」下脱「留」字。先謙曰：功臣表翕侯邯鄲趙信，注云「内黄」，蓋曾析置翕縣。後漢因。續志「有羛陽聚。有黄澤」。劉注「東北有柯城，北有戲陽城」。淇水篇「淇水東過内黄縣南，爲白溝」。注云「淇水自東郡頓丘來，東北逕并陽城，郡國志所謂『内黄縣有并陽聚』者也。又北合蕩水，又東北逕内黄縣故城南，縣右對黄澤。郡國志云『縣有黄澤』者也。史記『趙廉頗伐魏取黄』，即此縣。又自縣北逕戲陽城東，世謂之羛陽聚，又北逕高城亭東，合洹水，下入魏」。先謙案：白溝又歷魏、館陶、平恩三縣，至清淵縣爲清淵。清河之名由此始。班謂清河水出南者，溯其源耳。又案：清水注云「清水至河内汲縣爲清口，入河即淇河口也。地理志云『清河水出内黄縣南』，無清水可來，所有者惟是水耳。蓋河徙南注，清水瀆移，匯流逕絶，餘有清河之稱，相嗣不斷。曹公開白溝，遏水北注，方復故瀆」。先謙案：據此，益悟白溝之下爲清淵，有自來也。又蕩水注「羑水自河内蕩陰來，東至内黄，會防水，又歷黄澤入蕩水。地理志曰『羑水至内黄入蕩』者也。長沙溝水自黎陽來，東北至内黄縣，右入蕩水，亦謂之黄雀溝。蕩水自蕩陰來，合羑水。長沙溝水逕内黄城南，東入白溝」。又洹水注「洹水自鄴來，東逕内黄縣北，東入白溝，謂之洹口」。一統志「故城今内黄縣西北」。

〔一四〕應劭曰：清河在西北。【補注】先謙曰：續志後漢因。淇水注「白溝自平恩來，東逕清淵縣故城西，又歷縣西北爲清淵，故縣有清淵之名矣。世謂之魚池城，非也。又東北逕廣宗縣東，後漢縣。爲清河，又逕廣宗縣故城南，下入清河郡信鄉」。案，應云「清河在縣西北」，而水經謂「至廣宗爲清河」，然則廣宗分清淵置也。一統志「故城今臨清州西南」。

〔一五〕應劭曰：魏武侯別都。【補注】先謙曰：續志後漢因。淇水注「白溝自内黃來，北逕問亭東，即魏界也。魏縣故城。應劭云『魏武侯之別都』也。城内有武侯臺。白溝又左合新河，洹水枝流也。又東北，漳水注之，謂之利漕口。自下清漳、白溝、淇河咸得通稱也，下入館陶」。一統志「故城今大名縣西」。

〔一六〕應劭曰：在繁水之陽。張晏曰：其界爲繁淵。【補注】先謙曰：戰國魏地，趙拔之，見趙世家、趙奢傳。河水注「王莽河故瀆自東郡畔觀來，逕繁陽縣故城東，下入陰安浮水。故瀆自東郡頓丘來，東逕繁陽縣故城南。春秋『襄二十年，公與齊侯、晉侯盟于澶淵』。杜預曰『在頓丘縣南，即繁淵也，亦謂之浮水焉』。昔魏徙大梁，趙以中牟易魏』。故志曰『趙南至浮水繁陽』，即是瀆也。浮水故瀆下入東郡畔觀」。續志後漢因。一統志「故城今内黃縣東北。澶水在開州西南，一名繁水，一名浮水」。張注「其界爲繁淵」。河水注引作「縣有繁淵」。

〔一七〕應劭曰：魏武侯公子元食邑於此，因而遂氏焉。【補注】先謙曰：西有踐土驛，晉作王宮於此。田齊、魏世家「秦、齊伐魏陽狐」。括地志以爲縣東北陽狐郭有委粟里，見元后傳。縣人淳于長，見佞幸傳。後漢因。續志「墟故沙鹿，有沙亭」。劉注「左傳會馬陵，龐涓死處」。涓死或云在鄄城。河水注「王莽河故瀆自東郡樂昌來，又東北逕平邑郭西。紀年『趙城平邑』也。又東北逕元城縣故城西北而至沙丘堰。郭東有五鹿墟，縣北有沙丘堰。堰，障水也。此尚書禹貢『北過降水』之故道。不遵其道曰降，亦曰潰。『至于大陸北播爲九河』，自此始也。及齊桓霸世，廣塞田居，同爲一河。故自堰以北，館陶、廮陶、貝丘、鬲般、廣川、信都、東光、河間，樂成以東城地並存，川瀆多亡。是以班固云『自茲距漢北亡八枝』者也。王莽河故瀆自沙丘堰南分屯氏河出焉。屯氏河下入館陶。王莽河故瀆下入東郡發干」。先謙案，道元謂此堰北是禹河故道，自齊桓閼河而堰以起，九河遂亡也。一統志「故城今元城縣東」。

〔一八〕【補注】先謙曰：武帝封任破胡爲侯國，見表。續志後漢因。濁漳水注「漳水自鄴來，東逕梁期城南。地理風俗記云『鄴北五十里有梁期城故縣』也。下仍入鄴」。案，據應説，縣併入鄴，旋復其縣。一統志「故城今磁州東」。

〔一九〕【補注】先謙曰：縣人賈護，見儒林傳。

〔二〇〕晉灼曰：黎山在其南，河水經其東。其山上碑云「縣取山之名，取水之陽以爲名」。【補注】汪士鐸曰：「取水之陽」，謂淇水宿胥口之陽也。先謙曰：續志後漢因。劉注「有牽城」。淇水注「淇水自河内朝歌來，又南歷枋堰舊淇水口，東流逕黎陽縣界，南入河。地理志『淇水出共，東至黎陽入河』。溝洫志曰『遮害亭西十八里至淇水口』是也。魏武於水口下大枋木以成堰，遏淇水，東入白溝以通漕運，人號其處爲枋頭。後廢，魏熙平中復通之。故瀆歷枋城北東出，南過枋城西，分二水，一南注清水，上下更相通，注河。清水盛，北入故渠自此始矣。此由黎陽入河之淇水口。一東流，逕枋城南，下入東郡頓丘。又自頓丘來，東北逕枉人山東，隋志「黎陽有枉人山」。牽城西。杜預云『黎陽東北有牽城』矣。淇水又東北逕石柱岡而東北注，下入内黄」。又蕩水注「長沙溝水自河内蕩陰來，東逕枉人山，下入内黄」。又河水注「河水自東郡南燕來，東合淇水，又逕遮害亭南，又有宿胥口，舊河水北入處也。又右逕滑臺城北，城即鄭廩延邑也。下有延津。又東北過黎陽縣南，今黎山之東北故城，蓋縣故城也。山在城西，城憑山爲基，東阻于河。河水下入東郡白馬」。一統志「故城今濬縣東北，黎山在縣東南二里」。

〔二一〕【補注】先謙曰：説文及本表「即」作「揤」。水經注與志同。

〔二二〕【補注】先謙曰：趙敬肅王子道國，武帝封。

〔二三〕應劭曰：裴音非。【補注】先謙曰：案，莽曰「即是」，足證漢世「裴」讀爲「非」，與今音異。續志後漢省。濁漳水注「漳水自斥丘來，東逕即裴縣故城南。地理風俗記云『列人縣西南六十里有即裴城，故縣也』。漳水下入廣平列人」。案，據應説，縣併入列人。一統志「故城今肥鄉縣南」。

〔二四〕【補注】先謙曰：戰國韓地，秦昭襄王取之，見秦紀。武帝封趙敬肅王子昌爲侯國，見表。續志後漢省。張純封武始侯，在建武初。一統志「故城今邯鄲縣西南」。

〔二五〕【補注】段玉裁曰：上「漳」字當作「滏」。今滏水北流入滹沱。先謙曰：邯鄲，趙國縣。北山經「神菌之山，滏水出焉，而東流注于歐水」。參之它書，歐即漳矣。續志「鄴」下「有滏水」。劉注：「魏都賦云『北臨漳、滏，則冬夏異沼』。注云『水經：鄴西北滏水熱，故名滏口』。」御覽引水經注云「滏水發源出石鼓山南，巖下泉源奮涌，若釜之揚湯矣。其水冬温夏冷，崖上有魏世所立銘。水上有祠，能興雲雨。又東流注於漳，謂之合河」。先謙詳滏源所出，似在鄴縣，班說不當。繫此段說存攷。汪士鐸云：當作「渚水」，即渚沁水也。

〔二六〕應劭曰：拘音矩。【補注】先謙曰：濁漳水注「拘澗水導源縣東山，北俗猶謂是水爲拘河也。又東下入趙邯鄲」。

〔二七〕張晏曰：漳水之別，自城西南與邯山之水會，今城旁猶有溝渠在也。師古曰：邯音下安反。【補注】先謙曰：趙世家「樂毅攻魏伯陽」，括地志以爲即「邯會」。趙敬肅王子仁國，武帝封。續志後漢省。濁漳水注「邯水出邯山，東北逕邯會縣故城西，北注漳水枝流，故曰邯會也。漳水枝流上承漳水於邯會縣西，而東別與邯水合，又東北入漳」。見鄴。張說「在也」二字，道元引作「存焉」。一統志「故城今安陽縣西北」。

〔二八〕【補注】先謙曰：武帝封濟北貞王子不害及衞不疑爲侯國，見表。後漢因。續志加「邑」。河水注「王莽河故瀆自繁陽來，北逕陰安縣故城西，下入東郡樂昌」。一統志「故城今清豐縣北二十里」。

〔二九〕【補注】先謙曰：許廣漢國，宣帝封。

〔三〇〕【補注】先謙曰：續志後漢因。濁漳水注「衡漳故瀆自廣平斥章來，東北逕平恩縣故城西。應劭云『縣故館陶之別鄉，宣帝地節三年置』。故瀆下入廣平南曲」。又淇水注「白溝自館陶來，東北逕平恩縣故城東，下入清淵」。一統志「故城今丘縣西」。

〔三一〕師古曰：邯水之溝。【補注】先謙曰：趙頃王子偃國，宣帝封。表「溝」作「菁」。續志後漢省。濁漳水注「白渠故濆自武安來，南出，所在枝分。右出，即邯溝也。歷邯溝縣故城東，蓋因溝以氏縣。地理風俗記云『即裴城西北二十里，有邯溝城故縣』也。邯溝水下入廣平列人」。案，據應説及「即裴」下應説，縣亦併入列人。一統志「故城今肥鄉縣西北」。

〔三二〕【補注】先謙曰：戰國秦地，昭襄王以封白起爲武安君；趙奢破秦軍於此，蓋以此時屬趙，秦王齕取之，並見秦紀。李牧又封武安君，蓋復屬趙，見趙世家。高帝封武安侯，見項羽紀。武帝封田蚡，哀帝封楚思王子愯爲侯國，見表。

〔三三〕【補注】先謙曰：列人，廣平縣。濁漳水注「白渠水出武安縣欽口山，東南流，下入趙邯鄲」。

〔三四〕【補注】先謙曰：東昌，信都縣。説文「寖水出武安東，北入呼沱水」。水經注無之。錢坫云：在今武安縣東三十里，下流合滏水，滏水所行皆寖水也。東北逕磁州南邯鄲縣東南，廣平府城東南，肥鄉縣北、曲周縣東南，平鄉縣東、鉅鹿縣西，下流入北泊。先謙案：寖水即濁漳也。汪士鐸云：入虖池河者，與虖池故瀆通也。志於「上黨長子」下云「濁漳至鄴入清漳」，此書又有寖水云云，亦未著水所出，似班氏尚未審寖、濁漳之爲一水。亦由圖記不明，名稱歧出，致斯舛漏耳。

〔三五〕【補注】先謙曰：過魏、廣平、鉅鹿、信都，「五」當爲「四」。

〔三六〕師古曰：寖音子衽反。虖音呼。池音徒何反。其下並同。【補注】先謙曰：後漢因。續志「有鐵」。清漳水篇「清漳水自沙來，東至武安縣南黍窖邑入濁漳」。又濁漳水注「漳水自上黨潞來，合倉谷水，見河內隆慮。東過武安縣，於縣東合清漳水，謂之交漳口，下入鄴」。先謙案，本志「上黨長子」下「濁漳水東至鄴入清漳」者也。水經注以濁漳爲主，以清漳爲綱耳。此下水道所經，道元仍主濁漳，志則清漳、寖水并行也。注又云「汙水出武安縣山東南，下入鄴」。一統志「故城今武安縣西南」。

鉅鹿郡，〔一〕**秦置。**〔二〕**屬冀州。**〔三〕**户十五萬五千九百五十一，口八十二萬七千一百七十七。**

縣二十：〔四〕鉅鹿，〔五〕禹貢大陸澤在北。〔六〕紂所作沙丘臺在東北七十里。〔七〕南䜌，〔八〕莽曰富平。〔九〕廣阿，〔一〇〕象氏，侯國。〔一一〕莽曰寧昌。〔一二〕廮陶，〔一三〕宋子，〔一四〕莽曰宜子。〔一五〕楊氏，〔一六〕莽曰功陸。〔一七〕臨平，〔一八〕下曲陽，都尉治。〔一九〕貰，〔二〇〕鄡，莽曰秦聚。〔二一〕新市，〔二二〕侯國。〔二三〕莽曰市樂。〔二四〕堂陽，〔二五〕有鹽官。嘗分爲涇縣。〔二六〕安定，侯國。〔二七〕敬武，〔二八〕歷鄉，侯國。〔二九〕莽曰歷聚。〔三〇〕樂信，侯國。〔三一〕武陶，侯國。〔三二〕柏鄉，侯國。〔三三〕安鄉。侯國。〔三四〕

〔一〕【補注】先謙曰：據濁漳水注，秦漢郡治鉅鹿。續志後漢治廮陶，劉注「雒陽北千一百里」。

〔二〕【補注】先謙曰：濁漳水注「始皇二十五年滅趙，以爲鉅鹿郡」。全祖望云：楚漢之際屬趙國，尋屬常山國，八月，案此直繫以月而不年者，猶言八閱月也。後同。復屬趙國。高帝三年屬漢，四年復以屬趙國。高后八年復故。文帝元年復屬趙國，景帝三年復故。四年復屬趙國，後以支郡收。周壽昌曰：後書光武紀有「王莽和戎卒正邳彤」。注引東觀記曰「王莽分鉅鹿爲和戎郡」。此志郡下當有「莽曰和戎」四字。

〔三〕【補注】先謙曰：續志後漢因，屬同。

〔四〕【補注】先謙曰：見王子侯表者，有甘井、昆、題三縣無考。

〔五〕【補注】先謙曰：項羽救趙，大破秦軍於此。路温舒，縣東里人，並見本傳，亦見五行志。後漢因。續志「故大鹿」。劉注「史記『紂盈鉅橋之粟』。許慎云『鉅鹿之大橋也』。南有棘原，章邯所軍處」。濁漳水注「衡漳故瀆自廣平曲周來，北逕巨橋邸閣西，又北逕鉅鹿縣故城東南。尚書堯將禪舜，納之大鹿之野，烈風雷雨不迷，致之以昭華之玉，而縣取目焉。衡漳故瀆下入堂陽。又自堂陽來，逕沙丘臺東，下入信都南宮」。一統志「故城今平鄉縣治」。

〔六〕【補注】先謙曰：續志劉注「有廣阿澤。呂氏春秋『九藪趙之鉅鹿』，高注『廣阿澤也』，山海經曰『九陸之水』。」一統志「澤在今任縣東北，與鉅鹿隆平接界」。水道提綱云「俗稱寧晉北泊」。

〔七〕應劭曰：鹿，林之大者也。臣瓚曰：山足曰鹿。師古曰：應説是。【補注】先謙曰：濁漳水注「在故城東北七十里，趙武靈王、秦始皇並死於此」。一統志：「在今中鄉縣東北。舊志『王固岡東北十餘里有大平臺，村東又有小平臺。村即沙丘臺遺址。』」

〔八〕【補注】先謙曰：左哀傳「齊伐晉，取欒」。杜注「在趙國平棘縣西北，本欒武子封邑，其後南徙，因曰南䜌」。武帝封趙敬肅王子佗爲侯國。蕭何四世孫有南䜌長喜，並見表。

〔九〕孟康曰：䜌音良全反。【補注】先謙曰：後漢因。續志或作「鑾」，誤。光武紀亦作「䜌」。一統志「故城今鉅鹿縣北」。

〔一〇〕【補注】先謙曰：高帝封任敖爲侯國，見表。續志後漢省。元和志「趙州昭慶縣本漢廣阿縣，廣阿澤在縣東二十五里，故縣取名焉」。案，光武初拔廣阿，登樓，與鄧禹閲天下地圖，其時尚有此縣。高誘以鉅鹿澤爲即廣阿澤，見上。知後廣阿併入鉅鹿矣。一統志「故城今隆平縣東十二里舊城村」。

〔一一〕【補注】先謙曰：趙敬肅王子賀國，武帝封。

〔一二〕【補注】先謙曰：續志後漢省。一統志「故城今隆平縣東北二十五里」。

〔一三〕師古曰：廮音一井反。【補注】先謙曰：説文「廮，安止也。鉅鹿有廮陶縣」。後漢因。續志「有薄落亭」。一統志「故城今寧晉縣西南二十五里」。

〔一四〕【補注】先謙曰：戰國趙邑，燕王喜伐廉頗軍至此，見燕世家。高帝封許瘛爲侯國，見表。

〔一五〕【補注】先謙曰：續志後漢省。濁漳水注「大白渠自常山關來，東逕宋子縣故城北，謂之宋子河。昔高漸離擊筑傭工，自此入秦。大白渠下入敬武」。一統志「故城今趙州東北二十五里，城址尚存」。

〔一六〕【補注】先謙曰：縣人尹賞，見酷吏傳。

〔一七〕【補注】先謙曰：「陸」蓋「睦」之誤，王莽傳可證。後漢孟敏傳注引十三州志云「縣在魏郡北地」。續志後漢因。

一統志「故城今寧晉縣治」。

〔一八〕【補注】先謙曰：續志後漢省。後漢紀：建武四年，帝幸臨平。時尚未省也。後魏志「曲陽縣有臨平城」。蓋自漢世併入下曲陽。一統志「故城今晉州東南」。

〔一九〕應劭曰：晉荀吴滅鼓，今鼓聚昔陽亭是也。師古曰：常山有上曲陽，故此云下。【補注】先謙曰：王莽分和戎郡治此，見東觀漢記。後漢因。續志「有鼓聚，故翟鼓子國。有昔陽亭」。濁漳水注「大白渠自敬武來，又東，謂之斯洨水。地理志『大白渠東南至下曲陽入斯洨』者也。東分爲二枝津，右出東南流，爲百尺溝。又逕和城北，即和戎郡治。下入貰。斯洨水下亦入貰。白渠枝水自新市來，東逕昔陽城南，又東逕下曲陽城北，下入安鄉」。一統志「故城今晉州西」。

〔二〇〕師古曰：音式制反。【補注】先謙曰：高帝封傅胡害爲侯國，見表。續志後漢省。濁漳水注「百尺溝水自下曲陽來，東南逕貰縣西，下入歷鄉。斯洨水自枝津東逕貰城北，又東積爲陂，謂之陽縻淵。淵水左納白渠枝水，俗謂之泜水也。斯洨水下入信都西梁，白渠枝水自安鄉來，東逕貰縣入斯洨水」。又泗水注「豐水上源，上承大薺陂，見陳留外黄。東逕貰城北，下入梁已氏」。一統志「故城今束鹿縣西南」。

〔二一〕師古曰：音苦么反。【補注】段玉裁曰：郻與豫章鄡陽縣字不同，玉篇、廣韻可證。真定國「綿曼」下，斯洨水東至鄡入河，則字從俗體，不得以彼證此。盧文弨云：仲尼弟子鄡單，「鄡」當本作「郻」。檀弓「縣亶」，即「郻」字。趙一清曰：作「郻」者是。今本説文乃是淺人所改。如「県谷」改爲「梟谷」，「県首」改爲「梟首」也。錢大昭曰：南監本、閩本于「師古曰：音苦么反」之下，有「又差梟反」四字，今脱。先謙曰：官本有「又差梟反」四字。引劉敞曰「衍文」。案，後漢因。續志作「鄡」。濁漳水注「衡漳水自信都桃來，合斯洨故瀆，又北逕郻縣故城東，下入信都下博。斯洨水自樂信來，至縣東入衡水」。趙一清云：本志斯洨水東至鄡入河，蓋即衡水也。一統志「故城今束鹿縣東」。

〔二二〕【補注】吴卓信曰：楚世家「考烈王七年至新中，秦兵去」。索隱「趙地無新中，當爲新市」。

〔二三〕【補注】先謙曰：廣川繆王子吉國，昭帝封。表注「堂陽」，則縣分堂陽置。

〔二四〕【補注】先謙曰：續志後漢省。濁漳水注「白渠枝水自真定肥纍來，東逕新豐城北。案地理志云『鉅鹿有新市縣，王莽更之曰樂市』，不作「市樂」，以志爲是。而無新豐之目，所未詳矣。白渠枝水下入下曲陽」。今地闕。中山縣同名，或云此改屬，非。

〔二五〕【補注】先謙曰：高帝封孫赤爲侯國，見表。

〔二六〕應劭曰：在堂水之陽。【補注】錢坫曰：元和志「後漢分漢堂陽，於今縣西北二十里置經城縣」。是分經縣在後漢時也。今經城在威縣北，此五字不似本文，疑後人以注語溷入。王鳴盛曰：「涇」，南監本作「經」。朱一新曰：汪本「涇」作「經」，是。段玉裁云：即續志安平國之經縣。先謙曰：官本「涇」作「經」。言「嘗分」，則後已併省，後漢復置耳。錢說非。續志堂陽，後漢改屬安平。又「經」下云「西有漳水津，名薄落津」。河水注「張甲河故瀆自清河信成來，北絶清河於廣宗縣，後漢縣，屬鉅鹿。分爲二：左瀆逕廣宗縣故城西，今威縣東二十里。又北逕建始縣故城東，石趙置。又逕經城東，下入清河繚。右瀆東北逕廣宗縣故城南，又逕界城亭北，下入清河棗彊」。又濁漳水注「衡漳故瀆自鉅鹿來，又歷經縣故城西，水有故津，謂之薄落津，下仍入鉅鹿」。又云「衡漳水自信都南宮來，北過堂陽縣，分爲二水，一北出，逕縣故城西，水上有梁，謂之旅津渡，下入信都扶柳。其右水東北注，出石門爲長蘆水，蓋變引葭之名也。長蘆水東逕堂陽縣故城南。應劭云『在堂水之陽』，今於縣故城南更無別水，惟是水東出，可以當之。斯水蓋包堂水之兼稱矣。長蘆水下入常山九門」。一統志「故城今新河縣西」。

〔二七〕【補注】先謙曰：燕刺王子賢國，宣帝封。續志後漢省。馬武從世祖擊尤來五幡，進至安定，時尚未併也。一統志「故城今東鹿縣西北」。

〔二八〕【補注】先謙曰：續志後漢省。濁漳水注「大白渠水自宋子來，東逕敬武縣故城北，元帝封女敬武公主爲湯沐邑。

十三州志云「楊氏縣北四十里有敬武亭，故縣也」。今其城實中小邑耳，故俗名之曰敬武壘，即古邑也。大白渠水下入下曲陽」。一統志「故城今趙州東北」。

〔二九〕【補注】先謙曰：廣川繆王子必勝國，宣帝封。

〔三〇〕【補注】先謙曰：續志後漢省。濁漳水注「百尺溝水自貫來，東南散流，逕歷鄉東而南入泜湖，東注衡水也」。後魏志「廮陶縣有歷城」。一統志「故城今寧晉縣東二十五里」。

〔三一〕【補注】先謙曰：廣川繆王子强國，宣帝封。續志後漢省。濁漳水注「斯洨水自信都西梁來，東北逕樂信縣故城南，下入鄡」。一統志「故城今束鹿縣西」。

〔三二〕【補注】先謙曰：廣川繆王子朝國，宣帝封。續志後漢省。

〔三三〕【補注】先謙曰：趙哀王子賈國，元帝封。續志後漢省。一統志「故城今柏鄉縣西南」。

〔三四〕【補注】先謙曰：趙哀王子喜國，元帝封。續志後漢省。濁漳水注「白渠枝水自下曲陽來，東逕安鄉縣故城南，下入貰」。一統志「故城今晉州東」。

常山郡，〔一〕高帝置。〔二〕莽曰井關。屬冀州。〔三〕戶十四萬一千七百四十一，口六十七萬七千九百五十六。縣十八：〔四〕元氏，〔五〕沮水首受中丘西山窮泉谷，東至堂陽，入黄河。〔六〕莽曰井關亭。〔七〕石邑，〔八〕井陘山在西，〔九〕洨水所出，東南至廮陶入泜。〔一〇〕桑中，侯國。〔一一〕靈壽，中山桓公居此。〔一二〕禹貢衞水出東北，東入虖池。〔一三〕蒲吾，〔一四〕有鐵山。〔一五〕大白渠水首受緜曼水，東南至下曲陽入斯洨。〔一六〕上曲陽，〔一七〕恒山北谷在西北。〔一八〕有祠。〔一九〕并州山。禹貢恒水所出，東入滱。〔二〇〕莽曰常山亭。〔二一〕九門，〔二二〕莽曰久門。〔二三〕井陘，〔二四〕房子，〔二五〕贊皇山，〔二六〕石濟水所出，東至廮陶入泜。〔二七〕莽曰多子。〔二八〕中丘，〔二九〕逢山長谷，〔三〇〕諸水所出，東至張邑入濁。〔三一〕莽曰直聚。〔三二〕封斯，侯國。〔三三〕關，〔三四〕平棘，〔三五〕鄗，〔三六〕世祖即位，更名高邑。莽曰禾成亭。〔三七〕樂陽，侯國。〔三八〕莽曰暢苗。〔三九〕平臺，〔四〇〕侯國。〔四一〕莽曰順臺。〔四二〕都鄉，侯國。〔四三〕有鐵官。莽曰分鄉。〔四四〕南行唐。〔四五〕牛飲山白陸谷，滋水所出，東至新市入虖池。〔四六〕都尉治。莽曰延億。〔四七〕

〔一〕【補注】先謙曰：治所無攷。續志後漢治元氏。

〔二〕【補注】錢大昕曰：項羽封張耳爲常山王，都襄國，是常山之名不始於高帝。蓋趙歇既滅，遂因爲郡耳。先謙曰：高紀「三年置」。全祖望云：故屬秦邯鄲郡，楚漢之際屬趙國，尋爲常山國，八月復屬趙國。高(后)〔祖〕三年屬漢爲郡，四年復以屬趙國。高后二年復爲常山國，文帝元年復屬趙國，景帝三年復故，以過削。中五年復爲常山國，武帝元鼎三年復故。

〔三〕張晏曰：恆山在西，避文帝諱，故改曰常山。【補注】先謙曰：續志後漢爲常山國，屬同。

〔四〕【補注】錢大昕曰：高紀稱常山二十五城，志止十八縣，蓋後來稍分析之。襄國本王都所在，而志隸趙國，亦一證也。先謙曰：見王子侯表者，有遽鄉縣無攷。

〔五〕【補注】先謙曰：戰國趙邑，孝成王城之，見趙世家。

〔六〕【補注】趙一清曰：「入黄河」，當作「入横河」，即横漳也。代郡鹵城下有從河，此「横從」之「横」。王念孫曰：「沮」當爲「泜」。凡隸書從「氐」之字，或作「互」，又作「亙」。故「泜」字或作「沍」，玉篇曰：「泜」俗作「沍」。又作「洹」，形與「沮」字相似，因譌而爲沮。史記高祖功臣侯者年表稾祇侯陳鍇，漢表「祇」作「祖」，亦是「祇」或作「沍」，因譌爲「祖」也。下文「濟水東至廮陶入泜」，風俗通義譌作「入沮」，是其明證也。說文「泜水在常山」。郭璞注北山經云「今泜水出中丘縣西山窮泉谷，東至堂陽縣，入於漳水」，皆本地志。則沮水爲泜水之譌甚明。而泜字師古無音，至下文「洨水東南至慶陶入泜」，始云「泜音脂，又音丁計反」。又史記張耳陳餘傳「斬陳餘泜上」，索隱云「郭景純注山海經云『泜水出常山中丘縣』」。不引地理志而引郭注，似唐時地理志「泜」字已譌爲「沮」。然文選吴質在元城與魏太子牋「重以泜水，漸漬疆宇」，李善注「漢書恆山郡元氏縣有泜水，首受中丘西山窮泉谷，東入黄河」。則唐時本尚有作「泜」者矣。又案，北山經注言「泜水入漳」，而此云「入黄河」者，蓋本借「章」爲「漳」，禹貢「至于衡漳」，地理志「漳」作「章」，又信都國信都下云「故漳河在北」。「章」與「黄」字形相近，因譌而爲「黄」也。隸書「章」字作「章」，「黄」字作「黄」，二形相近。漢之堂陽，即今之新河，乃漳水所經，水經曰「漳水過堂陽縣西」。非河水所經。地理志亦不謂河爲黄河也。而文選注亦作「黄」，則後人以誤本漢書改之。徐松曰：胡盧河即泜之下游，故古謂之泜湖，是此縣之泜，正洨、濟所并之水，錢坫歧而二之，非也。蓋洨、濟所并爲南泜，别有一小水曰北泜，錢氏或以此條指小水之北泜，故云然耳，然非班氏之旨。先謙曰：堂陽鉅鹿縣「首受」二字，當作「出」。山海經郭注引作「泜水出中丘西山窮泉谷」，即其證。此與牂柯郡沅水首受故且蘭，鬱林郡驩水首受牂柯東界之類，誤同。中丘見下。

〔七〕師古曰：闞駰云「趙公子元之封邑，故曰元氏」。【補注】周壽昌曰：趙魏兩公子皆名元，皆以氏其邑，亦可疑。先謙曰：續志後漢因。劉注「有石塞、三公塞」。一統志「故城今元氏縣西北，泜水今槐河」。水道提綱「槐河源出贊皇縣西南山中，合諸水東流，出山經縣城北；又東經元氏縣南，高邑縣北，欒城縣西，趙州南，柏鄉縣北；又東南逕寧晉縣城南入泊」。

〔八〕【補注】先謙曰：戰國趙地。董閼于行石邑山中，見韓非子。後入中山，武靈王復攻取之，見趙世家。亦名石城，秦拔之，見廉頗傳。秦楚之際，李良略地至此，見陳餘傳。續志後漢省。魏志「建安中，石邑縣鳳皇見」。蓋復立。一統志「故城今獲鹿縣東南」。

〔九〕【補注】段玉裁曰：井陘縣下應劭注「井陘山在南」。是則井陘縣在石邑之西，井陘山在石邑西南井陘縣南也。井陘山之東南，則石邑地也。

〔一〇〕師古曰：洨音效，又音爻。泜音脂，又音丁計反。其後亦同。【補注】王鳴盛曰：洨音效。效字脱，宜從南監本增。先謙曰：廮陶，鉅鹿縣。説文「洨水出常山石邑井陘東南，入於泜」，與志合。全祖望云「洨水與斯洨水不可溷，二水並行於常山鉅鹿之閒，首尾亦時貫輸，而實各自爲水」。古今注「永平十年作常山呼沱河，用大白渠水以通漕，亦謂之蒲吾渠」，此用斯洨水也。通鑑長編「咸平五年，河北漕臣景望開鎮州常山南河入洨水，至趙州以利漕」，此用洨水也。水道提綱「洨水源出獲鹿縣西南蓮花山，曰白鹿泉」。先謙案：此濁漳水注所謂「井陘山水，世謂之鹿泉水」者也，又東流爲西河，逕欒城縣北，趙州南，入胡盧河。寰宇記「鎮州石邑縣」下引注水經云「汶水出常山郡石邑縣」，「汶」即「洨」之譌。又云「洨水一名董水」。

〔一一〕【補注】先謙曰：趙頃王子廣漢國，宣帝封。續志後漢省。濁漳水注「桃水自蒲吾來，東南逕桑中縣故城北，俗又謂之高功城。桃水下入真定縣蔓」。一統志「故城今平山縣東南」。

〔一二〕【補注】錢坫曰：世本「中山武公居顧，桓公徙靈壽」，顧即鼓也。先謙曰：樂羊拔中山，魏文侯封之於此，見樂毅傳。趙武靈王滅中山，起靈壽，北從代，道大通，見趙世家。續志後漢因。一統志「故城今靈壽縣西北十里靈壽村」。

〔一三〕【補注】先謙曰：續志「靈壽」下云「衛水出」。陸隴其衛水尋源記云「靈壽縣東北十五里有良同村，衛水發源於其北，即禹貢『恆衛既從』之衛水也。由良同村東南流四十里，入滹池」。胡渭禹貢錐指謂恆即滱，衛即滹沱。蓋今恆水由唐縣入滱，衛水由鎮定縣入滹沱，源流甚近，不足當「禹功荒度」。酈道元謂恆水注滱，自下滱水，兼納恆川之通稱，即禹貢所謂「恆衛既從」也。然則曲陽以下之滱本名恆，靈壽以下之滹沱本名衛，諸儒多從之。

〔一四〕【補注】先謙曰：戰國趙番吾邑有番吾君，見趙世家。正義引括地志云「番、蒲古今字異」。李牧破秦軍於此，見牧傳。一作「鄱吾」，見六國表。蘇秦説趙肅王云「秦甲渡河，踰漳，據蒲吾」。程恩澤謂「番吾」、「蒲吾」非一地。按趙世家「秦攻番吾」，正義云「又作蒲」，則括地志之説未可非。續志後漢因。劉注引古今注云「永平十年作常山呼沱河蒲吾渠，通漕船也」。一統志「故城今平山縣東南」。

〔一五〕【補注】宋祁曰：「有鐵」下或有「北」字。先謙曰：紀要「今臨城縣西南三十五里有鐵山，石色如鐵，元末土人結寨於此，號鐵山寨」。一統志以爲平山縣西北之房山。

〔一六〕應劭曰：蒲水出中山蒲陰，東入河。【補注】先謙曰：下曲陽，鉅鹿縣。濁漳水注「緜蔓水自真定稾城來，枝津出焉。又東，謂之大白渠，地理志所謂『首受緜蔓水』者也。大白渠水下入關桃水，合澤發水，亂流自太原上艾來，東北逕蒲吾縣西，又南，逕蒲吾縣故城西，下入桑中」。

〔一七〕【補注】先謙曰：戰國趙地。武靈王攻中山，合軍曲陽，見趙世家。灌嬰從擊陳豨於此，見本傳。滱水注「本岳牧朝宿之邑也。古者天子巡狩，常以歲十二月至于北岳，侯伯皆有湯沐邑，以自齋潔。周昭王南征不返，巡狩禮廢，邑郭仍存。秦罷井田，因以立縣，城在山曲之陽，是曰曲陽。有下，故此爲上矣」。

〔一八〕【補注】何焯曰：北谷即飛狐口。王念孫曰：飛狐口無北谷之名，「北谷」疑當作「代谷」。管子輕重戊篇云「代王將其士卒葆於代谷之上」。鹽鐵論代功篇云「趙武靈王踰句注，過代谷」。史記趙世家云「從常山上臨代，代可取也」。正義云「地道記『恆山在上曲陽縣西北百四十里，北行四百五十里，得恆山岋，號飛狐口，北則代郡也』」。㶟水注引梅福上事云「代谷者，恆山在其南，北塞在其北」。蓋恆山與代谷相連，故竝及之也。「太原郡廣武」下云「句注賈屋山在北」，文義與此同。段玉裁曰：北谷，「谷」當作「岳」。徐松曰：案郊祀志，神爵元年祠北岳常山於上曲陽，則作恆山北岳者是。若作代谷，下文不得云「有祠」也。先謙曰：下文「禹貢」二字，疑本在恆山上。禹貢山水澤地篇「恆山爲北嶽，在上曲陽縣西北」。一統志「恆山在今曲陽縣西北，亦曰常山，亦曰北岳，亘直隸保定府西境，山西大同府東境」。

〔一九〕【補注】先謙曰：宣帝置。詳郊祀志。

〔二〇〕【補注】先謙曰：滱水篇「滱水東南過上曲陽北，恆水從西來注之」。注云「滱水自中山唐來，東合恆水，自下滱水，兼納恆水之稱。禹貢所謂『恆衞既從』也。滱水又東合馬溺水，仍入唐。馬溺水出上曲陽城東北馬溺山，東入滱。長星溝水出上曲陽縣西北長星渚，東合洛光水，亂流逕恆山下廟北，又東逕上曲陽縣故城北，合胡泉水，下入中山盧奴。胡泉水首受胡泉，逕上曲陽縣南，下入盧奴」。

〔二一〕應劭曰：滱音彄。【補注】先謙曰：續志後漢改屬中山。一統志「故城今曲陽縣西四里」。

〔二二〕【補注】先謙曰：戰國趙邑，武靈王爲野臺於此，以望齊中山之境。惠文王使藺相如城之，見趙世家。

〔二三〕【補注】先謙曰：續志後漢因。濁漳水注「故絳瀆自信都南宮來，東南逕九門城南，下仍入南宮。長蘆水自鉅鹿堂陽來，東逕九門城北，下入信都扶柳」。一統志「故城今藁城縣西北二十五里」。

〔二四〕應劭曰：井陘山在南，音刑。【補注】先謙曰：縣以山氏也。戰國趙邑，始皇使王翦下之，見本紀。續志後漢因。一統志「故城今井陘縣北」。

〔二五〕【補注】先謙曰：故曰「房周」，穆王東至此，見穆天子傳。郭注「戰國中山邑。趙敬侯與中山戰此，武靈王略地亦至焉」。後屬魏，惠文王使廉頗攻拔，城之，見趙世家。後漢光武紀作「防子」，「防」乃「房」之譌。

〔二六〕【補注】先謙曰：贊皇山始見穆天子傳。一統志「今贊皇縣西南。舊志：二十里，高百餘丈」。

〔二七〕【補注】王念孫曰：「濟水」上衍「石」字。說文「濟水出常山房子贊皇山」。風俗通義同。案應劭誤以此濟水爲四瀆之濟，則「濟」上本無石字明矣。續志「常山國房子」，有「贊皇山，濟水出」。「濟」上皆無「石」字。先謙曰：地說家多謂宜有「石」字，王說據說文、風俗通、續志爲證，不可易也。廮陶，鉅鹿縣。一統志「水出贊皇山，流逕高邑縣南二里，又東逕柏鄉縣北，合槐河，又曰沙河」。

〔二八〕師古曰：濟音子詣反。【補注】先謙曰：續志後漢因。劉注「有礫塞、中谷塞」。一統志「故城今高邑縣西南倉房村」。

〔二九〕【補注】先謙曰：十三州志「縣西北有蓬山，丘在其閒，故曰中丘」。後書趙孝王傳注「隋諱『忠』，改『内丘』」。

〔三〇〕【補注】先謙曰：寰宇記内丘縣下引水經云「中丘有逢鵲之山」。又龍岡縣下引水經云「鵲山有穴出雲母，其西有龍騰溪、鶴度嶺」。一統志「鵲山在内丘縣西，即古逢山」。

〔三一〕【補注】先謙曰：説文「渚水出常山中丘逢山，東入湡」。諸家並以爲「諸」當作「渚」，「濁」當作「湡」，是也。張，廣平縣，邑字衍。濁漳水注「衡漳水在信都，其水與隅醴通，爲衡津」。案「隅」即「湡」也。寰宇記邢州龍岡縣下云「湡水一名澧水」，即酈注之隅醴矣。

〔三二〕【補注】先謙曰：續志後漢省。趙國有中丘，不言「故屬常山」，疑奪文。一統志「故城今内丘縣西」。

〔三三〕【補注】先謙曰：趙敬肅王子胡傷國，武帝封。續志後漢省。一統志「故趙州界，舊志有河屯營城，在州西北二十里，疑是」。

〔三四〕【補注】先謙曰：續志後漢省。寰宇記「後魏於漢關縣故城置欒城縣」。案續志常山縣有欒城，蓋即關縣更名。然則謂後魏置者非也。何焯據通鑑注宋白説，謂「關」當作「開」，今據水經注，亦作「開」，而各本皆改爲「關」，漢書本無作「開」者，地志諸書同，仍作「關」爲是，不必標新立説，致地無定名也。此與鉅鹿之南䜌，前人皆謂欒武子封邑，地相比近，依傅成歧，似此爲得之。濁漳水注「大白渠水自蒲吾來，東南逕關縣故城北，又東爲成郎河，又逕耿鄉南，下入鉅鹿宋子」。一統志「故城今欒城縣北十里董保丘」。

〔三五〕應劭曰：伐晉取棘蒲也。師古曰：功臣表棘蒲侯陳武，平棘侯林摯，是則平棘、棘蒲非一地也。應説失之。【補注】宋祁曰：「林」當作「杜」。先謙曰：棘蒲，戰國魏邑，趙取之，見趙世家。錢坫云：靳歙傳「安陽以東至棘蒲」，是棘蒲在安陽西，本趙邑，不得合平棘爲一。錢大昕云：平棘、棘蒲，蓋相距不遠，或前漢棘蒲國除之後，省入平棘耳。先謙案：續志後漢因。一統志「棘蒲故城今趙州治，平棘故城在趙州南，後漢亦稱南平棘。光武建武元年行到南平棘是也。舊志或謂平棘在棘蒲南，後移治棘蒲，故以平棘爲南平棘也」。

〔三六〕【補注】先謙曰：春秋晉地，齊取之，見左哀傳。戰國分屬趙、中山，趙武靈王併取之，見趙世家。燕栗腹來攻，廉頗破之，見燕世家。奉魏公子無忌爲湯沐邑，見信陵君傳。武帝封趙敬肅王子舟爲侯國，見表。

〔三七〕師古曰：鄗音呼各反。【補注】王念孫曰：後漢所改郡縣，皆班志所不載。「世祖」以下八字，非班氏原文，蓋應劭注語也。且當在「莽曰禾成亭」之下，今則前後倒置，又脫「應劭曰」三字矣。攷後漢所改郡縣，如河東郡彘縣，順帝改曰永安；河内郡隆慮，避殤帝名，改曰林慮；東郡觀縣，世祖更名衞國，以封周後；清縣，章帝更名樂平；壽良，世祖叔父名，改曰壽張；汝南郡寑縣，世祖更名固始；新郪，章帝封殷後，更名宋；山陽郡胡陵，章帝封東平王蒼子爲侯國，更名胡陸；沛郡敬丘，明帝更名大丘；芒縣，世祖更名臨淮；清河郡厝縣，安帝以孝德皇后葬於厝，改曰甘陵；勃海郡千童，靈帝改曰饒安；平原郡富平，明帝更名厭次；千乘郡，和帝更名樂安；狄縣，安帝更名臨濟；武陵郡索縣，順帝更名漢壽；中山國苦陘，章帝更名漢昌；安險，章帝更名安憙；信都國，明帝更名樂安，安帝改曰安平；梁國甾縣，章帝改曰考城。以上二十條，皆是應注，則鄗之更名高邑，亦是應注明矣。又天水郡下云「明帝改曰漢陽」，「明帝」上亦當有「應劭曰」三字。先謙曰：官本「世」作「高」，引宋祁曰「高祖當作世祖」。續志「有千秋亭、五成陌，光武即位於此」。一統志「故城今柏鄉縣北」。

〔三八〕【補注】先謙曰：趙頃王子説國，宣帝封。

〔三九〕【補注】先謙曰：續志後漢省。濁漳水注「緜蔓水自真定緜蔓來，東逕樂陽縣故城西，右合井陘山水，又屈從城南，俗名曰臨清城，非也。緜蔓水下入真定藁城。井陘山水出井陘山，世謂之鹿泉水，東北流逕陳餘壘西，又屈逕壘南，又南逕城西，東注緜蔓水」。一統志「故城今獲鹿縣東北」。

〔四〇〕【補注】錢坫曰：秦本紀云「沙丘平臺是也」。

〔四一〕【補注】先謙曰：史玄國，宣帝封。

〔四二〕【補注】先謙曰：續志後漢省。

〔四三〕【補注】先謙曰：趙頃王子景國，宣帝封。

〔四四〕【補注】先謙曰：後漢因。續志「有鐵」。

〔四五〕【補注】先謙曰：戰國趙地，惠文王城之，見世家。

〔四六〕【補注】先謙曰：説文「滋水出牛飲山白陘谷，東入呼沱」。王念孫云：作「白陘」是也。爾雅「山絶陘」，攷河北八陘有白陘之目。見元和志引述征記。與此白陘谷義相近也。若作「白陸谷」，則義無所取。蓋俗書「陘」字作「陉」，與「陸」相似而誤。先謙案：新市，鉅鹿縣。山海經「高足之山，滋水出焉」，蓋異名也。一統志「牛飲山在箕山之西」。元和志「滋水出靈丘縣西南，與高足山連麓接勢，其水懸河百丈，湍激之聲，震動山谷。樵木之士，咸由此渡，巨木淪胥，久乃方出，或落崖谷，無不粉碎」。水道提綱「滋水出山西五臺縣東界烏牛山，東穿長城，逕平山縣西北山中，又東南經靈壽縣北，行唐縣南，又東歷正定、藁城二縣北，無極縣南，折而東北，經晉州西北，深澤縣北，祁州東南，合沙河入唐河，不入虖沱」。

〔四七〕【補注】先謙曰：後漢因。續志有石臼谷。一統志「故城今行唐縣北」。

清河郡，〔一〕高帝置。〔二〕莽曰平河，屬冀州。〔三〕户二十萬一千七百七十四，口八十七萬五千四百二十二。〔四〕縣十四：〔五〕清陽，王都。〔六〕東武城，〔七〕繹幕，〔八〕靈，〔九〕河水別出爲鳴犢河，東北至蓨入屯氏河，〔一〇〕莽曰播。〔一一〕厝，莽曰厝治。〔一二〕鄃，〔一三〕莽曰善陸。〔一四〕貝丘，都尉治。〔一五〕信成，〔一六〕張甲河首受屯氏別河，東北至蓨入漳水。〔一七〕𢃇題，〔一八〕東陽，〔一九〕侯國。〔二〇〕莽曰胥陵。〔二一〕信鄉，侯國。〔二二〕繚，〔二三〕棗彊，〔二四〕復陽。〔二五〕莽曰樂歲。〔二六〕

〔一〕【補注】先謙曰：清河即淇水也。據淇水注，郡治清陽。續志後漢治甘陵。劉注「雒陽北千二百八十里」。

〔二〕【補注】全祖望曰：故屬秦鉅鹿郡，高帝分置，仍屬趙國。景帝中三年別爲清河國。武帝建元六年復故，元鼎三年復爲國。宣帝地節四年復故。元帝初元二年復爲國，永光元年復故。平帝元始二年，莽又分清河地爲廣宗國，其郡如故。志無廣宗縣，蓋莽分置也。其地當在清河。續志鉅鹿郡有廣宗縣也。

〔三〕【補注】先謙曰：續志後漢爲清河國。桓帝改甘陵，屬同。

〔四〕【補注】朱一新曰：汪本作「二十一」。

〔五〕【補注】先謙曰：見王子侯表者，有修故、轑陽二縣無考。郡人胡常、張禹，見儒林傳。

〔六〕【補注】錢大昕曰：漢志言王都者，惟清河之清陽，信都之信都。若泰山之盧，則云濟北王都；江夏之邾，則云衡山王吳芮都。以郡與國不同名也。廣陵之廣陵，則云江都易王非、廣陵厲王胥，皆都此。此外無言王都者。淮南王安都壽春，則朱贛言風俗及之。先謙曰：續志後漢省。淇水注「清河自信成來，東北逕清陽縣故城西，下入東武城」。又河水注「屯氏別河枝津自信成來，東逕清陽縣故城南，清河郡北，魏自清陽徙置。下入東武城。屯氏別河自信成來，東北逕清河郡南，又東北逕清河故城西，此別一城。高帝封王吸爲侯國。別河下入繹幕」。一統志「故城今清河縣東」。

〔七〕【補注】先謙曰：戰國平原君趙勝封此，見列傳。續志後漢因。淇水注「清河自清陽來，東北逕陵鄉西。應劭云『東武城西南七十里有陵鄉，後漢侯城縣治。又逕東武城西，定襄有武城，故加東矣。』下入復陽」。又河水注「屯氏別河枝津自清陽來，東北逕陵鄉南，又逕東武城縣故城南，下入東陽」。一統志「故城今武城縣西」。

〔八〕應劭曰：繹音亦。師古曰：本音弋尺反。【補注】先謙曰：續志後漢因。河水注「王莽河故瀆自平原平原來，北逕繹幕縣故城東北，下入平原鬲。屯氏別河自清陽來，東北逕繹幕縣南，分爲二瀆：北瀆東逕繹幕縣故城南，而東絶大河故瀆，下入平原。南瀆亦下入平原」。一統志「故城今平原縣西北」。

〔九〕【補注】先謙曰：通鑑胡注「靈縣殆即衛之靈丘」。

〔一〇〕【補注】先謙曰：蓨，信都縣。溝洫志「元帝元光五年，河決清河靈鳴犢口，而屯氏河絶」。靈鳴犢口在清河東界。

河水注「王莽河故瀆自厝來，東北逕靈縣故城南，河水於縣別出爲鳴犢河。王莽河故瀆下入鄃。屯氏河故瀆自厝來，東逕靈縣北，下入鄃鳴犢河。故瀆上承王莽河故瀆於靈縣南。地理志曰『河水自靈縣別出爲鳴犢河』者也。東北逕靈縣，東下入鄃」。案鳴犢河不至蓚，說詳鄃下。一統志「鳴犢河故瀆在景州西南」。

〔一一〕師古曰：蓚音條。其下亦同。【補注】先謙曰：河水注作「播亭」，此奪文。後漢因。續志「和帝永元九年復」。一統志「故城今高唐州西南，與博平縣接界」。

〔一二〕應劭曰：安帝以孝德皇后葬於厝，改曰甘陵也。師古曰：音趨亦反。【補注】段玉裁曰：謂孝德皇、孝德后同葬於厝也。先謙曰：續志「甘陵故厝，安帝更名」。河水注「王莽河故瀆自貝丘來，東逕厝縣故城南，是周之甘泉市地也，故瀆下入靈。屯氏河故瀆自信鄉來，東逕厝縣故城北，下入靈」。一統志「故城今清平縣南」。

〔一三〕【補注】先謙曰：鄃居河北，見河渠書。呂后封呂它，景帝封欒布爲侯國。表作「俞」，字通。

〔一四〕師古曰：音輸。【補注】先謙曰：續志後漢因。河水注「王莽河故瀆自靈來，東逕鄃縣故城東，下入平原平原。屯氏河故瀆自靈來，東北逕鄃縣，與鳴犢河合。鳴犢河故瀆自靈來，東入鄃縣，而北合屯氏瀆。屯氏瀆兼鳴犢之稱也。屯氏故瀆止此。又逕鄃縣故城北，東北合王莽河故瀆，謂之鳴犢口。十三州志云『鳴犢口東北至蓚入屯氏』。考瀆則不至也」。鳴犢河止此。一統志「故城今平原縣西南，隋改置於夏津，非漢舊」。

〔一五〕應劭曰：左氏傳「齊襄公田于貝丘」是。【補注】先謙曰：亦作「浿丘」。楚世家云「夕發浿丘也」。續志後漢因。河水注「王莽河故瀆自東郡發干來，東逕貝丘縣故城南。應劭云『齊襄所田也』。余案京相璠、杜預並言在博昌，郡國志所謂貝中聚也。應注於此事近違矣。故瀆下入厝」。一統志「故城今清平縣西南冠縣，半入貝丘境」。

〔一六〕【補注】先謙曰：高帝時，宣義先爲信成侯，見表。續志後漢省。淇水注「清河自信鄉來，東北逕信成縣故城西。應劭云『甘陵西北五十里有信成亭，故縣也』。趙置水東縣於此，故亦曰水東城。清河下入清陽」。案，據應說，縣併入厝。一統志「故城今清河縣西北」。

〔一七〕【補注】先謙曰：河水注「屯氏別河故瀆自魏郡館陶來，又東北逕信成縣，張甲河水出焉。地理志『張甲河首受屯氏別河於信成縣』者也。屯氏別河又東，枝津出焉。屯氏別河下入厝。枝津東逕信成縣故城南，下入清陽。張甲河故瀆下入鉅鹿堂陽」。

〔一八〕師古曰：⿱沙心，古莎字。【補注】王念孫曰：廣韻、集韻亦作「⿱沙心」。王引之曰：字從心聲者，不得有莎音，「⿱沙心」當為「⿱艸疋」。說文：「沙或作『⿰氵疋』。」故⿱艸⿰氵疋從沙聲而或作「⿱艸⿰氵疋」。今作「⿱艸疋」者，⿱艸⿰氵疋之省文也。隸書「心」字作「⺗」，與「𣥂」相似而誤。⺗，少也，讀若輟。錢大昕曰：說文無「⿱沙心」字，當是「惢」之譌。說文「惢，心疑也，讀若易旅瑣瑣」，莎與瑣音相近。先謙曰：續志後漢省。寰宇記云「地理書並失其所在，郡國縣道記云『在貝、德、冀三州之界』，蓋即今棗彊地也」。

〔一九〕【補注】先謙曰：春秋東陽，晉之山東境，見左襄、昭傳。戰國屬趙，國策所謂「絶趙之東陽」也。惠文王之東陽，決河水伐魏，見趙世家。

〔二〇〕【補注】先謙曰：張相如國，高帝封。清河綱王子弘，宣帝封。

〔二一〕【補注】先謙曰：續志後漢省。河水注「屯氏別河枝津自東武城來，東北逕東陽縣故城南，俗謂之高黎郭，非也。應劭云『東武城東北三十里，有陽鄉故縣』也。又東散絶，無復津逕」。案據應説，縣併入東武城。一統志「故城今恩縣西北六十里衞河南岸」。

〔二二〕孟康曰：順帝更名安平。【補注】先謙曰：清河綱王子豹國，宣帝封。東平煬王子鯉，平帝封。表作「新鄉」，古字通。續志「安平國安平縣，故屬涿」。信鄉所改之安平，不見於續志，蓋後省。河水注「屯氏河故瀆自魏館陶來，東逕信鄉縣故城南。應劭云『甘陵西北十七里有信鄉故縣』也。屯氏河故瀆下入厝」。案據應説，縣併入厝。又淇水注「清河自魏郡清淵來，東北逕信鄉西，下入信成」。一統志「故城今夏津縣西」。

〔一三〕師古曰：音良笑反。【補注】先謙曰：續志後漢省。濁漳水注「絳水故瀆自信都南宮來，東南逕繚縣故城北。十三州志云『經縣東五十里有繚城，故縣也』」。絳水故瀆下入信都信都」。又河水注「張甲河左瀆自鉅鹿堂陽所分之經縣來，北逕繚城西，下入信都南宮」。一統志「故城今南宮縣東南二十六里」。

〔一四〕【補注】先謙曰：武帝封廣川惠王子晏爲侯國，見表。續志後漢省。西南有煮棗城，見寰宇記。河水注「張甲河右瀆自鉅鹿堂陽來，東北逕長樂郡晉太康置。棗彊縣故城東，下入信都廣川」。又淇水注「清河自復陽來，東北逕棗彊縣故城西，應劭云『東武城縣西北五十里有棗彊城，故縣也』」。清河下入信都廣川」。案據應說，縣併入東武城。一統志「故城今棗彊縣東南」。

〔一五〕【補注】先謙曰：高帝封陳胥爲侯國，見表。

〔一六〕應劭曰：音腹。【補注】先謙曰：續志後漢省。淇水注「清河自東武城來，東北逕復陽縣故城西，應劭云『東武城西北三十里有復陽亭，故縣』也。世名之曰檻城，非也。清河下入棗彊」。案據應說，縣併入東武城。一統志「故城今武城縣東北」。

涿郡，〔一〕高帝置。〔二〕莽曰垣翰。屬幽州。〔三〕户十九萬五千六百七，口七十八萬二千七百六十四。有鐵官。〔四〕縣二十九：〔五〕涿，〔六〕桃水受首淶水，分東至安次入河。〔七〕迺，〔八〕莽曰迺屏。〔九〕穀丘，〔一〇〕故安，〔一一〕閻鄉，易水所出，東至范陽入濡也，并州寖。〔一二〕水亦至范陽入淶。〔一三〕南深澤，〔一四〕范陽，〔一五〕莽曰順陰。〔一六〕蠡吾，〔一七〕容城，〔一八〕莽曰深澤。〔一九〕易，〔二〇〕廣望，侯國。〔二一〕鄚，〔二二〕莽曰言符。〔二三〕高陽，〔二四〕莽曰高亭。〔二五〕州鄉，侯國。〔二六〕安平，都尉治。莽曰廣望亭。〔二七〕樊輿，侯國。〔二八〕莽曰握符。〔二九〕成，侯國。〔三〇〕莽曰宜家。〔三一〕良鄉，侯國。〔三二〕垣水南東至陽鄉入桃。〔三三〕莽曰廣陽。〔三四〕利鄉，侯國。〔三五〕莽曰章符。〔三六〕臨鄉，〔三七〕侯國。〔三八〕益昌，侯國。〔三九〕莽曰有秩。〔四〇〕陽鄉，侯國。〔四一〕莽曰章武。〔四二〕西鄉，侯國。〔四三〕莽曰移風。〔四四〕饒陽，〔四五〕中水，〔四六〕武垣，莽曰垣翰亭。〔四七〕阿陵，〔四八〕莽曰阿陸。〔四九〕阿武，侯國。〔五〇〕高郭，侯國。〔五一〕莽曰廣隄。〔五二〕新昌。侯國。〔五三〕

〔一〕【補注】閻若璩曰：郡治涿縣，以酷吏傳知之。先謙曰：續志後漢治同。劉注「雒陽東北千八百里」。

〔二〕【補注】先謙曰：聖水注「高祖六年分燕置」。全祖望云：故屬秦漁陽郡。楚漢之際屬燕國，高帝分置，仍屬燕。武帝元朔二年復故，元狩三年復屬燕，昭帝元鳳元年復故。

〔三〕【補注】先謙曰：續志後漢因，屬同。

〔四〕【補注】先謙曰：鐵官亦見五行志。

〔五〕【補注】先謙曰：見侯表者，有柳宿、曲成、陽興三縣無考。郡人韓生，見儒林傳。

〔六〕【補注】先謙曰：續志後漢因。聖水注「涿縣，莽更名垣翰」。趙一清云：漢志涿郡，莽改垣翰，而縣無說。此當是垣翰亭，落「亭」字，志亦闕此文。先謙案：郡曰垣翰，武垣曰垣翰亭，無涿縣復名垣翰之理。此道元誤郡爲縣耳。一統志「故城今涿州治」。

〔七〕應劭曰：涿水出上谷涿鹿縣。師古曰：淶音來。【補注】先謙曰：「受首」當作「首受」，官本不誤。安次，勃海縣。入河者，入聖水以入巨馬河也。聖水注「桃水自遒來，東逕涿縣故城，下合涿水，又逕涿縣故城北，又東北合垣水，下入陽鄉。涿水出涿縣故城西南奇溝東八里大坎下，數泉同發，東北合樂堆泉水，又逕涿縣故城西，入桃水。應劭云『南有涿水，郡蓋氏焉』。今於涿城南無水以應之，惟西南有是水矣。應劭又云『涿水出上谷涿鹿縣』。余案涿水自涿鹿東注灅水，灅水東南逕廣陽郡與涿郡分水。涿之爲名，當受涿水通稱，故郡縣氏之。但物理潛通，所在分發，故在匈奴爲涿耶水，山川阻闊，並無沿注之理也。垣水自武垣來，東逕涿縣北，入桃水。故應劭曰『垣水東入桃』。闞駰云『至陽鄉注之』。余案經脈而不能屆也」。先謙案：本志「良鄉」下云「垣水至陽縣入桃」，道元引駁闞說，意不欲與班相違也。又云「聖水自良鄉來，自涿縣東合桃水，下入陽鄉」。又巨馬水注「督亢溝水自逎來，東逕涿縣酈亭樓桑里南，又東逕督亢澤。見廣陽方城。其水自澤枝分者，東逕涿縣故城南，又散爲澤渚，北屈注桃水。督亢水又南，爲白溝水，合巨馬枝溝，南入巨馬河」。

〔八〕【補注】先謙曰：景帝封匈奴降王陸彊爲侯國，見表。

〔九〕師古曰：逎古遒字，音字由反。【補注】先謙曰：續志後漢因。說文「逎」作「遒」。巨馬水注「淶水自代廣昌來，分爲二，東逕徐城北，故瀆出焉，世謂之沙溝水。南北沙溝即桃水、垣水所分。又東，督亢溝出焉。一東南流，即督亢溝；一西南出，即淶水故瀆。水盛則長津宏注，水耗則通波潛伏，其水於逎縣北垂重源再發，結爲長潭，控引衆水，自成淵渚。長川漫下十許里，東南逕逎縣故城東，謂之巨馬河，亦曰渠水也，下入范陽。督亢溝水上承淶水於淶谷，東南流逕逎縣北，下入涿。又於逎縣東東南流，分爲酈亭溝，下入容城」。又聖水注「桃水自良鄉來，東逕逎縣北，下入涿。鳴澤渚方十五里，武帝行幸鳴澤者也。服虔云『澤在逎縣北界』，下合獨樹水、甘泉水，見良鄉。東出爲洛水，下入西鄉。獨樹水出逎縣北山，東入鳴澤渚」。又易水注「渾塘溝水出逎縣西白馬山南溪中，東南入濡。白楊水出逎縣西山白楊嶺下，東南入濡。並見故安。檀水出逎縣西北檀山，西南合石泉水，有并溝之稱。下入故安」。一統志「故城今淶水縣北，拒馬河西北二里周城灣」。

〔一〇〕【補注】先謙曰：續志後漢省。一統志「故城今安平縣西南十五里角丘社」。「穀」、「角」音轉字變。

〔一一〕【補注】先謙曰：文帝封申屠嘉爲侯國，見表。後漢因。續志「雹水出」，劉注「永元十五年復置縣鐵官」，蓋即郡下鐵官，前漢在此也。一統志「故城今易州東南」。

〔一二〕【補注】王念孫曰：「也」字涉注文「入淶也」而衍。先謙曰：易水篇「易水出閻鄉西山」。注云「出西山寬中谷，東合子莊溪水、女思谷水、樊石山水，見代廣昌。東歷燕長城，又逕武陽城南。易水自寬中谷歷武夫關東出，是兼武水之稱，故燕之下都擅武陽之名。左合濡水枝津故瀆。武陽大城東南小城，即故安縣故城也，城東西二里，南北一里半。高誘云『易水逕故安南城外，東流，即斯水也』。世又謂易水爲故安河。武陽，蓋燕昭王所城，東西二十里，南北十七里。易水下入范陽」。先謙案，此爲北易，今曰中易水。注又云「易水自代廣昌來，合岀水同注，俗謂之雹河。郡國志云『雹水出故安縣，又東逕孔山北，又逕西故安城南，即閻鄉城也』。下入河間武隧」。先謙案，此爲南易水。注云「二易同出一鄉，同入濡水」也。

〔一三〕師古曰：言易水又至范陽入淶也。濡音乃官反。【補注】王念孫曰：「水」上脫「濡」字。此承上文而言，言易水至范陽入濡，濡水亦至范陽入淶也。說文「濡水出涿郡故安，東入淶」。今本「淶」字譌作「漆」、「涑」二字。據一切經音義六引改。師古所見本已脫「濡」字，乃曲爲之說，謬矣。又案「遼西郡肥如」下云「濡水南入海」，今本「海」下衍「陽」字，辨見後「海陽」下。此「濡」字音乃官反。水經濡水注所謂「濡」、「難」聲相近者也。此云「易水至范陽入濡」，濡音而于反。昭七年左傳「盟於濡上」是也。而師古曰「濡音乃官反」，則又誤以涿郡之濡爲遼西之濡矣。又案遼西之濡，字本作「渜」，說見後「洫水」下。先謙曰：易水注「濡水出故安縣西北窮獨山南谷，東流，合源泉水，又逕武陽城西北舊堨。濡水枝流南入城，其水之故瀆南出東轉，分爲二：一逕故安城西，側城南注易水；一東出注金臺陂，又北合渾塘溝水，又東合白楊水、並見逎。檀水，下入容城。檀水自逎來，東南流，歷故安縣北入濡」。案此爲北濡，今名北易水。注又云「闞駰云『濡水合渠』，許慎云『濡水入淶』。淶、渠二號，即巨馬之異名也。南濡入滱水」。

〔一四〕【補注】錢大昕曰：中山有深澤縣，故云「南」以別之。元和志「定州深澤縣本漢南深澤縣，以涿郡有深澤縣，故此加『南』以別之」。然則中山之深澤有南字，涿郡之深澤無南字矣。與今本互異。以里望準之，中山實在涿郡之南，然續志「安平國南深澤」云「故屬涿」。似今本元不誤。先謙曰：紀要「故城今深澤縣東南三十五里」。十道志

「漢置深澤縣，屬中山國，今縣治是也。又於虖沱河南置南深澤，屬涿郡。後漢廢深澤縣，而南深澤如故。後魏改爲深澤縣，北齊廢。隋復置於虖沱河北，即漢故深澤縣，而南深澤遂廢」。

〔一五〕【補注】先謙曰：秦縣。蒯通縣人，説令降，見張耳陳餘傳。景帝封匈奴降王代爲侯國，見表。

〔一六〕應劭曰：在范水之陽。【補注】先謙曰：續志後漢因。巨馬水注「淶水自逎來，東南逕范陽縣故城北，合易水，下入容城」。又易水注「南易水自河閒武隧來，東分爲梁門陂水，上承易水於梁門，東入長城，東北入陂。陂水北接范陽陂，陂在縣城西十里，方十五里。陂水南通梁門淀，方三里。淀水東南出長城，注易，謂之范水。易水自下有范水通目。又東逕范陽縣故城南，即應劭所謂『范水之陽』也。易水下入樊輿」。又易水注「北易水自固安來，東逕范陽縣故城南，下入容城」。一統志「故城今定興縣南四十里故城鎮」。

〔一七〕師古曰：蠡音禮。【補注】先謙曰：縣故屬河閒，縣人趙廣漢、王商，見本傳。續志後漢改屬中山。滱水注「滱水自中山安國來，東北逕蠡吾縣故城南。應劭云『縣故饒陽之下鄉也』。滱水下入中山陸成」。一統志「故城今博野縣西南」。

〔一八〕【補注】先謙曰：景帝封匈奴降王徐盧爲侯國，見表。

〔一九〕【補注】先謙曰：續志後漢省。巨馬水注「淶水自范陽來，東合酈亭溝水，又逕容城縣故城北，合督亢溝水，下入益昌。酈亭溝水自逎來，西南轉歷大利亭南，入巨馬水」。又易水注「濡水自故安來，東南流，於容城縣西北、大利亭東南，合易水，南注巨馬水」。先謙案，本志故安下易水，東至范陽入濡，而注在容城者，疆土錯入也。易水注又云「北易水與諸水互攝通稱，東逕容城縣故城北，渾濤東注，下入勃海東平舒。南易水自樊輿來，東逕容城縣故城南，又合埿水，逕渾埿城，南合滱水。自下滱、易互受通稱。南易水下入易縣。埿水上承梁門陂、范陽陂於容城縣東南，謂之大埿淀、小埿淀，南至埿洞口入南易」。一統志「故城今容城縣北十五里城子(材)〔村〕」。

〔二〇〕【補注】先謙曰：戰國趙地，惠文王與燕，見趙世家。周勃破臧荼於此，見勃傳。景帝封匈奴降王僕黚爲侯國，見表。續志後漢改屬河閒。易水注「南易水自容城來，東逕易縣故城南。燕文公徙易，即此。南易水下入勃海安次」。一統志「故城今雄縣西北十五里太平社」。

〔二一〕【補注】先謙曰：中山靖王子忠國，武帝封。續志後漢省。滱水注「博水自中山曲逆來，東逕白隄亭南，又逕廣望縣故城北，合堀溝水、南濡水，下入高陽。堀溝水上承清梁陂，又北逕清涼城東，即將梁也。武帝封中山靖王子朝平爲侯國。其水東北入博水」。一統志「故城今清苑縣東南四十里王莽城」，蓋音轉字變。

〔二二〕【補注】先謙曰：戰國趙地。惠文王與燕，見趙世家。舊屬勃海。扁鵲，縣人，見列傳。宣帝封高郭侯霸弟異衆爲侯國，見表。

〔二三〕應劭曰：音莫。【補注】先謙曰：續志後漢改屬河閒。易水注「南易水自勃海安次來，逕鄚縣故城北，下入勃海文安」。一統志「故城今任丘縣北」。先謙案，北音呼「鄚」爲「帽」。

〔二四〕【補注】先謙曰：趙策燕封榮蚠爲高陽君。縣人王尊，見本傳。

〔二五〕應劭曰：在高河之陽。【補注】先謙曰：後漢改屬河閒。續志「有葛城」。滱水注「徐水自樊輿來，入博水。地理志曰『徐水出北平，東至高陽入博』。博水自廣望來，東入滱。地理志曰『博水自望都東至高陽入滱』是也」。先謙案：今志「入滱」作「入河」，據注知其誤也。「滱水自中山陸成來，又北，左會博水，又東北，逕依城北，世謂之依城河。地說無依城之名，即古葛城，燕以與趙者也。滱水下入阿陵」。先謙案，葛城亦名西阿城，趙世家「與燕會阿」也。一統志「故城今高陽縣東」。

〔二六〕【補注】先謙曰：河閒獻王子禁國，武帝封。唐志「河閒，漢州鄉縣，武帝得鉤弋夫人於此」。續志後漢省。一統志「故城今河閒縣東北四十里」。寰宇記「後漢省入武垣」。

〔二七〕【補注】先謙曰：續志後漢改屬安平。一統志「故城今安平縣治」。

〔二八〕【補注】先謙曰：中山靖王子脩國，武帝封。

〔二九〕【補注】先謙曰：續志後漢省。易水注「南易水自范陽來，東逕樊輿縣故城北。應劭云『北新成東二十里有樊輿亭，故縣』也。易水下入容城」。案據應說，縣併入北新成。又滱水注「徐水自中山北平來，東南逕故城北，俗謂之祭隅城，所未詳也。徐水下入高陽」。趙一清云：寰宇記引輿地志云「樊輿城西南隅有聖女祠，女姓薛，字義姜，鉅鹿人，嫁爲樊輿王文妻，死於此城之隅，就而祭之，俗名祭隅城」。然則是城即樊輿縣之故城也，得樂氏之書，其義始明。先謙案，道元於易水注中明載縣城，何至於斯忽有未達。坿記於此，聊廣異聞。一統志「故城今清苑縣東南」。據水經注，城在北新成東，容城西，應在今清苑縣東北安肅縣界，與寰宇記不合。

〔三〇〕【補注】先謙曰：董濮國，高帝封。據史索隱。中山康王子喜，昭帝封。

〔三一〕【補注】先謙曰：續志後漢省。

〔三二〕【補注】先謙曰：趙共王子交國，成帝封。表作「梁鄉」。

〔三三〕【補注】王念孫曰：「南東」當作「東南」。先謙曰：聖水注「垣水上承淶水，於良鄉縣分桃水，世謂之白沙溝，下入武垣」。又云「桃水首受淶水，於徐城東南、良鄉西分垣水，世謂之南沙溝，即桃水也。下入遒」。先謙案：桃水，志繫「涿」下。

〔三四〕【補注】先謙曰：續志後漢因。聖水注「聖水自上谷郡來，南逕良鄉縣故城西，合防水、樂水，東逕縣故城南，合俠河，下入涿。防水、樂水並出縣西北大防山，南入聖水。俠河水出縣西甘泉原東谷，下入西鄉。又自西鄉來，東逕良鄉縣城南，入聖水。甘泉水出良鄉西山，下入西鄉」。又灅水注「灅水自上谷沮陽來，東南逕良鄉縣北界，歷梁山南，高梁水出焉。灅水下入廣陽廣陽」。又鮑丘水注「高梁水首受灅水於戾陵堰，水北有梁山，山有燕(剌)〔刺〕王旦之陵，故以戾陵名堰。水流逕梁山南，下入廣陽薊」。一統志「故城今房山縣東涿州北四十里」。

〔三五〕【補注】先謙曰：中山頃王子安國，宣帝封。

〔三六〕【補注】先謙曰：續志後漢省。

〔三七〕【補注】先謙曰：趙世家「孝成王與燕臨樂」，徐廣以爲即臨鄉，續志劉注同。

〔三八〕【補注】先謙曰：廣陽頃王子雲國，元帝封。續志後漢省。「方城」下云「有臨鄉故縣」，據此知併入方城，志屬廣陽。與下引應注合。巨馬水注「護淀水上承護陂於臨鄉縣故城西，東南流，逕臨鄉城南。應劭云『方城南十里有臨鄉城故縣』也。淀水下入益昌」。一統志「故城今固安縣南」。

〔三九〕【補注】先謙曰：廣陽頃王子嬰國，元帝封。

〔四〇〕【補注】宋祁曰：作「有杖」。錢坫曰：「袟」即「袠」字。水經注作「秩」。先謙曰：續志後漢省。巨馬水注「巨馬水自容城來，東南逕益昌縣，合護淀水，又東逕益昌縣故城南。應劭云『方城縣東八十里有益昌城，故縣』也。巨馬水下入勃海東平舒。護淀水自臨鄉來，東南逕益昌縣故城西，入巨馬水」。案，據應説，縣併入方城。一統志「故城今霸州東北」。

〔四一〕【補注】先謙曰：廣陽頃王子發國，元帝封。

〔四二〕【補注】先謙曰：續志後漢省。聖水注「聖水自涿來，合廣陽水，東南逕陽鄉城西，城故涿之陽亭也。應劭云『涿縣東五十里有陽鄉亭，後分爲縣，即長鄉縣也』。案太康地記，涿有長鄉，而無陽鄉矣。聖水下入廣陽方城。桃水自涿來，東逕陽鄉入聖水。廣陽水自廣陽廣陽來，東南至陽鄉縣入聖水」。一統志「故城今固安縣西北」。

〔四三〕【補注】先謙曰：廣陽頃王子容國，元帝封。

〔四四〕【補注】先謙曰：續志後漢省。聖水注「甘泉水自良鄉來，東南逕西鄉城西，南入鳴澤渚。鳴澤渚水自迺來，爲洛水，東逕西鄉城南，下入武垣。俠河水自良鄉來，東逕西鄉縣故城北，世謂之都鄉城，非也。下仍入良鄉」。一統志「故城今涿州西北」。

〔四五〕應劭曰：在饒河之陽。【補注】先謙曰：趙世家「悼襄王封長安君以饒」。徐廣以爲斯縣後漢改屬安平。續志「故名饒，有無蔞亭」。濁漳水注「白馬河水自信都樂鄉來，東逕饒陽縣南，下入河閒武隧」。一統志「故城今饒陽縣東。饒河在縣西南，舊志：本虖沱支流，昔北入易水，今湮」。

〔四六〕應劭曰：在易、滱二水之間，故曰中水。【補注】汪士鐸曰：據後漢孝明八王傳注，在樂壽縣西北。則滱、虖池二水之中，非易、滱二水之中也。先謙曰：高帝封呂馬童爲侯國，見表。續志後漢改屬河間。一統志「故城今獻縣西」。

〔四七〕應劭曰：垣水出良鄉，東入桃。【補注】先謙曰：戰國趙地，秦圍之。見趙世家。曹參追魏王豹至此，見本傳。聖水注「垣水自良鄉來，東逕垣縣故城北，案「垣」上脱「武」字。王莽之垣翰亭矣。世謂之頃城，非也。世名之頃前河。合洛水，下入涿。洛水自西鄉來，東逕垣縣案「垣」上亦脱「武」字。而南入洹水」。續志後漢改屬河間。一統志「故城今河間縣西南三十五里。內外二城，外城周四十里，內城十六里。俗名元城遺址」。

〔四八〕【補注】先謙曰：高帝封郭亭爲侯國，見表。

〔四九〕【補注】先謙曰：續志後漢省。滱水注「滱水自高陽來，東北逕阿陵縣故城東，又至長城，入南易水」。寰宇記「故城今任丘縣東北」。舊志「今其地皆爲水鄉」。

〔五〇〕【補注】先謙曰：河間獻王子豫國，武帝封。續志後漢省。一統志「故城今獻縣西北」。

〔五一〕【補注】先謙曰：河間獻王子賢國，宣帝封。

〔五二〕【補注】先謙曰：續志後漢省。一統志「故城今任丘縣西十七里」。

〔五三〕【補注】先謙曰：燕刺王子慶國，宣帝封。續志後漢省。一統志「故城今新城縣東三十里」。

勃海郡，〔一〕高帝置。〔二〕莽曰迎河。〔三〕屬幽州。〔四〕户二十五萬六千三百七十七，口九十萬五千一百一十九。縣二十六：〔五〕浮陽，莽曰浮城。〔六〕陽信，〔七〕東光，有胡蘇亭。〔八〕阜城，莽曰吾城。〔九〕千童，〔一〇〕重合，〔一一〕南皮，〔一二〕莽曰迎河亭。〔一三〕定，侯國。〔一四〕章武，有鹽官。〔一五〕莽曰桓章。〔一六〕中邑，〔一七〕莽曰檢陰。〔一八〕高成，都尉治。〔一九〕高樂，〔二〇〕莽曰爲鄉。〔二一〕參戶，〔二二〕侯國。〔二三〕成平，〔二四〕虖池河，民曰徒駭河。〔二五〕莽曰澤亭。〔二六〕柳，侯國。〔二七〕臨樂，〔二八〕侯國。〔二九〕莽曰樂亭。〔三〇〕東平舒，〔三一〕重平，〔三二〕安次，〔三三〕脩市，侯國。〔三四〕莽曰居寧。〔三五〕文安，〔三六〕景成，侯國。〔三七〕東州，〔三八〕建成，〔三九〕章鄉，侯國。〔四〇〕蒲領，侯國。〔四一〕

〔一〕【補注】先謙曰：說文「郣」下云「郣海地。一曰地之起者曰郣」。「渤」下云「渤，澥之别也」。史索隱引崔浩云「勃，旁跌也。旁跌出者横在齊北，故齊都賦云『海旁出爲勃，名曰勃海郡』」。與說文海之别義合。封禪書作「渤海」，本書武紀作「浡海」，揚雄傳作「勃澥」，轉寫互異。閻若璩云「郡治浮陽，見舊唐志」。先謙案：續志後漢治南皮。劉注「雒陽北千六百里」。

〔二〕【補注】全祖望曰：故屬秦鉅鹿郡，高帝分置，仍屬趙國。景帝後以支郡收，武帝元狩三年屬燕國，昭帝元鳳元年復故。

〔三〕【補注】先謙曰：「迎」、「逆」義同，今文尚書作「迎河」，莽用今文也。

〔四〕師古曰：在勃海之濱，因以爲名。【補注】先謙曰：續志後漢因，改屬冀州。

〔五〕【補注】先謙曰：見侯表者，有廣山、沈陽、荻、苴四縣無考。郡人雋不疑，見本傳。

〔六〕【補注】先謙曰：續志後漢因。淇水注「清河自南皮來，東南分爲二瀆，枝分東出，謂之浮水故瀆。清河又北逕浮陽縣故城西，又東北，滹沱别瀆注焉，謂之合口。下入章武。浮水故瀆者，史記趙之南界，有浮水焉。浮水在南，而此有浮陽之稱者，浮水出入津流，同逆混并清漳二瀆河之舊道，浮水故跡又自斯别，是縣有浮陽之名也。首受清河於縣界，下入高成。應劭云『浮陽縣浮水所出入，海潮汐往來日再』。今溝無復有水也」。又濁漳水注「衡漳自南皮來，東北逕浮陽縣西，下入章武」。一統志「故城今滄州東南四十里卧牛城，浮河在州東南」。

〔七〕【補注】先謙曰：文帝封劉揭爲侯國，見表。武帝姊長公主邑，見衛青傳。後漢因。續志「延光元年復」。河水注「屯氏別河北瀆自定來，東入陽信縣，今無水。又東爲咸河，東北流，逕陽信縣故城北，東入海。屯氏別河南瀆即篤馬河，自平原樂陵來，東北逕陽信縣故城南，入海」。先謙案，本志「平原平原」下「篤馬河東北入海」者也。一統志「故城今陽信縣南海豐縣界」。

〔八〕【補注】先謙曰：續志後漢因。本志「河閒樂城」下云「虖池別水首受虖池河，至縣入虖池」也。河水注「王莽河故瀆自平原安來，東北至東光縣故城西，而北與漳水合」。又淇水注「清河自信都修來，東至東光縣西南，逕胡蘇亭，地理志『東光有胡蘇亭』者也。又東北，右會大河故瀆，又逕東光縣故城西，下入南皮」。一統志「故城今東光縣東」。胡渭禹貢錐指云：許商云「胡蘇在東光」。于欽齊乘以滄州之大連淀爲胡蘇河，得之。

〔九〕【補注】宋祁曰：阜城，南本作「阜成」。先謙曰：續志後漢省。濁漳水注「衡漳自河閒弓高來，東北逕阜城縣故城北，下入河閒樂成。楊津溝水見信都弓高。上承從陂，東逕阜城南，下入建成」。一統志「故城今阜城縣東」。

〔一〇〕應劭曰：靈帝改曰饒安。【補注】宋祁曰：「千」當作「平」。齊召南曰：宋說非也。自是「千萬」之「千」，不當作「平」。水經注可證。先謙曰：據應說改「饒安」，而續志無饒安縣，疑脫。武帝封代共王子遇爲侯國。表「童」誤「章」，說見表。淇水注「無棣溝枝瀆自高成來，東南逕千童縣故城東，又屈東北入無棣溝」。元和志「秦始皇使徐福將童男女千人入海求蓬萊，置此城以居之，故名」。一統志「故城今滄州東南」。

〔一一〕【補注】先謙曰：武帝封莽通爲侯國，見表。續志後漢因。河水注「屯氏別河北瀆自重平來，東北逕重合縣故城南，下入定」。一統志「故城今樂陵縣西」。

〔一二〕【補注】先謙曰：陳餘棄將印居此，項羽環封之三縣，見羽傳。景帝封竇彭祖爲侯國，見表。

〔一三〕師古曰：闞駰云「章武有北皮亭，故此云南」。【補注】先謙曰：據淇水注引應劭云「南皮城北五十里有北皮城」，則非章武屬地，或闞氏時有改隸也。續志後漢因。淇水注「清河自東光來，又東北無棣溝出焉。又東北逕南皮縣故城西，又北逕北皮城東，左會滹沱別河故瀆，下入浮陽。無棣溝東逕南皮縣故城南，下入臨樂」。又濁漳水注「衡漳自成平來，左會滹沱別河故瀆，又東北入清河，謂之合口。又逕南皮縣之北皮亭，下入浮陽」。一統志「故城今南皮縣東北八里」。

〔一四〕【補注】先謙曰：齊孝王子越國，武帝封。續志後漢省。河水注「屯氏別河北瀆自重合來，東北逕定縣故城南。應劭云『饒安縣東南三十里有定鄉城故縣』也。北瀆下入陽信」。案據應説，縣併入千童。一統志「故城今滄州東南」。

〔一五〕【補注】先謙曰：景帝封竇廣國爲侯國，見表。渤海鹽池見溝洫志，蓋不領於官者。

〔一六〕【補注】先謙曰：續志後漢因。濁漳水注「清漳水自浮陽來，東北逕章武縣故城西，故濊邑也，濊水出焉。清漳水亂流而東入海，濊水下入參户」。趙一清云：漢志自鄴以下，皆清漳之流，而注皆以爲濁漳，與志戾。至此忽敘入清漳，蓋欲應志「濁漳入清漳，清漳入河」之説，然不云入河，而云入海，又與志異。先謙案：清、濁二漳并行，不異江、沔，故注云然。凡并行絶流之水，惟道元敘述分明，此水經注所以獨有千古也。漳水於南皮已合虖沱，自浮陽、章武以下，兼敘其委耳。又淇水注「清河自浮陽來，東北過濊邑北，濊水出焉。又過鄉邑南，又東，分爲二枝津右出，東逕武帝望海北臺，臺在章武縣東百里，與南臺相去六十里。枝津又東入海。清河又東北，逕窮河邑南，下入漁陽泉州。浮水故瀆自高成來，東逕章武縣故城北，晉章武郡治。下仍入高成」。一統志「故城今滄州東北」。

〔一七〕【補注】先謙曰：高后封朱進爲侯國，見表。

〔一八〕【補注】先謙曰：續志後漢省。寰宇記、舊地理書並失其所在。蓋即今清池縣地。一統志「故城今滄州界」。

〔一九〕【補注】先謙曰：恩澤平津侯公孫弘、功臣合騎侯公孫敖表並注「高城」。「成」、「城」通用字，蓋曾析置平津、合騎二縣。縣人鮑宣，見本傳。後漢因，續志作「高城」。淇水注「清河自漁陽泉州來，東逕漂榆邑故城南。魏土地記云『高成縣東北百里，北盡漂榆，東臨巨海』，即此城也。清河自是入於海。浮水故瀆自浮陽來，逕高成縣之苑鄉城北，下入章武。又自章武來，東逕篋山北，在高成東北五十里。故瀆下入柳。無棣溝自高樂來，東分爲二。無棣溝東逕樂陵郡北，後魏郡。又東屈而北出，又東轉逕苑鄉縣故城南，又東南逕高成縣故城南，合無棣溝枝瀆，見千童。又東北逕功城北，又逕鹽山入海。管仲云『賜太公履，北至於無棣』也。無棣溝枝瀆上承無棣溝，南逕樂陵郡西，下入千童」。一統志「故城今鹽山縣東南」。

〔二〇〕【補注】先謙曰：武帝封齊孝王子某爲侯國，見表。

〔二一〕【補注】先謙曰：續志後漢省。淇水注「無棣溝自臨樂來，東逕新鄉城北，即地理志高樂故城也，下入高成」。一統志「故城今南皮縣東南董鎮村」。

〔二二〕【補注】先謙曰：左襄傳杜注「春秋晉木門邑在縣西北」。

〔二三〕【補注】先謙曰：河閒獻王子免國，武帝封。續志後漢省。濁漳水注「滱水東北逕參户亭，分爲二瀆。應劭云『平舒縣西南五十里有參户亭，故縣』也，世謂之平虜城。枝水東爲蔡伏溝，又積而爲淀。一水逕亭北，下入東平舒」。案據應説，縣併入東平舒。一統志「故城今青縣西南三十里木門鎮」。

〔二四〕【補注】先謙曰：武帝封河閒獻王子禮爲侯國，表誤「平城」，説見表。

〔二五〕【補注】王念孫曰：禹貢錐指云「漳，故徒駭也，土俗猶能識之，故不言漳滹沱，仍曰徒駭」。案某河民曰某河，地理志文無此例。「民曰」，當爲「或曰」字之誤也。上文河南郡開封「逢池在東北，或曰宋之逢澤也」，成皋「故虎牢，或曰制」；下文北海郡「營陵，或曰營丘」，琅邪郡「姑幕，或曰薄姑」，皆其證。錢坫曰：許商云「徒駭在成平」，攷此虖池別河也，在今獻縣南。

〔二六〕【補注】先謙曰：續志後漢改屬河閒。濁漳水注「衡漳自建成來，成平縣故城在北。城南北相直。衡漳下入南皮」。一統志「故城今交河縣東」。

〔二七〕【補注】先謙曰：齊孝王子陽已國，武帝封。續志後漢省。淇水注「浮水故瀆自高成來，東北逕柳縣故城南。應劭云『高成縣東北五十里有柳亭，故縣』也。世謂之辟亭，非也。浮水故瀆又東北逕漢武帝望海臺，又東入海」。
案據應説，縣併入高成。一統志「故城今鹽山縣東五十里」。

〔二八〕【補注】先謙曰：戰國趙地，孝成王與燕，見趙世家。

〔二九〕【補注】先謙曰：中山靖王子光國，武帝封。

〔三〇〕【補注】先謙曰：續志後漢省。淇水注「無棣溝自南皮來，東逕樂亭北，地理志之臨樂縣故城也。晉書地道志『樂陵國有新樂縣』，即此城矣。無棣溝下入高樂」。一統志「故城今寧津縣北」。

〔三一〕師古曰：代郡有平舒，故此加東。【補注】先謙曰：齊策「徐州」，高注「或作舒州」，張守節以爲即東平舒，爲齊西北界上地。威王云「黔夫守徐州，則燕祭北門，趙祭西門」也。續志後漢改屬河間。本志「河間弓高」下云「虖池別河首受虖池河，東至縣入海」也。濁漳水注「滱水自參戶來，逕東平舒縣故城南。魏土地記曰『章武郡治』，故世以爲章武故城，非也。又東北分二水，一右出爲淀，一北入虖池爲滱口，與漳水亂流入海」。又易水注「北易、北濡自涿容城來，至縣，合南易水」。下見涿郡易。又巨馬水篇「巨馬水東過東平舒縣北，東入海」。注云「巨馬水自涿益昌來，合八丈溝水，見漁陽泉州。於平舒城北，南入虖池，同入海」。一統志「故城今大城縣治」。

〔三二〕【補注】先謙曰：高帝時奚涓母底侯國，見表。又杜侯復陸支表注「重平」，蓋嘗析置杜縣。續志後漢省。河水注「屯氏別河北瀆自平原平原來，東北逕重平縣故城南。應劭云『重合縣西南八十里有重平鄉，故縣』也。屯氏別河北瀆下入重合」。案據應説，縣併入重合。一統志「故城今吳橋縣南。舊志『縣南三十里重合城』，即重平之譌。又德平縣西北重平城，北魏改置，地理書多誤」。

〔三三〕【補注】先謙曰：次下誤連，宜空一格。南監本、官本不誤。續志後漢改屬廣陽。易水注「南易水自涿郡易來，東逕安次縣南，下入涿郡鄚」。又聖水注「聖水自廣陽方城來，東逕安次縣故城南，東南入巨馬河」。又巨馬水注「八丈溝水出安次縣東北平地，東南逕安次城東，下入漁陽泉州。虖池河枯溝自安次縣西北，東逕安次縣故城西，下入泉州」。一統志「故城今東安縣西北」。

〔三四〕【補注】先謙曰：清河綱王子寅國，宣帝封。

〔三五〕應劭曰：音條。【補注】先謙曰：續志後漢省。濁漳水注「桑社溝水自信都觀津來，東逕脩市縣故城北，俗謂之温城。應劭云『脩縣西北廿里有脩市城』。桑社溝下入信都脩」。案，據應説，縣併入脩。一統志「故城今景州西北」。

〔三六〕【補注】先謙曰：續志後漢改屬河閒。易水注「南易水自涿郡鄚來，東至文安縣，與虖池合。史記蘇秦云『燕長城以北，易水以南』，正謂此水也。是以班固、闞駰之徒，咸謂斯水爲南易。下入漁陽泉州」。一統志「故城今文安縣東北柳河鎮」。

〔三七〕【補注】先謙曰：河閒獻王子雍國，宣帝封。寰宇記「清池縣西南二里有五壘城」。輿地志「雍五子分居城中，俗呼爲五壘城」。續志後漢省。一統志「故城今交河縣東北六十里」。

〔三八〕【補注】先謙曰：續志後漢改屬河閒。一統志「故城今河閒縣東北」。

〔三九〕【補注】先謙曰：沛郡亦有建成。續志後漢省。濁漳水注「衡漳自河閒樂成來，東逕建成縣故城南，右會楊津溝水，下入成平。楊津溝水自阜成來，東北逕建成縣，左入衡水，爲楊津口」。一統志「故城今交河縣東」。

〔四〇〕【補注】先謙曰：鍾祖國，成帝封。謝殷，平帝封。續志後漢省。一統志「故城今滄州東南」。

〔四一〕【補注】先謙曰：廣川惠王子嘉國，武帝封。清河綱王子禄，昭帝封。續志後漢省。濁漳水注「柏梁溠水上承李聰渙，見弓高。東北爲柏梁溠，亦謂之向氏口。東逕蒲領縣故城南，應劭云『脩縣西北八十里有蒲領鄉，故縣』也。柏梁溠水下入信都弓高」。案據應説，縣併入脩。一統志「故城今阜城縣東北十里蒲領關」。

平原郡，〔一〕高帝置。〔二〕莽曰河平。屬青州。〔三〕户十五萬四千三百八十七，口六十六萬四千五百四十三。縣十九：〔四〕平原，〔五〕有篤馬河，東北入海，五百六十里。〔六〕鬲，〔七〕平當以爲鬲津。〔八〕莽曰河平亭。〔九〕高唐，〔一〇〕桑欽言漯水所出。〔一一〕重丘，〔一二〕平昌，侯國。〔一三〕羽，侯國。〔一四〕莽曰羽貞。〔一五〕般，莽曰分明。〔一六〕樂陵，〔一七〕都尉治。莽曰美陽。〔一八〕祝阿，〔一九〕莽曰安成。〔二〇〕瑗，莽曰東順亭。〔二一〕阿陽，〔二二〕漯陰，〔二三〕莽曰翼成。〔二四〕朸，〔二五〕莽曰張鄉。〔二六〕富平，侯國。莽曰樂安亭。〔二七〕安惪，〔二八〕合陽，侯國。〔二九〕莽曰宜鄉。〔三〇〕樓虛，侯國。〔三一〕龍頟，侯國。〔三二〕莽曰清鄉。〔三三〕安。侯國。〔三四〕

〔一〕【補注】先謙曰：據河水注，郡治平原。續志後漢治同。劉注「雒陽北一千三百里」。

〔二〕【補注】先謙曰：河水注「高帝六年置」。全祖望云：故屬秦齊郡，高帝分置，屬齊國。景帝後以支郡收。徐廣云「平原以分濟北」，誤。

〔三〕【補注】先謙曰：續志後漢因，屬同。

〔四〕【補注】先謙曰：見王子侯表者，有陪、前、高平、平纂，見恩澤表者，牧丘，共五縣無考。

〔五〕【補注】先謙曰：春秋齊地。戰國入趙，爲公子勝封邑，見平原君傳。秦始皇至平原津而病，見始皇紀。曹參攻之，見參傳。武帝時，河溢於此，見武紀。續志後漢因。河水注「王莽河故瀆自清河鄃來，東逕平原縣故城西，而北絕屯氏三瀆，下入清河繹幕。商河自樓虛來，又北逕平原縣東，下入安德。大河自高唐來，北逕平原縣故城東，應劭云『原博平也，故曰平原』矣。右溢爲甘棗溝。大河右下入阿陽，左下入安德。甘棗故溝東北歷長隄，下入漯陰。屯氏別河北瀆自清河繹幕來，東北逕平原縣，有枝津，下入安。北瀆下入勃海重平」。一統志「故城今平原縣東」。

〔六〕【補注】先謙曰：「入海」下脱「行」字。河水注「屯氏別河南瀆自平原東絕大河故瀆，又逕平原縣故城北，枝津右出，下入安德。屯氏別河南瀆又東北，於平原界又有枝渠右出，下入安德。屯氏別河南瀆自平原城北，首受大河故瀆東出，亦通謂之篤馬河，即地理志所謂『平原縣有篤馬河，東北入海，行五百六十里』者也，下入安德」。案道元所見漢書本，未脱「行」字。篤馬河亦見溝洫志。一統志「土河在今河閒府寧津縣南二十五里，東入山東樂陵縣界，相傳即古篤馬河」。

〔七〕【補注】先謙曰：夏時有鬲君，滅浞，立少康，見續志。秦爲縣。曹參下齊收之，見參傳。

〔八〕【補注】先謙曰：當傳：哀帝時領河隄。溝洫志：許商云「鬲津在鬲縣界中，自鬲以北至徒駭，相去二百里。今河雖數移徙，不離此域」。錢坫云：魏都賦注「縣北有蓋節淵」，蓋節即鬲津也。

〔九〕師古曰：讀與耿同。【補注】錢大昭曰：「耿」，南監本、閩本並作「隔」。先謙曰：官本作「隔」。續志後漢因。劉注「城南有蒲臺，秦始皇所頓處」。河水注「王莽河故瀆自清河繹幕來，西逕鬲縣故城西，地理志曰『鬲津』也。故有窮后羿國也。故瀆下入信都脩」。一統志「故城今德州北」。

〔一〇〕【補注】先謙曰：春秋齊邑，見左襄傳、孟子、田齊世家。戰國趙肅侯攻拔之，後入齊，惠文王取之。並見趙世家。續志後漢因。河水注「大河自東郡茌平來，東北過高唐縣，漯水注之，商河出焉。大河又東北逕高唐縣故城西，又北逕張公城，有津曰張公渡，下入平原。漯水自東郡博平來，右與黄溝同注川澤。黄溝自東郡聊城來，東北流，左與漯水隱覆，東出於高唐縣。大河右迤，東注漯水，漯水再出爲源河，詳下。下入瑗。又自瑗來，東北逕高唐縣故城東，下入漯陰。商河首受河水，亦漯水及澤水所潭也，淵而不流，世謂之清水。雖沙漲填塞，厥跡尚存。歷澤而北，俗謂之落里坑，逕張公城西，又北，重源潛發，亦謂之小漳河。商、漳聲近讀移耳。下入平原」。一統志「故城今禹城縣西四十里。齊高唐在縣南，漢高唐在西，二地雖殊界，實相近。蓋禹城西南境，今東昌府之高唐州，乃漢靈縣也，取故名耳」。

〔一一〕師古曰：漯音它合反。【補注】宋祁曰：「漯」改作「濕」，下同。先謙曰：漯水源流詳上，桑説非也。班氏録之以廣異聞。河水注「桑欽云『漯水出高唐』，余尋其沿歷徑趣，不得近出高唐也。桑氏所言，蓋津流所出次於是閒也。

俗以是水上承於河，亦謂之源河矣」。

〔一二〕【補注】先謙曰：春秋齊地，見左襄傳。戰國湣王時，與秦敗楚於此，見田齊世家。續志後漢省。河水注「屯氏別河南瀆即篤馬河，自安德來，東北逕重丘縣故城西。應劭云『安德縣北五十里重丘鄉，故縣也』。篤馬河下入平昌」。案據應説，縣併入安德。一統志「故城今德州東」。

〔一三〕【補注】錢大昕曰：續志謂之西平昌，以琅邪郡亦有平昌縣也。先謙曰：王無故國，宣帝封。續志後漢省。其琅邪之平昌，改屬北海國。晉志「平原國西平縣」，蓋誤脱「昌」字。後魏志安德郡平昌下云「二漢、晉屬平原，後漢、晉曰西平昌」。據此，後漢又似有此縣，或先省後復，而續志無之，錢説誤也。河水注「屯氏別河南瀆即篤馬河，自重丘來，東北逕平昌縣故城北。篤馬河下入般。商河自安德來，東北逕平昌縣故城南，下入般」。一統志「故城今德平縣西南」。

〔一四〕【補注】先謙曰：濟北式王子成國，武帝封。

〔一五〕【補注】先謙曰：續志後漢省。

〔一六〕如淳曰：般音如面般之般。韋昭曰：音(道)〔逋〕坦反。師古曰：爾雅説九河云「鉤般」，郭璞以爲水曲如鉤，流般桓也。然今其土俗用如、韋之音。【補注】王鳴盛曰：注「逋坦」，宋本同，南監本作「逋垣」。一作「連完」。朱一新曰：汪本「逋坦」作「連完」。先謙曰：官本作「逋垣」，是。續志後漢因。河水注「屯氏別河南瀆即篤馬河，自平昌來，故渠川派東入般縣爲般河，蓋亦九河之一道也。又東爲白鹿淵水，南北三百步，東西千餘步，深三丈餘，渟而不流。若夏水洪泛，水深五丈，方通注般瀆，又逕般縣故城北，下入樂陵。商河自平昌來，東逕般縣故城南，下入樂陵。大河自安德來，東北逕般縣，下入樂陵」。一統志「故城今德平縣東北」。紀要「二十五里」。

〔一七〕【補注】先謙曰：宣帝封史高爲侯國，見表。

〔一八〕師古曰：樂音來各反。【補注】先謙曰：續志後漢因。晉爲樂陵郡。河水注「大河自般來，東北逕樂陵縣，下入枋。屯氏別河南瀆即篤馬河，自般來，東逕樂陵縣故城北，下入勃海陽信。商河自般來，東逕樂陵縣故城南，下入枋」。一統志「故城今樂陵縣西南三十里」。

〔一九〕【補注】先謙曰：故曰祝，武王封黃帝後於此，見禮記。高帝封高色爲侯國，見表。

〔二〇〕【補注】先謙曰：後漢因。續志「春秋時曰祝柯，有野井亭」。左傳「唁公野井」。濟水注「玉水導源太山朗公谷，舊名琨瑞溪，西北逕玉符山爲玉水。又西北枕祝阿縣故城東野井亭西。春秋時祝柯，左傳所謂督陽者也。漢改爲阿，俗謂是水爲祝阿澗水，北入濟」。先謙案，公羊傳即作「祝阿」。一統志「故城今長清縣東北齊河縣，亦祝阿地」。

〔二一〕【補注】先謙曰：續志後漢省。祝阿下劉注「左傳哀十年『取犁及轅』，杜預云，縣西有轅城。故縣，省」。據此，併入祝阿。河水注「漯水自高唐來，東北逕援縣故城西，下仍入高唐」。據此，瑗、轅、援三字通用。一統志「故城今禹城縣南」。

〔二二〕【補注】先謙曰：當作「陽阿」。外戚傳「趙飛燕微時屬陽阿主家，成帝微行過陽阿主，見說之」。師古云「陽阿，平原之縣也」。俗書「阿」作「河」，又或爲「河陽」，皆後人妄改。先謙案，陽阿乃上黨縣，此師古誤記爲平原，後人據顏說併改此作陽阿，誤矣。續志後漢省。河水注「河水自平原來，東北逕陽阿縣故城西。朱、趙本作「陽阿」，官本改「阿陽」，下同。應劭云『漯陰縣東南五十里有陽阿鄉，故縣也』。下入漯陰」。案據應說，縣併入漯陰。一統志「故城今禹城縣東」。

〔二三〕【補注】先謙曰：左哀傳杜注「犁，一名隰濟。南有隰陰縣」。隰、濕字通。秦邑，曹參攻之，見參傳。武帝封匈奴降王昆邪爲侯國，見表。

〔二四〕應劭曰：漯水出東武陽，東北入海。師古曰：漯音它合反。【補注】先謙曰：後漢因。續志作「濕陰」。河水注「甘棗故溝自平原來，東北逕漯陰縣北，下入濟南著。漯水自高唐來，東北逕漯陰縣故城北。縣故犁邑也，王莽更名翼成。歷北漯陰城南，伏琛謂之漯陽城。地理風俗記云『平原漯陰縣，今巨漯亭是也』。下入著」。又河水篇「河水又東北過漯陽縣北」。注云「河水自阿陽來，右逕漯陰縣故城北，王莽之巨武縣也。河水下入千乘溼沃」。地說家因謂漢志脱漯陽一縣，並脱「莽曰巨武」四字。案酈元兩注皆作「漯陰縣」，無「漯陽縣」之名。經之「漯陽」，舊本自作「漯陰」。至注中北漯陰及漯陽城並不稱縣，後人因「巨武」疑文，必爲漢志增漯陽縣，未爲徵信也。據説文，「濕」正字「漯」，隸省「濕」，「溼」誤字。一統志「故城今臨邑縣西」。

〔二五〕【補注】先謙曰：高后封齊悼惠王子辟光，武帝封城陽頃王子讓爲侯國，見表。

〔二六〕應劭曰：音力。【補注】先謙曰：齊悼惠王傳作「扐」。服虔云，音勒。通鑑史炤釋文同，與應音異。續志後漢省。河水注「商河自樂陵來，東逕朸縣故城南。應劭云『般縣東南六十里有朸鄉城，故縣也』。商河合沙溝水入富平。大河自樂陵來，東北逕朸鄉，下入富平」。案據應説，縣併入般。一統志「故城今商河縣治」。

〔二七〕應劭曰：明帝更名厭次。【補注】先謙曰：本名厭次，宣帝封張延壽，改富平。後漢復故。河水注「商河自朸來，東北逕馬嶺城，又逕富平縣故城北。闞駰云『厭次縣本富平侯張安世封邑』，非也。案漢書，昭帝封張安世爲富平侯，薨，子延壽嗣侯，國在陳留，别邑在魏郡，租入歲千餘萬。延壽上書請減户，天子以爲有讓，徙封平原，并食一邑，户口如故而税減半。史記侯表：高帝封厭次侯爰類。是知『厭次』舊名，非始明帝，蓋復故耳。商河分爲二：南爲長叢溝，北爲百薄瀆，並東入海。大河自朸來，東北至厭次縣故城南，爲厭次河，下入齊郡利」。先謙案，東方朔爲平原厭次人。厭次名舊，酈説是也。一統志「故城今陽信縣東南三十里」。舊志云「陵縣東北二十五里神頭店」。

〔二八〕師古曰：悳，古德字。【補注】先謙曰：續志後漢因。河水注「屯氏別河南瀆自平原來，枝津右出，東北至安德縣界，東入商河。又南瀆枝渠自平原來，右出，至安德縣遂絶。篤馬河自平原來，東北逕安德縣故城西，下入重丘。大河自平原來，左逕安德城東而北，爲鹿角津，下入般。商河自平原來，北逕安德縣故城南，下入平昌」。一統志

「故城今陵縣治」。

〔二九〕【補注】先謙曰：梁喜國，宣帝封。

〔三〇〕【補注】先謙曰：續志後漢省。寰宇記「故城在信都縣東，後漢併入扶柳」。

〔三一〕【補注】齊召南曰：當作「楊虚」。各本俱誤。文帝封齊悼惠王子將閭爲楊虚侯，後漢光武封馬武爲楊虚侯，即此縣也。先謙曰：續志後漢省。河水篇「河水又東北過楊虚縣東，商河出焉」。注云「地理志：楊虚，平原之隸縣也，城在高唐城之西南。經次於此，是不比也。此謂河先逕楊虚，乃至高唐。商河下入高唐」。又云「河水自東郡臨邑來，東逕楊虚縣故城東，俗猶謂是城爲陽城矣，下仍入東郡茌平」。案，據此，「樓」當爲「楊」，亦通作「陽」。倉公傳「身居陽虚侯國」是也。功臣表又有樓虚侯訾順，趙一清以爲二名，並見漢封，或元是楊虚，後改樓虚，東京以後旋復故稱，明、章以後乃歸省併也。一統志「故城今禹城縣西南」。

〔三二〕【補注】先謙曰：韓説國，武帝封。

〔三三〕師古曰：今書本額字或作「額」，而崔浩云有龍額村，作「額」者非。【補注】先謙曰：史表引崔浩云「額音洛」，今河閒有龍額村。續志後漢省。一統志「故城今景州東三十里」。

〔三四〕【補注】先謙曰：趙世家「悼襄王時，龐煖取安，徐廣以爲漢安縣」。濟北貞王子樂國，武帝封。錢大昭云：表作安陽，疑「陽」當作「煬」，是其謚。先謙案，續志後漢省。寰宇記「安陵縣在德州西北百里，本漢安縣」。舊地理家並失理所，據此，安即安陵。河水注「王莽故瀆自信都脩來，北逕安陵縣西，本脩之安陵鄉也。應劭云『脩縣東四十里有安陵鄉，故縣』也。故瀆下入勃海東光」。是漢代本有安陵縣。而地説皆未之及，疑安縣以安陵鄉取名，或後更安陵而旋併入脩縣耳。又注云「屯氏別河北瀆枝津自平原來，至安陵縣遂絶」。一統志「故城今吴橋縣西北」。

千乘郡，〔一〕高帝置。〔二〕莽曰建信。〔三〕屬青州。〔四〕户十一萬六千七百二十七，口四十九萬七百二十。有鐵官、鹽官、均輸官。縣十五：〔五〕千乘，〔六〕有鐵官。〔七〕東鄒，〔八〕溼沃，莽曰延亭。〔九〕平安，侯國。莽曰鴻睦。〔一〇〕博昌，〔一一〕時水東北至鉅定入馬車瀆，幽州𣶏。〔一二〕蓼城，都尉治。莽曰施武。〔一三〕建信，〔一四〕狄，〔一五〕莽曰利居。〔一六〕琅槐，〔一七〕樂安，〔一八〕被陽，侯國。〔一九〕高昌，〔二〇〕繁安，侯國。〔二一〕莽曰瓦亭。〔二二〕高宛，〔二三〕莽曰常鄉。〔二四〕延鄉。〔二五〕

〔一〕【補注】先謙曰：據河水注，郡治千乘。續志後漢治狄。劉注「雒陽東千五百二十里」。

〔二〕【補注】先謙曰：河水注「高帝六年置」。全祖望云：故屬秦齊郡。高帝分置，屬齊國。景帝後以支郡收。

〔三〕【補注】朱一新曰：後書崔駰傳崔篆爲建新大尹，孔僖傳同。李注「莽改千乘國曰建信，又改曰建新」。案王莽傳，改十一公號以「新」爲「心」，後又改「新」爲「信」。據此，建新當是莽初改之名，後改建信，如十一公號之改「新」爲「信」也。

〔四〕應劭曰：和帝更名樂安。【補注】先謙曰：續志劉注「永元七年更爲樂安國」。郡本有樂安縣，故以名之，應劭所云取休令之名也。屬同。

〔五〕【補注】先謙曰：見王子侯表者，有隨城，見外戚表者，有桑樂，二縣無考。郡人倪寬，見本傳。

〔六〕【補注】先謙曰：秦縣，韓信破田吸於此，見田儋傳。縣人歐陽和伯，見儒林傳。續志後漢因。伏琛齊記「千乘有南北二城，相去三十里。其一城縣治，一城太守治」。河水注「河水自溼沃來，東逕千乘城北，伏琛之所謂『千乘北城』也。下入齊郡利。漯水自建信來，東北逕千乘縣二城閒，故齊地。伏琛云『千乘城在齊城西北百五十里，隔會水，即漯水之別名也』。又東北爲馬常坑，坑東西八十里，南北三十里，亂河枝流而入於海。河海之饒，茲焉爲最。地理風俗記云『漯水東北至千乘入海，河盛則通津委海，水耗則微涓絶流』，書『浮于濟漯』，亦是水者也」。胡渭云「此自西漢末迄後魏，漯川之源委」。一統志「故城今高苑縣北二十五里」。

〔七〕【補注】全祖望曰：郡下已云「有鐵官」，複出。

〔八〕【補注】先謙曰：續志後漢省。河水注「漯水自濟南鄒平來，又東北逕東鄒縣城北，下入建信」。一統志「故城今青城縣境，以在鄒平東，故加「東」。晉志「樂安國復領鄒縣」，蓋即古東鄒。或以「鄒」爲「鄒平」者誤。

〔九〕【補注】錢大昕曰：「溼」當作「濕」，音它合反。先謙曰：續志後漢省。河水注「河水自平原漯陰來，又東北爲漯沃津，在漯沃縣故城南。應劭云『千乘縣西北五十里有大河，河北有漯沃城，故縣』也。河水下入千乘」。案據應說，縣併入千乘。一統志「故城今蒲臺縣西北」。

〔一〇〕【補注】先謙曰：王舜封安平侯，表、傳同。而史記將相表有平安侯王章爲右將軍。章即舜之子，則舜封是平安，非安平。許后傳亦有平安剛侯謁。濟水注「濟水自被陽來，東北迤爲淵渚，謂之平州。漯沃縣側有平安故城，俗謂之會城，非也。地理志『千乘郡有平安縣』，應劭云『博昌縣西南三十里有平安亭，故縣也，世尚存平州之名』矣。濟水下入高昌」。案應、酈相承，並作平安，合之史表、許后傳，可訂安平之誤。續志後漢省。據應說，縣併入博昌。一統志「故城今新城縣東北四十里，或謂之高會城」。

〔一一〕【補注】先謙曰：後漢因。續志「有薄姑城。有貝中聚」。濟水注「濟水自樂安來，東北逕薄姑城北。地理書云『吕尚封於齊郡薄姑』。故城在臨淄縣西北五十里，近濟水。濟水東北又逕狼牙固，下入齊郡利」。一統志「故城今博興縣南二十里」。

〔一二〕應劭曰：昌水出東萊昌陽。臣瓚曰：從東萊至博昌，經歷宿水，不得至也。取其嘉名耳。師古曰：瓚說是。【補注】錢大昕曰：時水，本或作「薄水」，誤。職方氏「幽州其浸菑時」是也。先謙曰：鉅定，齊郡縣。據水經淄水、瓠子河注，時水即如水。詳齊郡臨淄。志分爲二。淄水注「時水自齊西安來，東北合澠水，逕博昌城北，下入齊郡利。澠水自齊臨淄來，西逕博昌縣故城南。闞駰云『縣處勢平，故曰博昌』。澠水西歷貝丘，在齊城西北四十里。春秋齊侯田(子)〔於〕貝丘是也。案齊世家作「沛丘」。澠水又西北入時水。從征記曰『水出臨淄縣，樂安博昌南界，西入時水』者也。自下亦通謂之澠。齊侯云『有酒如澠』，指喻此水也」。

〔一三〕【補注】先謙曰：續志後漢因。劉注引杜預云「縣東北有攝城」。案，此左傳所謂聊攝也，蓼城非聊城，劉引蓋誤。據河水注引應劭説「建信爲都尉治」，詳下。志云「蓼城，都尉治」，非建信也。二縣相近故耳。

〔一四〕【補注】先謙曰：續志後漢省。河水注「漯水自東鄒來，東北逕建信縣故城北。應劭云『臨濟縣西北五十里有建信城，都尉治故城』者也。漯水下入千乘」。案據應説，縣併入狄。一統志「故城今高苑縣西北」。

〔一五〕【補注】先謙曰：孔子臨狄水而歌，見琴操。戰國齊地，秦爲縣。田單、田儋皆邑人，見田單傳、陳涉世家。續志劉注「地道記云，狄伐衛懿公」。

〔一六〕應劭曰：安帝更名曰臨濟。【補注】先謙曰：後漢改名臨濟。續志亦云「安帝更名」。但臨濟之名，屢見高紀、田儋、曹參傳。又田都所都，必非小邑聚，或漢初以户口稀少，併臨濟於狄。後漢以狄爲樂安所治，嫌非佳名，故易之耳。濟水注「濟水自濟南梁鄒來，東北過臨濟縣南，下入被陽」。一統志「故城今高苑縣西北」。

〔一七〕師古曰：槐音回。【補注】先謙曰：續志後漢省。淄水注「淄水自齊廣饒來，入馬車瀆，亂流東北，逕琅槐故城南。又逕馬井城北，與時、澠之水互受通稱。又至皮丘坑入海。故晏謨、伏琛言淄、澠之水合於皮丘坑。地理志『馬車瀆至琅槐入海』，蓋舉縣言也」。先謙案，泲水亦至琅槐入海，故本志「泰山萊蕪」下云「甾水東至博昌入泲」也。地望相接，諸水亂流，故無病於參差矣。濟水注「濟水自齊郡利來，東北至甲下邑南，東歷琅槐縣故城北。應劭云『博昌東北八十里有琅槐鄉，故縣』也。山海經曰『濟水絶鉅野，注渤海，入齊琅槐東北』者也。又東北，河水枝津注之，又東北入海」。先謙案，本志「河東垣」下云「濟水又東至琅槐入海」者也。據應説，縣併入博昌。一統志「故城今樂安縣東北一百十里」。

〔一八〕【補注】先謙曰：武帝封李蔡爲侯國，見表。續志後漢因。濟水注「濟水自高昌來，東北逕樂安縣故城南。伏琛齊記云『博昌城西北五十里，有南北二城，相去三十里，隔時、濟二水』。指此爲博昌北城，非也」。樂安與博昌、薄姑分水，俱同西北。薄姑去齊城六十里，樂安越水差遠，驗非尤明。應劭云『取休令之名矣』。濟水下入博昌」。一統志「故城今博興縣北」。

〔一九〕如淳曰：一作疲，音罷軍之罷。師古曰：音皮彼反。【補注】宋祁曰：「被」或作「彼」。先謙曰：齊孝王子燕國，武帝封。史表作「披陽」，索隱蕭該「披音皮」。續志後漢省。濟水注「濟水自臨濟來。晏謨齊記曰『有南北二城隔濟水，其南城即被陽縣故城』也。後魏渤海僑郡治。北枕濟水。下入平安」。一統志「故城今高苑縣治」。

〔二〇〕【補注】先謙曰：宣帝封董忠爲侯國，見表。續志後漢省。濟水注「濟水自平安來，東北逕高昌縣故城西，世謂之馬昌城，非也。濟水下入樂安」。一統志「故城今博興縣西南」。

〔二一〕【補注】先謙曰：齊孝王子忠國，武帝封。

〔二二〕【補注】先謙曰：續志後漢省。

〔二三〕【補注】先謙曰：戰國齊地，見齊策。高帝封丙猜爲侯國，見表。史表作「高苑」。

〔二四〕【補注】先謙曰：續志後漢因。瓠子河注「時水自齊西安來，逕東高苑城中而西注。俗人遏令側城南注，又屈逕其城南。史記『文帝分齊爲膠西，都高苑』。徐廣音義云『樂安有高苑城，故俗謂之東高苑也』。其水又北注故瀆，又西，合蓋野溝水，又逕西高苑縣故城南，王莽之常鄉也。其水側城西注。京相璠云『今樂安博昌縣南界有時水，西通濟，其源上出般陽，北至高苑。』下有死時，中無水。杜預亦云『時水於樂安枝流，旱則乾涸，爲春秋乾時齊魯戰地』。時水下入濟南梁鄒。蓋野溝水自延鄉來，西北逕高苑縣，北入時水」。一統志「故城今新城縣境」。楚元王子歲封沈猶侯，元王傳注云「王子侯表沈猶屬千乘高苑」。今表無注。沈猶殆高宛之鄉名與？

〔二五〕【補注】先謙曰：成帝封李譚爲侯國，見表。續志後漢省。瓠子水注「蓋野溝水導源延鄉城東北，平地出泉，西北流，逕延鄉城北，世謂爲從城。延、從字相似，讀隨字改，所未詳也。西北流爲蓋野溝，下入高宛」。一統志「故城今新城縣東」。

濟南郡，〔一〕故齊。〔二〕文帝十六年別爲濟南國。〔三〕景帝二年爲郡。〔四〕莽曰樂安。屬青州。〔五〕户十四萬七百六十一，口六十四萬二千八百八十四。縣十四：〔六〕東平陵，有工官、鐵官。〔七〕鄒平，〔八〕臺，〔九〕莽曰臺治。〔一〇〕梁鄒，〔一一〕土鼓，〔一二〕於陵，都尉治。〔一三〕莽曰於陸。〔一四〕陽丘，〔一五〕般陽，莽曰濟南亭。〔一六〕菅，〔一七〕朝陽，侯國。〔一八〕莽曰脩治。〔一九〕歷城，有鐵官。〔二〇〕猇，侯國。〔二一〕莽曰利成。〔二二〕著，〔二三〕宜成。侯國。〔二四〕

〔一〕【補注】先謙曰：「濟」當爲「泲」。據濟水注，郡治東平陵。續志後漢治同。劉注「雒陽東千八百里」。

〔二〕【補注】先謙曰：故屬秦齊郡，高帝時仍屬齊悼惠王肥國。

〔三〕【補注】先謙曰：以王悼惠子辟光。

〔四〕【補注】王念孫曰：「二」當爲「三」。齊悼惠王世家「濟南王辟光十一年，與吴楚反，漢擊破，殺辟光，以濟南爲郡，地入於漢」。濟南王十一年，景帝三年也，見高五王傳及史表。全祖望曰：高后元年，封平昌侯太爲吕王，七年改號濟川，見史記。則濟南即濟川。胡三省失攷，乃曰「在濟南、濟北之閒」，誤也。顧祖禹又失攷，謂太所封之濟川，即梁之濟川，而不知梁之濟川是陳留，乃景帝所封梁孝王子在濟陽，其國名亦曰濟川，而非太所封之濟川也。

〔五〕【補注】先謙曰：續志後漢因，屬同。

〔六〕【補注】先謙曰：見侯表者，有河綦、常樂、德三縣無考。郡人終軍、王訢，見本傳。伏生、張生、林尊，見儒林傳。

〔七〕【補注】先謙曰：春秋譚國，齊滅之，見左傳。據説苑「齊桓公之平陵」，是當時已有平陵之號矣。東平陵見五行志。後漢因，郡治。續志「有鐵。有譚城。有天山」。濟水注「關盧水出馬耳山，北逕博亭城西，西北至東平陵城，下入歷城。武原水出譚城南平澤中，北逕譚城東，又逕東平陵縣故城西，故陵城也，後乃加『平』。武原水下入歷城」。于欽齊乘「扶風有平陵，故此加『東』」。一統志「故城今歷城縣東章丘，亦東平陵地」。

〔八〕【補注】齊召南曰：宋本、監本及別本俱以鄒爲一縣，平臺爲一縣，此大誤也。鄒平故城在今鄒平縣北，與騶縣屬魯國者不同。臺縣即高祖功臣戴野侯國，與常山郡屬之平臺縣，宣帝封史元爲侯者又不同也。當以「鄒平」連寫。先謙曰：「鄒」下誤空一格，「平」下誤連，官本正之。續志後漢因。河水注「漯水自朝陽來，東逕鄒平縣故城北，古鄒侯國，舜後姚姓也。漯水下入千乘東鄒」。一統志「故城今鄒平縣北。齊東縣半入漢鄒平境」。

〔九〕【補注】先謙曰：春秋齊邑。景公以封晏子，見晏子春秋。高帝封戴野爲侯國，見表。

〔一〇〕【補注】先謙曰：續志後漢因。濟水注「濟水自泰山盧來，東北過臺縣，北合巨合水、芹溝水，下入菅。巨合水自歷城來，西北逕臺縣故城南，其水西北合白野泉水、聽水入濟。白野泉水出臺城西南白野泉，北逕留山，西北入巨合水。聽水上承濼水，東流北屈，入巨合水。芹溝水出臺縣故城東南，西北流逕臺城東，入濟」。一統志「故城今歷城縣東北三十里」。

〔一一〕【補注】先謙曰：高帝封武虎爲侯國，見表。續志後漢因。濟水注「濟水自菅來，東過梁鄒縣，北合隴水、時水，下入千乘狄。隴水自般陽來，西北至梁鄒東南，合魚子溝水，見於陵。又逕梁鄒縣故城南，又北屈逕其城西入濟。一名袁水。京相璠云『梁鄒縣有袁水』者也」。又瓠子水注「時水自千乘高苑來，西北至梁鄒城東北入濟」。先謙案，本志「齊郡臨淄」下，「如水至梁鄒入泲」者也。酈元以時、如爲一水。此爲時之支流。淄水注「時水枝津自齊安來，西北至梁鄒入濟」也。一統志「故城今鄒平縣治」。

〔一二〕【補注】先謙曰：續志後漢因。濟水注「百脈水出土鼓縣故城西，水源方百步，百泉俱出，故曰百脈水，下入陽丘。楊渚溝水自於陵來，西北逕土鼓城東，下入陽丘」。一統志「故城今淄川縣西」。

〔一三〕【補注】顧炎武曰：泲南太守治東平陵，而都尉治於陵者，以長白山也。魏書辛子馥傳「長白山連接三齊瑕丘數州之界，多有盜賊」。又隋大業九年，「齊人孟讓、王薄等衆十餘萬據長白山，攻剽諸郡」。觀此二事，知漢人立都尉治於陵之意。

〔一四〕【補注】先謙曰：續志後漢因。劉注「縣西北有于亭，陳桓子以封齊公子周」。濟水注「楊渚溝水出逢陵故城西南二十里，後魏改於陵爲逢陵。下入土鼓。魚子溝水出長白山東柳泉口，山即陳仲子所隱也。其水逕於陵縣故城西，又北入隴水」。見梁鄒。一統志「故城今長山縣西南二十里」。

〔一五〕【補注】先謙曰：文帝封齊悼惠王子安爲侯國，見表。藝文志有陽丘侯偃。續志後漢省。濟水注「百脈水自土鼓來，西北逕陽丘縣故城中，世謂之章丘城，非也。城南有女郎山，其水西北出城北，又東北入濟。楊渚溝水自土鼓來，西北逕陽丘城東，又北逕甯戚城西入濟」。一統志「故城今章丘縣東南」。

〔一六〕應劭曰：在般水之陽。師古曰：般音盤。【補注】吳卓信曰：宋、魏志作「盤陽」，北齊平州刺史朱岱林墓志作「槃陽」，古字通用。先謙曰：續志後漢改屬齊。濟水注「般水出般陽縣南龍山，俗謂之左阜水。西北徑其城南，又南屈西入隴水。隴水南出長城中，北流至般陽縣故城西南，合般水，又逕縣西北，合萌水，下入梁鄒。萌水出西南甲山，又東北逕萌山，西入隴水」。一統志「故城今淄川縣治。般水在縣東南十五里，俗名魚頭河」。

〔一七〕應劭曰：音姦。【補注】先謙曰：文帝封齊悼惠王子罷軍爲侯國，見表。後漢因。續志「有賴亭」。左傳「公如賴」。濟水注「濟水自臺來，東逕菅縣故城南，右合百脈水、楊渚溝水，俱見陽丘。下入梁鄒」。一統志「故城今章丘縣西北」。

〔一八〕【補注】先謙曰：宰寄國，高帝封。廣陵厲王子聖，宣帝封。

〔一九〕應劭曰：在朝水之陽。【補注】先謙曰：後漢因，續志作「東朝陽」。劉注「縣西有崔城」。河水注「漯水自著來，東北逕崔氏城北，左傳『崔成請老于崔』者也。漯水又東北逕東朝陽縣故城南，應劭云『南陽有朝陽縣，故此加東』。漯水下入鄒平」。朝水無攷。後漢耿弇傳「從朝陽橋河以渡」。章懷注「朝陽縣城在濟水北，有漯河」。然則朝水即漯水之別名與？一統志「故城今章丘縣西北，齊東縣半入朝陽境」。

〔二〇〕【補注】閻若璩曰：元和志「漢景帝二年以前，泲南郡爲國，時理歷城縣」。是縣曾爲治。全祖望曰：當云「有濼水」。先謙曰：春秋齊地。濼見左桓傳。亦爲鞌邑，見成傳。顧祖禹説。又曰歷下，見晉世家。戰國同，見田齊世家及高紀、韓信傳。歷城蓋漢初縣，後漢因。續志「有鐵。有巨里聚」。劉注「太甲冢在歷山上」。濟水注「濟水自秦山盧來，東北合濼水、華泉，下入臺。濼水出歷城縣故城西南，泉源上奮，水涌若輪。城南對山，山上有舜祠，書『舜耕歷山』，亦云在此。其水北爲大明湖，引瀆東入西郭，至歷城西，而側城北注陂。水上承東城歷祠下泉，北流逕歷城東，分二水，左水西逕歷城北爲陂，謂之歷水，與濼水合。其枝津首受歷水於歷城東，東北逕東城西而北出郭，入濼水。濼水又北，聽水出焉。又北入濟爲濼口。華泉出華不注山，北絶聽瀆二十里入濟。巨合水出雞山北，逕巨合故城西，即巨里城也。巨合水合關盧水，下入臺。關盧水自東平陵來，入武原水。武原水自東平陵來，北逕巨合城東。武帝封城陽頃王子發爲侯國。關盧水西入巨合水」。一統志「故城今歷城縣治」。

〔二一〕【補注】先謙曰：趙敬肅王子起國，武帝封。

〔二二〕應劭曰：音箎。蘇林曰：音爻。今東朝陽有猇亭，蔡謩音由、音鶚。師古曰：蔡音是，音于虯反。【補注】錢大昭曰：「鶚」，閩本作「鴞」，是。王鳴盛曰：南監本作「鴞」。朱一新曰：汪本作「鴞」。先謙曰：應音誤。爻、鴞字微分陰陽，實一音也。顏云「于虯反」，即「由」之切音。因專取「由」音，故專是蔡。續志後漢省。據蘇注併入朝陽。一統志「故城今章丘縣北」。

〔二三〕師古曰：音竹庶反，又音直庶反。而韋昭誤以爲「著龜」之「著」字，乃音紀洛反，失之遠矣。【補注】洪頤煊曰：魏書地形志「濟南郡著，二漢、晉屬」。此即韋昭本。先謙曰：官本「紀」作「弛」。秦邑，曹參所收，見本傳。續志後漢因。河水注「漯水自平原漯陰來，東北逕著縣故城南，下入朝陽。甘棗故溝自漯陰來，東逕著城北，東爲陂淀，淵潭相接，世謂之穢野薄」。一統志「故城今濟陽縣西南」。

〔二四〕【補注】先謙曰：燕倉國，昭帝封。菑川懿王子偃，武帝封。續志後漢省。

泰山郡，〔一〕高帝置。〔二〕屬兖州。〔三〕户十七萬二千八十六，口七十二萬六千六百四。有工官。汶水出萊毋，西入濟。〔四〕縣二十四：〔五〕奉高，有明堂，在西南四里，武帝元封二年造。有工官。〔六〕博，〔七〕有泰山廟。〔八〕岱山在西北，〔九〕求山上。〔一〇〕茬，〔一一〕盧，〔一二〕都尉治。濟北王都也。〔一三〕肥成，〔一四〕虵丘，隧鄉，故隧國。春秋曰「齊人殲于隧」也。〔一五〕剛，〔一六〕故闡。莽曰柔。〔一七〕柴，〔一八〕蓋，〔一九〕臨樂子山，洙水所出，西北至蓋入池水。〔二〇〕又沂水南至下邳入泗，〔二一〕過郡五，〔二二〕行六百里，青州寖。〔二三〕梁父，〔二四〕東平陽，〔二五〕南武陽，〔二六〕冠石山，治水所出，南至下邳入泗，過郡二，行九百四十里。〔二七〕莽曰桓宣。〔二八〕萊蕪，〔二九〕原山，甾水所出，東至傅昌入泲，幽川寖。〔三〇〕又禹貢汶水出西南入泲。汶水，桑欽所言。〔三一〕鉅平，有亭亭山祠。〔三二〕嬴，有鐵官。〔三三〕牟，故國。〔三四〕蒙陰，禹貢蒙山在西南，有祠。〔三五〕顓臾國在蒙山下，莽曰蒙恩。〔三六〕華，莽曰翼陰。〔三七〕寧陽，侯國。〔三八〕莽曰寧順。〔三九〕乘丘，〔四〇〕富陽，〔四一〕桃山，侯國。〔四二〕莽曰裒魯。〔四三〕桃鄉，侯國。〔四四〕莽曰鄣亭。〔四五〕式。〔四六〕

〔一〕【補注】先謙曰：據江水注，郡治奉高。續志後漢治同。劉注「雒陽東千四百里」。

〔二〕【補注】全祖望曰：故屬秦齊郡，楚漢之際屬齊國，尋爲濟北國。五月，復屬齊國，分置濟北、博陽二郡。高帝四年屬漢，改博陽曰泰山，仍屬齊國。文帝二年，別屬濟北國，四年復故，十六年復屬濟北國。景帝四年復故，五年復屬濟北國。武帝元鼎元年，獻泰山及其旁邑，其國如故。後元二年，并濟北入泰山。又云，博陽郡，楚漢閒分濟北置，見高紀，以封齊王。按月表，濟北國都博陽，則本屬濟北，及封齊王，已分置矣。蓋即漢之泰山，而後併濟北入之者也。東京又分泰山、濟北爲二，則泰山仍得博縣，是其證也。又云前志泰山郡之博縣，即博陽也。劉攽疑博陽置郡之無徵，不知即泰山也。奉高未置縣以前，泰山即治博縣，以是益知其爲博陽也。

〔三〕【補注】先謙曰：續志後漢因，屬同。

〔四〕師古曰：汶音問。毋與無同。【補注】錢大昭曰：萊蕪縣下亦載汶水，較此加詳，則此八字是衍文。錢大昕曰：注「毋」與「蕪」同。「蕪」作「無」誤。先謙曰：「有工官」三字，與奉高下複，疑亦衍文。

〔五〕【補注】先謙曰：見侯表者有德、五據、胡毋三縣無考。郡人毛莫如、栗豐、冥都，見儒林傳。

〔六〕【補注】先謙曰：造明堂事詳郊祀志。續志後漢因。郡治。劉注「左傳：大蒐於紅。紅亭在縣西北」。汶水注「禹貢汶水自嬴來，西南過奉高縣北。武帝元封元年立，以奉泰山之祀。汶水屈從縣西南流，合牟汶水、北汶水、石汶水，西南逕徂徠山、西山，在梁父、奉高、博三縣界，汶水又合三小水，下入博。牟汶水自牟來，西南逕奉高縣故城西入汶。北汶水出分水溪，源與中川分水，東南流，逕泰山東，右合天門下溪水見博。入汶。環水出泰山南溪，東南逕明堂下，古引水爲辟雍處，基瀆存焉。世謂此水爲石汶。又左入汶」。一統志「故城今泰安縣東北十七里，縣東北四十里有周明堂故址，縣東十里有漢明堂故址」。

〔七〕【補注】先謙曰：濟北王田安都博陽，即此，見項羽傳。灌嬰破田横於此，見嬰傳。後漢因。續志「有龜山。有龍鄉城」。劉注「楚有蜀之役，縣西北有蜀亭」。汶水注「禹貢汶水自奉高來，南逕博縣故城東。春秋『伐齊取博』者也。汶水屈從其城南西流，又西南逕龍鄉故城南，春秋『齊侯圍龍』者也。高帝封陳署爲侯國。汶水下入鉅平，天門下溪水出泰山天門下谷，東流，又東南逕龜陰之田。龜山在博縣北十五里，其水入北汶水」。一統志「故城今泰安縣東南」。

〔八〕【補注】先謙曰：郊祀志「宣帝神爵元年定祀」。一統志「廟在今泰安縣城西北隅」。

〔九〕【補注】錢坫曰：「岱」、「泰」字古通用。先謙曰：禹貢山水澤地篇「泰山爲東嶽，在泰山博縣西北」，與此合。一統志「山在今泰安縣城北五里」。

〔一〇〕【補注】錢大昕曰：「求山上」三字，「兖州山」之譌。

〔一一〕應劭曰：茌山在東北。音淄。師古曰：又音仕疑反。【補注】宋祁曰：「茌」當作「荏」。先謙曰：續志後漢因。曹魏名縣爲山茌。濟水注「中川水出山茌縣之分水嶺，一源兩分，泉流半解。半水南出泰山，入汶。半水出山茌縣西北，流逕東太原郡南，劉宋置。下入盧」。一統志「故城今長清縣東北」。

〔一二〕【補注】先謙曰：春秋齊邑，見左隱、成、襄傳。秦縣，曹參攻之，見本傳。地道記「盧，扁鵲所生」。

〔一三〕【補注】先謙曰：淮南厲王子勃封濟北王，都此。傳云「國除，爲北安縣」。蓋後改名盧，後漢改屬濟北。續志「有平陰城。有防門。有光里。有景茲山。有敖山。有清亭。有長城至東海。劉注「縣北有郕山。東有地名石窌」。濟水注「濟水自東郡臨邑來，水有石門，故濟水之門。春秋『齊、鄭會於石門』也。今盧縣故城西南六十里有故石門，去水三百步，蓋水瀆流移也。濟水又北逕平陰城西，在縣城西南十里。平陰城南有長城，東至海，西至濟。河道所由名防門。防門北有光里。濟水右迆，遏爲湄湖，方四十餘里。濟水又東北，逕洛當城。北征記云『濟水與清河合流至洛當』者也。河水自四瀆口東北流入濟。魏土地記云『盟津河別流十里，與清水合，亂流而東，逕洛當城北，涇渭殊別而東南流注』也。濟水又與湄溝合，又逕盧縣故城北，濟北郡治也。又合中川水、玉水，見平原祝阿。下入濟南歷城。中川水自茌來，北合賓溪水，又北逕盧縣故城東，爲沙溝水，入濟。賓溪水出南格馬山賓溪谷，北逕盧縣故城北，入中川水」。一統志「故城今長清縣南二十五里」。

〔一四〕應劭曰：肥子國。【補注】洪亮吉曰：「真定國肥纍」下原注云「故肥子國」。杜預左傳注「肥國在鉅鹿下。曲陽縣西南有肥纍城」。則肥子國屬真定者爲是。又甾川國劇縣，應劭亦云「故肥國」。先謙曰：續志後漢省。汶水注「汶水出肥成縣東北原，西南流，逕縣故城南。樂子春謂其弟子曰『子適齊過肥，肥有君子焉』。左逕句窳亭北，下入東平富城」。案酈不采應説，其證允矣。一統志「故城今肥城縣治」。

〔一五〕師古曰：虵音移。隧音遂。【補注】全祖望曰：「隧」當作「遂」，此俗本之譌。先謙曰：齊世家「魯莊公獻遂邑于齊」，則遂爲魯滅。後漢改屬濟北。續志「有遂鄉。有下讙亭。有鑄鄉城」。劉注「東觀書有芳陘山」。汶水注「禹貢汶水自魯汶陽來。又西，洸水出焉。又逕虵丘縣南。杜預云『縣治鑄鄉城也』。下入剛。又自剛來入縣，合蛇水、溝水，下仍入剛。蛇水自汶陽來，西南逕鑄城西，左傳所謂蛇淵囿也。又逕夏暉城南，左傳之下讙也。又西南入汶。溝水出東北馬山，西南逕棘亭南，春秋『叔孫僑如圍棘』是也。又逕遂城東，又西逕下讙城西而入汶」。一統志「故城今肥城縣南」。

〔一六〕【補注】先謙曰：縣人鄭弘，見本傳。

〔一七〕應劭曰：春秋「取酄及闡」，今闡亭是也。師古曰：酄音讙。【補注】先謙曰：續志後漢改屬濟北。汶水注「禹貢汶水自蛇丘來，西南過剛縣北。杜預云『闡在剛縣北，剛城東有一小亭，今剛縣治，俗人又謂之闡亭』。京相璠云『剛縣西四十里有闡亭』。未知孰是。汶水下入蛇丘。又自蛇丘來，逕春亭西，亭東去剛城四十里。汶水下入東平章。蛇水出剛縣東北，泰山西南，下入魯國汶陽」。又洙水注「洸水上承汶水於剛縣西，闡亭東。爾雅曰『汶別爲闡』，其猶洛之有波矣。又西南逕盛鄉城西。京相璠云『縣西南有盛鄉城』者也。下入寧陽」。一統志「故城今寧陽縣東三十五里」。

〔一八〕【補注】先謙曰：武帝封齊孝王子代爲侯國，見表。續志後漢省。汶水注「淄水自梁父來，西南逕柴縣故城北，世謂之柴汶水，下入式」。一統志「故城今泰安縣南柴城堡」。

〔一九〕【補注】先謙曰：戰國齊邑，見孟子。景帝封王信爲侯國，見表。續志後漢因。劉注「左傳：會于防。縣東南有防城」。一統志「故城今沂水縣西北八十里」。

〔二〇〕【補注】齊召南曰：「池」應作「泗」。水經注引此，文云「西北至蓋，入泗水。或作『池』字，蓋字誤也」。觀此，則道元以前本已訛作「入池水矣」。先謙曰：洙水注「洙水自臨樂山西北，逕蓋縣，下入東平陽」，與說文皆無「于」字，則「于」字亦衍。官本「于」作「子」。又蓋縣所出之水，無仍云至蓋入它水之理，與全志體例不合。而水經注已引作「至蓋」，則北魏前志文已誤。王念孫云：「至蓋」當爲「至下」。卞縣有泗水，蓋縣無泗水。卞縣故城在今兗州府泗水縣東，故云「洙水至下入泗水」。今之洙水，乃在曲阜縣北。上源既不遠，下流又入沂，不入泗，與漢志、水經故道迥殊矣。先謙案，一統志「臨樂山在今蒙陰縣東北」。

〔二一〕【補注】先謙曰：下邳，東海縣。沂水篇「沂水出蓋縣艾山」。注云「鄭玄云『出沂山』，亦或云『臨樂山』，水有二源：南爲柞泉，北爲魚窮泉。東南流合成一川，合洛預水、桑預水、螳蜋水，東逕蓋縣故城南，合連綿水，下入琅邪東莞。連綿水出連綿山，南流，逕蓋城東入沂」。

〔二二〕【補注】先謙曰：過泰山、琅邪、城陽、東海，「五」當爲「四」。

〔二三〕師古曰：蓋讀如本字，又音古盍反。洙音殊。

〔二四〕師古曰：以山名縣也。父音甫。【補注】先謙曰：功臣平州侯王吷表注「梁父」，蓋嘗析置平州縣。後漢因。續志「父」作「甫」，「有菟裘聚」。汶水注「淄水出梁父縣東，西南流，逕菟裘城北，春秋『隱公營之』」。又逕梁父縣故城南，縣北有梁父山。開山圖云「泰山在左，亢父在右。亢父知生，梁父知死」。王者封泰山，禪梁父，故縣取名焉。淄水下入柴」。一統志「故城今泰安縣南六十里」。

〔二五〕【補注】先謙曰：秦邑。灌嬰破楚騎於此，見本傳。續志後漢省。洙水注「洙水自蓋來，西逕東平陽縣，春秋『城平陽』是也。河東有平陽，故此加『東』。晉改新泰。洙水下入魯國卞」。一統志「故城今新泰縣西北」。

〔二六〕【補注】徐松曰：東郡有東武陽，故加「南」。

〔二七〕【補注】錢坫曰：過泰山、東海二郡，自南武陽至下邳，無九百四十里，當有誤字。

〔二八〕應劭曰：武水所出，南入泗。【補注】先謙曰：續志後漢因。沂水注「治水出冠石山，地理志曰『冠石山，治水所出』。應劭云『武水出焉』。蓋水異名也。下入蒙陰」。先謙案，道元言「治水歷費臨沂入沂」，不言至下邳入泗，與志違異。泗水注又言「武水至下邳入泗」，不言出冠石山。以地形測之，冠石山在南武陽及楚國武原縣界，武水、治水皆出焉。流入費縣者爲武水，至臨沂入沂。南武陽以武水得名也。流入武原者爲治水，亦謂之武水，合武原水入泗，班、應所説也。志舉治水不及入沂之武水，應舉武水不析言有二，道元既引志以釋治水，而於下流入沂不入泗，未加剖駁。此蓋偶有不照，非有意分歧可知。一統志「故城今費縣西北七十里。冠石山名聰山，治水名浚河」。

〔二九〕【補注】先謙曰：續志後漢因。一統志「故城今淄川縣東南六十里。博山縣亦漢萊蕪地」。

〔三〇〕【補注】王鳴盛曰：「傅」，南監本作「博」是。甾川，禹貢在青州，而職方以爲幽州竊者，青地周入幽也。先謙曰：博昌，千乘縣。「甾」，禹貢作「淄」。周禮作「菑」。淄水篇「淄水出萊蕪縣原山」。注云「淄水出縣西南山下，世謂之原泉。淮南子云『水出飴山』，蓋山別名也。東北流，逕萊蕪谷屈而西北流，逕縣故城南。從征記云『城在萊蕪谷，當路阻絶，兩山間道由南北門』。范史雲言，萊蕪在齊，非魯所得。引舊説云，齊靈公滅萊，萊民播流此谷，邑落荒蕪，故曰萊蕪，禹貢所謂萊夷也。余案，縣漢高祖置，左傳『與之萊柞』。應劭云『萊蕪，魯之萊柞邑』。淄水又西北，轉逕城西，又東北合家桑谷水，又北出山，爲萊蕪口，下入齊臨淄。家桑谷水出縣東南。從征記名曰聖水，西北入淄」。一統志「原山在今博山縣東二十五里。府志一名馬耳山」。

〔三一〕師古曰：泲音子禮反。【補注】先謙曰：汶水篇「汶水出萊蕪縣原山西南，過其縣南」。注云「萊蕪縣在齊城西南原山，又在縣西南六十許里。地理志汶水與淄水俱出原山西南入濟，不得過其縣南也。從征記云『汶水出縣西南流，下入嬴』」。先謙案，云「汶水，桑欽所言」者，舉汶水以別於甾水。又琅邪朱虛亦有汶水入濰，禹貢無之，此入泲之汶，故冠以禹貢。其舉欽言者，明古文説之不易，而今文家所未及也。説文「汶」下云「水出琅邪朱虛東泰山，東入濰」。桑欽説汶水出泰山萊蕪西南入泲，與班義正同。

〔三二〕應劭曰：左氏傳「陽虎入于讙陽關以叛」。今陽關亭是也。【補注】先謙曰：春秋魯成邑，始見左桓傳。戰國齊取之。魯伐齊，入陽關，見田齊世家。縣人王章，見本傳。後漢因。續志「有亭禪山。有陽關亭」。汶水注「禹貢汶水自博來，西南逕亭亭山東，黄帝所禪也。山有神廟，水上有石門，舊分水下溉處。汶水又逕陽關故城西，又南，左合淄水，又逕鉅平縣故城東而西南流。城東有魯道，詩所謂『魯道有蕩』也。汶水下入魯汶陽。淄水自式來，西逕陽關城南入汶』。一統志『故城今泰安縣西南，亭亭山南五十里』。

〔三三〕師古曰：音盈。【補注】先謙曰：春秋、戰國齊邑，始見左桓傳及孟子。灌嬰敗田横軍於此，見嬰傳。後漢因。續志：有鐵（山）。汶水注『禹貢汶水自萊蕪來，西南逕嬴縣故城南，下入奉高』。一統志『故城今萊蕪縣西北四十里，汶水北城子縣』。

〔三四〕應劭曰：附庸也。師古曰：春秋桓十五年『牟人來朝』，即此也。【補注】先謙曰：續志後漢因。汶水注『牟汶出牟縣故城西南阜下，俗謂之胡盧堆。淮南子云『汶出弗其』。高誘云『山名，或斯阜矣』。牟縣故城在東北古牟國。應劭云『魯附庸，俗謂是水爲牟汶』也。下入奉高』。案據酈引應説，明注『附』上脱『魯』字。一統志『故城今萊蕪縣東二十里。牟汶水出縣南』。

〔三五〕【補注】先謙曰：禹貢山水澤地篇『蒙山在蒙陰縣西南』，與志合。

〔三六〕【補注】先謙曰：續志後漢省。沂水注『桑泉水出縣五女山，合巨圍水，又合堂阜水，春秋『管仲税囚於堂阜』也。桑泉水又東南逕蒙陰縣故城北，又合叟崮水、盧川水、見城陽慮。蒙陰水，東北入沂。見東海東安。叟崮水二源雙會，東導一川，俗亦謂之汶水。東逕蒙陰縣入桑泉水。蒙陰水出蒙山之陰，東北入桑泉水』。又云『蒙山水亦出蒙山陰，下入城陽陽都。治水自南武陽來，東流逕蒙山下，又東南逕顓臾城北，下入東海費』。案，據續志，南武陽有顓臾城，則蒙陰後漢併入南武陽。一統志『故城今蒙陰縣西南十五里。蒙山在縣南四十里，接費縣界』。

〔三七〕【補注】先謙曰：續志後漢省。吴卓信云：後漢光武十王傳『永平二年，以華縣益琅邪』。是明帝時尚有華縣。三國志稱『臧霸，泰山華人』。郭班世語言『曹嵩在泰山華縣』。泰山尉孔宙碑陰所列門生故吏諸名，亦有題『泰山華』者。然則東漢元有華縣，殆省併旋復耳。一統志『故城今費縣東北六十里』。

〔三八〕【補注】先謙曰：魯恭王子恬國，武帝封。

〔三九〕【補注】錢坫曰：夏侯勝傳作「寧鄉」，屬大河郡。先謙曰：續志改屬東平。洙水注「洸水自剛來，南逕寧陽縣故城西，合洙水枝津，下入乘丘。洙水枝津自山陽瑕丘來，西逕寧陽城南，又西南入洸」。一統志「故城今寧陽縣南」。

〔四〇〕師古曰：春秋莊公十五年「公敗宋師于乘丘」，即此是也。【補注】先謙曰：顏引左傳，亦見「濟陰乘氏」下。辨見彼注。魯地，戰國屬趙，齊取之，見國策。三晉伐楚，至此而還，見楚世家。武帝封中山靖王子將夜爲侯國，見表。續志後漢省。洙水注「洸水自寧陽來，西南逕乘丘縣故城東，又東南入洙」。見臨淮高平。一統志「故城今滋陽縣西北」。

〔四一〕【補注】先謙曰：宣帝封六安夷王子賜，成帝封東平思王子萌爲侯國，見表。續志後漢省。

〔四二〕【補注】先謙曰：城陽孝王子欽國，成帝封。

〔四三〕【補注】段玉裁曰：恩澤侯表有褒魯節侯公子寬。「褒」，各本作「裒」，疑皆誤。錢大昭曰：閩本「裒」作「襃」，無「魯」字。朱一新曰：汪本作「襃魯」。先謙曰：官本作「襃魯」。案「褒魯」是也，説詳侯表。續志後漢省。一統志「故城今滕縣東。縣東南有桃山，以此得名」。

〔四四〕【補注】先謙曰：東平思王子宣國，成帝封。

〔四五〕【補注】先謙曰：續志後漢省。汶水注「汶水自東平章來，西南逕桃鄉縣故城。世以此爲鄣城，非也，蓋因巨新之故目耳。汶水自桃鄉四分，當派別之處，謂之四汶口。下並入東平無鹽」。一統志「故城今汶上縣東北」。

〔四六〕【補注】錢大昭曰：當作「成」。續志作「成」，云「本國」。劉注「左傳：衞師入郕。杜預云，東平剛父縣西南有郕鄉」。先謙曰：續志後漢省。李賡芸云：志泰山郡有式無成，後漢分置濟北，有成而皆無式，蓋東都省式置成也。王子侯表式節侯憲下注「泰山郡」。後書劉盆子傳「盆子，泰山式人，祖父憲封爲式侯」。章懷注「式，縣名。中興，縣廢」。是泰山之有式縣，史文甚明，豈得據東漢濟北之成縣，而以西漢泰山之式縣爲誤耶？先謙案，李説甚辨。然式究不知何地，成則確有可憑，此當闕疑。汶水注「淄水自柴來，又逕郕縣北。高帝封董渫爲侯國。淄水下入鉅平」。一統志「成縣在寧陽縣北」。

齊郡，〔一〕秦置。〔二〕莽曰濟南，屬青州。〔三〕户十五萬四千八百二十六，口五十五萬四千四百四十四。縣十二：〔四〕臨淄，〔五〕師尚父所封。〔六〕如水西北至梁鄒入泲。〔七〕有服官、〔八〕鐵官。〔九〕莽曰齊陵。〔一〇〕昌國，〔一一〕德會水西北至西安入如。〔一二〕利，莽曰利治。〔一三〕西安，〔一四〕莽曰東寧。〔一五〕鉅定，〔一六〕馬車瀆水首受鉅定，東北至琅槐入海。〔一七〕廣，〔一八〕爲山，濁水所出，東北至廣饒入鉅定。〔一九〕廣饒，〔二〇〕昭南，〔二一〕臨朐，〔二二〕有逢山祠。〔二三〕石膏山，洋水所出，東北至廣饒入鉅定。莽曰監朐。〔二四〕北鄉，侯國。〔二五〕莽曰禺聚。〔二六〕平廣，侯國。〔二七〕臺鄉。〔二八〕

〔一〕【補注】閻若璩曰：郡治臨淄，以齊悼惠王子及主父偃傳知之。先謙曰：據淄水注，秦時即治臨淄。續志後漢治同。劉注「雒陽東千八百里」。

〔二〕【補注】先謙曰：始皇二十六年置，見本紀。治臨淄，見淄水注。注作「三十四年」，誤。全祖望云：楚漢之際改名臨淄郡，屬齊國。漢復故，仍屬齊國。五年，屬楚國。六年，復爲齊國。武帝元朔三年復故。元狩二年復爲國，元封元年復故。

〔三〕【補注】先謙曰：後漢爲齊國，屬同。

〔四〕【補注】先謙曰：見功臣表者，按道、瀘清、新時三縣無考。郡人浮丘伯、服生、即墨成、衡咸、周堪、炔欽、轅固、胡毋生，見儒林傳。樓護，見游俠傳。婁敬、鄒陽，見本傳。薛方、栗融，見鮑宣傳。

〔五〕【補注】先謙曰：有昌鄉亭，見王莽傳。縣人嚴安、主父偃，見本傳。淄水注「淄水自泰山萊蕪來，東北逕牛山西，又東逕臨淄縣故城南，得天齊水口。又逕四豪冢北，田氏四王也。又東北逕蕩陰里西，又北逕其城東，城臨淄水，故曰臨淄。淄水下入甾川東安平。天齊水出南郊山下，謂之天齊淵，五泉並出，南北三百步，廣十步。山即牛山，左思齊都賦曰『牛嶺鎮其南』者也。水在齊八祠中，齊之爲名起於此矣。應劭云『齊所以爲齊者，即天齊淵名也』。其水北入淄。女水自東安平來，東北逕龍丘東，東北入巨淀。地理志曰『菟頭山，女水所出，東北至臨淄入巨淀』。據注引志文，女水下有「所」字，志脱。先謙案，臨淄在東安平西南，巨淀湖亦不在臨淄界。女水出東安平，不應反東北至臨淄入巨(定)〔淀〕，蓋志有誤文，道元所見已然矣。「系水出齊城西南，爲寒泉。東北流，直申門西，爲申池。齊懿公見弒處也。系水傍城北流，逕陽門西，水次有故封處，齊之稷下也。又北逕臨淄城西門北而西流，逕梧宫南。又逕葵丘北，『襄公使戍』，即斯地也。又左迆爲潭，又逕高陽僑郡南，元魏立。又西北入時水。見西安。文安水自菑川東安平來，東北至縣入巨淀。澠水出臨淄縣北營城東，爲漢溱水，西北逕營城北。文帝封齊悼惠王子信都爲侯國。澠水下入千乘博昌」。

〔六〕【補注】先謙曰：續志劉注「皇覽云，呂尚冢在縣城南，去縣十餘里，在齊桓公冢南」。

〔七〕【補注】先謙曰：梁鄒，濟南縣。淄水注「時水出齊城西北二十五里，平地出泉，即如水也，亦謂之源水。水色黑，俗又目爲黑水。西北逕黄山東，又北歷愚山東，有愚公冢。又屈逕杜山北，有愚公谷，亦謂之石梁水。又合澅水，下入西安。澅水出時水東，去臨淄城十八里，所謂澅中也。俗以澅水爲宿留水，西北入時水。孟子三宿而後出澅，故世以此而變水名也。水南山西有王歜墓」。又瓠子水注「時即耏水也，音而。春秋『齊、晉盟于耏』者也。京相璠云『今臨淄惟有澅水，西北入濟，即地理志之如水矣』。耏、如聲相似。然則澅水即耏水，以澅與時合，得通稱矣」。

〔八〕【補注】先謙曰：「齊三服官」，見元、哀二紀、貢禹傳。

〔九〕【補注】吴卓信曰：一統志「商山在臨淄縣西，即古鐵山。崔炎述征賦云『登鐵山望齊岱』是也」。

〔一〇〕應劭曰：齊獻公自營丘徙此。臣瓚曰：臨淄即營丘也。故晏子曰「始爽鳩氏居之，逢伯陵居之，太公居之」。又曰「先君太公築營之丘。」今齊之城中有丘，即營丘也。師古曰：瓚說是也。築營之丘，言於營丘地築城邑。【補注】先謙曰：續志後漢因。劉注「菑水南有桓公冢，西北有晏嬰冢，南小山曰牛山，縣西有袁婁」。淄水注「爾雅云『水出其前，左爲營丘』。武王以其地賜太公望，都營丘，爲齊。史記『（成）〔武〕王封師尚父于營丘，東就國，道宿行遲，萊侯與之爭營丘』。或以爲都營陵，陵亦丘也。余案，營陵城南無水，惟城北有一水，東北流。詳營陵下。由爾雅『出前』、『左』之文，不得以爲營丘矣。營丘者，山名也，詩所謂『子之營兮』。作者多以丘陵號同，緣陵又去萊差近，咸言太公所封。考之春秋『諸侯城緣陵』，左傳曰『遷杞也』，並無『營』字。瓚以爲非，近之。今臨淄城中有丘，在小城內，周回三百步，高九丈，北降丈五，淄水出其前，故有營丘之名，與爾雅相符。城對天齊淵，故城有齊城之稱。田巴入齊，過淄自鏡。郭景純言齊之營丘，淄水逕其南及東也，非營陵明矣。獻公之自營丘徙臨淄，猶晉氏深翼名絳，非謂自營陵而之也。其外郭即獻公所徙臨淄城也」。先謙案，道元之辨至晰，應說誤也。齊世家：十五世胡公徙薄姑，六世獻公因徙薄姑都，治臨淄。是暫因薄姑之舊，仍治臨菑爲都耳。史文甚明，地說家猶據後起之詞，以爲營丘不在臨淄，殊無謂也。一統志「故城今臨淄縣北八里古城店，亦曰齊城」。

〔一一〕【補注】先謙曰：戰國齊地，亦名昌城，楚惠文王取之，見趙世家。續志後漢因。一統志「故城今淄川縣東三十五里」。

〔一二〕【補注】先謙曰：如即時水枝津也。瓠子水注「德會水出昌國縣黃山，西北流，逕昌國縣故城南，昔樂毅封此。德會水又合五里泉水，又爲滄浪溝，下入西安。據志文。五里泉水出縣南黃阜，北流，逕城西北入德會水」。一統志「德會水在淄川縣東北。通志『出范王莊，名曰泉河頭』。府志『今曰豐水，亦曰朱龍河』」。

〔一三〕【補注】先謙曰：續志後漢改屬樂安。河水注「河水自千乘千乘來，東北過利縣北，又東分爲二枝津，東逕甲下邑城南，歷馬常坑入濟。河水自枝津東北流，逕甲下邑北，入海」。又濟水注「濟水自千乘博昌來，東北過利縣西，晏謨云『縣在齊城北五十里』也。下入千乘琅槐」。又淄水注「時水自千乘博昌來，東北逕利縣故城北，下入鉅定」。

一統志「故城今博興縣東四十里利城鎮」。

〔一四〕【補注】先謙曰：成帝封東平思王孫漢爲侯國，見表。功臣涉軹侯李朔表注「西安」，蓋曾析置涉軹縣。

〔一五〕【補注】先謙曰：後漢因。續志「有棘里亭。有蘧丘里，古渠丘」。淄水注「時水自臨淄來，西北逕西安縣故城南，本渠丘也。齊大夫雍廩邑。時水又西至石洋堰，分爲二，謂之石洋口。時水北逕西安城西，又北合系水，見臨菑。下入千乘博昌。枝津下入濟南梁鄒」。又瓠子水注「如水即時水，枝津自西安城西南別出，合德會水，下入千乘高苑。德會水自昌國來，至縣入如。地理志曰『德會水出昌國西北，至西安入如』者也」。一統志「故城今臨菑縣西三十里」。

〔一六〕【補注】先謙曰：武帝耕於此。見本紀。續志後漢省。淄水注「淄水自甾川東安平來，東逕巨淀縣故城南，縣東南則巨淀湖，蓋以水受名也。淄水下入廣饒。時水自利來，東北逕巨淀縣故城北，下入廣饒」。一統志「故城今樂安縣北壽光縣西北八十里」。齊乘『巨淀湖即清水泊，一名青丘濼』。

〔一七〕【補注】先謙曰：淄水注「馬車瀆水首受巨淀，淀即濁水所注也。見廣饒。巨淀之右又有女水注之。見臨淄。又北爲馬車瀆，北合淄水，見千乘博昌。又北，時、澠之水注之。見廣饒。亂流東北，下入千乘琅槐」。一統志「馬車瀆在樂安縣東北五十里，今名高家港」。

〔一八〕【補注】先謙曰：高帝封召歐，元帝封甾川孝王子便爲侯國，見表。續志後漢因。一統志「故城今益都縣西南四里」。

〔一九〕【補注】先謙曰：「爲山」，説文作「嫣山」。淄水注「呂忱云『濁水一名溷水』，出廣縣爲山，世謂之冶嶺山。東北流，逕廣固城西，城在廣縣西北四里，水側山際有五龍口。濁水又逕堯山東，又逕東陽城北，合長沙水，下入北海益。長沙水出逢山北阜，逢山詳臨朐。爲陽水。東北流逕廣縣故城西，舊青州刺史治。合石井水，又東逕東陽城東南。以在陽水之陽，謂之東陽城。世以濁水爲西陽水。陽水又北屈，逕城陽景王劉章廟東，東入巨洋水。後人堨斷令北注濁水，時人通謂濁水爲陽水，故有南陽、北陽水之論。二水渾流，世稱長沙水，亦通名澠水。故伏琛、晏謨爲齊記，並云『東陽城既在澠水之陽，宜爲澠陽城』，非也。世又謂陽水爲洋水。余案，羣書盛言洋水出臨朐縣，而陽水導源廣縣，兩縣雖鄰，川土不同，於事疑焉』。此辨俗以陽水爲澠水、洋水之誤，至爲詳晰，地理家猶謂道元已不能知，謬矣。

〔二〇〕【補注】先謙曰：武帝封菑川靖王子國爲侯國，見表。續志後漢省。淄水注「淄水自鉅定來，東北逕廣饒縣故城南，又東合馬車瀆水，又北合時水，下入千乘琅槐。濁水自北海益來，至縣入巨淀」。先謙案，本志「廣」下所謂濁水，「至廣饒入鉅定」者也。「時水自巨淀來，東北逕廣饒縣故城北入淄。應劭云『淄入濡』，謂斯水矣」。先謙案，如、濡古通用。本志千乘博昌下云「時水東北至鉅定入馬車瀆入淄」，即入馬車瀆矣。又增利、鉅定、廣饒三縣以補志所不及。一統志「故城今樂安縣東北」。

〔二一〕【補注】先謙曰：續志後漢省。

〔二二〕【補注】先謙曰：武帝封菑川懿王子奴爲侯國，見表。

〔二三〕【補注】先謙曰：宣帝置祠，見郊祀志。「逢」作「蓬」。

〔二四〕應劭曰：臨朐山有伯氏駢邑。師古曰：朐音劬。洋音祥。【補注】先謙曰：後漢省。續志「有三亭，古邦邑」。巨洋水注「洋水出石膏山西北石澗口，東南逕逢山祠西，又歷逢山下，即石膏山也。山麓三成，壁立直上。山上有石鼓，鳴則年凶。續述征記云『逢山在廣固南三十里，有祠並石鼓，齊地將亂，石人輒打石鼓，聲聞數十里』。洋水歷其陰而東北流，世謂之石溝水。又出委粟山北，而東入巨洋水，謂之石溝口。是水下流有時通塞，及春夏水泛，川瀾無輟，亦謂龍泉水。地理志『石膏山，洋水所出』是也。今於此縣惟是瀆當之，似符羣證矣。巨洋水自琅邪朱虛來，北入臨朐縣，合熏冶泉水，又逕臨朐縣故城東，城古伯氏駢邑也。應劭云『臨朐，山名，故縣氏之。朐，亦水名，其城側臨朐川，是以王莽用表厥稱焉』。巨洋水又北逕委粟山東，孤阜秀立，形若委粟。又東北合洋水，又得邳泉口，又北會建德水，下入菑川劇」。先謙案，巨洋水之下流即洋水下流，道元因洋水下流時有通塞，巨洋導源較遠，與洋水異出同歸，故以巨洋爲正，洋水爲支。此後人密於前人之處，正以發明漢志，各不相掩。地理家紛紛竄改，皆謬論矣。一統志「故城今臨朐縣治。逢山在縣西二十五里」。地道記「石膏山」作「石高山」。說文作「高山」，奪文。

〔二五〕【補注】先謙曰：菑川孝王子譚國，元帝封。

〔二六〕【補注】先謙曰：續志後漢省。

〔二七〕【補注】先謙曰：菑川孝王子服國，元帝封。表奪「廣」字。續志後漢省。

〔二八〕【補注】先謙曰：成帝封菑川孝王子昣爲侯國，見表。續志後漢省。

北海郡，〔一〕景帝中二年置。〔二〕屬青州。〔三〕户十二萬七千，口五十九萬三千一百五十九。縣二十六：〔四〕營陵，〔五〕或曰營丘。〔六〕莽曰北海亭。〔七〕劇魁，侯國。〔八〕莽曰上符。〔九〕安丘，〔一〇〕莽曰誅郅。〔一一〕瓡，侯國。〔一二〕莽曰道德。〔一三〕淳于，〔一四〕益，莽曰探陽。〔一五〕平壽，〔一六〕劇，侯國。〔一七〕都昌，有鹽官。〔一八〕平望，侯國。〔一九〕莽曰所聚。〔二〇〕平的，侯國。〔二一〕柳泉，侯國。〔二二〕莽曰弘睦。〔二三〕壽光，有鹽官。莽曰翼平亭。〔二四〕樂望，侯國。〔二五〕饒，〔二六〕侯國。〔二七〕斟，故國，禹後。〔二八〕桑犢，〔二九〕覆甑山，溉水所出，東北至都昌入海。〔三〇〕平城，侯國。〔三一〕密鄉，〔三二〕侯國。〔三三〕羊石，侯國。〔三四〕樂都，侯國。〔三五〕莽曰拔壟，一作枤，一作枝也。〔三六〕石鄉，侯國。一作正鄉。〔三七〕上鄉，侯國。〔三八〕新成，侯國。〔三九〕成鄉，侯國。〔四〇〕莽曰石樂。〔四一〕膠陽。侯國。〔四二〕

〔一〕【補注】先謙曰：治所無攷。續志後漢治劇。

〔二〕【補注】全祖望曰：故屬秦齊郡，文帝屬菑川國，景帝分置。

〔三〕【補注】先謙曰：續志後漢爲北海國，屬同。

〔四〕【補注】先謙曰：郡人禽慶、蘇章，見鮑宣傳。

〔五〕【補注】先謙曰：高帝封劉澤爲侯國，見表。

〔六〕【補注】先謙曰：志於齊郡臨淄明云「師尚父所封」，又於此下云「或曰營丘」，廣異説也。或曰者，傳疑之詞。淄水注以此爲非，辨之最晰。史記齊世家「營丘」、「臨淄」二文歧出，又云「營丘邊萊」，此異論所由起也。

〔七〕應劭曰：師尚父封於營丘，陵亦丘也。臣瓚曰：營丘即臨淄也。營陵，春秋謂之緣陵。師古曰：臨淄、營陵，皆舊營丘地。【補注】先謙曰：春秋僖十四年「諸侯城緣陵而遷杞」，杜注「緣陵，杞邑」。案此以緣陵與齊爲近，故遷而庇之。若是營丘，則太公開國之地，豈得以居他國乎？顏氏調人之説，未爲得也。續志後漢因。淄水注「營陵城南無水，惟城北有一水，世謂之白狼水。西出丹山，東北流，俗謂凡山也」。又巨洋水注「白狼水上承營陵縣之下流，下入平壽」。一統志「故城今昌樂縣東南」。

〔八〕【補注】先謙曰：甾川懿王子黑國，武帝封。

〔九〕【補注】先謙曰：續志後漢省。一統志「故城今昌樂縣西北」。

〔一〇〕【補注】先謙曰：宣帝時鳳皇集，見紀。

〔一一〕孟康曰：今渠丘是。【補注】先謙曰：後漢因。續志有渠丘亭。汶水注此入濰之汶。「汶水自琅邪朱虛來，東逕安丘縣故城北，王莽之誅郅也。孟康云『今渠丘亭是』。伏琛、晏謨齊記並言莒渠丘亭在安丘城東北十里，非矣。城對牟山，汶水下入淳于」。一統志「故城今安丘縣西南」。

〔一二〕【補注】先謙曰：城陽頃王子息國，武帝封。

〔一三〕師古曰：瓡即執字。【補注】王念孫曰：韋昭音瓡，爲諸蟄反。廣韻入聲二十六緝「瓡」，之入切。縣名，在北海。

則「瓠」爲「執」之譌明矣。至河東之瓠讘，乃「瓡」之譌字。故集韻十一模有「瓡」，云「瓡讘，晉地名」。先謙曰：續志後漢省。

〔一四〕應劭曰：春秋「州公如曹」，左氏傳曰「淳于公如曹」。臣瓚曰：州，國名也。淳于公國之所都。【補注】先謙曰：宣帝時鳳皇集，見紀。後漢因。續志「永元九年復」。汶水注「汶水自安丘來，北過淳于縣西，又東北入濰縣，故夏后之斟灌國也。周武王以封淳于公，號曰淳于國。其城東北則兩川交會也」。先謙案，志云「汶水至安丘入濰」，蓋二縣地相比。又濰水注「濰水自高密、昌安來，北過淳于縣東，又左會汶水，下入平城」。一統志「故城今安丘縣東北三十里」。

〔一五〕【補注】先謙曰：續志後漢改屬樂安。巨洋水注「巨洋水自甾川劇來，東北逕益縣故城東，王莽更之曰滌蕩也。晏謨云『南去齊城五十里』，又東北積爲潭，枝津出爲百尺溝。巨洋水下入壽光。百尺溝西北逕北益都城，武帝封甾川懿王子胡爲侯國。又西北入巨淀」。又淄水注：「濁水自齊郡廣來，北逕臧氏臺西，又逕益城西，又入巨淀。地理志曰『廣縣爲山，濁水所出，東北至廣饒入巨淀』」。先謙案，洋水、濁水，志並云「至廣饒入巨淀」。酈注二水並「自益入巨淀」，知廣饒、益二地相比也。後漢劉盆子傳有王莽探湯侯田況。章懷注「莽改縣曰探湯」，則「探陽」、「滌蕩」皆誤。一統志「故城今壽光縣西，益都今壽光北十五里王城店」。

〔一六〕應劭曰：古抖尋，禹後，今抖城是也。臣瓚曰：抖尋在河南，不在此也。汲郡古文云「大康居抖尋，羿亦居之，桀亦居之」。尚書序云「大康失邦，昆弟五人，須于洛汭」，此即大康所居爲近洛也。又吴起對魏武侯曰「昔夏桀之居，左河濟，右太華，伊闕在其南，羊腸在其北」，河南城爲值之。又周書度邑篇曰，武王問太公曰「吾將因有夏之居，南望過于三塗，北瞻望于有河」。有夏之居，即河南是也。師古曰：應說止云抖尋本是禹後耳，何豫夏國之都乎？瓚説非也。抖音斟。【補注】錢大昕曰：壽光縣下亦引應劭云「古抖灌，禹後」。注中諸「抖」字皆「斟」之譌也。艸書「甚」作「乜」，與土相混，因誤爲「抖」。師古不能是正，乃音抖爲斟。廣韻二十二侵部亦兼收斟、抖二字。

蓋六書之不講，隋唐人已然矣。王鳴盛曰：應以「平壽」爲古「㪷尋」，「壽光」爲古「㪷灌」，而班於斟縣，自注「故國，禹後」。本之史記夏本紀，此其確然者。「斟灌」「斟尋」，則事見左襄四年、哀元年傳魏絳、伍子胥之言。據彼杜注云「二國夏同姓諸侯」，疏以爲世本「斟故國」，與平壽、壽光二縣相近。故應劭析言之。杜預亦用之，至於「啓子太康失邦，昆弟五人須于洛汭」，此書序文也。夏都安邑本在河北，如書序言，則是太康爲羿拒逐於河南，蓋河北之地皆爲羿所據矣。太康崩，弟仲康立，仲康崩，子相立，此夏本紀文也。據杜預謂相依於二斟，則三世失國無歸而依同姓。羿爲寒浞所弒，使澆滅斟灌、斟尋及夏后相。至少康滅澆、豷，夏遺臣靡復收灌、尋餘燼以滅浞，而少康返國，復歸河北。竊計羿、浞相繼僭立在安邑，太康、仲康、后相相繼擁虚號在二斟。此書序、左傳與應、杜説之可信者。巨瓚乃依汲郡古文「太康居㪷尋，羿亦居之，桀亦居之」，然則魏絳安得云「羿因夏乎」？王制有因國，昭元年傳商人是因，是若羿居㪷尋，則非因矣。乃并謂㪷尋在河南，不知㪷故國在北海，去河南甚遠。且伍子胥謂少康祀夏配天，不失舊物，自是返國河北，而桀都亦在河北。瓚説皆非也。先謙曰：後漢因。續志「有斟城，有寒亭，古寒國，浞封此」。劉注「杜預云，有斟亭。古斟國，故縣，後省」。合應説觀之，明是前漢之斟縣，後漢併入平壽，故應注於此縣下。如王氏説，以斟縣與斟尋、斟灌並論。是有三斟，不止二國矣。西漢之時，斟自爲斟，與平壽無涉也。巨洋水注「杜預言，斟亭在平壽縣東南，平壽故城在白狼水西。後魏北海郡治。白狼水自營陵來，東北逕平壽城東，西入別畫湖，見斟。亦曰朕懷湖。湖東西二十里，南北三十里。渏水自淄川劇來，流入平壽縣，積而爲渚，水盛則北注，東南流，屈而東北流，逕平壽縣故城西，而北入丹水爲魚合口。丹水亦自劇來，東北出逕渏薄澗北，合渏水，下入平望」。寒亭亦在斟縣，見「斟」下。一統志「故城今濰縣西南」。

〔一七〕【補注】先謙曰：甾川懿王子錯國，武帝封。續志後漢省。案西漢兩劇縣，一在甾川，一在北海，此在北海者，專爲侯國，故與甾川之劇，雖壤地相接，而名稱不混。後漢併入北海，則甾川之劇，轉爲北海之郡治。續志「北海劇」下自注，與「甾川國劇」下應劭注同。合之巨洋水注「古紀國也」云云，足爲確證。惟注敘劇縣又云「武帝封甾川懿王子錯爲侯國」，則未免牽混不明耳。紀要「故城今昌樂縣，甾川劇在今壽光縣，並屬青州府，東各七十里」。

〔一八〕【補注】先謙曰：齊景公以封晏子，見晏子春秋。高帝封朱軫爲侯國，見表。續志後漢因。濰水注「濰水自膠東下密來，東逕都昌故城東入海」。先謙案，本志「琅邪箕」下「濰水至都昌入海」者也。一統志「故城今昌邑縣西二里」。

〔一九〕【補注】先謙曰：甾川懿王子賞國，武帝封。

〔二〇〕【補注】先謙曰：續志後漢省。巨洋水注「丹水自平壽來，東北逕望海臺，東入海，蓋亦縣所氏者也」。先謙案，據注，縣即指平望言，而今注無之，疑道元疏略，或傳寫奪文。後漢蓋省入壽光，故本志「琅邪朱虛」下云「丹水東北至壽光入海」者也。「巨洋水自壽光來，東北逕望海臺西。伏琛、晏謨並以爲『平望亭在平壽縣故城西北八十里，古縣』。又或言秦始皇升以望海，因曰望海臺，所未詳也。又東北入海」。先謙案，齊臨朐下云「洋水至廣饒入鉅定」，此云「巨洋水至平望入海」爲異。一統志「故城今壽光縣東北」。

〔二一〕師古曰：的音丁歷反，其字從白。【補注】宋祁曰：「的」當作「(的)〔旳〕」，從日。先謙曰：甾川懿王子强國，武帝封。宋説據侯表也。續志後漢省。

〔二二〕【補注】先謙曰：膠東戴王子强國，宣帝封。

〔二三〕【補注】宋祁曰：「睦」當作「陸」。周壽昌曰：莽改縣名，易「陵」爲「陸」者多，此外亦多作「睦」。因其改制，封王氏男爲睦也。睦字似不誤。先謙曰：續志後漢省。一統志「故城今益都縣東」。

〔二四〕應劭曰：古斟灌，禹後，今灌亭是。【補注】吴卓信曰：莽傳有「翼平連帥田況」，則嘗分北海之壽光爲郡矣。先謙曰：甾川靖王子陸侯何，表注「壽光」。蓋嘗析置陸縣。續志後漢改屬樂安。巨洋水注「巨洋水自益來，東北自巨淀湖逕壽光縣故城西。城之西南水東，有孔子石室，故廟堂也。又合堯水，下入平望。堯水即蕘水，自甾川劇來，又東北逕東西壽光二城閒。應劭云『壽光縣有灌亭』。杜預云『在縣東南，斟灌國也』。堯水又東北入巨洋。

地理志曰『蕤水自劇東北至壽光入海』，沿其逕趣，即是水也」。一統志「故城今壽光縣東」。

〔二五〕【補注】先謙曰：膠東戴王子光國，宣帝封。續志後漢省。一統志「故城今壽光縣東十五里」。

〔二六〕【補注】先謙曰：趙世家「悼襄王時，龐煖取饒」。徐廣以爲漢饒縣。

〔二七〕【補注】先謙曰：膠東戴王子成國，宣帝封。續志後漢省。

〔二八〕【補注】先謙曰：據續志自注、劉注，本志「平壽」下應注，後漢省，併入平壽。巨洋水注「溉水自桑犢來，北逕斟亭西北，合白狼水。見平壽。案地理志，北海有斟縣。京相璠云『故斟尋國，禹後。西北去灌亭九十里』。溉水又北逕寒亭西，而入別畫湖，東北入海。郡國志『平壽有斟城，有寒亭』」。互見平壽。一統志「故城今濰縣東」。

〔二九〕【補注】先謙曰：說文作「桑瀆」。續志後漢省。一統志「故城今濰縣東」。

〔三〇〕師古曰：溉音功代反。【補注】先謙曰：巨洋水注「溉水出桑犢亭東覆甑山，亭故高密郡治，世謂之『故郡城』，山謂之塔山，水曰鹿孟水，亦曰戾孟水，皆非也。地理志：桑犢，北海之屬縣矣。有覆甑山，溉水所出，下入斟」。寰宇記「唐天寶六載，敕改覆甑爲溉源山」。一統志「在今濰縣東南六十里」。

〔三一〕【補注】先謙曰：膠東頃王子邑國，成帝封。續志後漢省。濰水注「濰水自淳于來，北逕平城亭西。應劭云『淳于縣東北六十里有平城亭，故縣也』。下入密鄉」。案據應說，縣併入淳于。一統志「故城今昌邑縣東」。

〔三二〕【補注】先謙曰：春秋，紀子、莒子盟于此，見左傳。

〔三三〕【補注】先謙曰：膠東頃王子林國，成帝封。續志後漢省。濰水注「濰水自平城來，東北逕密鄉亭西。郡國志云『淳于縣有密鄉』。應劭云『平城又東北四十里，有密鄉亭，故縣也』。濰水下入膠東下密」。案據續志及應說，縣併入淳于。一統志「故城今昌邑縣東南十五里」。

〔三四〕【補注】先謙曰：膠東頃王子回國，元帝封。續志後漢省。

〔三五〕【補注】先謙曰：膠東頃王子訢國，成帝封。

〔三六〕【補注】宋祁曰：南本「樂都」、「石鄉」注，皆無「一作」已下字。先謙曰：續志後漢省。「一作」七字，乃後人校語攙入。

〔三七〕【補注】先謙曰：膠東頃王子理國，元帝封。續志後漢省。「一作」四字，語與上同。官本「正」作「止」。

〔三八〕【補注】先謙曰：膠東頃王子歙國，元帝封。續志後漢省。

〔三九〕【補注】先謙曰：膠東頃王子根國，元帝封。續志後漢省。

〔四〇〕【補注】先謙曰：高密頃王子安國，成帝封。

〔四一〕【補注】先謙曰：續志後漢省。一統志「故城今安丘縣北」。

〔四二〕【補注】先謙曰：高密頃王子恁國，成帝封。續志後漢省。膠水注「膠水自高密夷安來，北逕膠陽縣東。晏、伏並謂之東亭。自亭結路，南通夷安。應劭云『淳于縣東南五十里有膠陽亭，故縣也』。又東北合張奴水，下入膠東下密。張奴水亦自夷安來，西北歷膠陽縣入膠」。案據應說，縣併入淳于。一統志「故城今高密縣西北」。

東萊郡，〔一〕高帝置。〔二〕屬青州。〔三〕户十萬三千二百九十二，口五十萬二千六百九十三。縣十七：〔四〕掖，〔五〕莽曰掖通。〔六〕腄，〔七〕有之罘山祠。〔八〕居上山，聲洋〔丹〕水所出，東北入海。〔九〕平度，〔一〇〕莽曰利盧。〔一一〕黄，〔一二〕有萊山〔一三〕松林萊君祠。〔一四〕莽曰意母。〔一五〕臨朐，有海水祠。〔一六〕莽曰監朐。〔一七〕曲成，〔一八〕有參山萬里沙祠。〔一九〕陽丘山，治水所出，南至沂入海。〔二〇〕有鹽官。牟平，〔二一〕莽曰望利。〔二二〕東牟，〔二三〕有鐵官、鹽官。莽曰弘德。〔二四〕㡉，〔二五〕有百支萊王祠。〔二六〕有鹽官。〔二七〕育犂，〔二八〕昌陽，〔二九〕有鹽官。莽曰夙敬亭。〔三〇〕不夜，有成山日祠。〔三一〕莽曰夙夜。〔三二〕當利，〔三三〕有鹽官。莽曰來萊亭。〔三四〕盧鄉，〔三五〕陽樂，侯國。〔三六〕莽曰延樂。〔三七〕陽石，〔三八〕莽曰識命。〔三九〕徐鄉。〔四〇〕

〔一〕【補注】先謙曰：治所無考。續志後漢治黄。劉注「雒陽東三千二百二十八里」。

〔二〕【補注】全祖望曰：故屬秦琅邪郡，高帝分置，屬齊國。景帝後，以支郡收。

〔三〕師古曰：故萊子國也。【補注】吳卓信曰：國語「通齊國之鹽於東萊」。韋注「東萊，齊東萊夷也」。先謙曰：續志後漢因，屬同。

〔四〕【補注】先謙曰：見功臣侯表者，有承父縣，又一見，作「丞父」。無考。郡人費直，見儒林傳。

〔五〕【補注】先謙曰：亦作「夜」，戰國齊邑，田單所封，見國策。高帝時，蟲達先封夜侯，見表。元和志「掖水出縣南三十五里寒同山，故縣取爲名」。

〔六〕【補注】先謙曰：後漢因，續志「有過鄉」，古過國。一統志「故城今掖縣治。掖水出縣南，西北入海」。

〔七〕【補注】先謙曰：秦縣，見始皇紀。高后封呂嘉爲侯國，見表。史記作「錘」。續志後漢省。案，始皇紀、律曆志、主父偃傳皆黄、腄並稱，蓋併入黄縣。一統志「故城今文登縣西」。

〔八〕【補注】先謙曰：郊祀志：陽主祠之罘，宣帝置。之罘山在今福山縣東北三十五里，接文登縣界。

〔九〕師古曰：腄音直瑞反。洋音祥。【補注】錢坫曰：御覽引此作「罘山，丹水所出」。疑聲洋二字誤也。王鳴盛曰：「上山」當作「山上」。師古音洋爲祥，則聲洋非衍文。全祖望曰：樂史於文登縣云，丹水蓋在今縣西七十里清陽水側，近與之罘山相對。顧祖禹云亦謂之清洋河。殆即聲洋之轉，今福山境也。然則漢志殆失去一「河」字。朱一新曰：汪本、監本「東」上衍「丹」字。先謙曰：官本「東」上有「丹」字，與「洋」下「丹」字皆衍也。王氏謂「上山」當作「山上」，以祠居山上爲句。案，志書諸祠，皆但云有某祠，不言祠在山上下。據一統志，陽主祠在之罘山下，則並非山上矣。全謂「聲洋」下脱「河」字。蓋以爲丹水出聲洋河。果爾，當云丹水首受聲洋河，方與志例相合；不當云「聲洋河，丹水所出」也。今案志文，當爲「居上山，聲洋水所出」。居上，山名。聲、清二字，疊韻變文。今之清陽河，即漢之聲洋水，「洋」又轉寫作「陽」。于欽齊乘言「秦漢腄縣，後併入牟平，唐置清陽縣，後廢入文登。以臨清陽水，故名清陽城」。此清陽水在腄之明證。一統志作「清陽」。紀要、提綱作「清陽」，而皆不言縣有丹水，則「丹」是衍文。御覽删去「聲洋」，但言「罘山丹水」，顯有改易。寰宇記知清陽即聲洋，然牽于丹水，依違其詞，究不能確指丹水所在，足爲宋世志文已誤衍「丹」字之證。提綱云「清洋河源出棲霞縣東南翠屏山，西北流，逕縣城南，又東北流，逕福山縣城東南，又北入海」。一統志亦謂出翠屏山。然則翠屏即居上之異名與？

〔一〇〕【補注】先謙曰：縣見五行志。武帝封菑川懿王子行爲侯國，見表。

〔一一〕【補注】先謙曰：續志後漢省。膠水注「膠水自當利來，北逕平度縣。縣有土山，膠水北歷土山，注於海。海南、土山以北，悉鹽坑相承，修煮不輟。北眺巨海，杳冥無極，天際兩分，白黑方別，所謂溟海者也。地理志曰『膠水北至平度入海』也」。一統志「故城今平度州西北六十里」。

〔一二〕【補注】先謙曰：春秋萊國，見左宣傳杜注。秦縣，見始皇紀。

〔一三〕【補注】先謙曰：一統志「萊山一名萊陰山」。元和志「在黃縣東南二十里」。

〔一四〕【補注】先謙曰：宣帝時，祠萊山爲月主山，有月主真人祠。見封禪書及郊祀志。

〔一五〕【補注】洪亮吉曰：郡有鹽官者五。黃縣亦有鹹泉池，百姓取以爲鹽。蓋地瀕海，故處處有鹽，不盡設官。先謙曰：續志後漢因。劉注「縣東二百三十里至海中，連岑有土道，秦始皇登，刻二碑。東二百三十里有始皇、漢武帝二碑」。一統志「故城今黃縣東南」。

〔一六〕【補注】先謙曰：一統志「海神廟在今萊州府城西十八里」。

〔一七〕師古曰：齊郡已有臨朐，而東萊又有此縣，蓋各以所近爲名也。斯類非一。【補注】先謙曰：續志後漢省。一統志「故城今掖縣北」。

〔一八〕【補注】先謙曰：高帝封蟲達，武帝封中山靖王子萬歲爲侯國，見表。續志後漢因。一統志「故城今掖縣東北」。

〔一九〕【補注】先謙曰：郊祀志「宣帝祠參山八神於曲成」。又云「武帝禱萬里沙」。一統志「沙在掖縣東北」。紀要「三十里兩旁即萬歲沙也。舊志：萬歲河出小石灣入海」。

〔二〇〕【補注】王念孫曰：沂非縣名，不得言南至沂。若沂水，則去此甚遠，東萊一郡之水，皆不得至沂也。至沂，當爲至計斤。計斤縣屬琅邪。因脱去「計」字，後人遂於斤旁加水耳。說文「治水出東萊曲成陽丘山，南入海」。玉篇

「除之切」。治水即古之尤水，今之小沽河也，出萊州府掖縣之馬鞍山，即陽丘山，在掖縣東南三十里。南流至平度州東南，與大沽河合，又南，逕即墨縣西，至膠州之麻灣口入海。大沽河即古之姑水也。昭二十年左傳「姑尤以西」，杜預云「姑水、尤水皆在城陽郡東，句。南入海」。齊乘云，姑即大沽河，尤即小沽河。曲成故城在今掖縣東北。計斤故城在今膠州西南。二姑入海之處，即漢計斤縣地。則沂爲計斤之誤明矣。尤字古讀若飴，說見唐韻正。聲與沽相近，故治字亦有飴音。下文雁門郡陰館有治水，師古云，治音弋之反。左傳作「尤」，漢志作「治」，古今字異耳。全祖望乃謂漢志、說文皆誤，以沽水爲治水，是未曉古音而輕議前人也。先謙曰：王說是。于欽齊乘云，姑水起南至北，行三百餘里，絶齊東界，故傳曰「姑尤以西」。一統志「大沽河出黄縣蹲犬山。小沽河出馬鞍山，在平度州東南朱毛城」。

〔二一〕【補注】先謙曰：武帝封齊孝王子澡爲侯國，見表。隋志「牟平有牟山」。

〔二二〕【補注】先謙曰：續志後漢因。一統志「故城今黄縣東南十五里馬嶺山下」。

〔二三〕【補注】先謙曰：高后封齊悼惠王子興居爲侯國，見表。

〔二四〕【補注】洪亮吉曰：寰宇記「鐵官山去牟平城百里，錮鐵之處，猶有漢置鐵官」。今考地理志，牟平無鐵官，惟東牟有之。蓋此山屬東牟。先謙曰：續志後漢因。一統志「故城今文登縣西北。鐵官山今寧海州西南四十里」。

〔二五〕【補注】先謙曰：續志後漢因。劉注「南有蹲犬山，似犬蹲」。案續志、晉書「㡘」作「惤」，廣韻作「㧦」。說文「㡘布出東萊，从巾，弦聲」。是作「㡘」爲正，縣蓋以布得名也。一統志「故城今黄縣西南」。

〔二六〕【補注】先謙曰：劉注引地道記作百支萊君祠。

〔二七〕師古曰：㡘音堅。

〔二八〕【補注】先謙曰：續志後漢省。據于欽齊乘，併入牟平。一統志「故城今寧海州界」。

〔二九〕【補注】先謙曰：元和志「在昌水之陽，故名」。提綱「昌水河出萊陽東南昌山，合泗水爲五龍河入海」。

〔三〇〕【補注】先謙曰：續志後漢因。一統志「故城今萊陽縣東南二十五里昌山南」。

〔三一〕【補注】先謙曰：宣帝祠日主成山，見郊祀志。

〔三二〕師古曰：齊地記云，古有日夜出，見於東萊，故萊子立此城，以不夜爲名。【補注】先謙曰：續志後漢省。一統志「故城今文登縣東北八十五里」。吴卓信云，王莽傳有「夙夜連率韓博」，則嘗分東萊之不夜爲郡矣。

〔三三〕【補注】先謙曰：五利將軍欒大妻衛長公主邑，見郊祀志。

〔三四〕【補注】錢大昭曰：南監本、閩本「來」作「東」。王鳴盛曰：監本作「東」。先謙曰：官本作「東」，是。續志後漢因。膠水注「膠水自膠東郡治來，北過當利縣西北，下入平度」。一統志「故城今掖縣西南」。

〔三五〕【補注】先謙曰：平帝封陳鳳爲侯國，見表。續志後漢因。伏琛齊記「盧鄉城東南有大谿口，與小谿口相峙，中通驛路」。一統志「故城今萊陽縣西南四十里」。

〔三六〕【補注】先謙曰：膠東頃王子獲國，成帝封。

〔三七〕【補注】先謙曰：續志後漢省。據寰宇記，併入當利。一統志「故城今掖縣西南」。

〔三八〕【補注】先謙曰：武帝以封公主，見武紀。

〔三九〕【補注】先謙曰：續志後漢省。寰宇記：併入當利。一統志「故城今掖縣南」。

〔四〇〕【補注】先謙曰：成帝封膠東共王子炔爲侯國，見表。于欽齊乘云，縣蓋以徐福求仙爲名。續志後漢省。一統志「故城今黃縣西南五十里」。

琅邪郡，〔一〕秦置。〔二〕莽曰填夷。屬徐州。〔三〕户二十二萬八千九百六十，口一百七萬九千一百。有鐵官。縣五十一：〔四〕東武，〔五〕莽曰祥善。〔六〕不其，〔七〕有太一、僊人祠九所及明堂，武帝所起。〔八〕海曲，有鹽官。〔九〕贛榆，〔一〇〕朱虚，〔一一〕凡山，〔一二〕丹水所出，東北至壽光入海。〔一三〕東泰山，〔一四〕汶水所出，東至安丘入維。〔一五〕有三山、五帝祠。〔一六〕諸，〔一七〕莽曰諸并。〔一八〕梧成，〔一九〕靈門，〔二〇〕有高柔山。〔二一〕壺山，浯水所出，東北入淮。〔二二〕姑幕，都尉治。或曰薄姑。莽曰季睦。〔二三〕虚水，侯國。〔二四〕臨原，侯國。〔二五〕莽曰填夷亭。〔二六〕琅邪，〔二七〕越王句踐嘗治此，起館臺。〔二八〕存四時祠。〔二九〕祓，〔三〇〕侯國。〔三一〕柜，根艾水東入海。〔三二〕莽曰祓同。〔三三〕缾，侯國。〔三四〕邞，膠水東至平度入海。莽曰純德。〔三五〕雩段，侯國。〔三六〕黔陬，故介國也。〔三七〕雲，侯國。〔三八〕計斤，莒子始起此，後徙莒。有鹽官。〔三九〕稻，侯國。〔四〇〕皋虞，侯國。〔四一〕莽曰盈廬。〔四二〕平昌，〔四三〕長廣，〔四四〕有萊山萊王祠。〔四五〕奚養澤在西，秦地圖曰劇清地，幽州藪。〔四六〕有鹽官。横，故山，久台水所出，東南至東武入淮。〔四七〕莽曰令丘。〔四八〕東莞，〔四九〕術水南至下邳入泗，過郡三，〔五〇〕行七百一十里，青州寖。〔五一〕魏其，侯國。〔五二〕莽曰青泉。〔五三〕昌，〔五四〕有環山祠。茲鄉，〔五五〕侯國。〔五六〕箕，侯國。〔五七〕禹貢維水北至昌都入海，過郡三，〔五八〕行五百二十里，兗州寖也。〔五九〕椑，〔六〇〕夜頭水南至海。〔六一〕莽曰識命。〔六二〕高廣，侯國。〔六三〕高鄉，侯國。〔六四〕柔，侯國。〔六五〕即來，侯國。〔六六〕莽曰盛睦。〔六七〕麗，侯國。〔六八〕武鄉，侯國。〔六九〕莽曰順理。〔七〇〕伊鄉，侯國。〔七一〕新山，侯國。〔七二〕高陽，侯國。〔七三〕昆山，侯國。〔七四〕參封，侯國。〔七五〕折泉，侯國。〔七六〕折泉水北至莫入淮。〔七七〕博石，侯國。〔七八〕房山，侯國。〔七九〕慎鄉，侯國。〔八〇〕駟望，侯國。〔八一〕莽曰泠鄉。〔八二〕安丘，侯國。〔八三〕莽曰寧鄉。〔八四〕高陵，〔八五〕侯國。〔八六〕莽曰蒲睦。〔八七〕臨安，侯國。〔八八〕莽曰誠信。〔八九〕石山。侯國。〔九〇〕

〔一〕【補注】閻若璩曰：灉水注：秦始皇即句踐故都爲琅邪郡，漢因之。班志於琅邪縣下注「句踐嘗治此」。則琅邪郡治琅邪縣。水經言故琅邪郡治開陽，指東漢時也。先謙曰：肇域記「諸城縣有南北二城，漢所築東武縣城也，有四門，秦琅邪郡治此，漢初以封諸侯王，而東武縣爲附郭」。據此，則西漢郡治東武。開陽本屬東海。續志後漢屬琅邪，爲郡治。劉注「雒陽東一千五百里」。

〔二〕【補注】先謙曰：始皇紀二十六年置。全祖望云：楚漢之際屬齊國。高帝四年，屬漢，以屬齊國。五年，屬楚國。六年，仍屬齊國。高后七年，爲琅邪國。文帝元年，復屬齊國。水經注云二年。誤。景帝後以支郡收。

〔三〕師古曰：填音竹人反。【補注】先謙曰：後漢爲琅邪國，屬同。

〔四〕【補注】先謙曰：見王子侯表者，有龍丘、海常、功臣亦見。麥、蕢、原洛、挾術、庸、膠鄉、要安、騠茲、蒲十一縣無考。郡人魯伯、邴丹、王璜、殷崇、王扶、伏理、皮容、徐良、王中公、孫文、東門雲、筦路、左咸見儒林傳，貢禹、諸葛豐見本傳，王思見鮑宣傳。

〔五〕【補注】先謙曰：高帝封郭蒙爲侯國，見表。縣人王同，見儒林傳。師丹，見本傳。

〔六〕【補注】先謙曰：續志後漢因。濰水注「濰水自諸來，過東武縣西。縣因岡爲城，城周三十里。又北，左合扶淇水，水出西南常山，東北入濰。晏、伏並以濰水爲扶淇之水，以扶淇之水爲濰水，非也。按經脈誌『濰自箕縣北，逕東武縣西，北流合扶淇之水』。晏、伏云，東武城西北二里濰水者，即扶淇之水也。濰水又合盧水，下入高密石泉。盧水即久台水，自昌來，東北逕東武縣故城東而西北入濰。地理志曰『久台水東南至東武入濰』者也。尚書所謂濰淄其道矣」。一統志「故城今諸城縣治」。

〔七〕【補注】先謙曰：武帝幸此，見紀。如淳注「不其，山名，因以爲縣」。有汜鄉，何武侯國，見武傳。縣人房鳳，見儒林傳。後漢改屬東萊。續志作「不期」，字誤。伏湛封不其侯，不作「期」。一統志「故城今即墨縣西南二十七里不其社」。

〔八〕如淳曰：其音基。【補注】先謙曰：有交門宮，見郊祀志。寰宇記「中山祠在今即墨縣東南五里，亦九所之一。明堂遺蹟，相傳在縣西南三十八里，女姑山北」。

〔九〕【補注】全祖望曰：當作「海西」，東京初年，劉永封董憲之地。東海亦有此縣。今流俗本譌爲「海曲」。先謙曰：全説是。後漢因，續志又誤倒爲「西海」，即其顯證。劉注「有勝山，太公呂望所出，今有東呂鄉。又釣於棘津，其浦今存」。元和志言，漢海曲呂里，太公望所出。則志之海曲，確爲漢志之海西。大抵此字誤久，王莽傳「呂母起兵海曲」，即作「曲」矣。濰水注「分諸縣之東爲海曲縣，故俗謂此城爲東諸城」。一統志「故城今日照縣西十里」。

〔一〇〕師古曰：贛音紺。榆音踰。【補注】先謙曰：官本「紺」作「綨」。恩澤扶德侯馬宮表注「贛榆」，蓋嘗析置扶德縣。海田横島在海中郁州，見通典。後漢改屬東海，續志「建初五年復」。劉注「左傳『莒子奔紀鄣』。縣東北有紀城。海中去岸百九十步，有秦始皇碑」。淮水注「游水自計斤來，東北逕贛榆縣北，又逕紀鄣故城南，入海。地理志『游水自淮浦北入海』。爾雅曰『淮別爲滸』。游水亦枝稱也」。一統志「故城今贛榆縣東北」。丁履恆云，北三十里朱汪鎮有盧山，山下有土城，當是漢縣。寰宇記亦云，縣在東海縣東北五十里，青山之陰，故城猶存者是也。

〔一一〕【補注】先謙曰：惠帝封齊悼惠王子章爲侯國，見表。功臣臧馬侯雕延年表注「朱虛」，蓋嘗析置臧馬縣。後漢改屬北海，續志「永初元年屬」。巨洋水注「巨洋水出東泰山，國語所謂具水，袁宏謂之巨昧，王韶之以爲巨蔑，亦或曰朐瀰，皆一水也。北流逕朱虛縣故城西，城西有長坂遠峻，名爲破車峴。巨洋水下入齊臨朐」。一統志「故城今臨朐縣東北廟山社，土人呼城頭」。

〔一二〕【補注】先謙曰：巨洋水注「城東北二十里有丹山，世謂之凡山。丹、凡字相類，音從字變也」。五帝紀「登丸山」。徐廣云「丸一作凡」。裴駰以爲即此山。先謙案，據此，丸又凡之誤也。此山當如應劭説。見下。

〔一三〕【補注】先謙曰：壽光，北海縣。巨洋水注「地理風俗記云『丹山在西南，丹水所出，東入海』。丹水有二源，各導一山，世謂之東丹、西丹水也。西丹水出凡山，下入甾川劇」。即此志丹水矣。

〔一四〕【補注】先謙曰：夏官職方「青州，山鎮曰沂山」。鄭注「一名東泰山」。公玉帶云，岐伯令黄帝封泰山，即此山也」。

說文亦作「東泰山」。續志劉注作「小泰山」。巨洋水注同。

〔一五〕【補注】宋祁曰：「維」，邵本作「淮」。先謙曰：安丘，北海縣，維即濰水也。作「維」，作「淮」，皆字之省。安丘見下。汶水篇「汶水出朱虛縣泰山」。注云「山上有長城，西接岱山，東連琅邪，距海千有餘里，蓋田氏之所造也。伏、晏並言，水出縣東南峿山，山在小泰山東。汶水下入梧成」。

〔一六〕師古曰：前言汶水出萊蕪入濟，今此又言出朱虛入維，將桑欽所說有異，或者有二汶水乎？五帝祠在汶水之上。【補注】先謙曰：官本注在下，「汶」作「維」，是本兩汶水。顏說誤，詳萊蕪下。

〔一七〕【補注】先謙曰：武帝公主邑，見紀。衆利侯伊即軒表注「後爲諸縣」，是衆利侯國併入此縣。縣人梁丘賀，見儒林傳。

〔一八〕師古曰：春秋「城諸及鄆」者。【補注】先謙曰：官本注「入」作「及」，是。續志後漢因。劉注「左傳：莒伐杞，取牟婁。東北有婁鄉」。濰水注「濰水自箕來，東北逕諸縣故城西。又合涓水，下入東武。涓水出馬耳山陰，北逕婁鄉城東入濰」。又沭水注「箕水出諸縣西箕山，西南入沭」。見東莞。

〔一九〕【補注】先謙曰：續志後漢省。汶水注「汶水自朱虛來，東北逕郚城北。應劭云，朱虛縣東四十里有郚城亭，故縣也。汶水又逕柴阜山北，下入北海」。安丘，續志「朱虛」下劉注「左傳：齊遷紀郚。縣東南有郚城」。案，據二書，「梧成」一作「郚城」。據應說，後漢併入朱虛。一統志「故城今諸城縣西南三十里」。一統志「故城今安丘縣西南六十里，峿山北」。

〔二〇〕【補注】先謙曰：續志後漢省。一統志「今莒州北百二十里石阜城」。

〔二一〕【補注】先謙曰：一統志「高柘山在今莒州北，西接浯山」。寰宇記作「高原山」，形近而誤。

〔二二〕師古曰：桌即拓字也。浯音吾。【補注】朱一新曰：汪本「拓」作「柘」，是。先謙曰：官本作「柘」。「淮」即「濰」之省。說見上。說文亦云「浯水出靈門壺山」。壺、浯同音變字也。濰水注「浯水出浯山，世謂之巨平山。地理志『壺山，浯水所出』。是山西接浯山，水曰浯汶，下入姑幕」。

〔二三〕應劭曰：左氏傳曰「薄姑氏因之，而後太公因之」。【補注】先謙曰：衆利侯郝賢下表注「姑莫」，莫、幕字通，是嘗析置衆利縣。續志後漢因。劉注「莒牟夷以防、茲來奔。縣東北有茲亭。淮水入。城東南五里有公冶長墓」。濰水注「浯水自靈門來，東北逕姑幕縣故城東。縣有五色土，王者封建諸侯，隨方受之，故薄姑氏之國也。闞駰云，周成王時，薄姑與四國作亂，周公滅之，以封太公。是以地理志曰『或言薄姑』也。薛瓚云，博昌有薄姑城。未知孰是？浯水下入平昌」。一統志「故城今諸城縣西南五十里」。

〔二四〕如淳曰：虛音墟。【補注】先謙曰：城陽頃王子禹國，武帝封。續志後漢省。

〔二五〕【補注】先謙曰：菑川懿王子始昌國，武帝封。

〔二六〕【補注】先謙曰：續志後漢省。一統志「故城今臨朐縣東」。

〔二七〕【補注】先謙曰：武帝兩幸此，見紀。續志後漢因。一統志「故城在諸城縣東南百五十里，琅邪山下」。

〔二八〕【補注】先謙曰：紀年「貞定王元年，越徙都琅邪，句踐二十五年也」。續志劉注引越（紀）〔絶〕云「句踐起觀臺，臺周七里，以望東海」。觀即館也，本書觀、館字通。

〔二九〕師古曰：山海經云，琅邪臺在琅邪之東。【補注】錢大昭曰：「存」當作「有」。先謙曰：官本作「有」。祠詳郊祀志。

〔三〇〕【補注】錢坫曰：春秋「定公二年，盟于拔」。左傳云郯。是拔即郯也。今郯城縣地。案，封城陽頃王子應在此。十三州志「朱虛縣東十三里有校亭，故縣也」。寰宇記「故城在臨朐縣東九十里」。此則以拔爲校字。先謙曰：郯是東海郡治，錢說謬。

〔三一〕師古曰：音廢。【補注】錢坫曰：武帝封城陽頃王子霸，史表作「校」，本表作「挾」，應即此也，舍此別無以當之。本表又有校靖侯雲，亦是年封，史表無之，以重出而誤。先謙曰：續志後漢省。一統志「故城今膠州西南木馬城」。

〔三二〕【補注】錢大昕曰：「根」當爲「柜」。水經注或從手旁作「拒」，亦非。先謙曰：膠水注「柜艾水自黔陬來，東北逕柜縣故城西，世謂之王城，又謂是水爲洋水矣。又東北流，晏、伏所謂黔陬城西四十里有膠水者也。又東入海。地理志『琅邪有柜縣，柜艾水出焉，東入海』，即斯水也」。一統志「柜艾水，今膠州南洋河」。

〔三三〕如淳曰：音巨。【補注】何焯曰：「莽曰被同」四字，疑「被」下注誤入「柜」下。先謙曰：續志北海有拒，非柜。錢大昕以爲「挺」之誤。一統志則云「後漢屬北海，在今膠州西南」。

〔三四〕如淳曰：音瓶。【補注】先謙曰：孫單國，文帝封。甾川靖王子成，武帝封。續志後漢省。一統志「故城今臨朐縣東南」。亦作郱，春秋「莊元年，齊師遷紀郱」。杜注「郱，紀邑，在臨朐縣東南」。即此。

〔三五〕師古曰：音夫，又音扶。【補注】王念孫曰：膠水注引此「東至」作「北至」，是也。漢之邞縣在今膠州西南，平度故城在今平度州西北，而平度州正當膠州之北，則當言北至平度，不當言東至也。今膠水出膠州之膠山，北流過高密縣東，又北過平度州西，又北過掖縣西，又北至海倉口入海。先謙曰：說文「邞，琅邪縣。从邑，夫聲」。平度，東萊縣。續志後漢省。膠水注「膠水自黔陬來，北逕西黔陬城東，晏、伏所謂高密郡側有黔陬縣。地理志曰『膠水出邞縣，王莽更之純德矣』。疑即是縣，所未詳也。下入高密夷安」。案，注此文以西黔陬城爲即邞縣，不然。晏、伏指此城爲黔陬之說，乃其上文。又云「膠水自祝茲逕扶縣至黔陬。扶是地理志琅邪之屬縣，文帝封呂平爲侯國」。案，志有邞，無扶。若以扶爲邞，不當上下文不相應。既疑西黔陬城即邞縣，爲膠水自黔陬北流之所經，何以扶縣反在黔陬之前，略不致疑。且呂平封扶柳，非扶縣；屬信都，非琅邪；是高后，非文帝。譌誤迭見，殆非原文所有，今故不取。一統志「故城今膠州西南」。

〔三六〕師古曰：雩音許于反。段音工下反。【補注】先謙曰：城陽頃王子澤國，武帝封。據顏注，「段」當作「叚」，今本譌也。表作「虖葭」，史表作「雩殷」，皆誤。續志後漢省。

〔三七〕師古曰：陬音子侯反。【補注】先謙曰：後漢改屬東萊。續志「有介亭」。膠水篇「膠水出黔陬縣膠山」。注云

「齊記云，膠水出五弩山。蓋膠山之殊名也。北逕祝茲縣故城東，武帝封膠東康王子延年爲侯國。又逕扶縣故城西，辨見邦。又逕黔陬故城西。袁山松郡國志云『縣有介亭』。地理志曰『故介國也』。春秋『介葛盧來朝』。膠水下入邦」。又云「晏（琛）〔謨〕、伏（謨）〔琛〕並云『縣有東西二城，相去四十里，有膠水』。非也，斯乃柜艾水也。柜艾水出縣西南柜艾山，即齊記所謂黔艾山也。柜艾水下入柜」。案劉注引左傳介根以證介國，誤也。一統志「故城今膠州西南。介亭在州南七十里」。

（三八）【補注】先謙曰：齊孝王子信國，武帝封。續志後漢省。

（三九）師古曰：即春秋左氏傳所謂介根也，語音有輕重。【補注】先謙曰：杜預注謂之計基城。介根、計基，雙聲轉變。續志後漢省。淮水注「游水自東海祝其來，左逕計斤縣故城西，世謂之南莒也。游水下入贛榆」。一統志「故城今膠州西南」。

（四〇）【補注】先謙曰：齊孝王子定國，武帝封。于欽齊乘「高密西南濰水堰側，土人呼爲趙貞女坊，南有高隄，即稻城遺跡。春秋稱琅邪之稻。漢有塘堰，蓄濰水以溉稻，因名其城。旁有稻田萬頃，斷水造魚梁，歲收億萬，號萬疋梁，今遺跡榛莽矣」。續志後漢省。一統志「故城今高密縣西南」。

（四一）【補注】先謙曰：膠東康王子建國，武帝封。縣人王吉，見本傳。

（四二）【補注】先謙曰：續志後漢省。一統志「故城今即墨縣東北五十里皐虞社」。

（四三）【補注】先謙曰：文帝封齊悼惠王子卬爲侯國，見表。後漢改屬北海。續志「有葽鄉」。劉注「左傳『莒牟夷以牟婁來奔』。縣西南有防亭」。濰水注「濰水自高密石泉來，北逕平昌縣故城東，合荆水、浯水，下入高密。荆水出平昌縣南荆山阜，東北流逕縣故城東。城之東南角有臺，臺下有井，與荆水通，物墜於井，則取之荆水。昔有龍出入其中，世亦謂之龍臺城也。荆水又東北入濰。浯水自姑幕來，東北逕平昌縣故城北，古堨此水以溢溉田，南注荆水。浯水又東北入濰」。先謙案，本志「靈門」下云「浯水東北入淮」者也。一統志「故城今安丘縣南」。

〔四四〕【補注】先謙曰：續志後漢改屬東萊。一統志「故城今萊陽縣東」。

〔四五〕【補注】先謙曰：詳郊祀志。

〔四六〕【補注】錢坫曰：秦地圖，蕭何所收秦圖書是也。先謙曰：官本考證云，「奚」字應作「貕」。于欽齊乘「高密縣有都濼者，水經注謂之夷安潭，秦地圖謂之劇清池」。案，夷安潭見膠水注。一統志「貕養澤在今萊陽縣東五十里」。

〔四七〕【補注】汪士鐸曰：「東南」當作「西北」。先謙曰：官本作「名台水」。齊召南云，「名台水」當作「久台水」，久、名字形相近而誤。「入淮」之淮，即濰水也，志中作「維」亦作「淮」。朱虛之汶水曰「入維」，靈門之浯水、横縣之久台水、折泉之折泉水，並曰「入淮」，實皆入濰水耳。今俗猶呼此水爲東淮河，知自漢已然矣。水經注引此志總曰「入濰」是也。王鳴盛云，「久」，南監本作「名」。錢大昭云，閩本作「名」。朱一新云，汪本作「名」。先謙案，作「久」是也。或云，志文「横，句。故山名，句。台水所出」，句。以爲台水出横山，反謂久台爲誤讀。然酈元即云，故山久台水，與漢志文合。信臆説不如信古書也。後人遇山水名之可解者，即妄生意見，睡之居上山，此之故山，皆其證矣。濰水注「盧水即久台水。地理志曰『水出琅邪横縣故山』。山在東武縣故城東南，世謂之盧山也。久台水下入昌」。顧祖禹云，職方「兗州，其浸盧維」。班僅志禹貢維水，而盧無聞。師古以爲在濟北盧縣。而泰山之盧又無盧水也。全祖望欲以城陽盧縣之盧川水當之。竊謂不如此水出盧山，名盧水，入濰，以此當職方之浸，較爲可據。

〔四八〕師古曰：台音怡。【補注】先謙曰：續志後漢省。一統志「故城今諸城縣東南四十里」。

〔四九〕【補注】先謙曰：武帝封城陽共王子吉爲侯國，見表。後漢因。續志「有鄆亭。有邳鄉。有公來山，或曰古浮來」。沂水注「沂水自泰山蓋來，東逕浮來之山，即公來山也。在邳鄉西，故號曰邳來之閒。合浮來水，南逕爆山西，又東南逕東莞縣故城西，魏東莞郡南青州治。合小沂水。左傳『莒魯爭鄆』。今城北鄆亭是也。沂水又南合閭丘山水，下入東海東安。小沂水出黃狐山，西南流，逕城北入沂」。一統志「故城今沂水縣治」。

〔五〇〕【補注】先謙曰：過琅邪、城陽、東海、臨淮，「三」當爲「四」。

〔五一〕孟康曰：故鄆邑，今鄆亭是也。師古曰：莞音官。術水即沭水也，音同。【補注】先謙曰：下邳，東海縣。説文「術」作「沭」。沭水篇「沭水出東莞縣西北山」。注云「大弁山與小泰山連麓而異名也。控引衆流，積以成川，東南逕邳鄉南，南去縣八十許里。城有三面，而不周於南，俗謂之平城。沭水又左合峴水，又過縣東，合箕山水，見諸。下入城陽莒。峴水出大峴山，東南流，逕邳鄉東入沭。箕水自諸來，西南入沭」。

〔五二〕【補注】先謙曰：周止國，高帝封。竇嬰，景帝封。膠東康王子昌，武帝封。

〔五三〕【補注】先謙曰：續志後漢省。一統志「故城今蘭山縣南」。

〔五四〕【補注】先謙曰：高帝封旅卿。武帝封城陽頃王子差爲侯國，見表。功臣宜冠侯高不識表注「昌」，蓋嘗析置宜冠縣。續志後漢省。濰水注「盧水即久台水，自横來，西北逕昌縣故城西，東北流，下入東武」。一統志「故城今諸城縣東南」。

〔五五〕【補注】先謙曰：一統志「春秋傳『防、茲』。杜注，姑幕縣東北有茲亭」。

〔五六〕【補注】先謙曰：城陽頃王子弘國，宣帝封。續志後漢省。一統志「故城今諸城縣西北」。

〔五七〕【補注】先謙曰：城陽荒王子文國，宣帝封。續志後漢省。一統志「故城今莒州東北百餘里」。齊乘「在箕屋山下」。

〔五八〕【補注】先謙曰：「昌都」係「都昌」誤倒，官本不誤。北海縣。過琅邪、高密、膠東、北海，「三」當爲「四」。

〔五九〕【補注】先謙曰：説文作「徐州寖」。濰水篇「濰水出箕縣濰山」。注云「許慎、吕忱云，出屋山。淮南子云，出覆舟山。蓋廣異名也。東北逕箕縣故城西，合析泉水，下入諸。析泉水自析泉來，東南逕仲固山，東北入濰。地理志曰，至箕縣北入濰者也」。

〔六〇〕【補注】王鳴盛曰：説文「稗，禾別也。從禾，卑聲。琅邪有稗縣」。此作「椑」誤。南監本同。此字去聲，而蓺文志「小説家出于稗官」。如淳音排，則此字固有平聲矣。

〔六一〕【補注】趙一清曰：寰宇記「夜頭水，諸地書皆失所在」。輿地志云「向水南至海」。夜頭、向水，蓋異名也。今莒縣南七十里故向城，春秋時故邑，即椑縣也，與折泉境相屬。錢坫曰：疑即今傅疃河，源出莒州東北高柘山，東南流，逕日照縣東入海。

〔六二〕應劭曰：音裨。【補注】先謙曰：續志後漢省。一統志「故城今莒州南，亦曰向城」。

〔六三〕【補注】先謙曰：城陽荒王子動國，宣帝封。續志後漢省。寰宇記「蓋在莒州南界，已無跡可考」。

〔六四〕【補注】先謙曰：城陽惠王子休國，宣帝封。續志後漢省。一統志「故城今莒州南」。

〔六五〕【補注】先謙曰：城陽荒王子山國，宣帝封。表「柔」誤「棗」。續志後漢省。

〔六六〕【補注】先謙曰：城陽荒王子佼國，宣帝封。

〔六七〕【補注】宋祁曰：「睦」字當作「陸」。周壽昌曰：「睦」字不誤，説見前。先謙曰：續志後漢省。

〔六八〕【補注】先謙曰：高密頃王子賜國，成帝封。表「麗」下多「茲」字。續志後漢省。

〔六九〕【補注】先謙曰：高密頃王子慶國，成帝封。

〔七〇〕【補注】宋祁曰：「理」當作「里」。先謙曰：續志後漢省。

〔七一〕【補注】先謙曰：城陽戴王子遷國，元帝封。東平思王孫開，成帝封。續志後漢省。

〔七二〕【補注】先謙曰：稱忠國，元帝封。續志後漢省。寰宇記「當在莒縣界」。

〔七三〕【補注】先謙曰：薛宣國，成帝封。表注「東莞」，蓋析東莞置。續志後漢省。一統志「故城今高密縣西北」。寰宇記「三十四里」。錢坫云，東莞今沂水縣，與高密東西相去遠，寰宇記或非也。今地志相承用之。

〔七四〕【補注】先謙曰：城陽荒王子光國，元帝封。續志後漢省。一統志「故城今諸城縣西南六十里。昆山西七里，縣以山名也」。

〔七五〕【補注】先謙曰：城陽戴王子嗣國，元帝封。續志後漢省。

〔七六〕【補注】先謙曰：城陽荒王子根國，元帝封。續志後漢省。一統志「故城今諸城縣西南鄉」。注「折」作「析」。

〔七七〕【補注】先謙曰：「莫」當作「箕」，淮即濰也。濰水注「析泉水出析泉縣北松山，東南流，逕縣東，下入箕」。一統志「松山即分流山，在今諸城縣南七十里」。

〔七八〕【補注】先謙曰：城陽荒王子淵國，元帝封。續志後漢省。

〔七九〕【補注】先謙曰：城陽荒王子勇國，元帝封。續志後漢省。

〔八〇〕【補注】先謙曰：表無慎鄉。武帝封膠東頃王子共爲順陽侯。錢坫以爲即此。蓋是慎、順古通。續志後漢省。

〔八一〕【補注】先謙曰：泠廣國，元帝封。

〔八二〕師古曰：泠音零。【補注】先謙曰：續志後漢省。

〔八三〕【補注】先謙曰：張說國，高帝封。高密頃王子常國，成帝封。北海有安丘，非侯國。

〔八四〕【補注】先謙曰：續志後漢省。一統志云「漢二安丘：在今縣西南者，屬北海；在縣東南者，屬琅邪」。

〔八五〕【補注】錢坫曰：項羽紀有齊使者高陵君顯。

〔八六〕【補注】先謙曰：翟方進國，成帝封。

〔八七〕【補注】朱一新曰：汪本「睦」作「陸」。周壽昌曰：監本作「陸」，是。先謙曰：官本作「陸」。續志後漢省。

〔八八〕【補注】先謙曰：膠東共王子閔國，成帝封。

〔八九〕【補注】先謙曰：續志後漢省。

〔九〇〕【補注】先謙曰：城陽戴王子玄國，元帝封。續志後漢省。

東海郡，〔一〕高帝置。〔二〕莽曰沂平。〔三〕屬徐州。〔四〕戶三十五萬八千四百一十四，口百五十五萬九千三百五十七。縣三十八：〔五〕郯故國，少昊後，盈姓。〔六〕蘭陵，莽曰蘭東。〔七〕襄賁，莽曰章信。〔八〕下邳，〔九〕萬嶧山在西，古文以爲嶧陽。〔一〇〕有鐵官。莽曰閏儉。〔一一〕良成，侯國。〔一二〕莽曰承翰。〔一三〕平曲，莽曰平端。〔一四〕戚，〔一五〕朐，秦始皇立石海上以爲東門闕。有鐵官。〔一六〕開陽，故鄅國。〔一七〕莽曰厭虜。〔一八〕費，故魯季氏邑。都尉治。〔一九〕莽曰順從。〔二〇〕利成，莽曰流泉。〔二一〕海曲，莽曰東海亭。〔二二〕蘭祺，侯國。〔二三〕莽曰溥睦。〔二四〕繒，故國，禹後。〔二五〕莽曰繒治。〔二六〕南成，〔二七〕侯國。〔二八〕山鄉，侯國。〔二九〕建鄉，侯國。〔三〇〕即丘，莽曰就信。〔三一〕祝其，〔三二〕禹貢羽山在南，鯀所殛。〔三三〕莽曰猶亭。〔三四〕臨沂，〔三五〕厚丘，〔三六〕莽曰祝其亭。〔三七〕容丘，侯國。〔三八〕祠水東南至下邳入泗。〔三九〕東安，侯國。〔四〇〕莽曰業亭。〔四一〕合鄉，莽曰合聚。〔四二〕承，〔四三〕莽曰承治。〔四四〕建陽，侯國。〔四五〕莽曰建力。〔四六〕曲陽，莽曰從羊。〔四七〕司吾，莽曰息吾。〔四八〕于鄉，侯國。〔四九〕平曲，侯國。〔五〇〕莽曰端平。〔五一〕都陽，侯國。〔五二〕陰平，侯國。〔五三〕郚鄉，〔五四〕侯國。〔五五〕莽曰徐亭。〔五六〕武陽，侯國。〔五七〕莽曰弘亭。〔五八〕新陽，侯國。〔五九〕莽曰博聚。〔六〇〕建陵，侯國。〔六一〕莽曰付亭。〔六二〕昌慮，侯國。〔六三〕莽曰慮聚。〔六四〕都平。侯國。〔六五〕

〔一〕【補注】閻若璩曰：郡治郯，以于定國、尹翁歸傳知之。陳勝傳「秦嘉等將兵圍東海守於郯」，是秦時郯即爲郡治。先謙曰：沂水注亦云「東海郡治郯」。續志後漢治同。劉注「雒陽東千五百里」。

〔二〕【補注】全祖望曰：故秦郡，楚漢之際改名郯郡，屬楚國。高帝五年，屬漢，復故，仍屬楚國。景帝二年，復故。以過削。

〔三〕【補注】先謙曰：後漢劉盆子傳有沂平大尹。

〔四〕應劭曰：秦郯郡。【補注】先謙曰：續志後漢因，屬同。

〔五〕【補注】先謙曰：見王子侯表者有辟土、東平、運平、文成、翟、彭、東淮、淯、參毄、沂陵、江陽、平邑、合陽、藉陽、就鄉十五縣無考。郡人白光、殷嘉、髪福、孟卿，見儒林傳。

〔六〕應劭曰：音談。【補注】錢坫曰：秦紀：嬴姓分封，以國爲姓，有徐氏、郯氏、莒氏。案，三國盈姓。盈、嬴字通，故史公云爾。先謙曰：史丹封武陽，食郯之武彊聚，見丹傳。縣人薛宣、于定國，見本傳，后蒼見儒林傳。續志後漢因。沂水注「沂水自襄賁來，又屈南過郯縣西。郯故國，昭公十七年朝魯。紀年：晉烈公四年，越滅郯。沂水下入良成」。一統志「今郯城縣西二十里故城社，又西南三十里故縣社，蓋其遺址」。

〔七〕孟康曰：次室亭魯伯是。【補注】先謙曰：「伯」與「陌」同。戰國楚縣，荀卿爲令，家此，見列傳。有廷東里，見五行志。縣人蕭望之、毋將隆、疏廣，見本傳。孟喜、毋將永、(康)王臧、繆生、褚大，見儒林傳。後漢因。續志「有次室亭」。劉注「地道記云，故魯次室邑。列女傳有漆室之女，或作次室」。一統志「故城今嶧縣東五十里」。

〔八〕應劭曰：賁音肥。【補注】先謙曰：戰國魯地，後屬楚。荀子説齊相所謂楚有襄賁、開陽以臨吾左也。城陽頃王子纑侯應，表在「襄賁」，是嘗析置纑縣。續志後漢因。沂水注「沂水自開陽來，東過襄賁縣東，屈從縣南，西流。魯連子稱陸子謂齊湣王曰：魯費之衆臣甲舍于襄賁者也。沂水下入郯」。又沭水注「桑堰水出襄賁縣泉流，東入沭水左瀆」。見建陵。一統志「故城今蘭山縣西南百二十里」。

〔九〕【補注】先謙曰：商邳，侯國，見左昭傳及紀年。春秋戰國屬齊，以封鄒忌，見田齊世家。項梁渡淮，軍此，見羽傳。縣人嚴彭祖，見儒林傳。嚴延年，見酷吏傳。功臣術陽侯建德表注「下邳」，是嘗析置術陽縣。

〔一〇〕【補注】先謙曰：官本「萬」作「葛」，是。禹貢山水澤地篇「嶧陽山在下邳縣西」。與志合。一統志「葛嶧山在邳州西北六里，嶧縣東十五里，嶧縣以此名，亦名嶧陽山，亦名柱子山」。續志劉注「山出名桐，伏滔北征記云，今盤根往往而存」。

〔一一〕應劭曰：邳在薛，其後徙此，故曰下。臣瓚曰：有上邳，故曰下邳也。師古曰：瓚説是。【補注】先謙曰：後漢改屬下邳。續志「有鐵」。泗水注「泗水自楚國吕來，歷下邳縣，逕葛嶧山東，即奚仲所遷邳嶧者也。又東南逕縣故城西，又合沂水。韓信爲楚王，都之，後乃縣焉。東陽郡治。縣爲沂泗之會也。又合武原水、桐水，下入臨淮下相。武原水自楚武原來，又南合武水，亦謂之泇水。又逕剛亭城，又至下邳入泗，爲武原水口。桐水自容丘來，東南至下邳入泗」。先謙案，本志「容丘」下「祠水東南至下邳入泗」者也。祠、桐未知孰是。又沂水注「沂水自良成來，南至下邳縣北，西流分爲二：一水於城北，西南入泗；一水逕城東，屈從縣南，亦注泗，謂之小沂水。張子房遇黄石公於此」。先謙案，本志「泰山蓋」下「沂水南至下邳入泗」者也。一統志「故城在邳州東三里」。

〔一二〕【補注】先謙曰：魯安王子文德國，昭帝封。

〔一三〕師古曰：左氏傳所謂「晉侯會吴子於良」，即此是。【補注】先謙曰：續志後漢改屬下邳。沂水注「沂水自郯來，南過良城縣西，下入下邳」。案，又見左哀傳杜注「吴地」。酈注「成」作「城」。一統志「故城今邳州北」。

〔一四〕【補注】先謙曰：續志後漢省。一統志「故城今沭陽縣東北」。郡有二平曲，説詳彼縣。

〔一五〕鄭氏曰：音憂戚。【補注】先謙曰：高帝封李必爲侯國，見表。續志後漢因。一統志「故城今滕縣南七十里，城周四里」。

〔一六〕【補注】先謙曰：秦縣，據始皇紀，「闕」字當衍。後漢因。續志「有鐵。有伊盧鄉」。案，鍾離昧所家也，見韓信傳。淮水注「游水自臨淮淮浦來，歷朐縣，與沭合。又逕朐山西，山側有朐縣故城。秦始皇二十五年，於縣立石海上，以爲秦之東門。東北海中有大洲，山海經所謂郁山在海中者也，言是山自蒼梧徙此，云山上猶有南方草木。游水下入利成」。又沭水注「沭水自楚國傳陽來，東南至朐縣入游，注海」。一統志「故城今海州南。朐山在州南四里」。

〔一七〕【補注】錢坫曰：妘姓國。説文「鄅讀如規榘」。

〔一八〕師古曰：鄅音禹。厭音一涉反。【補注】王先恭曰：莽封擊西海者以「羌」爲號，槐里以「武」爲號，翟義以「虜」爲號。志此類皆可考見。先謙曰：戰國楚地。荀子云，楚有開陽也。後漢改屬琅邪，爲郡治。續志「建初五年屬」。沂水注「沂水自臨沂來，南逕開陽縣故城東，縣故鄅國，更名開陽，經書城啟陽是。縣故琅邪郡治也。沂水下入襄賁」。一統志「故城今蘭山縣北十五里古城社」。

〔一九〕【補注】先謙曰：高帝封陳賀爲侯國，見表。

〔二〇〕師古曰：音祕。【補注】先謙曰：後漢改屬泰山。續志「有祊亭。有台亭」。劉注「縣有密如亭」。沂水注「治水自泰山蒙陰來，東南逕費縣故城南，魯季孫邑。説文『沂水出費縣東，西入泗』。字林亦言是矣。斯水東南所注者，沂水在西，不得言東南趣也，皆爲謬矣，故俗謂此水爲小沂水。治水又逕祊城南，鄭祀泰山之邑。治水下入臨沂」。一統志「故城在費縣西北二十里」。

〔二一〕【補注】先謙曰：後漢因。續志作「利城」。淮水注「游水自朐來，北逕利成縣故城東，故利鄉也。武帝封城陽共王子嬰爲侯國。游水下入祝其」。一統志「故城今蘭山縣東百里」。

〔二二〕【補注】錢大昕曰：「曲」當作「西」。沈約宋志「臨淮郡海西縣，前漢屬東海，後漢、晉屬廣陵」是也。蜀志糜竺傳「先主轉運廣陵海西」。先謙曰：後漢改屬廣陵。續志「海西，故屬東海」。地理家皆云，「曲」爲「西」之誤，是也。武帝封李廣利爲侯國。一統志「故城今海州南百二十里」。

〔二三〕【補注】先謙曰：魯安王子臨朝國，昭帝封。表「祺」誤「旗」。

〔二四〕【補注】先謙曰：官本「溥」作「博」。續志後漢省。

〔二五〕【補注】先謙曰：説文「鄫，姒姓國，在東海」。繒、鄫字同。爲莒所滅，見左襄傳。魯取之，見昭傳。後屬齊，吴伐齊至此，見吳世家。靳歙略地至此，見歙傳，亦見貨殖傳。

〔二六〕【補注】先謙曰：後漢改屬琅邪。續志「有概亭」。一統志「故城今嶧縣東八十里」。

〔二七〕【補注】先謙曰：成、城字同。南成即魯武城，子游所宰。曾參、澹臺滅明皆邑人，非有二地。戰國屬齊，威王云「檀子守南城，則楚不敢爲寇」。晉始爲南武城。

〔二八〕【補注】先謙曰：城陽共王子貞國，武帝封。表「成」作「城」。後漢改屬泰山。續志「有東陽城」。劉注「左傳：司馬牛葬丘輿。縣西北有輿城」。一統志「故城今費縣西南九十里」。

〔二九〕【補注】先謙曰：魯孝王子綰國，宣帝封。續志後漢省。

〔三〇〕【補注】先謙曰：魯頃王子康國，成帝封。續志後漢省。

〔三一〕孟康曰：古祝丘。【補注】先謙曰：續志後漢改屬琅邪。沭水注「沭水自成陽陽都來，南合武陽溝水，又逕即丘縣，春秋之祝丘也，漢立爲縣。闞駰云，即祝魯之音，蓋字承讀變矣。沭水下入厚丘。武陽溝水東出倉山，山上有故城，即古有利城，武帝封城陽共王子釘爲侯國。水導山下西北流，爲武陽溝，又西，過即丘縣，入沭」。一統志「故城今蘭山縣東南」。

〔三二〕【補注】先謙曰：周紀：封黃帝之後於祝。服虔曰，即祝其。

〔三三〕【補注】先謙曰：禹貢山水澤地篇「羽山在祝其縣南」。與志合。

〔三四〕【補注】先謙曰：後漢因。續志「有羽山，春秋時曰祝其，夾谷地」。淮水注「游水自利成來，北歷羽山西。地理志曰『羽山在祝其縣東南』。案，據此「南」上有「東」字。又逕祝其縣故城西。左傳定公會齊侯於祝其，實夾谷。縣東有夾口浦。游水下入琅邪計斤」。一統志「故城今贛榆西五十里。夾谷山在西南五十里」。顧棟高云，此地去齊魯之閒各數百里，夾谷之會不當在此。或謂淄川西南三十里有夾谷山，上有夾谷亭，爲齊魯會地。然去齊近，去魯尚遠。惟萊蕪縣夾谷峪爲萊人劫魯侯處，庶幾近之。

〔三五〕【補注】先謙曰：後漢改屬琅邪。續志「有叢亭」。劉注「左隱傳：盟于艾。縣東南有艾山。城中丘，縣(西)〔東〕北有中丘亭。縣東界次睢，有太叢社，民謂之食人社，即次睢之社」。沂水注「沂水自城陽陽都來，南逕中丘城西，又逕臨沂縣故城東，合治水下入開陽。治水自費來，東南入沂」。一統志「故城今臨沂縣北五十里臨沂社」。

〔三六〕【補注】先謙曰：恩澤高樂侯師丹表注「東海」。本傳「食邑厚丘中鄉」。是析中鄉置義陽縣。此侯王莽敗絶，未嘗省併，故表注「東海」，不係於厚丘，蓋志漏載。

〔三七〕【補注】先謙曰：續志後漢因。劉注「左成傳：城中城。縣西南有中鄉城」。沭水注「沭水自即丘來，南逕厚丘縣，分爲二瀆：一瀆自厚丘西南出，今無水，世謂之枯沭也；一瀆下入建陵」。一統志「故城今沭陽縣西北四十里厚丘鎮」。

〔三八〕【補注】先謙曰：魯安王子方山國，昭帝封。續志後漢省。錢坫云，故城當在今邳州北。

〔三九〕【補注】先謙曰：酈道元作「桐水」。桐、祠形近致誤。泗水注「桐水出容丘縣，下入下邳」。

〔四〇〕【補注】先謙曰：魯孝王子强國，宣帝封。

〔四一〕【補注】先謙曰：續志後漢省。沂水注「沂水自琅邪東莞來，南逕東安縣故城東，合時密水、桑泉水，見泰山蒙陰。下入城陽陽都。時密水出時密山，春秋莒地，左傳共仲及密而死是也。時密水東流逕東安城南，又東南入沂」。一統志「故城今海州西」。

〔四二〕【補注】先謙曰：續志後漢省。泗水注「漷水出合鄉縣，西南流。春秋哀二年，伐邾，取漷東田及沂西田是也。漷水下入魯國騶」。元和志「即論語互鄉」。一統志「故城今滕縣東」。

〔四三〕【補注】先謙曰：縣人匡衡，見本傳。

〔四四〕應劭曰：音證。【補注】錢大昭曰：閩本作「承始」。徐松曰：丞縣以丞水得名，作「承」者誤。先謙曰：廣韻「丞，縣名，在沂州，匡衡所居」。案表，魯孝王子當、楚孝王孫閎皆封承鄉侯，即此。元和志「縣西北有丞水，故名」。續志後漢因。一統志「故城今嶧縣西北一里」。承水在縣西。

〔四五〕【補注】先謙曰：魯孝王子咸國，宣帝封。

〔四六〕【補注】先謙曰：續志後漢省。一統志「故城今嶧縣西」。

〔四七〕應劭曰：在淮曲之陽。【補注】王鳴盛曰：此注前九江郡曲陽縣下亦引之，恐非。朱一新曰：汪本「羊」作「陽」。先謙曰：官本作「陽」。續志後漢改屬下邳。一統志「故城今海州西南」。

〔四八〕應劭曰：左傳「吴執鍾吾子」。【補注】先謙曰：續志後漢改屬下邳。沭水注「沭水左瀆自建陵來，南暨於遏，即竭。西南流，逕司吾山東，又逕司吾縣故城西，左傳：楚執鍾吾子以爲司吾縣。沭水左瀆下入臨淮厹猶。沭水故瀆自下堰東南，逕司吾縣城東，下入楚傅陽」。一統志「故城今宿遷縣北六十里司吾鎮」。

〔四九〕【補注】先謙曰：泗水勤王子定國，元帝封。續志後漢省。

〔五〇〕【補注】先謙曰：公孫渾邪、周堅國，景帝封。廣陵厲王子曾，宣帝封。

〔五一〕【補注】齊召南曰：縣邑同名者皆異郡，故或加東、西等字以別之。東海一郡，而平曲二邑同名，殊不可曉。以莽所更名，一曰平端，一曰端平推之，或者第二平曲是曲平乎？全祖望曰：水經注誤引平曲作西平，苟非曲平，何以成此誤乎？亦可證第二平曲當爲曲平也。先謙曰：王子、功臣兩侯表並是平曲，諸家穿鑿爲説，非也。此一縣、一侯國，故雖同郡，而截然不混。北海、菑川一地兩劇縣，可分可合，即其證也。莽世不爲侯國，故一曰平端，一曰端平以別之，不得據以爲平曲本有顛倒之證。續志後漢省。

〔五二〕應劭曰：春秋「齊人遷陽」是。【補注】先謙曰：城陽戴王子音國，元帝封。續志後漢省。錢坫云，城陽國有陽都縣，在今沂水縣西南。後書注，都陽在承縣南，則此亦在今嶧縣西南矣。錢大昕云「城陽國陽都」下亦引應此注，似有一誤。然都陽侯音本城陽戴王之子，或當日即割陽都之鄉爲侯國，本非兩地乎？

〔五三〕【補注】先謙曰：楚孝王子回國，成帝封。續志後漢因。一統志「故城今嶧縣西南三十里」。

〔五四〕【補注】先謙曰：左文傳「城郚」。杜注「卞城南有郚城」。説文「郚，東海縣，故紀侯之邑」。

〔五五〕【補注】先謙曰：魯頃王子閔國，成帝封。

〔五六〕師古曰：郚音吾，又音魚。【補注】先謙曰：續志後漢省。一統志「故城今泗水縣東南」。

〔五七〕【補注】先謙曰：蕭則國，文帝封。史丹，成帝封，丹傳云「食東海郯之武彊聚」。是武陽，郯地析置。

〔五八〕【補注】先謙曰：續志後漢省。

〔五九〕【補注】先謙曰：魯頃王子永國，成帝封。

〔六〇〕【補注】先謙曰：續志後漢省。

〔六一〕【補注】先謙曰：張釋國，高后封。衞綰，景帝封。魯孝王子遂，宣帝封。

〔六二〕【補注】先謙曰：續志後漢省。沭水注「沭水自厚丘來，南逕建陵故城東，又逕建陵山西。魏正光中，齊王鎮徐州，立大堨，遏水西流，兩瀆之會，置城防之，曰曲沭城。自堨流三十里，西注沭水舊瀆，謂之新渠。舊瀆右會新渠，是爲沭水左瀆。自大堰水斷，故瀆東南出，合桑堰水、見襄賁。横溝水，下入司吾。沭水故瀆亦下入司吾」。一統志「故城今沭陽縣西北建陵山下」。

〔六三〕【補注】先謙曰：魯孝王子宏國，宣帝封。

〔六四〕師古曰：慮音廬。【補注】先謙曰：後漢因。續志「有藍鄉」。劉注「左傳：邾黑肱以濫來奔。杜云，縣所治城東北有郳城。郳，小邾國也」。宋策作「倪」。一統志「故城今滕縣東南六十里。府志：城周十里，有子城」。

〔六五〕【補注】先謙曰：城陽荒王子丘國，宣帝封。續志後漢省。

臨淮郡，〔一〕武帝元狩六年置。〔二〕莽曰淮平。〔三〕户二十六萬八千二百八十三，口百二十三萬七千七百六十四。〔四〕縣二十九：〔五〕

徐，故國，盈姓。至春秋時，徐子章禹爲楚所滅。〔六〕莽曰徐調。〔七〕取慮，〔八〕淮浦，游水北入海。莽曰淮敬。〔九〕盱眙，〔一〇〕都尉治。莽曰武匡。〔一一〕厹猶，莽曰秉義。〔一二〕僮，〔一三〕莽曰成信。〔一四〕射陽，莽曰監淮亭。〔一五〕開陽，〔一六〕贅其，〔一七〕高山，〔一八〕睢陵，莽曰睢陸。〔一九〕鹽瀆，有鐵官。〔二〇〕淮陰，莽曰嘉信。〔二一〕淮陵，莽曰淮陸。〔二二〕下相，〔二三〕莽曰從德。〔二四〕富陵，〔二五〕莽曰棵虜。〔二六〕東陽，〔二七〕播旌，莽曰著信。〔二八〕西平，〔二九〕莽曰永聚。〔三〇〕高平，侯國。〔三一〕莽曰成丘。〔三二〕開陵，侯國。〔三三〕莽曰成鄉。〔三四〕昌陽，侯國。〔三五〕廣平，侯國。〔三六〕莽曰平寧。〔三七〕蘭陽，侯國。〔三八〕莽曰建節。〔三九〕襄平，侯國。〔四〇〕莽曰相平。〔四一〕海陵，〔四二〕有江海會祠。〔四三〕莽曰亭間。〔四四〕輿，莽曰美德。〔四五〕堂邑，有鐵官。〔四六〕樂陵。侯國。〔四七〕

〔一〕【補注】先謙曰：據濟水注，郡治徐。續志後漢治下邳。劉注「雒陽東千四百里」。

〔二〕【補注】錢大昭曰：濟水注引「六」作「五」。錢大昕曰：晉志「漢武帝分沛東陽置臨淮郡」。東陽，楚漢之際所置郡也。全祖望曰：楚漢之際屬楚國，高帝五年，屬漢，仍屬楚國。六年，屬荆國。十二年，屬吴國。景帝四年，屬江都國。武帝元狩二年，屬廣陵郡。六年，分置郡，仍屬廣陵國。宣帝五鳳四年，復故。

〔三〕【補注】吴卓信曰：後書侯霸傳「初爲王莽淮平大尹」。先謙曰：續志後漢更爲下邳國，屬徐州。志失書。

〔四〕【補注】宋祁曰：「口百二十」，邵本作「百三十」。

〔五〕【補注】先謙曰：見王子侯表者，有皋琅、南陵，見恩澤表者，有扶平，共三縣無考。郡人兒長卿，見游俠傳。

〔六〕【補注】劉奉世曰：爲吴所滅，非楚也，誤。王鳴盛曰：南監本「楚」作「吴」，事見春秋昭公三十年。先謙曰：盈、嬴字同，左傳作「徐嬴」，秦縣。丁疾起此，見陳涉傳。黥布與楚戰此，見布傳。功臣商利侯王山壽表注「徐」，蓋嘗析置商利縣。

〔七〕【補注】先謙曰：後漢因。續志「有樓亭，或曰古蔓林」。濟水注「濟水自楚彭城來，東南過徐縣北，下入淮陰」。又淮水注「淮水自沛夏丘來，東逕徐縣南，合歷澗水、池水、見九江東城。蘄水，下入盱眙。歷澗水出徐城西北徐陂，南流絶蘄水，逕歷澗戍西，東南入淮。蘄水自僮來，東流入徐縣，絶歷澗水，又逕大徐縣故城南，入淮」。一統志「故城在舊泗州城西北。舊州城在今泗州城東南百八十里」。

〔八〕師古曰：取音趨，又音秋。慮音廬。【補注】徐松曰：左傳釋文如淳讀取爲陬，訾慮爲邾婁。吴卓信曰：集韻三燭「取」下云「取慮，縣名。作入聲」。先謙曰：秦縣。鄭布起此，見陳涉傳。灌嬰攻之，見嬰傳。後漢因。續志「有蒲姑陂」。睢水注「睢水自沛符離來，東逕取慮縣故城北，合烏慈水，下入睢陵。烏慈水出縣西南烏慈渚，合長直故瀆，東逕取慮縣南，又屈逕東，而北入睢。長直故瀆上承斷水，北入烏慈水」。見沛郡蘄。一統志「故城今睢寧縣西南」。

〔九〕應劭曰：淮涯也。【補注】先謙曰：續志後漢因。淮水注「淮水自泗水淩來，東至淮浦縣。應劭云，淮崖也。崖、涯字同。蓋側臨淮瀆，故受此名。又逕縣故城東，又於縣枝分，北爲游水，又東入海」。先謙案，本志「南陽平氏」下「淮水東南至淮浦入海者也」。游水下入東海朐」。郊祀志「有游水發根」。一統志「故城今安東縣西。游水今漣河」。

〔一〇〕【補注】先謙曰：春秋吴善道邑，見一統志。秦爲縣。楚懷王都，見項羽傳。武帝封江都易王子蒙之爲侯國，見表。

〔一一〕應劭曰：音吁怡。【補注】先謙曰：後漢因。續志作「盱台」，史高紀同。淮水注「淮水自徐來，東歷客山，逕盱眙縣故城南，王莽更名之匡武。與志文倒異。淮水下入淮陰」。一統志「故縣今盱眙縣東北。縣東四十里有盱眙山」。説文「張目爲盱，舉目爲眙」。城居山上，可以眺遠，故名。

〔一二〕師古曰：厹音仇。【補注】先謙曰：説文「叴」下云「高氣。從口，九聲。臨淮有叴猶縣」。集韻亦作「叴」。然則「厹」字誤也。續志後漢省。泗水注「泗水自下相來，東南逕宿預城西，又逕其城南，故下邳之宿留縣也。王莽名之曰康義矣。「康」與「秉」形近而誤。今城在泗水之中。泗水下入泗水淩」。又沭水注「沭水左瀆自司吾來，西南至宿預縣注泗。地理志所謂至下邳入泗者也」。一統志「宿預故城在今宿遷縣東南，漢爲厹猶縣，晉改宿預」。案，道元引莽更名，蓋宿預實即厹猶，而不著厹猶之名，是其疏略之過。

〔一三〕【補注】先謙曰：秦縣，灌嬰攻之，見嬰傳。英布與楚戰此，見布傳。恩澤樂安侯匡衡表注「僮」，是曾析置樂安縣。續志亦作「僮」，水經注作「潼」。

〔一四〕【補注】先謙曰：續志後漢因。潼水注「潼水首受潼縣西南潼陂，下入沛夏丘。蘄水自夏丘來，東南逕潼縣南，下入徐」。又睢水注「潼水故瀆上承潼陂，東北流，逕潼縣故城北，下入睢陵」。一統志「故城今泗州東北」。

〔一五〕應劭曰：在射水之陽。【補注】先謙曰：高祖封項纏爲侯國，見表。射水即射陂，見廣陵王胥傳。後漢改屬廣陵。續志劉注「有梁湖、博支湖」。淮水注「中瀆水即渠水，自廣陵廣陵來，由樊梁湖一曰樊良湖，即梁湖。舊道東北出博芝、即博支。射陽二湖，西北出夾邪湖，乃至山陽。晉永和中，患湖道多風，陳敏因穿樊梁湖北口，下注津湖，逕渡直至夾邪。興寧中，又自津湖南口，沿東岸二十里，穿渠入北口。行者不復由湖，故蔣濟三州論曰「淮湖紆遠，水陸異路，山陽不通，陳登穿溝，更鑿馬瀨，百里渡湖」者也。案，此敘改道，文有譌脱，蓋敘建安東道不通，陳登改道鑿馬瀨及穿樊良湖事，方與下引三州論相應。白馬未鑿之先，中瀆水由東道出博支，至射陽。陳登既鑿之後，乃改由西道出津湖，至白馬。水經言中瀆水出白馬湖，是建安改道，與班志所云出博芝、射陽者不同，二道不能合一也。自廣陵出山陽白馬湖，逕山陽城西，南宋置。即射陽縣之故城也。中瀆水又東，謂之山陽浦，下入淮陰」。先謙案，本志「廣陵江都」下「渠水北至射陽入湖」者也。劉文淇揚州水道記云「此言中瀆水既注樊良湖，後乃分二道：舊道由博支至射陽爲東道；改道由津湖至白馬爲西道。二道皆先由樊良湖，故於注樊良湖後，始言舊道。見舊道由樊良出博芝，與建安後由樊良出白馬湖異，而由樊良則同。云東北出博芝、射陽二湖者，謂舊道由樊良至博芝，又至射陽也。云西北出夾邪乃至山陽者，則中瀆入淮之道也」。道元與左傳杜注皆言東北至射陽。志言北至射陽入湖，言其略耳，不得據班所云，遂謂北至射陽爲吳故道，東北至射陽非吳故道也」。焦循廣陵考意謂博支、射陽在東，樊良在西，既至樊良，不得更繞博支。不知未設隄岸之先，東西本可通行，既至樊良，又繞博支，與蔣濟三州論「淮湖紆遠」之言合。況博支在今寶應東南九十里，射陽湖在寶應東六十里，去廣陵邗水甚遠。焦氏謂舊道不由樊良，自廣陵直北至博芝、射陽，則越去高郵一邑，中瀆水自廣陵北出，後果由何道至博支耶？府志博支湖西北通廣洋湖，北接馬長江，亦不能逕入射陽湖。焦謂博芝、射陽南北相連，亦非也。諸志以寶應縣東七十里射陽鎮爲漢射陽城。考宋志，義熙中，立山陽郡縣，而射陽舊縣遂廢。又云，山陽去州，水三百，陸同。是宋山陽即今山陽城無疑。射陽故城在今寶應縣東七十里，俱與山陽無涉。通典、舊唐書謂山陽爲漢射陽縣地，晉置山陽郡，改爲山陽縣，非也。道元謂中瀆水逕山陽城西，不誤。惟以東晉所立山陽城即漢之射陽城，則誤矣。一統志「射陽湖在縣東南七十里，周三百里」。

〔一六〕【補注】先謙曰：續志後漢省。東海亦有開陽縣。

〔一七〕師古曰：贅音之鋭反。【補注】先謙曰：高后封呂勝爲侯國，見表。續志後漢省。紀要「故城今盱眙縣西」。

〔一八〕應劭曰：高山在東南。【補注】先謙曰：續志後漢因。

〔一九〕師古曰：睢音雖。【補注】朱一新曰：元本「陸」作「睦」，非。先謙曰：武帝封江都易王子定國爲侯國，見表。續志後漢因。睢水注「睢水自取慮來，東逕睢陽縣故城北，又合潼水故瀆，下入相。潼水故瀆自潼來，東北逕睢陽縣入睢」。一統志「故城今睢寧縣治」。

〔二〇〕【補注】先謙曰：續志後漢改屬廣陵。一統志「故城今鹽城縣西北」。

〔二一〕【補注】先謙曰：秦縣，見寰宇通志。高帝封韓信爲侯國，見表。功臣博成侯張章表注「淮陰」，蓋嘗析置博成縣。莽名嘉信，因韓侯也。縣人枚乘，見本傳。續志後漢因。劉注「下鄉有南昌亭，信寄食處」。淮水注「淮水自盱眙來，東北至淮陰縣西，合泗水。淮泗之會，即角城也。二水決入之，所謂之泗口。又東過淮陰縣北，又逕淮陰縣故城北，又合中瀆水，下入泗水淩。中瀆水自射陽來，東入淮，爲山陽口」。又泗水注「泗水自泗水淩縣來，東入縣，逕角城北入淮。諸地説言泗水於睢陵入淮，亦云於下相入淮，皆非實録也」。此謂自今清河入淮，然自水道爲黄河所經，尚書淮會之文遂不可考。又濟水注「濟水自徐來，與泗水渾濤東南流，至角城同入淮」。先謙案，本志「濟陰乘氏」下「菏水東南至睢陵入淮」者也。睢陵明爲淮陰之誤矣。一統志「故城今清河縣東南五里」。

〔二二〕【補注】先謙曰：續志後漢因。一統志「故城今盱眙縣西北八十五里」。

〔二三〕【補注】先謙曰：秦縣，見括地志。縣人項羽，見羽傳。

〔二四〕應劭曰：相水出沛國，故加「下」。【補注】先謙曰：高帝封泠耳爲侯國，見表。續志後漢因。睢水注「睢水自睢陵來，東南逕下相縣故城南。據應劭説，則相又睢水之別名也。東南入泗，爲睢口」。先謙案，本志陳留郡浚儀下「睢水東至取慮入泗」。道元於取慮下增睢陵、下相二縣水道，較班志爲密矣。又泗水注「泗水自東海下邳來，東南逕下相縣故城東，又得睢水口，下入厹猶」。一統志「故城今宿遷縣西七里下相社」。

〔二五〕【補注】先謙曰：荆王賈爲黥布破走，死於此，見本傳。

〔二六〕棵音朔。【補注】齊召南曰：案「棵音朔」之上，脱「師古曰」三字。各本俱誤，此顔注，非班氏本文也。錢大昕曰：説文、廣韻俱無「棵」字，以顔音推之，當是「槊」之譌。集韻四覺部有「棵」字，知北宋本已譌。先謙曰：續志後漢省。一統志「故城今盱眙縣東北」。

〔二七〕【補注】先謙曰：秦縣，見括地志。陳嬰，縣令史，起兵下之，見項羽紀。縣人陳君孺，見游俠傳。續志後漢改屬廣陵。一統志「故城今天長縣西北七十里，俗名屈城」。

〔二八〕【補注】先謙曰：陳嬰母，縣人，有墓。見嬰傳集解引張晏。後漢因。續志作「潘旌」。潘、播古通。

〔二九〕【補注】先謙曰：宣帝封于定國爲侯國，見表。

〔三〇〕【補注】先謙曰：續志後漢省。

〔三一〕【補注】先謙曰：魏相國，宣帝封。王逢時，元帝封。又恩澤樂通侯欒大表注「高平」，蓋嘗析置樂通縣。

〔三二〕【補注】先謙曰：續志後漢省。一統志「故城在舊泗州城北」。

〔三三〕【補注】先謙曰：建成及成娩國，並武帝封。

〔三四〕【補注】先謙曰：續志後漢省。

〔三五〕【補注】先謙曰：泗水戾王子霸國，成帝封。續志後漢省。

〔三六〕【補注】先謙曰：薛歐國，高帝封。廣陵孝王子德，元帝封。

〔三七〕【補注】先謙曰：續志後漢省。

〔三八〕【補注】先謙曰：廣陵孝王子宣國，元帝封。表「陽」誤「陵」。

〔三九〕【補注】先謙曰：續志後漢省。

〔四〇〕【補注】先謙曰：紀通國，高帝封。廣陵厲王子疊，元帝封。

〔四一〕【補注】先謙曰：續志後漢省。

〔四二〕【補注】先謙曰：戰國楚地。海陽，見楚策吴注。有發繇口，見春秋哀十二年杜注。

〔四三〕【補注】先謙曰：江海會者，謂江入海處也。吴卓信云，晉志廣陵屬縣有海陽，無海陵。以晉志祠在海陽推之，知海陽即海陵也。

〔四四〕【補注】王鳴盛曰：南監本「閒」作「門」。先謙曰：續志後漢省。枚乘云「海陵之倉」。瓚注「海陵有吴太倉」。續志東陽下自注云「有長洲澤，吴王濞太倉在此」。然則海陵併入東陽矣。宋志云「三國時廢，晉太康二年復立」。又吴志「呂岱，廣陵海陵人」。是漢末復立，吴復廢之。一統志「故城今泰州治」。先謙案，江水自廣陵江都來，左入今泰興縣境，漢海陵地也。江水東南逕永安沙，又南逕界河，泰興、靖江分界於此。江水東逕靖江縣，舊爲東、西馬馱沙，明天啓中壅，屬北岸，因置縣。江水又逕張王港，入如皋境。又逕絲魚港，入通州境。皆海陵地也。又逕狼山港，又東南包海門廳、崇明縣二沙，入於海。右見會稽毗陵。

〔四五〕【補注】先謙曰：續志後漢改屬廣陵。錢坫云，晉書徐寧傳「寧爲輿縣令，時廷尉桓彝去職，之廣陵尋親舊，還遇風，停浦中。上岸，見一解署，云是輿縣。彝造之」。則與海陵當相近。案一統志「故城今甘泉縣西四十五里」。

〔四六〕【補注】先謙曰：高帝封陳嬰爲侯國，見表。後漢改屬廣陵。續志「有鐵。春秋時曰堂」。案，堂即棠，楚地，左傳「襄十四年，楚子囊師於棠」是也。伍奢子棠君尚，杜預云「棠邑大夫」。棠、堂古通。後屬吳，刺客傳「專諸，吳堂邑人」。一統志「故城今六合縣北。六合，漢堂邑地，江浦半入堂邑境」。先謙案，江水自九江歷陽來，左逕江浦縣，江中四洲相接，上爲響水洲，次大勝洲，次莊家洲，次九洑洲。江水自莊家洲迤下，得新河口，江浦縣城河之水入焉。江水又東北逕浦口城東，老河口水入焉。江水逕六合縣東流，黃廠河水入之。又東逕玉帶洲，得划子口，內通瓜步河。又東逕龍袍洲，得瓜步口，瓜步河水入之。其上源爲瓦梁河，即滁河也。五代時，南唐於滁水上立瓦梁堰，故受斯名矣。滁水出合肥縣東北，東流，逕六合縣南，又合靈巖山水南流，逕瓜步鎮西，又東入於江。江水又右得東溝口，下入廣陵江都。右見丹陽秣陵。

〔四七〕【補注】先謙曰：史高國，宣帝封。續志後漢省。

會稽郡，〔一〕秦置。〔二〕高帝六年爲荆國，〔三〕十二年更名吳。〔四〕景帝四年屬江都。〔五〕屬揚州。〔六〕户二十二萬三千三十八，口百三萬二千六百四。縣二十六：〔七〕吳，〔八〕故國，周太伯所邑。〔九〕具區澤在西，揚州藪，古文以爲震澤。〔一〇〕南江在南，東入海，揚州川。〔一一〕莽曰泰德。〔一二〕曲阿，故雲陽。〔一三〕莽曰風美。〔一四〕烏傷，莽曰烏孝。〔一五〕毗陵，季札所居。〔一六〕江在北，東入海，揚州川。〔一七〕莽曰毗壇。〔一八〕餘暨，蕭山，潘水所出，東入海。〔一九〕莽曰餘衍。〔二〇〕陽羨，〔二一〕諸暨，莽曰疏虜。〔二二〕無錫，〔二三〕有歷山，〔二四〕春申君歲祠以牛。〔二五〕莽曰有錫。〔二六〕山陰，〔二七〕會稽山在南，上有禹冢、禹井，揚州山。〔二八〕越王句踐本國。〔二九〕有靈文園。〔三〇〕丹徒，〔三一〕餘姚，〔三二〕婁，有南武城，闔閭所起，以候越。〔三三〕莽曰婁治。〔三四〕上虞，有仇亭。柯水東入海。〔三五〕莽曰會稽。〔三六〕海鹽，故武原鄉。有鹽官。莽曰展武。〔三七〕剡，莽曰盡忠。〔三八〕由拳，柴辟，故就李鄉，吴、越戰地。〔三九〕大末，穀水東北至錢唐入江。〔四〇〕莽曰末治。〔四一〕烏程，有歐陽亭。〔四二〕句章，〔四三〕渠水東入海。〔四四〕餘杭，莽曰進睦。〔四五〕鄞，〔四六〕有鎮亭，〔四七〕有鮚埼亭。〔四八〕東南有天門水入海。〔四九〕有越天門山。〔五〇〕莽曰謹。〔五一〕錢唐，〔五二〕西部都尉治。〔五三〕武林山，武林水所出，東入海，行八百三十里。〔五四〕莽曰泉亭。〔五五〕鄮，〔五六〕莽曰海治。〔五七〕富春，〔五八〕莽曰誅歲。〔五九〕治，〔六〇〕回浦。南部都尉治。〔六一〕

〔一〕【補注】閻若璩曰：郡治吴，以嚴助、朱買臣、梅福傳知之。秦時郡即治吴，故項籍傳云「初起兵吴也」。先謙曰：嚴助傳「會稽東接於海，南近諸越，北枕大江」。郡地形略具是矣。續志劉注：後漢會稽治山陰。「雒陽東三千八百里。本治吴，立吴郡乃治山陰。吴郡治吴。雒陽東三千二百里」。

〔二〕【補注】先謙曰：始皇紀「二十五年置」。楚漢之間分置吴郡，詳高紀。

〔三〕【補注】先謙曰：高紀以故東陽郡、鄣郡、吴郡五十一縣，立劉賈爲荆王。

〔四〕【補注】先謙曰：高紀：十二年詔，復立沛侯濞爲吴王。

〔五〕【補注】劉攽曰：景帝四年封江都王，并得鄣郡，而不得吴，名曰江都。然則會稽不得云屬江都。王鳴盛曰：廣陵縣下注云「江都易王非，廣陵厲王胥皆都此，并得鄣郡而不得吴」。與此注矛盾。攷江都易王非傳「景前二年立爲汝南王。吴楚反，自請擊吴。吴已破，徙王江都，治故吴國」。顔注「治謂都之」。既云治吴，則廣陵注云「江都易王非都此」者誤。先謙曰：據五宗世家及本書非傳，會稽屬江都，宋志同。此非初封時全有會稽郡之證。武帝建元三年，遣嚴助發會稽兵救東甌，會稽守歆拒不爲發。又助與朱買臣相繼爲會稽守。此會稽後别爲郡，不屬江都，而廣陵國得鄣不得吴之證。志文不誤，諸説非也。

〔六〕【補注】先謙曰：續志「吴郡」下云「順帝分會稽置」，屬並同。

〔七〕【補注】先謙曰：郡人鄭吉，見本傳。

〔八〕【補注】先謙曰：縣人朱買臣、嚴助，見本傳。

〔九〕【補注】先謙曰：詳太伯世家。續志「無錫」下劉注引皇覽云「有太伯冢、宅」。是始所居地，國自在吴縣，不在無錫，劉駁之是也。後來地説多誤，以班志爲正。

〔一〇〕【補注】先謙曰：職方注「具區在吴南」。禹貢山水澤地篇「震澤在吴縣南五十里」。酈注水經，多本班志，皆云吴南，則志文不當作在西。以地望測之，西南皆通，然以南爲正。釋地十藪「吴越之閒有具區」。郭注「今吴南太湖，即震澤也」。案，具區即震澤，郭以太湖當之，非是。太湖乃五湖之總名。禹貢錐指引葉夢得避暑録話云「周官九州有澤藪，有川，有浸。藪者，人資以爲利，浸則水之所鍾也。今平望八尺震澤之間，水瀰漫而極淺，與太湖相接，而非太湖，積潦暴至，無以洩之，則溢而害田，然蒲魚蓮芡之利，所資甚廣，亦可隄而爲田。與太湖異，所以謂之澤藪」。黄儀云「今土人自包山以西謂之西太湖，水始淵深。自莫釐武山以東，謂之南湖，水極灘淺，蓋即古震澤，止以上流相通，後人遂混謂之太湖耳」。成蓉鏡云「疑禹時，震澤本巨浸。太湖水小，故禹貢稱震澤，不稱太湖。歷商而周，震澤漸淤爲藪，而水乃瀦於太湖，故職方以五湖爲浸，震澤爲澤藪也」。平望，今震澤縣西南四十五里平望鎮。八尺在縣南二十里八赤鎮。震澤在縣西南八十五里。

〔一一〕【補注】先謙曰：沔水注「南江自丹揚故鄣來，東注于具區，謂之五湖口。五湖謂長蕩湖、太湖、射湖、貴湖、滆湖也。郭景純江賦注『五湖以漫漭』。言江水經緯五湖，而苞注太湖。五湖乃太湖之兼攝通稱也。東則松江出焉，上（逕）〔承〕太湖，更逕笠澤，在吴南松江左右也。國語云『越伐吴，吴禦之笠澤。越軍江南，吴軍江北』者也。虞氏曰，松江北去吳國南五十里」。阮元浙江圖考云「道元以松江爲南江東出之流，非以爲中江也。班志於吳曰『南江在南』，於毗陵曰『北江在北』，則中江必在吳縣北、毗陵南可知。文選江賦李注引水經注云『中江東南，左會滆湖』。今水經注無此語。滆湖在常州西南三十五里，半入宜興，當太湖北，正漢陽羨地。會於滆湖而東出，仍在太湖之北，不必出自太湖東南也。然則中江非松江乎？曰，必松江也。吳松江口，正中江入海處。但中江由陽羨入海，正在吳之北，其趨海必歷崑山而至嘉定、上海之閒。自中江出滆湖之口既湮，南江逕禦兒之流亦塞，而中江入海之委轉與南江出湖之條兩相接續，於是曰松江，曰婁江，曰三江口，支派紛繁，莫可究詰，而庾氏三江之說起矣。今吳松海口在嘉定縣東，彼入滆湖而出滆湖，直趨於此可也，何至出滆湖者，南出吳江復北注邪？道元敘『南江注具區，東出爲松江』，明以東出者爲南江。郭氏以松江當中江，蓋指吳松口而言耳」。范本禮吳疆域圖說云「吳松口在今寶山縣南。攷丁取忠輿地經緯度里表，寶山縣當緯度三十一度二十分，蘇州府當緯度三十一度二十三分，是吳松口在蘇州東南。阮氏既云中江在吳北，直貫太湖東出，而以吳松口爲即中江入海之口，亦矛盾也。中江入海之道，當在今劉河口北」。先謙案，一統志「松江自太湖分流，經吳江、崑山、太倉、嘉定境入海。婁江自長洲婁門外承太湖東流，逕崑山、太倉界入海」。宋元以來，水道變遷，朱長文始以至和塘爲婁江。即劉河口。盧熊指松江爲二派，謂一出長橋，一出甘泉橋，已非一地。王鏊又分松江、吳松江爲二派，以吳松爲東江，又謂自大姚分支，與盧熊說又異。且謂婁江自太湖鮎魚口分流，則其口又不出自松江矣。諸說皆無的據。唐張守節謂三江口在蘇州府東南三十里，但渾舉之。蓋古今水道不同，漢世中江入海之道，無能臆定。以方隅言，劉河口近之，婁者，劉也。注又云「松江自湖東北流，逕七十里，江水歧分，謂之三江口。吳越春秋稱范蠡去越，乘舟出三江之口，入五湖之中」者也。此亦別爲三江五湖，雖名稱相亂，不與職方同。庾仲初揚都賦注曰，今太湖東注爲松江，下七十里，有水口，分流東北入海，爲婁江，東南入海，爲東江，與松江而三。非禹貢之三江也。浙江圖考云，庾氏三江之說，道元駁之。趙一清云，明此，可以辨正蔡沈書傳之謬。注又云「吳地記曰，一江東南行七十里，入小湖，爲次溪。自湖東南出，爲谷水，下入由拳」。成蓉鏡云，志言分江水，首受江水。酈言分江水，自石城東出，即經所謂東迤者也。酈言南江東注于具區，即經所謂北會於匯者也。鄭云東迤者，爲南江，據南江由江分出言之。志云「南江在吳南」，據南江北會于匯言之也。道元敘述南江，與經文及班、鄭並合。惟自由拳以下，續敘谷水，而古南江至餘姚入海之委，又別承南江枝分之水，與古不同。今案南江由具區東北屈而西南，歷今嘉興、桐鄉、石門至杭州府治東，東入海，即説文、始皇紀集解、文選北山移文李注所云「江水東至會稽」。山陰爲浙江，亦即志所云「南江在吳東入海」者也。班云「分江水東至餘姚入海」。分江水即南江，餘姚東即山陰矣。案分江實至餘姚入海，成泥山陰爲説，非也。錢塘云「餘姚入海之江，即吳縣南入海之江，餘姚、吳之間，南江由之入海，是以志南江入海，既繫之吳，又繫之餘姚也」。金榜云「班於石城，著南江原委，猶於湔氐道著北江原委。故志於中江言，出蕪湖西南，東至陽羨入海。至南江、北江，但云東入海。以入海之地，已互見於石城、湔氐道也」。先謙案，諸説並足發明班恉。

〔一二〕【補注】先謙曰：續志後漢屬吳。一統志「故城今蘇州府治。吳縣、長洲、元和、吳江、震澤，並漢吳縣地，常熟、昭文半入吳境」。

〔一三〕【補注】先謙曰：太康地記「曲阿本名雲陽，秦時望氣者云，有王氣，鑿之以敗其勢，截其直道，使之阿曲，故曰曲阿」。

〔一四〕【補注】先謙曰：續志後漢屬吳。一統志「故城今丹陽縣治。丹陽、金壇，並漢曲阿地。江水自丹徒來，右入丹陽縣境。江水東南逕姚家橋，又逕黃金橋，又逕太平港，又逕包港，又逕老鸛港，江中有洲，上起丹徒，下連武進，名曰太平洲。江水下入毗陵」。左見臨淮海陵。

〔一五〕【補注】先謙曰：續志後漢因。一統志「故城今義烏縣治。金華、義烏、永康、蘭谿、武義，並漢烏傷地，東陽、浦江、湯溪，半入烏傷境」。漸江水注「浙江自餘杭來，東逕烏傷縣北。異苑云『東陽顏烏以淳孝著聞，後有羣烏助銜土塊爲墳，烏口皆傷。一境以爲顏烏至孝，故致慈烏，欲令孝聲遠聞，又名其縣曰烏傷矣』。浙江下入錢唐」。浙江圖考云「烏傷閒於諸暨之南。此云東逕烏傷北，蓋誤浦陽江爲浙江」。注又云「穀水自太末來，東逕長山縣南，後漢末，分烏傷立吳東陽郡治。合永康溪水、雲陽溪水，又東逕烏傷縣之雲黃山，合烏傷溪水，下入錢唐」。先謙案，一統志「雲黃山在義烏縣南二十五里，一名雲橫山，亦名松山，周三十里，有峭壁，高百丈，下臨畫溪」。注又云「永康溪水出永康縣，吳分烏傷上浦立。飛湍北注，至縣南門入穀」。先謙案，一統志「永康溪水出永康縣南，爲南溪，東北流至水淨巖，合李溪水，又西逕金勝山麓，爲石鼈潭。又西北合華溪水，又西合西門溪水，又逕武義縣東南，合墊溪水，又西北逕金華縣，爲金華江，亦爲南港。合梅溪水，又北入婺港」。此水入婺港，不入衢港。道元誤注。又云「定陽溪水，上承信安縣之蘇姥布，後漢新安，晉改。東逕定陽縣，後漢分立。又逕長山縣，北入穀」。浙江圖考云「定陽溪在衢州府東十五里，一名東溪，源出遂昌縣周公嶺，入府境東北，流至雞鳴山下，合衢江。定陽故城在今常山縣東南三十里。常山縣在衢州府之西。信安縣即今西安。衢江即穀水也。衢江源出開化縣東北六十里，經縣城東爲金溪。又東南入常山境，爲金川。至縣城東，則江山縣大溪之水入之。又東南經府城北，江山縣南，仙霞嶺北諸溪谷之水入之。又至府城東下五里，定陽溪水入之。又東北經龍游縣北四里，是爲盈川溪，亦曰穀溪。又東北歷湯溪縣北，至蘭溪城西，金華江入之。道元既以穀水出大末，又以定陽溪逕長山注穀水，案之形勢，俱有未合」。先謙案，一統志「定陽溪即金溪也。水有二源，一出開化縣北馬金嶺，一出縣西北百際嶺，合流，俗名馬金溪。南流逕鐘山下，環縣治東。又東南流至華埠，始容小舟。又南逕常山縣，爲金川。又逕縣北，爲金川灘，縣北諸溪水入焉。至此，勝三百斛舟。繞縣城，又東南合文溪，又東南流，逕西安縣，亦名信安溪，以在衢州府西，又名西溪。至縣西南，入於衢江」。東溪在西安縣，隋志以爲定陽溪，出紫微山，東北流入信安溪。阮氏依隋志，以東溪爲定陽溪，與一統志異。互見大末。注又云「烏傷溪水出吳寧縣，晉縣。爲吳寧溪。逕烏傷縣入穀，謂之烏傷溪水」。浙江圖考云「吳寧縣在今東陽縣東二十七里。吳寧溪水即金華江。東陽溪導義烏之水爲烏傷溪，入東陽江，永康之水又入之，乃西至蘭溪入穀水，此今之形勢也。道元以穀水至蘭溪，逕金華、義烏、東陽，既誤金華江爲穀水，故永康溪水入金華江，而以爲入穀水。烏傷溪入金華江，而以爲吴寧溪入穀水。又以吴寧溪入穀水，謂之烏傷溪水。然則，至錢唐入浙江者，即此烏傷溪水矣。烏傷溪出大盆山西流，而以爲是穀水東注，是則今爲源，而古爲委矣。自此北及錢唐，既隔紹興諸山，而浦陽一江，道元又以爲由烏傷歷諸暨，始寧爲曹娥江入海，此烏傷溪何由入浙江乎？錢唐在北岸，此從烏傷來，即入江亦在南岸，何由至錢唐乎？其誤無疑」。先謙案，一統志「吴寧縣故城在東陽縣東二十七里。吴寧溪水即婺港也，源出東陽縣大、小盆山，屈曲行二百里，逕縣北爲東陽江，又西逕義烏縣爲義烏溪，亦名大溪，即古之烏傷溪也。又逕縣東爲東江。又西合繡湖水，又西逕金山之麓，又西南與畫溪水合，又逕金華縣爲東溪，合航慈溪水，又西南逕縣城南，與南港水合，見上。爲雙溪，又名婺港。又西逕蘭谿縣南，入衢港水。衢港水自龍游入湯溪縣，合桃溪水，又北逕蘭谿縣西南，爲金臺灘，又逕蘭陰山下，與婺港合，統名曰蘭溪。又北逕望雲灘，至建德縣界，入漸江水」。本志「大末縣」下，「穀水東北至錢唐入江」者也。下見富春。注又云「浦陽江導源烏傷縣，下入諸暨」。先謙案，一統志「浦陽江出浦江縣西深裊山，曰東溪水，東流逕縣郭南，又東北流，透迤百餘里，入諸暨」。

〔一六〕【補注】先謙曰：札居延陵，見公羊襄傳。吴因而封之，見吴世家。皇覽「季子冢在暨陽鄉，今江陰西三十里申浦南」。

〔一七〕【補注】錢大昭曰：閩本「江」上有「北」字是。朱一新曰：汪本、監本有「北」字。先謙曰：禹貢山水澤地篇「北江在毗陵北界，東入海」。與志合。續志亦作「北江在北」。此與「吴」下「南江在南，東入海」書法同。即今大江由江寧、鎮江、常州入海者也。江水自曲阿來，右入武進縣境，漢毗陵地也。江水東逕孟河口，唐時引江以通漕溉。又逕小河口，南達常州七十里，宋之小河寨也。又逕桃花港，武進、江陰分界於此。又逕申港，楚春申君所開也。又東北逕黄白港，當江陰縣城西北。又北逕鵝鼻觜，江險也。又東逕石牌港，又東南逕福山港入海。左見臨淮海陵。

〔一八〕師古曰：舊延陵，漢改之。【補注】先謙曰：續志後漢屬吴。一統志「故城今常州府治」。武進、陽湖、江陰，並漢縣地，常熟、昭文半入毗陵境」。

〔一九〕【補注】先謙曰：續志劉注引魏都賦注云「有蕭山，潛水出焉」。潛水即潘水也。南江自錢唐來，入餘暨縣，絶潘水而東流，下入山陰。漸江水注「浦陽江自上虞來，東北逕永興縣，即餘暨，見下。今蕭山縣。與浙江合，謂之浦陽江，東入海」。地理志又云『縣有蕭山，潘水所出，東入海』。又疑是浦陽江之別名也，自外無水以應之」。浙江圖考云「道元敘浦陽江與今合。前敘烏傷溪水爲穀水，可明其誤矣。宋程泰之謂浦陽江即錢唐江，何也？」全祖望云「浦陽江發源義烏，分於諸暨，爲曹娥、錢清二江。自義烏山南出者，道由蒿壩，所謂東小江也，下流爲曹娥。自山北出者，道由義橋，所謂西小江也，下流爲錢清。曹娥之水由諸暨紆而東至嵊，至餘姚，則已折而北，始至上虞，遂由會稽入海。錢清之水至諸暨境西下，至蕭山反東，向山陰入海。一曲一直，源流不同，然六朝皆以浦陽之名概之。考浦陽之名，漢所未有，故班志不録。然志於浦陽東道之水則曰柯水，而系之上虞，即曹娥也；西道之水則曰潘水，而系之餘暨，即錢清也。續志有潘水，而失柯水。韋昭始以浦陽當三江之一。六朝時合曹娥、錢清二江，總曰浦陽，故謝康樂山居賦所云，皆指曹娥。李善因之，而南史爭戰之地，則皆在錢清。歷唐五代作志乘者，尚無曹娥、錢清之名，故九域志以曹娥鎮屬會稽，錢清鎮屬山陰，尚未有江名。其以江名也，自南宋始。酈注水經，所志浦陽之水，本屬曹娥，其末始引及蕭山之潘水，則是錢清之上流，而疏析不精，不知其分爲二，反以爲合而爲一，故曰上虞江東至永興與浙江合。則是太康湖、嶀浦之水，能至義橋、麻溪以入海，移東就西，其謬已甚！或者六朝之世，隄堰未備，東小江之水尚能西出，則東道之水得至永興，亦未可定。南史浦陽江南北津各有埭司，以稽察行旅。通鑑胡注云『浦陽江南津埭即今梁湖堰，北津埭即今曹娥堰，與西陵埭、柳浦埭稱四埭』。然則浦陽終以東道曹娥之水爲經流，而西道匯於錢清者爲支流。六朝官制，足與水道相證明。蓋浦陽之水，東行者當隄堰未興之日，自餘姚達句章，凡嶀浦、㟝浦、漁浦、剡溪、箪溪胥會焉。由柯水而東，直達於句章之渠水而止，非猶今之曹娥也。道元以上虞江稱曹娥，而錢清則否，知曹娥爲浦陽經流無疑」。吳疆域圖説云「自諸暨以上，則今浦陽江；自剡縣以下，則今曹娥江；自周市以下，則今紹興運河之道。蓋今浦陽江自諸暨以北入錢塘江者，乃古之東江。古之浦陽江東流，而爲曹娥江後，乃中絶耳。夫曹娥江以曹娥投江得名，其未投江前，江必有名，以水經注曹娥碑在上虞江南，及謝賦、南史證之，曹娥之本名浦陽無疑。至浦陽逕永興者，全氏以爲錢清是矣。而其言錢清之經流，則恐非是。竊意浦陽江自諸暨以北者，於古爲東江，乃臨浦之支流入錢塘江者，與錢清本不相通，故班氏潘水屬之餘暨，若如全氏所言，則班當屬之諸暨矣。然則今紹興運河之道，或即古錢清江所逕，而即班所謂潘水，道元所謂浦陽江乎？但班志明言潘水入海，則錢清當自蕭山東流，會浦陽江以入浙，道元乃欲强合入海之文，故曰『上虞江東逕周市而注永興』，又曰『又東北逕永興縣東』，令地勢方向茫不可辨。今錢清鎮在蕭山縣東，與山陰接界，疑古錢清江本自蕭山東流，至鎮，合浦陽江，即於此入浙江。班言入海者，亦如武林水、漸水之例耳。蓋浦陽江分三派入浙，在西爲錢清，道元所謂逕永興東與浙江合者，即志之潘水也。其中爲曹娥，即志之柯水也。全氏謂道元疏析不精，不知其已分爲二，而反以爲合爲一，亦未盡然。志言柯水東入海，道元以柯水當上虞江，亦知曹娥江之自入浙矣。既以柯水當上虞江，而下文又引志之潘水，疑即浦陽江之别名，則亦疑其分爲二矣。惟於引志柯水上未明言上虞之入浙，則其疏耳」。先謙案：一統志「餘暨今蕭山縣西。蕭山在縣治西。浦陽江自諸暨來，逕茆渚潭分爲二，正流名下東江，西爲下西江，至三江口復合爲一。又北流至紀家匯，爲錢清江，以後漢劉寵受父老一錢事爲名。又西北至蕭山縣南二十里之臨浦鎮，注山陰之麻溪。又北過烏石山爲烏石江。又東北逕蕭山縣東十五里，九折而東，復入山陰縣界，經錢清鎮入海」。志所謂潘水東入海也。明天順初，知府彭誼以江水泛溢，築臨浦大小壩爲之内障，而江分爲二；又建白馬山閘以遏三江口之潮，閘東盡漲爲田，自是江水不通於海。近人謂錢清本不入海者，誤也。南宋時開運河，自蕭山縣南西興鎮東流，逕蕭山縣治北，又東接錢清江，凡五十里。又東出至紹興府城西，長五十五里。又自城西東南出，逕會稽縣界，東流入上虞縣，接曹娥江長百里。又自上虞縣西三十里梁湖堰，流至通明壩，入姚江，横亘三十餘里。今人知爲宋漕渠故道，而不悟即南江故道。夫柯水即曹娥，潘水即錢清，各自入海。六朝前，二水之通，南江通之也，宋後二水之通，運河通之也。南江絶潘水、柯水而至餘姚，故錢清、曹娥得通名浦陽江，中間湮廢，自有運河，而曹娥、錢清復通爲一。至水經注謂浦陽自諸暨入剡，此道元之誤。南江、運河之通，俱在錢清、曹娥下游，若諸暨、剡縣間，重嶺疊嶂，水無通道，徒因酈注，强爲附會，似可不必，故備引諸説而折衷焉。

〔二〇〕應劭曰：吴王闔閭弟夫槩之所邑。師古曰：應説非也。暨音既。下諸暨亦同。潘音甫元反。【補注】徐松曰：宋本「衍」作「行」。先謙曰：續志後漢因。劉注引越絶云「西施之所出」。謝承書有涉皇山。漸江水注「浙江自由拳來，東逕永興縣北。縣在會稽東北百二十里，故餘暨縣也。吴改。縣濱浙江。浙江又東合浦陽江，入海。山海經云，浙江在閩西北入海。韋昭以浙江、松江、浦陽江爲三江」。又沔水注上見餘杭。「浙江自臨平湖南通浦陽江，又於餘暨東合浦陽江，下入餘姚」。浙江圖考云，臨平湖在江西，浦陽江在江東，此文有誤，辨見後。以上與錢唐參看。

〔二一〕【補注】先謙曰：高帝封靈常爲侯國，見表。本志「蕪湖」下云「中江水至縣入海」。續志後漢屬吴，劉注「有張公山，洞密有二堂」。有荆山、荆溪，在縣南二十步。一統志「故城今宜興縣南五里」。宜興、荆溪並漢陽羨地。

〔二二〕【補注】先謙曰：有句無亭，見越語韋注。續志後漢因，劉注「興平二年，分立吴寧縣」。漸江水注「浦陽江自烏傷來，東逕諸暨縣，合洩溪，凡有五洩，土人號瀑布爲洩也。又逕諸暨縣南，縣臨對江流，北帶烏山，故越地也，先名上諸暨，亦曰句無，故國語曰『句踐之地，南至句無』。夾水多浦，中有大湖。浦陽江下入剡」。先謙案，一統志「故城今諸暨縣治東。浦陽江半入諸暨境。五洩溪出縣北富陽山，亦名五洩山。東流三十餘里，有石瀆溪，匯諸山水入之。又東北入浦陽江。縣北七十五里有杭烏山，聳拔霄漢，疊嶂七十有二，即注所云烏山也。縣南五十里有句乘山，括地志以爲即句無亭。縣北五十里有泌浦湖，舊周八十五里。宋時，縣境有七十二湖，蓄水溉田，今半爲平陸」。

〔二三〕【補注】先謙曰：史記：太伯始居吴在此，後國吴縣。武帝封多軍爲侯國，見表。

〔二四〕【補注】先謙曰：毘陵志「歷山在今無錫縣西北三十里」。

〔二五〕【補注】先謙曰：輿地紀勝引此文，「春申君」下有「祠」字，「歲祠」作「歲祀」，是。春申君傳：城故吴墟，以自爲都邑也。

〔二六〕【補注】先謙曰：續志後漢屬吴。一統志「故城今無錫縣治。無錫、金匱並漢縣地」。

〔二七〕【補注】先謙曰：續志後漢因。漸江水注「浙江自錢唐來，逕山陰縣，有苦竹里，里有舊城，句踐封范蠡之邑也。浙江又東與蘭溪合。湖南有天柱山，湖口有亭曰蘭亭。浙江又逕越王允常冢北，又東北得長湖口，有秦望山，在城南。史記云『秦始皇登之以望南海』也。山南有嶕峴，峴裏有大城，越王無餘舊都也。又有會稽山，東帶若邪溪，溪水下入湖。邪溪東又有寒溪，鄭公泉、銅牛山，山上有冶官。山北湖下有練塘里。縣南九里有侯山，孤立湖中。南六里有鹿野山，越之麋苑也。湖北有陳音山，秦爲縣。太史公云，禹會諸侯計於此，命曰會稽。會稽者，會計也，始以山名，因爲地號。浙江又北逕山陰縣西，西門外有怪山。許慎、晉灼並言江水至山陰爲浙江。浙江又東北逕種山西，文種所葬也。浙江下入由拳」。先謙案，一統志「故城今紹興府治。山陰、會稽並漢縣地。苦竹里在縣西南二十九里，越絶書云，苦竹城者，句踐伐吴還，封范蠡子也。蘭溪在縣南，源出古博嶺。蘭亭山一名蘭渚山，在縣西南二十七里。允常墓在縣南十五里木客山。長湖在縣南三里，即鏡湖也，周三百五十八里，總納二縣三十六源之水，南傍山，北屬郡城，東至曹娥江，西至西小江，其初本通潮汐，漢永和五年太守馬臻始環湖築塘，瀦水溉田。又界湖爲二，曰東湖，曰西湖。宋時縱民耕種，湖遂湮廢。今自會稽五雲門，東至娥江七十二里爲東湖，自常禧門，西至小江凡四十五里爲西湖。府東二十里曰賀家池，周四十七里，南通鏡湖，北抵海塘，唐賀知章放生池也。舊有鑑湖塘，西起廣陵斗門，東抵曹娥斗門，亘百六十里。明嘉靖十七年，知府湯紹恩改築，水滸東西橫亘百餘里，遂爲通衢。秦望山在縣東南四十里。若邪溪在縣東南二十里若邪山下，北入鏡湖。侯山在縣南九里，俗名九里山。陳音山在縣西南四里，其冢壁猶畫作騎射之象。怪山亦名飛來山，在臥龍山南。臥龍山即種山矣，府治據其東麓。南江自餘暨來，入山陰縣境，始有浙江之目，許、晉所謂江水東至山陰爲浙江也。江自太湖出，大勢南流，絶錢唐江後，折而東，其形方折，故曰浙江。蕭山、山陰而下，所行皆運河水道」。以此推知後之錢清、曹娥二江，在漢世皆絶南江而入海。二江一爲柯水，一爲潘水，本有專名，因南江而二江通流，因二江通流，而後通名爲浦陽江。六朝以後，南江之名既晦，浦陽之蹟俱湮，曹娥、錢清各自爲江，人不知柯、潘二水之稱，復不解浦陽通號之故，逮宋開運河，不悟其因舊跡，反以爲新工矣。南江此下當入上虞。由拳之謬，分見諸縣下。

〔二八〕【補注】先謙曰：漸江水注「會稽山，古防山也，亦云茅山，又曰棟山。越絶云，棟猶鎮也。蓋周禮所謂揚州之鎮矣。山海經曰，勺水出焉，南流入於湖。山上有禹冢，東巡狩崩於會稽，因而葬之。山東有湮井，去廟七里，深不見底，謂之『禹井』云。東遊者多探其穴」。一統志「山在會稽縣東南十三里」。

〔二九〕【補注】先謙曰：本國對琅邪郡琅邪下「越王句踐治此」言。（浙）〔漸〕江水注「句踐稱王，都於會稽。吳越春秋所謂越王都埤中，在諸暨北界山陰康樂里」。

〔三〇〕師古曰：靈文侯，薄太后父。【補注】先謙曰：詳外戚傳。後爲靈文鄉，見後書鄭弘傳注。史索隱引顧氏云，冢墓記：薄父冢在會稽縣西北檝山上。

〔三一〕師古曰：即春秋云朱方也。【補注】先謙曰：朱方後名谷陽，秦曰丹徒，見宋志。吳王濞走死此，見濞傳、周亞夫傳。續志後漢屬吳。一統志「故城今丹徒縣東南丹徒鎮，土人稱舊縣」。先謙案，江水自丹陽句容來，右入丹徒縣境，漢縣也。江水東南逕炭渚港，又逕高資港，又東逕金山北，又逕蒜山北，又逕丹徒縣城北，今鎮江府治。又逕北固山北，又屈而東南，逕丹徒口南，運河於此入也。又逕諫壁口，又東北逕蔣山北，又逕鑰匙港，亦謂之三江口也。又南逕圌山關，又逕黃泥灘，下入曲阿。左見廣陵江都。

〔三二〕【補注】先謙曰：續志後漢因。沔水篇「江水又東至餘姚縣東入海」。注云「上見海鹽。謝靈運云『具區在餘暨』。

然則餘暨是餘姚之别名也。今餘暨之南，餘姚西北，浙江與浦陽江同會歸海，但水名已殊，非班固所謂南江也」。浙江圖考云「此文有訛誤。餘暨非餘姚，道元當知之」。注又云「郭景純曰，三江者，岷江、松江、浙江也。然浙江出蠻中，不與岷江同。作者述志，多言江水至山陰爲浙江」。下見烏程。浙江圖考云「以漸爲浙，自道元始。道元敘南江，與兩漢説三江者無異詞，惟誤浙爲漸，遂疑景純之説，且疑述志者多言江水至山陰爲浙江。自有道元此誤，漸、浙二字雖明著於説文，而莫有能詳者矣」。注又云「浙江自餘暨來，自秦望分派，東至餘姚，又爲江也。江水又東逕赭山南。江水又逕官倉，即日南太守虞國舊宅。江水又東逕餘姚縣故城南，縣城南臨巨津，北背巨海，夫子所謂蒼海浩浩，萬里之淵也。縣西去會稽百四十里，因句餘山以名縣。山在餘姚之南，句章之北。江水又東，逕穴湖塘，又東入海。是所謂三江者也。故子胥曰，吴越之國，三江環之，民無所移矣。但東南地卑，萬流所湊，濤湖泛決，觸地成川，枝津交渠，世家分夥，故川舊瀆難以取悉，雖粗依縣地，緝綜所纏，亦未必一得其實也」。浙江圖考云「道元敘南江，自石城至餘姚，歷歷如繪，雖混漸、浙之名，而南江則未混也」。先謙案，赭山在海寧州西南五十里，與蕭山縣龕山對峙，東接鼈子門，爲錢塘江入海之道，非南江所逕。一統志「餘姚縣西嶼山，有漢日南太守虞國宅。餘姚故城，今餘姚縣治。南江自上虞來，由梁湖堰逕通明壩，皆運河水道。又東北逕石堰鎮，歷觀海衛入海」。本志吴下「南江東入海」，丹揚石城下「分江水東至餘姚入海」，皆謂此也。

〔三三〕【補注】先謙曰：越絶書：婁北武城去縣三十里，今爲鄉。一統志「南武城在今崑山縣西北」。明王鏊姑蘇志「縣朱塘鄉有武城村」。

〔三四〕【補注】先謙曰：續志後漢屬吴。通典「因吴之婁門爲名」。一統志「故城今崑山縣東北。崑山、新陽、太倉、鎮洋，並漢婁縣地」。

〔三五〕【補注】先謙曰：漸江水注「浦陽江自剡來，東北逕始寧縣晉立，今上虞縣西南五十里。嶀山之成功嶠。嶠北有嶀浦。浦陽江自嶀山東北逕太康湖，又逕始寧縣西，本上虞之南鄉也，後漢分立。合⿰山兆浦水，東逕上虞縣南，亦謂是水爲上虞江。縣之東郭外有漁浦湖，江之道南，有曹娥碑。又有吳瀆，破山導源，注於胥江。上虞江東逕周市而注永興。晉縣，今蕭山縣西。地理志云『縣有仇亭，柯水東入海』。仇亭在縣東十里江北，柯水疑即江也，下入餘暨」。先謙案，一統志「嶀山在上虞西南五十里。浦陽江至縣爲上虞江，又逕會稽縣東九十里曹娥廟前，曰曹娥江。又北絶南江，逕瀝海所入海」。志所謂柯水東入海也。南江水自山陰來，入縣境，亦絶柯水，東入餘姚。

〔三六〕【補注】先謙曰：續志後漢因。劉注「漢末分南鄉立始寧縣」。漸江水注「本司鹽都尉治，地名虞賓。晉太康地記云，舜避丹朱於此，故以名縣。百官從之，故縣北有百官橋。亦云，禹與諸侯會，事訖，因相虞樂，故曰上虞。二説不同，未詳孰是。縣南有蘭風山」。一統志「故城今上虞縣西北四十里百官市」。

〔三七〕【補注】先謙曰：續志後漢屬吳。劉注「縣之故治，順帝時陷爲湖，今謂之當湖。大旱湖竭，城郭之處可識」。沔水注「谷水自由拳來，東南逕鹽官縣故城南。谷水右有馬睪城，故司鹽都尉城，吳王濞煮海爲鹽於此縣也。是以地理志曰，縣有鹽官。東出五十里有武原鄉，故越地也，秦於其地置海鹽縣，後縣淪爲柘湖，又徙治武原鄉，改曰武原縣。漢安帝時，武原之地又淪爲湖，今之當湖也，後乃移此。谷水於縣出爲澉浦，以通巨海」。下見餘姚。一統志「故城今平湖縣東南。鹽官今海寧州治。海寧、平湖、海鹽，並漢縣地。當湖在今平湖縣東門外，周四十餘里，一名鸚鵡湖，俗呼東湖，即海鹽縣陷處」。浙江圖考云「由太湖至嘉興，乃南江故道。由嘉興至澉浦，則非南江矣。又海寧、海鹽、平湖沿海之地，皆較嘉興地勢爲高，澉浦之水西流，與海不通，所以古江水於出太湖後，不由海鹽入海，折而由杭州入海也。此注言谷水出爲澉浦，以通巨海，是澉水東流矣，此亦未確。蓋自海寧、海鹽、平湖接松江，皆無内水與海相通者，直至上海吳松口，始通海也。平湖之乍浦，名爲海口，實無内水與海潮相通，此經目驗者」。吳疆域圖説云「阮於此言谷水通澉浦，未確。而於酈注言南江枝分下，則云是時石門之流中斷，嘉興之江從谷水而注澉浦矣，與此矛盾。古南江、中江皆東流，今皆西流，古今水道容有變通。阮謂自海寧、海鹽、平湖接松江，皆無内水與海相通，安知非自唐築捍海塘後，海塘日高，水始不通海，道元時固自通海邪？似未得以今之地勢，準古之水道也」。

〔三八〕師古曰：音上冉反。【補注】先謙曰：續志後漢因。漸江水注「浦陽江水自諸暨來，東南逕剡縣，合白石山水，亦瀑布也。浦陽江又東流南屈，又東回北轉，逕剡縣東。縣開東門向江，江廣二百餘步，江水翼縣轉注，故有東渡、西渡，江邊有查浦。見句章。浦陽江又東逕石橋，北逕嵊山，下入上虞」。先謙案，一統志「故城今嵊縣西南。嵊、新昌並漢剡縣地。太白山在嵊縣西七十里，有瀑布，即注之白石山。嵊山在縣東三十四里」。宋書：張稷爲剡令，至嵊亭生子，名嵊，字四山。嵊之爲字取四山相合，如乘馬、乘雁之義」。寰宇記「剡溪在剡縣南百五十步，一出台州天台縣，一出婺州武義縣，武義之水，全注婺港。此武義應作東陽。即王子猷雪夜訪戴逵之所也，亦名戴溪」。下流爲曹娥江，與諸暨之下流爲錢清江者，水源不相合。其合因南江水之絕流而東，道元以爲本一水，誤也。

〔三九〕應劭曰：古之檇李也。師古曰：拳音權。辟讀曰壁。檇音子遂反。【補注】王鳴盛曰：柴讀曰寨。先謙曰：武帝封轅終古爲語兒侯，國此，見表。續志後漢屬吳。劉注「左傳：越敗吳于檇李。杜云，縣南醉李城也」。沔水注「谷水自吳來，出小湖，逕由拳縣故城下。神異傳云，秦時長水縣也。始皇時淪陷爲谷，因目長水城水曰谷水。吳記云，谷中有城，故由拳縣治也，即吳之柴辟亭，故就李鄉檇李之地。秦始皇惡其勢王，令囚徒十餘萬人汙其土，表以汙惡名，改曰囚卷，亦曰由卷也。吳時，嘉禾生，縣改禾興，後改嘉興，春秋之檇李城也。谷水又東南，逕嘉興縣城西，下入海鹽」。先謙案，南江自吳東南出，逕嘉興、秀水、嘉善、桐鄉、石門五縣境，並漢由拳地也。道元皆誤以爲谷水。又漸江水注「浙江自山陰來，東逕禦兒鄉，國語『句踐之地，北至禦兒』是也。韋昭云，越北鄙在嘉興。又東逕柴辟南，舊吳越之戰地矣。備候於此，故謂之辟寨，是以越絕稱『吳故從由拳辟寨，渡會稽湊山陰』是也。浙江下入餘暨」。浙江圖考云「案此條可爲南江即浙江之證，可爲南江由吳江、嘉興、石門、錢唐入海之證，可爲南江由吳江、嘉興、石門、錢唐通名浙江之證。道元北人，未嘗身歷江南，所注江南之水，非得諸傳聞，即原於故籍。而浙江逕禦兒、柴辟兩言，知其傳之舊也。惜道元惑於以漸江即浙江，而莫能分別，見此逕禦兒、柴辟之浙江，不敢注入沔水下之南江，而羼入漸江水下以敘浙江，肊謂江水自臨平湖上通禦兒，至於柴辟，一似漸江之枝分，由臨平而入正流者；又似水由正流而倒上，亦可以名浙江者，於是於沔水注中亦微及之，云浙江自臨平湖南通浦陽江。南江故道，浙江舊名，賴此而存。夫南江上自嘉興爲谷水，下自餘杭爲南江枝分，此逕禦兒、柴辟者，正嘉興至錢唐之正流也，特道元時已中塞耳」。一統志「故城今嘉興縣南」。柴辟亭、語兒鄉俱在石門縣東南」。

〔四〇〕【補注】先謙曰：漸江水注「穀水西出大末縣，縣是越之西鄙姑蔑之地也。秦以爲縣。穀水下入烏傷」。先謙案，今姑蔑故城在龍游縣北。穀水即衢江。班言入江者，入漸江也。元和志作瀔水。方輿勝覽作榖溪。瀔、榖皆穀之變字，説者遂以爲水紋如縠，謬也。一名鹿溪，一名鹿頭溪，又名須江，出龍游縣仙霞諸嶺，靈溪水、染口溪水、金溪水入之。金溪，詳見烏傷。此水入穀水，在大末境，不在烏傷境。

〔四一〕孟康曰：大音如闥。【補注】先謙曰：官本注末有「反」字。續志後漢因。劉注「龍丘山有九石，特秀林表，色丹白，遠望盡如蓮花」。一統志「故城今龍游縣治。龍游、西安、江山、常山、開化、遂昌、玉山並漢大末地。湯溪半入大末境。龍丘山在龍游縣東三十五里」。

〔四二〕師古曰：歐音烏侯反。【補注】先謙曰：續志後漢屬吳。沔水注上見餘姚。「今南江枝分歷烏程縣，下入餘杭」。辨見餘杭。寰宇記「楚春申君立菰城縣，秦改烏程」。郡國志「古烏程氏居此，能醖酒，故以名縣」。一統志「故菰城，今湖州府南二十五里。歐陽亭在烏程縣東昇山南。今烏程、歸安、德清、武康並漢烏程地，長興半入烏程境」。

〔四三〕【補注】先謙曰：國語「句踐之地，南至句無」。十三州志「句踐滅吳，大城之，章霸功以示子孫，故曰句章。秦置縣」。續志後漢因。劉注「山海經『句餘之山，無草木，多金玉』。郭璞云，山在餘姚南，句章北，故二縣因以爲名。句踐欲遷吳于甬東。韋昭云，縣東洲」。一統志「今慈溪縣西南三十五里城山渡東。慈谿、定海並漢句章地。句餘山在縣西南四十里」。

〔四四〕【補注】先謙曰：漸江水注上見剡。「剡溪江邊有查浦，浦東行二百餘里，與句章接界。有青溪、餘洪溪、大發溪、小發溪，江上有六溪，六溪列漑，散入浦陽江。夾溪上下，崩崖若傾，東有簟山，南有黄山，與白石三山，爲縣之秀峰，山下衆流泉導，湍石激波，浮險四注」。全祖望云「六溪即渠水也。凡言渠水，必皆以人力爲之。句章之渠水，亦居民苦江潮之斥鹵，而引山溪之水爲渠，以利田漑，是即所謂渠水矣。蓋六溪皆簟溪之支流，瀦而爲渠，遂獨擅句章之望，雖在前記無明文，然舍此無水以當之」。汪士鐸云「渠水，今甬江」。先謙案，一統志「簟山在嵊縣東北三十里，山勢平如鋪簟，故名。白石山在嵊縣西七十里，連跨三邑，在嵊曰西白，在諸暨曰東白，在東陽曰北白，所謂白石三山也。六溪即長潭溪、後溪、趙溪諸水」。以上山水，俱不入句章境。六溪非渠水，全説誤。甬江則鄞之天門水，汪説亦誤。今案，渠水乃慈溪江上流，即姚江也。出餘姚縣南太平山、菁山二源，合注爲菁江，亦曰舜江。北流逕上虞縣東通明壩，爲通明江，又東北逕餘姚縣西蘭墅橋，南分爲蘭墅江，又東逕縣西六浦橋，北分爲後清江。又東貫兩城之閒，至縣東竹山潭，蘭墅江水、後清江水相次注之。又東入慈谿縣，爲慈谿江，至丈亭，分爲二：在縣西南四十五里，慈谿江分流處，舊建丈亭於其上，今丈亭渡也。一爲車厩水，歷西渡，逕寧波府城北，合鄞江；一穿縣城，東出爲管山江，又逕縣東南十五里之茅洲閘，宋建以蓄洩管山江之水者，又逕鎮海縣爲中大河，又逕駱駝橋，分二派入海。

〔四五〕孟康曰：杭音行伍之行。【補注】何焯曰：宋本作「淮睦」。錢大昭曰：閩本作「淮睦」。全祖望曰「淮字是也。梁書：劉仁茂反，侯景拒謝荅仁於下淮。陳書：留異出下淮，抗禦沈恪。皆其地」。先謙曰：續志後漢屬吴。劉注「顧夷云，始皇至會稽經此，立爲縣」。史記：始皇臨浙江，水波惡，乃西北二十里，從狹中度。徐廣云，餘杭也。昭案，始皇所臨乃在錢唐、富春，豈近餘杭之界乎？」漸江水注云「始皇將遊會稽，至錢唐，惡浙江不能渡，故道餘杭之西津也」。漸江水篇「漸江水北過餘杭，東入於海」。浙江圖考云「依班志，自建德至海，皆穀水也。水經皆屬漸江，不敘穀水，然與浙江絶不相混。今餘杭縣不臨水，非漸水所經，此言北過餘杭者，漢會稽郡富春在西，爲今桐廬、壽昌地，海鹽在東，爲今平湖地，中間漢錢唐、餘杭二縣，今海寧、仁和、錢唐以至富陽皆是。蓋錢水之東爲錢唐，西爲餘杭，餘杭之地，直至穀水之濱，故秦皇從狹中渡，徐廣以爲餘杭。元和志引吴興記云『餘杭，秦始皇將上會稽，舍舟航於此』。後漢省錢唐縣，則其地必分隸海鹽、餘杭。是今爲錢唐地者，在漢爲餘杭地。吴復置錢唐，又分海鹽地置鹽官縣，又分富春地置桐廬、壽昌、建德三縣。而富春既移而東，錢唐則移而西，於是錢唐界接富陽，而餘杭不復臨江矣。劉昭以狹中在錢唐、富春之界，未足以駁徐廣也」。今富陽縣西江水最狹處曰窄溪，其古狹中乎？注云「浙江自富春來，逕縣左，合餘杭大溪，江北即臨安縣界。吴分縣立。圖考云，此誤也，謂江北即臨安，將餘杭在江之南矣。浙江又東，逕餘杭故縣南，新縣北，漢末移築。秦始皇南遊會稽，途出是地，因立爲縣。漢末，陳渾移築南城縣。浙江下入烏傷」。浙江圖考云「咸淳臨安志言，漢熹平二年，餘杭縣令陳渾徙城於溪北，後復治於溪南。此溪即苕溪，道元誤以苕溪當浙江，故言故縣南、新縣北也。其時餘杭已不臨江水，而經云北過餘杭，不可以通，遂以當時之形勢，解二漢之餘杭，而以苕溪當江水，其傳聞致誤與？」又沔水注「南江枝分自烏程來，南通餘杭縣，則與浙江合。故闞駰十三州志曰，江水至會稽與浙江合」。下見餘暨。浙江圖考云「此水不經吴縣之南，從長興、安吉即注錢唐，異於班志南江在南之説。故道元因以爲枝分。然從錢唐至餘姚之道未湮也，其正流從長瀆注太湖，東出爲松江，南逕嘉興、石門至錢唐。是時石門之流中斷，嘉興之江，從谷水而注澉浦矣。於是錢唐東折之南江，且西續於烏程。上承安吉，而南江之流，奪於枝分。蓋谷水自嘉興而北，以至太湖，南江也；自嘉興至澉浦，非南江也。枝分自錢唐入海，南江也；自餘杭上承烏程之流，非南江也。安吉而西，又南江之上流矣。道元時之南江已異於班志，今則谷水及南江枝分均不可見，而浙江且續漸江而爲漸所冒矣。下塘運道，由石門、嘉興上泝吴江，蓋古南江之正流。西湖保叔塔後西溪一帶，有古蕩等地，窪下積水，揆其形勢，猶見南江遺跡。胡渭謂餘杭即餘姚之誤，非也」。吴疆域圖説云「自長興、安吉，歷烏程、餘杭至錢唐，則必絶東、西苕溪亂流東南注，恐無此理。漢烏程縣在今縣南，道元所謂南江枝分，歷烏程通餘杭者，即東苕溪也。蓋道元泥於誤本山海經，以漸爲浙，於漢晉諸儒所言江至山陰爲浙江，求其義而不得，又未敢遽以爲非，於是以東苕溪之北入太湖者，謂爲南江枝分，强爲傳會，而引酈駰之言於沔水篇，又敘許慎、晉灼之言於漸江水篇，以調停其説。不知漸江自黟縣至錢唐雖有屈曲，未嘗方折，豈可以當折之義？漸江水亦未可以去漸稱江，而東苕溪之自南而北者，又何得反謂之自北而南乎？阮氏謂南江枝分今不可見，亦未深攷矣。一統志「故城今餘杭縣治。餘杭、臨安並漢縣地」。

〔四六〕【補注】先謙曰：國語「句踐之地，東至于鄞」。續志後漢因。一統志「故城今鄞縣東五十里鄞山下。奉化、寧海並縣境」。

〔四七〕【補注】先謙曰：一統志「鎮亭山在今奉化縣西南百里」。

〔四八〕【補注】先謙曰：鮚埼山在奉化縣東南五十五里，以近古鮚埼亭而名。宋嘉泰中，置鮚埼寨。説文「鮚，蚌也。漢律，會稽郡獻鮚醬，出此縣」。

〔四九〕【補注】先謙曰：天門水即鄞江，一名甬江，齊召南誤以爲姚江。出四明山之陳公嶺。山在鄞縣西南百五十里，周回八百餘里，跨連七縣。天門水導源東流，右合奉化江水。奉化江亦出嵊縣界，東北流爲東剡溪，與入上虞縣之剡溪各一水。凡九曲，至奉化縣公棠堰，合晦溪水。又東北逕崎山，合上元溪水。又東逕縣西泉口，合棠溪水。又東逕縣北江口，合范家河水、趙河水。又東北逕縣東北之北渡，合鎮亭水，爲奉化江，亦曰北渡江。又東北逕縣東南，入天門水。天門水又東，左合慈谿支水，見句章。爲三港口。又東入鎮海縣境，爲大浹江。東晉時，置浹口戍。孫恩爲劉裕所敗，自浹口竄入海，即此。小浹江水自竹嶼山海口西流注之。天門水入於海。

〔五〇〕【補注】先謙曰：一統志「在奉化縣南六十里，接象山縣界」。陶弘景真誥「天門山在鄞縣南，寧海北，半亞於海。又象山縣南百二十里海中兩峰對峙，其狀若門，亦名天門山，高三百丈，周二十五里」。

〔五一〕師古曰：鄞音牛斤反。鮚音結，蚌也，長一寸，廣二分，有一小蟹在其腹中。埼，曲岸也，其中多鮚，故以名亭。埼音鉅依反。【補注】全祖望曰：當有「東部都尉治」五字，見宋志，而今本脱之。先謙曰：會稽典録「陽朔元年，徙東部都尉治鄞，或有寇害，後徙句章」。金石録載永平八年會稽東部都尉路君闕銘，吴志張紘、全琮、潘濬傳，並有會稽東部都尉，是此官至後漢、三國時未經省併，前漢當有之明證矣。

〔五二〕【補注】先謙曰：秦縣，始皇紀「至錢唐，臨浙江」也。隋以前皆作錢唐，至唐，以字係國號，加「土」爲「錢塘」。漸江水注「浙江自烏傷來，東北流至錢唐縣，穀水入焉」。又云「穀水自烏傷來，東至錢唐縣而左入浙江。地理志曰『穀水自大末東北，至錢唐入浙江』是也」。浙江圖考云「穀水至錢唐入浙江，道元所云浙江，正穀水也。衢州之水，古稱穀水，今曰信安江，由蘭溪、建德、桐廬、富陽、錢唐與浙江合。其自東陽西逕金華，至蘭溪與衢水合者，今稱金華江，亦名東陽江，即婺港也。在浦陽江南，無北入錢唐之理。道元不知浙之非漸，既以穀水當浙江，而班志『穀水至錢唐入浙江』之説，不能貫通，於是謂穀水至蘭溪南逕金華，而金華江遂爲穀水之流矣。道元不明漸江非浙，故莫能辨穀水也」。先謙案，穀水合婺港水而入漸江，本志「大末」下「穀水東北至錢唐入江」者也。漸江至錢唐入海，本志「丹揚黟」下「漸江水東入海」者也。道元以漸爲浙，故謂入漸爲入浙。但漸、浙水道相入，此處尚未甚誤，其引班志多「浙」字乃誤衍。注又云「浙江又東逕靈隱山，山下有錢唐故縣，浙江逕其南」。先謙案，元和志引錢唐記云「昔縣境逼近江流，縣理靈隱山下，今餘址猶存」。通志云「錢唐舊治有四：一在靈隱山麓；一在錢湖門外，皆漢魏時治；一在錢唐門內，今爲教場地，唐縣治；一在紀家橋華嚴寺故址，宋時治」。一統志云「靈隱山下，並無錢唐之跡，亦萬無可作縣治之理，道元沿錢唐記之誤，至今俱莫能定。通志所云舊縣有四，實則止有三也」。注又云「浙江北合詔息湖」。浙江圖考云「通志稱御息湖。咸淳臨安志云，在縣東北十八里」。先謙案，一統志同。注又云「浙江又東，合臨平湖，湖水上通浦陽江，下注浙江，名曰東江，行旅所從以出浙江也」。浙江圖考云「臨平湖在今上塘臨平山之西南，地高於下塘，故舊有四壩以蓄水，其水或西北洩於南江之近石門者，謂之下注浙江可也，必不可上通浦陽。毛大可謂『臨平湖』乃『臨湖』之誤。臨湖即今臨浦，在蕭山南三十里，橫亘於浦、浙之間」。先謙案，一統志「臨平山在仁和縣東北五十四里，平曠逶迆，無崇岡修阜，唐置臨平監於山下。咸淳志：山下有藕花洲，即鼎湖也」。又云「臨平湖在山東南五里。張勃吴録：赤烏十二年，寶鼎出臨平湖。通志：湖在縣東長樂鄉，周回十里，南宋爲運道所經，中有白龍潭，風波最險，紹定中，築塘捍之，曰永和。後湖日淤，多廢爲桑田，漁地僅存小河，今上塘河所經也」。案，今縣東北四十里臨平鎮，即唐臨平監治所。臨平湖距浦陽江尚遠，不相通。吴疆域圖説云「西興驛下臨西興渡，渡浙江而西至錢唐，水驛十八里，在蕭山縣西十里。西興塘，錢鏐始築。臨浦壩，明代始築。並詳餘暨。又蕭山縣西十里永興閘，舊爲大堰，外障江潮，内節運渠，並宋時所建。明萬曆間，改建石閘。是臨浦、西興一帶，古皆無隄塘閘壩，而西興渡爲商旅必經之道，與酈注行旅所從以出浙江相合，可知古之浦陽江，其經流東爲曹娥江，此語非，説見餘暨。而其支渠北入臨浦者，復自臨浦出西興渡，入浙江。毛氏謂臨平湖乃臨湖之誤，而即臨浦，其説不可易也」。注又云「浙江又逕固陵城北，今之西陵也。又逕柤塘，謂之柤瀆，有西陵湖，亦謂之西城湖。湖西有湖城山，東有夏架山。湖水上承妖皐溪，而下注浙江。浙江下入山陰」。吴疆域圖説云「一統志『固陵城在今蕭山縣西十二里。柤塘在縣西南九里。西陵湖在縣西二十五里。夏架山即翠嶂山，亦在縣西二十五里』。案，浙江逕固陵、柤塘，合西陵湖。西陵湖不應反在固陵之西。固陵亦名西陵，西陵湖自以西陵城得名，故謂之西城湖，則湖當與城相近。今蕭山西九里城山，亦曰越王山，又名越王臺，李白詩『西陵拱越臺』，即此。疑是湖城山也」。先謙案，紀要：吴越時以陵非吉語，改曰西興。柤瀆即查瀆，一名查浦。吴志「孫策分軍夜投查瀆，道襲高遷屯」是也。浙江圖考云「固陵以東，乃正浙江，道元至此稱浙江不誤，宜合上文云，浙江南逕柴辟南，又逕禦兒鄉，又逕固陵城北爲合」。又云「今之海塘，所以捍潮，自尖山至海寧州以西，隄雖險而地勢高，惟老鹽倉至杭州府府城東北數十里中，地勢低平，潮汐往來，活沙無定，有朝爲桑田，暮成滄海者，且加築隄塘，難施樁石，濬之愈深，則沙性愈散，不如老鹽倉東北鐵板沙之堅固。然則此數十里中，非古浙江沙淤故道之明證，而確爲禹貢南江乎？」吴疆域圖考云「詔息湖在今仁和縣東北，則漸江水注自『北合詔息湖』起，皆正浙江，不自固陵始也」。先謙案，許、晉諸人，明言江水至山陰爲浙江，則固陵、詔息之閒，皆不得有浙名也。浙江圖考又云「江水自九江至江寧，乃自西南至東北，自江都至海門入海，又爲自西北至東南，於毗陵記北江在北，以明江至江都曲而東南也。南江自石城至安吉，爲由西而少東，北自太湖至錢唐，爲自北而少西，南由錢唐至餘姚入海，又爲自西至東。於吳記南江在南，以明南江入海，由太湖折而西南，又由錢唐折而東南也。江至江都而曲，故廣陵之江曰曲江。江至吳南而折，故餘姚入海之江曰浙江。曲猶環曲之義，折則方折矣。黟中漸水自西而東南，至錢唐雖非直注，何有於折？寰宇記引虞喜志林及盧肇海湖賦，皆假借海濤之回旋，以爲浙之取義，尤非也」。先謙案，南江自由拳境西南流，逕仁和縣東北五十里之塘棲鎮東，又屈而東南流，逕臨平鎮北，自此南行，宋時下塘運河其故道矣。南江又逕錢唐縣東，右合餘干大溪，見餘杭下，當在此。又絶武林水、漸江水而東流，又東北合詔息湖，又東合臨湖，又逕固陵城北，又東逕柤塘。下見餘暨。

〔五三〕【補注】先謙曰：揚雄傳「東南一尉」。孟康云「會稽東部都尉也」。如淳云「地理志在會稽。今志錢唐有西部都尉，回浦有南部都尉，無東部。且二尉非一尉，因有疑此爲誤者」。案，據孟説，疑所見止東部，然漸江水注於錢唐下，引作「會稽西部都尉治」。則道元所見與今本同。證以後書伍延傳「嘗爲會稽西部都尉」，是官制沿自前漢不疑也。一尉、二候，行文相偶，言之未爲不可，固不得據虛文以駮實紀耳。

〔五四〕【補注】先謙曰：漸江水注「錢唐記云，防海大塘在縣東里許。縣南江側，有明聖湖。縣有武林山，武林水所出也。闞駰云『山出錢水，東入海』。吳地記言，縣惟浙江，今無此水」。全祖望云「武林山即靈隱山，在今錢唐縣治西五里。武林水東入海，則是截錢唐江而東趣龕赭以達海，不然，不得云東入也。計其里數，不及二百，何云八百三十里乎？」趙一清云「錢水因武林山泉瀦而爲湖，舊湖水通江，後人築塘以隔江湖，故湖曰錢湖，江曰錢江，皆以一塘分限得名。泉、錢通用，莽改泉亭，闞駰云錢水，可證也。」浙江圖考云「武林水即錢水也。錢唐至海止百數十里，『行八百三十里』六字，疑當在穀水條下，傳寫誤之。古錢唐，當爲今昭慶寺及錢唐、湧金、清波一帶之地，所以外禦鹹潮，內瀦錢水，古杭城尚在西湖之西南也」。先謙案，一統志「西湖即古明聖湖，三面環山，溪谷諸水匯而爲湖，周三十里，以在郡西，故名西湖」。道元不言明聖湖即武林水，亦不知靈隱山即武林山。自是元和志、寰宇記諸書，皆止稱靈隱，不詳武林。葉紹翁四朝聞見録謂武林即靈隱，後人多主其說。錢水入海，惟班、闞言之，後無及者，蓋塘堰之建甚古，莫能詳其時代矣。

〔五五〕【補注】先謙曰：續志後漢省。

〔五六〕【補注】先謙曰：秦縣，名勝志引陸雲集云「始皇南巡會稽，留鄮縣三十餘日」。是縣置自秦。

〔五七〕孟康曰：音貿。【補注】朱一新曰：正統本作「海冶」，誤。先謙曰：續志後漢因。一統志「故城今鄞縣東三十里官奴城。今鎮海，漢鄮縣地。鄞縣半入鄮境」。紀要「有鄮山，一名阿育王山」。

〔五八〕【補注】錢坫曰：越紐云富中，即此。

〔五九〕【補注】先謙曰：續志後漢屬吴。一統志「故城今富陽縣治西北隅。富陽、新城、分水、建德、桐廬、壽昌並漢富春地」。漸江水注「浙江自丹陽歙來，東北逕建德縣南，晉縣。縣北有烏山。又東逕壽昌縣南。晉縣。自建德至此八十里，中有十二瀨，瀨皆峻險。又北逕新城縣，吴分縣立。合桐溪水。又東北入富陽縣，故富春也，晉后名春，改富陽。東分爲湖浦。又東北逕富春縣南，吴東安郡。又逕亭山西，下入餘杭」。先謙案，漸江水自歙來，東逕建德縣，爲歙港，又逕縣城東南，與衢、婺二港水合，形如丁字，故有丁字水之目。漸江水又北入桐廬縣，合桐溪，又東北入富陽界，兩岸高山，水深如黛。烏山，今建德縣北三里烏龍山，高六百丈，周百六十里，爲府鎮山。宋宣和中，以龍爲君象，凡山水地名有龍字者避之，改名仁安山。注又云「紫溪水自丹陽於朁來，逕桐廬縣東，吴分縣立。爲桐溪。自縣至於朁，凡十六瀨，第二是嚴陵瀨。又東北逕新城縣入浙江」。先謙案，紫溪水自於朁來，入分水縣界，回繞於天禄、黄潭諸山之下，曰印渚溪。又入桐廬縣爲桐溪，東南流繞縣郭而南，出桐君山下，入漸江，一名學溪，又名横港，亦名分水港也。

〔六〇〕師古曰：本閩越地。【補注】先謙曰：官本作「冶」。齊召南云「冶」，各本作「治」，非也。東越傳「秦并天下，以其地爲閩中郡。漢五年，復立無諸爲閩越王，王閩中故地，都東冶」。即此冶縣。沈約宋志云「建安太守，本閩越，秦立爲閩中郡。漢武世，閩越反，滅之，徙其民於江淮閒，虛其地。後有逃遁山谷者，頗出，立爲冶縣，屬會稽」。是其説也。玩師古説，知古本必作「冶」，今改正。先謙案，續志亦作「冶」。章安下云「故冶，閩越也，光武更名」。又「永寧」下注云「永和三年以章安縣東甌鄉爲縣」。是後漢之章安、永寧，皆前漢冶縣地，後又改爲東侯官，「侯」是「候」之譌。見太康地記、元和志。一統志「故城今閩縣東北冶山之麓」。皇朝文獻通考「今福建全省皆漢冶縣地，惟漳州之漳浦、詔安二縣，兼有南海郡揭陽縣地」。

〔六一〕【補注】先謙曰：續志後漢省。「章安」下，劉注「引晉〔元〕〔太〕康記云，本鄞縣南之回浦鄉，章帝章和元年立。未詳」。案，此劉昭兩存而未定者，然回浦，前漢爲縣，與冶縣兩不相涉，劉殆偶有不照。據〔元〕〔太〕康記，後漢併入鄞也。一統志「今溫州府永嘉、瑞安、樂清、平陽、泰順五縣，台州府臨海、天台、黃巖、仙居、太平五縣，處州府麗水、青田、縉雲、龍泉、松陽、慶元、雲和、宣平、景寧九縣，並漢回浦地。象山半入回浦境」。一統志「故城今臨海縣東南百五十里」。

丹揚郡，〔一〕故鄣郡。〔二〕屬江都。〔三〕武帝元封二年更名丹揚。〔四〕屬揚州。〔五〕户十萬七千五百四十一，口四十萬五千一百七十一。〔六〕有銅官。〔七〕縣十七：宛陵，〔八〕彭澤聚在西南。〔九〕清水西北至蕪湖入江。〔一〇〕莽曰無宛。〔一一〕於朁，〔一二〕江乘，〔一三〕莽曰相武。〔一四〕春穀，〔一五〕秣陵，〔一六〕莽曰宣亭。〔一七〕故鄣，莽曰候望。〔一八〕句容，〔一九〕涇，〔二〇〕丹陽，〔二一〕楚之先熊繹所封，〔二二〕十八世，文王徙郢。〔二三〕石城，〔二四〕分江水首受江，東至餘姚入海，〔二五〕過郡二，行千二百里。〔二六〕胡孰，〔二七〕陵陽，〔二八〕桑欽言淮水出東南，北入大江。〔二九〕蕪湖，〔三〇〕中江出西南，東至陽羨入海，揚州川。〔三一〕黝，〔三二〕漸江水出南蠻夷中，東入海。〔三三〕成帝鴻嘉二年爲廣德王國。〔三四〕莽曰愬虜。〔三五〕溧陽，〔三六〕

歙，都尉治。〔三七〕宣城。〔三八〕

〔一〕【補注】宋祁曰：「丹揚」當作「丹陽」。王鳴盛曰：「揚」字從手，其屬縣丹陽則從𨸏，而南監本俱作「陽」，晉志或作「揚」，或作「陽」，而屬縣則作「楊」，且注云「丹楊山多赤柳，在西」。然則縣名從木甚明，而郡亦當以此得名。凡从手、从𨸏，皆傳寫誤也。朱一新曰：「揚」，汪本作「陽」。先謙曰：官本作「陽」，下同。元和志「漢郡，治宛陵縣」。續志後漢治同。劉注「雒陽東二千一百六十里」。

〔二〕【補注】劉敞曰：秦分三十六郡，無鄣郡。此注但當云「故鄣，屬江都」，不當益「郡」字。錢大昕曰：劉說非也。志云故梁、故淮南、故齊、故楚，皆謂諸侯王國，鄣非國名，何以得稱故鄣乎？秦無鄣郡，而楚漢之際則有之，高紀「以故東陽郡、鄣郡、吳郡五十三縣立荆王」。是高帝之世有鄣郡矣。若縣名有故鄣，此猶河南之故市、涿郡之故安，當時或別有取義，豈可援以爲鄣非郡之證？借如劉說，但當云故屬江都，何必又云故鄣？而下文更名丹陽之語，更不可通矣。先謙曰：鄣之名郡，因山海經之「天子都一名天子鄣」，受是名也。續志云「秦鄣郡」。史記徐廣音義云「江南者，丹揚也，秦鄣郡」。括地志亦謂「丹揚郡，秦并天下以爲鄣郡」。皆誤。

〔三〕【補注】錢大昭曰：「屬」上當有「景帝三年」四字。

〔四〕【補注】錢坫曰：江都王建以元狩二年自殺，國除，非元封也。當依宋志改正。

〔五〕【補注】全祖望曰：故屬秦會稽郡。楚漢之際分置鄣郡，屬楚國。高帝五年，屬漢，仍屬楚國。六年，屬荆國。十二年，屬吳國。景帝三年，屬江都國。武帝元狩二年，爲郡。六年，屬廣陵國。元封二年，更郡名，仍屬廣陵國。宣帝五鳳四年，復故。成帝鴻嘉二年，分丹陽之黟縣爲廣德國，其郡如故。四年，復屬於郡。平帝元始二年，復爲國，其郡如故。先謙曰：續志後漢因，屬同。孫權分新都郡。

〔六〕【補注】先謙曰：官本「七十」下無「一」字。

〔七〕【補注】洪亮吉曰：輿地志云「宛陵縣銅官山者，漢采銅所治也」。

〔八〕【補注】先謙曰：沔水注「南江自涇來，東逕安吳縣，晉分縣立。號曰安吳溪。又東，旋溪水注之。南江又東，逕寧國縣南，晉分縣立，即今寧國縣。下入故鄣。旋溪水自陵陽來，北逕安吳縣東，縣南有落星山，山有懸水五十餘丈，下爲深潭。潭水東北流，左入旋溪，而同注南江。南江之北，即宛陵縣界也」。阮元浙江圖考云「旋溪水北注於南江，與涇水南注者，迥然各判。今則南江既湮，而旋溪北合涇水爲清弋江。然舒溪、涇水之間，南江故道尚可跡而求之也」。先謙案，據一統志「安吳縣在涇縣西南五十里藍山内，今有安吳市及安吳渡。旋溪水自陵陽來，東北流至落星潭，即注所云落星山下深潭也，潭蓋即楓溪水所匯，互見涇下。花林、夏浦諸水注之。又東北與涇水合，注清弋江」。案，此水注清弋，而道元以爲注南江，則清弋江之爲南江故道明甚。注云「南江又東逕寧國縣南」。「南」當爲「北」之誤。宛陵故城，今宣城縣治。寧國故城，今寧國縣南十三里。宣城在寧國西北，南江不得又逕寧國之南也。

〔九〕【補注】先謙曰：一統志「彭澤聚在今宣城縣西南」。

〔一〇〕【補注】先謙曰：説文「泠水出宛陵，西北入江」。段玉裁云「即班志之清水也，今爲清弋江」。先謙案，據一統志「清弋江即清水也。其源有三：一舒溪，即旋溪；見宛陵。一涇水；見涇。一淮水。見陵陽。旋溪、涇水合流後，北逕施家渡，有清弋江之名。又北逕牌灣左，與五丈湖通，淮水自湖東流注之。又北，白洋寒亭水注之。又逕方山，而至灣址鎮，北出，右合水陽江，蓋南江水道由此東也。清弋江之下流，又西北，歷黄池鎮，爲黄池水，又北，左與天成湖通。清弋江又北，逕龍王廟，有清水河口之目。水地俗傳，猶資古證矣。清弋江又北，逕大荆山東，山左濱湖，湖西對峙爲小荆山。清弋江又西，逕蕪湖縣南入江」。

〔一一〕【補注】先謙曰：續志後漢因。一統志「今宣城、寧國二縣，漢宛陵地」。宛溪水出縣東峰山，東北流，爲九曲河，折而西，横澗橋水入之。又北，張家湖水入之，又霍村水入之，繞縣城東，爲宛溪，石子澗諸水入之。又逕縣東北，與句溪水合。句溪水出寧國縣，東、西二溪水合流，逕宣城縣城門外爲句溪，北流，華陽溪水入之。又北，逕三汊河口，入宛溪水。宛溪水逕敬亭山東，爲敬亭潭，又逕縣北，雙溪水入之，又北，慈溪水入之，又北爲龍溪。又西北至水陽鎮，爲水陽江。又西，合於清弋江。南江之東，由清弋江入水陽江，以達南湖也」。

〔一二〕師古曰：朁音潛。【補注】先謙曰：後漢因。續志作「於潛」。漸江水注「桐溪水出於潛縣北天目山，逕縣西爲西溪，合紫溪水。紫溪出縣西百丈山，即潛山也。水又名赤瀨，東南逕白石山陰，下入會稽富春」。先謙案，一統志「故城今於潛縣北。於潛、昌化並漢縣地」。元和志「天目山在於潛縣北六十里，有兩峰，峰頂各一池，左右相對，名曰天目。山海經所謂浮玉之山也」。一統志「桐溪水出天目山翔鳳林之巔，謂之西關溪，流逕細荆山，有潭，形如仰箕，曰箕潭。瀑布從峻壁下，注匯爲蛟龍上、中、下三池。又東合東關溪水，又南合雙清溪水、正清溪水，又南爲浮溪，合虞溪水、藻溪水、交溪水，又東南與紫溪水合。紫溪水出昌化縣南百丈山，山在縣西三十里，高千五百丈，周回二十里。紫溪水東流爲巨溪，又東爲雙溪，中有洲，水分南北，過此復合爲一。又東南逕下阮村，爲下阮溪。又南爲柳溪，又東逕於潛縣東南，合浮溪水。二水既合，通名紫溪。又東南逕白石山陰，又西南流，下入富春」。

〔一三〕【補注】先謙曰：秦縣。始皇還自會稽，渡此，見紀。

〔一四〕【補注】先謙曰：續志後漢因。一統志「故城今句容縣北」。

〔一五〕【補注】先謙曰：續志後漢因。一統志「故城今繁昌縣西北。南陵、繁昌，漢春穀地，又銅陵半入春穀境」。先謙案，江水自陵陽來，右入繁昌縣境，又東，荻港水出銅陵縣北，流入之。又北逕板子磯，而歷舊縣，桓温所築赭圻城也。又東北逕蘆席夾，內水通三山夾。江水東北歷虎檻洲而逕闞門洲，與夾水合而東注，下入蕪湖。左見廬江居巢。

〔一六〕【補注】先謙曰：武帝封江都易王子纏爲侯國，見表。

〔一七〕【補注】先謙曰：後漢因，續志「南有牛渚」。劉注「其地本名金陵，秦始皇改」。一統志「故城今江寧縣東南。上元、江寧並漢秣陵地」。先謙案，江水自丹陽來，右入江寧縣境，今江南省治。江水東北逕烈洲，古亦曰栗洲也。

江水又逕大勝關，又逕北河口，內通秦淮河。又逕金陵下關。秦淮河水出溧水、句容二縣界，合流，西北注之。又東逕燕子磯，而出草鞋夾，又東逕黃天蕩，下入句容。左見臨淮堂邑。

〔一八〕師古曰：鄣音章。【補注】先謙曰：續志後漢因。劉注「秦鄣郡所治」。沔水注「南江自宛陵來，又東與桐水合」。此句注文在「東過安吳縣」上，今依地望訂正於此。浙江圖考云「哀公十五年，楚伐吳及桐汭。杜注『宣城廣德縣有桐水，西北入丹陽湖』。紀要『在廣德州西北二十五里，亦曰桐川。桐汭之名因此』。源出州南白石山，西北流經建平縣界，又西入宣城縣界，爲白沙川，亦曰綏谿，匯於丹陽湖，入大江」。又曰「宣城東北四十里有南崎湖，其北爲北崎湖，今總名南湖，周四十餘里。其東北百里有綏谿，一名白沙谿，廣德、建平諸水由此入於南湖。府東境諸川亦匯焉。北達固城、丹陽諸湖，會於黃池，而達大江。又靈山在廣德州南七十里，又南十里曰桐山，亦曰桐源山，一名白石山，桐水發源於此。其曰桐汭者，正桐水入江之處。道元未言其方向，蓋桐水自北而南注江也，晉時已北入於湖，道元所敘，蓋猶古跡矣」。先謙案，阮氏既以桐水爲出廣德，則南江先合水陽江而後至廣德，桐水當移訂於此。南江自合水陽江後，又東入南湖，其北與固城湖相連，南江又與桐水合。據一統志「桐水出白石山，匯諸山澗水，北流逕廣德州，西折而西北流，逕巖頭山，又西北，逕建平縣東南，與碧溪合，謂之合溪。又西逕大溪山，又西逕縣城南，爲郎溪。又西逕赤山，爲赤山溪，匯於南湖。桐水今尚有綏溪河之目」。注又云「南江又東逕故鄣縣南，安吉縣北。漢中平二年，分故鄣之南鄉爲安吉縣。縣南有釣頭泉，水懸湧一仞，乃流於川，川水下合南江。南江又東北爲長瀆，歷湖口，下入會稽吳」。浙江圖考云「弘治湖州志『故鄣城在安吉西北十五里』。寰宇記『今俗號府頭是也』。紀要『安吉縣城在今州治西南三十里』。寰宇記又云『箬谿在縣南五十步，一名顧渚口，一名趙瀆，注於湖』。趙瀆蓋即長瀆之故跡」。先謙案，據一統志「故鄣故城，在廣德縣東北，安吉縣西北十五里。廣德、安吉今分隸蘇浙二省，漢並爲故鄣地。南江由此入太湖，禹貢所謂『北會於匯』也」。

〔一九〕【補注】先謙曰：武帝封長沙定王子黨爲侯國，見表。續志後漢因。一統志「故城今句容縣治」。先謙案，江水自秣陵來，右入句容縣境，漢縣也。江水東逕三江口，洲渚羅立，港汊參分，故有三江之名。又東逕李家溝，又東逕大套口，下入會稽丹徒。左見廣陵江都。

〔二〇〕韋昭曰：涇水出蕪湖。【補注】宋祁曰：邵本「蕪」作「毋」。先謙曰：續志後漢因。一統志「今涇縣、旌德、太平，漢涇縣地。又青陽縣半入涇縣境」。沔水注「南江自石城來，又東逕宣城之臨城縣南，晉宣城郡，今南陵縣東。吴臨城縣，今青陽縣南五里。又東合涇水」。浙江圖考云「江南通志『青陽縣有臨城河，在縣南，會大通河入江』。此河已不與貴池水相連。又池口河之源，自石埭出者，亦出秋浦而合。其會秋浦處，尚是南江之遺。蓋既與逕臨城南者中絶，而一爲臨城河，附於大通河北行，一通於石埭櫟山之源也。賞谿上連清弋江，下接舒谿，中閒正是南江故道，但與青陽之水不續，遂合舒谿、清弋江而北向。通志言，宋崇慶中，縣尉劉誼以谿流東徙，於賞谿西鑿新河，欲挽之使西，而卒無成。可見池寧之水皆東流，非西流也」。先謙案，臨城河即大通河，已於銅陵之大通鎮入分江。見陵陽。分江水又出章家洲、丁家洲之閒，東逕紫沙洲，又逕新洲，合荻港水，又逕黑沙洲，入蘆席夾，逕虎檻洲，出三山夾，入魯港。分江水蓋由此爲南江也。一統志引太平府志云「大江在府西，又西則曰夾江，上有紫沙洲，下至和尚港，共二百四十里」。又引繁昌縣志云「江面廣闊凡數十里，舊縣有新生洲界之，亦曰夾江。縣界江中之洲，曰紫沙，曰峰山觜，曰黑沙，曰白馬，曰雞心，曰青沙，曰楊家套，曰焦家灣」。案，夾江亦分江之義也。分江水入魯港東南流，左與天成湖通，湖在蕪湖縣東南十五里，廣百八十頃。又東南與五丈湖通，湖在東南七十里，廣十頃。分江水又與涇水合，水在涇縣南，出績溪徽嶺山，爲徽水，北流入旌德縣境，合清潭水。又逕縣南，折至縣東北，合東溪水。又北逕石壁山北，又西合抱麟溪水。又北逕龍首山北，入涇縣境，爲涇水，亦謂之藤溪水。西逕桐嶺南，又西北合楓溪水，匯爲落星潭，下三門灘。又北至巖潭，與旋溪水合，而北流逕縣城西，爲賞溪。又東北，幙溪水注之。又東北，逕板山。又北逕赤灘鎮，琴溪水注之。又北入清弋江。

〔二一〕【補注】先謙曰：始皇東巡過此，見紀。武帝封江都易王子敢爲侯國，見表。續志後漢因。一統志「宛陵爲丹陽郡治，故此有小丹陽之名。故城今當塗縣東」。先謙案，江水自蕪湖來，右入當塗縣境，漢丹陽地也。江水東北逕東梁山，其上爲龍山，桓温以九日宴此。又逕當塗縣西，又逕采石磯，丹陽湖水北分一支爲姑孰溪，入之。又逕慈湖夾，縣北有慈湖，今湮。餘水北流入江。江水下入秣陵。左見九江歷陽。

〔二二〕【補注】先謙曰：楚世家「熊繹居丹陽」。徐廣注「丹陽在南郡枝江縣」。江水注亦以此志爲非，地説並不從之。王鳴盛云：左傳「篳路藍縷，以啓山林」，宣十二年文，指若敖、蚡冒言。又「僻在荆山，篳路藍縷，跋涉山林」，昭十二年文，則指熊繹言。酈氏引此駁班，似也，但楚境大矣，即使藍縷啓山在荆州，熊繹始封何妨在揚州丹揚？周成王時，吴尚微甚，其地狹小，僻在蘇松一隅，何知丹揚郡之丹陽，必吴境非楚境乎？志後總論一段，以丹陽爲吴分，此班氏就晚周之吴境言之耳，其實丹陽未必吴始封即得也。先謙案，王説是也。陳宣帝詔云「龍山南指，牛渚北臨，邇熊繹之遺封，對全琮之舊壘」。即本班志爲文。吴録載張紘言於孫權曰「秣陵，楚武王所置，名爲金陵」。是春秋之初，江南猶爲楚境。慶封在朱方，今之丹徒，以距楚疆不遠，靈王故能伐而取之。伍子胥潛行入吴，乞食投金於溧陽境内，則溧陽在平王時爲吴邊邑。可見江南乃楚國累世經營之地，始封在此，未必定非，世代緜遠，載籍闕如，徐廣之言，亦無塙證，似不若班、張近古，聞見較有可憑也。

〔二三〕【補注】先謙曰：郢即江陵，詳「南郡江陵」下。

〔二四〕【補注】先謙曰：續志後漢因。一統志「故城今貴池縣西七十里鐵店，亦曰蒼埠潭，以東兩石山夾河如城而名。貴池、建德並漢石城地」。先謙案，江水自豫章彭澤來，右入貴池縣境，東北逕寶賽，黄湓水注之。又東北逕攔江磯，又東爲李陽河，又東逕太子磯，又東逕貴池縣北，貴池水注之。又東，上、下清溪水注之，又郭港水入之，下入陵陽。左見廬江樅陽。

〔二五〕【補注】先謙曰：餘姚，會稽縣。分江水者，江至此而分爲南江也。班以分江著其源，以餘姚入海標其委。「會稽吴」下，復舉其經歷之地，明著之曰，南江在南，合中、北江爲三江，以應禹貢三江之文。今鄭注殘缺，孔疏引鄭云

「三江，分於彭蠡爲三孔，東入海」。又云「東池者爲南江」。斷禹貢「東池」爲句，用班志南江之文，言分於彭蠡，則非分於震澤；言分於彭蠡爲三孔，則非合於彭蠡爲一孔；言東入海，則非三江入震澤，亦非彭蠡與漢入三江。後世紛紜之説，無得而託之。且三江中，惟南江北會具區，所謂「北會於匯」也，若彭蠡在江之南，無所謂北會矣。江自石城分爲南江，正東池也。徐堅初學記地部引鄭玄、孔安國注云「左合漢爲北江，合彭蠡爲南江，岷江居其中，爲中江，故書稱東爲中江者，明岷江至彭蠡與南、北合，始得稱中也」。浙江圖考駁之曰「鄭注禹貢，專宗班志，它注或有疑義，亦必依據地説諸書，明析是非，未有鑿空如此之甚者。唐人類書本不足爲典要，初學記謬舛尤甚，非徐堅元本。且標云鄭玄、孔安國注，今僞孔傳見在，並無此説，於是專歸之鄭注以駁班，不亦傎乎！古之南江，蓋由今安徽池州、寧國二府合太湖過吳江、石門，出仁和、臨平半山之西南，今塘棲。折而東而北，由餘姚北入海。今吳江、石門、仁和數百里皆爲沃土，惟一綫清流，自北新關通漕，達於吳江，猶是南江故道，所當以鄭注、説文一正諸家之誤」。先謙案，沔水篇「江水東過牛渚南，又東至石城縣」。注云「經所謂石城縣者，即宣城郡之石城縣也。牛渚在姑孰、烏江兩縣界中，於石城東北，減五百許里，安得逕牛渚方届石城？蓋經之謬誤也」。浙江圖考云「石城，晉屬宣城，宋齊仍之。道元稱宣城之石城縣，本其時言之也。姑孰，漢蕪湖地，今當塗。烏江，漢九江歷陽地，今之和州。蓋以周瑜所屯之牛渚，在今采石者當之，不知此牛渚，即秦皇所渡之海渚，見越絶書，正在石城之西岸也」。沔水篇又云「分爲二，其一東北流，其一又過毗陵縣北，爲大江，又東至會稽餘姚東入於海」。注云「江即北江也。經書爲北江則可，又言東至餘姚則非。考其逕流，知經誤矣」。浙江圖考云「此非經誤，傳寫誤也。當云，分爲二：其一，東北流，又過毗陵縣北，爲大江；其一，又東至會稽餘姚縣東，入於海」。注又云「地理志曰，江水自石城東出，逕吳國，南爲南江」。浙江圖考云「班志分江水、南江本兩條，道元知分江水即是南江，故合而言之，智足以知班氏矣。趙一清謂其改竄班書，不知古人訓解之體如此，貫而通之，非歧而竄之也」。注又云「江水自石城東入爲貴口，東逕石城縣北」。浙江圖考云「江南通志『池口河在府西五里，古稱貴口，亦稱鱝口，宋時始稱池口』。齊書「沈仲玉自鯖口欲斷江」。通鑑胡注「即今之池州貴池口也」。紀要「石城廢縣在貴池縣西七十里，古之貴口在石城縣東，今縣在古縣西，故貴口又在今縣西也」。注又云「東合大溪，溪水首受江，北逕其縣故城東，又北入南江」。浙江圖考云「江南通志『清谿河在府東北五里入江，即清谿口』。道元言溪水受江，蓋即此水」。注又云「南江又東，與貴長池水合，下入涇。貴長池水出縣南郎山，北流爲貴長池。池水又北注於南江」。案貴口、池口皆以貴長池得名，今有上池口、下池口。上池口在洲內，下池口入大江。疑古貴口更在今上池口之上，故分江入爲貴口，而池水得注南江也。浙江圖考云「江南通志『郎山在府西南七十里，有玉鏡潭』。紀要『池口即貴池。水有五源：一出石埭縣西櫟山，一出府西南百八十里古源山，一出考溪，一出石嶺，一出東源，會於秋浦，匯於玉鏡潭，入池口，達大江』。秋浦，玉鏡潭所匯，正古之貴長池也。南江下入涇」。先謙案，一統志云「古分江水在貴池縣西，今涸」。隋唐後，諸志無及分江水者，近人因此詆班、酈之妄。然言之鑿鑿，必非無據。今其道雖湮，未可輕訾也。今以輿圖覈之，蓋分江水首受江，當自今李陽河而分也。引見上。據一統志，李陽河在貴池縣西六十里，源引大江，以江流之消長爲盈縮。西五里曰新河，自河口出江，中有石槎枒横突，爲攔江、羅刹二磯。南唐役三十萬夫，作支流以避其險，是河水受江，遺跡猶在，一證也。宋史河渠志「宣和六年，前太平判官盧宗元言，池州大江東岸皆暗石，多至二十餘處，西岸沙洲，廣二百餘里，諺云折船灣，言舟至此必毁折也。今東岸有車軸河口沙地四百餘里，若開通入杜塢，使舟經平水，徑出池口，可避二百里風濤折船之險，請速開修。從之」。案，杜塢在貴口殷家匯之下游，故貴池水一名杜塢河，是沙地通河，古今不易，二證也。今新河、車軸河遺址湮廢，李陽河之名尚存，竊意江岸洲渚連綿，今自李陽河以下，入古夾洲、烏落洲、裕生洲、泥洲，相屬爲一，其下即下池口，貴池水合清溪水由此入江，疑當日即分江水道。受此兩水，又下爲鐵板諸洲，及銅陵之荷葉洲、新洲、老洲頭、復興洲、楊陵洲，東屈而入丁家洲，以至涇縣，皆即分江中流。其外洲岸聯屬，自爲一水耳。一統志云「貴池縣境之洲，曰古夾，曰烏落，曰官，曰新，曰上荷葉，曰武梁，濱江相接。銅陵縣境之洲，曰下荷葉，曰横港，曰曹韓，曰白沙，曰千斤，曰新湧，曰小湖，曰錢溪，曰丁溪，名多互異，乃古今增減不同」。又引銅陵縣志云「江水經曹韓、白沙二洲之閒，分爲二流，名曰夾河，在縣西南二十餘里」。今黄州府西三十里有三江口，江寧至丹徒境，有小三江口及三江頭。三江口之目，因洲渚參分，名稱斯立。長江水師於此建三江遊擊營，是皆分江之證也。時代閲久，洲岸流移，而分江水道半合於大江，猶幸江源别派，沙地通河，端緒尚存，足爲左驗，考分江水者，可不必致疑矣。

〔二六〕【補注】先謙曰：過丹揚、會稽。

〔二七〕【補注】宋祁曰：「胡」當作「姑」。先謙曰：宋説非。武帝封江都易王子胥行爲侯國，見表。後漢因。續志作「湖熟」。一統志「故城今上元縣東南」。錢大昕云「五十里，湖熟鎮」。

〔二八〕【補注】先謙曰：平帝封東平思王孫嘉爲侯國，見表。續志後漢因。劉注「陵陽子明得仙於此，縣、山故以爲名」。沔水注「旋溪水出陵陽山下，逕陵陽縣西，爲旋溪水，又北合東溪水，見下。下入宛陵」。浙江圖考云「江南通志『舒溪在石埭縣。續文獻通考謂之旋谿，本陵陽子明垂釣處』。谿源一出太平縣絃歌鄉，一出石埭縣舒泉鄉」。先謙案，據一統志，今石埭縣，漢陵陽地。貴陽、銅陵半入陵陽境。陵陽故城在青陽東南六十里，石埭東北二里陵陽鎮是。陵陽山在石埭北五里。陵陽潭在縣東舒溪東南，岸長里許。舒溪一名旋溪，亦名舒姑溪。元和志「溪源出蓋山下」。陶潛搜神後記「臨城縣南四十里有蓋山，百許步有舒姑泉，俗傳舒氏女與父析薪於此，女坐泉處，忽牽挽不動。父遽告家，及再至，惟見清泉湛然。其母曰，吾女好音樂。乃作絃歌，泉涌洄流，有朱鯉一雙。今人作樂嬉，泉輒涌出。劉孝標云『蓋山之泉，聞弦歌而赴節指』謂此也」。太平、石埭，縣境相比，弦歌、舒泉，各標鄉望，實一事也。旋溪自黟縣界流入石埭縣西舒泉鄉，故有舒溪之名。佘溪水出蓋山下，注之。又五溪水出縣西南五溪山，注之。又北前溪水注之。又嶽溪水注之。又北逕太平縣西北，縣境之瀼溪、漊溪、磻溪三水注之。又折而東北流，與麻川水合。麻川水出太平縣黄山之麓，東流至涇縣東南，逕麻陂潭，受旌德縣西北境諸水，爲麻川。又西北合富溪水，又北合梅溪水，又西北爲麻溪口，入於旋溪。旋溪水逕涇縣，爲涇溪，又逕縣西南之湴灘，與太平縣分界，下入宛陵。以輿圖覈之，旋溪、佘溪同出蓋山。今石埭縣西有佘溪山，少西南，即璉溪山。古志有旋溪，無璉溪，是旋、璉音轉字變可知，而二山連麓，皆即古蓋山更可知，後人繁爲之名耳。先謙又案，江水自石城來，右入銅陵縣境。又東，梅根港水入之，即錢溪也。六朝時，置梅根監，於此鼓鑄。又東逕荷葉洲北，南即大通鎮。今鎮移洲上。大通河水出九華山西，流入之。江水西北逕楊山磯，又北逕銅陵縣城西，又北逕油榨港，支分入姚家套，出胭脂夾。江水北流東屈，逕新洲，合而東注，下入春穀。左見盧江襄安。

〔二九〕【補注】先謙曰：沔水注「東溪水出南里山北，逕縣東。桑欽曰『淮水出縣之東南，北入大江』。其水北歷蜀由山，又北，左合旋溪水，下入宛陵」。先謙案，據一統志「淮水出南陵縣南呂山，山去縣六十里，上有石室，南爲石竇，有泉涌出，名涌珠泉。北流逕孔鎮浦，合漳水。漳水出縣西南水龍洞，而東入淮水，曰合河，亦名澄清河。鵞嶺水出鵞嶺，東流入之。淮水繞縣城東門，謂之東溪，亦名浣溪。又北，中港、後港諸水注之。又北，蒲橋水注之，亦名小淮河，入繁昌縣界」。紀要云「淮水匯於蕪湖之石硊渡，入清弋江」。浙江圖考云「淮水即東溪水，入舒溪，即入旋溪。桑欽言入大江。此大江，即南江也。以輿圖覈之，淮水所出之呂山，今南陵縣南龍山。漳水所出之水龍洞，今水龍山也。合旋溪者，自五丈湖東流，而同注清弋也」。

〔三〇〕【補注】先謙曰：續志後漢因。劉注「左傳：楚子伐吳，克鳩茲。杜云，在縣東」。一統志「故城今蕪湖縣東」。先謙案，江水自春穀來，右入蕪湖縣境，漢縣也。江水東逕螃蠏磯，又東逕魯港，魯江水合石硊河水西流注之。江水又北逕蕪湖縣城西，丹陽湖水南分一支，入蕪湖界，爲長河，自縣左入江。江水又北逕寡婦磯下，入丹陽。右見居巢。

〔三一〕【補注】先謙曰：禹貢山水澤地篇「中江在蕪湖縣西南，東至陽羡入海」。與志合。陽羡，會稽縣，續志縣下云「中江在西」。寰宇記「中江即荆溪也」。輿地紀勝「荆溪首受蕪湖水，東至陽羡出湖」。蓋大江至蕪湖西南東出者也。宋傅寅禹貢集解云「班氏所指中江，今蕪湖斷港也。自宜興縣航太湖，逕溧陽，至鄧步，凡兩日水路。自鄧步登岸，岸上小市名東壩，自東壩陸行十八里，至銀林。復行水路，係大江支港。自支港行百餘里，乃至蕪湖界，即入大江也。銀林之港，鄧步之湖，止隔陸路十八里，故老相傳，謂大江此港本入震澤，知班氏所説中江，古蓋有之」。浙江圖考云「中江者，江水由高淳過五壩，至常州府宜興縣入海。自楊行密築五堰，其流始絶。永樂時，設三壩，陸行十八里矣」。又云「班詳於南江、北江，而於中江僅云『陽羨入海』，何也？廣陵國江都以東，有臨淮郡之海陵，志云『有江海會祠』，言江至此而會海也。會稽郡吴、毗陵、無錫、陽羨、丹徒、婁，爲今鎮江、常州、蘇州地，婁在今崑山，而太倉、松江、海門及江北之通州，皆不置縣。然則太湖以東，至漢猶荒斥，爲海潮所往來，故敘北江止毗陵，敘中江止陽羨，且云『南江在吴南，北海在毗陵北』，則中江必在毗陵之南、吴之北可知。北江以曲而詳，南江以折而詳，中江必自陽羨直貫太湖，由婁縣之地入海又可知。此班之不詳而詳者也」。成蓉鏡云「以今輿圖按之，東壩在高淳縣東南。自東壩以西爲南碕、固城諸湖，又西爲丹陽湖，又西即志所稱中江出蕪湖西南者也。東壩以東爲胥河，又東爲西九。文選江賦注引水經注云『中江東南，左會滆湖、西九』。北即滆湖也。由滆湖東出，又東，入太湖，悉與傳説合。蓋中江水本自今蕪湖，經高淳、溧陽諸縣至宜興，入具區，復由具區東出入海。考元和志『當塗縣蕪湖水在縣西南八十里，源出縣東南之丹陽湖，西北流入大江』。然則元和以前，中江水已不復東，而今則建平、宣城、寧國、涇、旌德、太平、石埭諸縣水，皆由此而西達江矣」。先謙案，中江水自蕪湖入而東流，傳氏所謂蕪湖斷港，即今蕪湖縣河也，東北絶黄池水，入唐溝河，又東，左入丹陽湖。湖東即高淳縣治也。中江又東南，入固城湖，湖北有固城鎮，故受此名。固城湖右與南湖通。中江水又東逕東壩，又東爲胥溪，又東北逕溧陽縣城北，又東會滆湖。滆湖之北，即長蕩湖也。右爲西氿，即西九也。又東爲東氿，東氿南岸，今宜興縣城也。又東出爲沙港而入太湖。禹貢「三江既入，震澤底定」，指謂是矣。北江入海，中江、南江入湖，三江入而震澤以致奠定也。紀要引建康府志云「銀林堰在溧水縣東南百里，長十二里。自銀林稍東，曰分水堰，長十五里。又東五里，曰苦李堰，長八里。又五里，曰何家堰，長九里。又五里，曰余家堰，長十里。所謂魯陽五堰也。今蕪湖縣南有支江，俗稱爲縣河，東達黃池，入三湖。三湖：丹陽，固城，石臼也，至銀林而止。所謂中江東至陽羨，即此也。蘇、常承此下流，常病漂没，故築銀林五堰以窒之，自是中江不復東，而宣、歙之水皆由蕪湖達於大江，濱湖之地皆隄爲圩田，而中江亦漸隘狹。故老云，當時慮後人復開此道，則蘇、常之閒必被水患，遂以石窒五堰路，又液鐵以固石，故曰銀淋。今譌『淋』爲『林』」。又云「中江舊逕溧陽縣界，古三江之一，今永陽江，一名九陽江，一名潁陽江，在縣西北三十五里，即其遺跡。唐開元十七年，蔣日用作本縣城隍記云『此縣南壓中江，風波不借，舟楫無施，縣宰喬翔剏浮梁以便行旅，中江橋梁之設昉此』。景福三年，楊行密將臺濛作五堰，施輕舸饋糧。是時中江置堰，江流亦既狹矣。東坡奏議云『溧陽之西有五堰者，古所以節宣、歙、金陵、九陽江之衆水，直趨太平州蕪湖。後之商人販賣簰木，東入二浙，以五堰爲阻，因紿官中，廢去五堰。五堰既廢，則宣、歙、金陵、九陽江之水，或遇暴漲，皆入宜興之荆溪，由荆溪而入震澤』。時元祐六年也」。一統志引寰宇記云「宋宣和七年，詔開江東古河，自蕪湖由宣城、溧水至鎮江，渡揚子趨淮、泗，免六百里江行之險」。是此時中江已在通塞之閒。又有宜興進士單諤著書，言修臺濛五堰，蘇、常之水十可去其七八。明韓邦憲東壩攷云「太祖初都金陵，以蘇、浙糧道自東壩入，可避江險。洪武二十五年，復濬胥溪河爲運河，建石閘啓閉，因置廣通鎮。又鑿溧水縣臙脂岡，引丹陽諸湖之水，會秦淮以入江。於是蘇、浙運道經東壩直達金陵。永樂初，運道廢，改築土壩，自是宣、歙諸水希入震澤。嘉靖三十五年，倭入寇，商旅多由壩上行。復於壩東十里許分水堰處，更作下壩，謂之東、西二壩，而統名曰東壩，自是兩壩相隔，湖水絶不復東矣」。中江入海，互見「會稽吳」下。

〔三二〕【補注】王念孫曰：説文「黟，黑水也。從黑，多聲。丹陽有黟縣」。又云「漸水出丹陽黟南蠻中，東入海」。則地理志本作「黟」明矣。水經注引此亦作「黟」。黟從多聲，於古音屬歌部，於今音屬支部。若黝從幼聲，則古今音皆屬幽部。幽之字無與支、歌部通者。黟字不得借作黝也，此因字形有似而誤耳。各史志或作黟，或作黝。其作黝者皆爲誤本漢志所惑。玉篇黝字無伊音。廣韻「黝，於脂切，縣名，屬歙州」。誤與各史志同。先謙曰：漸江水注

「縣居黟山之陽，故縣氏之」。一統志「墨嶺在縣南，山出石墨，縣名以此」。

〔三三〕【補注】宋祁曰：武陵有漸水，東入沅。疑此無漸水，「漸」字當作「浙」字。先謙曰：宋説誤也。説文「漸水出丹陽黝南蠻中，東入海」。漸江水篇「漸江水出三天子都」。浙江圖考云「此本山經，可證山經本作漸水」。注云「山海經謂之浙江也。地理志云，水出丹陽黟縣南蠻中」。浙江圖考云「道元時山經本已誤『漸』爲『浙』，道元未加深考，遂仞浙水即漸水。文選沈休文詩，李注引十洲記云『桐廬、東陽二水合於此，仍東流，爲浙江』。『十洲記』當是『十三州記』之誤。以新安江水東流爲浙，則誤漸爲浙，不始於道元矣」。注又云「北逕其縣南，有博山。浙江又北，歷黟山下，入歙」。浙江圖考云「此新安江漸水，道元誤爲浙江。浙江者，乃岷山導江之委，即由吴江、石門、仁和、海寧至餘姚，數百里内之專名。互見石城下。若以今富陽江論之，乃漢書、説文、水經之漸江水、穀水，與江、浙相連之浙水，迥不相同。惟自杭州府城東北，爲浙水之故道。其自杭州城隍山西南上達富陽，斷不能名之爲浙江也。説文『浙』下云『東至會稽山陰，爲浙江。从水，折聲』。『漸』下云『水出丹陽黟南蠻中，南入海。从水，斬聲』。二水分明，可證道元所據乃山經誤本，故與桑欽所引不符」。先謙案，説文、酈注「南蠻」下，並無「夷」字，此「夷」字疑衍。三天子都，即三天子鄣。郭璞山海經云「三天子鄣山在新安歙縣東」。即志所云蠻中矣。東漢時，新安一帶，山越所居，故謂之蠻中。唐盧藩解山海經，引漢志，以南蠻中爲縣南率山。羅願新安志同，自是臆改。但率山實爲漸源。一統志云「以水源校之，惟率山水分陰陽，其陰水東流爲漸，陽水南流爲廬」。與山海經及水經合。今漸溪出婺源縣浙嶺山，與縣北之回嶺、覺嶺相接，高三百餘丈，周二十餘里。漸溪水出山東，流逕梅溪口，又東逕祁門縣東南，仍入婺源縣東北，合浮溪水、上潢水，下入歙。

〔三四〕【補注】先謙曰：封中山憲王孫雲客。晉爲廣德縣，隸宣城郡。

〔三五〕師古曰：黝音伊，字本作黟，其音同。【補注】先謙曰：續志後漢因。劉注「有林歷山」。見吴賀齊傳。一統志「故城今黟縣東。黟縣、祁門並漢縣地」。

〔三六〕應劭曰：溧水所出南湖也。師古曰：音栗。【補注】先謙曰：成帝封梁敬王子欽爲侯國，見表。續志後漢因。一統志「今溧水、高淳並漢溧陽地」。范本禮云「寰宇記於溧陽縣云『溧水西自溧水縣界流入』。溧水縣云『古固城。按滕公廟記云，其城是吴瀨渚地』。紀要溧陽縣云『溧水在縣西北四十里，即永陽江也，一名瀨水』。案，溧水自瀨渚東流爲瀨水，瀨渚即固城。固城在固城湖旁，則溧水自固城湖東出可知。固城湖北通丹陽湖。丹陽湖即南湖，故今固城湖俗謂之小南湖，則溧水本自丹陽湖東出可知。丹陽湖西通蕪湖水，溧水東入荆溪，與班志中江水道合，則溧水即中江又可知。中江逕溧陽曰溧水，猶南江逕安吴曰安吴溪也。自應劭云，溧水出南湖，而溧水之即中江始晦。然由南湖上溯其源，則溧水之即中江，猶可沿泝而得也。唐以前無固城湖之名，故桐水入固城湖，杜預謂之入丹陽湖。竊疑固城、丹陽本一湖，其後中漲平地，僅一水相通，乃以南近固城者名固城湖耳。元和志於固城湖不言溧水所自出，而溧陽縣則云『溧水在縣南六里』。案，溧陽舊縣在今縣西北，南去永陽江三四十里，其所謂在縣南六里，乃舊縣，江之入溧水者，非溧水正流也」。先謙案，范雎傳「伍子胥至陵水」。索隱引劉氏云「陵水即溧水」。陵、溧雙聲字。建康志「溧水一名瀨水江，上有渚，曰瀨渚，即子胥乞食投金處。東流爲瀨溪，入長蕩湖」。溧、瀨亦雙聲字。楚策謂之瀨湖也。段玉裁云「長蕩湖分流東行，爲吴王漕。五代時，楊行密漕運所經也」。先謙案，一統志引建康志云「溧水一派東流，爲吴王漕」。則長蕩湖實溧水所匯矣。

〔三七〕師古曰：音攝。【補注】先謙曰：説文作「歙」。續志後漢因。劉注「山海經：三天子鄣山在閩西海北。郭璞云，在縣東。魏氏春秋有〔安〕勒烏邪山」。先謙案，郭注「在縣東者爲玉山」。今績溪之大鄣山也。顧祖禹以爲即三天子鄣，非也。漸江水注「浙江自黟來，北逕歙縣東，合一小溪，又東逕遂安縣南。吴分縣立。右合絶溪於始新縣。吴分縣華鄉立。晉改新安郡。浙江下入會稽富春。小溪水出歙縣東北翁山，西逕故城南，又西南入浙江」。浙江圖考云「新安江自歙縣流入嚴州府境，經淳安縣南，又東南流，至府城東南，與穀水合，一名徽港。今壽昌縣在嚴州西南，漸水既至建德，則東逕桐廬，不逕壽昌矣。壽昌，穀水所經也」。先謙案，一統志「故城今歙縣治。歙、休寧、婺源、績溪、淳安、遂安，並漢縣地。漸溪水自黟來，東逕休寧縣之江潭務，又東南合五城水、汊水，又逕縣東南，與黟水合。黟水出黟縣吉陽山，爲吉陽水，亦曰白鶴溪。南流合牛泉水，又東南逕噎潭，又東逕白茆渡，合橫江水。又東南逕休寧縣西靈烏山，合夾溪水，爲雙溪口。又東南爲夏紋溪，又東逕富郭潭，又東入漸溪水，謂之率口，亦曰屯溪。漸溪水又東逕歙縣東南之歙浦口，與練溪水合。練溪水二源，大鄣水出績溪縣東南大鄣山，西南流，合登水，又逕象山，與揚之水合。揚之水出績溪縣西北龍從山，南流，合乳溪水，又西南合徽水爲徽溪，亦名績溪。又西北合大鄣水，爲臨溪，又西南逕歙縣，合布射水、富資水、大、小母堨水、豐樂水，爲練溪。又繞歙城西，屈而東，南逕呂公灘，爲歙溪。又東逕歙浦，入漸溪水。漸溪水又出新安關，爲新安江，又東南爲深渡水，又逕街口鎮，爲街口渡水，東南流入淳安縣，有清溪之目。唐光化三年，淮南將康儒攻睦州，食盡，自清溪遁歸是也。漸溪水下入富春」。

〔三八〕【補注】朱一新曰：汪本「城」作「成」。先謙曰：續志後漢省。一統志「今南陵縣，漢宣城地。故城在縣東四十里清弋江上。建安三年，孫策平定宣城以東；二十年，孫權使蔣欽屯宣城，皆即故城也。隋改宛陵縣爲宣城，而故城遂廢」。

豫章郡，〔一〕高帝置。〔二〕莽曰九江。屬揚州。〔三〕户六萬七千四百六十二，口三十五萬一千九百六十五。縣十八：南昌，〔四〕莽曰宜善。〔五〕廬陵，莽曰桓亭。〔六〕彭澤，〔七〕禹貢彭蠡澤在西。〔八〕鄱陽，〔九〕武陽鄉右十餘里有黃金采。〔一〇〕鄱水西入湖漢。〔一一〕莽曰鄉亭。〔一二〕歷陵，傅易山、傅易川在南，古文以爲傅淺原。莽曰蒲亭。〔一三〕餘汗，〔一四〕餘水在北，至鄡陽入湖漢。〔一五〕莽曰治干。〔一六〕柴桑，莽曰九江亭。〔一七〕艾，〔一八〕脩水東北至彭澤入湖漢，行六百六十里。〔一九〕莽曰治翰。〔二〇〕贛，〔二一〕豫章水出西南，北入大江。〔二二〕新淦，都尉治。〔二三〕莽曰偶亭。〔二四〕南城，〔二五〕盱水西北至南昌入湖漢。〔二六〕建成，〔二七〕蜀水東至南昌入湖漢。莽曰多聚。〔二八〕宜春，〔二九〕南水東至新淦入湖漢。莽曰脩曉。〔三〇〕海昏，莽曰宜生。〔三一〕雩都，〔三二〕湖漢水東至彭澤入江，行千九百八十里。〔三三〕鄡陽，〔三四〕莽曰豫章。〔三五〕南壄，〔三六〕彭水東入湖漢。〔三七〕安平。侯國。〔三八〕莽曰安寧。〔三九〕

〔一〕【補注】先謙曰：據贛水注「郡治南昌」。續志後漢治同。劉注「雒陽南二千七百里」。

〔二〕【補注】先謙曰：據贛水注「六年置」。全祖望云「故屬秦九江郡。楚漢之際，分置郡，屬九江國。高帝五年，因之，屬淮南國。文帝六年，復爲郡。十六年，復屬淮南國。武帝元狩元年，復故」。又云「楚漢間，分廬江，置豫章郡，漢因之，見灌嬰、英布傳。蓋秦九江郡治廬江，項氏先分廬江郡，而豫章又自廬江而分也」。又云「吴濞傳中之豫章，皆鄣郡之訛，韋昭言之甚詳。胡三省乃云『豫章分鄣郡置』，妄也」。先謙案，贛水注「南昌縣，春秋屬楚，即令尹子蕩師于豫章者也。秦以爲廬江南部。高祖始命陳嬰以爲豫章郡治，此即嬰所築也。城之南門曰松陽門，内有樟樹，高七丈五尺，大二十五圍，枝葉扶疏，垂蔭數畝。應劭漢官儀云，豫章樟樹生庭中，故以名郡矣」。顧棟高云「左傳豫章凡六見，地極廣大，跨大江南北以及淮南，蓋鳳陽以西，壽、霍、光、固之境，皆近淮壖，爲吴楚交兵處。漢分九江置豫章，乃遂取春秋之豫章爲名耳」。

〔三〕【補注】先謙曰：續志後漢因，屬同。

〔四〕【補注】先謙曰：哀帝封河間惠王子宇爲侯國，見表。

〔五〕【補注】先謙曰：續志後漢因。贛水注「湖漢水自新淦來，合盱水、蜀水，歷白社西，又北歷南塘，又逕谷鹿洲，又逕南昌縣故城西，又逕郡北爲津步。東大湖十里二百二十六步，北與城齊，南緣回折，至南塘，本通章江，增減與江水同。湖漢水又東北，逕王步，又北逕龍沙西，下入鄡陽。盱水自南城來，西北逕南昌縣南，西注湖漢水」。先謙案，本志「南城」下，「盱水西北至南昌入湖漢」者也。注又云「濁水自建成來，東至南昌縣，入湖漢水」。先謙案，本志

「建成」下，「蜀水東至南昌入湖漢」。一統志「故城今南昌縣東。贛江水自新淦來，東北逕豐城縣西，爲劒江。折而北觸磯頭山，繞而東，逕縣東北數里，復折而北，名曰曲江，形如半月，中分三潭。又北合豐水，又北合雩韶水，又逕龍霧洲，入南昌、新建二縣境，合撫河水，即盱水也。又合瑞河水，即蜀水也，瀦爲象牙潭。又北逕南昌府城西，今江西省治，下入鄱陽。撫河水自南城來，北逕南昌縣東三十五里武陽渡，爲武陽水，又北逕新建縣西，入贛水。瑞河水自建成來，一名筠河，又曰錦江，東逕新建縣西南象牙潭，入贛水」。

〔六〕【補注】先謙曰：續志後漢因。贛水注「豫章水自贛來，西北過廬陵縣西，合廬水。又東北過廬陵郡吴立，治石陽。石陽縣西，後漢分廬陵立。又逕其郡南，下入新淦。廬水自長沙安成來，東至廬陵，入豫章水。十三州志稱，廬江至廬陵，入湖漢水者也」。先謙案，本志「安成」下，「廬水東至廬陵入湖漢」。道元置之，而引闞說，乃偶然遺誤。一統志「故城今廬陵縣南。贛水自贛來，逕萬安縣西，折東北流六十里，逕泰和縣東，又東北八十里，逕廬陵縣東，水流澄澈，有澄江之目。又與廬水合，又逕螺子山，爲螺川。又逕墨潭，爲吉文水。又與恩江水合。恩江水出樂安縣界，流逕永豐縣，爲永豐水，合諸水，東逕吉安縣，注贛水。贛水下入新淦。廬水，今瀘江，自安成來，東折而南，八十里與永新江水合。永新江水出永新縣南禾山，合諸水東流，注廬水。廬水又逕廬陵縣，四十餘里至縣城南十五里之大皋渡，入贛水。在安福者名安福水，在廬陵者又名神岡山水也」。

〔七〕【補注】先謙曰：續志後漢因。贛水注「湖漢水自鄱陽來，北過彭澤縣西，合修水，總納十川，同臻一瀆，俱注彭蠡，北入江」。先謙案，本志「贛」下，「豫章水出西南，（東）〔北〕入大江」。「雩都」下，「湖漢水東至彭澤入江」。俱言入江者，明二水皆大支并行也。渾之，則豫章、湖漢、贛水並納通稱；析之，則豫章爲後世所稱之章水，湖漢爲後世所稱之貢水，而贛水尸其總號也。注又云「修水自艾來，東北入湖漢」。先謙案，本志「艾」下，「修水至彭澤入湖漢」者也。一統志「故城今湖口縣東三十里彭澤鄉故縣里」。

〔八〕【補注】先謙曰：禹貢山水澤地篇「彭蠡澤在彭澤縣西北」。與志合。沔水注「沔水自江夏沙羡來，與江合流，又東過彭蠡澤，尚書禹貢匯澤也。鄭玄云，匯，回也。漢與江鬭，轉東成其澤矣。沔水下入廬江居巢」。案，澤即今之鄱陽湖也，亦曰宮亭湖。又廬江水注「廬山下有神廟，號曰宮亭廟，故彭湖亦有宮亭之稱焉」。先謙案，江水自廬江尋陽來，右逕武昌大冶縣、興國州境，並漢鄂、下雉二縣地。今見各縣。又逕瑞昌、德化二縣境，漢柴桑地。又右入湖口縣，漢彭澤地也。江水東逕梅家洲，與鄱陽湖水合，又東逕石鐘山，湖口縣城在焉，負山面湖，唐分彭澤置縣。江水又東，逕彭澤縣城西，又逕彭浪磯，有小孤山峙立江心。又東逕馬當磯，入東流縣境，亦彭澤地。瀼子港水出彭澤縣浩山，北流與大泊湖合，出香口入江。江水又北逕東流縣城西，又北逕黃石磯，下入丹陽石城。左見廬江皖。

〔九〕【補注】先謙曰：故曰番，春秋楚地，吴取之，見左定傳。秦爲番縣，見括地、元和二志。洪亮吉云「寰宇記引漢志云『番陽屬豫章郡，後漢加邑作鄱陽』。則知今『鄱』字乃後人從續志所增。高紀番君吴芮，陳涉傳番盜英布，並引蘇林注云『番陽縣』。此尚從舊本未改」。

〔一〇〕【補注】先謙曰：貨殖傳「豫章出黃金，然堇堇物之所有，取之不足以更費代償也」。東越傳索隱云「今豫章北二百里接鄱陽界，地名白沙，沙東南八十里有武陽亭」。縣志「武陽亭在今鄱陽縣東五十里」。

〔一一〕【補注】先謙曰：贛水注「湖漢水自鄡陽來，合鄱水、繚水，下入彭澤。鄱水出鄱陽縣東，吴分鄱陽郡。西逕其縣南武陽鄉也，地有黃金采。鄱水又西，入贛水」。先謙案，本志云「鄱水西入湖漢」者也。據一統志「廬源水自廬江郡來，西南流入江西德興境，逕縣東北海口村，銀港水一名銀潭水。自縣東北入之。又南部水出縣東南部鄉入之。又西，南泊水入之，水出縣南泊山下泊灘里，西流，隴頭水、桐水入之。又西逕縣南入廬源水，下流通名泊川，故樂平縣亦號泊陽也。廬源水又西，入樂平縣境，與長樂水合。水出德興南大茅山，西流合上饒縣之桐川水，又西合橫溪水，又西逕樂平之明口入廬源水，於是有樂安江之名，亦曰大溪。樂安江又西，逕桐山港口。建節水出弋陽縣霧山，會上饒僚源諸水入之。又西，吴溪水出婺源游汀鄉，西流入縣境，合浮梁計坑水入之。又西入鄱陽縣境，合鄱水入鄱陽湖」。本志「廬江郡」下，「廬江出陵陽東南，北入江」者也。鄱水今鄱源水，出婺源縣張公山，西流逕浮梁縣，又西南三十餘里，與天寶水合。天寶水出縣東南，有二源，東源出同瞻山陰，西源出彭充塢，西至程村合流，西北入鄱源水。鄱源水又西南，與橫槎港水合。橫槎港水二源：東出牛軛嶺，西出桃溪，合流，西南注鄱源水。鄱源水又西南，江家山水、慈谿水合流入之。又西南流，爲龍潭，是爲浮梁東河。鄱源水又西南，大共水、王公峰水、禾戍嶺水、盧溪水、武亭水、大、小北港水，自祁門縣流爲浮梁北河，至昌江口入鄱源水。鄱源水又西，大演水出建德縣，合江山水、洗馬橋水，南流爲浮梁西河，至景德鎮西港口入之。鄱源水又南，歷降水出婺源長溪，合鯉里橋水、柳灣水，西流爲浮梁南河，至景德鎮西南小港觜入之。鄱源水又南，逕金魚灘，又南，逕官莊入鄱陽湖。今人言鄱水，多溷盧江爲一，乃失於剖析之過也。

〔一二〕孟康曰：鄱音婆。師古曰：采者謂采金之處。【補注】先謙曰：續志後漢因。一統志「故城今鄱陽縣東六十里故縣鎮」。

〔一三〕師古曰：傅讀曰敷。易，古陽字。【補注】徐松曰：宋本作「蒲立」。先謙曰：續志後漢因。一統志「故城今德安縣東。傅陽山在縣南十二里，傅陽川在南」。寰宇記「敷淺水源接遂昌縣及鄂州永興界，屈曲二百餘里，至縣」。案，今禹貢作「敷」。志作「傅」者，今古文之異。「禹敷土」，史記作「傅土」，其例同也。或作「博陽」，轉寫之誤耳。通典「江州潯陽縣有蒲塘驛，即漢歷陵也。驛前有敷淺原，原西數十里有敷陽山」。蔡傳引晁以道云「饒州鄱陽縣界中有歷陵故縣」。胡渭云「杜佑以驛爲歷陵，殆因莽改歷陵爲蒲亭，遂以蒲塘附會」。黃儀云「漢歷陵屬豫章。晉志歷陵與餘汗、今餘干。鄡陽、今鄱陽西北。同割屬鄱陽，而柴桑今德化縣西南。則屬武昌郡，今武昌縣治。不應歷陵反出柴桑之西，因以晁説爲是」。且云「吳志『歷陵有石印山』，即今饒州府鄱陽山」。亦歷陵在鄱陽之一證也。成蓉鏡云「鄱陽山在府治西北百五十里鄱陽湖中，亦名石印山。鄱陽縣故城在今府城東六十里，吳至隋皆爲鄱陽郡，後唐移今所，然則府城西當即故歷陵地。蒲塘驛距九江甚近，以此當敷淺原，與經文至于義例不合。明輿地圖饒州府治鄱陽縣西有『敷淺』二字，以地望測之，今北珠湖、土湖、西湖之西，鄱陽湖之東，有平原長數十里，即其地。説文「原，高平之野，人所登」。原有山體，故稱傅易山，猶彊梁原亦稱華原山也」。先謙案，禹貢山水澤地篇「敷淺原地在歷陵縣西」。與志合。

〔一四〕【補注】先謙曰：汗、干字通。嚴助傳作「餘干」。淮南人閒訓「始皇使尉屠睢爲五軍，一軍結餘干之水」。即志之餘水也。

〔一五〕【補注】王念孫曰：衍「在」字。餘水自餘汗北至鄡陽，則在餘汗可知，不必更言在矣。凡言某水至某縣入某水者，皆無在字。若弘農郡盧氏下云「育水南至順陽入沔」是也。其言某水在縣之某方者，皆不兼及他縣。若右扶風漆縣下云「水在縣西」是也。先謙曰：贛水注「餘水東出餘汗縣，下入鄡陽」。據一統志「餘水出玉山縣懷玉山，爲上干溪，西南流，合下干溪，又逕縣南，爲玉溪。又西逕上饒縣，與永豐溪水合，逕縣城南，爲上饒江。又西合櫧溪水，逕鉛山縣西北三十里，最深處曰大王潭，鉛山諸水皆流入焉。又西逕弋陽縣，合信義港水、弋溪水、葛溪水，爲弋陽江。又西逕貴溪縣南，爲貴溪，亦曰薌溪，以北岸白芒洲上產鬱金香草，故受此名。又西合須溪水，逕安仁縣，爲安仁港。又西逕餘干縣，爲龍窟河，俗謂之信河，下入鄡陽。瀘溪水出福建崇安縣五鳳山黃石口，其水深黑，北流，逕貴溪縣，爲上清溪。有水自南城縣高阜山注之，合流入安仁港。支分自桐口灘北流，又分爲二：一逕餘干縣東馮田渡，爲馮田水，又北逕沙港，古埠水自萬年縣流注之，又北合陳塘港水入珠湖；一爲西津水，逕餘干縣南干越渡，迆西北又分爲二：一南流入龍窟河，一北入珠湖。並詳鄡陽下」。先謙案，地說家專指馮田西津爲餘水者，(山)〔由〕此水名稱歧出，以致源流未析，今特正之。

〔一六〕應劭曰：汗音干。師古曰：鄡音口堯反。【補注】先謙曰：續志後漢因。一統志「故城今餘干縣東北」。

〔一七〕【補注】先謙曰：山海經有柴桑之山，縣名以此。續志後漢因。一統志「故城今德化縣西南。柴桑山在縣西南九十里」。

〔一八〕【補注】先謙曰：吳公子慶忌居此，見左哀傳。湘水注「汨水出艾縣桓山，下入長沙羅」。濆水篇「濆水出艾縣，下入羅」。又江水注「湶口水出艾縣東，入蒲圻縣，晉置。下入江夏沙羨」。

〔一九〕【補注】先謙曰：贛水注「循水出艾縣西，東北逕豫寧縣，又逕永循縣，二縣後漢立。下入彭澤」。「循」即「脩」之誤，古書循、脩字多相亂。據一統志「脩水出義寧州西南黄龍山，東北流，合幕阜山水，又東合東津水，又東合百菖水，又東合杭口水，又東北合高城港水，又東南合武寧鄉水，逕州南，至旌陽潭，合秀水，又合安坪水，又東合吴坊水，又東合梁溪水，曰梁口。又東合鶴源水，又逕武寧縣，合官源港水、魯溪水，又南受清江、長田、楊浦、石鑊、鳳口諸水，北受茶培水，東北受陂田、箬溪諸水，東受磧溪諸港水，又東北逕建昌縣東南，長谿水自靖安縣流注之。又東北，馮水支流自奉新縣分注之。又分爲數派，入贛水」。

〔二〇〕【補注】先謙曰：續志後漢因。一統志「故城今 義寧州西百里龍岡坪」。

〔二一〕【補注】先謙曰：續志後漢因。一統志「故城今贛縣西南」。溱水注「東溪水出始興東江州南康縣宋郡縣，今贛縣西南。界石闕山，西流與漣水合，一名東江，又曰始興水。又合邪階水，下入桂陽曲江。漣水出南康縣涼熱山之漣溪，山即大庾嶺也，五嶺之最東，故曰東嶠山。漣水南入東溪，爲漣口，庾仲初謂之大庾嶠水也。邪階水出縣東南邪階山，合巢頭水，西北入東溪」。

〔二二〕如淳曰：音感。【補注】先謙曰：贛水篇「贛水自南壄來，過贛縣東」。注云「山海經：贛水出聶都山，東北流注於江，入彭澤西。郡國志云『贛有豫章水』。雷次宗云『似因此水爲其地名，雖十川均流，而此源最遠，故獨受名焉』。案謂豫章郡名。劉澄之云『縣東南有章水，西有貢水，縣治二水之間，二水合贛字，因以名縣焉』。是爲謬也，劉氏專以字説水，而不知遠失其實矣。豫章水自南壄東北，逕贛縣東，晉南康郡治。合湖漢水。湖漢水自雩都來，西北逕贛縣東，西合豫章水，下入廬陵」。先謙案，章、貢二水，後起之名，班志所無。章水即豫章水，貢水即湖漢水，當以一統志爲正。章水自南壄來，東北逕贛縣西，環城而北，謂之西江，合於貢水，通曰贛江，北流三百里，歷十八灘，在縣境者百八十里，有九灘，其九在萬安縣。貢水自雩都來，西逕贛縣東，又北合章水，是曰東江，下入廬陵。說互詳「雩都」下。

〔二三〕【補注】先謙曰：名勝志「清江縣有清江鎮，鎮北有漢都尉城」。清江縣志「在今縣東北三十里」。

〔二四〕應劭曰：淦水所出，西入湖漢也。師古曰：淦音紺，又音古含反。【補注】先謙曰：淮南傳「處之上淦」。應劭云「淦水上流曰上淦也」。續志後漢因。贛水注「豫章水自廬陵來，東北過漢平縣南，後漢立。又過新淦縣西，合牽水、淦水，下入南昌。湖漢及淦並通稱也。先謙案，此言甚覈，故下仍依志文稱湖漢水。牽水自宜春來，東逕吴平縣，舊漢平也。牽水東逕新淦縣入湖漢」。先謙案，本志「宜春」下，「牽水東至新淦入湖漢」者也。注又云「淦水出縣，入湖漢」。一統志「故城今清江縣東北樟樹鎮。贛水自廬陵來，東北流，逕峽江縣城南，又東北逕新淦縣西，又北逕清江縣，與袁水合。舊自縣南十里萬石洲南折而西，會袁水，名曰清江，繞城而北。明成化末，贛水北衝蛇溪，不復西折，止有橫流一綫，與袁水相吐納，至城北二十里，二水復合，水勢益大，時有衝齧之患。又十里，逕清江鎮，下入南昌。袁水即牽水，自宜春來，東逕新喻縣，九十九灣、八十八灘，至縣城南，澄澈如練，東有巨洲，屹峙中流，盤回百餘畝。袁水又下入贛水。淦水出縣東南離嶺，逕紫淦山，出洋湖，至清江鎮，合蛇溪水入贛水。蛇溪水自縣境永泰市北五里，分江水爲溪流，行三十里，復與江合。自贛水北衝，蛇溪遂成大川，俗名同羅江」。

〔二五〕【補注】先謙曰：續志後漢因。一統志「故城在建昌府治東」。

〔二六〕師古曰：盱音香于反。【補注】先謙曰：贛水注「盱水出南城縣，西北流，下入南昌」。據一統志「盱水即建昌江，出廣昌縣南血木嶺，東北流，二十里爲巴溪。又十五里爲小薰溪。又東北百里，逕南豐縣，斤竹澗、水軍港水、官濠水、菰河水、紫溪水注之。又東北逕南城縣東南，黎川水出紅水嶺，合九折水、龍安水、飛猿水，逕雙港口注之。又北逕金谿縣西石門山，金谿水、苦竹水、赤橋水、清江水注之。又逕臨川縣南梁安峽，爲汝水，後漢分置臨汝縣。又北，宜黄水合臨水注之，盱水於此有撫河之目。下入南昌」。

〔二七〕【補注】先謙曰：雷次宗豫章記云「漢高帝六年置，隸豫章，以其刱建城邑，故曰建成」。先謙案，武帝封長沙定王子拾爲侯國，見表。

〔二八〕【補注】先謙曰：後漢因。續志作「建城」。劉注「此地立名上蔡。豫章記曰，縣有葛鄉，有石炭二頃，可然以爨」。贛水注「濁水出康樂縣，故陽樂也。吴晉改名，今萬載縣東。又東逕望蔡縣，後漢上蔡，晉更名，今上高縣。又東逕建成縣，縣出然石。濁水下入南昌」。案蜀、濁字通，宋以後地説家皆稱蜀水。一統志「故城今高安縣治。蜀水今蜀江，出萬載縣西九十里靈棲巖，有池曰劍池，廣丈餘。其水東流，曾源水注之。又東合金鐘湖水，湖在縣西百二十五里，其水分二派：一西入湖南瀏陽縣，爲瀏水；一東至官莊，過竹渡，入蜀水。蜀水又東出大關嶺，逕高城市而至龍山，爲龍江。又東逕上高縣西。淩江水出新昌縣西北八壘山，合藤江水東流注之。又東逕高安縣城中而東出，下入南昌」。皇朝通志云「蜀水出萬載縣西北，東流逕上高縣西北，合新昌縣之藤江，與龍江水會」。以藤江爲蜀水經流，與一統志異。

〔二九〕【補注】先謙曰：武帝封長沙定王子成爲侯國，見表。

〔三〇〕【補注】全祖望曰：「南」字乃「牽」字之譌。王念孫曰：隸書「牽」字或作「[illegible]」，與「南」相似而誤。先謙曰：續志後漢因。地道記「縣出美酒」。贛水注「牽水西出宜春縣，下入新淦」。一統志「故城今宜春縣治。牽水即袁水，出萍鄉縣東南羅霄山，爲羅霄水。提綱云，分爲二：一西北流，逕醴陵縣入洞庭湖；一北流，爲秀水。東逕宜春縣城西十五里，爲稠江。至縣城北，澄清深碧，名曰秀江。清瀝江水、仰山水、九曲水、鸞溪水入之。又逕昌山峽，東南流至分宜縣城南，爲縣前江。大龍塘水、硯江水、赤江水、嚴塘江水、竹橋水、介溪水、楊江水，次第翼注之。又出鐘山峽下，入新淦」。

〔三一〕師古曰：即昌邑王賀所封。【補注】先謙曰：續志後漢因。劉注「有昌邑城」。贛水注「繚水導源建昌縣，漢元帝永光二年分海昏立，案元帝時所置縣無不入志之理。續志：建昌，永元十六年分海昏置。知此文誤也。又東逕新吴縣，漢中平中立。又逕海昏縣，爲上繚水。又爲海昏江，分爲二水。縣東津上有亭，爲濟渡之要。其水東北逕昌邑城而東，出豫章大江，謂之慨口。昔漢昌邑王之封海昏也，每乘流東望，輒憤慨而還，世因名焉。其一水枝分，别注入脩水」。一統志「故城今建昌縣治」。縣志「蘆塘東北二里許繚水，即奉新江，出奉新縣百丈山，東北流至側潭，深可載舟，亦曰馮水。寰宇記云『漢遷江東馮氏之族於海昏西里，賜之田，曰馮田，水因以爲名也』。奉新江又東逕安義縣，又逕新建縣，西北入贛水」。

〔三二〕【補注】先謙曰：寰宇記「本南海揭陽縣地，漢高六年，灌嬰所立。雩水出縣北雩山，入湖漢」。先謙案，陳嬰所立也，灌嬰不聞至此。下同。續志後漢因。一統志「故城今雩都縣東北」。

〔三三〕師古曰：音于。【補注】先謙曰：贛水注「湖漢水出雩都縣，導源西北流，逕金雞石，其石孤竦，臨川耆老云，時見金雞出於石上，故石取名焉。湖漢水下入贛」。據一統志「貢水即湖漢水，出福建汀州西六十里新路嶺。寰宇記云『貢水出新樂山』。蓋『樂』音轉譌爲『路』。明統志云『綿水出汀州白頭嶺』，即此水也。西北流逕瑞金縣南門，與綿水合。又西南逕會昌縣東北，與湘水合，亦名湘洪水。又逕縣北七里，折而西北流，與安遠水合。安遠水出安遠縣東南八十里欣山，其地有三百坑，水源出焉，亦名三百坑水。南流百里，至定南廳界，爲九洲河，始通舟楫。又二百五十里，至廣東龍川縣界，爲東江。諺曰『贛州九十九條河，卻有一條通博羅』。謂此水也。安遠水又合濂江水，流注於貢水。又西北流，逕會昌縣東南，寧都水自寧都州東北來，合諸水入之。又西流，雩水出雩都縣東北雩山，西南流，注之貢水。又西南，瀲江水出興國縣東北吴公山，合諸水西流，注之貢水。又西，桃江水出龍南縣西南冬桃山，合諸水東北流，注之貢水，下入贛」。一統志又云「漢世豫章之水，湖漢爲大，故志此下獨云『東北入江』。其彭、牽、旴、蜀諸水，皆云『入湖』。漢豫章水雖亦言北出大江，然不言諸水所入，亦不詳其里數，疑當時尚未知二水之源異流同，姑並著之，而專以湖漢爲經流也。自酈注以豫章水爲正，而湖漢之名遂隱」。先謙案，豫章、湖漢，並言入江，大水並行，志例如此，班非不知其源異流同也。

〔三四〕【補注】先謙曰：鄱陽記「縣，高祖六年置」。

〔三五〕【補注】先謙曰：續志後漢因。贛水注「湖漢水自南昌來，北逕鄡陽縣，合餘水，下入鄱陽。餘水自餘汗來，北至鄡陽縣，入湖漢水」。先謙案，本志「餘汗」下，「餘水北至鄡陽入湖漢」者也。一統志「故城今鄱陽縣西北」。信河水自餘汗來，有錦江之目。西北注瑞洪，入贛水」。案餘水代有變更，漢世西津塞，則龍窟爲大河。齊梁閒，龍窟河塞，則馮田西津爲大河。隋開皇中，何杞塞西津，開龍窟，既而龍窟復塞，馮田西津復爲大河。宋咸平閒，陳襄塞西津，龍窟復爲大河。今大河走龍窟，而馮田西津冬涸，如行陸地。珠湖在鄱陽縣西南三十里，納古埠、沙港諸水入鄱湖。互見「餘汗」下。

〔三六〕【補注】先謙曰：淮南人閒訓「始皇使尉屠睢爲五軍，一軍守南壄之嶠」。即此。有橫浦關，見南越傳索隱。灌嬰置縣，見元和志。後漢因，續志「有臺領山」。案即庾嶺也。一統志「故城今南康縣西南，章江南岸」。九域志「有南壄鎮」。

〔三七〕【補注】先謙曰：贛水篇「贛水出南野縣西北」。注云「班固稱南野縣彭水所發，東入湖漢水。庾仲初謂大庾嶠水北入豫章，注于江者也。地理志曰『豫章水出贛縣西南而北入江』。蓋控引衆流，總成一川，雖稱謂有殊，言歸一水矣」。先謙案，此道元以彭水即贛水，亦即豫章水也。又云「豫章水導源東北流，逕南野縣北，贛川石阻，水急行難，傾波委注，六十餘里。下入贛」。先謙案，章水出崇義縣西南九十里聶都山，山高百六十仞，亙四十里，故屬大庾縣之平政鄉，明正德中割屬崇義。章水所出，曰沙溪洞，泉源噴涌，俗曰平政水。東流合諸小水，又東與涼熱水合。水出大庾縣西百三十里，水源一溫一冷，熱水池圍二丈餘，深三尺餘，流四步，合涼水東流。寰宇記：一名豫水也。東入章水，豫章合名，殆沿於此。章水又逕南康縣東，合上猶江水，下入贛。自漢後，彭水名隱，就地望徵之，即今上猶江水也。出湖南桂陽縣東四十里益漿鎮，爲益漿水，有麟潭水、牛皮龍水入之。又東北逕崇義縣北，又東逕上猶縣西五十里，爲琴江口，禮信水入之。又東十里，逕吴公峽。又東合猶水，爲上猶江。又東至南康縣東北入章水。舍此無足當彭水者。

〔三八〕【補注】先謙曰：長沙孝王子習國，元帝封。

〔三九〕【補注】先謙曰：續志後漢更名平都。一統志「故城今安福縣東南」。

桂陽郡，〔一〕高帝置。〔二〕莽曰南平。屬荆州。〔三〕户二萬八千一百一十九，口十五萬六千四百八十八。有金官。〔四〕縣十一：郴，〔五〕耒山，耒水所出，西南至湘南入湖。〔六〕項羽所立義帝都此。〔七〕莽曰宣風。〔八〕臨武，秦水東南至湞陽入匯，行七百里。〔九〕莽曰大武。〔一〇〕便，〔一一〕莽曰便屏。〔一二〕南平，〔一三〕耒陽，〔一四〕舂山，舂水所出，北至酃入湖，過郡二，行七百八十里。〔一五〕莽曰南平亭。〔一六〕桂陽，匯水南至四會入鬱林，〔一七〕過郡二，〔一八〕行九百里。〔一九〕陽山，侯國。〔二〇〕曲江，莽曰除虜。〔二一〕含洭，〔二二〕湞陽，莽曰基武。〔二三〕陰山。〔二四〕侯國。〔二五〕

〔一〕【補注】先謙曰：據耒水注，郡治郴。續志後漢治同。劉注「雒陽南三千九百里」。

〔二〕【補注】全祖望曰：故屬秦長沙郡，義帝都。高帝二年，分長沙置。見湘水注。五年，屬長沙國。景帝後，以邊郡收。南粤、閩粤未平，故桂陽、廬江、豫章、會稽皆爲邊，史記所謂南邊也。

〔三〕【補注】先謙曰：續志後漢因，屬同。灕水注「灕水自零陵零陵來，南逕始興縣東，孫吴分桂陽南部立。灕水下入零陵始安」。

〔四〕【補注】先謙曰：官本「金」作「鐵」，引宋祁曰「鐵官」，邵本作「金官」。徐松云，宋本作「鐵官」。

〔五〕【補注】先謙曰：昭帝封楚王孫暢爲侯國，見表。

〔六〕【補注】王念孫曰：「入湖」當爲「入湘」。湘、湖字相似，又涉下文「入湖」而誤也。水經「耒水北入於湘」。湘水注引志作「耒水入湘」。是其證。先謙曰：湘南，長沙縣。湘水注引十三州志曰「日華水出桂陽郴縣日華山，西至湘南縣入湘」。地理志曰「郴縣有耒水，出耒山，西至湘南西入湘」。先謙案，道元兩引不斷，蓋不悉此水是一是二。今考案圖記，郴地自耒水外更無它水直達湘流者。一統志云「耒水一名日華水」。當從之。又耒水篇「耒水出郴縣南山」。注云「耒水出汝城縣東宋縣。烏龍白騎山，西北流，有十四瀨。又逕晉寧縣北，即漢寧改。合清溪水。汝城縣今桂陽縣地。在郡東三百餘里，山又在縣東，耒水無出南山理也。耒水又合淥水、黃水，又西逕華山之陰，其東則黃溪、耒水之交會也。耒水下入便。清溪水出縣東黃皮山，西北入耒水。淥水出縣東俠公山，入耒水，謂之程鄉溪。郡置酒官，醞於山下，名曰程酒，獻同酃也。黃水出縣西黃岑山，山則騎田之嶠，五嶺之第二嶺也。庾仲初云，嶠水南入始興溱水，注海，即黃岑水入武溪者也。見下。北水入桂陽湘水，注江，即是水也。右合千秋水，又東北逕縣東，右合除泉水。黃水東有馬嶺山，高六百餘丈。又北流入耒，爲郴口。千秋水出西南萬歲山，山有石室，室中有鍾乳，山上悉生靈壽木，水側民居號萬歲村。千秋水下入黃水。除泉水出縣南湘波村，村有圓水，可二百步，一邊暖，一邊冷，水盛則瀉黃溪水，耗則津徑輟流」。先謙案，續志「有客嶺山」。劉注「馬嶺山有仙人蘇耽壇」。據一統志「耒山在桂陽縣南十里，耒水出焉，西北流，與壽江水合。水出桂陽縣東二十里龍須坳，分爲三：一爲清泉水，一東合熱水，入江西南康府崇義縣境；一南入廣東韶州府仁化縣境。一爲壽江水，西南入耒水。耒水又西北與屋嶺水合。水出桂陽縣南六十里屋嶺山，分爲二：一至仁化縣入大江；一西北流入耒水。耒水又西北流，逕豐溪，與漚江水合。漚江水出桂東縣屏水山，西南流，合胸堂山水，又西南逕縣南而西，合雙溪水，又西南與桂水合。水出桂東縣西北五十里小桂山，至縣西南，入漚江水。漚江水又西南，合瀘渡水。水出桂東縣西萬王城山，西流，逕縣北，接酃縣界，復繞流而西南，逕縣西，又南入漚江水，於是有瀘渡江之目，亦曰淇江也。漚江水又逕桂陽縣北三十里之唐延里，與河橋水合，中有二瀧、十二灘，亦名三瀧水。又西北流四十里，逕興甯縣境之豐樂。又二十里，至沿津。又六十里，至高活，水勢險惡，其旁鑿山通道，行者至此，舍舟從陸以避險。又五里，至結魚。又六里，至瀘渡。又十五里，至耒江口。凡四十八灘，巨石層壘，不能方舟。又十五里，至東江渡，入耒水。耒水又逕滁口，有東江之目。又西北與資興水合，即注之清溪水也。出鈷鉧泉，合平石、杭溪二水，過舊縣前，橫流十里，入耒水。耒水又西北，逕程江口，與程水合，即注之淥水也，出興寧縣東北四十里醽醁泉，四源合并，一出回龍山，一出鳳梧山，一出九峯山，一出周原山，合流而下，爲潭州江口，又西入耒水。耒水又西北，逕郴江口，與郴水合，即注之黄水也，出黄岑山，山在郴州南八十里，接宜章縣界，一名客嶺山，又曰黄箱山。明統志云「爲楚、粤之關，與諸嶺連屬，橫絶南北，寒暖氣候頓殊」。通典謂之臘嶺。郴水北流，沙江水出五蓋山，注之。又北四十里，逕州城南少西，而東北逕萬歲橋，過蘇伯山下，兩岸山勢如峽。郴水又與千秋水合。水在州西南三十里，出靈壽山，即注之萬歲山也，周回三十七里。唐天寶六年，更名千秋水，又入於郴水。郴水又西北，合北湖水。湖在州西五里，韓愈祭郴州李使君文「航北湖之空明」者也。郴水又西北，合温泉，即注之除泉水也。州境温泉有三：一見便縣；一在永寧縣西四十里，涌流巖下，温暖如湯；此泉在永興縣西六十里，一邊暖，一邊冷。輿地紀勝云「平地涌出，沐浴可已瘍，東流合郴水」者也。郴水又北逕馬嶺山，山在州東北五里，一名牛皮山，又曰龍頭嶺，蘇耽仙處也。郴水又北，至州城東北六十里入耒水，當華石山下，即注之華山也，俗譌話石山。耒水下入便」。

〔七〕【補注】先謙曰：耒水注「其城項羽遷義帝所築。縣南有義帝冢，内有石虎，因呼爲白虎郡」。續志劉注引湘中記「今有義陵祠」。

〔八〕師古曰：郴音丑林反。耒音即内反。【補注】先謙曰：官本「即」作「郎」。續志後漢因。溱水注「黄岑溪水出郴縣黄岑山，西南流入武溪水」。見臨武。一統志「故城今郴州治。黄岑溪水在宜章縣南，一名黄冷溪水，水出黄岑嶺，至縣西兩江口合：一水東逕縣城南，又東南過小瀧，逕平石村；一名谷溪水，又名龍河，至七姑灘，入溱水。即庾仲初所云嶠水者也」。見上。與郴水同出，山之陰陽有異耳」。

〔九〕【補注】段玉裁曰：秦水，他書皆作溱水。師古注，不言秦音溱。然則此作「秦」，鄭溱洧作「溱」爲正。王念孫曰：秦讀爲溱。又下文桂陽「匯水南至四會入鬱」。今本「鬱」下有「林」字，辨見下條。「匯」皆當爲「滙」字之誤也。滙，讀若匡,隸省作洭。説文「洭水出桂陽盧聚,南出涯浦關爲桂水。「出」字,舊本譌作「山」,「山」上又脱「南」字。今據水經訂正。從水,匡聲」。又曰「溱水出桂陽臨武,入洭」。洭字或作匯,形與匯相似,因訛而爲匯。案方言「南楚瀑洭之閒」。郭璞云「洭音匡」。洭水在桂陽」。水經云「洭水出桂陽縣盧聚,今本譌作「匯」。東南過含洭縣,南出洭浦關爲桂水」。史記南越傳「出桂陽,下洭水」。今本譌作「匯」。漢書作「湟水」。水經注云「匯水,山海經謂之湟水」。今山海經海内東經作「潢水」。匯與湟聲相近,故字相通。若作匯,則聲與湟遠而不可通矣。魏策「楚王登强臺而望崩山,左江而右湖,以臨彷徨」。一本作「方湟」。説苑正諫篇、後漢書文苑傳並作「方淮」。「淮」亦「洭」之譌,故與「湟」通。下文有含匯縣,南海郡有洭浦關,舊本「關」譌作「官」,今據説文、水經改。其字正作洭不作匯也。又案漢成陽令唐扶頌云「賦政于外,爰及鬼方,匯夷來降,寇賊迸亡」。匯即洭字。匯夷謂匯水上之夷也。上文云「除豫章鄡陽長,夷粤抪掩,忮强難化,君奮威武,視以好惡,蠻貊振疊,稽顙帥服」。以今輿地考之,洭水發源於連州,南至廣州府之三水縣,入於鬱水,鬱水今謂之西江。於漢爲桂陽、南海兩郡之地,故云夷粤抪掩,又云匯夷來降也。而隸釋乃讀匯爲匯,而以爲匯澤之盜,漢隸字原又讀爲「淮夷來同」之淮,胥失之矣。據漢碑及方言、説文,則此志之匯水,明是匯水之譌,而史記、水經亦譌作匯,唯含匡縣、匡浦關兩匡字不譌。師古又有胡賄反之音,後之學者多見匯,少見匯,遂莫能正其失矣。先謙曰:溱水篇「溱水出臨武縣南,繞城西北屈東流」。注云「溱水導源縣西南,北流,逕縣西而合武溪。山海經曰『肄水出臨武西南,而東南注於海,入番禺西』。肄水蓋溱水之别名也。武溪水出臨武縣西北桐柏山,東南流,右合溱水亂流,逕縣西,謂之武溪。縣側臨溪東,因曰臨武縣。又東南流,左會黄岑溪水,見郴。下入曲江」。一統志「溱水出臨武縣華陰山,東南流,與武溪水合。武溪水出縣西山下,地名鸕鷀石,流逕縣西北,入溱水」。

〔一〇〕師古曰:湞音丈庚反,又音貞。匯音胡賄反。【補注】先謙曰:續志後漢因。一統志「故城今臨武縣東」。

〔一一〕【補注】先謙曰:惠帝封長沙王子吴淺爲侯國,見表。

〔一二〕【補注】先謙曰:續志後漢因。耒水注「耒水自郴來,北過便縣西。縣界有温泉水,在郴縣西北,左右有田數千畝，資之以溉，常以十二月下種，明年三月穀熟。温水所溉，年可三登。其水散流入耒水。耒水下入耒陽」。一統志「故城今永興縣治。耒水自郴來，至便縣，曰便江，北流與長安水合。又北與白豹水合。水出永興縣南白豹山，東合棲流水，入耒水。耒水又北與油塘江合。水出永興縣西二十里，東南入耒水。耒水又逕森口爲森水，下入耒陽。温泉在州西北，元和志『温水在高亭縣北，常溉田』是也。高亭，唐所置縣，在永興縣西十五里」。

〔一三〕【補注】先謙曰：續志後漢因。鍾水篇「鍾水出南平縣都山，北過其縣東，又東北過宋渚亭，又北過鍾亭，與灌水合」。注云「都山即都龐嶠，五嶺之第三嶺。鍾水即嶠水也。灌水即桂水，灌、桂聲相近，故字隨讀變。桂水自桂陽來，北逕南平縣而東北流，屆鍾亭，右會鍾水，通爲桂水。又北過漢寧縣東後漢立。入湘，縣在桂陽郡東北二十里」。案今桂陽州界。又深水注「許慎云『深水出桂陽南平縣』。盧聚山在南平縣之南，九疑山東也」。互見桂陽。一統志「故城今藍山縣東南平鄉。都山在藍山縣南。輿地紀勝『部山在縣南九十里，與連州分界』」。部即都之譌。鍾水出縣北，分爲二：一北流，逕嘉禾入桂陽；一南入廣東連州。本朝康熙四十七年，濬爲鹽河。鍾水又北合桂水」。

〔一四〕【補注】先謙曰：説文作「郝」。

〔一五〕【補注】先謙曰：過桂陽、長沙。官本作「春山、春水」，是。湘水注「湘水西北得春水口，水上承營陽春陵縣劉宋郡縣。西北潭山，又北逕新寧縣東，晉宋湘東郡縣，今常寧縣西。又西北入湘，爲春水口」。先謙案，一統志「春水出新田縣南春陵山，東西二源，合流，逕桂陽州爲衡塘水。又逕石口，歸水自藍山縣來注之。詳桂陽下。又循州西下十八灘，桂水自藍山縣來注之。又逕常寧縣，爲焦源河。又逕逍遥山東。又自縣東北折而西，逕風仙山北入湘」。案入湘之處，去湖尚遠，此「入湖」亦當是「入湘」之誤。

〔一六〕師古曰：在耒水之陽也。酃音靈。【補注】先謙曰：後漢因。續志「有鐵」。耒水注「十三州志云『大別水南出耒陽縣太山下，入長沙酃』。耒水自便來，西北過耒陽縣東，縣因水以制名。東傍耒水，水東肥南，有郡故城。縣有溪水，東出侯計山，西流謂之肥川，川北有盧塘，其深不測。耒水西北逕蔡洲，下入長沙郡」。一統志「故城今耒陽縣東北四十五里。耒水自便來，北至衡陽縣東北爲耒河。肥水在耒陽縣東南六十里侯憩山，西流入耒水。山一名侯意。憩、意皆計之同音變字」。

〔一七〕【補注】宋祁曰：「鬱林」，景本無「林」字。王念孫曰：無林字者是也。後人不知鬱爲水名，故加林字耳。水經「溱水過湞陽縣，出洭浦關，與桂水合，即洭水。南入於海」。注云「溱水南注於鬱，而入於海」是其證。餘見上條。下文「武陵郡鐔成」，「玉山，潭水所出，東至阿林入鬱」。鬱下無林字是也。宋云，當添林字，謬矣。又零陵郡零陵「陽海山有離水，東南至廣信入鬱林」。林字亦後人所加。史記南越傳正義引此，已有林字。水經云「灕水出陽海山，南至廣信縣入於鬱水」。是其證。今灕水出桂林府興安縣陽海山，南至蒼梧縣入鬱。先謙曰：「匯」亦「洭」之訛。四會，南海縣。說文「洭水出桂陽縣盧聚，出洭浦關爲桂水」。洭水篇「洭水出桂陽縣盧聚」。注云「水出桂陽縣西北上驛山盧溪，爲盧溪水，東南流，逕桂陽縣故城，謂之洭水。又合嶠水，下入陽山。嶠水出都嶠溪，歷貞女峽，南流入洭水」。先謙案，紀要「洭水出寧遠縣九疑山，入連州境」。輿地紀勝「盧水北出黃蘖嶺」。今案盧水即洭水也。山在藍山縣北九十里。九疑山在縣西南，接寧遠縣界。黃蘖乃九疑支山也。洭水出下盧村之盧溪，亦曰蘖溪，自藍山縣界，繞連州西而下，朱岡水注之，又高良水注之。又有奉化水出宜章黃岑山，至連州，合洭水，蓋即嶠水矣。又歷楞伽峽而南出，注於龍潭，是曰洭水。通志「楞伽峽在連州東南十五里，雙崖壁立，飛瀑傾注，下有貞女石，即貞女峽也」。

〔一八〕【補注】先謙曰：桂陽、南海。

〔一九〕應劭曰：桂水所出，東北入湘。【補注】先謙曰：續志後漢因。深水篇「深水出桂陽盧聚」。注云「深水一名邃水，導源盧溪。互見南平。深水下入零陵營道」。又鍾水注「桂水出桂陽縣北界山，下入南平，故應劭云，桂水出桂陽，東北入湘」。紀要「桂陽州藍山縣，漢南平縣地，有巋水，出九疑山，一名舜水，合縣諸水，入桂陽州界，會舂陵水」。歸、灌聲轉，歸水即灌水，亦即桂水矣。與洭水出洭浦關爲桂水者有別。一統志「故城今連州治」。

〔二〇〕應劭曰：今陰山也。師古曰：下自有陰山。應說非也。【補注】先謙曰：有陽山關，見南越傳。長沙孝王子宗國，元帝封。續志後漢省。如應說，則縣併入陰山。洭水注「洭水自桂陽來，東南入陽山縣，合湞水、斟水，南逕陽山縣故城西，又逕縣南。縣故含洭縣之桃鄉，孫皓分立爲縣也。洭水下入含洭」。先謙案，陽山，漢縣。道元蓋見後漢無有，遂遠引孫吳，於班志偶有不照也。一統志「故城今陽山縣南二里陽山鎮。洭水自桂陽入縣，有陽溪之目。東南流，逕龍湫潭，南與湞水合。水出縣西北百一十里石塘村，一名滑水，又名同官水，逕連州南，至同官峽，入洭水。洭水又下龍官灘，至陽山縣城南，合通儒水，又東南與斟水合。水出縣東二里東巖下，南流爲湘泉，俗亦謂之桃江。又合兩溪水入洭水」。

〔二一〕【補注】先謙曰：續志後漢因。劉注「縣北有臨沅山」。溱水注「溱水合武溪水，自臨武來，南入重山，山名藍豪，廣圓五百里，悉曲江縣界，巖峻險阻，崩浪震山，名曰瀧水。又南出峽，爲瀧口。又合泠水、林水、雲水、藉水，又歷靈鷲山，逕曲江縣東，云縣昔號曲紅。曲紅，山名也，孫吴始興郡治。東連岡是矣。縣東傍瀧溪，號曰北瀧水，亦曰北江，左合東溪水。溱水自此有始興、大庾之名，下入湞陽。泠水出泠君山。林水出縣東北洹山。雲水出縣北陽泉。藉水上承滄海水，俱入瀧。東溪水自豫章贛來，西逕始興縣南今曲江縣，西晉立。入曲江縣，合邸水、利水入北江。邸水出浮岳山。利水出韶石北山，逕韶石、靈石下，並南入東江」。一統志「故城今曲江縣西。藍豪山在樂昌縣東北六十里。溱水合武水，自臨武縣流入宜章縣，又逕乳源縣西北，又東逕樂昌縣西，與靈溪水合，即注之泠水也。出靈君山，西南流四十里，入溱水。溱水又合林水，水在今曲江縣北七十里。又合雲水，水在曲江縣北。又合藉水，今不知何水也。又歷靈鷲山，山在曲江縣北，九域志『山似天竺靈鷲，故名』。溱水又逕曲江縣東，與東江合，即注之東溪水也。水自江西南康縣石關山來，逕曲江縣，合邸水。水在曲江縣東南，齊書五行志『永明二年，曲江縣山崩，壅底溪水成陂』，即此水也。東溪水又合利水，潼、錦二溪之下流也。潼溪出潼嶺，流逕仁化縣西，合錦石溪水。錦石溪水二源，一出崇義縣仙人嶺，一出太平山，合流，扶溪水入之。又西南逕仁化縣，又南歷錦石巖，與潼水合，爲潼口。又南逕曲江縣，入東溪水。通志以修仁水爲利水。修仁水出始興縣東嶠山，通志誤也。東溪水又入於溱水」。

〔二二〕應劭曰：洭水所出，東北入沅。師古曰：洭音匡。沅音元。【補注】先謙曰：續志後漢因。洭水注「洭水自陽山來，左合翁水、陶水，又東南逕含洭縣西，下入南海中宿。應云『東北入沅』。瓚注謂沅在武陵，去洭遠，又隔湘水，不得入沅也。翁水出東北利山湖。陶水東出堯山，西逕縣北，並入洭水」。一統志「故城今英德縣西。翁水出翁源縣東北百四十里靈池山。陶水出英德縣西四十里，一名桃溪」。

〔二三〕應劭曰：湞水出南海龍川，西入秦。【補注】先謙曰：後漢因。續志「有茬領山」。劉注「有吴山」。溱水注「湞水自南海龍川來，西逕湞陽縣南，右入溱水。溱水自曲江來，南逕湞陽縣西，王莽之綦武矣。「綦」不作「基」。縣東有湞石山，廣圓三十里。溱水又西南歷皋口、太尉二山之閒，是曰湞陽峽。又出峽左合湞水，下入南海中宿」。一統志「故城今英德縣東。溱水自曲江來，逕英德縣東，有英山，在縣東三十里，産奇石，即古湞石山也。太尉山在縣西南二十二里湞水之西。皋石山在縣南十五里，一名湞陽峽，岸壁千仞，猿狖所不能遊。宋嘉祐六年，轉運使榮諲開峽作棧道七十餘閒。明嘉靖四年，壘石修復舊棧，水陸便之。溱水出峽，始合湞水也。元和志『曲江縣』下云，湞水在縣東一里。寰宇記混東江於湞水，並誤。湞水自龍川入翁源縣，爲南浦水。又西南與龍仙水合，曰三合水。又西，芙蓉水入之。又西南，逕利陂鋪，爲羅江水，有攬陂水注之。又西南逕九龍，周陂水注之。又西南逕瀧口，橫石水注之。又西逕英德縣，入溱水」。

〔二四〕【補注】先謙曰：續志後漢因。湘水注「湘水自長沙湘南來，東北過陰山縣西，合洣水，下入長沙臨湘」。又洣水注「洣水自長沙攸來，西北過陰山縣南，縣本陽山縣也。縣東北猶有陽山故城，形家言其勢王，故塹山堙谷，改曰陰山縣。洣水合容水，西北逕縣東，又西合歷水、洋湖水，西北入湘」。先謙案：「長沙茶陵」下，「泥水西入湘」者也。注又云「容水出侯雲山，入洣，爲容口。歷水出縣入洣，爲歷口。洋湖水出縣西北樂藪岡，入洣，爲洋湖口。洣水東北有嶷山縣，東北又有武陽龍尾山，並仙者羽化之處」。一統志「故城今陽山縣北」。紀要「今攸縣西北六十里」。元和志「衡山縣即漢陰山縣，東北二十里有陰山也」。先謙案，今廣東連州陽山縣北，非湘、洣二水所逕，紀要近之，即今安仁縣無疑也。洣水自攸縣西流，逕衡山縣靈山下，又西逕縣東雷家埠入湘。

〔二五〕【補注】先謙曰：表無，當衍。

武陵郡，〔一〕高帝置。〔二〕莽曰建平。屬荆州。〔三〕戶三萬四千一百七十七，口十八萬五千七百五十八。縣十三：索，漸水東入沅。〔四〕孱陵，莽曰孱陸。〔五〕臨沅，莽曰監元。〔六〕沅陵，莽曰阮陸。〔七〕鐔成，〔八〕康谷水南入海。〔九〕玉山，潭水所出，東至阿林入鬱，過郡二，行七百二十里。〔一〇〕無陽，〔一一〕無水首受故且蘭，南入沅，八百九十里。〔一二〕遷陵，莽曰遷陸。〔一三〕辰陽，三山谷，辰水所出，南入沅，七百五十里。〔一四〕莽曰會亭。〔一五〕酉陽，〔一六〕義陵，鄜梁山，序水所出，西入沅。莽曰建平。〔一七〕佷山，〔一八〕零陽，〔一九〕充。〔二〇〕酉原山，酉水所出，南至沅陵入沅，行千二百里。〔二一〕歷山，澧水所出，東至下雋入沅，〔二二〕過郡二，〔二三〕行一千二百里。〔二四〕

〔一〕【補注】閻若璩曰：元和志「漢改秦黔中爲武陵郡，移理義陵。今辰州溆浦縣是」。則義陵爲郡治矣。先謙曰：續志後漢治臨沅。劉注「雒陽南二千一百里」。

〔二〕【補注】先謙曰：續志「秦昭王置，名黔中郡。高帝五年更名」。沅水注「本楚黔中郡，高祖二年，割黔中故治爲武陵郡」。楚世家、秦紀、六國年表皆有黔中郡，班氏失載。五年、二年，二書不同。全祖望云：漢改其名，非割也。考國策史記，楚南有新城郡、巫郡。秦省新城，蓋併入漢中。省巫，蓋併入黔中。

〔三〕【補注】先謙曰：續志後漢因，屬同。

〔四〕應劭曰：順帝更名漢壽。如淳曰：音繩索之索。師古曰：沅音元。【補注】先謙曰：續志後漢更名漢壽。劉注「去雒陽二千里」。沅水注「澹水出漢壽縣西楊山，南流東折，逕其縣南，縣治索城，即索縣之故城也。闞駰以爲興水。是水又東歷諸湖，方南注沅，亦曰漸水也。水所入之處謂之鼎口。沅水自臨沅來，東入龍陽縣，晉置。合漸水，又逕龍陽縣北，合壽溪，下入長沙下雋」。一統志「今武陵龍陽縣地，故城在縣東北六十里。漸水出梁山西靈泉寺側石罅中，東北逕崆龍城下，即漢壽城故址也。又東北歷諸湖而出鼎港」。縣志云「鼎口旁有小港，在龍陽西北四十里，去武陵亦四十里，即鼎水入沅處。壽溪在龍陽縣東北」。陳澧云「漸水今桃源縣漆家河也。水經注『沅水又東歷龍陽縣之汜洲』。今龍陽西北，沅水分二派復合，即所謂汜洲也。漆家河在其西，其水南流東折而南注沅，與注合，故知爲漸水也」。

〔五〕應劭曰：孱音踐。師古曰：音仕連反。【補注】先謙曰：高帝五年置，見名勝志。續志後漢因。劉注「魏氏春秋云，劉備在荆州所都，改曰公安」。江水注「江水自南郡華容來，逕縣之樂鄉城北，又東合油水，又東逕公安縣北，合淪水、景水，又得高口、故市口，逕陽岐山北，仍入華容」。又油水篇「油水出孱陵縣西界」。注云「縣有白石山，油水所出，東逕縣西，合涴水，又過縣北。縣治故城，劉備孫夫人更修之，其城背油向澤。油水自孱陵縣之東北，逕公安縣西，又北入江。涴水自南郡高成來，東至孱陵縣，入油水」。先謙案，本志「高成」下「涴水東入繇」者也。又「高成」下，班注「油水至華容入江」。孱陵、華容，地望相距至近。據一統志「江水與油水合，今油河也，出松滋縣白石山，爲白石水，東逕縣西，與涴水合，今梅溪河也。涴、梅以音轉變字矣。出松滋縣西南起龍山，有二源，一出山南，一出山北，合而東流，入王家湖，至公安縣入油水。油水又逕公安縣西北流入江。江水又東合淪水。淪水與景水合，即景港河也，在公安縣城東。河水自江陵虎渡口分流入縣東北境，爲東四港，又東南流至四水口，又四十里，至三汊河，分爲二。一南出安鄉縣爲景港河，又分爲二，一西南爲中澌港，又南爲南澌港，入澧，一由華容縣境入澧，禹貢導江，所謂東至于澧也。一西流，與縣南牛浪湖通，入松滋界溪河。陽岐山在石首縣西百步，一名東嶽山，晉書隱逸傳『劉驎之居於陽岐，在官道之側』是也。唐石首縣移治陽岐山下」。又澧水注「澧水自零陽來，東過作唐縣，後漢分孱陵立。左合涔水，又東，澹水出焉。又南轉作唐縣南，又逕南安縣南，晉分孱陵立。合澹水，又合赤沙湖水，又東南入沅，下入長沙下雋。涔水出天門郡界，吴分武陵立。南逕涔坪屯，屯堨涔水，溉田數千頃，東南入澧。澹水上承澧水於作唐縣東，逕其縣北，又東入澧，爲澹口。王仲宣詩『悠悠澹澧』者也」。先謙案，一統志「今華容安鄉縣地，故城在公安縣南。作唐故城在安鄉縣北」。説文「涔陽渚在郢中，屈原所謂『望涔陽兮極浦』也」。涔水出澧州西北龍洞，爲龍洞水，分爲二，一逕龍神塘，一逕石馬堰，合流而東，爲青泥灘，再下爲竹根灘，又東逕夢溪寺，團潭水注之。又東爲黄潭，黄溪水注之。又東爲涔水，逕州東入澧。澹水，今後河，在安鄉縣東，上承澧水，逕縣城東南，名兔兒港。又南入澧。明弘治中湮塞。澧水合涔水，東逕安鄉縣城西，名縣前河，亦曰長河，分爲二，一東流逕華容縣入湖，一東南於安鄉縣入湖。赤沙湖在華容縣南，一名赤亭湖，夏秋水漲，與洞庭通。

〔六〕應劭曰：沅水出牂柯，入于江。【補注】先謙曰：官本「元」作「原」。王念孫云：當依水經注作「沅」，聲之誤也。凡縣名上一字稱「臨」者，莽多改「監」，而下一字不改。先謙案，續志後漢因。沅水篇「沅水又東北過臨沅縣南」。注云「沅水自沅陵來，臨沅縣與沅南縣分水。沅南，後漢立。沅南縣西有夷望山，有夷望溪水，入沅。沅水又東，得關下山，有關水入沅。又歷臨沅縣西，爲明月池、白璧灣，又歷三石澗、緑蘿山，又逕平山西，又逕臨沅縣南。縣南臨沅水，因以爲名。南對沅南縣，縣在沅水之陰，因以沅南爲名。沅水又東歷小灣，謂之枉渚，渚東里許，便得枉人山。沅水下入索」。一統志「今武陵縣地，故城在縣西。沅水逕桃源縣，合大小數溪水，又與夷望溪水合，水在縣西南百二十里，俗譌怡望溪，又訛漁網溪。沅水又逕白馬洞，爲白馬江，亦名桃川江。又東得延溪水、鄒溪水，又東逕緑蘿山，山在縣南十五里，下有潭。又逕平山西，山在武陵縣東三十里，一名太和山，又名武陵山，亦名河洑山。又東歷枉渚，楚辭『朝發枉渚』者也。枉水出縣南蒼山，東北流，逕善德山入沅水。山舊名枉人，隋開皇中，刺史樊子蓋以善卷居此，改名善德山」。

〔七〕【補注】閻若璩曰：黔中郡治此，故郡城在唐辰州沅陵縣西二十里。先謙曰：官本「阮」作「沅」，是。後漢因。續志「有壺頭山」。劉注「有松梁山」。沅水注「沅水自辰陽來，逕沅陵縣西，合武溪，又東合施水。又逕沅陵縣北，漢頃侯吳陽邑也，王莽改曰沅陸縣，北枕沅水。又逕縣故治北，移縣治之舊城，置都尉府。臨沅、對酉二川之交會也。沅水又合酉水，又合茗山溪水、諸漁溪水、夷水，下入臨沅。酉水自酉陽來，東逕沅陵縣北，又南入沅，闞駰謂之受水。其水所決入處名酉口」。又資水注「高平水出沅陵縣首望山，西南流，下入長沙昭陵」。一統志「今沅陵、瀘溪、麻陽、永順、龍山縣地。故城在沅陵縣西南。沅水入縣北流，與武溪水合。水出瀘溪縣西武山，會諸小水，逕瀘溪縣城南，又南入沅，一名盧水。後書南蠻傳：劉尚泝沅水入武溪，擊蠻於此也。沅水又與施溪水合，注之施水也，在沅陵縣西南，一名施黔水。沅水折而東，逕沅陵縣城東，爲百曳、高涌、九溪、橫石諸灘，與酉水合。又與諸魚溪水合。水在縣東七十里，今名蒸魚澗水。沅水又與夷水合，水在縣東。沅水又東爲北斗灘，又東爲結灘，又東爲清浪、雷洄二灘也。酉水入沅陵縣，與會溪水合。水出永順縣高望山，西南流入酉水。酉水又東與羅油溪水合，又東入沅」。

〔八〕【補注】先謙曰：淮南人閒訓「尉屠睢五軍，一塞鐔城之嶺」。鐔成，即鐔城也。續志後漢因。一統志「今靖州、黔陽、綏寧、通道、會同、天柱縣地。故城在黔陽縣西南」。沅水篇「旁溝水自牂柯故且蘭來，東至鐔成縣，爲沅水，下入無陽」。先謙案，清水江自天柱縣境東北流，逕黔陽縣之通州塘，有渠江水自通道縣歷靖州、會同縣北流，合諸水入之。清水江又東北流，始有沅水之名矣。

〔九〕【補注】先謙曰：泿水篇「泿水出鐔成縣北界沅水谷」。注云「山海經曰『禱過之山，泿水出焉，而南流注於海』是也，下入鬱林潭中。鄰水出無陽縣，故鐔成也，晉改。俗謂之移溪，下入潭中」。錢坫、吳卓信並云「泿水即康谷水是也」。一統志「羅蒙江在通道縣西四十里，其源有三：一出縣西南佛子山，爲羊鎮堡江；一出縣西南天星里，爲天星江」，一出黎平府洪州長官司界，爲洪州江。合流逕縣西，西南流逕柳州府懷遠縣界，入福禄江」。又云「多星江在縣西四十里，出黎平府界，流入羅蒙江。宋元豐中，置多星堡，以此爲名」。先謙案，此外出鐔成境者，别無南流之水，然則羅蒙江即浪水，入羅蒙江之多星江即注浪之鄰水矣。陳澧以爲出永寧州分派南流之雒清江。一統志「永寧，漢潭中地」。不屬鐔成，陳説非也。

〔一〇〕應劭曰：潭水所出，東入鬱。音淫。孟康曰：鐔音潭。師古曰：孟音是。【補注】宋祁曰：正文「鐔」字或作「潭」。註「阿林入鬱」下，當添「林」字。「音淫」上當添「潭」字。王鳴盛曰：以縣名及應音參之，作「鐔」是。南監既脱「作潭」，又脱去「音淫」及「師古云云」。先謙曰：郡二：武陵、鬱林。阿林，鬱林縣，「入鬱」下，不當有「林」字，説見上。説文「潭水出武陵鐔成玉山，東入鬱」。與志文合。作「潭」是，王説非。温水注「潭水出鐔成縣玉山，東流，下入鬱林潭中」。先謙案，一統志「潭水即柳江，出貴州梅得生苗山中，東南流，逕黎平府西，爲平江。又東逕永從縣南福禄村，爲福禄江，與都江水合。即剛水，見牂柯毋斂下。又東與羅蒙江合，下入廣西界」。

〔一一〕【補注】先謙曰：續志後漢省。沅水篇「沅水自鐔成來，東過無陽縣」。注云「沅水東逕無陽縣，合無水，南臨運水，又合熊溪，下入辰陽。熊溪南帶移山，下注沅水。運水出縣東南許山，西北逕縣南，入熊溪」。注又云「酉水自充來，東南逕無陽故縣南，下入遷陵」。又資水注「資水出無陽縣界」。互見零陵都梁。一統志「今芷江縣地。故城在沅州府東南唐糺山」。先謙案，方(隅)〔輿〕勝覽「芷水在龍陽縣西，即資水之别派，兩岸多生杜蘅、白芷，故名」。一統志云「自方輿勝覽以沅水爲芷水，而芷、資聲近，後人遂以資爲芷，即以芷爲沅。三水經流各異，未可牽附也」。案道元之説，已開其先。

〔一二〕師古曰：且音子余反。【補注】徐松曰：「八」上脱「行」字。洪亮吉曰：無陽，隨代改名，水亦因之以改。三國吴時名潕陽，晉、宋志作舞陽，則水亦作潕與舞；唐名武谿，又曰巫溪，置巫州，則水亦作武與巫。先謙曰：班志例，凡自某水出者，云首受某水，自某地出者，云出某處，全志皆然。此故且蘭下不出水名，當云「無水出故且蘭」，「首受」二字誤。故且蘭，牂柯縣。沅水注「無水自故且蘭來，南流至無陽縣，縣對無水，因以氏縣。無水東南入沅，謂之無口」。先謙參證圖說，無水二源：一出平越府黃平州南金鳳山；一出城北三十里都凹山，爲都凹水，一曰北攸河。二水合於州西門，曰西門河，又謂之黃平河也。寰宇記引荆州記云「牂柯在舞水之陰」。今黃平、清平等州縣，並在是水之南，可知漢時牂柯郡即在今黃平州左近，故班云「無水出故且蘭」也。黃平河又東南，有飛雲洞水入之，又有興隆大河、興隆小河北入之，又有苗裏水、處洞河水入之。又東南逕施秉縣城南，與施秉小江合。又東南逕鎮遠府鎮遠縣城南，爲鎮陽江，有宛溪、焦溪、梅溪、松溪、牙溪、小由溪、勇溪、白水溪、鎮溪諸水入之。宋咸平中，以田承寶爲九溪十洞撫諭諸蠻，即此九溪也。鎮陽江又東南逕清溪縣城南，又東南，逕中羊坪，有異溪、鐵廠河諸水流逕思州府城北，合爲思州河，入之鎮陽江。又北流逕玉屏縣城西，貢溪水西流入之。又北流至南寧塘，灑溪水自都素司來入之。鎮陽江至此，又有平江之目，亦曰平溪。貴州紀事云，宋寶祐四年，詔京湖帥臣，黃平、清浪、平溪，分駐屯戍是也。明置平溪驛。黃道溪水出思州府北境山東流，又折而東南流。元明之世，置黃道溪長官司，即其地也。黃道溪水至司西南，折而東流，合銅鼓塘水，入於平江，世亦謂之潕陽江，皆無水之異號也。無水又逕湖南晃州廳南，又東北逕江口塘，皁溪水入之。又東北屈而東南，逕沅州府芷江縣城西，又逕其城南，又屈逕其城東，又東北流至魚水塘，有懷化驛水入之。無水又屈而南流，逕黔陽縣西之牛角鋪，合於沅水。自黃平至此，實八百里，班氏之言爲不爽矣。今俗謂之洪江。明志：施秉縣有洪江，即無水也。無、沅二水既合，遂受洪江之統稱，故黔陽縣下游置洪江司，並會同入沅之渠水，皆冒洪江之目矣。

〔一三〕【補注】先謙曰：續志後漢因。沅水注「酉水自無陽來，東逕遷陵故縣界，合西鄉溪，又東逕遷陵縣故城北，下入酉陽」。又延江水注「更始水自巴涪陵來，爲西鄉水，東南入遷陵縣，下入酉陽。西鄉溪口在遷陵縣故城上五十里，左合酉水」。互見酉陽。一統志「今保靖縣地。故城在縣東」。

〔一四〕【補注】徐松曰：「七」上脱「行」字。陳澧曰：志文「南入」，誤也。應劭云「東入」。先謙曰：沅水注「辰水出辰陽縣三山谷，東南流，合獨母水，又逕縣北。舊(志)〔治〕在辰水之陽，故即名焉。楚辭所謂『夕宿辰陽』者也。辰水又入沅，爲辰溪口。武陵有五溪，謂雄溪、樠溪、無溪、酉溪，辰溪其一焉。夾溪悉是蠻左所居，故謂此蠻五溪蠻也。獨母水南出龍門山，歷獨母溪，北入辰水。沅水自無陽來，東逕辰陽縣，合龍溪水、浲水、序溪水、溆水，又東逕辰陽縣南，合辰水，下入沅陵。龍溪水出龍嶠山，浲水出扶陽山，溆水出溆溪，俱北入沅。序溪水自義陵來，西北至縣，入沅」。先謙案，本志「義陵」下「序水西入沅」者也。洪亮吉云：「辰水出銅仁府銅仁縣城西，烏羅司西南六十里九龍山，即古三山谷也。元和志「三山谷一名辰山，今俗又名梵淨山」。今水經「辰水源出三峝山，蓋三山谷之異名」。提綱云「源最遠者，出銅仁府西北界，曰順溪，其山北即朗溪司水入烏江者也」。余按，辰、順音同，流俗聲轉耳。東南流逕銅仁縣城北，一水出北山甕濟洞，東南流百餘里，經府城西北來會，世稱銅仁大、小江是。大江爲辰水，小江即獨母水，北山當即龍門山也。入湖南，逕麻陽縣南，爲麻陽江，又東北逕辰谿縣西，入沅。

〔一五〕應劭曰：辰水所出，東入沅。【補注】先謙曰：續志後漢因。一統志「今辰谿、麻陽縣地。故城今辰谿縣西」。

〔一六〕應劭曰：酉水所出，東入湘。【補注】先謙曰：續志後漢因。沅水注「酉水自遷陵來，東逕酉陽故縣南，縣故酉陵也。酉水下入沅陵」。又延江水注「西鄉水自遷陵來，東南至酉陽縣界，入酉。酉水北岸有黚陽縣，晉置。許慎云『温水南入黚』。蓋鼈水以下，津流沿注之通稱也，故縣受名焉。酉水又東，際遷陵縣故城北，又逕酉陽故縣南而東出。兩縣相去，水道可四百許里，於酉陽合也」。先謙案，酉水出充入沅，顔引應説誤。一統志「故城今永順縣南」。

〔一七〕師古曰：鄜音敷。【補注】先謙曰：高祖封吴郢爲侯國。續志後漢省。一統志「故城今溆浦縣南三里龍堆隴」。沅水注「序溪水出義陵縣鄜梁山，西北流，逕義陵縣縣治。序溪最爲沃壤，良田數百頃，特宜稻，修作無廢。序溪水下入辰陽」。先謙案，據一統志「鄜梁山即溆浦縣東南百五十里頓家山，接邵陽縣界。溆水古名序水」。提綱云「溆水二源：南曰龍潭河，出龍塘司之南山；東曰龍溪河，出畬刀界北，西北流，合爲雙龍江。又北流，逕溆浦縣城南，又西流，入辰溪縣南界，入沅」。案酈注以序溪、溆水爲二，諸地説家合爲一，詳其形勢及命名之由，實一水也。龍溪水、溆水，酈分爲二，見上。提綱合爲一。

〔一八〕孟康曰：音恆。出藥草恆山。【補注】吳卓信曰：御覽藥部「有恆山」，引廣雅曰「恆山，蜀源也」，又引永嘉記諸書並同，則恆山即藥草之名。段玉裁曰：古語佷讀恆，如鮦之讀紂。先謙曰：續志後漢改屬南郡。夷水注「夷水自南郡夷道來，東逕難留城南，城即山也。西面上里餘，得五穴，二大石磧並立穴中，相去一丈，俗名陰陽石。陰石常溼，陽石常燥。又有石室，可容數百人。每亂，民入室避，賊無可攻，因名難留城也。夷水又東逕石室，又東與温泉，三水合，又東逕佷山縣故城南，縣即山名也，今世以銀爲音。南一里即清江東注矣。南對長楊溪，溪水重源顯發，北入夷水。夷水下入南郡夷道」。先謙案，孟注引見夷水注。或以恆山爲衍字，非。一統志「故城今長陽縣西。佷山在縣西北八十里。難留城山在長陽縣西北七十八里，又名武落鍾離山」。後書南蠻傳「巴郡、南郡蠻本有五姓，皆出於武落鍾離山，亦名龍角山」。輿地紀勝「龍角山在長陽縣清江北，山有陰陽石，即此。長楊溪在縣西南，變『楊』爲『陽』耳。隋開皇中改置」。

〔一九〕應劭曰：零水所出，東南入湘。【補注】先謙曰：續志後漢因。澧水注「澧水自充來，合茹水、温泉水、零溪水、九渡水、婁水，又東逕零陽縣南，縣即零溪以著稱矣。又逕建平郡漊陽縣，晉立。右會漊水，又東逕天門郡吴分武陵立。澧陽縣南，晉立。下入孱陵。茹水出龍茹山，莊辛説楚襄王，所謂『飲茹溪之流』也。温泉水出北山石穴。零溪水出零陽山。九渡水出九渡山。婁水出巴東界，晉郡。東逕天門郡婁中縣北，晉郡縣。「婁」當爲「漊」，今澧州安福縣西北。又逕零陽縣，並入澧。漊水出建平郡，逕漊陽縣南，左合黃水入澧，爲漊口。黃水出零陽縣西北連巫山，北入漊水」。一統志「今澧州、慈利、石門、永順、龍山縣地。故城今慈利縣東」。先謙案，澧水自永定縣東流，茹水自安福縣西，東流注之。又東武溪水自永定縣西南，東北流注之。又東逕大庸所，在永定縣西四十里，又東，温泉水自慈利縣西南流注之。大庸水自永定縣西北流注之。又東合仙人溪水、焦溪水、鯉魚溪水，又東入慈利縣，合圍布溪水。又東,九渡水自石門縣南,北流注之。又東合團巖溪水,又東逕觀嘉渚,與漊水合,即注之漊水也。出湖北鶴峯州界，合溪水九，爲九溪河，在安福縣北百六十里九溪衞，今爲九溪巡司也。漊水入慈利縣界，匯爲守野潭，又逕洞人市東流，合四十澗水，自容美土司至此，灘渚凡百三十。又東南逕飯甑山，入澧。澧水又逕縣城北，楊夜溪水注之。又東，零溪水出慈利縣南馮家原，北流入澧。應劭以爲入湘，誤也。澧水又東，得遺筆溪水、英溪水、茶陵溪水。又東逕東陽山下，爲東陽潭。一曰界溪河，逕石門縣南，爲零陽河。又東逕澧州東二里，爲繡水。又東與溇水合。水出九溪衞添平所西龍門山，東南流，合熱水溪，又東逕石門縣鯉魚山，合陽泉南溪之水，始通舟楫。又逕縣西十里，入於澧。黄水出慈利縣黄石山，東北流至石門縣，入溇水，一名黄石溪。按零水入澧，在澧水會漊水之東，注以爲在合漊水之西，疑誤。

〔二〇〕【補注】先謙曰：續志後漢因。一統志「今桑植、安福、永定縣地。故城今永定縣西」。

〔二一〕【補注】先謙曰：沅水注「酉水導源巴郡臨江縣，互見臨江。故武陵之充縣酉源山，東南流，下入無陽」。據一統志云「按湖南通志，沅陵縣有酉陽水，出小酉山，東北流入酉水，此禹貢蔡注『酉水出今沅陵縣』者也。永順縣有酉水，出縣之中正堡，爲白羊水，經葛藤寨入沅陵縣，爲酉溪，即沅陵縣志云『酉水出苗地丫角山』者也。其自四川酉陽州而下，經保靖、永順、沅陵入沅者，曰北河。匯酉水者，乃更始水」。先謙案，酉水出今咸豐縣沿河司大酉洞，前人皆未得其實。

〔二二〕【補注】先謙曰：下雋，長沙縣。澧水篇「澧水出充縣西歷山，東過其縣南」。注云「澧水自縣東逕臨澧、零陽二縣界，水之南岸，白石雙立，厥狀類人，高各三十丈，周四十丈。古老傳，昔充縣尉與零陽尉共論封境，因相傷害，化而爲石，東標零陽，西揭充縣。充縣廢省，臨澧即其地。縣即充縣之故治，臨側澧水，故爲縣名。晉立。澧水下入零陽」。一統志「歷山在永定縣西北。澧水三源：一出桑植縣七眼泉；一出桑植縣栗山坡，栗、歷音同，疑即歷山字變也；一出永順縣十萬坪。至龍江口合流，入永定縣」。

〔二三〕【補注】先謙曰：武陵、長沙。

〔二四〕師古曰：澧音禮。雋音辭兗反。

零陵郡，武帝元鼎六年置。〔一〕莽曰九疑。屬荆州。〔二〕户二萬一千九十二，口十三萬九千三百七十八。縣十：零陵，〔三〕陽海山，湘水所出，北至酃入江，〔四〕過郡二，行二千五百三十里。〔五〕又有離水，東南至廣信入鬱林，行九百八十里。〔六〕營道，九疑山在南。莽曰九疑亭。〔七〕始安，〔八〕夫夷，〔九〕營浦，〔一〇〕都梁，侯國。〔一一〕路山，資水所出，東北至益陽入沅，〔一二〕過郡二，行千八百里。〔一三〕泠道，〔一四〕莽曰泠陵。〔一五〕泉陵，侯國。〔一六〕莽曰溥閏。〔一七〕洮陽，〔一八〕莽曰洮治。〔一九〕鍾武。莽曰鍾桓。〔二〇〕

〔一〕【補注】先謙曰：湘水注「郡治泉陵，元鼎六年分桂陽置。太史公曰『舜葬九疑，實惟零陵』，郡取名焉」。續志後漢治同。劉注「雒陽南三千三百里」。

〔二〕【補注】先謙曰：續志後漢因，屬同。

〔三〕【補注】先謙曰：秦縣，有令信，見藝文志。續志後漢因。一統志「故城今全州北三十里」。州志「在梅潭有故城濠塹」。資水注「夫水出零陵縣界」。互見夫夷。又資水注「雲泉水出零陵永昌縣雲泉山，永昌在今祁陽縣西八十里。永昌，晉所置。祁陽，晉分零陵置。西北流，下入長沙昭陵」。

〔四〕【補注】先謙曰：酃，長沙縣。字誤，説見「長沙下雋」下。説文亦作「陽海山」。續志「陽朔山，湘水出」。湘水注「陽海山，即陽朔山。應劭云，湘出酃山。説見「長沙臨湘」下。蓋山之殊名也。湘水自始安來，東北流過零陵縣東，合越城嶠水，又逕縣南，又逕觀陽縣，晉立，灌陽縣境。合觀水，下入洮陽。觀水自蒼梧謝沐來，西北逕觀陽縣西，入湘，爲觀口」。一統志「陽海山在興安縣南九十里」。先謙案，今灌陽縣，亦漢零陵地。陽海山在灌陽西境。據輿圖，湘水北流，逕龍蟠山西，右合涌泉山水，又北，左合石村鋪水，其流自越城嶺北來，即嶠水矣。湘水所歷，當全州灌陽之西境。注云「過縣東」，非也。湘水又折而東，逕建安司南，右合倚石山水。又東南，逕其東，左合咸水、小江塘水、羅江水。又東逕全州南，直灌陽縣北，與觀水合。觀水上見謝沐。又東北，右合三峯山水、吴川水、鍾水，北逕灌陽縣西，歷關上塘，左合紗羅江水。又北逕永安關，又北，逕石人山，爲灌江。又北，左合揚子江水，入於湘。

〔五〕【補注】先謙曰：過零陵、長沙。

〔六〕【補注】先謙曰：「林」字衍，説見前。廣信，蒼梧縣。灕水篇「灕水亦出陽海山」。注云「與湘水出一山而分源也。湘、灕之閒，陸地廣百餘步，謂之始安嶠，即越城嶠也。嶠水自嶠陽南流，注灕，曰始安水。灕水又南合溈水，下入始安。溈水自長沙昭陵來，東南至零陵縣西南，逕越城西，入灕」。全祖望云：灕水一名融水。又牂柯江之下流，分鬱水、豚水諸川入交州，復至中國，歷三十六灘，而爲灕水，本無關於湘水。其引湘通灕，乃秦史禄運漕之故。水經以爲湘、灕同源，此大謬也。范成大桂海虞衡志云「灕水乃牂柯江下流，南下興安，地勢高，與湘水遠不相謀，史禄始作靈渠，派湘流而注之灕，使北水南合」。然則灕水不出陽海，其自陽海導湘合灕者，史禄力也。先謙案，史禄通漕，分湘流入灕，是矣。至謂牂牁水南下興安而爲灕水，此范、全謬説。灕不分湘，所合之大、小融江水源固在越城，嶠南之水，必有所歸，今牂牁鬱水，東下蒼梧入海，乃並謂其下興安而爲灕水，然則灕水下流將安往乎？參證輿圖，灕水自陽海山北流十餘里，逕興安縣城東北，又折而西南，六洞水自六洞山南流注之。又大融江水東流注之，又小融江水東南流注之，下入靈川。昭陵之水，北入資，以合湘，無東南至零陵者。即新寧漢夫夷縣。之夫夷水亦入資。其山陰所出之羅水，又入湘。道元云「溈水自昭陵至零陵」，蓋誤。惟云「逕越城西入灕」，則六洞水似之，其源亦與夫夷、都梁爲近，然則六洞即溈水矣。

〔七〕【補注】先謙曰：續志後漢因。湘水注「營水自冷道來，西流逕九疑山下，羅巖九舉，各導一溪，岫壑互阻，異嶺同勢，遊者疑焉，故曰九疑山。大舜窆其陽，商均葬其陰。山南有舜廟，山之東北，泠道縣界，又有舜廟。營水又西，逕營道縣，合馮水。又西北屈而逕營道縣西，下入營浦。馮水自蒼梧馮乘來，逕營道縣，右入營水」。又深水篇「深水西北過營道縣南」。注云「深水自桂陽南平來，西入營水，亂流營波，同注湘津，下入營浦」。一統志「故城在寧遠縣西。九疑山在縣南六十里」。據輿圖，營水上見泠道。又北逕白花營西、白芒營東，又逕東水營西、安樂鄉東，又西逕虎威營南、老塘營北，冬冷山水合春頭嶺水東北流，注之營水。又逕江華縣東，又北逕涔江鋪，又西北逕曲江口，與馮水合，下入道州」。深水，班志所無，詳覈輿圖，不見自桂陽郡西注之水，既云「亂流營波」，惟昔稱泠水，今曰瀟源者，與桂陽南平爲近，足當深水之目。道元分爲二水，疑誤。

〔八〕【補注】先謙曰：續志後漢因。劉注引始安郡記云「縣東有駮樂山。有遼山」。湘水篇「湘水出始安縣陽海山」。注云「山在始安縣北，縣故零陵之南部也。孫吳立始安郡。下入零陵」。灕水注「灕水自零陵來，南合彈丸溪水，又南逕始興縣東，吳立。右會洛溪水，又東南入熙平縣。縣本始安之扶鄉，孫皓割以爲縣。今陽朔縣東北。灕水又逕羊瀨山、雞瀨山，又南得熙平水口。縣南有朝夕塘。灕水下入蒼梧郡。洛溪水自蒼梧郡來，東南逕始安縣東，入灕。熙平水出熙平縣東龍山，西南流，逕其縣南，又西合北鄉溪水，入灕。北鄉溪水出縣東北北鄉山，西流，逕其縣北，又西流南轉，逕其縣西，又南入熙平水」。一統志「今臨桂、興安、靈川、陽朔、永福、義寧縣、永寧州地。故城今桂林府治」。據輿圖，灕水上見零陵。又西南，逕靈川縣城東南，合白石湫水，又西南，逕府治臨桂縣北十里，彈丸江水合靈劒江水入之，即注之彈丸溪也。灕水逕府治，分爲二，復繞城南合爲一，陽江水西北注之，又東南，馬溪水合靈溪水西注之，又合相思江水，又逕畫山西、寶山東，合龍頭山水，又折西南流，逕陽朔縣東北，合翠屏水。據一統志，朝夕塘在陽朔縣東。熙平水在縣東北三十里，今不知何水當之。灕水又逕陽朔縣城東北，下入平樂府洛溪，疑即靈溪與馬溪合者，故由蒼梧郡境，逕始安縣東入灕。「右合」當爲「左合」之誤。灕水之右，無蒼梧郡地也。

〔九〕【補注】先謙曰：武帝封長沙定王子義爲侯國，見表。續志後漢因。後書第五倫傳作「扶夷」。資水注「資水自都梁來，東北過夫夷縣，下入長沙昭陵。夫水出縣西南零陵縣界互見零陵。少延山，東北流，逕扶縣南，宋縣。本夫夷縣也。夫水下入昭陵」。一統志「故城今新寧縣東北」。資水上見都梁。又東，逕桃花坪南，其地今駐通判。又東逕雙井，左右各一水注之。又東至邵陵浦口，即注之邵陵浦水口也。覓水自邵陽縣西北覓水洞北來注之。夫夷水自南來注之。水出全州寶鼎山，北流百里，逕新寧縣城東南爲大羅江，又合數小水，入於資。今武岡界接邵陽，無新寧地，大抵邵陵浦口以西，桃花坪一帶，皆隸漢夫夷縣矣。

〔一〇〕【補注】先謙曰：續志後漢因。劉注引營陽郡記云「縣南三里餘，有舜南巡止宿處，今立廟」。湘水注「營水自營道來，東北逕營陽縣南，孫吴立營陽郡。又北合都溪水，見泠道。又入營陽峽，又至觀陽縣晉立。出峽，大小二峽，沿溯極艱。營水下入泉陵」。又深水篇「深水自營道來，西北過營浦縣南，下入泉陵」。一統志「故城今道州北」。據輿圖，營水東北逕道州東，合濂溪水。溪出州南二十里安定山下，宋大儒周敦頤故居也。又東北合小瀟水，又東北合宜山水，並見泠道。又合烏江水，即都溪也。以出寧遠縣，又謂之寧遠水。圖經云「淹水東北至宜陽鄉，合寧遠水，曰永江口」是也，亦曰青口。自青口而下，謂之入瀧，至零陵縣界之瀧白灘，謂之出瀧。瀧名凡二十餘，即注之入峽、出峽矣。觀陽，今灌陽，在今永明西，縣境不至此，觀陽當爲泉陵之誤。

〔一一〕【補注】先謙曰：長沙定王子遂國，武帝封。續志後漢因。一統志「今武岡州、城步、綏寧縣地。故城在州東北」。

〔一二〕【補注】陳澧曰：入沅者，志以洞庭湖西畔爲沅水所匯也。澧水入沅，仿此。先謙曰：益陽，長沙縣。資水篇「資水出都梁縣路山」。注云「資水出武陵郡無陽縣界唐糺山，互見無陽。蓋路山之別名也，謂之大溪水。東北逕邵陵郡孫吴立。武岡縣南，劉宋立。縣分都梁之所置也。縣左右二岡對峙，重阻齊秀，間可二里。大溪逕建興縣南，晉立。又逕都梁縣南，縣西有小山，山上有渟水，既清且淺，其中悉生蘭草，芳風藻川，蘭馨遠馥，俗謂蘭爲都梁，山因以號，縣受名焉。資水下入夫夷」。據一統志，資水出武岡州西南百里路山，山接靖州綏寧縣界。西流逕黃茅山西北，又東北逕青坡司南，又東逕花園嶺南，又東逕蓼溪司南，又東南逕銅鼓巖東北，又東南逕高沙市東，直今武岡州北，非逕其南也。建興廢縣在州東北，不可考。資水逕都梁縣南，疑漢縣即今高沙州同治所。資水又東，右合長塘水，又東，濟水從西來注之。今輿圖以資水爲武陽河，而以濟水當資水，蓋誤。濟水出州西南城步縣角山，東南流，合威溪水，入資。資水又東，洞口水自西北來注之。水出州北百六十里猺峒諸小溪，至州境爲洞口河，東南入資。今輿圖有大麻溪、奔龍江、白面江、赦江諸目也。資水又東南至紫陽山南，名紫陽河，入邵陽界。

〔一三〕【補注】先謙曰：過零陵、長沙。

〔一四〕【補注】先謙曰：（景）〔章〕帝時，零陵文學得玉琯於此，見晉律曆志及説文。説文作「伶道」。泠、伶，古字通。

〔一五〕應劭曰：泠水出丹陽宛陵，西北入江。臣瓚曰：宛陵在豫章北界，相去三千里，又隔諸水，不得從下逆至泠道而復入江也。師古曰：瓚説是。泠音零。【補注】先謙曰：續志後漢因。劉注「有春陵鄉」。湘水注「營水出營陽宋郡。泠道縣南山，西流，下入營道。都溪水出春陵縣北二十里仰山南，逕其縣西，本泠道縣之春陵鄉，蓋因春溪爲名。長沙定王分爲縣，武帝封王中子買爲春陵侯。縣故城東又有一城，東西相對，各方百步，古老相傳，言漢家舊城，漢稱猶存，知是節侯故邑也。都溪水又東逕新寧縣東，晉立。又西逕縣南，左與五溪俱會。縣有五山，山有一溪，五水會於縣門，故曰都溪也。又西北流，逕泠道縣北，合泠水，入營水。見營浦。泠水南出九疑山，北流，逕其縣西南，縣指泠溪以即名，入都溪水」。一統志「今寧遠、新田縣地」。故城在寧遠縣東。泠水，今謂之瀟水。營水出寧遠縣南，西流，逕江華縣東，又北逕道州東，又北至零陵縣西，入湘。自道州以上，今曰沲水，道州以下，今曰瀟水」。明統志「沲水出江華縣東九疑山石城峯」。道州志「瀟水有三：一出州北瀟山，東繞宜山爲宜水，自州東北宜江口入沲水；一曰小瀟水，自州西門穿城入，復出，從玉城橋入沲水；一出寧遠九疑山。班志、水經不言瀟水，唐柳宗元始稱『謫瀟水上』，而不詳其源流，細考之，惟道州北出瀟山者爲瀟水，其下流皆營水故道也」。先謙案，據此，則瀟水可定，營水究未定也。依酈注，營水先合馮水，後合都溪水。馮水、都溪之方位明，而後營水可定。以此推之今輿圖，出寧遠縣南李塘村者，實營水也。此水不列主名，北流，左合蒙界水，右合沂村水。又北，逕白石關，麻江水自金竹總二源南流入之。又西北，逕錦田司，以錦田嶺受名也。舊志以錦田嶺水爲馮水派流，謬矣。一統志云「都溪水自寧遠縣西流，至道州，入營水」。縣志「有東鄉水，在縣東北百二十里，源出分水嶺。西鄉水在縣北六十里。二水合流，至董州水砦，入瀟水，即都溪水也」。參證輿圖，即今烏江水。出寧遠縣北白虎營，春陵山直其左。烏江水又出東西二鄉之閒，又南，逕新寧鋪西，即新寧故縣所在。注言「逕新寧故縣」者也。一水西流入之，又逕寧遠縣西，草子塘東，與泠水合。歐陽忞以爲即春陵水，非也。春陵水下入桂陽，特相距近耳。泠水即瀟源水，出寧遠縣南大馬營，北流，合三分石水，又繞逕九疑司西，又北與洑水合，又屈西流，入都溪水。都溪水又西，左合孟橋水，又西北，入營水。其入營之處，謂之青口。蔣本厚山水志「瀟水出九疑三分口，自夏陽至寧遠城，過大洋，出青口，入瀧者也」。

〔二六〕【補注】先謙曰：長沙定王子賢國，武帝封，説詳表。

〔二七〕【補注】先謙曰：續志後漢因。一統志「今零陵、祁陽、東安縣地。故城在零陵縣北」。湘水注「湘水自洮陽來，東北過泉陵縣西，合營水，又合應水、氵毛水，見零陵。又逕祁陽縣南，又合餘溪水，下入鍾武。營水自營浦來，西北逕泉陵縣西，莽名之溥潤。不作「閏」。縣有白土鄉。晉地道記云『縣有香茅，氣甚芬香，貢之以縮酒也』。營水北入湘。應水自長沙昭陵來，東南流，逕應陽縣南，晉分觀陽立。又逕有鼻墟南。王隱云『應陽縣本泉陵之北部，東五里有鼻墟，象所封也』。應水入於湘。氵毛水出永昌縣北羅山，東南流，逕石燕山東，又逕永昌縣南，東入湘。餘溪水出邵陵縣，東南入湘。其水揚清汎濁，水色兩分」。又深水篇「深水合營水自營浦來，西北過泉陵縣，西北七里至燕石邪，入湘」。注云「水上有燕室丘，亦因爲聚名也。其下水深不測，是曰龍淵」。據輿圖，湘水上見洮陽。東北逕獅子鋪，清溪江亦曰陽江，自東安縣西，合東溪江、夏溪江、賓江諸水東南流，逕渌埠市，東注之湘水。又屈東南，合石期江水，又東，逕湘口，合營水、深水，屈北流，逕曲窩，爲泠水灘。又北逕高溪江口，合蘆洪江水，即古應水也。一統志「應水在東安縣北」。引舊志云「蘆洪江在縣東北百里，出四十八渡山，瀠洄於蘆洪司東南，會龍合江水。水出縣北百里黃石祠，斷巖千尺，飛瀑從空而下，蓋道元所云應水湧於上也。南流，逕豸山，至龍合，入蘆洪江。又有南江、北江二水入焉。此水源北距邵陽至近，又與注云應水出昭陵合」。一統志又云「應陽廢縣在東安縣東北。宋志晉惠帝分觀陽立，蓋誤。隋省入零陵。水狀地形，有符羣證，當即應水也。湘水又北折而東，得浯溪水，又逕祁陽縣城南，折繞其東，與祁水合」。一統志「祁水在縣北十五里，古名浯口，水有二源，一出騰雲嶺，一出梅塘山，至雙江口合流，逕祁山下，爲祁江。又東，逕縣城東，入湘。其流正在石燕山東，故知爲浯水無疑。永昌廢縣當在縣西北。湘水又北，右合塔山水，又北，逕歸陽塘，左合清江水，即餘溪水也。在祁陽縣東百里，出七泉龍潭，東南流，至歸陽司兩江口。白河水出馬江埠黃龍町大泉陂，南流入之。清江水緑，白河水白，注所謂揚清汎濁，水色兩分也。營水上見營浦。又北，逕長亭里，直零陵縣西，營水屈而西又折而南，又西，逕縣城南，又西北流，左合兩小水，入湘」。

〔一八〕【補注】先謙曰：武帝封長沙定王子拘爲侯國，見表。

〔一九〕如淳曰：洮音韜。【補注】先謙曰：續志後漢因。湘水注「湘水自零陵來，東北過洮陽縣東，合洮水，下入泉陵。洮水出縣西南大山，東北逕其縣南，即洮水以立稱矣。洮水東入湘」。一統志「故城今全州北三十五里故州灘。洮水在州北五十里」。據輿圖，湘水上見零陵。北逕全州東，又北逕棗木堡，西有黃沙河水，自山棗司東流，合二水，歷山角司北注之，即洮水也。方輿勝覽「洮水出文山，南流入湘」。今案山棗司在文山北，洮水經其北，而不出其南矣。漢追英布於洮水南，即此。

〔二〇〕應劭曰：今重安。【補注】先謙曰：續志：永建〔二〕〔三〕年更名重安。湘水注「湘水自泉陵來，東北得宜溪水，又西北得舂水口，見桂陽耒陽。又東北過重安縣東，下入長沙酃。宜溪水出湘東郡新寧縣西南，新平故縣東，郡縣，孫吴立。西北流入湘。承水出重安縣西邵陵縣界邪薑山，東北流，至重安縣，逕舜廟下，廟在承水之陰，又東，合略塘，又東北，逕重安縣南。漢長沙頃王子度邑，故鍾武縣也。承水合武水下入酃。武水出鍾武縣西南表山，東流至鍾武縣故城南，又東北流，至重安縣，入承水」。一統志「今清泉縣地。故城在衡陽縣西南」。據注，武水至鍾武故城南，又至重安縣。是後漢時已徙治，而鍾武尚在重安之西南，今其地無可考。據輿圖，湘水上見泉陵。東南逕河洲塘，又屈曲逕松柏市，直常寧縣北，右與宜水合，即宜溪水也。一統志「新平故城在常寧縣西，縣之南有黃沙江、伊陂江，西有南江，北有獨石江，皆入宜水。宜水之源，分而復合，流百餘里，貫闤闠之中。又七十里，鑿石爲九曲，達其流於湘水。湘水又東，與舂水合也。邪薑山在今衡州石灣市西南，承水出焉，北流屈曲而東，逕大雲山北，又逕石灣南，又逕烏符山北，又逕排山司北，又東與柿江水合，水出衡陽縣西百六十里雲阜山，入之。又東合武水，水出縣西南百二十里祁陽縣界，東北流，入之，今名白塘河也。承水又東，梁江水出縣西百里邵陽縣界，北注之。又東，演陂水出縣西南百里金蘭鄉，北注之。又東，清陽水出縣西三十里，注之」。

漢中郡，〔一〕秦置。〔二〕莽曰新成。〔三〕屬益州。〔四〕户十萬一千五百七十，口三十萬六百一十四。縣十二：〔五〕西城，〔六〕旬陽，〔七〕北山，旬水所出，南入沔。〔八〕南鄭，〔九〕旱山，池水所出，東北入漢。〔一〇〕褒中，〔一一〕都尉治。漢陽鄉。〔一二〕房陵，〔一三〕淮山，淮水所出，東至中廬入沔。〔一四〕又有筑水，東至筑陽，亦入沔。〔一五〕東山，沮水所出，東至郢入江，行七百里。〔一六〕安陽，〔一七〕鬵谷水出西南，北入漢。〔一八〕在谷水出北，南入漢。〔一九〕成固，〔二〇〕沔陽，有鐵官。〔二一〕錫，莽曰錫治。〔二二〕武陵，〔二三〕上庸，〔二四〕長利。有鄖關。〔二五〕

〔一〕【補注】閻若璩曰：元和志「漢中郡自漢以還，多理南鄭，高帝都之」。是漢中治南鄭矣。又案水經注云「秦惠王置漢中郡，南鄭縣即郡治，漢因之」。可知南鄭之爲郡治，實始於秦也。通鑑胡注謂漢中治西城，誤。徐松曰：仙人唐公房碑「公房，成固人。王莽居攝二年，君爲郡吏。是時府在西成，去家七百餘里，休謁往來，轉景即至，闔郡驚焉」。西成即西城，是漢中治始在南鄭，後移西城。胡氏未爲誤。先謙曰：續志後漢治南鄭，劉注「雒陽西千九百九十里」。

〔二〕【補注】先謙曰：沔水注「秦惠王置漢中郡，因水名也」。楚世家「秦敗楚丹陽，遂取漢中之郡」。蓋郡名自楚。

〔三〕【補注】吴卓信曰：後書馬援傳「初爲王莽新成大尹」。

〔四〕【補注】吴卓信曰：西南夷傳注孟康云「莽改益州爲庸部」。莽傳有庸部牧史熊。後書廉范傳「父丹，爲莽庸部牧」。

先謙曰：續志後漢因，屬同。

〔五〕【補注】先謙曰：郡人張騫，見本傳。

〔六〕應劭曰：世本：嬀虚在西北，舜之居。【補注】先謙曰：續志後漢因，劉注「漢末爲西城郡」。沔水注「漢水自城固來，東逕嬀虚灘。世本：舜居嬀汭，在漢中西城縣。或言嬀墟在西北，舜所居也。或作姚虚。故後或姓姚，或姓嬀。姚、嬀之異，是妄未知所從。余按應劭之言，是地於西城爲西北矣。漢水又逕猴徑灘，又合蘧蒢溪口，又右會洋水，又歷敖頭，魏興安康縣治，故城在今漢陰。又合直水，又逕直城南，又逕千渡而至蝦蟆頡，歷漢陽漁口而屆彭溪龍竈，並溪澗灘磧之名。又逕晋昌郡寧都縣南，後魏立，今漢陰。又逕魏興郡廣城縣，南齊縣，漢陰境。又逕魚脯谷口。舊西城、廣城二縣，指此谷分界。又逕鱉池南鯨灘，又右得大勢，又逕西城縣故城南，漢末爲西城郡，魏魏興郡治。城内有舜祠、漢高帝祠。又爲鱣湍，下入旬陽。洋水出巴山，東北流，逕平陽城，後漢定遠，晋西鄉縣。入漢」。一統志「今平利、紫陽縣地。故城今興安府西北」。

〔七〕【補注】先謙曰：戰國楚地，作郇陽，見楚策。有關名旬關，見酈商傳。續志後漢省。沔水注「漢水自西城來，東合旬水，又逕木蘭寨南，右岸有城，名伎陵城。通鑑注「城在洵陽縣」。又左合育溪。興晋，晋立。旬陽二縣分界於此谷。下入錫」。一統志「故城今洵陽縣北。旬關在縣東」。郇、旬、洵三字通。

〔八〕【補注】先謙曰：沔水注「旬水北出旬山，東南流，逕平陽戍下，與直水枝分東注，逕平陽戍入旬水。旬水又東南逕旬陽縣，合柞水，又逕旬陽縣南。縣北山有懸書崖，高五十丈，刻石作字，人不能上，不知所道。旬水又入漢爲旬口」。陳灃云：今鎮安縣。洵河出太乙山，南入漢。

〔九〕【補注】先謙曰：秦躁公時，南鄭反。蓋其地入蜀，故惠公伐蜀取南鄭，見秦紀。沔水注「漢水自褒中來，東逕漢廟堆下，俗名漢山，在南鄭縣西南。東過南鄭縣南，縣故褒之附庸也。周顯王之世，蜀有褒漢之地。至六國，楚兼之。懷王衰弱，秦略取焉。高祖都南鄭大城，周四十二里，城内有小城，晉梁州刺史司馬勳斷小城東面三分之一爲梁州漢中郡南鄭縣治，宋齊魏因之。水南即漢陰城，相承言吕后所居。漢水又合廉水、池水、槃余水、文水、黑水，下入安陽」。又漾水注「宕渠水出南鄭縣巴嶺，東南流，合難江水，下入巴郡宕渠。難江水出東北小巴山，入宕渠水」。又涔水篇「涔水出南鄭縣東南旱山」。注云「涔水即黄水也，東北流，下入安陽」。續志後漢因。一統志「故城今漢中府南鄭縣東」。

〔一〇〕【補注】先謙曰：沔水注「池水出旱山，山下有祠，列石十二，不辨其由，蓋社主之流，百姓四時祈禱焉。俗謂之獠子水，夾溉諸田，散流左注漢水」。寰宇記「旱山下有石池，多蓴菜，即池水之源也」。輿地紀勝作「老子水」。案「老」即「獠」之字變。一統志「旱山在南鄭縣西南」。府志：縣南六十五里」。

〔一一〕【補注】先謙曰：張良辭歸韓，高帝送至此，見紀。昭帝元鳳元年置，見華陽國志。沔水注作「六年置」。

〔一二〕【補注】先謙曰：元和志「漢陽關在褒中縣北九十里，漢都尉治」。續志後漢因。沔水注「漢水自沔陽來，合黄沙水，南有女郎山。今黄沙河，出沔縣東南雲霧山，至褒城界入漢。隋志褒城縣有女郎山。漢水又東，合褒水，又逕萬口城下，在今褒城。下入南鄭。褒水自扶風武功來，東南逕大石門，歷故棧道下谷，俗謂千梁無柱也。又逕三交城，城在三水之會，一水北出長安，一水西北出仇池，一水東北出太白山，故名。又得丙水口，水上承丙穴，出嘉魚，又歷小石門。蜀都賦『阻以石門』。門在漢中之西，褒中之北。又歷褒口，褒谷之南口也。北口曰斜，所謂北出褒斜。褒水又南逕褒縣故城東，本褒國矣。又南流，入漢」。先謙案：本志「武功」下，「褒水至南鄭入沔」者也。水會蓋在二縣之交。一統志「故城今褒城縣東南」。

〔一三〕【補注】先謙曰：春秋麇地防諸，見通典、元和志。秦爲縣，見廣韻。秦滅趙，流王遷於此，見淮南子。又徙嫪毐黨四千餘家、吕不韋舍人萬家於此，見始皇紀、華陽國志。續志後漢因，劉注引巴漢志曰「建安十三年，别爲新城郡」。沔水注「堵水出建平郡界故亭谷東，晉立郡，今巫山縣境。歷新城郡，漢末房陵郡，魏立新城郡。即房陵縣也。有粉水，縣居其上，爲上粉縣。寰宇記「房陵縣有粉城」。疑即上粉縣。堵水旁有别溪，又有白馬山。堵水下入上庸。汎水出梁州閬陽縣，南宋新城郡屬，在今鄖陽府境。東逕巴西，歷巴渠，下入上庸。淙水上通梁州沔陽縣之默城山，其水東逕新城郡之淙鄉縣，縣分房陵立。淙水下入中廬」。又粉水篇「粉水出房陵縣，東流過郢邑南」。注云「粉水導源東流，逕上粉縣。諸志皆無，疑曹魏置，旋廢。粉水下入筑陽」。一統志「故城今房縣治」。

〔一四〕【補注】先謙曰：中廬，南郡縣。續志劉注引巴漢志「有維山，維水所出」。水經舊本作「淮」，今本改「維」。案淮、維古通，禹貢之濰，本志作維，又作淮，其證也。沔水經有維水，注但言此水下流，而不溯其源，蓋酈所未究也。餘見中廬。陳澧云：今南漳縣歇馬河，出龍潭山，下流爲蠻河，東至宜城縣入漢。房陵有三水，一沮水，一南河，歇馬河在沮水、南河之閒，故知爲淮水矣。

〔一五〕【補注】先謙曰：筑陽，南陽縣。沔水注「筑水，杜預以爲彭水也。見釋例。水出梁州新城郡魏昌縣界，魏分房陵縣立。下入筑陽」。紀要「筑水出竹山縣之竹山，爲筑江，一名南河，東流逕房縣，又逕廢魏昌縣，又東逕保康縣」。與注合。

〔一六〕師古曰：筑音逐。【補注】段玉裁曰：「沮」，左傳作「雎」，皆七餘反。後譌爲「相」，讀曰租。今襄陽沮水左右地，皆曰沮中，亦謂之租中。吴志「青烏四年，諸葛瑾取相中」，與魏志「正始四年，諸葛瑾攻沮中」，正是一事。先謙曰：郢，南郡縣。據江水注，沮入江在江陵境。江陵故楚郢都，郢縣即楚郊郢邑，故城在今江陵縣東南。後漢省郢縣，蓋併入江陵，故班注渾言之。淮南地形訓「沮出荆山」。説文亦云「沮水出房陵，東入江」。沮水篇「沮水出房陵縣淮水」。二字蓋「東山」之誤。注云「沮水出東汶陽郡沮陽縣劉宋郡縣，今保康縣南。西北景山，即荆山首也。

杜預云，水出新城郡西南發阿山。蓋山異名也。沮水東南流，逕沮陽縣，合潼水，又逕汶陽郡，劉宋立，今遠安縣北。北即高安縣界。沮水下入南郡臨沮」。一統志「沮水出房縣，東流逕保康縣，又東南逕南漳縣，爲大市河，又東南逕遠安縣」。與注合。

〔一七〕【補注】先謙曰：續志後漢因。沔水注「沔水自南鄭來，合涔水、左谷水，下入成固」。一統志「今石泉、漢陰縣地。故城今成固縣東」。

〔一八〕【補注】段玉裁曰：此雖不系之禹貢，然據鄭注「梁州沱潛」云「地理志在今蜀郡郫縣及漢中安陽皆有沱水、潛水，其尾入江漢」。則志述禹貢作「灊」，此安陽下作「鬵」，實一物也。王念孫曰：鬵谷水，「谷」字涉下文「在谷水」而衍。水經「鬵」作「涔」，沔水篇、涔水篇皆無「谷」字。涔或作潛，史記夏本紀索隱「潛出漢中安陽縣，西北入漢」。亦無谷字。先謙曰：沔水注「安陽隸漢中，魏分立魏興郡，安陽隸焉。涔水出西南，而東北入漢」。又涔水注「涔水自南鄭來，東北逕成固南城北，劉宋義熙中，索邈自成固移治此，故謂之南城。城北有桁渡，沔取北城，城即大成固縣治。涔水又歷悦歸館，北至安陽，左入沔，爲涔水口」。一統志「涔水在今成固縣南」。

〔一九〕師古曰：鬵音潛，其字亦或從水。【補注】先謙曰：「在」乃「左」之誤。沔水注「左谷水出西北，即壻水也，出聽山下穴，東南流，歷平川中，爲壻鄉，水曰壻水。因後漢唐公房得名。又東南流，逕通關勢南，山高百餘丈。又逕樊噲臺南，又逕大成固北，城乘高勢，北臨壻水，水北有韓信臺，相傳高祖置壇拜信處也。左谷水南入（溪）〔漢〕，謂之三水口」。一統志「壻水出南鄭縣西北，亦曰左谷水，又名聽水」。

〔二〇〕【補注】先謙曰：後漢因，續志「嫣墟在西北」。沔水注「漢水自安陽來，東合益谷水、洛谷水、灙水，又逕小成固南。州治大成固，移縣於此，故曰小成固。城北百二十里，有興勢坂。漢水又逕石門灘，山峽也。合西水爲西口，下入西城」。一統志「今洋縣、西鄉、城固地。故城在城固縣西北，今縣兼有漢安陽地」。

〔二一〕應劭曰：沔水出武昌，東南入江。如淳曰：此方人謂漢水爲沔水。師古曰：漢上曰沔。音莫踐反。【補注】王嗚盛曰：南監本「昌」作「都」是。朱一新曰：汪本「此」作「北」。先謙曰：官本「昌」作「都」，「此」作「北」。後漢因。續志「有鐵」。劉注引「華陽國志云，有定軍山。博物志云，縣北有丙穴。巴漢志云，縣有度水，水有二源，一曰清檢，一曰濁檢」。沔水注「沔水自武都沮來，東逕沔陽縣故城南，舊言漢祖在漢中，蕭何所築也。又逕西樂城北，城在沔陽東山上。沔水合容裘溪水，又左合度水，又右會溫泉水，下入褒中。度水出陽平北山，又南逕陽平縣故城東，不知始置。又逕沔陽縣故城東，西南入漢」。一統志「故城今沔縣東南十里」。

〔二二〕應劭曰：音陽。師古曰：即春秋所謂錫穴。【補注】先謙曰：後漢因。續志作「錫」，云「有錫。春秋時曰錫穴」。沔水注「漢水自旬陽來，東合甲水，又爲龍淵，逕錫縣故城北，爲白石灘。縣有錫義山，方圓百里，形如城，四面有門，上有石壇，世傳列仙所居。漢水下入長利。甲水自弘農上雒來，東南逕魏興郡興晉縣南，晉武帝立。今鄖陽府鄖西縣西北。右入漢水」。先謙案，本志「弘農上雒」下，「甲水東南至錫入沔」者也。案錫穴，麇國地，見左文傳。釋文云「鍚音羊。或作錫，星歷反」。是古本原無定字，故縣名亦有更改。然應劭後漢人，時尚有此縣，應音必不誤。水經注又與應音合，則作「鍚」爲正。一統志「故城今白河縣東」。

〔二三〕【補注】先謙曰：續志後漢省。一統志「故城今竹溪縣東」。

〔二四〕【補注】先謙曰：春秋庸國，楚滅之，見左傳。後爲上庸，秦取之。國策：張儀謂鄭袖欲以上庸之地六縣賂楚也。昭王時以歸楚，後敗楚，復取之，見秦紀、六國表。濟東王彭離、廣川王孝徙此，見武、宣紀。續志後漢因。沔水注「堵水自房陵來，東北逕上庸縣。故庸國也，楚滅之，以爲縣，屬漢中郡。漢末又分爲上庸郡，城三面際水。堵水下入南陽堵陽。汎水自房陵來，東逕上庸，下入南陽筑陽」。又江水注「有埞水，出上庸縣界，南流，下入南郡秭歸」。一統志「故城今竹山縣東南」。

〔二五〕師古曰：音云。【補注】先謙曰：續志後漢省。寰宇記「併入錫縣」。沔水注「漢水自錫來，東逕長利谷南，入谷，有長利故城，舊縣也。漢水又東，歷姚方，下入南陽堵陽。又自堵陽來，東逕鄖鄉縣南晉立。之西山。又東逕鄖鄉縣故城南，爲鄖鄉灘。縣故黎也，即長利之鄖鄉矣。地理志曰，有鄖關。李奇以爲鄖子國。漢水又東，逕琵琶谷口，下入南陽武當」。鄖關亦見貨殖傳。一統志「黎子山在鄖縣東北七十里，上有關，即鄖關也」。

廣漢郡，〔一〕高帝置。〔二〕莽曰就都。〔三〕屬益州。〔四〕戶十六萬七千四百九十九，口六十六萬二千二百四十九。有工官。〔五〕縣十三：梓潼，〔六〕五婦山，馳水所出，南入涪，行五百五十里。莽曰子同。〔七〕汁方，〔八〕莽曰美信。〔九〕涪，有孱亭。莽曰統睦。〔一〇〕雒，章山，雒水所出，南至新都谷入湔。有工官。莽曰吾雒。〔一一〕緜竹，〔一二〕紫巖山，緜水所出，東至新都北入雒。〔一三〕都尉治。廣漢，莽曰廣信。〔一四〕葭明，〔一五〕郪，〔一六〕新都，〔一七〕甸氏道，白水出徼外，東至葭明入漢，〔一八〕過郡一，〔一九〕行九百五十里。莽曰致治。〔二〇〕白水，〔二一〕剛氏道，〔二二〕涪水出徼外，南至墊江入漢，〔二三〕過郡二，行千六十九里。〔二四〕陰平道。北部都尉治。莽曰摧虜。〔二五〕

〔一〕【補注】先謙曰：江水注「高帝分巴蜀，置廣漢郡於乘鄉」。又云「雒縣有沈鄉，去江七里」。華陽國志「廣漢郡本治繩鄉，後漢安帝時移治涪，後治雒城」。乘、沈、繩，音同字變。續志後漢治雒，劉注「雒陽西三千里」。

〔二〕【補注】全祖望曰：高帝六年分置，見江水注。錢坫曰：華陽國志「高帝分巴蜀，置廣漢，武帝又割置犍爲，故曰分巴割蜀，以成犍廣」。

〔三〕【補注】吳卓信曰：莽傳有就都大尹馮英。

〔四〕【補注】先謙曰：續志後漢因。又「廣漢屬國都尉」下云「故北部都尉，安帝以爲屬國都尉，別領三城」。屬並同。

〔五〕【補注】吳卓信曰：貢禹傳有三工官，如淳曰「一在廣漢」。

〔六〕【補注】先謙曰：華陽國志「武帝元鼎元年置，以縣東倚梓林，北枕潼水，因以爲名」。

〔七〕應劭曰：潼水所出，南入墊江。墊音徒浹反。師古曰：潼音童。涪音浮。【補注】宋祁曰：巴郡註「墊音重疊之疊」。吴卓信曰：莽傳「自言定命於子同」。先謙曰：續志後漢因。劉注「建安二十二年，劉備以爲郡」。梓潼水篇「梓潼水出其縣北界」。注云「縣有五女，蜀王遣五丁迎之，至此見大蛇入山穴，五丁引之，山崩，壓五丁及五女，因氏山爲五婦山」。又曰「五婦候，馳水所出，一曰五婦水，亦曰潼水也。其水導源山中，南逕梓潼縣，下入涪」。案説文亦云「潼水出梓潼北界」。知潼、馳一水，顔引應説，蓋未晰也。一統志「故城今梓潼縣治。劒州亦漢梓潼地。五婦山在縣北。馳水即梓潼水，出龍安府平武縣山溪，東南流，入梓潼縣，又南，逕鹽亭縣、射洪縣，入涪」。溯源更遠矣。漾水注「强水自陰平來，東北逕梓潼，下入犍爲南安」。先謙案，犍爲南安，山川隔越，無相入之理。此水有誤。

〔八〕【補注】先謙曰：高帝封雍齒爲侯國，見表。

〔九〕應劭曰：汁音十。【補注】王鳴盛曰：南監本「汁」作「什」。朱一新曰：汪本作「什」。先謙曰：表作「汁防」。後漢因。續志作「什邡」。説文同。江水注敘洛水云「常璩曰，李冰導洛通山水，流發瀑口，逕什邡縣，下入雒」。一統志「故城今什邡縣南。洛通山在縣西北」。

〔一〇〕應劭曰：涪水出廣漢，南入漢。【補注】周壽昌曰：莽傳陳崇封統睦侯，即此。汪士鐸曰：漢，西漢水也，下甸氐道。白水注同。先謙曰：官本「孱」作「潺」。續志後漢因。劉注「巴漢志云，潺水出潺山」。涪水注「涪水自剛氐道來，東南逕涪縣西，合潺水，下入緜竹。潺水出潺山，水源有金銀礦，洗取火合之，以成金銀。潺水歷潺亭而下注涪水。涪水下入緜竹」。又梓潼水注「梓潼水自梓潼來，南逕涪城東，下入廣漢」。一統志「故城今緜州東北。潺山在州北三里。潺亭在德陽縣」。

〔一一〕師古曰：湔音子先反。【補注】先謙曰：續志後漢因。新都，縣名，「谷」字衍。水經注「雒」作「洛」。中山經「岷山之首曰女几之山，洛水出焉，東注於江」。江水篇「洛水從三危山東，過廣魏洛縣南」。注云「洛水出洛縣漳山，亦言出梓潼縣柏山。云出三危山，所未詳」。又云「洛水自什邡來，南逕洛縣故城南，下入新都」。先謙案，湔水自新都來，至漢州，雒縣地。東南折，南流與雒水、沱水合，下入犍爲牛鞞。沱水自新都來，又東入湔。本志「蜀郡郫」下，「江沱在西，東入大江」者也。一統志「故城今漢州北」。提綱「章山即什邡縣雒通山。雒水俗名鴨牛河，會緜水後，通稱雁水，至金堂縣，入清白江」。工官，蓋銅官。紀要「銅官山在漢州東二十里，前代鑄錢處也」。

〔一二〕【補注】先謙曰：續志後漢因。一統志「故城今德陽縣北」。

〔一三〕【補注】先謙曰：江水注「緜水西出緜竹縣，下入新都」。又涪水注「涪水自涪來，東南逕緜竹縣北，又合建始水，又逕江油戍北，南安郡南，南齊立。又南合金堂水，見新都。下入廣漢」。一統志「紫巖山在今緜竹縣西北三十里。蜀都賦云『浸以緜洛』，謂此」。

〔一四〕【補注】先謙曰：縣亦見成紀。後漢因，續志「有沈水」。涪水注「涪水自緜竹來，又南，枝津出焉，又至廣漢縣，合梓潼水，下入巴。墊江，涪水枝津，西逕廣漢五城縣晉立，屬廣漢郡。今中江縣東。爲五城水，下入蜀成都」。又梓潼水注「梓潼水自涪來，西南至廣漢縣南，入涪水，謂之五婦水」。先謙案，本志「梓潼」下，「馳水南入涪」者也。注又云「涪水至此入漢水，亦謂之爲內水也」。沈水出廣漢縣，入涪」。一統志「故城今遂寧縣東北」。紀要「射洪縣東南百里」。

〔一五〕應劭曰：音家盲。師古曰：明音萌。【補注】錢大昕曰：古音明，如盲。先謙曰：秦破趙，多遷其民於此，見貨殖傳。後漢因，續志作「葭萌」。劉注「華陽國志：有水通於漢川，有金銀礦，民洗取之」。案，參涪下注文，即潺水。漾水注「西漢水自白水來，東南至葭萌縣，合羌水，通稱白水。下入巴閬中。白水自白水縣來，東南於吐費城南西晉壽東北。入西漢水。蜀王弟葭萌所封，爲苴侯邑，故遂名城爲葭萌，劉備改漢壽，後爲西晉壽。水有津關」。一統志「故城今昭化縣南」。

〔一六〕師古曰：音妻，又音千私反。【補注】先謙曰：華陽國志「縣蓋取郪江爲名」。續志後漢因。一統志「故城今三臺縣南」。紀要「今潼川府治。郪江在州西南，出中江縣銅官山，東南流，逕射洪縣，又至遂寧縣，入於涪，故謂之郪口」。

〔一七〕【補注】先謙曰：續志後漢因。劉注「華陽國志云，有金堂山，水通巴漢」。江水注「洛水自雒來，南逕新都縣。蜀有三都，謂成都、廣都，此其一焉。雒水又合緜水」。本志「雒」下云「雒水南至新都入湔」者也。「緜水自緜竹來，東逕新都，合雒水，又合湔水」。先謙案，本志「緜竹」下「緜水東至新都北入雒」者也。注又云「亦謂之郫江，又言是涪水。呂忱云，一曰湔。然此二水俱與洛會矣。下入犍爲牛鞞」。先謙案，湔水自蜀郡繁來，又東逕新都、金堂亦新都地。二縣，北合獨橋河水，名爲中江。又東，馬水河自彭縣來入之，下入雒。沱水自繁來，東逕新都、金堂二縣南，中分數派，仍合爲一，謂之北江，亦曰前江，下入雒。又涪水注「金堂水出新都縣東南，入涪」。見緜竹。一統志「故城今新都縣東二里」。

〔一八〕【補注】先謙曰：漾水注「白水出臨洮」。詳見「隴西臨洮」下。凡言徼者，去其境不遠。張揖云：以木柵水，爲蠻夷界也。

〔一九〕【補注】先謙曰：武都、廣漢。「二」當爲「三」。

〔二〇〕李奇曰：甸音媵。師古曰：音食證反。【補注】王鳴盛曰：甸，古讀爲乘，又或爲嵊。先謙曰：續志後漢屬廣漢屬國。一統志「故城今文縣西」。

〔二一〕應劭曰：出徼外，北入漢。【補注】先謙曰：續志後漢因。漾水注「西漢水自武都沮縣來，東南至白水縣西，下入葭明。白水自陰平道來，東南逕白水縣故城東，劉宋白水郡治。合西谷水、東流水、剌稽水、清水，下入葭明」。一統志「故城今昭化縣西北」。

〔二二〕【補注】先謙曰：續志後漢屬廣漢屬國。一統志「故城今平武縣東」。

〔二三〕【補注】先謙曰：墊江，巴郡縣。涪水注「涪水出剛氐道徼外，東南流，下入涪」。一統志「涪水出松潘廳北小分水嶺，東南至龍安府城，又逕江油、彰明，以達緜州」。

〔二四〕【補注】先謙曰：過廣漢、巴。

〔二五〕【補注】徐松曰：宋本「摧」作「推」。先謙曰：續志後漢屬廣漢屬國，北部都尉改屬國都尉，治此。漾水注「白水自隴西臨洮來，東南入陰平，合東維水，又逕陰平道故城南，即廣漢之北部也。合白馬水，又東逕陰平大城北，蓋其渠帥自故城徙居也。合偃溪水，又東北，逕橋頭，合羌水。孫星衍云，白水至此，行可二百五十里。自下羌水通稱。又東合雍川水、空冷水、南五部水，又東南逕建昌郡東，西魏析陰平置。下入白水縣。强水出陰平西北强山，下入武都。又自武都來，東北逕陰平，下入梓潼」。又羌水注「羌水自隴西羌道來，東南逕葭蘆城，西合羊湯水，又逕五部城南，後魏縣，階州境。右合妾水，又左合五部水，又至橋頭，入白水，東南去白水縣故城九十里」。先謙案，本志「羌道」下云「羌水南至陰平入白水」者也。羊湯水出陰平北界湯溪，入羌水。一統志「故城今文縣西北」。紀要「陰平橋在文縣東，跨白水上，即所謂陰平橋頭也」。

蜀郡，〔一〕秦置。〔二〕有小江入，并行千九百八十里。〔三〕禹貢桓水出蜀山西南，行羌中，入南海。〔四〕莽曰導江。〔五〕屬益州。〔六〕户二十六萬八千二百七十九，口百二十四萬五千九百二十九。縣十五：〔七〕成都，户七萬六千二百五十六。〔八〕有工官。〔九〕郫，〔一〇〕禹貢江沱在西，東入大江。〔一一〕繁，〔一二〕廣都，莽曰就都亭。〔一三〕臨邛，〔一四〕僕千水東至武陽入江，〔一五〕過郡二，行五百一十里。〔一六〕有鐵官、鹽官。〔一七〕莽曰監邛。〔一八〕青衣，禹貢蒙山谿〔一九〕大渡水東南至南安入涐。〔二〇〕江原，𨞪水首受江，南至武陽入江。〔二一〕莽曰邛原。〔二二〕嚴道，〔二三〕邛來山，邛水所出，東入青衣。〔二四〕有木官。〔二五〕莽曰嚴治。〔二六〕緜虒，〔二七〕玉壘山，湔水所出，東南至江陽入江，〔二八〕過郡三，〔二九〕行千八百九十里。〔三〇〕旄牛，〔三一〕鮮水出徼外，南入若水。〔三二〕若水亦出徼外，南至大莋入繩，〔三三〕過郡二，〔三四〕行千六百里。〔三五〕徙，〔三六〕

湔氐道，〔三七〕禹貢嶓山在西徼外，江水所出，東南至江都入海，〔三八〕過郡七，行二千六百六十里。〔三九〕汶江，〔四〇〕渽水出徼外，南至南安，東入江，過郡三，行三千四十里。〔四一〕江沱在西南，東入江。〔四二〕廣柔，〔四三〕蠶陵。莽曰步昌。〔四四〕

〔一〕【補注】閻若璩曰：郡治成都，以王貢兩龔鮑傳序及循吏傳知之。水經注云「漢武帝，蜀郡初治廣漢之雒縣，元鼎二年，始徙治成都」。先謙曰：續志後漢治同，劉注「雒陽西三千一百里」。

〔二〕【補注】先謙曰：江水注「秦惠王二十七年，遣張儀、司馬錯等滅蜀，遂置蜀郡焉」。全祖望云：高帝始建國三郡之一。武帝元鼎六年，以笮都地置沈黎郡，天漢四年，省入蜀郡西部。又以冉駹地置汶山郡。宣帝地節三年，省入蜀郡北部。

〔三〕【補注】宋祁曰：南本改「并」作「關」，亦未允。王念孫曰：案「入」當爲「八」字之誤也。謂八小江并行千九百八十里也。下文遼西郡「有小水四十八，并行三千四十六里」，鬱林郡「有小谿川水七，并行三千一百一十里」，九真郡「有小水五十二，并行八千五百六十里」，日南郡「有小水十六，并行三千一百八十里」，皆其證也。

〔四〕【補注】先謙曰：桓水篇與志文同，惟「蜀山」作「岷山」，岷、蜀一也。注云「禹貢『岷嶓既藝，和夷底績』。鄭康成云，和，上夷所居之地也。和讀曰桓。地理志曰『桓水出蜀山西南，行羌中者也』。尚書又曰『西傾因桓是來』。馬融、王肅云，西治傾山，惟因桓水是來，言無他道也。余按經據書，岷山、西傾，俱有桓水。桓水出西傾山，更無別流，所導者惟斯水浮於潛漢而達江沔，故晉地道記曰『梁州南至桓水，西抵黑水，東限扞關』。今漢中、巴郡、汶山、蜀郡、漢嘉、江陽、朱提、涪陵、陰平、廣漢、新都、梓潼、犍爲、武都、上庸、魏興、新成，皆古梁州之地，自桓水以南爲夷，書所謂『和夷底績』也，所可當者惟斯水與江耳。桓水蓋二水之別名，爲兩川之通稱矣。余考校諸書，略綜川流沿注之緒，自西傾至葭萌入西漢，鄭所謂潛水也。自西漢溯流而屆於晉壽界，沮漾枝津，南歷岡穴，迆邐而接漢，沿此入漾，書所謂『浮潛而逾沔』矣。歷漢川至南鄭縣，屬於褒水，遡褒暨於衙嶺之南溪水，枝灌於斜川，届於武功，北達渭水，不乖禹貢入渭之宗，實符尚書亂河之義也」。先謙案，道元舉禹貢和夷之桓水，以實志文，而以出西傾之桓水爲別一水，故云「二水別名，兩川通稱」。其實蜀郡之水皆入江，不入南海。錢坫、陳澧、成蓉鏡諸人推測之詞，今皆不録。

〔五〕【補注】吴卓信曰：後書公孫述傳莽以述爲導江卒正，即此。

〔六〕【補注】先謙曰：武帝改梁州曰益州，以新啓、犍爲、牂柯、越巂疆域益廣，故稱益云。續志後漢因。又蜀郡屬國下云「故西部都尉，延光元年以爲屬國都尉，別領四城」。屬並同。

〔七〕【補注】先謙曰：郡人王褒，見本傳；趙賓，見儒林傳。

〔八〕【補注】先謙曰：縣人司馬相如、揚雄，見本傳。續志後漢因。劉注「武帝元鼎二年，立成都郭十八門」。江水注「江水自郫來，東逕成都縣，縣有二江，雙流郡下。風俗通云『秦昭王使李冰爲蜀守，開成都兩江，溉田萬頃』。江水下入廣都」。先謙案，郫、流二江，合於成都城東，又東流與新開河水合。新開河自灌縣分江，逕郫縣南、温江縣北，又逕雙流縣東，又東南逕華陽縣境入江，一名酸棗河，又名馬壩河，即元時馬壩渠也。詳元史河渠志。江水於是有錦江之目焉。又涪水注「涪水枝津五城水自廣漢廣漢來，西至成都入江」。先謙案，五城縣在今中江縣東，與成都山川閒阻。湔雒水道距五城較近，故有五城水口之名。涪水支流，無西至成都入江之理，此文有誤。一統志「故城今成都府治」。

〔九〕【補注】錢大昭曰：成都、廣漢之工官，皆治金銀器。貢禹傳「蜀漢主金銀器，歲各用五百萬」。

〔一〇〕【補注】先謙曰：望帝治汶山，下邑曰郫，見蜀王本紀。秦爲縣，見元和志。在岷山之陽，見揚雄傳。縣人何武，見本傳。續志後漢因。一統志「故城今郫縣北」。江水注「江水自江原來，東北逕郫縣下，下入成都」。先謙案，大江自灌縣分流，此李冰所穿郫江、檢江也。檢江亦謂之流江，俗名爲走馬、油子二河，郫縣居其中，二江下入成都境。

〔一一〕師古曰：郫音疲。沱音徒何反。【補注】先謙曰：禹貢山水澤地篇稱「郫縣江沱」。與志合。引見「汶江」下。釋水「江爲沱」。李巡注「江水溢出爲沱」。郭璞注「沱水自蜀郡都安縣湔山與江别而東流，即此」。鄭康成粱沱注云「郫縣，江沱首，不於此出江。原有鄀江，首出江南，至犍爲武陽又入江，豈沱之别歟？」先謙案，鄀水即大江，非沱江。詳江原下。郫縣江沱，出江入江，鄭意不可曉。道元止録汶江之沱，而遺郫縣之沱，亦其疏也。據一統志「沱水自灌縣西，首受大江，東流，經崇寧縣南，漢郫縣地。郫縣北，下入繁。湔水自緜虒來，入江，自灌縣復出，南分沱江，東流，逕崇寧縣北，下入繁」。

〔一二〕【補注】先謙曰：續志後漢因。華陽國志「縣在蜀郡北九十里」。江水注「廣都北對繁田，文翁又穿湔洩以灌溉繁田千七百頃」。先謙案，湔水自郫來，又東逕彭縣南，繁縣地。新繁縣北。自彭以東，有清白江之目，下入廣漢新都。沱水自郫來，東逕新繁縣南，成都縣北。又分爲獨橋河水，下入新都。後漢臧宫傳注「繁，江名，因以爲縣」。一統志「故城今新繁縣北二十里」。

〔一三〕【補注】先謙曰：續志後漢因。劉注「縣有望川原，鑿石二十里，引取郫江水，灌廣都田」。江水注「江水自成都來，東逕廣都縣，武帝元朔二年置。李冰識察水脈，穿縣鹽井。江西有望川原，鑿山崖度水，結諸陂池，故盛養生之饒，即南江也。江北則左對繁田。湔水東絶緜洛，逕五城界，晉縣，今中江縣東。至廣都北岸，南入于江，謂之五城水口，斯爲北江。此明南、北江所由名。江水下入犍爲武陽」。一統志「故城今華陽縣東南。隋志、元和志謂雙流縣即漢廣都。據章懷注，參考岑彭、吳漢傳，漢縣當在府東南江北岸，不知徙置在何時耳」。先謙案，雙流南有廣都驛，疑即其地。

〔一四〕【補注】先謙曰：秦張儀所城，見華陽國志。卓氏、程鄭居此致富，見貨殖傳。江水注「江水自緜虒來，逕臨邛縣，縣有火井鹽水，昬夜之時，光興上照。江水下入江原」。

〔一五〕【補注】先謙曰：武陽、犍爲縣。江水注「布僕水自旄牛來，東逕臨邛縣，合文井水」。先謙案，華陽國志「臨邛有布僕水，合文井江者也」。注又云「文井水自青衣來，至臨邛縣，合布僕水，下入江原」。先謙案，一統志「邛水在邛州南，東流入新津縣界，即古僕千水，今曰南河。元和志『有白木水，經臨邛縣南二里，又東南經依政縣南十里』，縣，後魏置，在邛州東南。即此水也。唐宋以前，謂之文井江，或名白木水，初無邛水之名。古邛水出邛崍山，在今滎經縣界，至雅安，合青衣水，未嘗北至臨邛。道元誤謂邛水東至臨邛，入青衣。見下。舊唐志於臨邛縣下，又引其説，於是邛水及邛崍山名，皆移於州境，其實非也」。先謙案，志以文井水、布僕水爲一。案文井水即百丈河，與邛水異出也。邛水即僕千水，出邛州西伏牛山，東流，逕火井漕，左納牛心山水，又左有一水入之，右納大塘鋪水，逕州城南，故有南河之目。又左納白鶴水，又東，百丈河水右注之，又東北，霧沖山水自大邑縣來注之，下入新津界。

〔一六〕【補注】先謙曰：過蜀、犍爲。陳澧云：此水不及二百里，志「五」字誤。

〔一七〕【補注】先謙曰：華陽國志「縣有古石山，山出石鑛，文如蒜子，火燒合之成流，支鐵甚剛」。又云「地節中，穿臨邛蒲江鹽井二十所，增置鹽鐵官」。鹽井，詳見續志劉注。

〔一八〕應劭曰：邛水出嚴道邛來山，東入青衣。【補注】先謙曰：青衣水注「邛水自嚴道來，東至臨邛縣，入青衣」。案道元以邛來山出之邛水爲在臨邛，其誤自應劭開之。又沫水注「沫水自犍爲南安來，東逕臨邛南，下入江原」。續志後漢因。一統志「故城今邛州治」。

〔一九〕【補注】先謙曰：依志文例，當云「禹貢蒙山在西，有蒙溪」。疑奪文。

〔二〇〕應劭曰：順帝更名漢嘉也。師古曰：渽音哉。【補注】先謙曰：南安、犍爲縣。續志「漢嘉」下云「故青衣，陽嘉二年改」。屬蜀郡屬國，爲治所。一統志「故城今雅安縣北。大渡水今青衣水」。「渽」當爲「涐」。見汶江下。青衣水篇「青衣水出青衣縣西蒙山」。注云「縣故青衣羌國也。紀年『梁惠成王十年，瑕陽人自秦道岷山青衣水來歸』。

武帝天漢四年，罷沈黎郡，分兩部都尉，一治青衣，主漢民。縣有蒙山，青衣水所發，東逕其縣，合沫水，又合邛水，下入犍爲南安」。又沫水注「沫水自旄牛東過漢嘉郡晉立。南流，衝一高山，山上合下開，水逕其間，山即蒙山也。於青衣縣東，合青衣水，自下亦謂之青衣水，下入南安」。又江水注「有蒙水，即大渡水也。水發蒙溪，東南流，下入南安」。先謙案，一統志「青衣水源有東西二派，東派出蘆山縣東北邛州，西界伏牛山」。注所云「蒙水出蒙溪，即大渡水」者也。有三水會流，而南逕蘆山縣東。元和志謂之羅帶水，俗謂之龍門河水，與西派見旄牛下。合於縣城之南。注所云「青衣水會沫水」也。又南至三江口，會和川水，爲多功河。又南下飛仙關，逕雅州府城北，俗呼雅河。榮經水自榮經縣東注之。注所云「合邛水」也。下入樂山界。今人多以沫爲涐，今考青衣先合沫水，後入邛水，然後入今大渡河，知沫非涐矣。注又云「文井江，李冰所導也，自莋道蒙溪分水，下入蜀臨邛」。先謙案，一統志「蒙山跨雅安、名山、蘆山三縣及邛州境。又始陽山在蘆山縣東七里，本名蒙山，唐天寶中，敕改爲始陽山，歷嚴道縣，橫亘入邛州界。寰宇記雖隨地異名，歷歷可考。明志以蒙山、始陽截然分見，非是。文井江與蒙溪分水，當即今百丈河也。水出名山縣東北六十里蓮花山，流逕百丈廢縣東，唐置，在臨邛縣南百二十里百丈驛。又東入蒲江縣爲鐵溪河，一名千丈潭，入邛州界」。

〔三二〕【補注】先謙曰：武陽見上。說文「鄗，蜀江原地」。江水注「江水自臨邛來，逕江原縣，鄗江水出焉。江水下入郫」。先謙案，鄗水分於灌江，灌縣亦兼有江原地也。注又云「鄗水出江原縣，首受大江，東南流」。尚書鄭康成注「疑此爲禹貢江沱」。一統志云「自漢以來，皆以李冰所鑿經成都者，爲大江，其南流者，爲鄗水，轉謂之入江。漢志鄗水云云，是也。元和志以鄗江即皁江，與温江分爲二，又與流江互稱大江。寰宇記謁鄗爲鄩，源流皆未明晰。宋元以來，專以皁江爲正源，近時南流數道，有金馬、羊馬、白馬諸名，而皁江之名又混。舊志或以白馬河爲皁江，或以羊馬河爲鄗江，紛紜無定」。先謙案，江自灌縣分流，約數十道，其大名，曰湔水，曰沱水，曰入成都之郫、流二江，曰逕温江之馬壩渠，元世所開。曰鄗江。而鄗江分兩大支，曰白馬，曰羊馬，又各分數支，其分而右出者，入崇慶州界，逕州東，爲白馬河，合逕州西之西河。西河上流曰味江，流爲黑石溪河，與白馬河合，又謂之白西河。其西南出者，下流又分爲二，東曰溪水河，西曰乾溪河，總匯於白馬河。舊志以此爲岷江正流，即鄗水矣。其分而左出，曰龍安河，下流爲羊馬河，亦入崇慶州界。其東北出者，入温江縣西，爲金馬河。其東又分歷温江縣南、雙流縣西爲楊柳河，總匯於羊馬河，以合於白馬河，同注新津縣。道元引益州記曰「江至都安堰，其右檢，其左其正流遂東，郫江之右也。又穿羊摩江、灌江」。竊謂李冰所穿之羊摩江，即今羊馬河。摩、馬音轉字變，古跡猶可推尋。羊摩、鄗水，各有主名，似不必如舊志羊馬、白馬之爭訟也。鄗水下入武陽。

〔二二〕應劭曰：鄗音壽。【補注】先謙曰：續志後漢因。一統志「故城今崇慶州東」。江水注僕千水，合文井水，自臨邛來，東逕江原縣，縣濱文井江，江上有常氏隄，跨四十里。有朱亭，亭南有青城山，卓氏之所徙也。下入武陽」。先謙案，據注，江原縣濱文井江。元和志「文井江在唐興縣〔西〕二十里，其地皆屬崇慶州」。今水至新津入江，不入州界。又沫水注「沫水自臨邛來，東至江原，入江」。先謙案，道元增所逕臨邛、江原二縣，其實沫水至南安境，已與江會，其下則合流所經耳。

〔二三〕【補注】先謙曰：秦滅楚，徙嚴王之族以實其地，因名，見華陽國志。淮南王長遷此，見文紀。有銅山，見佞幸傳。南史劉悛傳「青衣水左側，並是秦嚴道地」。

〔二四〕【補注】先謙曰：青衣水注「邛水出嚴道縣邛來山，下入臨邛」。「邛來」一作「邛崍」。一統志「山在滎經縣西南。邛水即滎經水」。又江水注「崍山，邛崍山也，在嚴道縣，一曰新道南山，有九折坂，王陽案轡處也。平恆言是中江所出」。互見汶江。先謙案，出邛水之邛來山，與出中江水之崍山，相去較遠，道元蓋誤，亦詳臨邛。元和志「邛來山在滎經縣西五十里。九折坂在縣西八十里」。通志「山半屬滎經，半屬清溪」。邛水即滎水，自清溪界，五水并發，至縣西合流。經水出縣東南瓦屋山，西北流，逕縣東，至城北，與滎水合。又北至雅安縣西，會西來一水，折而東流，入青衣。

〔二五〕【補注】王念孫曰：「木官」當作「橘官」。蜀都賦注可證。下文巴郡朐忍、魚復二縣並云「有橘官」。周壽昌曰：宋洪邁容齋隨筆續集，於漢郡國官條内引此，作「木官」，而别引朐忍、魚復之橘官，足證宋本此處本作「木」，非「橘」字脱寫。劉注或因朐忍、魚腹之橘官誤引耳。

〔二六〕【補注】先謙曰：續志後漢屬蜀郡屬國。一統志「故城今雅安縣西」。

〔二七〕【補注】先謙曰：後漢因，續志作「緜虒道」。一統志「故城今保縣南。保縣、汶川、灌縣皆其地」。江水注「江水自汶江來，又歷都安縣。縣有桃關、漢武帝祠，李冰作大堰於此，壅江作堋，堋有左右口，謂之湔堋。江入郫江、檢江以行舟，俗謂之都安大堰，亦曰湔堰，又謂之金隄。江水下入臨邛」。據一統志「江水南逕汶川縣城西，左則登溪溝注之，又草坡河合諸水入之，右則大溪水注之。江水又逕桃關而歷娘子嶺，納凹河水，三江河水東流注之。江水屈而東，白沙河水自尤溪口西南流注之。江水下入灌縣境」。

〔二八〕【補注】先謙曰：江陽，犍爲縣。玉壘山在今松潘衛境。蜀都賦「廓（雲）〔靈〕關以爲門，包玉壘而爲宇」。劉逵注「玉壘，山名，湔水出焉，在成都西北。岷山界在後，故曰宇，靈關在前，故曰門也」。説文「湔水出蜀緜虒玉壘山東南，入江」。江水注「又有湔水入焉。水出綿虒縣之玉壘山。吕忱云，一曰半浣水也」。案此因説文而誤。先謙案，下入郫。

〔二九〕【補注】先謙曰：蜀、廣漢、犍爲。

〔三〇〕應劭曰：虒音斯。〔師古曰〕：湔音子千反。

〔三一〕【補注】先謙曰：續志後漢屬蜀郡屬國。後書西羌傳「羌各自爲種，或爲氂牛種，越巂羌是也」。水經沫水篇作「旄牛縣」。江水、青衣水注作「旄牛道」。案縣以都尉主外羌，作「道」未嘗不是，然兩漢志究無「道」字，仍以縣爲正。一統志「故城今清溪縣南」。江水注「布僕水出徼外成都西沈黎郡，武帝以蜀郡西部邛莋理旄牛道。天漢四年置都尉，主外羌，在邛崍山表。水從縣西分爲二，一逕其道，下入臨邛，一下入越巂邛都」。先謙案，一統志「布僕水在邛州南八十里，自天全土司界流入，合於臨邛之南河，即僕千水也。邛來山即清溪縣之大相嶺，山北之水即邛水，見嚴道。非入臨邛之布僕水。其山南之水，合流爲清溪流沙河，以入大渡河，可緣此西入越嶲河，達邛部土司，蓋即注所云「一入邛都」者，但非此水下流，其水程亦不通邛都也。道元蓋誤」。又沬水篇「沬水自廣柔來，東南過旄牛縣北，又東至越嶲靈道縣，出蒙山南」。注云「靈道縣一名靈關道。沬水東流，下入青衣」。先謙案，一統志「青衣江有東西二派，西派出天全州北界木坪土司境，東南流，逕蘆山縣南，有四水，夾天全州城東流，逕始陽鎮北而東注，即水經注之沬水，元和志之浮圖水，俗謂之魚喜河水也」。蘆山縣西北有靈關廢縣，通典「雅州蘆山縣有靈關山」是也，其地蓋沬水所經。越嶲靈道縣去此甚遠，經注並誤證。

〔三二〕【補注】先謙曰：若水注「鮮水一名州江大度水，出徼外，至旄牛道南入若水」。先謙案，以地望測之，當即今壩拉河，南入鴉礲江者。「州江大度水」五字，水名不合，當有羨文。

〔三三〕【補注】先謙曰：大莋，越嶲縣。若水注「山海經云『南海之內，黑水之閒，有木名曰若木，若水出焉』。若水沿流閒關蜀土，東南流，合鮮水，下入邛都」。先謙案，據輿圖，若水出西番巴延喀喇山，南流千餘里，逕敏爾雅克山西，爲鴉礲江，又南逕多什拉嶺，壩拉河水入之，下入西昌縣境。注又云「繩水自越嶲遂久來，南逕旄牛道，下入大莋」。先謙案，金沙江東距清溪甚遠，似繩水逕遂久後，不能越若水，而上至旄牛。道元蓋誤。

〔三四〕【補注】先謙曰：蜀、犍爲。

〔三五〕師古曰：莋音才各反。【補注】劉奉世曰：里數蓋誤。錢坫曰：自占對入境，至入金沙江，約一千六百餘里。

〔三六〕師古曰：音斯。【補注】先謙曰：徙，國名，見西南夷傳。一作斯榆，見司馬相如傳。亦稱斯都，見蜀志張嶷傳。徙、斯音同。續志後漢屬蜀郡屬國，劉注「出丹砂、雄雌黃、空青、青碧」。一統志「故城今天全州東」。

〔三七〕【補注】先謙曰：湔氐，蓋氐名也。孝惠三年，蜀湔氐反，見史將相表。續志後漢因，劉注「縣前有兩石對如闕，號曰彭門」。一統志「故城今松潘廳西北」。

〔三八〕【補注】先謙曰：江都，廣陵縣。禹貢山水澤地篇「岷山在湔氐道西」。與志合。江水篇「岷山在湔氐道縣，大江所出，東南過其縣北」。注云「岷山即瀆山，水曰瀆水，又謂之汶阜山。益州記云，江源始發羊膊嶺下，東南下百餘里，至白馬嶺而歷天彭闕，亦謂之天彭谷。又東逕汶關而歷氐道縣北。蜀漢改氐道。武帝元鼎六年，分蜀郡北部，置汶山郡以統之。縣本秦置，後爲昇遷縣。晉改。江水下入蠶陵」。先謙案，華陽國志「岷山一名沃焦山，其跗曰羊膊，江水所出」。尚書地理今釋「岷山跨雍、梁二州，自陝西鞏昌府岷州衞以西，大山重谷，谽谺起伏，西南走蠻箐中，抵成都府西境，凡茂州、雪嶺、灌縣、青城，皆其支脈，而導江之處，則在今松潘衞北西番界之浪架嶺。漢志所云，湔氐道西徼外也」。一統志云「俗名潘州河，出西夷哈嗎鼻浪架嶺，分爲二，一西南流，一東南流，歷東呰，至尖橐，合滴漏水。水出滴漏山，分爲二，一西南流，爲出竈溝，與西南一派合，入西番界。一東流，逕鵞落村，入浪架水。浪架水又東南入黄勝關。又四十里，至虹橋關北，合漳臘河水。水出生番弓槓山，亦分爲二，一東入上羊峒生番界，一西南至漳臘境，又南逕漳臘城，西玻璃泉入之。又南入浪架水。浪架水又南流二十八里，逕松潘廳城東，入城復出城，西而南折，又東南流入蠶陵境」。岷、汶字同，古從民、從文之字多相假借。天彭闕，云在灌縣西北，華陽國志。及彭縣彭門山者，明一統志。並非。

〔三九〕師古曰：音丁奚反。【補注】齊召南曰：案里數大誤。江爲南紀巨川，自蜀至海，即以地形東西直計，亦五六千里，況水道紆曲乎？過郡七，「七」字其上不有脱文，則字誤也。且湘、漢、沅皆入江之支水，漢由西縣東南至江州入江，曰行二千七百八十里。湘由零陵北至酃縣入江，沅由故且蘭至益陽入江，並曰行二千五百三十里。以岷江之遠，從西塞蟠折巴蜀，襟帶荆揚，其里數乃僅與沅湘埒，反不如漢水之長乎？此爲轉寫脱誤，灼然易曉。又案，宋本「旄牛」下，班氏自注「鮮水、若水云云」之外，有「劉奉世曰里數蓋誤」八字。鮮若源出徼外，里數難以測量，疑此八字當注此條之下。閻若璩曰：水經「江水東過夷陵縣南」，注説宜昌縣流頭灘，而引袁山松云「自蜀至此五千餘里」。干寶晉紀「吴使紀涉如魏，司馬昭問吴戍備幾何，對曰，西陵至江都五千七百里」。宜昌今宜都縣，在西陵之東，自江發源松潘，至此四千四五百里。西陵今宜昌府治，東湖縣自此至江都，不過四千里。山松與涉言皆夸，然共計亦當有八千餘里。「三」當作「八」。王念孫曰：趙一清水經注釋云「今本漢書誤也，宋本是，過郡九，行七千六百六十里。禹貢錐指云『今江水所過，於漢爲蜀郡、犍爲、巴郡、南郡、長沙、江夏、豫章、廬江、丹陽、會稽、廣陵，凡十郡一國』。易祓云『江源自松州交川縣至夷陵，凡四千三百三十里。自夷陵至泰州，凡三千六百三十里』。是江自松潘至泰州，行七千九百六十里。自泰州至海門，又四百里。通計八千三百餘里。據此，則俗本漢書固非，而宋本亦未合也」。以上水經注釋。案後人所計江行里數，未必與班志原文相符，且志但云至江都，則里數固不及八千也。錐指又云「行二千二百六十里」，「二」當作「八」，或是「七」。其言「或是七」者，正與趙氏所見宋本合。又說文繫傳水部江下引漢志云「過郡九，行七千六百六十里」。郡數、里數皆與宋本同，則是舊本相承如此，宜據以訂正。

〔四〇〕【補注】先謙曰：後漢因。續志作「汶江道」，劉注「華陽國志云，濊水、駹水出焉，多冰寒，盛夏凝凍不釋。孝安延光元年復立之爲郡」。一統志「故城今茂州北」。

〔四一〕【補注】先謙曰：「渽」當作「涐」。江水注「涐水出徼外，逕汶江道。吕忱云，渽水出蜀。許慎以爲涐水也，出蜀汶江徼外，从水，我聲」。先謙案，道元言涐水逕汶江道，因彌縫班志，致有此誤。水逕汶江道者，皆入於江，無別行至南安方入江之水。涐水經行，不涉汶江道境。志文「涐水」二十一字，疑當在「廣柔」下，傳寫誤移之，而酈注如此，蓋其誤久矣。「三」當爲「二」，蜀、犍爲。據輿圖，涐水出西北小阿樹土司中，東南流，合阿壩土司一水，又南至黨壩土司，合梭磨土司兩水，又南逕大金川勒烏圍西，又南逕章谷屯，合小金川諸水，爲大渡河。因青衣、大渡水合於斯川，故蒙大渡之名。涐水又西南，逕下魚通砦，合巴旺、巴底二土司三水。又南，格濯河水左入之。打箭鑪諸水合爲鑪河，右入之。又南逕瀘定橋，歷沈邊土司、松林地土司之閒，左合三水，右合五水，又折而東，老鴉漩河合三水入之。又東入清溪境，漢旄牛縣也。見上。流沙河合數水，自清溪縣南流注之。又東，金水河合數水南流注之。又東南，逕曲曲烏，越嶲河水自越嶲廳合諸水逕邛部土司東北流注之。涐水又東，峩邊廳二水東北流注之。下入峩眉縣境。

〔四二〕師古曰：沱音徒何反。【補注】先謙曰：禹貢山水澤地篇「益州沱水在汶江縣西南，其一在郫縣西南，皆還入江」。與志合。江水注「江水自蠶陵來，又六十餘里，至北部，始百許步，又西百二十餘里，至汶山故郡，此宣帝廢郡。廣二百餘步。又西南百八十里至溼坂，江稍大矣。東北百四十里，曰崍山，中江所出，東注大江。互見嚴道。郭景純江賦曰『流二江於崌崍』。又東百五十里，曰崌山，北江所出，東注大江。山海經云『崌山，江水出焉，東注大江，其中多怪蛇』。江水又逕汶江道，又合湔水，見緜虒。又東別爲沱，開明之所鑿也。縣即汶山郡治，蜀漢置。渡江有笮橋」。先謙案，據輿圖，江水自蠶陵南流五十里，與黑水合。水出生番界古拉嶺，爲雅爾隆河，合楚納克河，東南流數百里，爲黑水河，逕長寧堡西入江。於茂州以上，溯二江之遺跡，惟黑水河與岷源可以并稱，似崌崍皆在西番中，不得涉及滎經縣之邛崍山矣。江水又東南，逕茂州城西，又折而西南，白水河入之。又西南，逕舊威州，今省入保縣。徑州城北，花水入之，在州界亦名湔水，每斤較江水輕二兩。又西南，沱水出雜谷廳花崖山，東南流，逕廳北，又東南，至保縣北入之。元統志「沱江自廢悉州流經威州界，至汶川合大江」。本志所云「江沱在西南，東入江」者也。道元以爲開明所鑿。華陽國志「望帝相開明決玉壘山以除水害」。即其事也。陳澧云：蓋即今理番廳孟董溝水，東南入江。其自江水分出之處已湮。江水下入汶川縣境。北部，即蜀郡北部都尉治所，在今茂州北。溼坂在汶川縣南。元和志「嶺上樹木森沈，常有水滴，未嘗暫燥，故曰溼坂」。

〔四三〕【補注】先謙曰：續志後漢因。一統志「故城今汶江縣西北」。沫水篇「沫水出廣柔徼外」。注云「縣有石紐鄉，禹所生也。今夷人共營之，地方百里，不敢居牧，有罪逃野，捕之者不過，能藏三年不爲人得，則共原之，言大禹之神祐之也。沫水出岷山西，下入旄牛」。先謙案，寰宇記「石紐村在汶川縣西百四十里」。元和志「至今其地名刳兒坪」。地理通釋「沫水一名羊山江，出鐵豹嶺，即岷山羊膊嶺之異名。蓋與汶江同出一山，而東西各別矣」。但據輿圖，沬水之源不能遠出岷西，出岷西者，惟涐水足當之。道元未審。又若水注「繩水枝流自越巂遂久來，東出，逕廣柔縣入江」。先謙案，繩水即金沙江，距廣柔遠甚，重山阻絶，安有枝流已南至遂久復東北上溯廣柔之理？此文有誤。

〔四四〕【補注】先謙曰：續志後漢因。江水注「江水自湔氐道來。益州記云，自白馬嶺回行二十餘里，至龍涸。又八十里，至蠶陵縣。又南下六十里，至石鏡。下入汶江」。一統志「故城今松潘廳壘溪營西。蠶陵山在營北五里。江水自松潘廳東南流，百八十里，合衆山溪水，逕平番營，入壘溪營」。明統志：漢蠶陵縣在壘溪所城北三里，梁於舊縣置鐵州，周改翼針縣。江水逕營城西入汶江境。石鏡，山名，在壘溪營東南」。

犍爲郡，〔一〕武帝建元六年開。〔二〕莽曰西順。屬益州。〔三〕户十萬九千四百一十九，口四十八萬九千四百八十六。縣十二：僰道，莽曰僰治。〔四〕江陽，〔五〕武陽，〔六〕有鐵官。〔七〕莽曰戢成。〔八〕南安，有鹽官、鐵官。〔九〕資中，〔一〇〕符，〔一一〕温水南至鱉入黚水，黚水亦南至鱉入江。〔一二〕莽曰符信。〔一三〕牛鞞，〔一四〕南廣，〔一五〕汾關山，符黑水所出，北至僰道入江。〔一六〕又有大涉水，北至符入江，過郡三，行八百四十里。〔一七〕漢陽，都尉治。山闟谷，漢水所出，東至鱉入延。莽曰新通。〔一八〕存鄢，〔一九〕莽曰孱鄢。〔二〇〕朱提，山出銀。〔二一〕堂琅。〔二二〕

〔一〕【補注】閻若璩曰：郡治僰道，以西南夷傳知之。元和志云「昭帝時，犍爲郡自僰道移理武陽」。今眉州彭山縣西北五里有犍爲故城。是犍爲郡先治僰道，後治武陽也。段玉裁曰：「犍」，宋本説文从木。隸釋云，漢碑皆作「楗爲」。先謙曰：續志後漢治武陽，劉注「雒陽西三千二百七十里」。

〔二〕【補注】先謙曰：開郡事詳西南夷傳。

〔三〕應劭曰：故夜郎國。【補注】先謙曰：續志後漢因。又犍爲屬國下云「故郡南部都尉，永元元年以爲屬國都尉，別領二城」。屬並同。劉注「劉璋分立江陽郡」。

〔四〕應劭曰：故僰侯國也。音蒲北反。【補注】先謙曰：説文「僰，犍爲蠻夷」。後漢因。劉注「華陽國志云，治馬湖江會」。江水篇「江水自南安來，東南過僰道縣北，若水、淹水合從西來注之」。注云「縣本僰人居之。地理風俗記云，夷中最仁，有仁道，故字从人。秦紀所謂僰僮之富者也。其邑，高后六年城之。武帝南通僰道，縣有蜀王兵蘭，劉注譌爲「玉岳蘭」。其神作大難，江中崖峻阻險，不可穿鑿，李冰乃積薪燒之，故其處懸崖猶有五色焉。又東合符黑水，下入江陽。符黑水自南廣來，北徑僰道入江，謂之南廣口」。又若水注「繩若水自朱提來，東北至僰道縣入江」。先謙案，本志「越巂遂久」下，「繩水東至僰道入江」者也。注又云「自朱提至僰道，有水步道，水道有黑水、羊官水，至險難，三津之阻，行者苦之。若水至縣謂之馬湖江，繩水、瀘水、孫水、淹水、大渡水隨決入而納通稱，是以諸書録記羣水，或言入若，或言注繩，亦或言至僰道入江，正是異水沿注，通爲一津，更無別川可以當之」。一統志「故城今敘州府宜賓縣治」。

〔五〕【補注】先謙曰：景帝封蘇嘉爲侯國，見表。續志後漢因，劉注「蜀都賦注云『沱潛既道，從縣南流至漢嘉縣入大穴，中通剛山下，因南潛出，今名復出水』是也」。江水注「江水自僰道來，東過江陽縣南，合洛水。又逕漢安縣北，後漢立，今江安縣東。東逕樊石灘，又逕大附灘，下入符。洛水合緜水湔水。自資中來，又逕漢安縣。自上諸縣，咸以溉灌，故語曰，緜洛爲汶沃也。緜水至江陽縣方山下入江，爲緜水口，亦曰中水。江陽縣枕帶雙流，據江、洛之會。江中有大闕、小闕，季春黃龍堆没闕乃平」。先謙案，據志，緜水至新都入雒，雒水至新都入湔，湔水至江陽入江，以湔爲經流。「蜀緜虒」下云「湔水東南至江陽入江，過郡三，行千八百里」者也。水經注則雒合緜，緜合湔，以雒爲經流。主名雖異，尾閭同歸，但與志「三郡千八百餘里」之文不符耳。一統志「故城今瀘州治」。

〔六〕【補注】先謙曰：張儀、司馬錯獲蜀王開明於此，見蜀本紀。太初四年，益州刺史任安城之，後遂爲郡治，見華陽國志。

〔七〕【補注】先謙曰：據元和志、輿地紀勝，地有鐵山。

〔八〕【補注】先謙曰：後漢因，郡治。續志「有彭亡聚」。一統志「故城今彭山縣東十里」。江水注「江水自蜀廣都來，東南過武陽縣，縣故大夜郎國，武帝開道置以爲縣。江水合鄨水、赤水。此縣藉江爲大堰，開六水門，用灌郡下。北山，王喬所升之山也。江水又合文井江，又東至彭亡聚，謂之平模水，亦曰外水，下入南安」。鄨水自蜀江原來，東南至武陽縣入江」。先謙案，本志「江原」下，「鄨水南至武陽入江」者也。赤水出縣入江。僕千水合文井水自江原來，東至武陽縣天社山下入江。先謙案，本志「蜀臨邛」下，「僕千水東至武陽入江」者也。一統志「邛水自邛州來，至新津縣入江」。新津亦漢武陽地。

〔九〕【補注】錢坫曰：南安本屬蜀郡，見鄧通傳，後改屬也。先謙曰：高帝封宣虎爲侯國，見表。續志後漢因，劉注「南有五岍山，一山而五里，在越巂界」。江水注「江水自武陽來，東至南安爲璧玉津，故左思云，東越玉津也。又東南逕南安縣西，有熊耳峽，連山競險，接嶺爭高，懸溉有灘，名壘坻，亦曰鹽溉，李冰所平也。縣治青衣江會，襟帶二水，即蜀王開明故治。縣南有峨眉山。江水合大渡水、涐水，下入僰道」。又青衣水注「青衣水自青衣來，逕平鄉，晉縣。謂之平鄉江。益州記云『平鄉江東逕峨眉山，在南安界，去成都南千里，然秋日澄清，望見兩山相峙如峨眉焉』。青衣水又東入江」。先謙案，本志「蜀青衣」下云「大渡水東南至南安入涐」者也。又沫水注「沫水自青衣來，東逕開刊縣，故平鄉也。晉初置。昔沫水自蒙山至南安西溷崖，水脈漂疾，破害舟船，李冰鑿平溷崖，操刀入水，與河神鬬，通正水路。開處即冰所穿也。沫水下入臨邛」。據輿圖，沫水自清溪縣東流，有二水自峨邊廳東北流注之，又東北逕峨眉縣三峨山南，又逕樂山縣城南，與青衣江合。又漾水注「强水自廣漢梓潼來，東北逕南安入西漢水」。見巴閬中。一統志「故城今夾江縣西北二十里」。

〔一〇〕【補注】先謙曰：續志後漢因。江水注「雒水合緜水湔水。自牛鞞來，東逕資中縣，下入江陽」。一統志「故城今資陽縣北」。

〔一一〕【補注】先謙曰：縣在江陽縣東二百里，武帝元鼎二年置，見華陽國志。

〔一二〕【補注】洪亮吉曰：鱉水爲今湘江。温水、黚水爲今合湘江之洪江、仁江。洪江出婁山關南山，東南流至遵義東境之清乘橋北，有鳳皇溪東北自綏陽西山西南流來會，又東南入湘江。仁江在遵義城東南五十里，源出永安驛山澗下流，合湘江。班云至鱉入江者，謂入延江水也。先謙曰：鱉，牂柯縣。延江水注「温水亦曰煖水，出符縣而南入黚水。黚水亦出符縣，南與温水會。闞駰謂之闞水，下入鱉」。「入江」當作「入延」，與下漢陽一例。「黚」即「黔」字。

〔一三〕師古曰：鱉音蔽，又音鼈。黚音紀炎反。【補注】先謙曰：續志作「荷節」。江水篇「江水自江陽來，東過符縣北，鰼部水從符關東北注之」。注云「縣故巴夷之地，武帝以唐蒙爲中郎將，從萬人出巴符關者也。縣治安樂水會。安樂水自鱉縣來，逕安樂縣東，晉立，今合江境。又逕符縣下，北入江。鰼部水未聞，或是水之殊目，非所究矣。江水下入巴江州」。一統志「故城今合江縣西」。

〔一四〕孟康曰：音髀。師古曰：音必爾反。【補注】先謙曰：華陽國志「縣去郡三百里，元鼎二年置，有陽明鹽井，即牛鞞井也」。續志後漢因。江水注「雒水合緜水，湔水。自廣漢新都來，又逕牛鞞縣，爲牛鞞水。縣以元封二年置。與國志異。牛鞞水下入資中」。一統志「故城今簡州東」。

〔一五〕【補注】先謙曰：武帝太初元年置，見華陽國志。後漢因。一統志「故城今珙縣西南」。阮元雲南通志稿云「今鎮雄州」。延江水篇「延江水出南廣縣，東流，下入牂柯鱉」。先謙案，本志「漢陽」下，「漢水入延」。「牂柯鱉」下，「鱉水入延」。班氏載入延之水，無反置延江大水不録之理。今志既無之，道元延江水注又不引漢志，則傳寫奪文久矣。洪亮吉延江水考云「烏江即古延江也，出貴州威寧州東北山，東北流。山接四川屏山縣境，距僰道縣不遠。元豐九域志『戎州，南溪郡，治僰道。其地界，東南至南廣蠻，百八十里』。知威寧東北境在漢爲南廣縣地，至宋時爲苗踞，故曰南廣蠻也」。先謙證以圖志：「延江水出威寧城西大山，瀦爲八仙海，東北流，逕州城北。又東逕黑章汎，右有黑章水入之。又東北，逕七星關，爲七星水，左有三道水入之。」餘見鼇。

〔一六〕【補注】先謙曰：江水注「符黑水出南廣縣，劉禪立南廣郡。導源汾關山，北流，合大涉水，下入僰道」。據志稿「符黑水，今南廣水，一曰宋江，出鎮雄州東北二百二十里威信州判界，白水、黑陽河、桃壩黑林子三處合流，經黑墩，爲黑墩河，會長官司水，亦曰玉貴河，北流，經羅星渡，出南廣口。又北逕筠連、高二縣界。又北逕慶符縣西，又東北逕宜賓縣入江」。一統志同。

〔一七〕【補注】先謙曰：江水注「大涉水出南廣縣，北流，注符黑水」。與志文異。過郡三，未詳。洪亮吉以爲鰼部水即今安樂水。據志稿云「安樂水俗名赤水河，出鎮雄州烏通山，爲汑洛河，又爲白烏河。東南合苴蚪河，至畢節縣北，爲赤水河。又東經遵義府西，折而西北，經仁懷縣西，折北流，至四川合江縣東，入大江。過郡三者，謂自犍爲南廣，經牂柯鼈縣，又經犍爲符縣爲三郡。又據水經，延江水所出南廣縣，當北自四川珙縣南，及鎮雄白水江以東，又南至威寧州北境，皆是。酈注謂大涉水入符黑水，殊誤。使兩水果合爲一，則源流不出犍爲一郡，大涉水何以爲過郡三乎？」先謙案，志稿說是。惟赤水河源，據輿圖，出水鹿山，爲廠丈河，南流，合雨灑河、洛甸河，逕毋享司，爲毋享河。下流爲赤水河。其汑洛、白烏河，乃入烏江之水，疑志稿有誤。

〔一八〕師古曰：闟音它盍反。【補注】先謙曰：續志後漢屬犍爲屬國。延江水注「漢水出漢陽道山闟谷，下入牂柯鼈延」。即延江省文，與入青衣、入繩、入若、入僕、入勞同例。酈注「道」字蓋誤。一統志「故城今慶符縣南。縣北八十里有漢陽山」。先謙案，慶符、長寧、興文皆古漢陽地。據輿圖，三縣但有入江之水，無入延之水，所當闕疑。

〔一九〕【補注】王念孫曰：「郁」本作「存」，此因「䣕」字而誤加卩也。說文「存䣕，犍爲縣」。宋本如是。今本改「存」爲「郁」。而無「郁」字，自玉篇始有之。而字書、韻書皆仍其誤。水經作「郁䣕」，亦後人所改。華陽國志、晉書尚作「存䣕」。且師古注䣕字有音，而郁字無音，則本作「存」明矣。洪亮吉曰：晉志作「存駹」，今玉篇、廣韻訛「䣕」爲「鄢」，廣韻兩載郁鄢、郁鄢縣，尤誤。

〔二〇〕師古曰：鄢音莫亞反。孱音仕連反。【補注】先謙曰：續志後漢省。存水（注）〔篇〕「存水出郁鄢縣」。注云「存水自縣東南流，下入益州牧靡」。一統志「故城今敘州府東南蠻界」。志稿云「在今貴州威寧州境」。先謙案，郁鄢，隋代復置，唐因之，隸犍爲。天寶初，更名義賓，改隸戎州。宋改爲宜賓，今敘州宜賓縣。一統志文可據。但宜賓縣治在金沙、岷江水會，前志以爲漢僰道治。金沙江自北流，屈而東，出宜賓之右，則郁鄢當在宜賓之左，跨威寧北境。志稿是也。宜賓、威寧二縣之西水，皆入金沙江，東水由貴州以下湘粵。參證圖說，惟北盤江足當存水，與前志不戾。今案北盤江出威寧西南猓羅坪，二源合併，南逕瓦查汛，爲瓦岔河，東流逕圍幛，爲圍幛河，右會得吉河水，又東北逕可渡溪，爲可渡河，又與阜衛河水合，又東爲楊柳河，又東逕鷓鴣山北，又東爲女兒河，又東與宛溫水合，同爲北盤江。互見「牂柯談稾」。水經注有存水，無北盤江，以北盤江統於存水矣。

〔二一〕應劭曰：朱提山在西南。蘇林曰：朱音銖。提音時。北方人名匕曰匙。【補注】錢坫曰：余得漢漢安洗，「朱提」字作「㮛」。案玉篇「㮛」即「匙」字，是義與蘇林合。諸葛武侯云「漢嘉金，朱提銀，采之不足以自食」，謂此。徐松曰：爨龍顔碑陰有「功曹參軍朱緹李融之」，又作「緹」。先謙曰：朱提銀，見食貨志。續志後漢屬犍爲屬國，爲治所。劉注「南平志云『縣有大淵池水，名千頃池，西南二里』。蜀都賦注云『有靈池，在縣南數十里，周四十七里』」。若水篇「若水東北至朱提縣西爲瀘江水」。注云「繩若水自越嶲卑水來，至朱提縣，以山氏，後漢朱提郡治。在犍爲郡南千八百許里。下見堂琅。有瀘津，東去縣八十里，水廣六七百步，深十數丈，多瘴氣，鮮有行者。瀘水自益州不韋來，合諸水而總其目，故有瀘江之名。合繩若水，下入僰道」。一統志「故城今屏山縣境。朱提山在宜賓縣西五十里」。志稿云「據水經，若水逕朱提爲瀘水，今金沙江東北經恩安縣西，則朱提爲今昭通明甚。又酈注，朱提在郡南千八百里，犍爲治僰道，爲今敘州府，南千八百里，即今昭通矣」。又云「朱提郡西南二百里，得所綰堂琅縣。堂琅，今東川府，由東川東北二百里，非昭通乎？則昭通舊烏蒙故地之爲朱提更明。舊志以昭通爲牂柯郡地，非是。蓋北之敘州，南之東川，皆屬犍爲，則中間昭通不入牂柯。況鎮雄爲南廣，則鎮雄以西，更不得爲牂柯也。一統志載土夷考，烏撒府有銀鑛之饒，朱提山蓋在其境。烏撒，或烏蒙之誤」。

〔二二〕【補注】先謙曰：續志後漢省。「朱提」下，劉注引南中志云「有堂琅山，多毒草」。據此，縣併入朱提。晉、宋志作「堂狼」。華陽國志「縣因山爲名」。若水注「朱提郡西南二百里，得所綰堂琅縣。西北行，上高山，羊腸繩屈八十餘里」。志稿云「堂琅，今東川府」。

越巂郡，〔一〕武帝元鼎六年開。〔二〕莽曰集巂。屬益州。〔三〕户六萬一千二百八，口四十萬八千四百五。縣十五：邛都，南山出銅。有邛池澤。〔四〕遂久，〔五〕繩水出徼外，東至僰道入江，〔六〕過郡二，行千四百里。〔七〕靈關道，〔八〕臺登，〔九〕孫水南至會無入若，〔一〇〕行七百五十里。〔一一〕定莋，出鹽。〔一二〕步北澤在南。〔一三〕都尉治。〔一四〕會無，東山出碧。〔一五〕莋秦，〔一六〕大莋，〔一七〕姑復，〔一八〕臨池澤在南。〔一九〕三絳，〔二〇〕蘇示，〔二一〕尼江在西北。〔二二〕闌，〔二三〕卑水，〔二四〕灊街，〔二五〕青蛉。〔二六〕臨池灊在北。〔二七〕僕水出徼外，東南至來惟入勞，〔二八〕過郡二，行千八百八十里。〔二九〕則禺同山，有金馬、碧雞。〔三〇〕

〔一〕【補注】閻若璩曰：越巂治邛都，以西南夷傳知之。先謙曰：據若水注，郡治邛都。續志後漢治同，劉注「雒陽西四千八百里」。

〔二〕【補注】先謙曰：華陽國志「司馬相如開僰道，通南中，置越巂郡」。若水注「通後復反叛，元鼎六年，漢兵自越巂水伐之，以爲越巂郡」。

〔三〕應劭曰：故邛都國也。有巂水。言越此水以章休盛也。師古曰：巂音先蘂反。【補注】先謙曰：通典、元和志竝云「有越巂水」。西南夷傳作「粵巂」。粵、越同字，足徵應説之非。若水注「莽遣任貴爲領戎大尹，守之，更名爲集巂」。案續志後漢因，屬同也。

〔四〕【補注】先謙曰：續志後漢因。劉注「縣東南數里，有水名邛廣都河，案「廣」字衍。從廣二十里，深百餘丈，有魚長一二丈，頭特大，遥視似戴鐵釜狀」。江水注「布僕水自蜀旄牛來，其分流南逕邛都縣西，下入青蛉」。先謙案，此注誤，辨見「旄牛」。又若水篇「若水自蜀旄牛來，南過邛都縣西」。注云「邛都縣，武帝開邛莋置之，縣陷爲池，今名邛池，南人謂之邛河，河中有蜯巂山。越巂水見上。即繩若矣，似隨水地而更名矣。又有温水，冬夏常熱，可燖雞豚。若水下入會無。孫水自臺登來，南逕邛都縣，司馬相如云橋孫水，即是水也，下入會無」。一統志「故城今寧遠府西昌縣東南。李膺益州記云，邛河土人謂之陷河。元和志：陷河在縣東南十里。據輿圖，今縣南有熱河塘，疑即此。邛河出瀘山溪箐中，流逕瑶山寺，入懷遠河。懷遠河出縣東北山麓，西逕城南，合寧遠河水，入安寧河。安寧河即注孫水也。自冕寧縣南流，熱水河入之，即注温水也。又南逕西昌縣西，又南，高橋河水入之。又南逕德昌所東，苦馬河水右入之。瀘河水出瀘山，左入之。又左，納落腰河水、梁山河水、一碗水，下入會理州。若水即打沖河，自徼外來，逕冕寧縣西，折東流，逕西昌縣西南，下入鹽源縣」。

〔五〕【補注】先謙曰：續志後漢因。劉注「有縹碧石，有緑碧」。淹水篇「淹水出遂久縣徼外」。注云「吕忱云，淹水一曰復水也。下入青蛉」。先謙案，淹水蓋無量河，出打箭鑪邊外瓦述毛丁土司，爲扎穆楚河。東南流，合下瞻對土司拉克河。又南流，合裏楚河。又南逕紫隆圖拉嶺東，合瑪爾楚河，又南爲無量河。又西南，合多克楚大河，又南爲五郎河，即「無量」聲轉。又南逕中甸廳東，下見青蛉。又葉榆水注「葉榆水自益州不韋來，南逕遂久縣東，下入姑復」。一統志「故城今鹽源縣西」。阮元雲南通志稿云「據下，繩水即金沙江。遂久當在金沙江入邊處。後書南蠻傳注『遂久在今靡州界』。唐志『靡州，南接姚州，領麼豫七部二縣。又微州，北接靡州，領深利十部二縣』。又名勝志『漢遂久在金沙江北，古稱爲白門』。是遂久當在江北唐靡州地。唐靡州在微州北，又南接姚州，當在今永北廳池西，北至中甸廳金沙江，而徼州則順州土司境也」。

〔六〕【補注】先謙曰：官本「道」下無「入」字，引「宋祁」曰，「道」字下當添「入」字。僰道，犍爲縣。若水注「繩水出徼外，山海經云『巴遂之山，繩水出焉』。東南流，分二水，一下入蜀廣柔，一下入蜀旄牛」。據志稿「金沙江出西藏衞地巴薩通拉木山，即古犂石山，在黄河源西，徑千五百里，曰木魯烏蘇，東北流三百里，有水曰喀齊烏蘭木倫，出其西五百里勒斜爾烏藍達布遜山，東南流，入之。又東北，拜都河水南流注之。又東北，阿克達木河水南流注之。又折而北，托克托乃烏蘭木倫河水西北流注之。又折而東，帀伯輝河水南流注之。又北折而東，玉樹土司二水南流注之。又折而西北，那木齊圖烏蘭木倫河水自戈壁發源，東南流，千里來注之。下見『旄牛』。山海經云巴遂之山，即巴薩通拉木山也。遂、薩音轉字變，上古之書，迢遥數千載，尚堪印證矣」。注又云「若水自會無來，南逕遂久縣，入繩水，合青蛉水，見青蛉。下入三絳」。

〔七〕【補注】先謙曰：「二」當爲「三」。過越嶲、蜀、犍爲。金沙江入邊，至敘州府城東。大江水會二千數百里，漢里數又短，知「千」上有脱字。

〔八〕【補注】先謙曰：司馬相如傳「通靈山道」即此。續志後漢因。沫水篇「沫水東至越嶲靈道縣」。注云「靈道縣，一名靈關道。縣有銅山，又有利慈渚」。晉武時，黄龍二見利慈池，改護龍縣。見宋符瑞志。禹貢錐指引之。去此縣甚遠，詳蜀旄牛下。道元遷就經文釋之。而銅山、利慈渚則與劉注所引華陽國志同，説地固未誤也。一統志「故城今蘆山縣西北」。

〔九〕【補注】先謙曰：後漢因。續志「出鐵」。縣去越嶲郡三百餘里，見蜀志張嶷傳。一統志「故城今冕寧縣東」。紀要「建昌指揮司北百二十里，有瀘沽峽巡司，即縣故治」。

〔一〇〕【補注】先謙曰：若水注「孫水出臺登縣，一名白沙江，南流下入邛都」。據一統志「孫水一名長河，元和志謂之長江水，出寧番衞北架州寓下，今所謂架州土司。元和志云『出臺登縣西北胡浪山中』也。東南流，有蘇州小河出架州西番山流入之，即今蘇州土司水合爲瓦那河者也。又南，逕冕寧縣東，有小對河合三源東流，逕縣南入之。即舊志『南河在衞南二里，出四烏西番山箐』者也。又南，松溪河合數水西流入之。即舊志哩瓜河也。又南，合太平橋河，總名爲安寧河，下入西昌境」。

〔一一〕應劭曰：今臺高。【補注】先謙曰：臺高，縣名，蓋漢末所改。亦見若水注。

〔一二〕【補注】先謙曰：華陽國志「縣在郡西三百餘里，本摩沙夷所居」。文穎云「即莋都，沈黎郡治」。續志後漢因。劉注「國志云，度瀘水，賓岡徼曰摩沙夷，有鹽坑，積薪，以齊水灌而焚之，成白鹽，漢末夷等皆錮之」。一統志「故城今鹽源縣南」。志稿云「凡言莋者，夷人於大江水上置藤橋，謂之笮。定莋，今鹽源，西去瀘水甚遠，不能跨瀘而西。考永寧土府東北有瀘沽湖，其東爲鹽井河，所謂渡瀘水者，蓋即此。是定莋當自鹽源縣西，兼有永寧土府、浪蕖土州、南澗土州同諸處」。先謙案，元和志「昆明縣東北至嶲州三百里，本漢定莋縣，後没蠻夷。周武帝立定莋鎮。唐武德中，於鎮置昆明縣，蓋南接昆明之地，因名」。又唐宋皆以若水爲瀘水，似不必專指瀘沽湖爲瀘水也。

〔一三〕【補注】先謙曰：一統志「澤在鹽源縣東」。陳澧云「鹽源縣無大澤，但以小池澤當之耳。瀘沽湖乃大澤，志必不遺之，疑步北澤即瀘沽湖也」。先謙案，陳説是。志稿云「瀘沽湖出永寧土府東左所山陽，廣二十五里，南流，折而東北，中有三島，又東北流百餘里，入打沖河」。

〔一四〕師古曰：莋音才各反。其下竝同。本莋都也。

〔一五〕【補注】先謙曰：後漢因。續志「出鐵」。劉注「郭璞云，山海經稱縣東山出碧，亦玉類。華陽國志云『故濮人邑。今有濮人冢，冢不閉户，其中多珠，人不可取，取之不祥。有元馬河』」。一統志「故城今會理州治」。若水注「若水自邛都來，逕會無縣，縣有駿馬河，出縣東高山，山有天馬徑，厥跡存焉。馬日行千里，民家馬牧之山下，或産駿駒，言是天馬子。河中出貝子胎銅，以羊祠之，則可取也。若水下入遂久。孫水自邛都來，南至會無入若水」。先謙案，本志「臺登」下，「孫水南至會無入若」者也。州城東有玉虛河，出州北分水嶺，南流，逕玉虛山，有東安河，出姜州堡，西南流，注之。又南逕白馬口入金沙江。一統志以爲即駿馬河也。安寧河水自西昌西南流，逕州西北八十里之迷易所巡司，乃元會川路地也。又西南入打沖河。若水即鴉礲江，自西昌來，南流，逕鹽源縣西北，有打沖小河東流注之，於是總名打沖河。又納鹽井河水。又東逕縣北，屈南流，左納土司中兩水，右納瓦尾山水。又南合右所河、得石河、淑崖河、那噶河、紅果河諸水。又南逕會理州西，合安寧河水。又西南入金沙江。水會在會無、大莋之閒，由遂久境至會無，不更由會無至遂久也。酈注「若水又南，逕雲南郡之遂久縣」。疑若水爲繩水之誤。下見「大莋」。

〔一六〕【補注】先謙曰：後漢因。續志：或作「莋奏」。奏、秦形近而誤。

〔一七〕【補注】先謙曰：續志後漢因。若水注「若水自會無來，逕大莋縣，入繩」。先謙案，本志「旄牛」下，「若水南至大莋入繩」者也。注又云「繩水自旄牛來，至大莋，合若水，自下亦通謂之繩水矣」。莋，夷也。南中曰昆彌，蜀曰邛，漢嘉、越巂曰莋，皆夷種也」。繩水下見「邛都」。一統志「故城今冕寧縣西」。繩、若二水合流處」。志稿云「今會理州西，金沙江自蜀旄牛徼外來，入雲南麗江府西北邊境之塔城關。又東南，逕巨甸汛東，右納巨甸河水。又東南，逕橋頭汛北，右納橋頭河水。又南，逕石鼓汛北，右納石鼓沖河水。又東北，逕阿喜汛北，左納中甸廳之碩多岡河水。又東北，逕雪山北，折而南，右納麗江府玉龍黑、白二水。又南，左納永北廳無量河水、順州水。又南，與鶴慶州漾共江水合。漾共江水出麗江縣雪山西麓，南流爲白沙溪，一曰鶴川。又南，逕黄山西，折而東，會白馬潭水。又東，玉河水合東河水入之。又南，爲清溪。又南，逕邱塘關東，爲漾共江。又南，合黑龍潭香水、龍潭四莊龍潭水、石洱河水、落鍾河水、長康河水、南供河水。又南，入龍珠山下水洞，復出龍山南，爲腰江。右納三莊河水。折東流，逕江邊村北，入金沙江。金沙江又東南，右合鄧川州枯木河水。又東，左會永北廳二道河水。右納賓川州苔日河水。又東，右納大理府一泡江水。又東北，右納大羅河水。又東，與打沖河合，即若水也。繩、若合流，距冕寧甚遠，會理州近之」。

〔一八〕【補注】先謙曰：王莽時，有夷人大牟叛，見莽傳。續志後漢因。

〔一九〕師古曰：復音扶目反。【補注】先謙曰：續志劉注引地道記，「臨池澤」作「鹽池澤」。陳澧云「臨池澤即今永北廳程海。其水南入金沙江。姑復近鴉礱、金沙二江合流處，其地大澤惟程海」。若水注「繩若水自三絳來，逕姑復縣北，下仍入三絳」。又淹水注「淹水自青蛉來，東逕姑復縣之臨池澤，東北流，下入益州雲南」。先謙案，五郎河自永北廳東北流，程海正當其北，又南與觀音河合。下見「雲南」。又葉榆水注「葉榆水自遂久來，逕姑復縣西，合淹水，二水合處在雲南縣西。下入益州邪龍」。

〔二〇〕【補注】先謙曰：後漢因。續志作「三縫」，劉注「華陽國志云，通道寧州，渡瀘得青蛉縣」。若水注「繩若水自遂久來，逕三絳縣西，下入姑復。又自姑復來，北對三絳縣，淹水注之。三絳一曰小會無，故經曰『淹至會無，注若水』。此駁正經文。繩若水又東，合母血水、涂水，下入卑水。母血水自益州梇棟來，北流逕三絳縣南，北入繩若水」。先謙案，本志「梇棟」下云「母血水北至三絳入繩」者也。注又云「涂水自益州收靡來，至越嶲入繩若水」。先謙案，本志『收靡』下，「涂水西北至越嶲入繩」者也。志稿「三絳，今會理州東南，跨金沙江，江以東之巧家廳，江以南元謀、禄勸縣，北撒甸諸處皆是。據『收靡』下注『臘涂水西北至越嶲入繩』。以今考之，惟有壁谷江南出尋甸州西北，至壁谷壩，爲越嶲三絳地。若三絳不至金沙以東，不得云『過郡二』也。母血水即龍川江，江在元謀縣北，入金沙江。知三絳在會理州南，又當西連姜驛，至龍川江，入江以北也」。

〔二一〕【補注】先謙曰：續志後漢因。國志作「蘇祁」。新唐志「自臺登城南九十里，至蘇祁縣，又南八十里，至嶲州」。一統志「故城今西昌縣北」。紀要「即禮州守禦所治」。

〔二二〕師古曰：示讀曰祇。𡰥，古夷字。【補注】先謙曰：官本「𡰥」並作「𡰣」。𡰥江不見它書，錢坫以爲開基河。陳澧云「開基河與瀘沽湖會，志既載瀘沽湖，見定莋。即兼開基河。或以爲在西昌縣北，則與孫水混。蓋鹽源縣鹽井河也，其水西入鴉礱江」。先謙案，蘇示在西昌北，則開基、鹽井二河皆在縣西南，不在西北，然舍二河無足當𡰥江者。開基距蘇示遠，今從陳説。據輿圖，鹽井河出鹽井衞西五里涼山堡，繞鹽源縣，西合龍潭水，又西與别列河水合。水出猓玀關，爲麥架河，合白角河水，又北逕湏蕖土舍西，又西合乞開河水，又北爲别列河水，又北入鹽井河。鹽井河水又北入打沖河，即一統志之雙橋河也。

〔二三〕師古曰：音蘭。【補注】先謙曰：官本注作「音闌」。後漢因。續志作「闡」。華陽國志「縣故邛人邑，治邛都城」。案宋志「沈黎郡領蘭縣，漢舊縣，作闌」。然則作「闌」是也。一統志「故城今越巂廳北」。

〔二四〕孟康曰：音班。【補注】先謙曰：續志後漢因。華陽國志「縣距郡三百餘里，水通馬湖」。若水注「繩若水自三絳來，逕越巂郡之馬湖縣，二漢無馬湖縣，後來惟元有馬湖路，明有馬湖府。地説家以爲今敘州府屏山縣，元明當有所因，漢志脱此一縣也。爲馬湖江。又左合卑水，下入犍爲朱提。卑水出卑水縣，東流注馬湖江」。一統志「故城今會理州東北」。紀要「在越巂衞指揮司東南，近馬湖江」。

〔二五〕師古曰：灊音潛，又音才心反。其下亦同。【補注】先謙曰：續志後漢省。據志稿，以爲今劍川州。又鶴慶州亦灊街地。

〔二六〕【補注】先謙曰：續志後漢因。元和志「青蛉舊縣，夷名大姚堡，與栟棟川相接」。一統志「故城今大姚縣治」。

〔二七〕【補注】先謙曰：臨池灊即臨池澤也。以地望推之，即永北廳程海，南流入金沙江，當大姚北境。

〔二八〕【補注】宋祁曰：「惟」，後作「唯」。王鳴盛曰：「惟」，南監本作「唯」，是。先謙曰：續志劉注「有鹽官。濮水出」。「濮」當爲「僕」。來唯，益州縣。江水注「布僕水自邛都來，東南至青蛉縣入僕水。僕水下入益州邪龍」。先謙案，布僕水不至青蛉縣，辨見「邛都」。據志稿，僕水即禮社江，出蒙化廳西北定西嶺土司花判山，東南流，逕廳城南，爲陽江。定邊河、窩接河合流注之。又東與白岩江水合。又志稿以白岩江爲禮社江東源，陽江爲西源，由不知白岩江爲貪水也。今案陽江當爲禮社經流，白岩江斷屬青蛉所出之貪水，形勢脗合。下見邪龍。

〔二九〕【補注】先謙曰：過越巂、益州。

〔三〇〕應劭曰：青蛉水出西，東入江也。師古曰：蛉音零，禺音愚。【補注】先謙曰：「則」當作「有」。續志「有禺同山，俗謂有碧雞金馬」。是其證也。淹水注「淹水自遂久來，東南至青蛉縣，有禺同山，其山神有金馬碧雞，光景倏忽，民多見之。淹水下入姑復」。先謙案，五郎河自中甸廳東南流，逕十二闌干山東，又東北流，合走馬河水，當永北廳之西北。下見「姑復」。又若水注「青蛉水出青蛉縣西，東逕其縣下，縣以氏焉。有石猪圻，長谷中有石猪，子母數千頭，長老傳言，夷昔牧此，一朝化爲石，迄今夷人不敢往牧。貪水出焉。青蛉水又東入繩若水」。見遂久。先謙案，本志「益州葉榆」下云「貪水首受青蛉」。班無置青蛉原委不言之理。此注「青蛉水出西，東入江」。當爲班志元文，「應劭曰」三字衍。入江者，入繩若水也。又江水注「貪水上承青蛉縣青蛉水，下入益州葉榆」。先謙案，一統志、紀要皆以出姚州南入金沙江之大姚河爲青蛉水，與酈注不合。青蛉縣爲大姚，此水出其南，非出其西也。青蛉水即大姚西之青龍海，出雲南縣北二十五里之梁王山，西南流，納諸山水。又南，逕團山壩東，爲青龍、品甸二海，又合爲一。東北逕老虎關，爲一泡江。又北逕北極山，左合米甸水，又右合一字水，入金沙江。此青蛉水出西，東入繩若水也。其自團山壩支分者，南流爲萬花溪。此貪水自青蛉水出也。又東南納二水爲白岩江，又東逕蒼山北，與陽江合。又東南爲禮社江。此貪水入僕也。詳見葉榆。

益州郡，〔一〕武帝元封二年開。〔二〕莽曰就新。屬益州。〔三〕户八萬一千九百四十六，口五十八萬四百六十三。縣二十四：〔四〕滇池，〔五〕大澤在西，滇池澤在西北。〔六〕有黑水祠。〔七〕雙柏，〔八〕同勞，〔九〕銅瀨，〔一〇〕談虜山，迷水所出，東至談稾入温。〔一一〕連然，有鹽官。〔一二〕俞元，〔一三〕池在南，橋水所出，東至毋單入温，行千九百里。〔一四〕懷山出銅。〔一五〕收靡，〔一六〕南山臘，涂水所出，西北至越巂入繩，過郡二，行千二十里。〔一七〕穀昌，〔一八〕秦臧，〔一九〕牛蘭山，即水所出，南至雙柏入僕，行八百二十里。〔二〇〕邪龍，〔二一〕味，〔二二〕昆澤，〔二三〕葉榆，〔二四〕葉榆澤在東。〔二五〕貪水首受青蛉，南至邪龍入僕，行五百里。〔二六〕律高，西石空山出錫，東南監町山出銀、鉛。〔二七〕不韋，〔二八〕雲南，〔二九〕巂唐，〔三〇〕周水首受徼外。〔三一〕又有類水，西南至不韋，行六百五十里。〔三二〕弄棟，東農山，毋血水出，北至三絳南入繩，行五百一十里。〔三三〕比蘇，〔三四〕賁古，〔三五〕北采山出錫，西羊山出銀、鉛，南烏山出錫。〔三六〕毋棳，橋水首受橋山，東至中留入潭，過郡四，行三千一百二十里。莽曰有棳。〔三七〕勝休，河水東至毋棳入橋。莽曰勝僰。〔三八〕建伶，〔三九〕來唯。〔四〇〕從陸山出銅。〔四一〕勞水出徼外，東至（糜）〔麋〕伶入南海，〔四二〕過郡三，〔四三〕行三千五百六十里。〔四四〕

〔一〕【補注】閻若璩曰：郡治滇池，以西南夷傳知之。先謙曰：據溫水注，郡治滇池。續志後漢治同，劉注「雒陽西五千六百里」。永昌郡治不韋，雒陽西七千二百六十里」。

〔二〕【補注】周壽昌曰：武紀「元封二年，遣將軍郭昌、中郎將衞廣，發巴蜀兵平西南夷未服者，以爲益州郡」。而江水注引地理風俗記云「華陽、黑水惟梁州。武帝元朔二年，改梁州爲益州，以新啓犍爲、牂柯、越巂，州之疆壤益廣，故稱益云」。案元朔二年，帝方有事朔方，收河南地，置朔方、五原郡，尚未及收服巴蜀，應說誤也。

〔三〕應劭曰：故滇王國也。師古曰：滇音顛。其下並同。【補注】先謙曰：續志後漢因。又「永昌郡」下云「明帝永平二年分益州置」。屬竝同。

〔四〕【補注】錢大昭曰：昭紀「始元元年，益州廉頭、姑繒、牂柯談指、同竝二十四邑皆反」。西南夷傳同。今志中牂柯郡有談指、同竝，而益州郡無廉頭、姑繒，或是改名，或是并省，不可知矣。

〔五〕【補注】先謙曰：說文「滇，益州池名」。楚武王時，莊蹻至此王之，見西南夷傳。續志後漢因。一統志「今昆明、宜良、呈貢縣，晉寧州地。故城今晉寧州東」。阮元雲南通志稿云「漢滇池治當在宜良縣地。大澤、滇池是一，在西、在西北，方位又不同。大約大澤今陽宗海子，滇池乃今昆明海子。陽宗海子在西，非今宜良而何？第滇池爲郡治，當較他縣稍廣，今晉寧州及併入呈貢之廢歸化縣，皆當屬之，惟宜良北境，當屬昆澤縣耳」。

〔六〕【補注】先謙曰：温水注「温水自味來，西南逕滇池城。池在縣西，周三百許里，上源深廣，下流淺狹，似如倒流，故曰滇池」。先謙案，阮福云，上林賦「文成顛歌」。文穎注「顛縣，其人能作西南夷歌。顛與滇同」。然則武帝前滇池縣本作顛縣，後人因池加水爲滇耳。滇池讀作顛池，以顛爲義。説文「顛，頂也」。言益州各水，四面下注於卑地，此縣之地與池獨居高頂。如金沙江在滇池東北，流至普渡河，因顛高不能南注，折往東北，入四川敘州矣。瀾滄江在金沙江之西，因顛高不能東注，即往正南，入南掌國界矣。南盤江因顛高不能北注，而東行入廣西矣。車洪江因顛高不能西注，亦東北入金沙江矣。皆因滇池居地高顛之故也，不當以顛倒爲義。據志稿「滇池澤出嵩明州西北梁王山，南流，逕牧養村，爲牧養河。合邵甸河水，爲盤龍江。又南，逕松華壩，支分東出，爲金棱河。又西，逕雲南省城東北，合銀棱河水。又南，逕城東南分水嶺，西支分爲玉帶河。又南，逕螺螄灣，西支分爲採蓮河。又南屈西流，支分爲太家河、楊家河、金家河。又西，逕雄川閣，出羅公閘，共百三十里，匯爲滇池，袤長百二十餘里，東西廣三四十里不等，歷昆明、呈貢、晉寧、昆陽。西北爲草海，東南爲水海。滇池自盤龍江口折而東南，合寶象河分流諸水，又合馬料河分流諸水，屈西南，逕呈貢縣西，合落龍河分流水、南衝河水、盤龍河水。又西南，逕海寶山北，合大壩、大堡二河及分流子河諸水、渠濫川水。又西屈，北逕昆陽州東北二十里，爲海口。屈西北，合楊、金、太三河、采蓮河、永暢河、板壩河、茨塘河、西壩河、湧蓮河、玉帶河諸水。又北合海源河水，折而南，逕石鼻山東北，合棋盤山水。又逕碧雞山東，又歷太華山東，又逕昆陽州北諸山東，至龍王廟灘，爲海口。當豹子山右，西出爲大河，合海門村南諸水，又西而川漸狹。又北屈西流，爲武趣河。又合鳴矣河水，爲螳蜋川。又屈東北流，逕天津橋南，合沙河水、迎恩橋水。又北折東流，逕富民縣，合彝札郎水、清水河水。又北逕武定州，合農納河水。又北，爲普渡河，入金沙江」。注又云「温水又西，會大澤，與葉榆、僕水合，下入牂柯毋單」。當作「毋棳」，説見俞元。又葉榆水注「葉榆水自秦臧來，南與僕水同注滇池澤於連然雙柏縣。連然雙柏下互見。葉榆水自澤又東北，逕滇池縣南，下入牂柯同涖」。先謙案，葉榆、僕水皆不注澤，道元誤。大澤，志稿以爲陽宗海子是也。陽宗，元舊縣，在今河陽縣東北四十里。陽宗海子在縣北，周七十餘里，出羅臧山東支峰西麓，爲彌勒石溪，合錦溪水，豬爲明湖。又北合七古泉水、日角溪水、大衝河水、龍池溪水。又北爲海口。又北入宜良，爲大城江。又分爲二，一東北流，入大池江。温水即南盤江，自陸涼州西流，上見昆澤。逕宜良縣東北，爲大池江，亦作大赤江。合大城江水。注所謂「温水又會大澤」者也。大池江水又屈東南，合三台山水。又屈西南，合大城江支水黑泥河水。又西南，逕竹子山西，屈東南，入路南州境，合巴盤江水，爲鐵池河。又東南，入寧州境。

〔七〕【補注】陳澧曰：黑水，今雲南怒江，西南流，入緬甸國。其水在漢邊徼，故但於昆明縣望祀之。怒江上源曰哈喇烏蘇，蒙古謂黑曰哈喇，水曰烏蘇，其爲古黑水無疑。五經異義云「以今漢地考之，自黑水至東海，經略萬里」。禹貢「導黑水」，鄭注「今中國無也」。合二説觀之，則漢地至黑水而盡，故班志不著其源流耳。先謙曰：黑水即怒江，詳見「嶲唐」下。

〔八〕【補注】先謙曰：後漢因。續志「出銀」。志稿云「易門縣，諸志不詳。據葉榆水注『雙柏當東臨滇池。又即水至此入僕』。則雙柏當兼南安、嶍峩邊界西，及新平丁癸江入禮社江處。易門爲雙柏，似爲可據」。江水注「僕水自味來，歷雙柏縣，合即水，下入來唯。即水自秦臧來，南至雙柏縣，東注僕水」。先謙案，本志「秦臧」下「即水南至雙柏入僕」者也。據志稿「僕水即禮社江，東南流，上見邪龍。逕新平縣西北，又逕斗門鄉南三江口，與麻哈江會。見下。又東南爲戛賽江，逕哀牢山東麓，合化龍河水、南倉河水、茂竜河水、鵞得河水、丫味河水，又至磨沙，爲磨沙江。合馬龍河水、楊家沖水、樹布拉河水、穵窖河水、南麻河水，又東南，爲元江。合漫线河水、甘莊河水、南淇河水，逕元江州城東，合清水河水、雙渠溝水、南俒河水、矣落河水。又東南，逕臨安府，合屏山溪水、清水河水、末竜河水、龜樞河水，爲河底江。又合兔街河水、龍孟河水、曲通山水。下見來唯。即水即星宿江，自禄豐入境，上見秦臧。南流，逕易門，爲九渡河。又南，爲綠汁江，屈西南，逕嶍峩縣，爲丁癸江，亦曰小江。逕新平縣北，又逕太和山北，爲麻哈江。又西入禮社江。此即水入僕也」。又葉榆水注「葉榆水入滇池澤，在雙柏縣界」。辨見葉榆。

〔九〕【補注】先謙曰：續志後漢因。志稿云「同勞，今南寧縣南，陸涼州北」。

〔一〇〕【補注】先謙曰：後漢因。續志作「同瀨」。志稿云「銅瀨，當在今南寧縣西北。今南寧以北，水自西東流入温者，爲白石江。談稾在温水東，南寧霑益東畔，今白水站諸處。白石江即迷水。是馬龍爲銅瀨可知」。

〔一一〕【補注】先謙曰：續志劉注「地道記云，銅虜山，米水所出」。「談」作「銅」，「迷」作「米」，形聲之變。談稾，牂柯縣。温水注「迷水出銅瀨縣談虜山，下入談稾」。據志稿「迷水出馬龍州東南山中，爲響水河，東北流，合札海子水。又東北，合三岔河水。又東南，合馮家橋水。又東，逕柳家壩，爲白水江」。

〔一二〕【補注】先謙曰：續志後漢因。元和志「連然即滇國螳蜋川地」。一統志「故城今安寧州治」。華陽國志「縣有鹽泉，南中所共仰」。志稿云「安寧爲漢連然，其南併入之三泊縣，實兼有俞元縣地，而安寧西之禄豐，亦連然地也」。據葉榆水注「葉榆水入滇池澤，在連然縣界」。辨見「葉榆」。

〔一三〕【補注】先謙曰：華陽國志「縣在河口洲上」。温水注「縣治龍池州」。續志後漢因。一統志「今河陽縣地」。志稿云「南齊志晉寧七縣有俞元，諸志以爲澂江、江川。案當屬今昆陽及舊三泊縣南境。新興、江川，皆是昆陽。三泊北境，當分屬連然、雙柏爲是」。三泊，元舊縣，今隸昆陽。

〔一四〕【補注】先謙曰：毋單，牂柯縣。温水注「橋水上承俞元之南池，周四十七里，一名河水，互見邪龍。下入毋單」。又云「梁水上承河水，即橋水。於俞元縣東南流，下入勝休」。先謙案，此謂班志「勝休」下之河水也。志稿云「毋單，或毋棳之誤。毋單屬牂柯，不應至彼。毋棳在今寧州。寧州地廣，可以南及建水、阿迷」。先謙案，俞元即河陽橋水所承之俞元，南池即縣城南撫仙湖也。據志稿「出江川縣西北綠龍山，爲阿件溪，南流，爲中河，支分西流，與冷水泉合。冷水泉出縣西西山黑龍潭，東南流，會中河支水爲西河。西河又南，合中河，匯爲星雲湖，周八十餘里。中河水又左納東河水。三源既會，東逕海門橋，爲港河。又東逕河陽縣，匯爲撫仙湖，一曰羅伽湖，周三百餘里，界河陽南、江川東、寧州西北。湖水自玉筍峰東南，合西浦泉水、羅藏溪水、一曰西大河水。玗札溪水，一曰東大河水。又東，爲海口，入南盤江。其入盤江，在寧州境，即漢毋棳縣地」。志稿云，「單」爲「棳」誤，是也。此水以當橋水入温，地望適合。至道元謂即勝休之河水，前人皆疑其誤。此湖納衆流而無別出之水，其明證矣。里數亦不合，當有譌文。

〔一五〕【補注】先謙曰：續志作「裴山」。一統志以爲即羅藏山，在河陽北十里。

〔一六〕【補注】先謙曰：後漢因。續志作「牧靡」。説文同。華陽國志直作「升麻」，云「山出升麻」。段玉裁云：收、升、牧三字同紐。隸釋益州太守碑「收靡」字三見。晉志作「牧麻」。先謙案，若水注「縣、山竝即草以立名。山在縣東北烏句山南五百里。山生牧靡，可以解毒，百卉方盛，烏多誤食，烏喙口中毒，必急飛往(收)〔牧〕靡山，啄(收)〔牧〕靡以解毒也」。存水注「存水自犍爲郁鄢來，東南逕收靡縣北，下入牂柯且蘭」。志稿云「收靡在今會澤縣、尋甸州境。參證輿圖，存水即可渡河，合宛温水後，正當會澤東，尋甸東北，宣威州北。疑收靡在今宣威州境。存水又東屈北，左納桃花溪、黑石汛，合流水、結里汛南山、東山二水。又東南，右納木冬河水。又東歷天生橋，下入郎岱廳境」。

〔一七〕李奇曰：靡音麻，即升麻，殺毒藥所出也。師古曰：涂音途。【補注】先謙曰：「臘」下脱「谷」字。郡二：益州、越巂。若水注「涂水導源收靡縣南山臘谷，西北流，下入越巂郡」。據志稿云「涂水即壁谷江，出尋甸清水海西北，至東川壁谷壩，入金沙江。然云『至越巂入繩，過郡二』。則漢越巂東南界至繩水以南，今之東川、巧家廳，皆越巂郡地也」。先謙案，據志稿「楊林海子出尋甸州西南果馬山，爲果馬溪。南流，爲龍巨河，亦曰龍濟溪。東南流，合花箐哨水、閒易屯水。又逕嵩明州城北，合福祐河水、羅錦溪水。又逕王師壩，南匯爲嘉利澤，周百餘里。又東南，合楊梅河、寬郎河、彌良河、天生橋河、對龍河、遥岔河、玉龍河水。又東南，逕宜良縣北，納邑市屯河水。又東北，逕楊高橋，爲河口。又東北，爲阿交合溪。又北，爲車洪江。江西爲東川府界，東爲霑益州界。又北逕平溪西，又逕歹拉西，俱流萬山中。又逕宣威州西，合赤水河水、西澤河水。又屈西北流，爲牛欄江。又東北，右爲宣威州，左爲東川府。合沙河水，又東北，右爲貴州威寧州，左爲東川。又北，逕者海東，合車烏小河水。又西北，右爲昭通府魯甸通判境，左爲東川境。合頭道河水，又西，入金沙江。疑此爲涂水，其入金沙江西北流，與志合。壁谷江源流甚短，無千餘里，且直北流，非西北，故知非也」。

〔一八〕【補注】先謙曰：華陽國志「武帝遣將軍郭昌討平之，因名縣爲郭昌，以威蠻人。孝章時，改爲穀昌」。案西京已名穀昌，「章」蓋「宣」之誤。續志後漢因。志稿云「今昆明呈貢地」。一統志「故城今昆明縣北七里」。

〔一九〕【補注】先謙曰：續志後漢因。葉榆水注「葉榆水自邪龍來，東南逕秦臧縣，下入滇池」。一統志「今富民縣、武定州地。故城今富民縣治」。志稿云「雲南府南流之水，惟星宿江可當即水，牛蘭山當即今武定、羅次界之白花山，則秦臧實兼有今羅次、禄豐及武定、禄勸南境地，不僅富民一縣。又建伶故縣，舊志並以爲在府城西北，則富民又當兼有建伶地」。先謙案，葉榆水今西洱河，入瀾滄江，不東注滇池，道元誤也。

〔二〇〕【補注】先謙曰：江水注「即水出秦臧縣牛蘭山，南流，下入雙柏」。據志稿「即水即麻哈江，出羅次縣南九涌山，北流，合分水嶺水、穹盪山水。又西，爲金水河。又屈西南，會一水，至禄豐境，爲星宿江」。

〔二一〕【補注】先謙曰：續志後漢改屬永昌。志稿云「蒙化、永平、順寧地」。葉榆水注「葉榆水自越嶲姑復來，東南逕邪龍縣。蜀隸雲南郡。縣於不韋縣爲東北。葉榆水下入秦臧」。又江水注「貪水自葉榆來，至邪龍縣入僕」。先謙案，本志「葉榆」下，「貪水南至邪龍入僕」者也。僕水自青蛉來，南逕邪龍縣，合貪水，下入味。據輿圖，僕水即禮社江，上見青蛉。自白崖、陽江合流後，又東南，爲大廠河。又南，爲禮社江。互詳葉榆。下入雙柏，不至味。酈注不能强通。又温水注「橋水一名河水，自俞元來，與邪龍分浦。後立河陽郡，治河陽縣，縣在河源洲上。又有雲平縣，並在洲中。橋水下仍入俞元」。

〔二二〕孟康曰：音味。【補注】先謙曰：續志後漢因。江水注「僕水自邪龍來，又逕寧州建寧郡，晉志：郡，蜀置，治味縣。

下入雙柏」。又温水注「温水自昆澤來，又逕味縣，縣故滇國都也。水側皆是高山，山水之間，悉是木耳。夷居語言不同，嗜欲亦異，雖曰山居，土差平和，而無瘴毒。温水下入滇池」。先謙案，「又逕味縣」以下，注文當移「西逕昆澤縣南」之上。説詳「昆澤」。一統志「故城今南寧縣西十五里，舊名洪範川」。通志「地名三岔故城，遺址尚存」。

〔二三〕【補注】先謙曰：續志後漢因。温水注「温水自牂柯談藁來，西逕昆澤縣南，下入味」。紀要「故城今昆陽州治」。志稿云「宋志晉惠帝分建寧西七縣爲益州郡，皆屬今雲南府，而昆澤隸建寧本郡，不屬益州，當在七縣之東。昆陽在滇池、連然西南，非昆澤也。惟嵩明楊林大澤在晉寧七縣東，當屬昆澤。温水逕縣，合滇池，即今南盤江。漢昆澤當在今嵩明南及陸涼西之廢芳華縣。若酈注，昆澤縣下，中隔『又逕味縣』一段，本當在上，誤錯在下。味縣即今南寧，其東無昆澤縣地，温水亦非西流數縣，始逕味縣。味縣離滇池甚遠。温水自味縣，確是西流，逕昆澤南，又西南，逕滇池城，並非由味縣逕西南至滇池城者。明乎此，則昆澤爲嵩明無疑」。先謙案，温水即南盤江，自曲靖府西南流，互見談藁。逕陸涼州，合板橋河水，屈而南，匯爲中埏澤。又西，合關上河水、乾沖河水、大龍潭水，爲赤江河。又合洗馬河水、雲南橋河水、西山大河水、鋪上河水，又西爲壘水灘。合清水溝水，下入宜良縣。宜良，漢滇池。志稿以陸涼西、宜良北見滇池。爲漢昆澤境，今從之。

〔二四〕【補注】先謙曰：後漢改屬永昌。續志作「楪榆」。一統志「今太和、浪穹縣，鄧川、賓川州地。故城今太和縣東北」。志稿云「太和縣，漢以前爲昆明，所謂自同師以東，北至楪榆爲巂昆明者是也。武帝併昆明地，屬益州，立楪榆縣，見後書西南夷傳。楪榆地，北及浪穹、鄧川，東有賓川西半地，不止太和一縣。又鶴慶州亦楪榆地」。

〔二五〕【補注】先謙曰：葉榆水篇「葉榆河出其縣北界，屈從縣東北流」。注云「縣故滇池葉榆之國也。縣西北八十里有弔鳥山，衆鳥千百爲羣，其會鳴呼啁哳，每歲七八月，至十六七日則止，一歲六至。俗言鳳皇死於此山，故衆鳥來弔，因名弔鳥。縣之東有葉榆澤，葉榆水所鍾而爲此川藪也。下入不韋」。一統志「弔鳥山，今名鳳羽山，在浪穹縣西南三十里。葉榆澤即洱海也」。據志稿「西洱河出鶴慶州西南黑泥哨山西流，會諸山水，逕觀音山西，爲觀音河，亦曰梅茨河。合九龍池水，又南，爲大營河，出洞鼻，逕浪穹縣東北，右與洱源海子合。洱源海子出浪穹縣東北龍谷山，水自海涌出，爲茈碧湖，湖中有九炁臺。又南，合羅鳳溪水，爲寧河。又逕紅山口，入大營河。大營河又南，入鳳羽河，爲三江口。又逕鍊城南，入蒲陀崆。又南出，爲彌苴佉江。又逕德源城北，折東流，逕德源山東，折南流，逕鄧川州東，又南逕上關，合羅時江水、悶地江水，匯爲洱海。北自鄧川州東南，南至趙州西北，長百三十里，闊三四十里，形如月生五日，首尾抱點蒼兩峰，合十八溪水、東山水、波羅江水西南流，出下關，東南流，過天生橋，折西而西北，繞蒼山後五十里，至合江鋪西北，入漾備江」。先謙案，葉榆水鍾爲葉榆澤，流爲葉榆河，惟與洱海通流之漾備江見不韋下。當之。但水經注言「葉榆水逕遂久、姑復，合淹水，又東南由邪龍、秦臧與僕水同注滇池。又自滇池出東北，由同並、漏江、賁古東，合盤江」，非獨與漾備江源流不合，且牂益之交，山川閒阻，何由縱橫四達？偏稽圖志，實無一水相似。以道元地學之精，不應鑿空失實至此，疑此篇或爲後人所竄託也。

〔二六〕師古曰：葉音弋涉反。【補注】先謙曰：「蛉」下奪「水」字。江水注「貪水自越嶲青蛉來，逕葉榆縣，下入邪龍」。據志稿「萬花溪水上見青蛉。出雲南縣西，直大理府太和縣東，漢葉榆境也。下流爲白崖江，與陽江合，在今蒙化廳境。二江并行，爲大廠河。又南逕石羊山東，合馬龍河水，又下爲禮社江。源流約當漢五百里，即貪水也」。

〔二七〕師古曰：監音呼鷄反。町音挺。【補注】先謙曰：續志後漢因。「石空」作「石室」。蜀都賦劉注「監」作「盤」。紀要「故城今馬龍州東」。志稿云「據温水、葉榆兩注，毋棳爲今阿迷、建水，則律高乃今之廣西州彌勒縣也。盤町山爲晉梁水郡地。梁水在律高東南，賁古在梁水北。漢時無梁水，則律高以東，皆賁古、師宗、丘北等處皆是。又路南州亦律高西北境」。温水注「温水自毋棳來，東南逕律高縣南，蜀、晉興古郡治。又逕梁水郡，蜀分興古之監南，置郡於梁水縣東，晉因。因上合梁水，故自下通得梁水之稱。温水下入牂柯鐔封」。又葉榆水注「盤水出律高縣東南監町山，東逕梁水縣北，下入賁古」。案温水即南盤江，上見毋棳。自阿迷州南，與彌勒縣分界，折東流，合巴甸河水。又東北，逕縣南盤江山，合石穴中混水，爲混水江。又逕丘北縣北，合五羅河水。又逕師宗縣東南，爲八達河，合馬別河、清水河二水，又東北，下入羅平縣。以地望推之，律高爲廣西彌勒地，則盤水出縣，惟巴甸河足當之。道元所指，當即是也。梁水郡縣在今寧州，盤水出其東北也。

〔二八〕【補注】先謙曰：後漢改屬永昌。續志「出鐵」。劉注「華陽國志云，孝武置不韋縣，徙南粵相呂嘉子孫宗族居之，因名不韋，以章其先人之惡」。葉榆水篇「葉榆水自葉榆來，過不韋縣」。注云「縣故哀牢九隆之國也。有牢山，蓋秦始皇徙呂不韋子孫於此，故以不韋名縣。北去葉榆六百餘里，葉榆水不逕其縣。自不韋北注者，盧倉、禁水耳。葉榆水下入越巂遂久」。又若水注「蘭倉水出博南縣，後漢置。其水東北逕博南山，武帝時通博南山道，渡蘭倉津，土地絕遠，行者苦之，歌曰『漢德廣，開不賓，渡博南，越倉津，渡蘭倉，爲作人』。蘭倉水又東北，逕不韋縣，合類水、禁水，下入瀘津水。瀘水又東，逕不韋縣北而東北流，兩岸皆爲高山數百丈，瀘峯最爲傑秀，孤高三千餘丈。水之左右，馬步之徑裁通，時有瘴氣。瀘水下入犍爲朱提。類水自巂唐來，西南流，曲折又北流，東至不韋縣，入蘭倉水」。先謙案，本志「巂唐」下「類水至不韋」者也。注又云「禁水自永昌縣而北，逕其郡，西入蘭倉水」。一統志「故城今保山縣治。府志：相傳在鳳谿山下」。志稿云「據巂唐下周水及類水至不韋云云，是周水今怒江，類水今枯柯河。自今保山縣北冲西南流，經老姚關南，西南入怒江。巂唐在今保山北境，及雲龍南界。不韋在今保山縣南，自蒲縹以南，至灣甸、鎮康皆是。舊志以巂唐爲雲龍州地，又以不韋在保山縣北三十里鳳溪山，皆未確」。先謙案，不韋名縣，常、酈二説互異，常説近之。枯柯河即南甸河，入怒江，不入瀾滄，與酈注不合。類水即沘江，見下。禁水即漾備江也，本瀾滄江支流，自小甸塘分，東出爲二江。又東南爲白石江，納劍川州劍湖水。又南爲漾備江，逕浪穹縣西，又納太和縣洱海水。又南，合勝備江。又南，爲黑惠江，入瀾滄江。一統志「博南山在永平縣西南四十里，崇坡峻阪，委曲嶙峋三十里，上有鐵柱，爲西陲要道。九隆山在保山縣西十里，即牢山」。全祖望云：後書西南夷傳「哀牢夷備載九隆名義」。常璩南中志「九隆」作「元隆」，凡五見皆然，應從范書爲是。

〔二九〕【補注】先謙曰：續志後漢改屬永昌。劉注「南中志云，縣西高山相連，有大泉水，周旋萬步，名馮河。縣西北百數十里有山，衆山之中特高大，狀如扶風太一，鬱然高峻，與雲氣相連結，視之不見。其山固陰沍寒，雖五月盛暑不熱」。一統志「故城今雲南縣南八十里安南坡。南中志所言，即點蒼山也，今太和縣西南三里」。志稿云「今雲南縣及太和縣南境，又賓州、趙州亦有雲南地。馮河在今點蒼山頂。今蒼山、洱海，皆屬漢雲南縣地。至上關以北，乃楪榆也」。淹水注「淹水自越巂姑復來，東北逕雲南縣西，入若水」。先謙案，五郎河又東，上見姑復。注於金沙江。又南，左合烏消河水，又東，左合程海水，直今賓川、雲南之北，會理州之西。見三絳。考按方位，頗有參差，診其源委，蓋即淹水。道元若水注所云，異水沿注，通爲一津，更無別川可以當之也。

〔三〇〕【補注】先謙曰：續志後漢改屬永昌，劉注「本西南夷。史記：古爲巂、昆明」。一統志「故城今雲龍州南」。志稿云「巂唐雖在雲龍州西南境，其地屬永昌府保山縣。蓋保山西，漢兼不韋、巂唐二縣也」。

〔三一〕【補注】先謙曰：「首受」二字當作「出」。華陽國志有「同水自徼外來」，同水即周水也。同、周形近而誤。此周水，非存水注鬱林定周縣之周水，錢坫以爲怒江是也。據一統志「出西二十六度北極，出地三十四度之布喀鄂模番中大澤也。西北流折而東南，連匯爲澤，東南流，會諸水，行數千里，自怒夷界流入麗江府西北境，過魯庫渡口西，自雲龍州曹澗西、保山縣西北、崩戛東、騰越廳東北大塘隘東四十里，南流，逕保山境。又南，逕馬面關東。又南，逕蠻邊東、猛賴西，合西溪水、雪山水。又南，逕羅明西，合蒲縹河水、八塘灣水、平市河水。又南，逕潞江安撫司東北。「潞」乃「怒」之聲轉字變。又東南，合野豬河水、施南河水、迴環河水。又東屈南流，合南甸河水。又西南，逕孟定土府，爲查里江。又西南，直騰越廳南，稍東三百餘里出邊，入緬甸阿瓦，逕木邦孟乃，至擺古東，入南海」。

〔三二〕【補注】先謙曰：「至不韋」下，奪「入蘭倉水」四字。若水注「類水出巂唐縣，縣武帝置。類水下入不韋」。錢坫以爲沘江是也。出麗江府麗江縣越巂徼外地。西南山中，曰弩弓河。東南流，合小鹽井水，折西南流。又南逕順盪井，西折，東南合大郎河水。又南，逕大波浪村西。又東南，逕諾鄧井西。又南，逕雲龍州故城，合小雒馬河水。又南，逕乾海子，屈西南流，入瀾滄江。源流五百里，與漢志里數爲近。

〔三三〕【補注】先謙曰：說文「梇」下云「梇，木也，从木，弄聲。益州有梇棟縣」。後漢因。續志作「梇棟」，此作「弄」，傳寫之誤。劉注「地道記云，連山，無血水所出」。蓋東農山異名也。「水」下脱「所」字。若水注「毋血水出弄棟縣東農山毋血谷下，入越嶲三絳」。一統志「故城今姚州北」。志稿云「三絳在今四川會理州南。北至三絳，南入繩者，惟大姚河、龍川江二水。然大姚東入繩，與北入不合，亦非三絳南，則北入繩、在三絳南者，惟鎮南州之龍川江耳。出州西北境山，北流至四川黎溪州土司南境，入金沙江。毋血水既爲龍川江，則弄棟當兼有楚雄、姚州、大姚、鎮南、定遠、廣通、元謀各州縣」。陳澧漢志水道圖說同。

〔三四〕師古曰：比音頻二反。【補注】先謙曰：續志後漢改屬永昌。宋志作「芘蘇」。一統志「故城今雲龍州西」。志稿云「晉咸和中，分河陽郡，置西河郡，治芘蘇縣。則芘蘇當屬雲龍州瀾滄江西，西及潞江以外，北及麗江縣西，皆是」。

〔三五〕【補注】先謙曰：續志後漢因。葉榆水注「葉榆水自牂柯漏江來，逕賁古縣北，東合盤江，下入牂柯西隨。盤水自律高來，東逕賁古縣南，水廣百餘步，深處十丈，甚有瘴氣。盤水又逕漢興縣，晉興古郡縣。北入葉榆水」。一統志「故城今建水縣東南」。志稿云「舊志以臨安爲漢賁古。考酈注『葉榆水又逕賁古縣北，合盤江。盤江出律高縣東，逕梁水郡北，賁古縣南』。則賁古當在今師宗以北，羅平州東，及貴州興義府，與臨安無涉。舊志以臨安爲賁古者，或因馬援上言『從麊泠出賁古，擊益州』，又云『從麊泠水道，出進桑王國，至益州賁古縣，轉輸通利』。以爲從越南龍門，溯流至蒙自，即屬臨安。豈知蒙自乃來唯，非賁古。想漢賁古兼有梁水一郡，南及紅水江，與鐔封交界。麊泠水道，乃由龍江出鎮南關，走廣西。古進桑，當自越南臨洮府北，及廣西鎮安府，皆是水道，由鎮南關出鬱江，順流至潯州，復由紅水江，溯流至賁古甚易。葉榆水不合盤水，水經注未加詳考，而所言賁古之方位，則可憑也」。

〔三六〕師古曰：賁音奔。【補注】先謙曰：續志「采山出銅、錫」。明此「錫」上脱「銅」字。

〔三七〕師古曰：毋讀與無同。椶音之悦反，其字從木。【補注】先謙曰：續志後漢因。志稿云「今寧州」。「首受」二字，依志例當作「出」。續志劉注引地道記云「有橋水，出橋山」，即本志文。「四」當作「三」，過益州、牂柯、鬱林。中留，鬱林縣。溫水注「溫水自牂柯毋單來，東南逕興古郡晉郡。毋椶縣東，合南橋水，加「南」字者以別於俞元之橋水。下入律高。南橋水出縣之橋山，東流，合梁水，入溫。梁水即河水，自勝休來，東逕毋椶縣，左注南橋水」。先謙案，本志「勝休」下，「河水東至毋椶入橋」者也。全祖望云：道元加「南」字別之，然南橋水固河水之所入也。又謂俞元之橋亦名河水，則二橋互相出入矣，恐誤注。又云：地理志曰「橋水東至中留入潭」。余診其川流，更無殊津，正是橋溫亂流，故兼通稱。作者咸言中留入潭，潭水又得鬱之兼稱，而字當爲溫，非橋水也，蓋書字誤矣。先謙案，溫、鬱、潭在中留合流，乃橋水下游，故道元言如此。志稿云「南橋水當爲今曲江是也」。出江川縣西南獸頭山。屈西流，逕河西縣夾雄山北，折東北流，逕江川縣。又東北，合香柏河水、撒喇哨河水、羅麼溪水。又屈南流，逕新興州城西北，合羅木箐水。又西南，逕通年橋，爲玉溪，合西河水、九龍池水、蓮花池水、窯溝水、牟溪水。又逕甸尾村，流兩山中，合黑龍潭水、甸苴河水。又西南，合良江河水、清水河水。又南，逕嶍峩縣，爲猊江。屈東流，逕縣城北。又南流，逕城東南，與練江水會。練江水出嶍峩縣西六十里勝郎山，東北流，逕新平縣，爲練莊河。又逕石屏州，爲龍車河。又逕嶍峩縣西，合老魯關水，又東北流，爲練江。又逕縣東南，入猊江水，爲合流江。又東南，逕河西縣西，合東山河水，爲碌碌河。又合舍郎河水、六村河水，爲曲江。折東流，至館驛，合石壁泉水、東山龍泉水、浣江水。又東北流，逕寧州南婆兮鄉，入南盤江。南盤江上見滇池。入寧州境，南流，合分水嶺水，又逕州南婆兮鄉，爲婆兮江，曲江水東北注之。此南橋水入溫也。婆兮江又合七犀潭水，又折東流，爲盤江。又逕阿迷州境，瀘江水東北注之。此南橋水入溫，而河水入橋以入溫也。志言橋水入潭，亦兼書其委耳。南盤江又折東北流，下入彌勒縣」。

〔三八〕【補注】先謙曰：續志後漢因。劉注「南中志云，有大河，從廣百四十里，深數十丈。地道記云，水東至毋棳，入橋水」。紀要「故城在今臨安府境」。温水注「梁水即河水，自俞元來，東南逕興古郡勝休縣，下入毋棳」。先謙案，橋水，「俞元」下詳之。河水即梁水，酈注是也。晉時梁水郡治寧州。在後漢，寧州爲興古郡地，阿迷州爲梁水郡地，皆今之臨安府境。勝休，地志不詳。考梁水者，固當於臨安求之。梁水蓋即瀘江，出臨安府石屏州西三十里寶山南麓，會關口、横岡以東諸山水東流，爲寶秀湖，一曰赤瑞湖，延袤二十餘里。東流，合大松樹泉水、舊壩水，又分爲二，各繞至城東合流，匯爲異龍湖，廣袤百五十餘里，中有三島。與南中志從廣百四十里相應。又東爲湖口，合王家沖水、沙河水，又東，爲瀘江。合曠野河水、黄龍潭水，折而南。又折而東，逕臨安府城南。又東北流，合白沙河水、象沖河水。又東，合賽公河水。又東北，入巖洞，伏流十餘里，至阿迷州萬象洞，出爲樂榮河，繞樣田山麓。又東，至燕子洞，伏而復出，合雞街河水。又東，逕阿迷州城南，折東北流，合東山水，又東北，入南盤江。志云入橋者，與曲江同注也。互詳「毋棳」下。

〔三九〕應劭曰：音鈴。【補注】宋祁曰：「健」字，邵本作「建」。先謙曰：案宋説所見本作「健」。説文「伶，弄也」。益州有建伶縣」。續志後漢因。一統志「故城今昆明縣西北」。

〔四〇〕【補注】先謙曰：續志後漢省。據志稿「今廣西泗城、鎮安及蒙自、開化南」。又云「當自蒙自南及越南交岡水尾至嘉興州、蒙縣龍門江入洮江處。古人郡縣，北狹而南廣，故益州南陲如此之廣」。先謙案，泗城、鎮安，遠不相及，言蒙自、開化可矣。

〔四一〕【補注】錢坫曰：「⿰阝虫」，古「陀」字。先謙曰：集韻「從⿰阝虫，山名，在益州」。

〔四二〕【補注】先謙曰：官本作「麊泠」。齊召南云「各本俱作『麋泠』，又牂柯郡西隨『麋水至麊泠入尚龍谿』，亦作『麋泠』，誤也。麊泠，交阯縣，今改正」。朱一新云「據説文，當作『⿸鹿巳』。麊，譌字。麋，借字。泠，亦借作伶」。江水注

「僕水自雙柏來，東至來唯縣入勞水」。先謙案，本志「越巂青蛉」下，「僕水東南至來唯入勞」者也。志稿云「僕水即河底江，自臨安府東南流，上見雙柏。逕蒙自縣南，合清水河水、箇舊廠水，又逕縣東南，爲梨花江。又逕開化府，爲魯部河。又南，逕壩灑汛南，合新現河水。又東南，入越南國境，合三岔河水。又南，逕通化府西，合盤龍河水。又東南，逕嘉興州、蒙縣會洮江。此僕水入勞也。注又云「勞水出徼外，東逕縣，與僕水合，下入交趾麊泠」。據志稿「勞水即瀾滄江，出西藏三格爾吉土司南格爾吉市噶那山，爲帀楚河，又一源出巴喇克拉丹蘇克山，名鄂穆楚河，東南流，至察木多廟前而合。又東南，合楚楚河水、子楚河水，千餘里，逕巴塘土司南入邊。又東南，逕怒山東，合怒山水。又南，逕維西廳西。又西，逕小甸塘西，分爲二：一東流爲漾備江；一南流爲瀾滄江，東南逕雲龍州西，合沘江水。又東南，銀龍河水自永平縣南注之。又東，逕高梘槽，與漾備江合。折南流，逕雲州東南，納順甸河水、景東廳水、猛麻河水。折西南，合分水嶺水。又逕猛猛南，合棘蒜江水。折東南，入普洱府境。至猛班南，納威遠江水、康郎河水。又南，逕巨洲，分而復合。折東流，合猛撒江水，又屈東流，合南溪水、北溪水。又折而南，繞九龍山麓，爲九龍江。又南屈西南，逕橄欖壩西。又屈東南，逕猛崙南，左納臘梭江水。又東南流，右爲緬甸猛竜，左爲暹羅猛辛。又東南，入南掌界，爲南龍江。右爲南掌，左逕臨安府茨通壩南。又東，爲烈嗎渡。又東，逕把哈南。又東，逕猛丁南。又東，逕猛蚌南，爲猛蚌渡。又東，逕猛賴東南，左會藤條江水，右爲老撾。又東南，爲攔馬渡，下入越南國。自雲州普洱以下，在漢皆益州徼外地，適符僕會之文矣」。又溫水注「溫水自牂柯鐔封來，又逕來唯縣東，而僕水右出焉」。先謙案，溫水逕鐔封後，東南至廣鬱，無反西逕來唯之理。僕水右出，更不知何指，當有誤文。詳見「鬱林廣鬱」下。

〔四三〕【補注】先謙曰：越巂、益州、交趾。

〔四四〕師古曰：䧵音胡工反。伶音零。

牂柯郡，〔一〕**武帝元鼎六年開。**〔二〕**莽曰同亭。**〔三〕**有柱蒲關。**〔四〕**屬益州。**〔五〕**户二萬四千二百一十**

九，口十五萬三千三百六十。縣十七：故且蘭，〔六〕沅水東南至益陽入江，〔七〕過郡二，行二千五百三十里。〔八〕鐔封，〔九〕温水東至廣鬱入鬱，過郡二，行五百六十里。〔一〇〕鄨，〔一一〕不狼山，鄨水所出，東入沅，〔一二〕過郡二，行七百三十里。〔一三〕漏臥，〔一四〕平夷，〔一五〕同竝，〔一六〕談指，〔一七〕宛温，〔一八〕毋斂，剛水東至潭中入潭。〔一九〕莽曰有斂。〔二〇〕夜郎，〔二一〕豚水東至廣鬱。〔二二〕都尉治。莽曰同亭。〔二三〕毋單，〔二四〕漏江，〔二五〕西隨，〔二六〕麋水西受徼外，東至麋泠入尚龍谿，〔二七〕過郡二，〔二八〕行千一百六里。都夢，〔二九〕壺水東南至麋泠入尚龍谿，〔三〇〕過郡二，〔三一〕行千一百六十里。談稾，〔三二〕進桑，南部都尉治。有關。〔三三〕句町，〔三四〕文象水東至增食入鬱。又有盧唯水、來細水、伐水。〔三五〕莽曰從化。〔三六〕

〔一〕【補注】閻若璩曰：郡治故且蘭，以西南夷傳知之。先謙曰：據温水注，郡治故且蘭。續志後漢治同，劉注「雒陽西五千七百里」。

〔二〕【補注】先謙曰：温水注同。華陽國志「唐蒙斬莋王首，置牂柯郡」。

〔三〕【補注】先謙曰：西南夷傳：夜郎國有且同亭。莽更名取此。

〔四〕【補注】周壽昌曰：初學記州郡部作「桂浦」。温水注作「柱浦」。

〔五〕應劭曰：臨牂柯江也。師古曰：牂柯，係船杙也。華陽國志云，楚頃襄王時，遣莊蹻伐夜郎，軍至且蘭，椓船於岸而步戰。既滅夜郎，以且蘭有椓船牂柯處，乃改其名爲牂柯。杙音弋。【補注】先謙曰：温水注「牂柯亦江中兩山名。吴都賦『吐浪牂柯』者也」。今吴都賦無之。亦引常璩説。通鑑注引後漢志注「牂柯，江中名山」。案牂柯，南夷國，名見管子小匡篇。是春秋時已有，非至楚頃襄時改名。鄭珍云「果如常説，且蘭自蹻後名牂柯，何以終西漢世，止稱且蘭，不一及牂柯？蓋秦以前，牂柯自爲國，後臣屬夜郎，史記西南夷傳所稱此諸國及夜郎旁小邑者。異物志云『有一山，在海内，小而高，似繫船筏，俗人謂之越王牂柯』。交州記云『侯石孤絶，高數丈，名爲牂柯，在海中』。與酈注言江中兩山異。要是山似繫船牂柯，故以爲名。在其國境，即以名國。漢開郡，取管書舊名耳」。續志後漢因，屬同。

〔六〕【補注】先謙曰：洪亮吉貴州水道攷云「以沅、無二水出黄平州金鳳山證之，縣在黄平州以西、都勻府以北左近界中。檢諸地志，貴筑、貴定、清平皆注云故且蘭地。圖經云『且蘭在湄甕黄施之交』。明漢時縣大，自黄平州西南，貴筑縣東北，皆其地也。知且蘭即知牂柯郡治所在，並可因此正漢、晉地志之誤矣」。鄭珍云「貴州鎮遠一府，及貴陽之龍里、貴定，平越州之甕安、餘慶諸縣，都勻府之麻哈州清平縣，石阡府之烏江以南境，皆且蘭地。元和志以播州爲且蘭，後人因以遵義地當之，誤也」。先謙案，續志後漢因。晉志去「故」字。劉注「地道記云，有沈水」。洪亮吉云，即沅水傳寫之誤。沅水注「無水出故且蘭，下入武陵無陽」。詳「無陽」下。又温水注「豚水自談槀來，東逕且蘭縣，謂之牂柯水，水廣數里，縣臨江上，故且蘭侯國也，一名頭蘭。元鼎五年，武帝伐南越，發夜郎精兵，下牂柯江，同會番禺是也。牂柯水下入毋斂」。又存水注「存水自益州收靡來，東逕且蘭縣北，而東南出，下入毋斂」。先謙案，豚、存二水皆不逕無斂。考按輿圖，牂柯豚水即三岔河，存水即可渡河，合爲北盤江後，東南流，逕郎岱廳南，又南與西坡河合。西坡河水出普安州西大坡鋪，總二源，東北流，爲拖長江。又逕州城北繞，逕城東，爲豬腸河。右有三水合注。又東，逕普安縣北，右有三水合注。又東北，右一水自安南縣北流注之。又東北，入北盤江。北盤江水又南，歷永寧州西盤江營，東屈西流，納馬涼河水。又屈東南，納馬軍河水。又東，逕貞豐州，西寧谷河水自安順府西南流注之。又南，逕康莊司，納岩下河水。又南，納魯溝河水。又南，逕興義府城東。又南，逕泗城府北境把蘭村東北界，與南盤江合。見鐔封。以二水所逕推之，則故且蘭當兼有郎岱、永寧、安順、鎮寧等境。

〔七〕【補注】洪亮吉曰：沅水自黔陽以下至入江，皆東北流，惟經辰州府城外，稍東南流數里，即折向北，故説文云「沅水出牂柯故且蘭，東北入江」。志作「東南」，傳寫誤也。先謙曰：益陽，長沙縣。沅水篇「沅水出且蘭縣，爲旁溝水，下入武陵鐔成」。據貴州水道考云「今黄平州屬重安長官司，北有金鳳山，山北即鎮陽江，古無水也。山南即重安江，古沅水也。重安江出都勻府都勻縣城内之東山，亦曰馬尾河，東北流，有龍潭河水入之。又東北，入八寨同知境。又東北，入麻哈州境，歷平定上、下司，爲平定河。又東北，入清平縣之凱里營，爲凱里河。又東北，合諸梁江水。諸梁江水出平越府西北大山，東南流百餘里，至府南境，有一水出貴定縣東南山，流經黄絲驛，合數小水入之。又東北，羊場江合馬場江來入之。又東，與麻哈江水合。麻哈江水出麻哈州西，有三源，會而北流，逕州西，合東來一水，又屈而東北，逕楊老驛，又北，逕林老驛，又西北，合諸梁江水，至重安驛東南，入重安江。重安江水又東，逕黄平州界。自都勻至此三百餘里。又東，逕平谷寨，入生苗界，有大丹江、小丹江合流，歷九股苗洞爲九股河入之。重安江又逕施秉舊縣南，爲前江。又東北歷長忌塘，爲長忌河，有德明河水出響水塘東南流入之。又東逕邛水司，南宋邛水縣故治也，邛水南流入之。重安江又東南，逕清江廳界，爲清水江。又東南，逕黄砦汛。有烏下江水，出古州土司中，北流逕下江廳，西合西來一水。又逕苗光砦，爲烏下江，合西來一水。又東逕沖林土司北而入清水江。清水江又東，與潭溪水合。潭溪水出開泰縣西山，爲沙寨河。合西南一水，逕八舟土司境，爲八舟江，東北流，逕潭溪土司北，故有潭溪之目。又北，逕新化所，爲新化江。又逕錦屏司西而入清水江。清水江又東北流，逕毛坪西，等溪水出天柱縣北，合直銀水東流入之。餘見鐔成」。

〔八〕應劭曰：故且蘭侯邑也。且音苴。師古曰：音子閭反。【補注】段玉裁曰：「郡二」當作「郡三」。牂柯、武陵、長沙。洪亮吉曰：沅水經都勻、平越、黎平、鎮遠、沅州五府，八寨、清江二廳，都勻、麻哈、清平、黄平、施秉、開泰、天柱、黔陽八州縣，合無水後，已千一百餘里，又歷辰州、常德、長沙三府，辰谿、溆浦、瀘溪、沅陵、桃源、武陵、龍陽、益陽八縣，由洞庭湖入大江，共千二百里，合前實行二千三百餘里。古里數較短，故班云然。

〔九〕【補注】先謙曰：續志後漢因。阮元雲南通志稿云「今廣南北境西林縣、西隆州境」。

〔一〇〕師古曰：鐔音尋，又音淫。【補注】先謙曰：廣鬱，鬱林縣。過牂柯、益州、鬱林，「二」當爲「三」。里數亦誤。温水注「温水自益州律高來，東南逕鐔封縣北，下入益州來唯」。志書温水於鐔封，而水經及注上溯其源云「出夜郎」，此補班氏之闕也。温水即南盤江，上見律高、貴古。自羅平州東境東北流，合塊澤河水，屈而東南，合上、中、下三江水，又東南，爲紅水河。合清水河水，直廣南府寶寧縣之北。與酈注「東南逕鐔封縣北」合。然則寶寧北境即鐔封矣。南盤江水又東南，合馬別河。又逕西隆州北、板朋塘南，又東北流，至百樂寨，折而東，至把蘭村南，合北盤江。見故且蘭。此存水、豚水與温水會也。三水既會，總名曰紅水河，逕藩籬山南，定番州之連江水、廣順州之剋孟河水合爲蒙江，南流注之。又東南，逕上隆村南。又東，逕東蘭州北。又東南，逕州東北雙鳳山北麓、福山南麓，折而北流，巴盤江水自都勻府麥沖堡西南流注之。又東北，逕那地州西北。又屈曲南流，逕舊都陽司東，龍泉水西流注之。互見鬱林定周。餘見廣鬱。

〔一一〕【補注】先謙曰：説文「鄨，牂柯縣。从邑，敝聲」。續志後漢因。一統志「故城今遵義府城西」。

〔一二〕【補注】先謙曰：以水經注證之，「沅」是「延」之誤。延江水注「延江水自犍爲南廣來，東至鄨縣，又〔東〕屈北流。縣故犍爲郡治也。華陽國志有此説，蓋誤。縣有犍山。晉置平夷郡。延江水合鄨水、漢水，下入巴涪陵」。洪亮吉延江水攷云「烏江自威寧州逕畢節縣南。又東，逕大定府南、黔西州南。又北折而東，逕清鎮縣鴨池汛北。又東北，逕修文縣西北、開州西、烏江城南。又東南，逕遵義府南、餘慶縣西北。又東北，逕石阡府西、龍泉縣南、思南府城東南。又北稍東，逕印江縣西北、婺川縣東北。大定、黔西、修文、開州、甕安、餘慶、石阡皆漢牂柯郡地。畢節、遵義則鄨縣地。水經云『延江水至牂柯鄨縣，又東屈北流』。此水自西而東北，一一不爽」。先謙證以圖志，延江水自七星關至司家屯，右有暑沖河入之。次通德河合扯瓜河入之，次西江溝水入之。左有落折河，自畢節縣來，合諸水入之。延江水又東，入大定府境，爲六廣河，亦曰六歸河。左有烏西河入之。又東，左有龍溪河合楠木溪水入之。又東，右有猓猓河、高家河及平遠州之卜牛河，以麥河相次入之。又東，與鴨池河合。鴨池河水出水城廳西，爲以且海，東南流，逕安順府普定縣境，爲三岔河。又北流，逕鴨池汛，爲鴨池河，而入六廣河。六廣河水又東，逕修文縣界，於此有烏江之名，跳登河水入之。那大步河水自廣順州來，北逕清鎮縣城西，合安平縣之羊腸河水，又北逕修文縣城西，而入烏江。烏江水又北，沙河水自黔西州來，合諸水東北流注之。烏江水又東，逕烏江城北，右則横水河、洋水河注之，左則樂闔河水注之。又東，與清水江會。清水江源出龍里縣之朶花山，北流，逕貴定縣界，甕城河入之。又西北流，牛路河水自貴陽府貴筑縣合諸水北流注之。又北，洗泥河水入之。又北，逕開州界，入烏江，一名皮隴江也。烏江水又東，左則湘江東南流注之，湄潭河水自湄潭縣南流注之；右則乾溪河水自甕安縣北流注之。烏江水又東，清水河、牛腸河自餘慶縣合流注之。又東北，龍底江水自石阡府北流注之。清江溪自龍泉縣東流注之。又東北，逕思南府安化縣城東。又北，清水河自印江縣西北流注之。又北，洪渡河自婺川縣合諸水東北流注之。南溪河自黔江縣合諸水西南流注之。餘見涪陵注」。又云「鼈水出鼈邑西不狼山，東合温水、黚水於其縣東入延江水。温水、黚水俱自犍爲符來，南至縣，入鼈水。漢水自漢陽犍爲來，東至鼈邑，入延江水」。洪亮吉云「鼈水即今之湘江水，出遵義府遵義縣北境、桐梓縣南境之龍巖山，流逕湘山南，與桃溪水合，迂回五百餘里，入烏江。龍巖山即不狼山也」。

〔一三〕孟康曰：鼈音鷩。師古曰：音不列反。【補注】先謙曰：郡二，牂柯、犍爲。洪亮吉鼈水考云「道元云『鼈水於符縣而東注延江水』。符縣，今仁懷廳及仁懷縣以北地」。漢鼈縣屬牂柯，符縣屬犍爲，故知過郡爲此二郡也。圖經云「迂回五百餘里，又南入烏江」。與班志七百三十里之數亦合。

〔一四〕應劭曰：故漏臥侯國。【補注】先謙曰：漏臥侯俞與夜郎句町相攻，見西南夷傳，係河平中事。則此亦縣、國並置。續志後漢因。紀要「故城今羅平州南」。據志稿，當在今安順府鎮寧州諸處。

〔一五〕【補注】先謙曰：續志後漢因。亦見蜀志李恢傳。一統志「今曲靖府平夷縣地。故城在今南寧縣境」。據志稿「今平夷縣西境，爲漢談藁地；東境，爲平夷地。平夷亦兼有普安廳地」。先謙案，志稿是。南寧境故城，疑未可據。

〔一六〕應劭曰：故同竝侯邑。竝音伴。【補注】先謙曰：昭帝時反，見本紀及西南夷傳。續志後漢因。葉榆水注「葉榆水自益州滇池來，東逕同竝縣南，下入漏江」。是縣在滇池東境，或云今澂江府河陽縣地。

〔一七〕【補注】王鳴盛曰：「指」，南監本作「挋」。給也。从手，臣聲，章刃切。續志仍作「指」，今人雖不識挋字，然北方以物擲與人，猶有挋音。說文字今廢不用者多，既見此志，存之。先謙曰：昭帝時反，見本紀及西南夷傳。蘇林云「亦西南夷別種」。宋志作「談柏」，華陽國志作「淡指」，皆誤。後漢因，續志「出丹」。劉注「南中志云，有不津江，江有瘴氣」。紀要「故城今桐梓縣西南」。志稿「當在今安南縣、郎岱廳諸處」。

〔一八〕師古曰：宛音於元反。【補注】先謙曰：續志後漢因。劉注「南中志云，縣北三百里有盤江，廣數百步，深十餘丈。此江有毒氣」。據溫水注、華陽國志，劉禪分牂柯，置興古郡治此。止稱溫，無「宛」字，蓋脱。一統志「今羅平州地」。志稿「宛、溫，二水名，在宣威州。舊志以宛溫爲平夷縣，又以爲羅平州，皆非」。先謙案，宛溫水出宣威州南四十里東屯，志稿以爲北盤江源。水北流，逕長沖。又北，爲龍津。又北，逕雙壩，左納乾河水。又東北流，爲宛水，右與溫水合。一名溫泉水，在州東南六里。又北，納老浦沖水。又北，納龍潭水，爲龍潭河。又左納朱屯水、徐屯水。又北，逕大屯東，左納龍洞水。又北，逕以地羅南，左納平川水，折東北，爲革香河。右納勺納河水。又東北，入可渡河，同爲北盤江。案劉引南中志「縣北三百里有盤江」，即可渡河也。唐於此置盤州。盤水縣，今普安州，縣正宛溫屬地。

〔一九〕【補注】先謙曰：溫水注「剛水西出毋斂縣，下入鬱林潭中」。案剛水即獨山河也，出獨山州西摇獀塘，東流，逕州城南，又東逕荔波縣北，又東，逕爛土土司北，又東，逕都匀土司南。八寨水出八萬古州苗山中，南流注之。又東，逕都江廳南，爲都江水，又東，逕古州廳南，爲古州江水。又逕西山營，折東南，逕福禄村西南，入福禄江，即潭水也。

〔二〇〕師古曰：潭音大含反。【補注】先謙曰：續志後漢因。先謙案，今獨山州荔波縣地。溫水注「豚水即牂柯水，自且蘭來，又東南，逕毋斂縣西，毋斂水出焉。豚水下入鬱林廣鬱」。又存水注「毋斂水首受牂柯水，東逕毋斂縣，爲毋斂水，又東注於存水。存水下入鬱林定周」。案毋斂水當即荔波縣之勞村江，故一統志以勞村江下流爲周水。但其水源不出自豚水，亦不入於存水。班志無文，此桑、酈之誤也。詳「定周」。

〔二一〕【補注】先謙曰：温水篇「温水出夜郎縣」。注云「縣故夜郎侯國也，唐蒙開以爲縣。温水自縣西北流，下入談稾」。據志稿「温水即南盤江，出霑益州西九十里花山洞，曰交河。其隔山即車洪江也。交河水東南流，逕九龍山下，有石竅九，水由石竅入大谷中，十餘里，逕天生壩，層巖歷級，第三級高數十仞，有洞，曰仙人洞。交河水屈曲三十里，折而東北，逕黑橋，折而南，逕太平橋，左納玉光溪水、沙河水，折西南流，逕州城西南，右會臘溪水，下入南寧境」。

〔二二〕【補注】先謙曰：温水注「鬱水即夜郎豚水也。漢武帝時，有竹王興於豚水，唐蒙開牂柯，斬之。今竹王三郎祠，其神也。豚水下入談稾」。先謙案，豚水，諸家異論，以地望推之，即宣威州北之三岔河。提綱以爲北盤江源者，是也。

〔二三〕應劭曰：故夜郎侯邑。【補注】先謙曰：後漢因。續志「出雄黄、雌黄」。據志稿「夜郎今霑益州，亦兼有宣威州地」。先謙案，當在宣威、霑益西界。西南夷傳：夜郎國有且同亭。紀要因謂桐梓縣東有且同亭，夜郎縣亦在此。考西南夷傳，成帝河平中，尚有夜郎王興未除其爵，是縣自爲縣，國自爲國。夜郎疆域較大，不必同在一地，無容泥莽改同亭爲縣在桐梓之證。莽改牂柯郡爲同亭郡，不得便謂同亭一郡皆夜郎縣地也。夜郎後立爲王，應云夜郎侯邑在此縣，亦未爲覈實也。

〔二四〕師古曰：毋讀與無同。單音丹。【補注】先謙曰：續志後漢因。温水注「温水自益州滇池來，東南逕毋單縣，蜀漢屬建寧郡。合橋水，下入益州毋棳。橋水一名河水，自益州俞元來，東流至毋單縣，注於温」。先謙案，本志「益州俞元」下，「橋水東至毋單入温」者也。「毋單」當爲「毋棳」，詳「俞元」下。

〔二五〕【補注】先謙曰：續志後漢因。葉榆水注「葉榆水自同竝來，東逕漏江縣伏流山下，復出蝮口，謂之漏江。蜀都賦云『漏江洑流潰其阿，汨若湯谷之揚濤，沛若濛汜之湧波』。葉榆水下入益州賁古」。先謙案，志稿云「杞麓湖出河西縣曲陀關，爲長河，匯爲湖，周百五十里，如環而缺，納諸山水。東爲落水洞，復出，又納通海縣甸苴關諸山水。又東，爲落水洞。湖水由此洩，不知所終。蓋伏流東入婆兮江」。案滇、黔四山環合，水無所歸，穴地即入，謂之落水洞。然其下流復出，皆可尋究，不得執此爲漏江之證。杞麓湖水不知所終，真漏江也。疑縣即今通海縣地矣。

〔二六〕【補注】先謙曰：續志後漢因。宋志作「西隋」。葉榆水注「葉榆水自益州賁古來，入牂柯郡西隨縣北，爲西隨水，下入進桑。由西隨至交趾，崇山接險，水路三千里」。據志稿「西隨當在今廣南南境，及越南界内」。又云「西隨在富良江南」。

〔二七〕【補注】先謙曰：「麋伶」，官本作「麊泠」，下同。交趾縣也。「受」乃「出」之誤。

〔二八〕【補注】先謙曰：郡二，牂柯、交趾。

〔二九〕【補注】先謙曰：續志後漢省。據志稿，當在今開化、廣南南境，及越南界内。

〔三〇〕【補注】先謙曰：水經注不載。志稿云「水東南至交阯入江者，惟開化之天生橋河，廣南之者賴、普梅二河。天生橋河自入宣光江，者賴、普梅合小鎮安水，以入宣光江。自此以東，無水東南入交阯者，則壺水即此二水中之一水可知。都夢當自開化以東，東至廣南南境皆是，而西隨又在其南」。陳澧云「壺水蓋寶寧縣南境普梅河，南流入越南國，曰宣化水，入洮江。安南志略云，宣化水出特磨道。今寶寧縣爲宋特磨道地。普梅河出其南，是其水爲越南宣化水之源也」。

〔三一〕【補注】先謙曰：牂柯、交趾。

〔三二〕師古曰：稾音工老反。【補注】先謙曰：續志後漢因。志稿云「談稾在今南寧、平夷二縣，交河東」。温水注「温水自夜郎來，西北逕談稾，合迷水，下入益州昆澤。迷水自益州銅瀨來，東逕談稾縣，右注温水」。先謙案，本志

「銅瀨」下，「迷水東至談稾入温」者也。據志稿云「南盤江自霑益州南流，上見夜郎。入南寧縣境，會白石江水，見銅瀨。爲北河。又逕曲靖府城東南，納瀟湘江水。又東南，逕上橋，入山峽，折西南流，納龍潭河水，下天生大壩，亦曰響水壩。又逕越州下橋，下入陸涼州境。其逕益州味縣，即今曲靖府南寧縣，當在陸涼州境之上。注文倒亂致誤，説詳昆澤注」。又云「豚水自夜郎來，東北逕談稾縣，下入故且蘭」。先謙案，三岔河水自宣威州倘塘驛東北流，逕阜衞村，爲阜衞河。又東北，注可渡河水。互見犍爲郁鄢。

〔三三〕【補注】先謙曰：後漢因。續志作「進乘」，蓋誤。葉榆水注「葉榆水自西隨來，東出進桑關，牂柯之南部都尉治也。水上有關，曰進桑關。故馬援言，從麊泠水道，出進桑王國至益州賁古縣，轉輸通利。蓋兵車資運所由矣。葉榆水又東南，絶温水而東南注，下入交趾麊泠」。先謙案，温水注「温水合鬱水後，右納西隨三水」。引見南海番禺。即所云「南絶温水」者也。據志稿「進桑在越南交岡境」。又云「古進桑，當自越南府、臨洮府東北，及廣西鎮安府皆是」。又云「進桑在西隨東，及越南奉天府東北。此當在交趾、龍編、朱鳶、麊伶等處」。

〔三四〕【補注】先謙曰：「句」亦作「鉤」。鉤町侯毋波有功，立爲鉤町王。又成帝時，鉤町王與夜郎相攻，見西南夷傳。此亦國，縣並置。

〔三五〕【補注】先謙曰：增食，鬱林縣。温水注「文象水導源句町縣。又蒙水、盧惟水、來細水、伐水，並自縣東，下入鬱林廣鬱」。「唯」誤「惟」。據注，諸水皆入鬱。「又有」下，疑奪「蒙水」二字。「伐水」下，疑奪「亦至增食入鬱」六字。續志劉注引地道記「文象水」又譌爲「文衆水」。先謙案，據輿圖，文象水即西洋江，出廣南府寶寧縣西北六十里者兔塘之西南山，逕府城西，支分爲同舍河，折而東南，合響水河水。又東南，逕百約村。同舍河水合馱娘江水，繞西林縣東南流，注之西洋江水。又東南，逕剝隘北，與者郎河水合。者郎河水出花架山，東流，支分東南入那洞水。者郎河水又東北，入西洋江。西洋江又東，合那洞水。又東，逕百色廳南，泗城府泗河水南流注之，疑古蒙水也。西洋江又東，逕奉議州北，東蘭州呰毆溪水南流注之，疑古盧唯水也。又東南，逕上林縣北，鎮安府天保縣宏湞江水東北注之，疑古來細水也。又東，逕歸德州南，隆安縣沛水東北注之，疑古伐水也。又東稍南，逕都陽土司水口，又東南，逕永康州北馱蒙江口，詳鬱林廣鬱。今以爲鬱水北源，名曰右江，以在麗江之北也。此水曲折千餘里。句町國，縣並置，幅員自廣，其縣當在寶寧、百色、泗城、鎮安之閒。文象水歷廣鬱至增食，疑西洋江所逕下旺舊城、定羅諸土司、歸德土州皆爲廣鬱境。增食縣當在隆安、永康、武緣境内，故文象水於此入鬱。入鬱者，因驩水以通鬱水也。

〔三六〕應劭曰：故句町國。師古曰：音劬挺。【補注】先謙曰：續志後漢因。劉注「有桃榔木」。

巴郡，〔一〕秦置。〔二〕屬益州。〔三〕户十五萬八千六百四十三，口七十萬八千一百四十八。縣十一：江州，〔四〕臨江，莽曰監江。〔五〕枳，〔六〕閬中，〔七〕彭道將池在南，〔八〕彭道魚池在西南。〔九〕墊江，〔一〇〕朐忍，〔一一〕容毋水所出，南。〔一二〕有橘官、鹽官。〔一三〕安漢，是魚池在南。莽曰安新。〔一四〕宕渠，〔一五〕符特山在西南。〔一六〕潛水西南入江。〔一七〕不曹水出東北，南入灊徐谷。〔一八〕魚復，江關，都尉治。〔一九〕有橘官。〔二〇〕充國，〔二一〕涪陵。莽曰巴亭。〔二二〕

〔一〕【補注】閻若璩曰：郡治江州，以揚雄傳注知之。先謙曰：據江水注，秦即治江州。又云「漢世郡治江州巴水北」。續志後漢治同，劉注「雒陽西三千七百里」。

〔二〕【補注】全祖望曰：高帝始建國三郡之一。王念孫曰：左傳正義云「地理志：巴郡，故巴國」。據此，則「巴郡，秦置」下，當有「故巴國」三字。先謙曰：江水注「秦惠王遣張儀等救苴侯於巴，儀貪巴苴之富，因執其王以歸，置巴郡」。

〔三〕應劭曰：左氏：巴子使韓服告楚。【補注】先謙曰：續志後漢因，屬同。

〔四〕【補注】先謙曰：續志後漢因，郡治。江水注「江水自犍爲符來，東北至江州縣東，西漢水注之。巴水出晉昌郡晉郡。宣溪縣宋縣。巴嶺山，縣南去郡八百餘里。西南歷巴中，逕巴郡故城南入江。庾仲雍所謂縣對二水口，右則涪內水，左則蜀外水，即是水也。江州縣故巴子之都。縣下又有清水穴，巴人以此水爲粉，則皜曜鮮芳，貢粉京師，因名粉水。江北岸有塗山。江水下入枳」。又漾水注「西漢水自宕渠來，東南過江州縣，東合涪水入江」。一統志「故城今巴縣西」。

〔五〕【補注】先謙曰：續志後漢因。江水注「江水自涪陵來，東逕臨江縣南。華陽記云，縣在枳東四百里，東接朐忍縣，有鹽官。自縣北入鹽井溪，有鹽井營戶，溪水沿注江。江水又東，得黃華水，江浦也，左逕石城南。庾仲雍云，臨江至石城黃華口一百里。又東至平洲，逕壤塗而歷和灘，又逕界壇，是地巴東之西界，益州之東境，故得是名也。江水下入魚復」。又沅水注「西水導源臨江縣，下入武陵充」。一統志「故城今忠州治」。

〔六〕如淳曰：音徒，或音抵。師古曰：音之爾反。【補注】先謙曰：續志後漢因。劉注「史記：蘇代云『楚得枳而國亡』。華陽國志云，有明月峽、廣德嶼者是也」。江水注「江水自江州來，東逕陽關巴子梁，巴三關之一也。又右逕黃葛峽，左逕明月峽，至黎鄉，歷鷄鳴峽，江之南岸有枳縣治。華陽記云，枳縣在江州東四百里，治涪陵水會，庾仲雍所謂有別江出武陵者也。水乃延江之枝津，分水北注，逕涪陵，故亦云涪陵水也。江水下入涪陵」。又延江水注「涪陵水自涪陵來，北至枳縣入江」。一統志「故城今涪州西」。

〔七〕【補注】先謙曰：華陽國志「閬水迂曲，徑其三面，縣處其中，故名。巴子後治此」。續志後漢因。劉注「有俞水」。漾水注「西漢水自廣漢葭明來，東南過閬中縣，劉璋巴西郡治。合强水，見犍爲南安。南逕縣東，合閬水、東遊水、濩溪水，下入宕渠。閬水出閬陽縣東，南宋縣。逕其縣南，入漢」。又羌水注「羌水自廣漢白水來，東南過縣，下入墊江」。一統志「故城今閬中縣西」。

〔八〕【補注】先謙曰：方輿勝覽「南池在今閬州高祖廟旁，即彭道將池也」。寰宇記「南池東西二里，南北約五里」。一統志「池在閬中縣南。自漢以來，堰大斗、小斗水溉田，里人賴之。唐時堰壞，漸成平陸」。

〔九〕師古曰：閬音浪。【補注】先謙曰：方輿勝覽「魚池即今郭池」。寰宇記「閬州西南十里有郭池，周約五十畝」。劉注引巴漢志云「有彭池、大澤、名山、靈臺，見孔子内讖」。陳澧云：四川通志「蒼溪縣老池潭産魚」。疑即彭道魚池。

〔一〇〕孟康曰：音重壘之壘。【補注】先謙曰：應劭云，音徒浹反。説文「褺，重衣也。从衣，執聲。巴郡有褺江縣」。段玉裁云「褺江縣爲嘉陵江、渠江、涪江會合之地，水如衣之重複，故曰褺江。淺人譌作昏墊之墊。觀應、孟之音，則知漢書字故从衣也。今忠州墊江縣，漢巴郡臨江縣地，與漢褺江相距甚遠」。先謙案，續志後漢因。涪水注「涪水自廣漢廣漢來，北逕墊江入西漢」。本志「剛氐道」下，「涪水南至墊江入漢」者也。一統志「故城今合州治」。

〔一一〕【補注】錢大昭曰：郡國志、曹全碑並作「朐忍」。顔音朐爲劬，是也。闞駰十三州志乃云「朐音春。䏰音閏。其地下溼，多朐䏰蟲，因以名縣」。既有春音，則字已近「朐」。然玉篇尚無「朐」字。通典州郡門作「朐䏰」，朐音如順切，䏰音如尹切，讀如閏蠢。杜雖用闞音，字猶未變，至徐鉉校定説文，竟於肉部附入「朐䏰」二字，可謂好信異説矣。先謙曰：續志後漢因。江水注「江水自臨江來，東得將龜溪口，又會南、北集渠。又逕氾溪口，蓋江氾決入也。又逕羊腸虎臂灘，又合彭水，右逕朐忍縣故城南。常璩云，縣在巴東郡晉郡，今奉節縣東。西二百九十里。縣治故城，跨其山阪，南臨大江。江南岸有方山，山形方峭，側枕江濆。江水又逕下瞿灘，左合湯溪水，又逕東陽灘。常璩云，水道有東陽、下瞿數灘，山有大、小石城勢，靈壽木及橘圃也。故地理志曰，縣有橘官。江水下入魚復。南集渠水自涪陵來，北逕巴東郡南浦僑縣晉縣，今萬縣治。西溪峽側。鹽井三口，相去各數十步，修煮不絶。溪水北入江。北集渠水出新浦縣南宋立，今開縣西南。北高梁山分溪，南流百里至朐忍縣入江，謂之北集渠口，朐忍尉治此。彭水出巴渠郡南宋立，開縣東北。獠中，東南逕漢豐縣東，南宋縣，開縣東。合巴渠水，南逕朐忍縣西六十里入江。湯溪水出縣北六百餘里上庸界，南流歷縣，翼帶鹽井一百所。

又合檀溪水入江」。一統志「故城今雲陽縣西」。

〔一二〕【補注】先謙曰：「南」下脱「入江」三字。一統志「容毋水今名東瀼河」。

〔一三〕師古曰：朐音劬。【補注】先謙曰：江水注引志「橘官」下有「有民市」三字，不合志例，乃酈注文，或以補志，非也。紀要「雲陽縣西五峯驛，南有橘官堂故址」。

〔一四〕【補注】先謙曰：池無考。續志後漢因。一統志「故城今南充縣北」。

〔一五〕【補注】先謙曰：華陽志「長老言，宕渠蓋爲古賨國，今有賨城」。後漢因。續志「有鐵」。一統志「故城今渠縣東北」。

〔一六〕【補注】先謙曰：寰宇記「今流江縣有龍驤山，蓋即古符特山」。隋縣，今符縣治。一統志「龍驤山在今渠縣北」。

〔一七〕【補注】王念孫曰：明監本「入江」譌作「入灊」，胡渭遂引之以駮水經，大誤。趙一清辨之。案潛水本作灊水，即下文「入灊」之「灊」。今作潛者，後人以水經改之也。說文「灊水出巴郡宕渠，西南入江」。「潛，涉水也。一曰，漢爲潛」。是出巴郡宕渠入江者，字本作「灊」。水經作「潛」者，借字耳。先謙曰：潛水篇「潛水出宕渠縣」。注云「潛水蓋漢水枝分潛出，故受其稱，有大穴，潛水入焉。通岡山下西南潛出，謂之伏水，或以爲古之潛水。鄭玄云，漢別爲潛，其穴本小，水積成澤，流與漢合。大禹自導漢疏通，即爲西漢水也，故書曰『沱潛既道』。縣有渝水、夾水，上下皆賨民所居。潛水又南入江。庾仲雍云，墊江有別江，出晉壽縣，晉縣，今昭化縣東南。即潛水也。其南源取道巴西，是西漢水也」。又江水篇「江水在江州，合强水、涪水、漢水、白水、宕渠水五水」。注云「宕渠水即潛水、渝水矣」。又漾水注「宕渠水自漢中南鄭來，東南流，逕宕渠縣爲宕渠水，入西漢水。西漢水自閬中來，東南逕宕渠縣，東合宕渠水，下入江州」。說文作「灊」。應劭音潛。文穎音岑。官本「潛」作「灊」。先謙案，據說文「潛水西南入江」，與宕渠水入西漢，方位正合。則潛水即宕渠水也。今通江縣渠河是，亦曰巴江。一統志「保寧府巴江」下云「出南江縣北，即古宕渠水」。此以難江水爲宕渠水。又「達州通川江」下云「自太平縣發源，至渠縣，爲宕渠江」。此以通川江爲宕渠水。惟水經注以出南鄭者爲宕渠水，而通川、難江皆入之，源流較合，今從之。說文「一曰漢爲潛」者，與鄭說合。一統志云，爾雅「水自漢出爲潛」。郭注「有水從沔陽南流，至梓潼漢壽，入大穴中，通峒山下西南潛出，一名沔水，即禹貢之潛」。括地志「潛水一名復水，今名龍門水，出龍門山大石穴下」。廣元縣志「出縣北百三十里木寨山，流經神宣驛，又南二十里，經龍洞口，至朝天驛，北穿穴而出，入嘉陵江」。是潛水即西漢水，後人知有西漢而不知潛水久矣。輿地紀勝云「自朝天驛入谷十五里，有石洞三，水自第三洞發源，貫通兩洞，下合嘉陵江」。即所謂「入大穴中，通峒山下西南潛出」者也。自此而下，嘉陵水通謂之潛水矣。先謙案，以西漢爲潛，其說甚古。惟大穴潛通，源微流短，後人覺其未安，遂不從舊說，而以宕渠水當潛水之目。說文兩存之，本志則潛水、西漢水並載，知班氏不復以西漢爲潛矣。

〔一八〕師古曰：宕音徒浪反。【補注】王念孫曰：「灊」下不當有「徐谷」二字。潛水注「縣西北有不曹水，南逕其縣下，注潛水」。不言入潛徐谷也。「徐谷」二字，未知何字之譌。先謙曰：官本「不」作「徐」。先謙案「徐谷」二字，當在「東北」之下，言不曹水出縣東北徐谷，而南入潛也。今案綏定府太平縣所出前、中、後三河之水，東北流至東鄉縣，合爲一，逕達州爲通川江，入宕渠水，以當不曹之目，方位脗合，似爲得實。

〔一九〕【補注】先謙曰：魚復在周爲南蠻國，見逸周書。後屬庸。續志後漢因，劉注「古庸國，左傳文十年，魚人逐楚師是也」。江水注「江水自朐忍來，逕魚復縣之故陵，又東爲落牛灘。逕故陵北，左岸有巴鄉村，村側有溪水，伏流逕平頭山，內通南浦故縣陂湖。晉縣。江水又東，合陽元水。又逕南鄉峽，又逕赤岬城西，又逕魚復縣故城南，故魚國也。地理志：江關都尉治。劉璋巴東郡治，即白帝城。東傍東瀼溪爲隍，西南臨大江。縣有夷溪，即佷山清江也。江水又東，逕廣溪峽，三峽之首也。北岸山上有神淵，淵北有白鹽崖，高可千餘丈。峽中有瞿塘、黃龕二灘，蓋自昔禹鑿以通江，郭璞所謂巴東之峽，夏后疏鑿者。江水下入南郡巫」。又夷水篇「夷水出魚復縣江」。注云「夷水即佷山清江，水色清照，十丈分沙石，蜀人見其澄清，因名清江也」。夷水又東，逕建平沙渠縣，縣有巫城水，晉郡縣，今恩施縣治。南岸山道五百里，其水歷縣東出焉。夷水下入武陵佷山」。一統志「故城今奉節縣東北。瞿塘關在縣東，即古江關。案郡國志以爲扞關，誤。括地志扞關在巴山縣界，今長陽縣」。

〔二〇〕應劭曰：復音腹。【補注】先謙曰：魚復縣山橘，見蜀都賦注。

〔二一〕【補注】先謙曰：後漢因，續志「永平二年分閬中置」。後分南充國縣。蜀都賦注「縣有鹽井數十」。一統志「故城今南部縣西北」。

〔二二〕師古曰：涪音浮。【補注】先謙曰：後漢因。續志「出丹」。後分永寧縣。江水注「江水自枳來，東逕涪陵故郡北，晉郡，今彭水縣南。又逕文陽灘，又逕漢平縣左。蜀漢縣。自涪陵東出百餘里，而屆於黄石，東爲銅柱灘。又逕東望峽而歷平都，後漢縣，今酆都治。峽對豐民洲，舊巴子別都。江水右逕虎鬚灘，下入臨江。南集渠水出涪陵縣界，謂之陽溪，下入朐忍」。又延江水注「延江水自牂柯鼈來，分爲二，一北入涪陵水，下入枳」。先謙案，洪亮吉延江水考云「烏江自婺川縣折西北流，逕四川酉陽州西南，又北稍西，逕彭水縣南，又西，逕武隆廢縣南，又北屈，逕涪州城東北銅柱灘，入大江，總名曰涪陵水」。注又云「一枝分爲更始水，東入巴東之南浦縣，晉郡縣。其水注引瀆口石門，又謂之西鄉水，亦曰西鄉溪。溪水間關二百餘里，方出山。又通波注遠，復二百餘里，下入武陵遷陵」。洪亮吉更始水考云「更始水，今名豐樂河，亦名水德江。明志安化縣東南有水德江，即烏江之分流。與道元言更始水爲延江水之支津，其説若一。河左側有豐樂壩，故受豐樂之名矣。涪陵水出縣東故巴郡之南鄙，魏立涪陵郡。合延江水」。一統志「故城今彭水縣治」。